国家社会科学基金重大项目成果
南京大学一流大学一流学科建设工程重大项目成果

日常生活场境与空间关系生产

列斐伏尔社会批判
理论转换的历史逻辑

张一兵◎著

Henri Lefebvre

上海人民出版社

我讨厌庸人。

——列斐伏尔

目　录

Contents

Chapter X: An important political assertion: why does capitalism survive?   391

Chapter XI: The production of space in the mode of production of the capitalist state   418

Chapter XII: Automation and Information: new changes in the daily life of contemporary capitalism   456

序

中国学界有一个调侃,大意是说,谁活得时间长,就可以尊称大家。90 岁高寿去世的列斐伏尔(1901—1991),应该是他那个时代西方马克思主义思想家中活得时间较长的一位了,然而,他不是靠年长而获得承认,而是靠一生的努力。在每一个学术生命时段中,列斐伏尔都用沉思和心血向思想史宝库奉献了极其可贵的原创思想。列斐伏尔一生写下了近 70 部论著,300 余篇学术论文。[1]

索亚[2]在评论列斐伏尔的哲学时,说过这样一段话:"从早期的倾心于超现实主义和工人阶级意识的各种神秘化现象,到他对日常生活和同样被神秘化的'都市状况'的空间性和社会学所作的马克思主义式阐述,再到其晚期著作中对空间的社会生产的研究和他称之为'节奏分析'的研究。他平生一直是一个不知疲倦的知识分子流浪汉,一个来自边缘却能在中心存活并且兴旺发达的人,一个来自比利牛斯山边远地带的高雅的野蛮人,一个巴黎的乡巴佬。"[3]这个评论是精准到位的,基本上全景式地概括了列斐伏尔思想发展的内在逻辑构序线索,以及这一进程的复杂矛盾关系。在我这本关于列斐伏尔哲学思想历史逻辑转换的书中,不可能概述他全部文本的发展线索,而只是在社会批判理论这一特定的构序理路之中,将我所理解的列斐伏尔主要文本中被多重误读的思考侧重面,以历史发生学的复构样式呈现给读者,以备进入更深的思想构境层。

首先,关于列斐伏尔的哲学研究,通常会有两个被聚焦的光亮面,一是日常生活批判,二是空间理论,人们容易忽略的是,这二者之间的**历史过渡关系**,以及列斐伏尔思想逻辑中在方法论上的潜在发生的**无意识异质性转换**,特别是列斐伏尔思想中原有的人本主义话语编码与历史唯物主义科学方法论在这种转换中的相互消长和强弱博弈影响。其次,应该特别指出,在以往的研究中,人们同样忽略了列斐伏尔思想与马克思思想的复杂关系演变,这里有一个由浅入深、由误认到不断深刻理解的逐步转换过程。其三,是不太容易厘清的列斐伏尔自己原

1

创性的应该–现有悖反的逻辑批判构序的内在线索：**总体人**（homme total）的人本主义一般价值悬设中的张力原则与异化–经济拜物教批判理论，作为人的**本真性需要–欲望**（besoin-désire）的存在论与消费异化批判理论，人对自然关系上的非**征服的取用观**（appropriation）与支配自然的生产异化逻辑，**诗性创制**（poièsis）的**总体人化实践观**（praxis）与停留于生产制作中的**占有性实践**（pratique），人的诗性（节日）**生活活动瞬间**（moments）与实体性物像[4]和凝固化结构，基于**生命本有时间节奏**（rythmes）与劳作和金钱时间的节奏观，等等。这可能就是我在本书理论逻辑构境中的构序入口。很自然，这种有选择的逻辑聚焦也会排除一些与此线索无关的内容。在此，我们可先依列斐伏尔文本的历史线索，提点一些进入本书讨论思境的关键性的理论质点。

列斐伏尔算是山边长大的孩子，他出生于法国比利牛斯（Pyrénées）山区纳瓦朗城（Navarreaux）的阿热特莫（Hegetmau）小镇。一方面，尽管拥有同样在小镇上生活的童年，与海德格尔痴迷黑森林山区的原初本有不同，乡村生活成为列斐伏尔低位观察世界，从边缘差异性地比较城乡日常生活的原始场境。列斐伏尔自己声称，"我喜欢生活在中心与边缘之间，我既是边缘的同时又是中心的，但**我站在边缘一边**"。[5]另一方面，列斐伏尔自我心理结构中的复杂矛盾构境：即关注现实，又不断超越既有的定在，这种特殊的复调式观念构式，成为贯穿他一生的坚定不移的独立传统。在 1957 年写下的一篇学术自传中，他作了这样的描述："我碰巧出生在这样一个家庭：我的父亲是一名灵魂无所寄托的伏尔泰式的政府官员，我的母亲则是比利牛斯人，她笃信天主教到了狂信或杨森主义（jansénisme）的地步。因此，我身上一开始就有一个冲突。我花了大量的时间——因为我反抗她的信仰——才理解母亲故乡的宗教、比利牛斯人的顽强和坚忍、这个地区暗地里的得意和冷嘲热讽的幽默及其坚定不移的独立传统（这里也因此而出现了如此之多的异端和正统的狂信）对我的影响。"[6]现实的生活态度来自父亲，而超越生活、对理想的不断追求，则缘于母亲的"比利牛斯人的顽强和坚忍"。20 世纪 20 年代，他在普罗旺斯地区艾克斯大学（Aix-en-Provence）师从莫里斯·布隆德学习哲学，特别是攻读奥古斯丁与帕斯卡。1919 年后转入巴黎索邦大学继续学习深造，并且获得哲学学士学位。在那里，列斐伏尔研读谢林、尼采和他的两位主要的大学老师（莫里斯·布隆德、里昂·布伦士韦格)的著作。在反叛的艺术先锋派达达主义和超现实主义的影响下,列斐伏尔在思想上开始活跃起来。在早期,他的思想就与反叛麻木的日常生活的超现实主义思潮有共鸣。1924—1927 年间,列斐伏尔被超现实主义先锋艺术思潮深深吸引,深受达达主义的代表特里斯坦·查拉和超现实主义的代表安德烈·布勒东的影响。在他看来,"超现实主义身上体现着古老的宇宙观与崭新的革命激情、与对自由生活的意志以及与整个生活的结合"。[7] 1925 年,在抗议法国军队对摩洛哥发动里夫战役之后,他面临军事监禁。二战期间,列斐伏尔在马赛、比利牛斯山区和冈庞等地参与反抗德国纳粹的抵抗运动。1945 年,他曾经在一所军事学校(Ecole de guerre)任教,后来在图卢兹电台工作,甚至一度失业,打过短工,做过两年的出租车司机。我猜想,列斐伏尔这段作为走街串巷的出租车司机经历,"无产阶级的生活并从事体力劳动",对于他后来城市空间研究中对街道场境关系的理解是大有帮助的。关于这一点,哈维也说,"出租车司机的经历极大影响了他对空间和都市生活的本质的思考"。[8] 后来,列斐伏尔 1947 年 10 月被重新任命为图卢兹的教师,1948 年被借调到国家科学研究中心(CNRS),成为"社会学研究中心"的一名研究人员,1954 年 10 月被聘为终身研究员(maitre de recherche)。1956 年,列斐伏尔进入斯特拉斯堡大学(Université de Strasbourg)的社会学系,1961 年任教授。1962 年创建都市社会学研究所(Institut de Sociologie urbaine)。1965 年,任巴黎第十大学即楠泰尔大学(Université de Nanterre)社会学教授。1967 年 3 月至 1968 年 5 月,列斐伏尔在楠泰尔大学深度介入"红色五月风暴"。1971 年在巴黎高等研究专科学校任教,1973 年退休。1991 年 6 月,列斐伏尔在家乡去世。这是在简历上可以直观到的列斐伏尔的一生。

1924—1933 年,列斐伏尔与皮埃尔·莫汉格(Pierre Morhange)、诺伯特·古特曼(Norbert Guterman)和乔治·波利泽(Georges Polizer)组建了"青年哲学家"(jeune philosophies)研究小组,共同研究柏格森的生命哲学,并创办《哲学家》和《精神》等刊物。我推测,柏格森那种将外部时间持续性转化为主体内在生命绵延的思想构境,在列斐伏尔将空间内化为人的关系场境的思想构序中有重要的引导作用。列斐伏尔自己的思想起步中,一开始就交织着文学艺术与哲学的杂合,**诗性的浪漫主义与形而上学**成为他一生精神轨迹中的有力逻辑赋型双翼。开始进入哲学问题的思考时,他已经受到黑格尔哲学、胡塞尔现象学和海德格尔存在论的影响,但他是以意识哲学中的新神秘主义为聚焦点,这种具有批判精神的形而上学之思,显然通过了达达主义和超现实主义等先锋艺术中激进话语的激活。最早发表的论文《哲学意识的碎片》等文,系他一部早期手稿《道德的哲学》中的片断。[9]列斐伏尔和青年哲学家小组的几名成员于1928年加入法国共产党,并与古特曼于1929年创办《马克思评论》(La revue Marx)。这当然是一种政治立场和思想观念中的重要转折。依他自己的回忆,"当1917年十月革命这具有重要的世界历史意义的事件发生时,我还是个小孩。但是由于受到一种比我生活环境周围的阶级成见更为深刻的刺激,我从最初的日子起,便站在十月革命这一边。从那以来,我从未改变过立场"。[10]我推测,这种更为"深刻的刺激"应该是列斐伏尔打短工和做出租车司机时的劳动者切身体验。然而好笑的是,许多年之后的1958年,列斐伏尔被法共无情地清除出党。

依施米特(Alfred Schmidt)[11]的说法,"1930年,列斐伏尔就阅读了黑格尔,还有马克思的《资本论》"。[12]而依列斐伏尔自己后来的回忆,大约在1924年前后,布勒东给他看过一本黑格尔的《逻辑学》,"我开始阅读黑格尔,黑格尔又把我引向马克思"。[13]可见的列斐伏尔最早对马克思主义的讨论,出现在1932年写下的《从崇拜精神到辩证唯物主义的手记》[14],这也是青年马克思的《1844年经济学哲学手稿》(以下简称"《1844年手稿》")全文出版,并在欧洲思想界引起巨大轰动和吸引力的时候,有可能,那种神秘主义**物神论**与青年马克思的**人本主义劳动异化理论**构式发生共鸣。1933年有两件值得标识的事情,一是列斐伏尔第一次涉足城市问题[15],二是他与诺伯特·古特曼[16]合作创办了《前哨》(Avant-Poste)杂志,并完成了《个人与阶级》和非常重要的《神秘化的意识:日常生活批判笔记》[17]等文。在后文中,虽然已经提出了**日常生活**的概念,但并没有仔细展开讨论它,文章焦点是资产阶级意识形态的**神秘性**。可是,他们透视日常生活神秘现象的方法却是青年马克思的"哲学"(异化)加"经济学"(拜物教)的简单话语编码。我推测,在列斐伏尔与古特曼的合作中,前者是灵魂人物,因为在后面这篇提纲式的"笔记"中,显然是列斐伏尔早期意识哲学中的"新神秘主义"与青年马克思人本主义**异化劳动和后来的经济拜物教批判**问题的最早结合。也是在这一年,列斐伏尔评论了德国社会活动家奥托·鲁勒的马克思观。[18]可以感觉得到,列斐伏尔的思想正在急骤转向马克思主义的观念赋型。

出于对马克思思想急切了解的需要,列斐伏尔开始投入马克思主义经典文献的法译工作中去。1934 年,列斐伏尔与古特曼共同编译了法文版的《马克思著作导读》[19]。这是为法国学界提供的第一手马克思的文本。这本书由哲学和经济学两部分文献组成,从此书的导言中看,在哲学文本中,他们关注了异化概念,在经济学文本中,则聚焦于经济拜物教,这种选文预设,正好与他们在《神秘化的意识:日常生活批判笔记》一文中的逻辑构序相一致。后来,这一文本在1963—1964 年以两卷本《卡尔·马克思著作选集》形式重版。[20] 由此,列斐伏尔也开启了经典文献的编译工程,陆续与古特曼合作编译了《列宁论黑格尔辩证法的笔记》[21]和《黑格尔选集》[22]。不久,列斐伏尔开始解释马克思的辩证法,写下了《什么是辩证法》[23]一文,并且与古特曼依照前述的《神秘化的意识:日常生活批判笔记》的思考大纲,于 1936 年完成了《神秘化的意识》[24]一书。在此书一开始,作者就提出了一个学术系列——《神秘化的意识》《私人的意识》《日常生活批判》《意识形态的科学》《唯物主义与文化》的五册出版计划,这也是我们第一次看到列斐伏尔后来的《日常生活批判》的预设。这一计划显然没有完全实现。1939 年,列斐伏尔出版了自己第一本阐释马克思主义的专著《辩证唯物主义》[25]。在这本书中,列斐伏尔第一次完整解释了他自己所理解的马克思主义哲学:一是反对斯大林式的教条主义,二是突出强调了马克思《1844 年手稿》中的**劳动异化理论**,重要的是,他将这种批判话语与**经济拜物教**关联起来,并以**总体人**的观念生成一种新的解放口号。在列斐伏尔《辩证唯物主义》文本中开始出现两种异质性的理论逻辑:一是他明确主张的青年马克思《1844 年手稿》中基于价值悬设的人本主义话语,二是此处列斐伏尔进入马克思经济学研究中的从现实出发的客观逻辑。并且,他并没有意识到这二者在自己话语格式塔场境中的异质性错位关系。次年,列斐伏尔完成《辩证唯物主义 II:科学方法论》,此书由于法共的审查未通过,直到 2002 年才得以问世。[26]

1947 年,列斐伏尔出版了《日常生活批判》第一卷。[27]这是上述《神秘化的意识》中那个学术系列五册计划中的第三本。可以发现,在此之前列斐伏尔并没有发表关于日常生活批判方面的专门研究论文。他自己说,"这本书是围绕异化概念(la notion dtaliénation)来展开的,我认为异化是具体的、实践的、活的,因为我经历过"。[28]这里他所说的亲身经历过的"异化",应该是指列斐伏尔曾经做过的出租车司机工作。在这个标注为"导论"的论著中,一是列斐伏尔再一次系统复构马克思《1844年手稿》中的劳动异化理论,二是第一次系统阐明了马克思中晚期经济学研究中的经济拜物教批判理论,三是明确提出了自己原创性的"日常生活批判"理论,从而开辟了从社会经济政治关系异化的宏观批判视角,向日常生活中"具体的、实践的、活的"小事情异化的微观转向。这一转向,直接影响到整个马克思主义的社会批判理论。在这一文本中,列斐伏尔提出要重建"马克思主义的人本主义",但在具体讨论马克思的经济学理论的时候,他又无意识地跟随一种从客观现实出发的逻辑,这使得列斐伏尔思想中的双重逻辑冲突达到了极点。应该指出,出现在列斐伏尔思想中的这种双重逻辑冲突,几乎贯穿了他的一生学术发展过程,从《日常生活批判》第一卷,一直到《日常生活批判》第二卷和《现代世界中的日常生活》,这双重逻辑中的人本主义话语编码始终是占据主导统摄地位的,这一状况,从《都市革命》开始才发生了根本改变。这一年,列斐伏尔还出版了他自己称为"教材水平"的《形式逻辑,辩证逻辑》一书。[29]

在此之后,列斐伏尔有过两次比较集中地研究马克思思想的努力。一是1947—1949年,其间,列斐伏尔出版和发表了《马克思与自由》[30]《马克思主义》[31]和《理解卡尔·马克思的思想》[32]。后两本书,都是列斐伏尔以比较通俗的语言,向公众介绍和解释马克思思想的大众读物,影响巨大。1947年,列斐伏尔在索邦大学开设关于介绍马克思主义的系列讲座,主题是"资本主义的未来"(1947年3月)和"马克思主义对哲学教学的贡献"(11月)。二是1958—1961年,列斐伏尔比较集中地发表和出版了一批关于马克思思想研究的论著,其中包括《回到马克思》[33]《马克思主义的当前问题》[34]《马克思早期作品中的哲学与政治关系》[35]《马克思主义与信息理论Ⅰ、Ⅱ》[36]《马克思主义社会学的社会框架》[37]《马克思主义是二十世纪的精神事件》[38]和《马克思主义与政治》[39]等。其中比较重要的是《回到马克思》和《马克思主义的当前问题》。在这里,列斐伏尔重点思考的马克思的新唯物主义立场以及以辩证法为核心的异化与拜物教批判话语。这可以被视作列斐伏尔的一种关于马克思方法论的思考,可这种思考并没有真正触及历史唯物主义的核心原则。还应该提及的是列斐伏尔对列宁的关注,在这一段时间内,他先后写下了多篇介绍和研究列宁思想的文章和论著。[40]

1960年,列斐伏尔在国家科学研究中心(CNRS)成立了"日常生活研究小组"。并在时隔十五年之久，于1961年出版了《日常生活批判》的第二卷。[41]在此之前，他分别发表了《休闲革命中的商业和非商业部门》[42]《日常生活与社会》[43]和《日常生活精神分析导论》[44]等相关文章。将日常生活批判的触角伸向了休闲时间和心理支配机制的精神分析等方面，这可以被看作是第二卷写作前的理论预热。在这新的一卷中，他回答了学界对"日常生活批判"理论的各种质疑，在方法论上形成一些新的观点，在异化逻辑上奠定了走向日常生活批判的新的**需要存在论前提**，并且将批判性的人本主义话语编码延伸到全新的现实生活改变中去。由此，列斐伏尔提出了消费异化批判的新思考，其逻辑前提是他对需要-欲望理论的全新预设。或者说，是列斐伏尔努力建构出一种**新人本主义的异化史观**。这也可以被视作列斐伏尔在《日常生活批判》第二卷中，为自己的生活"小事情"异化批判确立的重要理论基础。其中，列斐伏尔已经指认出资本主义社会中出现的现代性都市空间打包和装配日常生活问题，并确认了社会空间的新概念。应该说，这是列斐伏尔之后都市研究和空间生产问题的前导性思考。

此后，我们可以看到列斐伏尔并没有放松对马克思思想的研究。他陆续创作和发表一批研究性成果，比如《马克思主义与技术》[45]《马克思主义与社会学》[46]《马克思的结构概念》[47]《马克思主义过时了吗？》[48]《马克思：其书其人》[49]和《马克思的社会学》[50]。在这些文章和书中，列斐伏尔除了对马克思主义和马克思思想的一般介绍之外，也关注了一些学科中出现的新概念与马克思主义的关系，并且，探讨了马克思主义与他所专注的社会学的关系。

1962年，列斐伏尔出版了《现代性导论：序曲》[51]。在此书中，他探讨了马克思眼中的现代世界和资产阶级现代性的本质，并在**人对自然的关系**上，指认出马克思以**取用自然的总体性人化实践**证伪了资产阶级现代性核心的征服自然观。并且，他从先锋艺术的反叛开始，深入思考了资本主义现代世界中以科学技术发展为中轴的深刻改变。1965年，列斐伏尔在《元哲学》[52]一书强化了自己原创性哲学的同向努力。在那里，他通过反省哲学的危机和蜕变，在区分**物性生产实践**（pratique）和**人化实践**（praxis）的基础上，以浪漫主义色彩的**诗性创制**（poièsis）奠定自己元哲学的基础。依我的判断，上述这两个文本（特别是后者）是列斐伏尔人本主义哲学构境的最深层，因为它实现了在自然观上从征服到取用的转换、在实践观上从占有性的物性实践和异化了的人化实践向诗性创制的转换,这个诗性创制深化了原有的需要存在论,从而实现了他人本主义价值悬设中的最终本真性规定。1967 年,也是红色五月风暴爆发的前夕,列斐伏尔完成了作为《日常生活批判》第三卷的思考大纲——《现代世界的日常生活》[53]。在这一时期,可以看到列斐伏尔关于日常生活的论文明显减少,只发表了一篇《日常生活的神话》[54]。在这本大纲式的书中,可以看到,列斐伏尔在理论逻辑构序上从偏向社会学田野的日常生活分析转向"元哲学"的形而上学建构。列斐伏尔在《现代世界的日常生活》中第一次区分了**日常生活**与**日常性**的关系,指认出现代日常生活中日常性的本质是资产阶级的现代性。并且,他开始强调日常生活并不是由一些可见物构成的实体存在,而是一种不可见社会**场**存在。此书比较重要的理论进展,是列斐伏尔将当代资本主义的最新形式指认为**消费被控制的官僚社会**。在这种社会中已经生成了一种新的资产阶级意识形态,即**消费意识形态**。

1968 年,在纪念马克思诞辰 150 周年纪念活动中,列斐伏尔发表了一篇十分重要的学术论文《马克思〈资本论〉中的形式、功能与结构》[55]。这应该是列斐伏尔第一次按照马克思经济学研究中的狭义历史唯物主义逻辑,体验真正"从现实出发"的客观逻辑视角。这是他对马克思思想理论认识中的一个重要进展,这为列斐伏尔之后即将进入的现实资本主义都市问题研究,提供了重要的方法论依据。列斐伏尔这一次对《资本论》的研究的确有新的重要发现,这就是深入理解了作为历史唯物主义一般原则中最关键的**生产方式**。从物质生产方式历史性地分析社会历史发展,特别是资本主义生产方式的历史发生、发展和消亡,这正是马克思在《资本论》中所坚持的历史唯物主义科学方法。也是在这里,列斐伏尔第一次遭遇马克思的"三大社会形式"的历史分期理论,从而树立起历史认识论的逻辑构式。我以为,正因为找到了这一重要的方法论线索,必然促使列斐伏尔自己在方法论上的转变。无论他是否自觉意识到这一点,从历史性发生的生产方式筑模去观察一个社会断面,思考一种不合理的社会历史现象,也就会逐渐摆脱抽象的人本主义话语统摄。这也是在列斐伏尔思想方法上,历史唯物主义的观念在他的话语格式塔场境中逐渐占上风的发端。

1970 年,列斐伏尔写下《都市革命》一书[56],他明确提出西方世界正在遭遇一个"完全都市化的社会"的观点。从文献线索可以看到,他的都市化研究有一个从乡村社会学到城市社会学研究的发展过程。应该指出,列斐伏尔的社会学研究,是始终与他的日常生活批判思考**并行**的独立学术发展线索,城市研究一开始并不是日常生活批判逻辑的自身转向,而是社会学研究中的学术转向,之后,虽然列斐伏尔也试图将二者缝合起来,但始终存在着裂痕。1950 年,列斐伏尔在法国国家科学研究中心(CNRS)创建了一个农村社会学小组。早在 1949 年,也是在《日常生活批判》第一卷出版不久,他就发表了《乡村社会学》[57]一文。之后,他又陆续发表《乡村社会阶级:托斯卡纳的分成制》[58]《乡村社会学展望》[59]《地租理论与农村社会学》[60]和《乡村共同体》[61]等专题论文。1961 年,列斐伏尔在斯特拉斯堡大学创立了"应用社会学系",这一学科又成为后来他在楠泰尔大学创立的社会学研究所的基础。1963 年,列斐伏尔出版了自己的国家博士论文《康庞谷——乡村社会学研究》[62]。列斐伏尔的博士学位答辩完成于 1954 年。这项关于康庞谷和乡村共同体的研究,开始二战期间,列斐伏尔在比利牛斯山区,花费大量时间查阅翻看废旧的市政档案,这奠定了研究的田野基础。至此,列斐伏尔已经是当之无愧的乡村社会学专家。

1958—1963 年间,列斐伏尔与以德波(Guy-Ernest Debord)[63]为首的情境主义国际运动[64]的先锋艺术家群体有着密切的学术和政治活动关联,在后者的"城市心理学"和"整体都市主义"运动的影响下,列斐伏尔开始关注当代资产阶级的城市与都市化问题。这种所谓的**整体都市主义**,实际上是对象化在资产阶级城市中的革命艺术实验,它的目的是为了祛序资产阶级用商业结构和劳动时间建立起来的城市日常生活场境,所以,它将是着眼于一种人与人、人与物的**关系场境的重新筑模**。在他们看来,资产阶级世界的日常生活场境中的特定建筑、街道、广场中实现出来的人的活动轨迹,已经是由商品-市场的中介关系构序起来的功利性编码的"世俗世界"(巴塔耶语),在黑格尔看到宏观"市民社会"的地方,情境主义者看到了原子化个人活动被入序于金钱化都市关系中的微观生活细节,这种细节化的城市心理"氛围"(ambiances)不是由人主动构序和塑形,而是由景观操控的伪场境存在。建构革命的情境,就是要破境景观氛围,而建立起新的中断景观氛围的革命化情境,即逃出商业时间-节奏的游戏化**瞬间**——革命性的日常生活场境"微-氛围"。在这一点上,应该说情境主义的观点深刻启发了列斐伏尔。我注意到,哈维指认了这一重要关联。[65]表面上看,从乡村到城市问题的转换,只是标识着列斐伏尔社会学实证研究中的重要转向。1960 年,列斐伏尔发表了自己第一篇有关城市研究的论文《新城市集群》[66]。这是他对比利牛斯大西洋省的新城拉克-穆朗(Lacq-Mourenx in the Pyrénées Atlan-tiques)的实证研究,这是一个在1959年对新城居民的采访的田野调查基础上,对新型资产阶级城市空间现象的思考,其中,列斐伏尔已经指认出这里存在"一个日常生活社会学的进化的关键点"。这个日常生活批判与城市社会学的结合关键点,当然来自情境主义。这样,从乡村社会学向城市社会学的转向,就既是他在社会学语境中研究城市空间中都市化实践的起点,也是他开始将自己的日常生活批判与社会学研究在对城市问题的关注中结合起来的尝试。

从1965年开始,列斐伏尔成为楠泰尔大学城市社会学研究所的所长,他非常关心都市化问题的教学课程,以便将其变为一门跨学科的学问。鲍德里亚[67]此时是楠泰尔大学的讲师(1966—1967),受到列斐伏尔的指导。但后者并非自认为前者的学生。鲍德里亚自己说,"我对他感兴趣的地方正是他的日常生活批判。然而在其中我从未得到过真正的启发……我发觉他的理论过于轻浮、俏皮,虽然其中不乏灵性,但对我来说是属于另一个时代的东西"。[68]也是在这一年,列斐伏尔发表了《公社宣言》[69],其中,他赞扬了作为城市革命运动的无产阶级。这一点,很深地关联于后来遍及法国街道的"红色五月风暴"的革命"巷战"。之后,列斐伏尔不断推进这种向城市社会学的拓展,并为关于城市居民对独栋住宅态度的研究报告文集《独栋住宅》撰写了"序言"[70]。在1967年,列斐伏尔连续发表了多篇有关城市问题的专题论文[71],并于1968年合集成《走向城市的权利》一书出版。[72]1968—1969年,列斐伏尔又接连发表《人文主义与城市规划:若干建议》[73]《城市,都市规划与都市化》[74]和《从科学到都市战略》[75]等论文。由此,他还结集出版了《从乡村到都市》[76]一书。1970年,列斐伏尔与阿纳托尔·科普(Anatole Kopp)一起创办了《空间与社会》杂志。这些学术上的进展,都为《都市革命》中的重大理论飞跃提供了直接的学术支撑。

在我看来,列斐伏尔在《都市革命》一书中的研究和思考,已经远远超出了城市社会学实证科学的范围,进入一种全新的社会批判理论的视域中。其中深刻的都市-生产关系-社会空间的主题,特别是列斐伏尔描述城市发生、发展历史过程,实现了他对历史认识论的全面接受,这将凸显为列斐伏尔思想格式塔中的重大断裂,人本主义话语的抽象逻辑第一次在理论运作中被彻底边缘化,一种日常生活批判-社会空间关系场境(瞬间)的新的关联性编码系统正在被建立起来。虽然,资产阶级的都市化实践并没有根本改变资本主义制度,但它的确使社会生产关系发生了变化,并且,日益占据着资本主义发展中的支配性地位。我认为,在这本书中出现了列斐伏尔思想发展中在方法论上的一个重要的非连续性环节:这种从现实都市社会出发的总体性,已经在逐步异质于从理想化的抽象人本主义出发的逻辑。也是在这一年,列斐伏尔还出版了《马克思主义思想与城市》[77]一书,这是他的著作中少有的对马克思恩格斯经典文献的专题性细读。依我的判断,这本书是列斐伏尔思想发展史中并不多见的**全面接受历史唯物主义的田野工作**,只是这种扎实的文献细读,集中于马克思恩格斯经典文本中的城市问题。更重要的是,列斐伏尔这里对马克思恩格斯有选择的文本细读,并没有再依从自30年代《辩证唯物主义》开始一直到《现代世界的日常生活》所主张的新人本主义的异化史观,即以《1844年手稿》中的劳动异化来图解马克思主义,而是走向一种对历史唯物主义方法论的"照着说"。这是自前述《马克思〈资本论〉中的形式、功能与结构》一文之后,列斐伏尔第一次践行了从**客观实际出发**去ouvre(打开)现实和概念。我认为,这是长期以来人们所忽略的列斐伏尔思想格式塔场境中一次方法论上的重大转折。虽然,他还保留着人本主义话语的外饰,但那种从价值悬设出发的人学批判话语已经彻底失去了主人话语的地位。这在列斐伏尔之后的文本和思想构境中,呈现出一幅奇特的双重逻辑地位颠倒的无意识样态。

1973年,列斐伏尔出版了《空间与政治》(《城市的权利》第二卷)[78]一书。在这里,他通过对建筑和规划设计的编码、解码与重新编码中的意识形态隐性支配问题的思考,开始明确说明自己原创性的"元哲学"的最新成果——"空间的生产"的理论,并将之视为以马克思关于资本主义生产方式批判的科学方法,运用到今天对空间政治本质问题的认识中来的结果。这也是我指认列斐伏尔创立**晚期马克思主义**[79]理论逻辑基础的原由。从列斐伏尔这里的空间政治的讨论来看,他所指认的政治,当然是指社会空间生产中存在的广义的支配性和奴役性关系。所以,明确空间的政治性,也就是确认他作为元哲学的**空间政治经济学**是**一种社会批判理论**。这样,列斐伏尔就在马克思那里也并没有过多关注的社会空间领域,同样发现了资本主义生产关系的再生产,并且,原先在人本主义构境中在区分**物性生产实践**(pratique)和**人化实践**(praxis)的内涵开始与社会生产关系的生产与再生产关联起来,在此基础上,在传统空间问题研究中看到物理空间的持续性存在特性和放置对象的空洞场所的地方,他透视出复杂的人与自然、人与人关系构序起来的生命空间绵延被商品交换的原则所浸染,**空间的使用(价值)被变卖("交换价值")所替换**,在马克思高度关注的物质生活领域之外,在日常生活层面重新捕捉到资本化身为"毛细血管"的微观权力运行机制,在城市与乡村、都市化构成性中心与边缘生存的关系场境中,发现了阶级冲突的空间矛盾,这样,列斐伏尔就实现了一个重要的空间理论中的"认识论革命"。也是在这个意义上,我将列斐伏尔称为**空间理论中的路德**。

同样是在 1973 年,列斐伏尔出版了《资本主义的幸存——社会关系的再生产》[80]一书。可以看到,之前,列斐伏尔已经发表了两篇关于生产关系再生产研究方面的专题论文《生产关系的再生产 I-II》[81]。能够感到,列斐伏尔是在将马克思正常表述的社会关系再生产的观点引向他自己哲学构境中那个具有逻辑张力的总体性,在列斐伏尔眼里,它标志着当代资本主义通过空间(生产关系)的生产正在不断实现自身可能的发展。马克思和列宁关于资本主义必然灭亡的观点,不是错了,而恰恰是资产阶级自觉意识到了资本主义生产方式自身的内在矛盾。资产阶级用以缓解这些矛盾的重要改变不仅仅是通过国家"干预"经济,并且还通过占有空间,干预和直接生产空间,这个空间不是自然的物理的空间,而资本主义社会关系的生产与再生产编码和建构起来的全新社会场境存在。其实,这已经是一个重要的政治断言:当代资本主义不仅没有灭亡,反倒通过自我变革实现了新的发展空间。由此,都市革命必将转换为空间生产的革命。

1974 年,列斐伏尔出版了著名的《空间的生产》[82]一书。此书深刻反映了列斐伏尔在 1968 年"红色五月风暴"后发生的断裂式思想转换,即从人本主义异化论构架转向历史唯物主义的问题式,进而生成当代资本主义生产关系生产与再生产的社会空间图式。这也是晚期马克思主义的重要发生时刻,正是这一转变导引了整个西方左翼知识界的一场新的观念和方法论革命。在这一重要文本中,列斐伏尔关于历史唯物主义**场境关系存在论**的真正确立,以物性实在论视域中不在场的社会生产关系的生产与再生产的空间实践为基础,人本主义构境中的**诗性创制**(poièsis)被扬弃在全新的空间生产本质之中。并且,一个现代资产阶级让资本逻辑得以**幸存**的空间布展结构得以揭示。

在《空间的生产》一书出版后，时隔两年，列斐伏尔写下了接近 1600 页的四卷本的《论国家》(1976—1978)[83]。列斐伏尔关于当代资本主义国家问题的思考，最早出现在 40 年代的两条线索之中：一是当代资本主义社会中的新变化，这主要是关于战后资本主义的国家干预问题，二是关于国家理论的反思。在第一条线索中，列斐伏尔发表有《法国资本主义危机》[84]《积累与进步》[85]《世界两大工业公司结构的变化》[86]和《国家资本主义或公共部门民主化》[87]等论文；在第二条线索中，列斐伏尔发表了《斯大林与国家 I-II》[88]和《国家与社会》[89]等论文。在四卷本的《论国家》一书中，列斐伏尔进一步指认了资本主义国家历史发展的当下形态，就是以**国家生产方式**的筑模，全面控制了资本主义生产关系在空间中的再生产。这是自《空间的生产》以来，在空间问题上的新论断。在一定的意义上，也是列斐伏尔自己对历史唯物主义中生产方式问题在当代资本主义社会发展新变化的全新判断。如果说，从《都市革命》到《空间的生产》，列斐伏尔实现了社会批判理论中的一种生产关系再生产中的"空间转向"，那么，这里则是生成了以统治阶级整体——国家的方式，自觉地、主体性地支配空间生产的新认识。

1980 年，列斐伏尔完成了《日常生活批判》第三卷[90]的写作与出版。在这个作为长达三十多年的系列思想实验的结尾处，列斐伏尔从空间生产、国家生产方式等宏大社会叙事再一次回到了微观层面上的日常生活批判。这一次，列斐伏尔不仅回顾自己社会批判理论的思想进程，还特别凸出了当代资本主义中新出现的信息意识形态对日常生活的影响。如果过去马克思看到了交换征服了世界，那么今天在资本主义生产方式筑模中，则出现了信息征服了世界。在一定的意义上，信息在交换中的中介作用已经在部分篡夺货币的霸主地位。信息就是财富已经成为现实。重要的是，列斐伏尔认为，原来体现在商品交换中的等价逻辑，今天由信息编码的交换替代了。这会生成一种全新的身份认同和同一性的**信息拜物教**。同时，列斐伏尔将葛兰西提出的文化霸权问题中的认同机制拉到自己的日常生活批判中来。其中，身份同一性和日常话语，就是统治阶级意识形态对日常生活的"春风化雨般"的渗透，它通过每天随口言说的话语巧妙地掩盖起真实存在的压迫性的奴役关系和不平等的权力。当然，这种同一性隐性支配的现实基础，是资产阶级日常生活本身的同质性机制。

其实，在列斐伏尔生命中的最后一个思想发展阶段中，他仍然关心着马克思主义在当代的命运。他先后出版和发表了《黑格尔、马克思与尼采,或阴影的王国》[91]《一种生成世界的思想:我们必须放弃马克思吗?》[92]等论著,以及《马克思主义爆发》[93]《马克思或其他》[94]《走向左翼文化政治学:马克思去世百年纪念》[95]等文。特别是在《走向左翼文化政治学:马克思去世百年纪念》一文中,列斐伏尔重申自己一生对马克思主义旗帜的坚守,也是对作为一种革命的政治规划提出了自己最后的观点。在此文的提要中,列斐伏尔明确指出,他的研究方法是历史唯物主义"生产方式分析",这已经成为一个重要的**方法化自觉**。在列斐伏尔看来,第二次世界大战之后,资本主义成功地完全渗透进日常生活的方方面面。而对马克思主义来说,我们需要一些新的概念去保持它的潜能,以帮助我们理解同时彻底改变这个日常生活被资本完全殖民化的现代资本主义世界。这也是针对当下资本主义社会的新问题,即资产阶级对日常生活的入侵和奴役,列斐伏尔认为马克思主义必须用新的概念才能透视这些新的问题。这正是我所说的晚期马克思主义的根本特征。

1985 年,列斐伏尔与自己最后一任夫人凯瑟琳·雷居利耶-列斐伏尔合作发表了《节奏分析计划》[96]一文,据说,这也是列斐伏尔准备中的《日常生活批判》第四卷的大纲。1991 年列斐伏尔去世后,次年出版了遗稿《节奏分析的要素:节奏知识导论》[97]。在这一遗稿中,列斐伏尔试图说明日常生活和节奏的关系,也就是在社会空间之外阐明一种新的**社会时间**的具体形态。更辩证地说,所有节奏都包含时间对于空间的关系,一种局域化的时间,或者也可以称为时间化的空间。在他看来,人的生命存在,除去自然时间的持续性之外,柏格森指认的生命绵延时间具体实现为一种特有的重复性的时间节奏,这也会是一种"重复和生成、同一和他者的关系"。历史地看,农耕时代自然经济中土地物理空间之上周而复始的四季节奏成为生命的绵延,而工业时代的线性简单重复则将自然节奏打碎为工业工序的钟表时间节奏,在当代资产阶级世界中,则又出现了商业交换中的金钱和政治法律空间中压迫人的**他者节奏**。这是列斐伏尔留给思想史的最后财富。

没有了列斐伏尔的世界,失去了一种总能令人深思的声音。1994 年 6 月,法国学术界在巴黎召开了以"列斐伏尔,未来之路"为题的会议。同时,《空间与社会》杂志 1994 年 76 期还专刊讨论他关于现代性、都市与城市、建筑与经济思想相关的问题、后现代主义的先驱等问题。列斐伏尔成为真正意义上的理论大他者。首先,列斐伏尔所实现的日常生活批判和空间生产的双重转向都在学界生成了一定的影响。相比之下,对当代资本主义社会的日常生活批判理论,原创性的后继思考是不足的,除去赫勒(Agnes Heller)[98]的《日常生活》一般日常生活理论研究,以及科西克[99]在《具体辩证法》中基于海德格尔"平日"存在论与马克思批判话语的嫁接外,在这一方面,值得提及的还有列斐伏尔自己的法国同胞瓦内格姆(Raoul Vaneigem)[100]的《日常生活的革命》和德·塞托(Michel de Certeau)[101]的《日常生活实践》;而在第二种转向方面,在曼纽尔·卡斯特(Mannel Castells)[102]的《都市问题》[103]、大卫·哈维(David Harvey)[104]的《社会正义与城市》[105]和爱德华·索亚(Edward Soja)[106]的《第三种空间》[107]之后,展现出一种朝气蓬勃的景象,一个空间理论的"新大陆"在徐徐展现。其次,在列斐伏尔所走上的以历史唯物主义生产方式的原则透视当代资本主义的理论道路,则有了**晚期马克思主义**的众多跟随者。

中国学术界,人们开始关注列斐伏尔。这种目光,有来自建筑学、城市科学,也有来自哲学和马克思主义研究中的关注,真心希望,这种关注不再是"广为人知,鲜为人解"。此书,是我在前人开辟的探索道路上,在列斐伏尔的学术思想文本耕犁中走出的一小步,期盼更厚重的脚步声响起。

张一兵

2022 年 10 月 4 日初稿于南京

2023 年元旦第二稿于南大和园

2023 年 2 月 10 日三稿于和园

2023 年 12 月 5 日四稿于意大利都林

注释

[1]佩里·安德森说:"亨利·列斐伏尔是我曾经探讨的西方马克思主义传统最老的至今尚在人世的幸存者。整整 80 年以来,他不屈不挠矢志不渝地发表一般被许多左派人士所漠视的那些文章,这些文章沉着冷静,富有原创性。可是这种坚定不移的精神的代价,就是相对的孤立无伴。"Perry Anderson, *In the Tracks of Historical Materialism*, London:Verso, 1983, p.20.

[2]索亚(Edward W. Soja, 1940—2015):美国当代著名地理学家,美国加州大学洛杉矶

分校都市规划系教授。代表作有:《后现代地理学——重申批判社会理论中的空间》(1989)、《第三空间》(1996)《后大都市——城市和区域的批判性研究》(2000)等。

[3][美]索亚:《第三空间——运往洛杉矶和其他真实地方和想象地方的旅程》,陆扬等译,上海教育出版社 2005 年版,第 8 页。

[4]物像概念也是我在《回到马克思》第二卷中提出的新概念,不同于存在论意义上的物相,它是指对象与事情显现给主体的现象。

[5][法]列斐伏尔:《轻视的年代》,巴黎:Stock,1975 年,第 60 页。转引自[美]索亚:《第三空间——运往洛杉矶和其他真实地方和想象地方的旅程》,陆扬等译,上海教育出版社 2005 年版,第 8 页。

[6] Richard Deledalle Denis Huisman, *Les philosophes français d'aujourd'hui par eux-mêmes: autobiographie de la philosophie française contemporaine.* CDU, Paris, 1963, pp.288—289. 中译文参见王立秋译稿。

[7][法]列斐伏尔:《论"现代化"的一封信》,载《列斐伏尔文艺论文选》,柳鸣九等译,作家出版社 1965 年版,第 253 页。

[8][美]哈维:《〈空间的生产〉英文版(1991)后记》,黄晓武译,载《第三届列斐伏尔哲学思想学术研讨会译文集》(2022,南京),第 129 页。

[9] Henri Lefebvre, 'Fragments d'une philosophic de la conscience', *Philosophies* 4, pp.241ff; «Critique de la qualité et de l'etre: Fragment d'une philosophic de la conscience», *Philosophies* 4(November), pp.414—21.

[10][法]列斐伏尔:《论"现代性"的一封信》,柳鸣九译,载《列斐伏尔文艺论文选》,作家出版社 1966 年版,第 247 页。

[11]施米特(Alfred Schmidt, 1931—2012):德国当代哲学家,西方马克思主义法兰克福学派的左派代表人物。1931 年出生于柏林,早年在法兰克福大学攻读哲学、社会学和历史,1960 年获得哲学博士学位。后执教于法兰克福大学和法兰克福劳动学院。1972 年任法兰克福大学社会研究所所长。代表性论著主要有:《马克思学说中的自然概念》(1960)、《尼采认识论中的辩证法问题》(1963)、《康德与黑格尔》(1964)、《列斐伏尔和现代对马克思的解释》(1966)、《工业社会的意识形态》(1967)、《经济学批判的认识论概念》(1968)、《论批判理论的思想》(1974)、《什么是唯物主义?》(1975)、《作为历史哲学的批判理论》(1976)、《观念与世界意志》(1988)等论著。

[12][德]施米特:《〈辩证唯物主义〉德文版后记:亨利·列斐伏尔与马克思的当代诠释》,周泉译,载《重思日常生活批判:第二届列斐伏尔思想研讨会研究译文集》(2019,南京),第 135 页。

[13] Henri Lefebvre, *le Temps des méprisrs*, Paris: Éditions Stock, 1975, p.49.

[14]此文是列斐伏尔 1932 年 12 月对丹尼斯·德鲁格蒙特(Denis de Rougemont)在《新弗朗西斯年鉴》(Nouvelle Revue Franrcaise)中对青年知识分子的调查时的答复。Henri Lefebvre, 'Cahier de Revendications "Du Culte" L'Esprit au matérialisme dialectique', *Nouvelle Revue Franchise* 231(December), pp.803—5.

[15] Henri Lefebvre, 'V. Serge: Ville conquise', *Avant-Poste* 1(June, 1933).

[16] 诺伯特·古特曼(Norbert Guterman, 1900—1984):法国马克思主义学者和翻译家。出生于华沙,20世纪20年代在巴黎学习,与列斐伏尔等人一起加入了"青年哲学家小组"。该小组曾一度与超现实主义者联系在一起。1930年代之后,古特曼成为马克思主义者,并与列斐伏尔合作出版了一系列马克思主义经典法译论著和学术著作。后来,二战前夕,因犹太人身份,古特曼被迫移居美国,但与列斐伏尔仍然保持了长期通信。古特曼曾经在居美的法兰克福学派的社会研究所工作,与利奥·洛文塔尔共同写作《先知的欺骗》,在学术界以哲学和文学作品的翻译家而闻名。

[17] Henri Lefebvre, Norbert Guterman, 'Individu et classe', *Avant-Poste* 1(June), pp.1ff. 'La mystification. Notes pour une critique de la vie quotidienne', *Avant-Poste* 2(August), 1933, pp.91ff.

[18] Henri Lefebvre, 'Le Karl Marx de Otto Rülhe', *Avant-Poste* 3(October/November), 1933, 199ff.

[19] Henri Lefebvre, en collaboration avec Norbert Guterman, *Introduction aux Morceaux choisis de Karl Marx*, Paris: NRF, 1934.

[20] Henri Lefebvre, en collaboration avec Norbert Guterman, *Karl Marx*, *CEUVERES Choises*, tome I, en collaboration avec Nobert Gutterman, Gallimard, 1963. *Karl Marx*, *OEUVRES Choises*, tome II, en collaboration avec Nobert Gutterman, Gallimard, 1964.

[21] Henri Lefebvre, en collaboration avec Norbert Guterman, *Cahiers de Lénine sur la dailectique de Hegel*, Paris: Gallimard, 1938.这是对列宁写于1914—1915年的"伯尔尼笔记"的法文翻译,并且,在正文前写有一个近130页的引言。

[22] Henri Lefebvre, en collaboration avec Norbert Guterman, *Morceaux choisis de G.W.F. Hegel*, Paris: Gallimard, 1938.

[23] Henri Lefebvre, 'Qu'est-ce que la Dialectique?' Part 1. *Nouvelle Revue Française* 45: 264(September), 1935, pp.351—64. 'Qu'est-ce que la Dialectique?' Part 2. *Nouvelle Revue Française* 45:265(October), 1935, pp.527—39.

[24] Henri Lefebvre, en collaboration avec Norbert Guterman, *La Conscience mystifiée*, Paris: Gallimard, 1936.

[25] Henri Lefebvre, *Le matérialisme dialectique*, Paris: Alcan, 1939.

[26] Henri Lefebvre, *Méthodologie des Sciences*, Paris: Anthropos, 2002.

[27] Henri Lefebvre, *Critique de la vie quotidienne*, *vol.1*: *Introduction*, Paris: Grasset, 1947.

[28] Richard Deledalle Denis Huisman, *Les philosophes français d'aujourd'hui par eux-mêmes*: *autobiographie de la philosophie française contemporaine*. CDU, Paris, 1963, p.287.中译文参见王立秋译稿。

[29] Henri Lefebvre, *Logiqueformelle*, *logiquedialectique*, Paris: Éditions sociales, 1947.列斐伏尔自己说,这是"在过去二十年积累的笔记的基础上写成的一部(基本是教材水平的,

niveau-en principe pédagogique）关于形式逻辑和辩证逻辑范畴（de la logique formelle et de la logique dialectique）的研究"论著，"这是一套旨在研究哲学问题的整体的丛书中的第一本。丛书中的第二本专门讨论方法论（尤其是数学方法），原定于 1949 年出版；书都排版、校对好了，但最终还是没能出版"。Richard Deledalle Denis Huisman, *Les philosophes français d'aujourd'hui par eux-mêmes：autobiographie de la philosophie française contemporaine*. CDU, Paris, 1963, p.286.中译文参见王立秋译稿。

［30］Henri Lefebvre, *Marx et liberté*, Geneva：Edation des Trois Collines, 1947.

［31］Henri Lefebvre, *Le Marxisme*, Paris：Presses universitaires de France, 1948.

［32］Henri Lefebvre, *Pour connaître la pensée de Karl Marx*, Paris：Bordas, 1948.

［33］Henri Lefebvre, *Retour Marx*, Cahiers Internationaux de Sociologie, NOUVELLE SÉRIE, Vol.25（Juillet—Décembre 1958）, pp.20—37.

［34］Henri Lefebvre, *Problèmes actuels du marxisme*, Paris：Presses universitaires de France, 1958.

［35］Henri Lefebvre, 'Rapports de la philosophic et de la politique dans les premières oeuvres de K. Marx', *Revue de métaphysique et de morale* 2—3（April/September）, 1958. pp.299—324.

［36］Henri Lefebvre, 'Marxisme et théorie de l'information, Part 1', *Votes nouvelles* 1, 1958. pp.15ff. 'Marxisme et théorie de l'information, Part 2', *Votes nouvelles* 2, 1958. pp.17f.

［37］Henri Lefebvre, 'Les cadres sociaux de la sociologie marxiste', *Cabiers internationaux de sociologie* XXVI（January—June）, 1959, pp.81—102.

［38］Henri Lefebvre, 'Le marxisme est l'événement spirituel du XXe siècle', *Arts* 817.

［39］Henri Lefebvre, 'Marxisme et politique', *Revue franchise de science politique* XI：2（June）, 1961, pp.338—63.

［40］Henri Lefebvre, 'Lénine philosophe', Colloque de Lénine philosophe et savant. *La Pensée* 57, 1954（September/October）, pp.18—36. 'De Lénine philosophe', *Deutsche Zeltung Philos*, 1955, 111：6. *Pour connaître la pensée de Lénine*, Paris：Bordas, 1957.

［41］Henri Lefebvre, *Critique de la vie quotidienne, vol.2：Fondements d'une sociologie de la quotidienneté*（Paris：L'Arche, 1961.

［42］Henri Lefebvre, 'Secteur commercial et secteur non commercial dans revolution du loisir', In *Journées d'études de Marly-Roi*, Paris：Centre national d'éducation populaire.

［43］Henri Lefebvre, 'Vie quotidienne et sociologie', *Recherches sociologiques* 22.

［44］Henri Lefebvre, 'Introduction a la psycho-sociologie de la vie quotidienne'. In D. Huisman（ed.）*Encyclopedic de la psychosociologie*, Paris：publisher not available, pp.102ff.

［45］Henri Lefebvre, 'Marxisme et technique', *Esprit New* Series 307, 1962, pp.1023—8.

［46］Henri Lefebvre, 'Marx et la sociologie', *Actes du 51e Centres mondial de sociologie*, International Sociological Association, Washington, 1962. September, pp.2—8.

［47］Henri Lefebvre, 'Le concept de structure chez Marx', In Roger Bastide（ed.）*Sens et usage du terme de structure*, The Hague：Mouton，1962. pp.100—6.

[48] Henri Lefebvre, 'Le marxisme est-il dépassé? un entretien avec A.Parinaud', *Arts* 903（13 February）.

[49] Henri Lefebvre, *Marx：sa vie, son oeuvre*, Paris：Press universitaires de France, 1964.

[50] Henri Lefebvre, *Sociologie de Marx*（Paris：Presses universitaires de France, 1966.

[51] Henri Lefebvre, *Introduction à la modernité：Préludes*, Paris：Éditions de Minuit, 1962.

[52] Henri Lefebvre, *Métaphilosophie*, Paris：Éditions de Minuit, 1965.

[53] Henri Lefebvre, *La vie quotidienne dans le monde modern*, Paris：Gallimard, 1968.

[54] Henri Lefebvre, 'Les mythes de la vie quotidienne', *Cahiers internationaux de sociologie* XXXIII（July—December），1962, pp.67—74.

[55] Henri Lefebvre, 'Forme, fonction, structure dans le capital', *L'Homme et la société* 7, 1968（January—March），pp.69—81.

[56] Henri Lefebvre, *La révolution urbaine*, Paris：Gallimard, 1970.

[57] Henri Lefebvre, 'Problèmes de sociologie rurale, la Communauté paysanne et ses problems historico-sociologiques', *Cahiers internationaux de sociologie*, VI, 1949, pp.78—100.

[58] Henri Lefebvre, 'Les Classes sociales dans la campagne. La Toscane et la Mezzadria classica', Cahiers internationaux de sociologie X, 1951. pp.70—93.

[59] Henri Lefebvre, 'Perspectives de sociologie rurale', *Cahiers internationaux de sociologie* XIV, 1953, pp.122—40.

[60] Henri Lefebvre, 'Théorie de la rente foncière et sociologie rurale', In *Actes au IIIe Congrès international de sociologie*, two volumes, Amsterdam, 1956.

[61] Henri Lefebvre, 'La Communauté villageoise', *La Pensée* 66（March/April），1956, pp.29—36（interventions in round table discussion：pp.28, 37—8）.

[62] Henri Lefebvre, *Lavallée de Campan：Étude de sociologierurale*, Paris：Presses universitaires de France, 1963.

[63] 居伊·德波（Guy-Ernest-Debord, 1931—1994）：当代法国著名思想家、实验主义电影艺术大师、当代西方激进文化思潮和组织——情境主义国际的创始人。出生于巴黎，幼年父亲早逝。1951年加入字母主义运动，1953年组建字母主义国际，创办《冬宴》杂志。1957年组建情境主义国际，主编《情境主义国际》等杂志。主要代表作有：电影《赞成萨德的嚎叫》（1952）、《城市地理学批判导言》（1954）、《异轨使用手册》（与乌尔曼合作，1956）、《漂移的理论》（1956）、《关于情境建构和国际情境主义趋势的组织及活动的条件》（1957）、《文化革命提纲》（1958）、《定义一种整体革命计划的预备措施》（与康泽斯合作1960）、《日常生活意识变更的一种视角》（1961）、《关于艺术的革命判断》（1961）、《关于巴黎公社的论纲》（与瓦内格姆合作1962）、《对阿尔及利亚及所有国家革命的演讲》（1965）、《景观商品经济的衰落——针对沃茨的种族暴乱》（1965）、《景观社会》（1967）。1973年，德波根据自己的《景观社会》一书拍摄了同名电影。1988年以后，写出了半自传体的著作《颂词》，并继续完成了其《景观社会》的姊妹篇《关于景观社会的评论》（1988），进一步完善了对当代资本主义社会的

批判理论。1994年,德波与布瑞吉特·考那曼合作,完成了自己最后一部电影《居伊·德波——他的艺术和时代》。影片完成之后,当年11月30日,德波在其隐居地自杀身亡,享年63岁。

[64] 情境主义国际(Internationale situationniste, IS, 1957—1972):法国当代左翼先锋艺术运动。1957年,由德波发起,想象包豪斯运动、字母主义国际、伦敦心理地理学协会合并共同创建了情境主义国际。他们继承了达达主义和超现实主义那种以先锋派艺术的方式反抗或改造异化了的西方社会现实的传统,提出今天反对资本主义的革命不再是传统的政治斗争和反抗,而转换为将存在瞬间艺术化的"日常生活的革命";扬弃异化和反对拜物教变成了艺术家的"漂移"行走实验和心理学意义上的观念"异轨",这种文化革命的本质就是所谓建构积极本真的生存情境。其实,情境主义也正是由此得名。情境主义的主要代表人物除了德波,还有切奇格洛夫(常用名伊万)(Ivan Chtcheglov)、伯恩施坦(Michèle Bernstein)、约恩(Asger Jorn)、范内格姆(Raoul Vaneigem)等人。重要的理论文本有德波的《景观社会》(1967)和范内格姆的《日常生活的革命》(1967)等。

[65] [美]哈维:《叛逆的城市——从城市权利到都市革命》,叶齐茂等译,北京:商务印书馆2014年版,第iv页。

[66] Henri Lefebvre, 'Les nouveaux ensembles urbains', *Revue française de sociologie* 2 (April—June), 1960, pp.186—201.

[67] 鲍德里亚(Jean Baudrillard, 1929—2007):法国当代著名思想家。其代表性论著有:《物体系》(1968)、《消费社会》(1970)、《符号政治经济学批判》(1972)、《生产之镜》(1973)、《象征交换与死亡》(1976)、《论诱惑》(1979)、《拟真与拟像》(1981年)、《他者自述》(1987)、《冷记忆》(五卷,1986—2004)、《终结的幻想》(1991年)、《罪恶的透明》(1993)等。

[68] [法]鲍德里亚、利沃奈:《片段集》,张新木等译,南京大学出版社2023年版,第27—28页。

[69] Henri Lefebvre, *La Proclamation de la Commune*, Paris:Gallimard, 1965.

[70] Henri Lefebvre, 'Preface', In *L'Habitat pavillionnaire*, Paris:Centre de recherche d'urbanisme, 1966, pp.3—24.

[71] Henri Lefebvre, 'Le droit a la ville', *L'Homme et la société* 6(October—December), 1967, pp.29—35. 'L'urbanisme aujourd'hui, mythes et réalités', *Les Cahiers du Centre d'études de socialistes* 72—73, 1967, pp.5ff(debate between H. Lefebvre, J. Balladur and M. Ecochard). 'Propositions pour un nouvel urbanisme', *Architecture d'aujourd'hui* 132(June/ July), 1967, pp.14—16(English summary, see p.C11). 'Besoins profonds, besoins nouveaux de la civilisation urbaine', *Revue 2000*. 'Quartier et ville de quartier', *Cahiers de l'Institut d'Aménagement et d'Urbanisme de la Région Parisienne* 7.

[72] Henri Lefebvre, *Le Droit à la ville*, Paris:Anthropos, 1968.

[73] Henri Lefebvre, 'Humanisme et urbanisme, quelques propositions', *Architecture, Formes, Fonctions* 14, 1968.

[74] Henri Lefebvre, Monique Coornaert, 'Ville, urbanisme et urbanisation', In *Perspectives*

de la sociologie contemporaine, *Hommage à Georges Gurvitch*, Paris：Presses, 1968.

［75］Henri Lefebvre, 'De la science a la strategic urbaine', *Utopie* 2—3, 1969, pp.57ff.

［76］Henri Lefebvre, *Du rural à l'urbain.* Paris：Anthropos, 1970.

［77］Henri Lefebvre, *La pensée marxiste et la ville*, Tournai, Paris：Casterman, 1972.

［78］Henri Lefebvre, *Le droit à la ville*, vol.2：*Espace et politique*, Paris：Anthropos, 1973.

［79］晚期马克思主义(Late Marxism)是我在 2000 年提出的概念,它是指活跃在当前西方左派学界中的一群至今坚持以历史唯物主义生产方式构架来重新解决当代资本主义发展新问题的马克思主义者。参见拙文:《西方马克思主义、后马克思思潮和晚期马克思主义》,《福建论坛》2000 年第 4 期;《何为晚期马克思主义?》,《南京大学学报》2004 年第 5 期。

［80］Henri Lefebvre, *La survie du capitalisme*：*La reproduction des rapports de production*, Paris：Anthropos, 1973.

［81］Henri Lefebvre, 'La reproduction des rapports de production, Part 1', *L'Homme et la société* 22(October—December), 1971, pp.3—23. 'La reproduction des rapports de production, Part 2', *L'Homme et la société* 23(January—March), 1972, pp.3—22.

［82］Henri Lefebvre, *La production de l'espace*, Anthropos, Paris：Anthropos, 1974.关于这一重要文本,笔者将在已经完成的《回到列斐伏尔——列斐伏尔〈空间的生产〉的构境论解读》一书中进行专题研究。

［83］Henri Lefebvre, *De l'E'tat, I. L'E'tat dans le Monde Moderne*, Paris：Union Générale d'Éditions, 1976; *De l'E'tat, II, Théorie marxiste de l'état de Hegel à Mao*, Paris：Union Générale d'Éditions, 1976; *De l'E'tat III. Le Mode de Production Etatique*, Paris：Union Générale d'Éditions, 1977; *De l'E'tat, IV, les contradictions de l'etat moderne. la dialectique de l'état*, Paris：Union Générale d'Éditions, 1978.

［84］Lefebvre, 'La crise du capitalisme français', *La Pensée* 17(March/April), 1948, pp.39—50.

［85］Lefebvre, 'Accumulation et progrès', *Cahiers de l'institut de science économique appliquée* 1：10, 1961, pp.39ff.

［86］Lefebvre, 'Les mutations intervenues dans les structures des deux grandes sociétés industrielles du monde', *Le Monde diplomatique* 129(January), 1965, p.10.

［87］Lefebvre, 'Capitalisme d'État ou secteur public démocratisé', *Le Monde*(5 February), 1966, p.8.

［88］Lefebvre, 'Staline et la nation, Part 1', *La Nouvelle Critique* 11(December), 1949, pp.18—32. 'Staline et la nation, Part 2', *La Nouvelle Critique* 14(March), 1950, pp.44—56.

［89］Lefebvre, 'L'État et la societe', *Les cahiers du centre d'études socialistes* 42—43, 1964, pp.17ff.

［90］Lefebvre, *Critiquede la vie quotidienne*, vol. 3：*Delamodernité au modernisme*：*Pourunemétaphilosophie du quotidien*, Paris：L'Arche, 1981.

［91］Lefebvre, *Hegel, Marx, Nietzsche, ou le royaume des ombres*, Paris：Tournai, Casterman，1975.

［92］Lefebvre, *Une Pensée Devenue Monde：Faut-il abandonner Marx?* Paris：Fayard, 1980.

［93］Lefebvre, 'Le marxisme éclaté', *L'Homme et la société* 41—42（July—September），1980, pp.3—12.

［94］Lefebvre, with François Châtelet, Jean-Marie Vincent, Françoise Bellue *et al.*, *Marx ou pas? Reflexions sur un centenaire*, Paris：Études et documentation internationales, 1986, pp.21—5.

［95］Lefebvre, 'Toward a Leftist cultural politics：remarks occasioned by the centenary of Marx's death', D. Reifman（trans.），C. Grossberg and L. Nelson（eds）*Marxism and the Interpretation of Culture*, Urbana：University of Illinois Press.；New York：Macmillan, 1988, pp.75—88.

［96］Lefebvre, Catherine Régulier-Lefebvre, 'Le projet rythmanalytique', *Communications* 41, 1985, pp.191—9.

［97］Lefebvre, Catherine Régulier-Lefebvre, *Éléments de rythmanalyse：Introduction à la connaissance des rythmes*, Paris：Ed. Syllepse, 1992.

［98］阿格妮丝·赫勒（Agues Heller, 1929—2019）：匈牙利哲学家，东欧新马克思主义的重要代表人物，布达佩斯学派最主要的代表人物。生于匈牙利布达佩斯的一个中产阶级的犹太人家庭，1947年考入布达佩斯大学学习物理和化学，加入共产党，并很快转入哲学系学习，成为卢卡奇的学生，开始接受马克思主义。1953年赫勒在卢卡奇的直接指导下，获得博士学位，1953年开始在布达佩斯大学哲学系任教，成为卢卡奇的助手。1956年"匈牙利事件"之后，匈牙利开展了一场大规模的反对修正主义运动，卢卡奇和赫勒等人都受到严厉的批判。赫勒被开除出布达佩斯大学，去一所中学任教。直到60年代初，情况才有所改变。卢卡奇重返哲学界，赫勒在1963年得到一定程度的平反并在匈牙利科学院从事研究工作。以赫勒为代表的卢卡奇的学生们组织了一个名叫"布达佩斯"的小组，经常在一起讨论异化等理论问题，从青年马克思的异化理论和青年卢卡奇的《历史和阶级意识》的基本思想出发，致力于"社会主义的人道化"。1971年卢卡奇逝世后，布达佩斯学派主要成员陆续把活动中心转移到国外，1977年，赫勒与丈夫费赫尔到澳大利亚，后在悉尼和墨尔本大学任教，1986年转到美国纽约社会研究院政治学和社会科学研究生院任教。主要代表作：《日常生活》（1968）、《马克思的需要理论》（1974）、《激进哲学》（1978）等。

［99］科西克（Karel Kosik, 1926—2003）：捷克新马克思主义哲学家和作家。1926年生于布拉格。二战以后，先后在列宁格勒大学和布拉格查尔斯大学学习哲学。1963年以前，在捷克科学院哲学研究所工作。1963年起任查尔斯大学文学系教授。1968年在捷共第十四次特别代表大会上当选中央委员，不久被开除党籍，免去一切职务。主要论著为：《激进的捷克民主主义》（1958）、《具体的辩证法》（1963）、《我们的政治危机》（1968）、《新马克思主义：现代激进民主主义》（1982）等。

［100］拉乌尔·瓦内格姆（Raoul Vaneigem, 1934—　）：法国作家，情境主义国际成员。1934年生于比利时的莱辛纳斯（Lessines）。1952年至1956年在布鲁塞尔自由大学修习罗曼语语文学，学士论文的研究对象为法国诗人洛特雷阿蒙（原名伊齐多尔·迪卡斯），随后在比利时尼伟勒当地学校教书至1964年。当他读了列斐伏尔的《总和与剩余》和《日常生活批

判》等书之后，为此深受震动，于是他写信给列斐伏尔，附上了自己关于诗意的零碎思考，由此结识列斐伏尔。1961 年，经列斐伏尔介绍，与德波相识并参与了国际情境主义的活动，1970 年 11 月 14 日退出。主要代表作为：《日常生活的革命》(*Traité de savoir-vivre à l'usage des jeunes générations*, 1967)、《快乐之书》(1979) 和《关于死者统治生者及摆脱这种束缚给生者的致词》(1990) 等。

[101] 德·塞托 (Michel de Certeau, 1925—1986)：法国牧师和学者。毕业于格勒洛贝尔大学，获古典学和心理学双学位。1950 年加入耶稣会。代表作有：《历史的书写》(1975)、《日常生活的实践》(1—2 卷, 1980) 等。

[102] 卡斯特 (Mannel Castells, 1942—　　)：美国当代著名学者。1942 年出生于西班牙，在巴塞罗那和巴黎的大学学习法学和经济学，并在巴黎索邦大学获得了社会学和人类学两个博士学位。1967 年至 1979 年期间，他是巴黎大学社会学先进研究学院的助理教授。1979 年他被聘为加州大学伯克利分校城市和区域规划教授及社会学教授。代表作有：《城市问题：马克思主义思路》(1972)、《信息化城市》(1989)、《信息时代：经济、社会和文化》(三卷, 1996—1998) 等。

[103] Mannel Castells, *The Urban Questions: A Marxist Approach*, A. Scheridane Trans, MIT Press, London：Arnold(Publishers) Ltd., 1979.

[104] 大卫·哈维 (David Harvey, 1935—　　)：当代美国著名马克思主义思想家。1935 年出生于英国肯特郡 (Kent)，1957 年获剑桥大学地理系文学学士，1961 年以《论肯特郡 1800—1900 年农业和乡村的变迁》一文获该校哲学博士学位。随后即赴瑞典乌普萨拉大学访问进修一年，回国后任布里斯托尔大学地理系讲师。1969 年后移居美国，任约翰·霍普金斯大学地理学与环境工程系教授，其间的 1994—1995 年曾回到英国在牛津大学任教。2001 年起，任教于纽约市立大学研究生中心和伦敦经济学院。曾获美国地理学家协会杰出贡献奖、瑞典人类学与地理学会金质勋章、伦敦皇家地理学会勋章、地理学国际奖、阿根廷布宜诺斯艾利斯大学荣誉博士学位、丹麦罗斯基勒 (Roskilde) 大学荣誉博士学位、纽约城市大学人类学系"杰出教授"荣誉等。哈维是当今世界最重要的马克思主义思想家，提出地理-历史唯物主义，是空间理论的代表人物。其主要著作有《地理学的解释》(1969)、《资本的界限》(1982)、《后现代性的条件》(1989)、《正义、自然与地理学差异》(1996)、《希望的空间》(2000)、《新自由主义史》(2005)、《跟着大卫·哈维读〈资本论〉》(第一卷 2010, 第二卷 2013)、《资本社会的 17 个矛盾》(2014)、《世界之道》(2016) 等。

[105] David Harvey, *Social Justice and the City*, Oxford UK：Basil Blackwell Publishers, 1973.

[106] 爱德华·W.索亚 (Edward William Soja, 1940—2015)：美国地理学家和城市研究学者。曾在美国亨特学院、纽约城市大学和威斯康星大学麦迪逊分校学习地理，然后在雪城大学 (Syracuse University) 完成博士学位。曾在尼日利亚和肯尼亚的大学教授政治地理学。1972 年，任加州大学洛杉矶分校教授，后出任城市与规划系主任。从 1999 年开始，在伦敦政治经济学院任教。代表作为：《后现代地理：社会批判理论中空间的再确认》(1991)、《第三空间：去往洛杉矶和其他真实和想象地方的旅程》(1996) 和《后都市：城市与

区域研究》(2000)等。

[107] E. Soja, *Third Space. Journeys to Los Angeles and Other Real-and-Imagined Places*, Oxford: Basil Blackwell, 1996.

第一章 从日常生活的神秘性
到经济拜物教批判

从思想考古的历史谱系分析上看,列斐伏尔对资本主义社会奴役关系的批判性思考,缘于马克思关于商品神秘性的透视,可是,这种源自经济学的科学批判构境从一开始就被人本主义话语编码所渗透。这使得列斐伏尔的社会批判理论起步,多少显得有些逻辑上的鱼龙混杂。列斐伏尔在早期的批判话语中,从马克思中晚期的经济拜物教批判思想中提炼出异化观念,并依《1844年手稿》的人本主义话语煅造出"总体人"的价值悬设逻辑。这是一种奇妙的观念赋型结果。

一、揭开资产阶级日常生活神秘性关系的面纱

在1933年写下的《神秘化:关于日常生活批判的笔记》[1]中,青年列斐伏尔和古特曼明确提出了之后将要贯穿列斐伏尔一生的思考主题,即以马克思哲学的批判性穿透资产阶级意识形态的日常生活神秘性。依我的看法,这种破解神秘性现象的批判话语的内里构序逻辑,恰恰是马克思的"哲学"(philosophie,异化)与"政治经济学"(économie politique,拜物教)的外部嫁接。此时,他们并没有意识到,马克思的政治经济学批判背后隐匿起来的哲学现象学批判话语。可能,这也是他们不久后在选编马克思的著作时"哲学"(上篇)加"经济学"(下篇)的结构预设缘由,那里,恰恰缺少了马克思主义传统解释框架三大板块中的"科学社会主义"。

首先,资产阶级意识形态中的神秘性。这篇文章虽然已经提出了"日常生活"(vie quotidienne)的概念,但并没有仔细展开讨论它本身,文章的焦点是资产阶级意识形态的**神秘性**(*mystifiee*)。这个神秘性构境,显然脱胎于不久前青年哲

学家小组关于新神秘主义(nouveau mysticisme)的思考。只是,这种神秘性的探寻开始入序于马克思主义的激进思想构境。列斐伏尔和古特曼说,"唯物主义认识论(la connaissance matérialiste)首先立足于客观的真实性(le véritable objectif)。它通过抛弃和支配的方法来揭穿资产阶级思想里神秘性的主观主义"。[2]在他们眼里,资产阶级思想中的神秘性是一种"尚未将自己从它们的拜物教(fétichisme)中挣脱出来"的谬误,只有放弃主观主义,才可能真正面对世界的véritable objectif(客观真实性)。显然,这里的"唯物主义认识论"和"主观主义"一类略显正式的概念,反映出刚刚进入马克思主义理论构境的两位年轻学者,在观念体系上受到了当时第二国际之后逐步强化起来的解释框架编码系统的构式影响。可以看出,在青年卢卡奇的《历史与阶级意识》中被指认为**物化意识**的资产阶级意识形态形式,在这里被隐喻为一种无法穿透的主观主义神秘性,应该说,这个与拜物教相关的神秘性,从表面上更接近马克思在《资本论》第一卷第一章中所描述的商品的神秘性,但并没有达及历史现象学所揭露的**经济物相化**[3]空间中事物不是自身的**此-彼错位**[4]关系。也因此,有人将列斐伏尔不久后与古特曼合作的《被神秘化的意识》(1936)一书称为法国的《历史与阶级意识》。[5]然而,与青年卢卡奇物化概念一样,这里的神秘性与马克思的历史现象学构境只是一个错位式的嫁接。所不同的是,青年卢卡奇是将马克思的流通领域的拜物教批判,直接挪用到20世纪资本主义生产领域中的生产流水线上的工具理性对工人的形式合理性盘剥;而此处的青年列斐伏尔和古特曼,则是将马克思的经济拜物教观念与人本主义异化逻辑重新调和起来,而并不知道这种**我-它自反性**[6]异化关系正是马克思经济拜物教批判理论的构序本质。值得注意的细微之处,是青年卢卡奇基于现代工厂泰勒制的分析,指认出资本主义的物化已经开始从工厂向整个社会的**日常生活**渗透。[7]这一点无疑启发了列斐伏尔和古特曼。这也给后来列斐伏尔明确从宏大政治经济关系的奴役转向资本对日常生活微观支配的关注,提供了方向性的指引。应该说,此时的列斐伏尔和古特曼在显性的马克思主义立场上是唯物主义的,而哲学方法论上却是隐性唯心主义的,因为,他们说,"自从马克思以来,哲学整个来说都被揭去了面纱",可是用来揭开资产阶级意识形态神秘性面纱的思想武器,他们选择了《1844年经济学哲学手稿》中青年马克思的人本主义异化逻辑。我认为,列斐伏尔和古特曼并没有精细地区分青年马克思早期的人本主义劳动异化逻辑与后来马克思在历史现象学基础之上重构的科学的劳动异化批判构式的差异。这并不是他们个人的错误，而是 1932 年青年马克思的《1844 年经济学哲学手稿》第一次发表后，那个时代全部西方马克思主义思想家重新以人的旗号站立起来的共同构境意向。并且，马克思重思异化问题的《1857—1858 年经济学手稿》(Ökonomische Manuskripte 1857—1858, Grundrisse, 以下简称《大纲》)[8] 于 1939 年出版，而完整创立科学的劳动异化批判构式的《1861—1863 年经济学手稿》，一直到 20 世纪 70 年代之后才第一次完整出版。

其次，人的自我实现沦丧中生活文化要素的异化。当然，列斐伏尔和古特曼从青年马克思的《1844 年手稿》中挪用了异化概念，试图由此揭示资产阶级经济拜物教所生成的神秘性。然而，在他们眼里的异化现象并不是马克思所指认的那个复杂的劳动类本质异化，而更多地体现为日常生活中的文化异化。他们认为，

> "异化"(aliénation)，这个真正的抽象概念，这种错误而虚假的生活只有在脱离人牺牲人的情况下才能存在——"人"已经丧失了自我实现(la marche vers sa réalisation)的道路——生活无可挽回地四分五裂了，变成了相互异化的各种文化要素。而在这种特殊异化体之中，要素却是一个整体，一个异化运动中的整体。[9]

在这里，《1844 年手稿》中青年马克思的那个复杂而思辨的**劳动异化构式**并没有直接出场，但异化批判逻辑构式还有着我-它自反性关系中理想化的应该(sollen)存在的"自我实现"总体与败坏的现实之"是"(Sein)的对置。一是这个在资产阶级世界中不在场的自我实现，其实是马克思《1844 年手稿》中那个作为本真性类本质的自主、自由的创造性活动——劳动的变形。所不同的是，本真性应该存在的人的自我实现，不再是缘于生产中工人改变自然对象的创造性自主活动，而是个人在日常生活中的自主性活动。二是此处讨论的异化现在是指资本主义社会日常生活中出现的不可透视的"神秘化的现实"，它主要表现为个人在日常生活中不合意的"各种文化要素"。与青年马克思面对资本主义经济制度的劳动异化理论相比，这种对异化现象的理解显然发生了较大的改变。

其三，日常生活发生神秘异化的拜物教本质。这是一个深刻的看法了。显

然,此处列斐伏尔和古特曼所指认的异化中发生的神秘化,是异化关系与马克思对资本主义经济拜物教批判的外部连接,因为,在《1844 年手稿》中,马克思并没有讨论这个特殊的神秘化问题。这是一个值得注意的逻辑跳跃。列斐伏尔和古特曼强调,这个"神秘化(mystification)是无法量化的",这是说,资产阶级世界的神秘性是**不可直观的现象**。比如,"价值,货币(Valeur. L'or)在它已经征服和毁坏的东西上盖上自己的印章。货币宣布它的骄傲在于征服。同时,它又弯下头去抚慰那些被它剥光和欺骗的人"[10]。这是一种诗性的话语了。显然,前面所指认的日常生活中作为文化要素异化的不如意,其根本原因是金钱关系让所有生活发生的**无法看到的无意识颠倒**,一切物都在商品交换关系中成为不是它自身的他者,被剥光的人则丧失了应该居有的自我实现,这种失去也是不在场的,因为它被金钱化的可变卖的存在所替代。我以为,这是列斐伏尔和古特曼这篇文章中从马克思经济拜物教批判理论中提炼出来的最重要的深刻观点。其实,依马克思后来的经济拜物教批判,这种神秘性主要是指商品、货币和资本关系场境中发生的经济关系赋型中的此-彼错位,而资产阶级经济物相化空间中的人,则不过是这些经济关系的反向人格化,所以,此处人的神秘性存在问题,已经是列斐伏尔和古特曼的发挥了。于是,"'人'的这种特殊表述方式渗透了浓重的神秘色彩,因为人仍然没有真实的存在内容"。在日常生活可见的物相中,你拥有自己的肉体和商品化的一切,但你却没有真实的存在,这就是资产阶级世界中的神秘性。青年列斐伏尔和古特曼说,"生活不再有意义,也不再有价值,它已被碎片化为成百上千种神秘化的价值,其结果是,为了弄清生活是什么,我们不得不在神秘化的道路上折返探源"[11]。对于列斐伏尔的这种神秘性意识的批判观点,索亚曾经有过如下的判断,他认为列斐伏尔通过对资本主义社会中出现的意识神秘性的透视,揭示了资本主义社会中的"一切形式的意识,都受到了资本主义制度的操纵,以掩盖榨取和积累剩余价值的根本途径。这就意味着工人阶级本身很可能尚未意识到他们是怎样被剥削的,在他们找到揭开这一工具性神秘化的面纱之前,往往沉湎于一种同样被蒙蔽的意识而不能自拔"[12]。这个评价是有深度的。然而索亚忽略的一个方面是,列斐伏尔的日常生活批判中要唤醒的主体,已经不再仅仅是无产阶级,而是一切生活中活着的"普通的人"。并且,他们所选取的异化概念,已经不是青年马克思在《1844 年手稿》中那种劳动异化,即工人在生产过程中的劳动活动外化于自然后的对象性异化,而是所有人在日常生活中的被经济物和金钱关系所支配的神秘性现象。

那么,如何才能穿透这种资产阶级日常生活中发生异化的**神秘性存在**(être mystifiée)呢? 首先,在青年列斐伏尔和古特曼看来,面对现实生活的"每一个观察都是一种解释",资产阶级的意识形态正是让我们停留在可见的经验物像塑形层面,"今天,把握真实的直观方法包容了整个资产阶级意识及其全部内容,也包含了这种资产阶级意识的所有范畴"。[13]这个观点,与青年卢卡奇在《历史与阶级意识》一书中对资产阶级的直观物化意识的批判是一致的。这也是说,资产阶级意识形态的神秘性,正是被标榜为"价值中立"的事实直观方法造成的,人们在生活中看到的一切物像与实际发生的真实社会关系异化是分离的,这是资产阶级日常生活自我分裂的神秘性。青年列斐伏尔和古特曼主张,"马克思著作中所包含的'拜物教'(Fétichisme)理论揭示了这些现象是如何可能的",这也就是说,他们要用马克思的后来在《资本论》及其手稿中提出的**经济拜物教批判**来穿透这种神秘性。这直接做实了我上述的判断,即列斐伏尔和古特曼重新解释的神秘性概念,是基于青年马克思的异化概念加上马克思后来的经济拜物教批判话语。可他们并不知道,马克思后来的经济拜物教批判已经不再建立在人本主义异化理论的基础上,而是狭义历史唯物主义之上的历史现象学,他们无意识地夷平这两种批判方法的异质性显然是不合法的。这里,马克思的拜物教理论被解释为,"资本主义是一种为商品生产而服务的体制。可以这么说,当物转化为商品时,它便和自身相分离,进入了一个通过它而体现出来的关系系统,因此最终它似乎成为这些关系的主体和因果关系代理人"。[14]这一表述的意思是说,人们在资产阶级生活中追逐的物,一旦成为商品就进入一个它不是自身的**看不见的关系赋型系统**,这个关系体系是资本主义商品生产建构起来的,这里发生的神秘化是商品成为这种关系的主体。进一步说,

> 人与人之间的关系被客体与客体之间的关系所笼罩(Les rapports entre les hommes sont masqués par des rapports entre objets),人的社会存在(l'existence sociale)只有通过他们的产品的抽象存在(l'existence abstraite)才能实现。客体(objets)似乎代表着他们自身的生命。市场统治了人,人变成了客体的玩偶,这些客体是他们所不熟悉的,并驱赶着他们前行。市场已经是一架机器和一个无法改变的命运。[15]

应该承认，这是一段对马克思经济拜物教批判理论比较精深的表述了。在马克思那里，这是场境关系存在论在经济物相化空间中的畸变：人与人的劳动交换关系颠倒为事物与事物的关系，这是一种**事物化**（Versachlichung）[16]**的颠倒**，而商品的特定社会关系——市场存在的价值关系对象化为商品本身的自然属性，人在追逐商品、金钱与资本的过程中，被这种物的关系所构序和统治，这就是颠倒的**物化现象**，对这种物化现象误认则是经济拜物教。有趣的是，列斐伏尔和古特曼并不知道，马克思恰恰指认了事物化颠倒的本质是劳动异化！经济拜物教只是劳动异化和事物化颠倒关系的表层批判话语。关于这一问题的深入思考，读者可参见我在《回到马克思》（第二卷）中的相关讨论。[17]青年列斐伏尔和古特曼的观点基本上是对的。看不见的市场交换是资产阶级世界神秘化的真正现实基础，"市场统治了人，人变成了客体的玩偶"，人的社会定在只有通过抽象的金钱关系编码才能实现，在资本主义的商品世界中，可见的人们熟知的物恰恰是人们无法看透的东西，这就是神秘性的发生。在这里，奇怪的神秘现象还有，人们的经济活动所创造的"市场已经是一架机器和一个无法改变的命运"，它倒过来，以一种类似神的**看不见的手**"驱赶着他们前行"。我认为，他们二人在对马克思的经济拜物教批判的理解的深刻程度上，已经远远超过了当年撰写《历史与阶级意识》时的青年卢卡奇。

当然，列斐伏尔和古特曼是要通过马克思的拜物教批判，彻底揭露资产阶级世界的神秘性，可是，到底如何破解资产阶级的神秘拜物教，此时他们还没有足够的理论根据。这恐怕也是他们立刻着手编译马克思经典文献的现实动机。1936年，列斐伏尔和古特曼正是依据上述《神秘化：关于日常生活批判的笔记》这一思考提纲，合作完成了《被神秘化的意识》一书。内容包括导言"我们当下活在何处呢？"（où en sommes nous?），第一部分"神秘化与广场意识"（la conscience du forum），是对《神秘化：关于日常生活批判的笔记》一文扩展；第二部分"谎言的真实性"（la vérité du mensonge），是对资产阶级意识形态神秘性本质的分析，特别是反思了当时欧洲法西斯主义的神秘化意识统治的秘密。有趣的是，书中还有古特曼和列斐伏尔特意选择摘录而成的马克思、恩格斯和列宁论资产阶级意识形态神秘性的经典论述。也是在这本书中，他们第一次明确提出了建立一种"日常生活的批判认识论"，因为他们所从事的对资产阶级"神秘化意识形式的分析"，最终都可以看作是一种对资本主义社会"日常生活批判"。可是，他们并没有具体深入探讨这一主题。列斐伏尔自己后来说，"我在《被神秘化的意识》（1936）中就站到了反卢卡奇及其理性乐观主义的立场"，已经在证明"在意识和社会中，闪现的瞬间（moments）和寻找成为现实的幻觉这类关键性的、否定的中介有多重要"，这种革命性的"否定性瞬间"是创造性的，它将打破资产阶级世界中日常生活中的神秘拜物教。[18] 在那里，当然还是一种浪漫主义的乌托邦。显然，列斐伏尔还没有来自马克思主义的强大思想武器。于是，他必须亲自铸造这种武器，这也就有了不久后重解马克思的《辩证唯物主义》。

二、异化批判话语与经济拜物教

要破解资产阶级日常生活中的神秘拜物教，就必须从马克思那里找到理论上的根据，这应该是 1938 年列斐伏尔写作《辩证唯物主义》（*Le matérialisme dialectique*）[19] 的缘由。依列斐伏尔自己的说法，在《辩证唯物主义》一书中，他"第一次在现代哲学里发展了'总体人'（l'homme total）的观念，把'总体人'与马克思主义的基本论题联系起来，与辩证逻辑联系起来，与异化理论和经济拜物教联系起来"。[20] 这当然是一个重要的断言，其中，列斐伏尔所找到的来自马克思的理论依据中，异化、经济拜物教和 l'homme total（总体人）是关键词。其实，与当时的弗罗姆、马尔库塞等人一样，这是列斐伏尔对《1844 年经济学哲学手稿》的理论阐释。当然，其中已经包含着他自己的独有理解。下面，我们就来看一下列斐伏尔在《辩证唯物主义》一书中的主要观点。

在列斐伏尔 1961 年为此书写下的"新版序言"中，他自己回忆说，在这本第一次系统阐释马克思主义的理论著作中，已经设定了明确的证伪对象，即提出反对那种将马克思思想畸变为一种教条主义的（dogmatiques）、体系化（systématique）的哲学。其实，这正是卢卡奇、葛兰西和柯尔施开辟的整个西方马克思主义的反叛路径，这也成为列斐伏尔一生不懈努力去做的事情。而在前述关于资产阶级神秘化拜物教的省思中，列斐伏尔还没有这种在马克思主义内部的真伪辨识。在列斐伏尔看来，这种传统解释框架表现为：一是"以'实证'科学，尤其是物理学之名，把哲学视作一种将所有这些科学的成果汇总于其中，从而得到一副确定性世界图景的结构框架"。[21] 这是特指从第二国际肇始的对马克思主义方法论的学科定位,即所谓基于"客观事实"的实证科学的逻辑,这暗含着与整个资产阶级"拒绝形而上学"的实证主义的逻辑同谋,其必然结果就是生成一种倒退到**旧唯物主义的物质存在本体论**。其实,第二国际的这种错误,即缘于对马克思、恩格斯在《德意志意识形态》一书中的"历史理论"定位的错误理解,即"在思辨终止的地方,在现实生活面前(这样一来,真正的实证科学开始),正是描述人们实践活动和实际发展过程的真正的实证科学开始的地方"。[22]马克思、恩格斯此处所指认的"实证科学",主要是表明历史唯物主义不再是从逻辑设定出发的人本主义价值批判,而一种从客观现实出发的科学描述。但它并非同质于资产阶级的直观拜物教谬误。二是"由此发展出一种简化的(simplification)马克思主义与唯物主义:对实践与物质世界不带任何添加与解释、'按其所是'(«tel qu'il est»)的认识"。[23]这是将马克思的历史辩证法和历史认识论,装扮为自在的"自然辩证法"和神目观的直观认识论。这是由于,从马克思的《关于费尔巴哈的提纲》(以下简称《提纲》)开始,马克思的认识论就是一种"从主体出发"的能动认知活动,面对人的实践改变过的客观现实,人的认识结果中总是包含着一定社会历史制约因素和实践辩证法中介。三是将马克思主义"降至一门单一的科学:政治经济学。它成为一种经济主义(économisme)"。[24]实际上,"政治经济学"是一个不准确的说法,因为,这应该是指从第二国际开始且在教条主义教科书中出现的将历史唯物主义畸变为**经济决定论**的错误。还必须说明,列斐伏尔这里提出"辩证唯物主义",并非与后来的教条主义解释框架相关联,1938年出版的《辩证唯物主义》一书,几乎是与《联共(布)党史》中的二章四节("辩证唯物主义")同时问世的。但是,列斐伏尔后来也专门讨论过后者的缘起。在他看来,这种教条主义教科书的缘起是对恩格斯《反杜林论》的误解,在那里,"《反杜林论》以体系反对体系,通常,一个这样的问题式,总是避免不了冒险的;它越是深入,就越会卷入到对立的领域中"。[25]如果将恩格斯跟着批判对象——杜林的理论体系所生成的理论误识为正面叙事的逻辑,并由此建立一种概念体系,这就背离了马克思、恩格斯的思想初衷。

也是在对教条主义解释框架的批判中,列斐伏尔认为自己当时已经注意到,在传统马克思主义观念中存在的一种对马克思**异化**(aliénation)概念的刻意回避:"它要么对这一概念加以拒斥,要么仅仅有保留、有条件地接受这一概念。"[26]应该提醒的是,列斐伏尔1938年所说的马克思的异化概念,主要还是

《1844年手稿》中青年马克思的人本主义劳动异化史观，因为，他还没有看到马克思在后来的中晚期经济学中所重构的科学异化批判构式。列斐伏尔则明确主张，必须正面肯定和光大马克思的异化观念，并且不能仅仅将异化批判局限于对资本主义社会中经济－政治关系的批判，而应该将这种异化批判扩展到社会生活的更多方面，"它使我们能够揭示并批判众多异化（nombreuses aliénations）形式［女性的异化，殖民地或前殖民地国家的异化，劳动与劳动者（du travail et du travailleur）的异化，'消费社会'（«société de consommation»）的异化，处于根据自身利益塑造的社会中的资产阶级自身的异化，等等］"。[27] 在这里，除去马克思在《1844年手稿》中重点讨论的劳动异化之外，列斐伏尔极富原创性地提及了反对父权制的女性异化问题、近代殖民地统治中由欧洲"文明"的资产阶级在落后占领地上一手制造出来的现代奴隶制关系场境中的复杂异化问题，以及刚刚生成的欧洲发达资本主义"消费社会"中的消费异化关系，这是一系列异化问题的思考前沿。在这一点上，列斐伏尔远远超越了当时同样在阐释马克思异化理论的卢卡奇、弗罗姆、马尔库塞和萨特等人。我觉得，列斐伏尔将马克思的异化观念，从劳动异化延伸到其他现代资产阶级奴役关系的异化，是一种有益的思考，其中，这最后一点"消费社会"的异化问题，正是他之后日常生活批判理论构境的核心。这也启发和导引了他的学生鲍德里亚写下的名著《消费社会》。甚至我们可以将这种异化问题的"逻辑僭越"，视作之后列斐伏尔关于社会批判理论转折——从宏观政治经济批判转向日常生活微观批判的激活点。

　　首先，在《辩证唯物主义》的第一章"辩证的矛盾"（La contradiction dialectique）中，列斐伏尔主要讨论了黑格尔哲学的批判话语与马克思辩证法思想的关系。这上承青年卢卡奇的《历史与阶级意识》的相近思考，下续柯耶夫在法国掀起的黑格尔哲学热潮。并且，我们也可以由此体知列斐伏尔与古特曼共同编译《黑格尔选集》时的动机。从思想谱系的视角，我们会发现，列斐伏尔关于马克思的思想研究，几乎始终伴随着对黑格尔哲学的关注，无论是《日常生活批判》（第1—2卷），还是《马克思主义思想与城市》和晚年的《国家论》（第二卷），我们都可以看到列斐伏尔对黑格尔思想的历史性回溯。在上面列斐伏尔提及《辩证唯物主义》一书的"总体人""异化"和"经济拜物教"三个关键词中，并没有辩证法概念，可此书的第一章的主要内容却是马克思的辩证法，这似乎有些难以说得通。实际上，列斐伏尔在重新解释"辩证唯物主义"中的辩证法时，延续了青年卢卡奇在《历史与阶级意识》中的观点,恰恰反对那种将唯物辩证法理解为外部规律"真实写照"的观点,在他看来,马克思的革命辩证法的实质,就是对现实资产阶级世界中存在的异化和经济拜物教的批判和反抗。依列斐伏尔的观点,马克思辩证法观念的基础是黑格尔的批判话语。他认为,黑格尔的哲学代表了一种可能超越资产阶级意识形态的批判精神,"其目的不在于草率地默许我们自身或世界;不在于向我们自身隐藏起世界、人、每一个体中的矛盾。恰恰相反,它是要突出矛盾"。[28]这是对的。凸显矛盾关系的否定性辩证法,是黑格尔哲学的核心。这是青年马克思在《巴黎笔记》时期中关于黑格尔《精神现象学》的专题思考实验中获得的认识。[29]也因为资产阶级意识形态的目的是让所有人臣服于资本的奴役,掩盖经济关系中实际存在的对抗性矛盾,所以,黑格尔哲学中这种揭露矛盾的批判辩证法就尤为可贵。列斐伏尔说,"《精神现象学》讲:我们必须'揭开实体性生活的面纱'(《arracher le voile de la vie substantielle》)"。[30]这是列斐伏尔后来时常挂在嘴边的一句话。在列斐伏尔的眼里,黑格尔所指认的vie substantielle(实体性的生活),就是资产阶级经济拜物教笼罩下的资本主义经济生活,如果"在黑格尔的体系中,理念'放任自身'创造世界,遭到异化,而后又恢复自身。在理念的这出虚构戏剧中,我现在认不出我自己了(Or je ne me reconnais pas dans)"。[31]那么在这种唯心主义的思辨把戏之后,实际上隐喻了资产阶级经济王国中劳动者创造了财富,然而当这种变身为商品、货币和资本关系的异化劳动反过来统治人们时,却使 Or je ne me reconnais pas dans(我现在认不出我自己了),这就需要一种彻底扬弃异化的辩证法批判话语。在黑格尔那里,"辩证法被视作理念异化的产物(résultant de l'aliénation)。在辩证法开端处即可看到由自身显现,分裂,成为'他者'(《autre》),并生产出辩证法的理念的潜能"。[32]转换为列斐伏尔的理解,这就成了彻底超越资产阶级意识形态的**辩证唯物主义批判**。你看,列斐伏尔就是这样迅速将马克思的辩证法话语与批判资产阶级的异化和经济拜物教直接关联起来,应该说,这是一种非常深刻的见解。在一定的意义上,列斐伏尔1938年对唯物辩证法的理解,是卢卡奇《历史与阶级意识》中提出的"主客体辩证法"构境的深化。

可以看到,在1938年,列斐伏尔所指认的马克思的批判辩证法主要源于《1844年手稿》,因为在那里,马克思从黑格尔的《精神现象学》中发现了扬弃异化的否定辩证法。这是正确的判断。然而,列斐伏尔夸张地说:"辩证唯物主义的理论与哲学来源不是在黑格尔的《逻辑学》,而是在《精神现象学》。"[33]这就是一种片面的深刻了。因为,如果说《精神现象学》对马克思《1844年手稿》中的劳动异化理论和后来经济学研究中的历史现象学都有着重要的影响,这无疑是对的,可是,对马克思思想产生引导作用的是整个黑格尔哲学中的辩证法批判话语,有如《法哲学原理》中黑格尔对资产阶级市民社会的历史性超越,对马克思批判资本主义生产方式的重要启发;1858年前后,马克思对《逻辑学》的研究对整理资料的方法深化[34],以及1863年前后马克思对《小逻辑》存在论的专题研究对经济定在问题的思考[35]等。当然,在那时的法国学术界,由于柯耶夫[36]和伊波利特[37]对黑格尔《精神现象学》的阐释,这一文本曾经成为法国学界热捧的对象。例如,福柯的硕士论文就是关于《精神现象学》的解读。[38]

列斐伏尔认为,马克思在《1844年手稿》中已经勘破了黑格尔《精神现象学》的密匙:

> 他考察了人在外部对象世界中的对象化(objectivation),以及作为人的异化的扬弃(dépassement de cette aliénation)的非对象化(意识到自身)。他部分地看到,劳动本质上是一种创造活动,并把握到,对象性的人,也就是唯一现实的人,是这种创造力量的结果。《精神现象学》认为,人与自身的关系(rapport)、与类的关系、人自身的实现,都只有通过人类的全部活动才可能,是人类全部历史的结果。[39]

这是一个基本正确的说明。在马克思的《1844年手稿》中,他已经通过对黑格尔否定辩证法的理解,找到了超越赫斯的主体际交往异化的根本异质点:工人在外部对象世界有目的的劳动外化,达到了资产阶级经济世界中的异化现实,也只能通过积极的扬弃活动才能消除异化。也因为,列斐伏尔并没有注意到青年马克思接受赫斯的交往异化论赋型的《穆勒笔记》,所以他无法精细地区分马克思交往异化→劳动异化论之间的逻辑过渡。并且,我觉得列斐伏尔可能也没有真正聚焦此时构成马克思人本主义劳动异化逻辑的价值悬设点,即作为人的类本质的理想化的劳动。因为我们看到,在这里列斐伏尔竟然没有讨论《1844年手稿》中马克思展开说明的劳动异化理论核心编码的四个层面:**劳动产品的异化、劳动活动的异化、劳动类本质的异化,以及劳动关系的异化**。列斐伏尔只是

抽象地说,在《1844 年手稿》中马克思已经意识到,

> 这世界是人自己的产物,因此与人具有同等的现实性,却"异在"(《autre》)于人。在这种异化中,人仍然是现实的、活生生的存在,必须通过"对象性活动"(《action objective》)来克服其异化。因此,对《精神现象学》、对黑格尔异化理论的批判为一种积极的人本主义(humanisme positif)开辟了道路,这种人道主义必须扬弃与统一唯心主义与自然主义(或唯物主义)。[40]

列斐伏尔上述的分析基本上也是正确的。在《1844 年手稿》中,马克思的确是通过黑格尔《精神现象学》中的否定性的劳动辩证法,找到了走向积极扬弃异化的人本学劳动异化史观的道路。可是,当列斐伏尔将马克思这一时期的人本主义观点,直接无原则地等同于马克思和恩格斯在《德意志意识形态》中创立的历史唯物主义时,则是犯了另一种意义上同质化的错误。他认为,

> 《德意志意识形态》阐述了历史唯物主义(matérialisme historique)的基本观点。历史唯物主义由对异化问题的哲学探究出发,以使人本主义更加深刻具体为要求,整合并扬弃了费尔巴哈哲学。它把黑格尔最哲学的理论——异化理论(la théorie de l'aliénation)——作为出发点,通过深刻地改造这一理论而整合(intègre)了这一理论。人通过自身创造自身是一个过程;人类经历并扬弃非人的环节(moments inhumains)、"异在"于人的历史阶段。但这样创造自身的人是实践的人(l'homme pratique)。[41]

这样,马克思在《关于费尔巴哈的提纲》中提出的实践唯物主义新世界观,以及从客观的直接生活资料的物质生产与再生产出发的历史唯物主义,就变成了《1844 年手稿》中那种"从异化问题的哲学探究出发",并且是"人本主义更加深刻具体"的实现。可以看到,列斐伏尔此时还没有注意到马克思在《提纲》中使用的 praxis(实践)概念。这当然是一种错误的理解,因为这种用人本主义话语倒过来阐释《德意志意识形态》的做法,直接抹杀了 1845 年发生于马克思和恩格斯思想中科学世界观的思想革命,历史唯物主义构境中从直接生活资料的

生产与再生产出发,着眼于人对自然的能动关系和人与人的关系,将一定历史条件下怎样生产的生产方式视作观察整个世界的重要原则,**必然会丧失于抽象的人本主义价值批判的逻辑构式之中**。后面我们会看到,列斐伏尔对历史唯物主义科学方法论的真正接近,是 60 年代他重新"回到马克思"的研究中逐渐发生的。

在此时列斐伏尔眼里,历史唯物主义视域中的异化,是"每个人都被限制在自己的活动范围,是其自身活动的囚徒,服从于一种他无法理解的整体性(ensemble)"。[42]其实,马克思和恩格斯是在说明资产阶级社会中由于奴役性的分工,出现了一种"人本身的活动对人说来就成为一种异己的、与他对立的力量,这种力量驱使着人,而不是人驾驭着这种力量"[43]。此时,他们并没有指认这种情况就是异化,而不过是一种可见的**经济物役性**[44]现象。可是,列斐伏尔坚持认为,这就是历史唯物主义视域中的异化批判。他并无法说清,如果在《1844年手稿》中工人的劳动被异化了,那么,在这里是**什么东西被异化了**。因为,以人的理想化类本质为出发点的人本主义异化史观,已经被马克思和恩格斯彻底否定了。这种理论逻辑上的盲区,必然导致在列斐伏尔这里异化批判逻辑构式的非法泛化。在他看来,"异化,更确切说来是人的活动的'物化'(«réification»),因此既是一种社会事实又是一种内在事实,正与个人的内在生活或'私人'生活的形成同时发生。异化的心理社会学(psycho-sociologie de l'aliénation)是可能的"。[45]由此,人的活动对象化就可能发生异化,甚至,异化也会成为人的"内在事实"的心理异化。这可能也是 réification(物化)概念在列斐伏尔文本中的较早出场。这个 réification(物化)概念,接近马克思所指认的事物化。这里,我们可以看到之后在弗罗姆那里发生的社会心理异化批判的同向努力。这样,从列斐伏尔的异化观开始,马克思原先关涉经济-政治关系的异化批判话语,也就开始转向一般日常生活,之后再由列斐伏尔实现整个西方马克思主义异化观的"日常生活批判转向"。也由于列斐伏尔无形中夷平了人本主义异化史观与历史唯物主义的根本异质性,才导致他错误地认为,"《共产党宣言》中暗含的社会矛盾理论是受人本主义及唯物主义意义上的'异化'"[46]批判的启发,这当然是不对的。

其实,异化问题是马克思思想发展史中最难理解的内容之一。在 1845 年的《关于费尔巴哈的提纲》和《德意志意识形态》中历史唯物主义科学方法论诞生之际,马克思彻底否定了从抽象的"应该"(sollen)存在的本真类本质出发的人本主义异化史观,同时,在生产话语构序中暂时放弃了以异化批判构式为核心的整个现象学话语,批判"现代资产阶级社会"的努力,被置于"实证科学"的构境之中。这种状况,同样出现在《哲学的贫困》《共产党宣言》和《雇佣劳动与资本》等重要文本中。一直到《大纲》,马克思才再一次在狭义历史唯物主义主体向度上,重启历史现象学构境中的**科学的异化概念**,以说明以资本关系为基础的生产方式筑模中,劳动交换关系事物化(Versachlichung)颠倒后发生的商品交换价值异化、货币权力异化、资本关系异化和劳动异化现象。而在《1861—1863年经济学手稿》中,马克思基于历史唯物主义,再一次重建了作为历史现象学核心理论构序的科学的劳动异化批判构式。[47]由于文献出版的历史原因,列斐伏尔并没有看到马克思的《大纲》和《1861—1863年经济学手稿》,可他将历史唯物主义直接等同于《1844年手稿》中的人本主义异化史观,肯定是非历史的误认。

其二,政治经济学研究中的**革命辩证法批判话语**。在《辩证唯物主义》第一章中,列斐伏尔有一个十分特别的观点,即虽然马克思、恩格斯在《德意志意识形态》一书中创立了历史唯物主义,但并没有获得作为哲学总体性原则的"辩证唯物主义","辩证唯物主义此时还未形成,因为作为其本质因素之一的辩证法遭到了明确拒斥。得到确切阐述的只有历史唯物主义,其中的经济因素是为解决人的问题而被援引,改造并扬弃了哲学"。[48]有趣的是,列斐伏尔并没有意识到的话语内在构序中,一是这种矮化历史唯物主义为部门哲学的观点,正是教条主义解释框架的错误;二是这里列斐伏尔在马克思这一时段中感觉到的"辩证法遭到了明确拒斥",恰恰是**以异化批判逻辑构序为核心的现象学话语**在1845—1857年的长时段缺席。因为,在《德意志意识形态》和《共产党宣言》等文本中,以社会历史生产方式运动和阶级矛盾关系为核心的历史辩证法从来就是在场的。而在列斐伏尔看来,那个以辩证法为核心的辩证唯物主义,是马克思在经济学研究中重新遭遇黑格尔后才得以创立的,"马克思对辩证方法的再发现与再创造开始于《政治经济学批判》与《资本论》写作之初。他对经济范畴及其内在矛盾的阐述超出了经验主义,达到了严密科学的水平——而后呈现出辩证法的形式"。[49]列斐伏尔的这一思想史判断是值得商榷的。依我的看法,在《德意志意识形态》一书中,马克思和恩格斯在创立历史唯物主义的同时,也确立了历史辩证法的根本原则,这一重要的革命辩证法原则必然贯穿于马克思1845—1857年的理论研究和现实社会主义实践之中。如果说,列斐伏尔的理论直觉中如果存在着一定的合理性,那就是在这一时期,马克思的确刻意回避和没有使用现象学批判的哲学话语,这也包括列斐伏尔所指认的异化观点。马克思是在后来的《大纲》和《1861—1863 年经济学手稿》中,才在狭义历史唯物主义的基础上再次重构历史现象学和科学的异化理论的。只是在列斐伏尔的理解构境中,这是所谓"辩证唯物主义"理论逻辑赋型的历史性生成。这正是列斐伏尔这本以《辩证唯物主义》为名的论著的主要讨论对象。在这一点上,我们也可以看出他的"辩证唯物主义"与教条主义解释框架的异质性。

列斐伏尔认为,因为马克思在经济学研究中重新回到黑格尔的辩证法,这使得"辩证唯物主义"得以诞生。这种辩证唯物主义的方法论本质,是对社会生活中关系场境的深刻透视:

> 真正的唯物主义则完全不同;它规定了每一有组织的人的存在所固有的实践关系(rapports pratiques),并对这些关系加以研究,因为它们是文化或生活方式存在的具体条件。简单关系、环节和范畴在历史和方法论(historiquement et méthodologiquement)上为更丰富复杂的规定所包含,但并不穷尽后者。既定的内容总是一种具体的总体(totalité concrète)。生活与意识的这一复杂内容是我们必须达到并阐明的真正的现实。辩证唯物主义不是经济主义(économisme)。它分析关系(rapports),而后又将其重新融入总体运动(mouvement total)之中。[50]

列斐伏尔关于"辩证唯物主义"的这一解读,其实,正是马克思恩格斯在《德意志意识形态》中创立的历史唯物主义**关系场境存在论**的基本内容。当人们面对社会生活时,不是停留在对象性的物像塑形之中,而是要着眼于建构生活场境的历史性的 rapports pratiques(实践关系),这些每时每刻都在发生的社会关系赋型正是"生活方式存在的具体条件",也是构成社会生活 mouvement total(总体运动)的基础。这是广义历史唯物主义中第一重**物相化透视**。可是,列斐伏尔并不认为这些重要的观点正是《德意志意识形态》一书呈现出来,并运用于之后的经济学研究中的。能够感觉到,这种观点会成为以后列斐伏尔社会关系空间理论的前期思考线索。可以看到,当列斐伏尔指认出资产阶级"经济主义"物相背后的关系场境本质时,恰恰是他在对马克思《政治经济学批判》(第一分册)和《资本论》的深入解读基础上,深刻地挖掘出马克思批判资本主义经济关系中重要的**狭义历史唯物主义第二重经济物相化透视**的观点。在马克思的这一双重历史唯物主义批判构境中,此时的列斐伏尔是无法自觉区分其中的逻辑边界的。而更有趣的是,列斐伏尔并没有意识到,这些重要的观点与前述人本主义的异化理论在逻辑构式上却是根本断裂的。

列斐伏尔注意到,马克思在自己的经济学研究中,已经生成了一种全新的批判性话语编码系统:

> 一个对象,即实践活动的一个产物(produit de l'activité pratique),回应一种实践需要;它具有使用价值(valeur d'usage)。在特定社会条件下(只要有充足的工具、超出生产者直接需要的生产、流通手段,等等),这一对象被卷入交换(l'échange)中。可以从心理学、社会学、经济学这些不同角度描述生产者在交换对象时所为。在经济学家看来,生产者赋予了对象以不同于其物质性的第二存在(deuxième existence),只是他们并未意识到这一点。对象进入其自身推动创造的新的社会关系之中。这种第二社会存在(deuxième existence sociale)是抽象(abstraite),又是现实(réelle)。[51]

这显然不是经济学话语,而是哲学透视。说实话,列斐伏尔在1938年的这一概述是大大出乎我的意料的。因为,这是他在完全没有看到马克思的《大纲》的情况下,从《资本论》中对马克思的狭义历史唯物主义中历史现象学观点的提炼。在这一点上,列斐伏尔的这一文本倒真的有些像"法国版的《历史与阶级意识》"。因为,如同青年卢卡奇一样,他们都是在没有看到马克思的相关历史文本的情况下,极其深刻地提炼出重要的哲学方法论成果。这是十分了不起的理论贡献。仔细分析列斐伏尔上述这一表述,可以看出这是一种将马克思的哲学话语与经济学观点杂糅在一起的努力。一是人们在生活中遭遇的对象,通常都是produit de l'activité pratique(实践活动的一个产物),这是《关于费尔巴哈的提纲》中确立的实践唯物主义的观点,从直观的物性对象中,归基为历史性的实践活动,这是那个"揭开实体性生活的面纱"的物相化透视第一步,然而从经济学的视角看,这种物质生产的产物(产品)又表现为物品特定的valeur d'usage(使用价值)。列斐伏尔这里仍然没有留心马克思所使用的不同于物性实践(pratique)的praxis(实践)概念。应该强调一下,这已经是物品**不同于自然存在的第一社**

会存在质性。这是马克思、恩格斯在《德意志意识形态》一书中,通过广义历史唯物主义已经说明的贯穿整个人类历史的一般基础问题。请注意,这个经济学中的**使用价值**概念,在之后列斐伏尔哲学发展的进程中,将成为一个关键性的逻辑尺度。二是当一个有使用价值的物品进入历史性的交换关系赋型后,人们并没有意识到,它已经变身为商品,并获得了一种新的物质性的 deuxième existence(第二存在),这种存在不是物性实存,而是产品在交换关系场境获得的特定的经济关系编码质性,这也就不同于第一社会存在(使用价值)的价值关系。所以,列斐伏尔也将其指认为 deuxième existence sociale(**第二社会存在**)。这是一个极其深刻的观点。三是这种人们意识不到的非直观的第二社会存在——价值关系是从劳动交换活动中抽象出来的,但这种关系抽象却不是观念抽象,而是客观发生的 réelle(现实)的社会关系抽象。列斐伏尔并没有意识到,正是这种现实抽象,将成为整个资本主义经济物相化空间的基础,这也是他前期所指认的资产阶级意识形态神秘性的真正现实缘起。我以为,列斐伏尔在 1938 年写下的《辩证唯物主义》中的这一概述,达及了**狭义**历史唯物主义的深层构境,因为它触及了马克思在《大纲》中创立的面对经济物像透视的**历史现象学**的理解深度。然而,列斐伏尔却是在没有看到这些重要历史文献的情况下,从马克思公开发表的《政治经济学批判》(第一分册)和《资本论》的经济学阐释中,极其敏锐地捕捉到这种隐含在批判方法论中的重要哲学话语。因为,即便在《政治经济学批判》和《资本论》中,马克思也是刻意将历史现象学的哲学批判话语遮蔽起来的。

其三,马克思的**经济异化与拜物教批判**。我觉得,正是基于上述列斐伏尔对狭义历史唯物主义批判话语的方法论讨论,在 1938 年,他达及了卢卡奇之后关于马克思社会批判话语理解的最深处。在这一点上,列斐伏尔的观点是远在其他同时代西方马克思主义者之上的。列斐伏尔也就由此进一步从马克思的经济学思考中发现了如下这样一些重要观点。第一,资产阶级商品-市场经济的历史发生。列斐伏尔说,"商品交换趋于终结自然家长制经济(l'économie patriarcale et naturelle)",这是一个正确的历史认识论的判断,因为,"在交换中、通过交换,生产者不再相互孤立,而是形成了新的社会整体(ensemble social)",当然,这种新的社会整体不再是基于血亲宗法关系共同体,而是建立在资产阶级商品市场交换和无序自由竞争的基础之上,这样,"新的社会整体作为一种高于个人的有机体(organisme)而运作,它将与生产力的总和及社会需要相一致的劳动分工与分配强加到个人之上"。这是说,资产阶级经由市场交换建构起来的"市民社会"整体,虽然不再是直接奴役的强暴,却以自在的经济规律的方式从外部强加到个人身上。列斐伏尔没有意识到,这一点,恰恰是马克思在经济学思考中,对上述马克思、恩格斯在《德意志意识形态》一书中揭示的经济物役性现象的进一步说明。并且,"社会在不同生产部门间对其总体劳动力的分配带有一定的盲目性与残忍的**必然性**(certaine fatalité brutale, aveugle)。市场社会的均衡原则源自生产者间的一般矛盾,即竞争(concurrence)"。[52]新的社会整体不是人们自主建立的关系场境共同体,而一种由资本主义商品市场交换关系从外部竞争关系中自发生成,并铸成带有盲目性的必然规律。这是对的。列斐伏尔分析说,

> 在活生生的个人之间存在着的只有活生生的关系(relations vivantes)——行动与事件(des actes et des événements)。但这些关系在总的结果或社会平均中交织在一起。商品一旦开始存在,就把活生生的人之间的社会关系(relations sociales)包含于其中。然而,它却以自己的规律发展,并产生自己的结果,随后,人们就只能经由商品与市场、货币与金钱(la monnaie et de l'argent)通过产品彼此相联。人与人之间的关系似乎不过是物与物之间的关系(relations entre choses)。[53]

我以为,这是列斐伏尔对资产阶级"市民社会"在看不见的手的支配下自发运行和生成外部社会关系赋型的描述。列斐伏尔正确地捕捉到,马克思在讨论资产阶级经济活动中起决定作用的社会关系场境及其事物化颠倒,即人与人的关系在市场和金钱的中介下颠倒为经济 relations entre choses(物与物之间的关系)。可以肯定,这一重要的关系场境存在论观点,将为列斐伏尔之后思考社会空间中社会关系场境的再生产问题,提供极其重要的逻辑前提。

第二,马克思经济学语境中的劳动价值论。在列斐伏尔看来,马克思分析了资本主义社会中的商品

> 价值二重化(dédoublé)为使用价值与交换价值的过程也是人类劳动二重化的过程。一方面是活生生的个人的劳动,另一方面则是社会劳动。使用价值与活生生的个人的劳动是质的(qualitatifs)劳动、是异质性的

(hétérogènes)。交换价值与社会劳动则是量的(quantitatifs)劳动。这样的质与量相互联结,但并不相同,又相互作用。交换价值在量上得到衡量:其特殊尺度即货币(monnaie)。量的劳动是一种社会平均(moyenne sociale),个人劳动的一切质的特征在此消失为一,为一切劳动形式所共有,并使它们有了相同单位从而有了可比性:一切生产活动都需要一定的时间。[54]

应该看到,在同时代的西方马克思主义者那里,这种在哲学语境中如此深入地讨论马克思的劳动价值论是并不多见的。这实际上是对马克思劳动价值论经济学分析的概要。大体上是准确的。这里的核心,是马克思指认的商品生产的具体劳动与抽象劳动的 dédoublé(二重化),必然历史性生成商品的使用价值和交换价值的二重化,具体劳动塑形和构序了商品异质性的功用性,而交换价值则是劳动交换关系中量化的同质性。自身无法在场的交换价值,在他性的货币形态上获得了一种消除一切存在质性差异的力量,其实,这种特殊的 moyenne sociale(社会平均),也是资产阶级让贵族、皇权的特殊质性"消失为一"、彻底铲除封建专制等级的有力武器。列斐伏尔特别强调说,"这一社会平均值(moyenne sociale)并非由某个人所制定,而是从相互竞争的生产者的个人劳动的比较(均等化)中客观、无意识、自发地(objectivement, spontanément, automatiquement)产生的"。[55]这是深刻的认识。也是在这里,列斐伏尔指认了马克思劳动价值论中所内嵌的矛盾辩证法:"价值的二重化因此发展出一个复杂的辩证法,我们在其中再次看到黑格尔所发现的伟大规律:对立面的统一、质与量的相互转化。"[56]这一判断当然是对的。可是,这不过是马克思的历史辩证法在经济学研究中关注的一个侧面。之后,德国"新马克思阅读"(Die Neue Marx-Lektüre)[57]运动,在这一线索上发展出所谓"价值形式"辩证法问题的"新发现"。

第三,"交换价值"的异化与经济拜物教。在经济学研究中,马克思对交换价值的认识也有一个历史过程,在《大纲》中,交换价值起初充当了价值关系的角色,只是到了《资本论》写作过程中,交换价值才被视作价值关系的表现形式,由价值到价值形式(交换价值),经过一般等价物到货币,最终在资本关系中获得了资本主义生产关系的本质。而在列斐伏尔这里,他恰恰只是停留在商品交换和流通过程中的交换价值表象上,并且,"交换价值"似乎篡位了资本主义生

产关系中的资本关系。这是我们需要认真辨识的理论细节。在列斐伏尔看来，

> 交换价值是一尤为具体的过程——市场经济（l'économie marchande）——
> 的开端。一旦商品生产者的数量增加、交换增加，市场经济就作为这一量的
> 增长的质的结果产生出来。交换价值这一范畴（catégorie）一旦形成，就反
> 作用于自己的条件，重塑人的过去、预制人的未来，扮演起命运的角色（rôle
> du destin）。它不是个人活动的机械总和或消极结果。个人活动生产并再
> 生产这一范畴，但它却是一种全新的东西，是与个人的偶然性相对的一种必
> 然。它支配这些偶然，作为它们总的统计平均值生发出来。[58]

列斐伏尔这里大的思路是对的，可表述中却多有不精准之处。在马克思那
里，以抽象劳动为本质的价值关系（不是交换价值）是商品生产的发端，它不是
主观的 catégorie（范畴），而是商品交换活动中现实抽象出来的商品的社会经济
质，如列斐伏尔前述不同于使用价值的物品 deuxième existence sociale（第二社会
存在），这种历史地现实抽象出来特殊的社会关系转换为货币关系，并在资本主
义条件下生成的支配性的资本关系，不是交换价值扮演人的 rôle du destin（命运
的角色），而是经济物相化空间中资本关系赋型统治和支配一切，其中，人的活
动的偶然性，通过盲目市场商品生产和交换中自发的"平均值"，像看不见的手
控制着世界。列斐伏尔深刻地指出，对于资本主义社会中发生的这种被奴役
状态，

> 人只是自发地对此具有一种间接的、困惑的意识（conscience indirecte
> et mystifiée）。他们并未也无法认识到，自己的产品在市场上变得与他们相
> 对，残酷地压迫他们。他们相信绝对的客观性，相信他们称之为命运或天意
> （destin ou providence）的社会现实的盲目宿命。对许多现代人而言，尤其对
> 经济学家而言，市场规律是绝对的"自然"法（lois «naturelles»）。[59]

人们创造的产品反过来残酷地压迫自己，这其实就是异化关系了。然而，列
斐伏尔认为，身处资产阶级经济关系场境中的人对此却是无意识的，因为在资产
阶级意识形态之中，仿佛这种人所创造的经济事物对人的奴役和支配是最符合

人的本性的,这就成了以 lois «naturelles»("自然"法)的形式呈现的、不可抗拒的 providence(天意)。这是对资产阶级意识形态本质的一个深刻的判断。列斐伏尔明确指出,

> 人的活动或活动产品在人面前显现为人的否定与异在(autre)。活动的人是现实与历史的积极因素,以自身为基础。人以外的一切都是抽象(abstractions)。人的活动只有在虚假实体中才会异化(aliéner)。人创造自己的历史。历史现实外在于活生生的人,作为一种历史的、经济的或社会的实体,或作为生成的神秘主体(mystérieux sujet)而显现,这是一种幻觉。生成的真正主体是活生生的人。但抽象在人周围、在人之上获得了一种异常的存在(étrange existence)与一种神秘的效力;物神统治着人(les Fétiches règnent sur lui)。[60]

这种表述过于哲学了。大概的意思应该是,在资产阶级的经济关系赋型中,作为活生生历史主体的人的活动和产品,成了一种抽象化的 autre(异在),这个抽象畸变为 les Fétiches règnent sur lui(物神统治着人),这就是哲学上的我-它自反性的异化。正是在这个意义上,列斐伏尔指认马克思的政治经济学批判就对资本主义**经济异化**的证伪:

> 政治经济学是人的三重异化(triple aliénation):经济学家错把人的关系的暂时性结果当作永恒范畴与自然法(lois naturelles);是一门外在于人的实体对象(objet substantiel)的科学;是一种现实和一种经济命运。这种异化是现实的,它抹杀了活生生的人;虽然它仅仅是这些人的表现、是其外在表象和异化了的本质。[61]

这要倒过来理解:一是资产阶级经济现实中发生的异化,它成为"抹杀了活生生的人"的"经济命运";二是资产阶级经济学的本质,就是肯定这种异化现实的发财致富的实体性科学;三是资产阶级经济学家试图将历史性的资本主义生产关系永恒化,以 lois naturelles(自然法)的方式掩盖其奴役性构式的剥削本质。由此,列斐伏尔就将马克思的经济学研究与他所喜爱的异化理论再一次挂上了

钩。并且,列斐伏尔认为,马克思正是在这种对经济异化的批判基础上建立自己的经济拜物教批判:"拜物教(Fétichisme)的经济理论吸收了异化的哲学理论与个人的'物化'(réifications),将其提升至新的高度,并使其得以明确。"[62]我不得不叹服列斐伏尔的理论理解能力,因为,马克思在《大纲》和《1861—1863年经济学手稿》中,重新在历史现象学语境里创立的科学劳动异化理论与经济拜物教的关系,本身就是一个复杂的问题,依我的观点,马克思在《政治经济学批判》和《资本论》中确立的商品拜物教、货币拜物教和资本拜物教三大经济拜物教,正是在经济学阐释话语中对劳动异化理论的替代,可列斐伏尔却在没有看到《大纲》的情况下,基本正确地描述了二者的关系。在他看来,

> 拜物教既是一种社会现实的存在方式(mode d'existence)、一种意识与人类生活的现实方式,又是人类活动的一种表象与幻觉(illusoire)。原始拜物教与神秘表达了自然界对人的支配与人支配自然界的幻想。经济拜物教(fétichisme économique)则表达了人的产品对人的支配与人支配自己的组织和产品的幻想。这种新的拜物教与拜物生活(vie fétichisée)并非来源于人种学(ethnographique)描绘,而是源于客观性与创造性活动、表象与现实、具体与抽象的辩证理论。[63]

在列斐伏尔这里,马克思的经济拜物教批判话语,恰恰是对资产阶级 vie fétichisée(拜物生活)的主观表象与幻觉,它是对人创造出来的东西反过来支配和奴役自身关系的幻想,这也就是说,经济拜物教的本质是对经济异化关系赋型的神秘表述。这是十分深刻的看法。

列斐伏尔认为,黑格尔的"我们必须揭去实体性生活的面纱"(Il faut déchirer le voile de la vie substantielle),是全部马克思经济学批判话语的"纲领"(programme)。[64]"马克思主义根本不会断言唯一现实即经济现实、存在某种绝对的经济宿命。相反,它宣告经济命运具有相对性与暂时性,一旦人意识到自己的可能性,这种命运就注定被扬弃,而这种扬弃将会是我们时代本质的、无限创造性的活动。"[65]如同西方马克思主义的始祖葛兰西一样,列斐伏尔这里也宣判了第二国际经济决定论的死刑,因为,经济力量支配社会生活这种历史性的现象,是历史和暂时的资产阶级社会关系赋型,这种异化现象终将被新的社会革命

所扬弃。列斐伏尔认为，这就需要一种革命的非异化的**总体性**原则。有趣的是，列斐伏尔此处并没有想到青年马克思在《1844 年手稿》中的相似讨论，也没有想起从人本主义的话语来说明这种经济关系的异化，显然，此时他无形中是依从马克思《资本论》的客观逻辑的。也是在这里，我发现存在于列斐伏尔《辩证唯物主义》文本中的两种异质性的理论逻辑：一是他明确主张的青年马克思《1844 年手稿》中**基于价值悬设的人本主义话语**，二是此处列斐伏尔进入马克思经济学**研究中的从现实出发的客观逻辑**。并且，他并没有意识到这二者的异质性错位关系。我认为，这种思想格式塔场境中的奇特双重逻辑错位，贯穿于之后整个列斐伏尔的哲学思想发展全程中。这种逻辑错位缘于早期"神秘化的意识"中哲学与经济学的理论嫁接，具体生成和布展于这里的《辩证唯物主义》文本中，只是在 20 世纪 60 年代中后期到 70 年代中期，历史唯物主义的科学方法论逐渐占了理论构境中的上风，然而，列斐伏尔却始终在表面上维系着人本主义外衣。这是一个十分奇特的思想复杂构境。也是本书关注的列斐伏尔在方法论转换主题中的复杂构境。

三、人本主义构境中总体人的价值悬设

在《辩证唯物主义》的第二章"人的生产"（La production de l'homme）中，列斐伏尔在对资产阶级神秘世界的透视中，放大了由青年卢卡奇指证的**总体性**概念，并将其连接于青年马克思在《1844 年经济学哲学手稿》中讨论的人对自己本质的全面占有的观点，进而引申为一种人本主义的**总体人**的观念构式。这个应该本真性存在的总体人，从改造自然中创造和整合了自然，并使自己成为一个关系性的总体存在，只是在资产阶级的经济王国中，总体人异化为非总体性的**经济人**，于是，把沉沦于异化的人复归于总体性，就成了列斐伏尔为之奋斗的目标。后来列斐伏尔曾经这样谈及总体性，"人和人类一直是一个总体（totalité），但也是一个生成中的、运动中的、赋型（formation）中但已分裂的、发展中但已异化的总体。在发展过程中，人支配自然（和他自己的自然/天性）；他改变自然，但他也逐渐地把自己嵌入世界（自然），而不是通过知识和力量把自己从自然上撕下来"。[66] 可以明显地感觉到，如果从文本的总体逻辑构式上说，在第一章中，列

斐伏尔较多地复构马克思经济学中的客观逻辑,那么在第二章中,列斐伏尔则更多地在重建马克思《1844年手稿》中的人本主义批判逻辑,这使得这种完全不同的理论逻辑奇怪地并存于一个文本构境空间之中。并且,第二章中重建《1844年手稿》的观念,时常又被马克思后来的文本新见解所贯穿和整合,这是一个十分奇特的文本织物。这当然也造成了列斐伏尔这一文本的难解性。

第一,人诞生于对自然界的**能动超越**。这是一个正确的判断。其基础是青年马克思在《1844年手稿》中的观点。列斐伏尔说,"人类历史就是人类的诞生史,就是独立于自然之外与自然作斗争,又是从自然中脱胎而出的历史。在这个历史过程中,人凌驾于自然之上并逐步统治着自然(l'homme s'érige au-dessus de la nature et peu à peu la domine)"。[67]不同于动物直接依存于自然,人的主体性就是确立于对自然的"斗争",由此将自己与自然界划开来。甚至,"人类的诞生是一种超越(dépassement),是一种越来越自觉的超越"。[68]人不会满足于自然界现成的状态,必须超越这种既定的自然条件,

> 人类以自然界为对象改变着(modifie)自然,他通过作用于自然来创造自己的自然(Il crée sa propre nature en agissant sur la nature)。人类按自己的需要塑造自己,也在自己的活动中改变自己并提出新的要求。在创造客体、"产品"(«produits»)的同时,人类形成了并成为一种巨大的力量,人类在积极解决自己的活动中出现的问题的同时不断进步。[69]

这是列斐伏尔整合《1844年手稿》和《德意志意识形态》的结果,只是他祛除了那个重要的历史性规定,所以,就会出现抽象的人与自然的关系,人在改变自然的同时改变自己,这当然是对的,可是,在马克思的历史唯物主义构境中,这种人与自然的关系会成为一种历史性物质生产与再生产过程中生产力构序与生产关系赋型的互动,人类社会历史的进步会体现为生产方式筑模的历史性转换。列斐伏尔的深刻之处,在于他捕捉到了人在改变自然客体的同时,也创造了一种新的produits(造物或产品)。

第二,脱型于自然关联的**造物**(produit)。这是列斐伏尔十分独特的一个观点,在他看来,人类社会生活中除去外部自然和已经被人改造过的自然,周围环境中最重要的依存对象,是人所塑形和构序的produit(产品)。如果是回到

《1844 年手稿》的理论构境中,这也是青年马克思在黑格尔《精神现象学》中劳动辩证法的启发下,确认工人的劳动外化于自然的塑形和构序结果。列斐伏尔认为,所有人的生活中的存在物"都有转向自然的一面,也有转向人的一面",从物质质料上,它来自自然,而进入面向人的需要的社会存在的前提,则是"从自然界分离出来(séparés de la nature)"。[70]这意味着,人创制产品的前提是对象从自然构序和关联中的**脱型**。在列斐伏尔看来,"任何生产活动都是为了使一个特定的对象(objet)从万物(l'univers matériel)中脱胎而出。一个对象一经离析(isolé)就已经被确定了"。[71]这里列斐伏尔敏锐地从《资本论》中意会到的重要历史唯物主义新观点是,物质生产创制自然物质的首要环节并非直接的加工和改造,而是将它从原生的自然环境关系中抽离(失形与脱型)出来。这是马克思在《伦敦笔记》的"工艺史笔记"中获得的重要历史唯物主义新见解,比如造纸之前的森林伐木,制鞋之前的制革等。而列斐伏尔并没有看到过这一笔记。[72]也是在这个意义上,列斐伏尔将自然物从自然关联中的脱型,直接指认为一种客观的**现实抽象**(abstraite),这个抽象不是观念抽象,而是有目的的客观实践活动将自然对象从自然环境中分离出来,所以,主体性的抽象就是将自然物从自然塑形和构序的关联中"分离和离析(séparer, détacher)"出来,这种客观的"抽象并不源自思想,而源自实践活动"(l'abstraction n'est pas dans la pensée, mais dans l'activité pratique),或者说,"抽象作用是一种实践的能力"(L'abstraction est une puissance pratique)。[73]这是一种很有意思的看法。因为,实践抽象已经内嵌着人的主体性爱多斯(eidos),这是自然物转换为 for us 的"涌现"前提。列斐伏尔这里关于现实抽象的新构序,明显不同于马克思的现实抽象的看法,当然,也超出了《1844 年手稿》的逻辑构境。并且,我们逐步会看到,这种现实抽象的观点在列斐伏尔后来的思想发展中不断深化和复杂起来,最终在现代性社会空间的抽象关系中达到高点。

第三,生产工具与技术中内嵌的**主体性塑形和构序意向**。如果带有一定意图的实践的抽象,将对象从原初的自然构序和关联中抽离出来,那么,生产的直接目的就是以人的"需要为前提"(Elle suppose aussi le besoin),在工具(instrument)和技术(technique)的助力下,给予"脱型"于自然的对象一种全新的社会塑形和构序的存在形式。比如给予木料以"桌子"和"椅子"的塑形,给予皮革以"手套"和"鞋子"的功用性构序。一方面,在列斐伏尔那里,工具的作用是重要的,它还可以被细分为不同的类型:一是完成上述"用来从自然界中分离出来某些东西的工具",如十字镐、刀具一类的工具;二是保持已经被实践抽象和脱型于自然的对象重新受到熵化影响的工具,比如防止铁器生锈的油漆、防冻液等;三是"对分离出来的物质进行加工的工具",这是通常生产性的工具;四是满足各种主体需要的工具,比如作为工场作坊的房屋和计时的钟表等。[74]在这里,列斐伏尔没有注意到,马克思在说明工具的本质时,已经指认工具缘于人的劳动中双手的替代。并且,工具并非独立于生产劳动的东西,它的本质是劳作技能反向对象化为重构劳作工序的模板。另一方面,技术更是生产目的物相化的承载者,在列斐伏尔看来,"技术是旨在达到某种结果的操作和活动的总和(l'ensemble des gestes et des opérations)"。[75]这是对的。技术并非一种凝固化的客体,而是人们在有目的的劳作物相化活动中塑形和构序操作技能的积累和抽象,"人类的操作逐渐固定下来并成为技术,然后,从事活动的人又进一步研究自己的技术以求改进并从中找出对象特性(propriétés de l'objet)的结论"。[76]这是深刻的分析。只是列斐伏尔忘记了,工具中内嵌的惯性劳作塑形和构序技能正是技术的缘起,技术已经是现实抽象出来的劳作技能,并开始脱离生产过程的专门实践活动领域了。应该看到,这里列斐伏尔关于生产工具的讨论,已经是马克思《资本论》才涉及的深层次理论构序。

第四,整合性原则的基始性方法论地位。一是在此时的列斐伏尔看来,"研究孤立的对象(l'objet isolé)是思维的初级阶段。哲学的基本操作(L'opération fondamentale)始终是重建整体(reconstitution du tout)"[77]。这是说,人的意识之初,总会孤立地观察事物的不同质性,而不同事物在总体化关联中的重建,则是哲学形而上学抽象的基础。显然,不同于卢卡奇的现成总体性,列斐伏尔已经在强调功能性的总体化活动。在阿多诺那里,这也是同一性哲学机制的历史发端。二是列斐伏尔认为,"应该从孤立的对象中看到全部造物(l'ensemble des produits),同时从研究局部的活动进而研究全部创造性的活动。这种整合(intégration)是普通哲学和其他专门科学的基本操作(opération fondamentale)"。[78]不仅是哲学,看到事物和存在总体的整合原则也是所有科学的一般方法论原则。上面这两点,都是在强调关系性整合作用在人的认识经验塑形和观念赋型中的重要性。三是主观性的整合认知方法的现实基础是由人类社会存在的总体性活动决定的。这当然是历史唯物主义的观点。列斐伏尔认为,在人的社会生活中,功能性的整合关系总是先于孤立的要素,人的活动都是在相互间合作关系中发生的,所以,"社会整体(tout social)是作为一种实践或大写的实践的结构(organisation pratique ou Praxis)而存在的"。[79]这也意味着,这个作为实践结构的社会整体并非一个现成到场的对象聚合,它本身是由实践活动整合起来的功能性关系赋型和编码整体。列斐伏尔说,"活动的辩证法是在各种各样关系中发展的(La dialectique de l'activité se développe en rapports multiples)",这个社会关系赋型整体正是"总体实践(Praxis totale)"整合起来的。[80]这可能是列斐伏尔最早刻意标识出这个不同于一般社会 pratique(实践)的大写 Praxis(**实践**)概念。这个总体实践的地位,之后会越来越重要,在《元哲学》中被进一步界定为不同于物性实践(pratique)的人化实践(praxis)。甚至,"全部生产活动——实践的目的在于建立一个巩固的宇宙",这是一个"受人类控制的关系(relations soumises au contrôle humain)"整体。[81]列斐伏尔最后的结论是,"所有的存在物都是一个整体(tout)"!所以,"当人们把全部对象(l'ensemble des objets)当作一个整体(tout)加以研究时,存在物就比以往被孤立的研究时更高级,使人们在实践阶段中研究的活动就有了新的定义,也就是说有了一种更高级的内容和形式"。[82]显而易见,这里列斐伏尔反复强调的对象的整体,并不是一个实体存在在量上的相加,而是社会关系赋型的功能性整合。应该指出,与青年卢卡奇的总体性优先和广松涉提出历史唯物主义的"关系第一性"不同,列斐伏尔这里凸显了**实践关系整合**的优先性。这也会是将来他的那个社会关系生产的社会空间的缘起。当然,这里列斐伏尔没有想到的问题是,资本主义经济关系赋型整体结构,恰恰是使人的生存非整体化的客观异化的整体。这是一个客观的"坏的"同一性整体(总体性)。阿多诺最先意识到了这一点。

第五,**总体人**(homme total)的概念。这当然是列斐伏尔对《1844 年手稿》逻辑构式复构的结果。也是他第一个人本主义话语逻辑中的本真性价值悬设。很显然,与前述抽象哲学原则中讨论的客观实践整合和认知整体性不同,这里的总体人的概念表征了一种价值逻辑构式中的批判张力原则。在这里,人的总体性或者人对自身本质的"全面占有",成了人应该具有的本真性状态,而非总体性存在则是现有的异化。然而列斐伏尔没有想过,这一 homme total(总体人)逻辑设定,与他前述经济学构境中的三重异化的异质性关系。

一是在列斐伏尔这里,人的存在是一个能动的总体化构序的过程,看起来,

这似乎是上述社会生活中实践整合关系的主体性缘起，

> 人是自然界有限的生物，是一个整体（tout），是积极的主体（sujet actif），人的生命是自主的（spontanée），他致力于自身的巩固和提高——生存是有限的但可能性却是无限的——因此，人类能够达到更高级的生存程度并超越原来的起点（surmonter son point de départ）。人类的活动是一种不断地回复到原来的起点以便把握它并不断把它提到更高级的水平的运动。[83]

人的存在是一种整体性的主体存在，即**总体的人**（l'homme total），但这种生命 tout（整体）恰恰是由积极的自主活动建构起来的，也由此，人才能不断超越自身并"达到更高级的生存程度"。列斐伏尔这里的观点，基本上是对青年马克思《1844 年经济学哲学手稿》中关于人的本真状态描述的复构，而 l'homme total（总体人）的概念，则是取自马克思对扬弃劳动异化后复归人的全面本质的论述，这里，列斐伏尔只是用了"超越"和"高级"这样一些并不准确的词句进行了装饰。可以看到，列斐伏尔在这里没有凸显青年马克思那个作为异化批判逻辑构式起点上的本真性主格中的自主劳动，而特意选取了扬弃了劳动异化后的**最终结果**——人对自身全面本质的重新占有的总体人。这实际上是有别有深意和远见的，因为，列斐伏尔已经在思考从马克思狭窄的劳动生产领域，走向对人的全部生活的关注。仔细去分析，可以看到列斐伏尔这里的哲学思考与上面曾经遭遇的经济学语境中的那种客观逻辑是完全不同的，这似乎出现了一个方法论话语构序和编码中的断裂。然而，列斐伏尔对此是毫无察觉的。

二是在列斐伏尔看来，人不同于动物直接依存于自然界，"人的活动是创造性的，人通过自己的活动创造了自身"，并且，人在征服自然的过程中，也为自己创造了一个"人类的自然界"（nature humaine），一个总体化的客体，

> 自然成为属人的存在（La nature devient humaine），人的周围（autour de l'homme），在人之中，成了一个世界，一种有组织的探索（expérience organisée）。而人则成为一种具体的存在，一种能动的力量。人的劳动使以人为中心的自然界属人化。自然界内部的人化具有明显的生命力，成为一种摆脱了天

然和被动本能限制的本能力量。人类的自然界是一个相互依存(é change d'être)、摆脱分裂的统一体(unité)。[84]

这也就是说,不同于一般自然存在,总体人通过自己的能动实践构序和整合活动,创造了以人的需要为中心的 nature humaine(人的自然),人周围的自然 unité(统一体)也是人的 expérience organisée(有组织的探索)和总体化塑形和构序活动的结果,这也是人的有目的的关系赋型世界。"总体的人就是整个自然界。它包括所有物质的和生命的力量,包括世界的过去和未来。但是人还任意地、自由地改造着自然界。"[85]一句话,总体性造就了总体的人化的自然和人的周围世界。这是青年马克思在《1844 年手稿》中使用的典型的人本主义哲学话语。

第六,是人的总体性实践进程中社会的**非总体化**。列斐伏尔已经交代过,由总体人的社会实践建构起来的社会生活本身是整体性的,在人自身的发展中,他是从依存于自然的外部决定论,走向自己创造的人的自然统一体基础上的社会存在整体世界,然而,也是在社会发展进程中,原先作为人的生产产物的社会存在物中,却出现了类似外部自然界运动那样的盲目性特征。比如,资本主义的商品"市场是一种典型的社会客体(objet social)。它完全像一个尚未被人掌握的自然界的一部分现实那样,目前还对人类有一种威力",这就好像出现了与外部自然决定论相近的"社会决定论"(déterminisme social),因为在这里,"社会对象是活动的产品(objet social est un produit de l'activité)",然而人的劳动物相化活动所塑形和构序的产品,却颠倒地表现出支配人的"'拜物教'的客观性和社会关系的特定的客观性",列斐伏尔说,资产阶级的经济生活仿佛是"人性中非人性的东西,是人性中自然斗争和生物现实的继续"。[86]在他看来,这种意义上的人就是**非总体化的经济人**(l'homme économique)。这个 l'homme économique,正是斯密-李嘉图经济学中正面肯定的资产阶级经济主体。在资产阶级的经济王国中,总体性的"全部生活对人来说,就是一种'从手中溜掉了'的外部力量。社会的本质是没有人性的(L'essence sociale est inhumaine),只是金钱。它的本质就成了纯经济性的了"。[87]实际上,这也就是列斐伏尔上述讨论过的经济异化,在此,经济异化的本质就是**人与自然存在总体性的丧失**。对于资本家来说,"他是除了金钱以外什么都没有的人",是非总体性存在的典型,当然,劳动者也必然是处于异化状态的。在列斐伏尔看来,资产阶级这种非总体性的经济异化破坏了人的共同生活,"异化就这样扩展到全部生活(toute la vie),任何个人都无法摆脱这种异化。当他力图摆脱这种异化的时候,他就自我孤立起来,这正是异化的尖锐形式(forme aiguë de l'aliénation)"。[88] 所有人进入资产阶级经济关系的时候,他都是处于非人性、非总体性的异化状态之中的。有趣的是,列斐伏尔在解说这种非总体性的异化现象时,并没有简单复述青年马克思在《1844 年手稿》中那个著名的劳动异化四层次说,而是用了马克思在经济学语境中透视资本主义经济关系颠倒的经济拜物教批判,可是,他忘记了前述经济拜物教中对劳动价值论的深刻分析,实际上,总体人与非总体性的抽象逻辑悖反,是无法与马克思后来的经济拜物教批判话语连接的。还有一种可能,这里列斐伏尔的非总体异化说,并非是一种逻辑无意识中的构序错位,而是他对马克思劳动(生产)异化的刻意规避,因为他已经试图将异化问题扩展到 toute la vie(全部生活)中去。

第七,消除了异化的总体人。在列斐伏尔看来,这种资产阶级世界中产生的片面本质存在的"经济人(l'homme économique)应该被超越,以便显示总体人的自由(liberté de l'homme total)"。因为马克思在《1844 年经济学哲学手稿》中所定义的"作为总体的人,……具有多种本质","马克思的思想就是要超越经济意义上的人"。[89] 也是针对整个资产阶级社会坠入的拜物教,列斐伏尔提出通过新的总体化运动,也是从操持劳作和商品交换的经济人复归全部生活的总体人。在他看来,总体的人是"变化的主体和客体",

> 总体的人(L'homme total)是有生命的主体-客体,是起初被弄得支离破碎,后来又被禁锢在必然和抽象之中的主体-客体。总体的人经历了这种支离破碎走向自由,它变成自然界,但这是自由的自然界。它像自然界一样成为一个总体,但又驾驭着自然界。总体的人是"消除了异化的人"(L'homme total est l'homme «désaliéné»)。[90]

有生命的主体与客体,就是总体的人与总体的人化自然,然而人类社会历史发展的长河中,总体的人在不同的奴役关系下变得"支离破碎",在资产阶级的世界中成为异化的经济人,而总体人就是要 désaliéné(消除异化)。"人类异化的结束将使'人回复到人'（«le retour de l'homme à lui-même»），即所有人类因素的统一"。[91]很显然，这是列斐伏尔对青年马克思在《1844 年手稿》中人本学异化史观的重构。固然，列斐伏尔也提及，这种消除异化的总体运动（mouvement total），是"建立在生产力发展的基础上的"（fondé sur le développement des forces productives），这是历史唯物主义的观点，可这种 mouvement total（总体运动）的本质，却是《1844 年手稿》中那个解答"历史之谜"人道主义与自然主义的统一。列斐伏尔充满诗意地描述说，在这种实现了的人道主义之中，"总体的人是自由集体中自由的个人。它是在差别无穷的各种可能的个性中充分发挥的个性"。[92]并且，也只有在超出了生产-经济领域的艺术活动中，才会出现"一种走向总体运动的努力"，"人们能够在最神圣的诗篇中，找到被称为最神圣的、超人的总体行为"（acte total）。[93]客观地说，相比之青年马克思在《1844 年手稿》中提出的终结异化后的哲学共产主义来说，列斐伏尔这里的人类解放，更多的是建立在美学救赎幻境之中的。应该指出，列斐伏尔在第二章中对《1844 年手稿》中人本主义异化史观的复构，时常出现挪用马克思后来的历史唯物主义的词句和经济学的观点加以错位嫁接的情况，而这种状况，在他写作第一章中讨论马克思的经济学时却没有出现，在那里，劳动价值论与经济拜物教批判的话语逻辑中，《1844 年手稿》中的人学话语编码基本上是不在场的。这是我们需要注意的问题。在一定的意义上，与弗罗姆等人用人本主义反注《资本论》不同，列斐伏尔这里，却出现了用《资本论》反注《1844 年手稿》的现象。

注释

[1] Henri Lefebvre, Norbert Guterman, *La mystification. Notes pour une critique de la vie quotidienne*, Avant Poste 2（1933, August）, pp.91—107.

[2]［法］列斐伏尔、古特曼:《神秘化:关于日常生活批判的笔记》,郭小磊译,载《社会批判理论纪事》第 1 辑,中央编译出版社 2006 年版,第 158 页。

[3] 物相化,这是我在《回到马克思》（第二卷）写作中,从马克思思想中提炼出的新概念。物相一词,我在《回到马克思》第一卷中已经使用。在物理和化学等科学研究中,phase 又称"物态"。一般指物质分子的聚集状态,是实物存在的形式。通常实物以固态、液态和气态三种聚集状态存在。在特定条件下又会出"等离子态""超导态""超流态"等物相。但我所设定的物相化中的"相"却不仅仅是物态之意,而兼有实现出来的主体性爱多斯（eidos,共相）之意,因为黑格尔、马克思思想构境中的一般物相化,总是指一定的主体目的（"蓝图"）和理

念对象性地实现于对象的用在性改变之中,这看起来是现成事物对象的消逝性缘起。因为日本学界在日译马克思的事物化(Versachlichung)概念时,通用了"物象化"一词,而中文中与意象相对的物象概念本身带有某种主观显像的痕迹,所以,用物相概念可以更好地表达马克思历史唯物主义所透视的用在性实存对象。马克思在自己晚期经济学的文本中的历史唯物主义讨论中,经常使用 materialisirt(物相化)一词来表达实践活动、生产劳动活动(爱多斯)在塑形对象效用中在物质实在中的消隐。Karl Marx, *Grundrissen*, *Gesamtausgabe*(*MEGA2*) II/1, Text, Berlin:Dietz Verlag, 2006, S. 221; *Marx-Engels-Gesamtausgabe*(*MEGA2*) II/4-1, Text, Berlin:Dietz Verlag, 1988, S.47.当然,人历史地实现自身的主体物相化、人创造出不同历史时间质性的社会共同体组织的社会物相化、工业生产中机器化大生产中的科技物相化和商品市场经济场境中,整体盲目无相化的经济返熵和反爱多斯(eidos)经济物相化是更难理解的。

[4]此-彼错位,系我在《回到马克思》(第二卷)写作中对马克思事物化理论逻辑构式的概括。它通常表现为人与人的关系颠倒式地表现为物与物的关系。这是狭义历史唯物主义构境中,历史现象学批判话语的重要逻辑构件。

[5] R. Jacoby, *Dialectic of Defeat*:*Contours of Western Marxism*, Cambridge:Cambridge University Press, 1981, p.109.

[6]我-它自反性,是我在《回到马克思》(第二卷)写作中,对异化批判构式思考后做出的重要概括。实际上,这是对西方异化思想缘起中费希特和黑格尔哲学先在探索的重构。其中的"我"(费希特的"自我"和黑格尔的绝对理念主体性)系异化逻辑设置中的主体格位,即理想化价值悬设中的应该本有的本真性规定,而"它"(费希特的"非我"和黑格尔的观念外化和沉沦于对象物)则是由"我"创造出来的非主体他性存在状态和自在客体力量,当这种被创造出来的客体力量反过来奴役和支配主体的时候,则构成特殊的自反性异化状态。在费尔巴哈的人本主义异化史观构境中,则成了人的本真性类本质颠倒为上帝的我-它自反性异化,1844 年时的青年马克思,则是将人本主义异化史观中主体格位中的类本质替换为价值悬设中的劳动。在中晚期经济学研究中,马克思遭遇资本主义复杂的经济关系体系时,再一次重新启用了历史唯物主义基础上的劳动异化构式,但这里的我-它自反性不再是一种逻辑设定和演进,而是资产阶级经济关系的现实颠倒和自反。

[7][匈]乔治·卢卡奇:《历史与阶级意识》,杜章智、任立、燕宏远等译,北京:商务印书馆 1999 年版,第 156 页。

[8]1939 年,此手稿由苏联中央马恩列研究院以德文首次公开发表。苏联、东欧学者根据马克思一封信的内容将其标题拟定为《政治经济学批判大纲(草稿),1857—1858 年》(*Grundrisse der Kritik der politischen Ökonomie* 1857/1858)。后来在西方学术界关于这一文本的讨论中,人们通常简称其为 *Grundrisse*(大纲)。

[9][法]列斐伏尔、古特曼:《神秘化:关于日常生活批判的笔记》,郭小磊译,载《社会批判理论纪事》第 1 辑,中央编译出版社 2006 年版,第 164 页。

[10]同上书,第 166 页。

[11]同上。

[12][美]爱德华·索亚:《后现代地理学:重申批判理论中的空间》,王文斌译,商务印

书馆 2007 年版,第 74 页。

[13]［法］列斐伏尔、古特曼:《神秘化:关于日常生活批判的笔记》,郭小磊译,载《社会批判理论纪事》第 1 辑,中央编译出版社 2006 年版,第 172 页。

[14] 同上书,第 174 页。

[15] 同上书,第 174—175 页。中译文有改动。Henri Lefebvre, Norbert Guterman, *La mystification. Notes pour une critique de la vie quotidienne*, Avant Poste 2(1933, August), p.106.

[16] 按照我的理解,在马克思中晚期写下的《1857—1858 年经济学手稿》中,马克思第一次区分了**客观发生**的人与人的社会关系(直接的劳动交换关系),**事物化**(Versachlichung ）和**颠倒**(Verkehrung ）为资本主义经济活动中商品经过货币与其他商品(事物与事物)的**此-彼错位构序关系**,以及这种颠倒的事物化关系本身在市场直观中所呈现出来的一种仿佛与人无关的物相(物理的自然属性)之主观错认塑形,后者,则是马克思区别于客观事物化的**物化**(Verdinglichung ）**主观错认论**。参见拙文:《再论马克思的历史现象学批判》,《哲学研究》2014 年第 7 期。

[17] 参见拙著:《回到马克思——社会场境论中的市民社会与劳动异化批判》（第二卷）,江苏人民出版社 2023 年版,下册。

[18]［法］列斐伏尔:《日常生活批判》(第 3 卷）,叶齐茂等译,社会科学文献出版社 2018 年版,第 560 页。

[19] Henri Lefebvre, *Le matérialisme dialectique*, Presses Universitaires de France, 1940.依施米特的考证,列斐伏尔此书的写作是在 1934—1938 年间。

[20] 列斐伏尔自己概括说,在 1934 年的《马克思著作精选》(Morceauxchoisis ）的导读中,重新发现了长期被人们忽视的**经济拜物教**(le fétichisme économique ）观念,并且开始确立辩证法的重要地位;在 1836 年《被神秘化的意识》中,他揭露的资本主义生产关系的**神秘化**(mystification ）观念和**异化**(aliénation ）观念;在 1939 年的《辩证唯物主义》中,他第一次提出了马克思**总体人**(homme total ）观念,并将其与异化和经济拜物教问题内在关联起来。［法］列斐伏尔:《日常生活批判》(第 1 卷）,叶齐茂等译,社会科学文献出版社 2018 年版,第 164 页注 1。

[21]［法］列斐伏尔:《辩证唯物主义》,载《社会批判理论纪事》第 13 辑,周泉译,江苏人民出版社 2022 年版,第 3 页。

[22]［日］广松涉:《文献学语境中的〈德意志意识形态〉》,彭曦编译,南京大学出版社 2005 年版,第 33 页。

[23]［法］列斐伏尔:《辩证唯物主义》,载《社会批判理论纪事》第 13 辑,周泉译,江苏人民出版社 2022 年版,第 3—4 页。

[24] 同上书,第 4 页。中译文有改动。Henri Lefebvre, *Le matérialisme dialectique*, Presses Universitaires de France, 1940, p.5.

[25]［法］列斐伏尔:《空间与政治》,李春译,上海人民出版社 2015 年版,第 62 页。

[26]［法］列斐伏尔:《辩证唯物主义》,载《社会批判理论纪事》第 13 辑,周泉译,江苏人民出版社 2022 年版,第 5 页。

[27] 同上。中译文有改动。Henri Lefebvre, *Le matérialisme dialectique*, Presses Universi-

taires de France，1940，p.9.

［28］［法］列斐伏尔：《辩证唯物主义》，载《社会批判理论纪事》第 13 辑，周泉译，江苏人民出版社 2022 年版，第 23 页。

［29］参见拙文：《否定辩证法：探寻主体外化、对象性异化及其复归》，《中国社会科学》2021 年第 8 期。

［30］［法］列斐伏尔：《辩证唯物主义》，载《社会批判理论纪事》第 13 辑，周泉译，江苏人民出版社 2022 年版，第 12 页。其实，这并非黑格尔的原话，在《精神现象学》中，黑格尔提出，"自觉的精神已经超出了它通常在思想要素里所过的那种实体性的生活"。［德］黑格尔：《精神现象学》（上册），贺麟译，商务印书馆 1979 年版，序言第 4 页。

［31］［法］列斐伏尔：《辩证唯物主义》，载《社会批判理论纪事》第 13 辑，周泉译，江苏人民出版社 2022 年版，第 30 页。

［32］同上书，第 27 页。中译文有改动。Henri Lefebvre，*Le matérialisme dialectique*，Presses Universitaires de France，1940，p.46.

［33］同上书，第 32 页。

［34］马克思在 1858 年 1 月 14 日写给恩格斯的信中提及："完全由于偶然的机会——弗莱里格拉特发现了几卷原为巴枯宁所有的黑格尔著作，并把它们当做礼物送给了我——我又把黑格尔的《逻辑学》浏览了一遍，这在材料加工的方法上帮了大的忙。如果以后再有功夫做这类工作的话，我很愿意用两三个印张把黑格尔所发现、但同时又加以神秘化的方法中所存在的合理的东西阐述一番，使一般人都能够理解。"《马克思恩格斯全集》第 29 卷，人民出版社 1972 年版，第 250 页。列斐伏尔后面提及了马克思的这次研究，并认为，"马克思直到 1858 年才首次不带贬低地提到黑格尔的辩证法"。［法］列斐伏尔：《辩证唯物主义》，载《社会批判理论纪事》第 13 辑，周泉译，江苏人民出版社 2022 年版，第 45 页。

［35］马克思在写作《1861—1863 年经济学手稿》的过程中，专门摘录了黑格尔的《小逻辑》一书的"存在论"部分。他留下了《黑格尔的逻辑学》这一重要的思想实验文本，此文本出现在马克思写于 1860—1863 年的笔记本中。《黑格尔的逻辑学》这一文本原件目前收藏在俄罗斯国家档案馆。在荷兰阿姆斯特丹国际历史研究所的马克思恩格斯手稿文献编号中，此文本与整个笔记本被列为 B96。这一文本第一次发表在 1977 年 12 月出版的《国际社会史评论》，第 22 卷第 3 期，第 423—431 页（*International Review of Social History*，Volume 22，Issue 3，December 1977，pp.423—431）。目前尚未在 *MEGA 2* 中编译出版。《黑格尔的逻辑学》中译文由顾锦屏译，第一次发表在《马列著作编译资料》第 7 辑，人民出版社 1980 年版，第 8—12 页。

［36］柯耶夫（A. Kojéve，1902—1968）：俄裔法国著名哲学家。出生于俄罗斯一个富裕和有影响力的家族，俄国画家康定斯基的侄子。1926 年毕业于德国海德堡大学。1933—1939 年，他在巴黎高等实验科学研究学校主持黑格尔哲学公开研讨会，内容为黑格尔的《精神现象学》。这个研讨会一直持续到 1939 年。与柯耶夫一同介绍黑格尔哲学的还有伊波利特，他也是主要讨论黑格尔的《精神现象学》。1939 年，伊波利特翻译的黑格尔《精神现象学》第一卷出版。1946 年，伊波利特发表讨论《精神现象学》的论文，1947 年，柯耶夫的《黑格尔解读引论》出版。

[37] 让·伊波利特(Jean Hyppolite，1907—1968)：法国著名哲学家，毕业于巴黎高等师范学校。二战后，曾任斯特拉斯堡大学教授。1954 年，任高等师范学校校长。1963 年，当选为法兰西学院院士。与柯耶夫一起，伊波利特最早将黑格尔哲学介绍到法国思想界，影响了整整一代法国当代思想家。1939 年，他将黑格尔的《精神现象学》译成法文。主要代表性著作：《黑格尔〈精神现象学〉研究》(1947)、《逻辑与存在》(1952)等。

[38]［法］福柯：《黑格尔〈精神现象学〉中超验的构成》(*La Constitution d'un transcendantal dans La Phénoménologie de l'esprit de Hegel*，1949)。这一文本并没有正式出版，现存法国国家图书馆。

[39]［法］列斐伏尔：《辩证唯物主义》，载《社会批判理论纪事》第 13 辑，周泉译，江苏人民出版社 2022 年版，第 32 页。

[40] 同上书，第 34 页。

[41] 同上书，第 39 页。

[42] 同上书，第 38 页。

[43]《马克思恩格斯全集》第 3 卷，人民出版社 1960 年版，第 37 页。

[44] 物役性概念，系我在《马克思历史辩证法的主体向度》中提出的概念，它呈现了人类社会历史发展进程中出现的外部客观力量对人的统治和支配现象。在自然经济时期，是外部自然力量对人的支配的自然物役性，而在经济的社会赋型中，则出现了人所创造的经济力量对人的统治的经济物役性现象。参见拙著：《马克思历史辩证法的主体向度》(第三版)，武汉大学出版社 2010 年版，第 3 章。

[45]［法］列斐伏尔：《辩证唯物主义》，载《社会批判理论纪事》第 13 辑，周泉译，江苏人民出版社 2022 年版，第 43 页。

[46] 同上书，第 45 页。

[47] 关于马克思在《1861—1863 年经济学手稿》中复建科学的劳动异化构式问题，可参见拙文：《经济学革命语境中的科学的劳动异化理论》，《马克思主义与现实》2022 年第 2—3 期。

[48]［法］列斐伏尔：《辩证唯物主义》，载《社会批判理论纪事》第 13 辑，周泉译，江苏人民出版社 2022 年版，第 45 页。

[49] 同上书，第 46 页。

[50] 同上书，第 47 页。中译文有改动。Henri Lefebvre, *Le matérialisme dialectique*, Presses Universitaires de France, 1940, p.79.

[51] 同上书，第 50 页。

[52] 同上。

[53] 同上书，第 51 页。

[54] 同上书，第 50 页。

[55] 同上书，第 50—51 页。

[56] 同上书，第 51 页。

[57]"新马克思阅读"(*neuen Marx-Lektüre*)运动，系指 20 世纪 60 年代在德国出现的一

种对马克思经济学文本(主要是《资本论》及其手稿)的重新细读思潮。核心代表人物为阿多诺的学生汉斯-格奥尔格·巴克豪斯(Hans-George Backhaus, 1929—　)与海尔穆特·莱希尔特(Helmut Reichelt, 1939—　)。巴克豪斯于1969年发表的《价值形式的辩证法》一文成为"新马克思阅读"运动的奠基性文献。这一思潮的第二代人物有夏埃尔·海因里希(Michael Heinrich)和德裔英国学者维尔纳·博内菲尔德(Werner Bonefeld)等。

[58] 列斐伏尔原注:参见黑格尔《逻辑学》,bk.III及恩格斯《自然辩证法》。[法]列斐伏尔:《辩证唯物主义》,载《社会批判理论纪事》第13辑,周泉译,江苏人民出版社2022年版,第51页。

[59] 同上书,第52页。

[60] 同上书,第54页。

[61] 同上书,第52页。

[62] 同上书,第54页。

[63] 同上书,第52页。

[64] 同上书,第54页。

[65] 同上。

[66] Richard Deledalle Denis Huisman, *Les philosophes français d'aujourd'hui par eux-mêmes: autobiographie de la philosophie française contemporaine.* CDU, Paris, 1963, p.298.中译文参见王立秋译稿。

[67] [法]列斐伏尔:《辩证唯物主义》,乔桂云译,载《西方学者论〈1844年经济学哲学手稿〉》,复旦大学出版社1983年版,第167页。

[68] 同上。

[69] 同上。中译文有改动。Henri Lefebvre, *Le matérialisme dialectique*, Presses Universitaires de France, 1940, p.114.

[70] [法]列斐伏尔:《辩证唯物主义》,乔桂云译,载《西方学者论〈1844年经济学哲学手稿〉》,复旦大学出版社1983年版,第168页。

[71] 同上。中译文有改动。Henri Lefebvre, *Le matérialisme dialectique*, Presses Universitaires de France, 1940, p.116.

[72] 关于这一笔记的研究,可参见拙文:《马克思:工艺学与历史唯物主义深层构境》,载《哲学研究》2022年第12期。

[73] [法]列斐伏尔:《辩证唯物主义》,乔桂云译,载《西方学者论〈1844年经济学哲学手稿〉》,复旦大学出版社1983年版,第169页。

[74] 同上书,第170页。

[75] 同上。中译文有改动。Henri Lefebvre, *Le matérialisme dialectique*, Presses Universitaires de France, 1940. p.119.

[76] 同上书,第171页。

[77] 同上书,第172页。中译文有改动。Henri Lefebvre, *Le matérialisme dialectique*, Presses Universitaires de France, 1940, p.121.

〔78〕同上书,第 172—173 页。中译文有改动。Ibid., p.123.

〔79〕同上书,第 173—174 页。中译文有改动。Ibid., p.124.

〔80〕同上书,第 178 页。

〔81〕同上书,第 179 页。

〔82〕同上书,第 174 页。中译文有改动。Henri Lefebvre, *Le matérialisme dialectique*, Presses Universitaires de France, 1940, p.125.

〔83〕同上书,第 176 页。

〔84〕同上书,第 189 页。中译文有改动。Henri Lefebvre, *Le matérialisme dialectique*, Presses Universitaires de France, 1940, p.147.

〔85〕同上书,第 190 页。

〔86〕同上书,第 186—187 页。

〔87〕同上书,第 194 页。

〔88〕同上书,第 196 页。

〔89〕同上书,第 190 页。

〔90〕同上书,第 197 页。

〔91〕同上书,第 198 页。

〔92〕同上书,第 199 页。

〔93〕同上。

第二章　马克思的异化理论与
　　　　日常生活中的微观异化

　　1945 年，列斐伏尔写下了《日常生活批判》(*Critique de la vie quotidienne*，*I*) 的第一卷[1]，开启了自己对资产阶级统治的神秘性异化世界的独特探索。与青年马克思在《1844 年经济学哲学手稿》中关注抽象的类本质和资产阶级雇佣制度中劳动关系的异化不同，也与马克思在中晚期经济学研究中关注经济异化关系不同，列斐伏尔开始关注当代资本主义社会每个人身边的日常生活中的小事情异化。这就开启了西方马克思主义异化批判理论中的一种重要转折：从宏大政治经济关系异化批判向日常生活微观异化现象批判的转折。同时这也意味着，一种基于个人本位的新人本主义逻辑构式正在被确立起来。

一、马克思早期异化理论的思想复构

　　在 1956—1957 年写下的此书第二版长篇序言中，列斐伏尔回溯了这一日常生活批判在马克思主义方法论上的意义。列斐伏尔说，在这本书中，他并没有像《辩证唯物主义》那样集中"重新解释(interprétation nouvelle)马克思主义"，不是理论化的回溯，而是面对资本主义新的现实前进。列斐伏尔说，它"完全是围绕异化(aliénation)而建立起来的，而列宁曾经搁置或忽略了异化"。[2] 我觉得，列斐伏尔这里对列宁的指责是说不通的。首先，马克思的《1844 年经济学哲学手稿》第一次发表于 1932 年，列宁根本不会知道青年马克思曾经持有过人本主义的劳动异化史观，他也不可能发现在《资本论》及其手稿中零星出现的异化概念，由此批评列宁忽略异化理论是站不住的。其次，我们从上述列斐伏尔的《辩证唯物主义》的文本解读也知道，他是充分了解马克思后来关于资本主义的批判,主要是着眼于资产阶级商品-市场经济客观的生产关系中客观矛盾和异化的发展,此时,马克思的《大纲》已经发表,而他这里以非反思的异化概念来重构马克思的全部观念,已经是一种将马克思主义**人本主义化**的重新话语编码。当然,也因为列斐伏尔这里的异化概念,已经不再是马克思《1844年手稿》中那个理想化的人类本质异化,而是具体到个人日常生活中的"小事情"异化,所以他的人本主义话语,已经直接属于西方马克思主义中用**个人本位**的**新人本主义**重新解读马克思的阵营,此时,弗罗姆、布洛赫和萨特都是他的同路人。但与这些哲学家不同,列斐伏尔对马克思经济学研究中异化理论的思考,已经达及一个很深的构境。

在列斐伏尔看来,关于马克思异化理论的思考可以有三个不同的问题构境层面:一是**历史性**(*Historiquement*)的问题,这主要是弄清楚异化理论在"马克思主义赋型"(formation du marxisme)中的思想史来源(黑格尔和费尔巴哈)、方向调整和作用。这是他在《辩证唯物主义》一书中没有具体分析的问题。这是列斐伏尔并不多见的 formation 概念的出场。二是**理论性**(*Théoriquement*)的问题,这里的关键是要说明,"在马克思科学和政治学的著作中,尤其是在《资本论》中,什么成为异化的哲学概念,我们必须认识,有关拜物教的经济理论实际上是有关异化的哲学理论在客观的(科学)层面上的延伸"。[3]这当然是一个重要的理论判断。这也是我们在上述《辩证唯物主义》一书已经看到的重要问题。列斐伏尔还专门用注释标示,自己是在《日常生活批判》第一卷出版两年后,于1947年出版的《理解马克思的思想》中两次重申了这一观点。[4]而实际上在马克思那里,中晚期经济学研究中历史现象学构境中的劳动异化批判,与事物化关系颠倒一起,构成着经济拜物教的内在本质。三是**哲学性**(*Philosophiquement*)的问题,即异化理论的认识论升华以及反对将马克思主义教条化。这里的认识论升华,当然就是指列斐伏尔将马克思的宏观社会关系异化批判,进一步延伸到个人的日常生活中来,捕捉到资本关系在生活细节中对我们的支配和奴役。而此处所说的教条化,则是特指将马克思主义视作已经完成的形态,并将《1844年经济学哲学手稿》中的劳动异化理论,指认为青年马克思不成熟的早期作品。这里,他先讨论了马克思的异化思想史线索和作为哲学认识论升华前提的总体人的原则。

首先,马克思异化批判理论的**思想史线索**。在列斐伏尔看来,马克思是从黑格尔和费尔巴哈那里继承和改造了异化理论,对于马克思来讲，人是一个处于自我超越（dépassement）过程中的自然存在，一个与自然抗争以便支配（dominer）自然的自然存在，人源于自然，但是，人以这样一种方式源于自然，在从自然中生长起来和支配自然的过程，人的根源更深地扎入自然之中。[5]

在列斐伏尔这里，人的本质（l'essence de l'homme）就是人源于自然与支配自然关系中的矛盾，从自然存在的意义上说，这已经是一种异化关系。这当然已经是用费尔巴哈的人本主义改造过的黑格尔异化话语，因为，黑格尔唯心主义的观念主体性沉沦于自然，扬弃异化超越自然的思辨把戏，已经成了人依存与超越自然的辩证关系。这是其一。其二，当人开始创造自己的历史时，却又在**盲目性的**（aveuglément）的状态中回到**他性存在**（L'être autre）中，"在人对自然日益增加的控制中，自然仍然控制着人。人的产品和人的劳动的功能就像自然的存在一样。人必须对象化他自己，社会对象变成了出场他的东西，顶礼膜拜的东西"。[6]其实这里出现了两种自然，第一个是作为人改造对象的天然的自然界，二是人在社会生活中所塑形和构序的东西反过来"像自然存在一样"支配人，人跪倒在自己的创造物面前，这当然也是一种新的异化。其实，列斐伏尔这里是用黑格尔的"第二自然"（Die zweite Natur）的社会异化论来诠释马克思。列斐伏尔说，"我们可以从哲学上把异化定义为：一个对象化和外在化的、实现的和现实感消失的双重运动"。[7]这是黑格尔在《精神现象学》中阐释的观念外化为对象性的物性异在的异化逻辑。人通过劳动活动外化于自然，对象化为一种实现自身且瞬即消逝的异己性力量，这种力量反过来奴役人，即我所指认的**我-它自反性异化关系**。进一步，列斐伏尔直接从《1844 年手稿》中概括了青年马克思原创性的劳动异化理论：

1. 作为一个**对象**（objet）的劳动者的异化（把劳动者变成一个对象的异在力量，puissance étrangère）；

2. 生产活动的异化，换句话说，劳动本身的异化（劳动划分了劳动，分裂了劳动）；

3. 人作为一个特殊存在的异化（l'aliénation de l'homme en tant qu'être spécifique），人的类属（membre de l'espèce humaine），共同的**人的特殊需要**

（qu'ensemble de *besoins spécifiques humanisés*）；

4. 作为自然存在（qu'être de la nature）的人的异化，作为共同**自然需要**（qu'ensemble de *besoins naturels*）。[8]

这里列斐伏尔对青年马克思《1844 年手稿》中劳动异化理论的复构，显然比前面的《辩证唯物主义》要具体得多了。但是，列斐伏尔这里的理论复构并没有严格依循青年马克思在《1844 年手稿》中的原初思考，即劳动产品异化、劳动异化、类本质异化和劳动关系异化四个编码层面，而是重新构序了自己对劳动异化的理解。似乎，他更加突出强调了人作为自然存在的异化，这里的 besoins naturels（自然需要），有可能连接于下面即将出场的日常生活异化。在之后的《日常生活批判》第二卷中，他提出了本真性的需要-欲望存在论的人本主义逻辑。依他的看法，马克思的

这些文本（textes）不仅让异化（l'aliénation）随处可见、无所不在的特征非常清晰［生产力、社会关系以及意识形态，更深地涉及了人**与自然的**关系和人与他**自己的本性**（*sa propre nature*）的关系］。异化作为一个概念，一种现实与社会**科学**相联系的**哲学**理论。[9]

显然，这是列斐伏尔对他眼中马克思异化观的复构和重新编码，似乎在《1844 年手稿》的"异化劳动"（Die entfremdete Arbeit）一节中，作为哲学方法论的异化关系，它不仅仅涉及社会生活层面中的生产力、社会关系和意识形态方面的全面异化，也体现了人与自然、人对自身的深刻异化关系。其实，这里已经糅进了《德意志意识形态》中资产阶级社会中特有生产力物役性批判和意识形态问题，因为在列斐伏尔眼里，历史唯物主义正是人本主义异化史观的具体化。这当然是一种错误的判断。这种观点，也会进一步延伸到他对马克思中晚期经济学研究中的异化批判理论的理解中。列斐伏尔的这种观点，已经出现在上述我们讨论过的《辩证唯物主义》一书之中。

其次，马克思扬弃异化的**总体人的概念**。这当然也来自青年马克思的《1844 年手稿》。通过上面的讨论，我们已经知道这个"总体人"的概念，是列斐伏尔在《辩证唯物主义》第二章中确立的人本主义逻辑出发点。列斐伏尔认为，也是针

对资本主义社会中出现的劳动异化问题，马克思提出了与人的异化存在相异质的**总体的人**(*l'homme total*)的概念："总体的人的定义的本质方面是人与他自己的统一，尤其是个人与社会的统一"(*L'unité de l'homme avec lui-même, c'est-à-dire no-tamment l'unité de l'individuel et du social, est un aspect essentiel de la définition de l'homme total*)。[10]这是列斐伏尔自己的理解构境。因为在青年马克思的《1844年手稿》中，人的类本质是作为价值悬设的理想化**劳动**，而作为复归于人对自己类本质全面占有的"总体的人"，只是这种扬弃劳动异化的结果。具体说，在列斐伏尔看来，总体人取代了青年马克思的劳动类本质，既是人应该居有的本真性状态，也将是人扬弃自身异化，消除个体与社会对立的人的解放。总体人"全面发展，全面战胜了异化"。[11]我前面已经指认过，列斐伏尔对总体人概念的凸显，并非他对马克思的一种理解上的偏差，而是深有别意的理论伏笔，因为，这个总体人概念将带领我们从生产劳作领域走向人的全部生活。

不过，这一次列斐伏尔明确指认，homme total(总体人)的概念并不是他自己的发明，"总体人的概念来自马克思的一个简短评论，'**作为一个总体人**(*homme total*)，**人以全面的方式拥有他的完整本质**(*L'homme s'approprie son essence uni-verselle(allseitiges) d'une manière universelle*)'"。[12]在原文中，列斐伏尔用斜体字标识出这段文字，并用德文 allseitiges(全面的)对应了法文中的 universelle(全面的)。在列斐伏尔看来，总体人的概念是一个人本主义(humanisme)的逻辑引导，

> 人的发展和进步只能从**总体人**的观念(notion de l'homme total)那里获得它们的意义(换句话说，它们发展的意义和它们的方向)。每一个历史瞬间(moment de l'histoire)，贯穿于历史的走过的每一个阶段，都是构成整体的一个部分，所以，每一个部分活动，已经部分实现的每一种力量，同样也是整体的一部分；每一个**瞬间**(moment)还包含着每一个瞬间的人的现实的部分，在随后的发展过程中，这种人的现实的部分日益显露出来。[13]

这就是典型的人本主义构式了。因为，社会历史现实发展的意义和方向，要从总体人的观念中获得，这当然是从观念出发的唯心主义。与马克思《1844年手稿》中前置的价值悬设——理想化劳动不同，列斐伏尔捕捉到马克思展望人

类获得全面解放后的"总体人"自由发展状态,并将其作为未来目标式的**后置目的论牵引**。并且他认为,这种总体人的观念,恰恰是与马克思后来提出的人类社会从必然王国向自由王国的转换是完全同向的。在这里,我们还能看到,列斐伏尔开始凸显 moment(瞬间)这种在社会生活中当下突现和消逝的场境活动本质。将来我们会慢慢看到,这个场境活动的瞬间概念,在证伪物性实在假象和理解空间关系生产中的关键性话语编码作用。

二、人本主义话语下马克思中晚期经济学研究中的异化批判理论

列斐伏尔认为,绝不像教条主义解释框架所理解的那样,马克思并没有在自己后来的经济学研究中抛弃异化理论,"马克思是通过把异化落脚到经济对象中,从而把异化的哲学概念具体化了"[14]。这是一个十分含糊不清的判断。我认为,列斐伏尔的问题就出在这里,因为他无法辨识人本主义异化史观的解构是历史唯物主义确立的前提,所以,他会无意识地掩盖《1844 年手稿》中人本主义劳动异化批判与后来马克思在中晚期经济学研究中科学的异化理论之间的根本异质性。马克思后来在中晚期经济学研究重新确立的科学异化批判理论,并不是他早期人本主义哲学异化话语在经济学中的"具体化",而在对资本主义经济关系的现实分析中,马克思通过历史地捕捉到商品交换关系的事物化颠倒和现实异化在资本主义生产方式中的极端表现后,重新在狭义历史唯物主义的历史现象学构境中再次确立的。

在写作《辩证唯物主义》(1938 年)时,列斐伏尔还没有看到《大纲》,而此时,他已经在直接谈论《大纲》中的异化问题了。列斐伏尔认为,在"《政治经济学批判大纲》(*Introduction à la critique de l'économie politique*)"[15]中,

对于马克思来讲,古典经济学家发现的社会劳动(travail social)范畴成了**异化的**劳动(travail *aliéné*)的范畴;需要显示为**异化的**需要(besoin *aliéné*);马克思正是通过对商品和货币的**物神**特征(caractère *fétiche*)批判性的反映才建立了异化的劳动和异化的需要的范畴,达到了客观性上的更高

的和决定性的阶段。[16]

　　显然,此时已经不同于《辩证唯物主义》的写作,列斐伏尔不再是从《资本论》中猜测异化批判话语的可能存在,而是直接讨论了《大纲》中客观存在的资产阶级经济关系异化问题。这无疑使列斐伏尔对马克思的异化理论的理解达及了一个新的水平。因为,这为他在马克思的《1844年手稿》和《资本论》的异化理论之间,找到了一个极其重要的文本支点。在列斐伏尔看来,马克思在《大纲》中的异化批判,在于将古典经济学正面肯定的社会劳动和需要概念,翻转为否定性的异化劳动和异化需要,并在对资本主义商品和货币关系的物神特征中找到了理解异化关系的钥匙。这是对的。这也证明上面我对列斐伏尔的批评:马克思不是在经济学研究中具体化哲学的异化概念,而是在从资产阶级经济关系现实的劳动异化与事物化颠倒中重新启用异化批判话语。我以为,在1956年,这已经是一种十分了不起的重要看法了。固然,列斐伏尔此处从 travail social(社会劳动)出发去解释《大纲》中的经济关系异化问题是不准确的,在《大纲》中,马克思是通过交换价值关系现实抽象且事物化颠倒为货币,开始剖解经济物相化空间中的异化问题的。他没有更精细地区分斯密-李嘉图的劳动分工中碎片化劳动重新整合的现实抽象中生成的社会劳动,与马克思劳动交换关系中现实抽象的不同。这样,列斐伏尔就指认在马克思那里,"异化理论和异化概念构成了经济科学的基础和哲学意义(le fondement et la signification philosophique),异化理论被改造成了拜物教理论(商品、货币和资本的拜物教,fétichisme de la marchandise,de l'argent, du capital)"。[17]我认为,列斐伏尔提出这一思想史关系是重要的,但他的这一观点仍然是粗糙的。因为他根本无法界划青年马克思的人本主义劳动异化史观与后来历史唯物主义基础上的科学异化概念,也不能正确说明马克思经济拜物教背后经济物相化关系异化和事物化-物化理论编码的复杂内涵。[18]在《日常生活批判》第一卷出版后不久,列斐伏尔在《马克思主义》(1948年)中这样谈到马克思的异化理论:"人的异化不是理论上的和理想的,即仅仅停留在思想和感情的层面上;它也是实际的,而且首先是实际的,并在实际生活的各个领域中被发现。劳动是异化的:被奴役、被剥削、变得乏味和令人窒息。社会生活,即人类社会,被社会阶级分化、撕裂、变形、转变为政治生活、被愚弄、被国家利用。人类对自然的支配力以及这种支配力所生产的商品被垄断,社会人对自然的占有转化为对生产资料的私有。货币,这个人类双手创造的物质产品(即生产这种或那种消费品所需的社会平均劳动时间)的抽象符号,统治着劳动和生产的人们。资本,这种社会财富的形式,这种抽象的东西(从某种意义上说,它本身不过是一套商业和银行的文字),把它的要求强加于整个社会,并意味着这个社会的矛盾组织:社会中大部分人的相对奴役和贫困。"[19]这可能是列斐伏尔在这一时期对马克思的异化批判理论较为系统的一次表述,从中我们可以看到,异化批判出现在整个社会生活的各个方面,这包括了劳动异化、政治关系异化和经济关系异化,其中,抽象的金钱成为统治力量的经济拜物教批判的观点是十分深刻的。

也由此,列斐伏尔明确得出"结论"(Conclusion):作为《辩证唯物主义》核心关键词的"异化理论和'总体人'理论依然是日常生活批判背后的推动力。异化理论和'总体人'理论让我们把社会发展看作一个整体(l'ensemble),决定社会向何处去"。[20]当然,列斐伏尔也认为,马克思的异化理论并非为可以简单套用的现成结论,"马克思的工作是一个范例、一个指南、一个灯塔",所以,我们必须"继续发展马克思的异化理论"。[21]由此,异化构式就被看作方法论上的前提,这与后面列斐伏尔逐步开始意识到历史唯物主义的"指南"作用是不同的。然而列斐伏尔也指认说,与马克思那个时代不同,今天在马克思异化理论的灯塔照耀下,我们不仅仅只是像马克思那样,只是关注资产阶级经济关系和政治统治中发生压迫和奴役无产阶级的宏观异化问题,而且在更加微观地

考虑劳动者的全部生活(la vie du travailleur dans son ensemble)。我们可能会看到,他的工作和他的工作态度都与作为**整体的**社会实践(*toute* la pratique sociale)有联系,与他作为整体的经历有联系,与他的闲暇活动、他的家庭生活、他的文化和政治目标有联系,与阶级斗争有联系。另外,一定要从特定国家和民族的背景,从特定的文明和社会发展时期,包括一定的整体需要(certain ensemble de besoins),来看待"整体"(«tout»)。这就把我们带到了日常生活批判(la critique de la vie quotidienne)。[22]

这就是我所说的社会批判理论转向的那个重要的话语编码断裂点:**从马克思关注的宏大社会经济政治关系的异化批判,转向个人日常生活异化的批判。**

这一点，被列斐伏尔直接指认为对马克思异化批判话语的"发展"。从文本的具体内容上看，这里的意思也是明确的，要继承和发展马克思的异化批判理论，就要将资本主义社会中处于被压迫地位的劳动者看作一个与整体社会实践相关的人，要思考作为**总体人**的 la vie du travailleur dans son ensemble（劳动者的全部生活），这不仅要关注马克思聚焦的宏观尺度上的经济关系和政治关系赋型，还要更微观地观察他的家庭生活塑形和闲暇活动的微观构序，要分析资本关系下**日常生活中的微观异化**，这就自然来到了日常生活批判的入口。由此，列斐伏尔断言，在今天，"异化的观念注定会成为**哲学**（看作生活批判和具体的人性论基础的哲学）的中心观念，成为**文学**（看作生活思潮表达）的中心观念"。[23]这种异化观念的当代形态就是列斐伏尔的日常生活批判。

也由此，在《日常生活批判》第一卷中，列斐伏尔明确提出要"恢复（retrouver）马克思主义的**人本主义**"（l'humanisme marxiste），"从而重建为一个整体（Ainsi se restitue dans son intégralité）：一种哲学，一种方法，一种人本主义，一种经济科学、政治科学（science économique, science politique）的马克思主义"。[24]这是列斐伏尔公开打出人本学的马克思主义的旗号。在后来的《现代世界的日常生活》（1967）一书中，列斐伏尔自己评价《日常生活批判》第一卷说，当时这本书既保持着马克思主义思想的观点，也与当时的特定追问方式相关，它既挑战着哲学主义（le philosophisme），也挑战着经济主义（l'économisme），拒绝将"马克思的遗产"贬低为哲学的体系（systéme philosophique）或还原为政治经济学的理论。[25]在这一点上，他所谓的马克思主义的人本主义，就是要"重新发现马克思著作中的一些主要观念：有关**异化**的观念、有关**拜物教**的观念、有关**神秘**的观念（la notion d'aliénation, celle de fétichisme et celle de mystification）"。[26]这是列斐伏尔过去一些已经完成的工作，也是走向《日常生活批判》第一卷的理论道路。他还在注释中专门介绍了自己在过去已经完成的几本书中的努力。[27]这也就是说，列斐伏尔明确提出要重建马克思主义的人本主义，但并不是简单否定作经济科学出场的马克思的批判话语，而恰恰是要充分肯定在经济学语境中出现的异化和经济拜物教批判。

在他看来，马克思的拜物教批判的确"落脚在经济学与哲学的交集（l'articulation）上"，财富、货币、商品、资本不过是人与人之间的社会关系（人的劳动的"个人"和质之间，entre travaux humains «individuels» et qualitatifs）。然而，这些社会关系以外在于人的**事物**（*choses*）作为它们的表象和形式。表象反倒成了现实（L'apparence devient réalité）；这些"物神"（ces «fétiches»）仿佛真的存在于他们之外，真的就像客观事物（choses objectives）一样发生作用。[28]

说实话，我十分吃惊于列斐伏尔在 1945 年写下的这段文字，因为这是对马克思经济拜物教理论非常精准的理解和阐释。并且，这里列斐伏尔依据的马克思的文本，并非《1844 年手稿》，而是《大纲》。因为，列斐伏尔在这里很深刻地将经济拜物教批判与《大纲》中提出的事物化关系颠倒问题内在地联系了起来。列斐伏尔显然没有捕捉到马克思使用的 Versachlichung（事物化）和 Verdinglichung（物化）概念。虽然，列斐伏尔没有像马克思那样，具体地说明了商品交换价值在交换活动中被现实抽象出来，并以不是自身的价值形式反向对象化为货币，由此使人与人的劳动交换关系颠倒地成为商品物、金钱和资本物的外部事物之间关系，当人们将这种事物化颠倒的客观形式本身当作财富去疯狂追逐时，这就生成了经济 fétiches（物神）和主观误认上的三大经济拜物教。列斐伏尔也没有精细地指认出，经济拜物教批判话语是马克思在《政治经济学批判》（第一分册）和《资本论》中才提出和完善的思想。问题在于，当列斐伏尔将此处人与人的社会关系指认为"个人"和 qualitatifs（质）时，他并没有区分出这已经是商品生产和交换活动构序和编码的特殊的**经济质**（ökonomische Qualität）。[29] 如同他自己在《辩证唯物主义》第一章中正确地指认商品的"第二性社会存在"（deuxième existence sociale）。[30] 无论如何，列斐伏尔此处的观点已经是异常深刻的了。应该指出，列斐伏尔一旦进入对马克思经济学话语的分析，就不自觉地跟随那种从客观经济现实出发的逻辑，这种逻辑与人本主义话语恰恰是根本异质的。也由于列斐伏尔无法意识到这种逻辑错位，这也使得一方面口口声声重塑人本主义的他，在描述马克思经济学话语时往往站在了人本主义话语的对立面，这使得人本主义的话语在这里成为没有实际统摄作用的空头支票。然而，在他后面关于日常生活异化的具体讨论中，人本主义话语又开始起到实质性的支配作用。这似乎出了一种思想格式塔场境中**双重话语分区统摄**的奇特现象，也是列斐伏尔《日常生活批判》第一卷文本中出现的**双重逻辑杂合的复调结构**。

而这种状况早已出现在前期的不同文本之中。

列斐伏尔说，也正是马克思的经济拜物教批判让我们看清了，"异化不仅发生在观念或直觉领域里，而且发生在**实际生活领域里**"，这一判断已经是列斐伏尔自己的逻辑延伸了。并且，这也让我们透视到，"为什么经济的和社会的实在并非触手可得，**社会的神秘**(*mystère social*)如何和为什么总是掩盖了社会领域里所有问题"[31]，那些

> 经济的"事物"，即物神(les fétiches)，**掩盖**(*masquent*)了构成它们的人的社会关系。当我们面对财富，我们忘记了，我们不再明白，财富其实不过是"凝固"起来的劳动(travail «cristallisé»)，财富体现的是人的劳动，别无其他；让财富成为一种外部存在是一种致命的错觉(illusion fatale)。[32]

我以为，这是非常深刻的见解。因为，列斐伏尔准确地概括了马克思在《大纲》和《资本论》中对资本主义社会中存在的劳动异化、经济关系被神秘化地掩盖起来与经济拜物教的关系，他甚至发现，马克思揭示了，"在人的一定发展阶段，人的活动产生了用**事物伪饰**(travestissent en *choses*)起来的社会关系"[33]，这达及了马克思极深的事物化颠倒的批判构境。虽然列斐伏尔在此无法辨识出，此时马克思的劳动异化理论已经不再是人本主义的劳动异化史观，而是在（狭义）历史唯物主义的历史现象学基础上重新建立的科学的劳动异化批判构式。这当然是一种要命的逻辑迷糊。

列斐伏尔说，在马克思那里，"分裂(Scission)、异化-拜物教、神秘化(mystification)、剥夺(privation)-总体人的赋型(formation de l'homme total)，这些哲学的观念组成了一个有机的、与时俱进的整体"。[34] 这是列斐伏尔对 formation（赋型）概念另一处比较重要的使用。这也是一个非常重要的概括，因为这是列斐伏尔眼中马克思在方法论层面上的批判话语。formation de l'homme total（总体人的赋型）是正面的逻辑牵引，而分裂和剥夺人的异化、拜物教和神秘化则是被证伪的对象。这是列斐伏尔杂糅了马克思在不同时期写下的异质性文本——《1844 年手稿》《大纲》和《资本论》的奇异结果。他分析说，"拜物教理论揭示了这种有关神秘事物和异化的哲学理论的**经济的、日常生活的**基础(base économique, quotidienne)"。[35] 在列斐伏尔的内心里，马克思已经完成了对资本

主义经济生活的批判,而他自己决不会只是想停留在马克思的经济拜物教和异化批判理论之上,他必须向前走。因为,在今天的资本主义世界中,"异化已经影响到日常生活"。[36]这也意味着,马克思主义的创始人为我们提供了批判现实生活的"一般路线"(lignes générales),而我们自己必须要说出从宏大政治经济叙事转向全面异化了的日常生活批判的"新东西"!后来马克·波斯特曾经评论说:"《日常生活批判:导论》更多的是一本重新发现马克思的异化概念的文献,而不是脱离马克思而发展出一种日常生活的新观念。它还是建立于法国的政治与传统的社会形象,透露出国家变革的抵抗运动精神。列斐伏尔认为马克思的异化哲学已经提出了一个完全成熟的日常生活概念。列斐伏尔创造这个概念只是为了提醒马克思主义者,革命要求变革那个依赖于日常生活物质基础的意识。"[37]这是有一定深度的评点。

三、关注日常生活中的"小事情异化"

不过,在列斐伏尔的异化理论逻辑中,的确发生了一些重要的改变:一是列斐伏尔在《日常生活批判》第一卷中对马克思人本学异化理论的具体运用,的确不同于撰写《1844年手稿》时的青年马克思。因为,在人本主义逻辑基质上,他已经将马克思那个时代的传统人本主义的抽象**类本质**推进到新人本主义的**个人日常生存**。在这一点上,他与弗罗姆、萨特等人是相近的,他们都在个人生存的意义上坚持人本主义。这是施蒂纳、克尔凯郭尔之后不同于传统以一般人类理性为核心的旧式人学的新人本主义。

二是从异化概念的内涵来看,列斐伏尔的异化已经不再是黑格尔-费尔巴哈-青年马克思那种经典异化逻辑三段论构式,即从应该存在的本真性的价值悬设(绝对主体性和类本质)到异化(外化与物性沉沦),再到扬弃异化复归于本真性,现在,列斐伏尔的异化逻辑已经转换为**自我与他者**关系的误认倒置,这是一把新的打开异化问题的"观念钥匙"(notion clef):

> 它用对个人和社会人新的旨趣替代了过时意识形态的"核心旨趣"(«centres d'intérêt» déologiques)。使我们发现了人(每一个人)如何屈服于

幻觉(illusions),在这个幻觉中,他认为他能够发现和拥有他的自我;使我们发现了人(每一个人,chaque homme)如何屈服于自己造成的痛苦,这个痛苦紧随他的幻觉;或者使人们发现了人(每一个人)如何努力揭示人的现实的"内核"(«noyau» de réalité humaine)。这使我们紧随着这场奋斗穿越历史:考察表象(apparences)如何消退或被强化,考察真正的人类真实(le réel véritablement humain)如何寻求超出表象,发现一个现实的"他者"(réalité «autre»),而不是我们现在生活的世界,这个现实的"他者"依然是现实的,最终认识现实的"他者",恢复已经被埋葬的基石。[38]

这是列斐伏尔在1945年写下的文字。这也是我所指认的社会批判理论从宏大社会政治经济关系转向日常生活微观批判的核心,异化逻辑从经典模式中脱型并生成新的理论构序。也可以体会到,一旦列斐伏尔进入日常生活批判的具体讨论,上述那个马克思经济学语境中的从现实出发的客观逻辑的直接统摄作用就会弱化一些,人本主义话语编码很快就占据了上风。依我的体会,在这一逻辑转换中,列斐伏尔十分敏锐地捕捉到拉康1936年提出的心理自我镜像理论。[39]这也就是说,此处列斐伏尔用所谓新的意识形态 centres d'intérêt(核心旨趣)重释异化逻辑的核心 notion clef(观念钥匙),握在拉康手中。因为,异化的主体不仅仅再是局限于黑格尔-马克思关注的劳动者(主奴辩证法中的"奴隶"),而成了生存于日常生活中 chaque homme(每一个人),具体说,是每一个人的处于幻觉关系中的伪自我:每一个人生活在虚假的现实表象中,我们的生活不过是一种对 réalité «autre»(现实的"他者")镜像认同关系,在我们自以为是自我的地方,不过是我们屈从于他者的幻觉,现在,屈从于他者的非自主关系就是异化。显然,列斐伏尔在此将这种新的拉康哲学与人本主义逻辑进行了嫁接:"人通过他的对立面,他的异化:非人(l'inhumain),创造了他自己。正是通过非人,人缓慢地建设了这个人的世界。"[40]这恐怕是我们需要认真体知的列斐伏尔异化逻辑泛化的理论前提。

三是从批判的尺度上看,与马克思关注资本主义的经济政治制度中存在的宏大问题不同,列斐伏尔从一开始就让我们把马克思对资产阶级世界黑暗性的揭露,挪移到自己身边看起来**光亮和熟知**的日常生活中,他想要讨论资产阶级政治经济统治的微观现实基础,即隐匿在日常生活中的异化,应该说,这是一个了不起的观察视域的重大转换。可是,什么是列斐伏尔所说的发生在今天资产阶级世界中的日常生活异化呢?

从列斐伏尔日常生活观念的思想缘起上看,一是在整个近代欧洲思想史中,最早提出日常生活概念的是青年卢卡奇,在《悲剧的形而上学》(1911 年)一书中,他就讨论了日常生活问题,从艺术作品的超现实本质来看,它就是要追逐超出平庸日常生活的"本真生活"。[41]二是在海德格尔的《存在与时间》(1927 年)一书中,卢卡奇的这一问题又在此在去在世的常人化"平日"(Alltäglichkeit)沉沦中,深化为一种批判性的思考。列斐伏尔是公开承认海德格尔哲学观念对自己的影响的,这当然也包括日常生活的批判性思想。三是在列斐伏尔早期关注的超现实主义者布勒东那里,他会看到这样的表述,马克思关心改变世界,而兰波[42]则关注"改造生活"。而超实现主义的激进话语,正是要通过艺术的震撼超越平庸日常生活的伪现实。这大体指出了列斐伏尔日常生活批判的思想史来源。

在此时列斐伏尔眼里,对于人的生存来说,"日常生活是所有活动交汇的地方,日常生活使所有活动在那里衔接起来,日常生活是所有活动的基础。正是在日常生活中,产生人类和每一个人的关系总和(l'ensemble de rapports)有了整体的形态和形式"。[43]这意思是说,分析人的生存,仅仅关注政治和经济一类社会关系中的问题是不够的,如果马克思说,人的本质是一切社会关系的总和,那么这个 l'ensemble de rapports(关系总和),"这个'本质'的人,人性化的人,是通过行动和在实践中,即在日常生活中形成的"[44]。我觉得,提出关注政治与经济关系之外的日常生活是对的,但是在马克思那里,历史唯物主义的根本原则之一是从全部生活中捕捉到决定性的生产关系。准确的说法,应该是一定的社会生产关系决定了人的本质和全部生活的质性,列斐伏尔指认出,马克思没有留心的地方在于,日常生活往往才是生产关系实现出来的微观构序层面。而且,在当代资本主义社会中,资本对人的控制和奴役,已经从宏观的政治经济关系更多地延伸到日常生活的每一个微细场境层面上来了。这也是列斐伏尔所推动的社会批判理论转向中的核心层面。

列斐伏尔认为,在资本主义社会中,与马克思注意到的经济关系中的劳动异化不同,异化不仅开始于劳动与资本家交换的那个瞬间,也不仅仅是出现在生产剩余价值的过程中,还发生在每一个个人的日常生活全部存在之中,

　　　　对他们来讲，没有异化就没有社会关系，与他人的关系。仅仅通过一个人的异化，在他的异化之中，他的存在才是社会的，同样，他在失去自己（人的私人意识）之中，通过失去自己（他的私人意识），他才能成为自己。[45]

　　对于资产阶级世界中的人来说，并非只是在政治与经济关系赋型中才是异化的，异化已经成为社会关系实现出来的方式，或者说，人只有在异化中才进入社会生活，个人只有在失去真实的"私人意识"时才成为虚假的"主体"（拉康意义上的伪自我和伪主体）。其实，列斐伏尔这里从传统异化批判理论向日常生活批判的转折中，存在着一个逻辑缺环：因为他并没有实质性地说明马克思深刻的劳动异化批判话语或者复杂的经济拜物教，如何延伸到他所发现的日常生活小事情中，他只是通过拉康式的认同他者的伪自我-伪主体异化关系，将日常生活中发生的所有现象统统指认为"日常生活异化"。这是一个看起来平滑的逻辑断裂。因为至少在《日常生活批判》的第一卷中，我们还没有看到资本主义生产关系特有的异化现象在生活细节中的发生和支配性关系赋型的微观机制。

　　列斐伏尔认为，今天资本主义社会中普遍存在的"**异化也是永不停歇和日常的**"（*l'aliénation est constante et quotidienne*）。[46]他想要强调的是："异化表现在日常生活中，无产者的生活中，甚至小资产阶级和资本家的生活中（不同点是，资本家一起拥有异化的去人性化的力量）"。[47]这里需要指认的是，这里列斐伏尔所说的日常生活，是特指在资产阶级经济活动之外分离出来的生活，在这一点上，无产者生活中的异化与资本家是相同的，差异在于资本家手中还持有非人的金钱构序的异化力量。依上面列斐伏尔的表述，我们只能大概推断，他所说的日常生活的异化已经开始转喻为个人在走向社会的过程中失去自己的私人意识，一个人成为异化了的社会关系中的非人角色（认同他者的面具性生存）而在日常生活中失去自己。并且，在列斐伏尔看来，一个人在生活中通过获得一个社会角色而失去自己的异化，并不都是可以直接自觉到的，他说，"撕下面具、扔掉角色，不会那么简单"。这是因为，日常生活中的异化往往隐匿在我们每天熟悉的并不起眼的小事情之中。相比之马克思原先的劳动异化和经济拜物教，日常生活中的异化往往是**无名的异化**。因为，生活细节中由毛细血管般权力支配下的异化，甚至是无法归类和命名的。后来，列斐伏尔在《现代性导论》一书中说，"没有比无名的异化更大的异化了"。[48]

在《日常生活批判》第一卷中,列斐伏尔多次引述黑格尔的说法,"熟知非真知"(Was ist bekannt ist nicht erkannt)。他认为,在资本主义社会中,往往是日常生活中"熟悉的东西遮蔽了人的存在"(la familiarité voilent les êtres humains),对于人的存在,我们每天熟悉的也只是遮蔽了真相的"面具"(masque)。[49]列斐伏尔发现,对日常生活异化的透视,并非始于理论家的理性观察,而往往先期出现在深刻的感性艺术作品之中。这也因为日常生活长期以来被理论家们忽略。在这里,他以卓别林饰演的小人物的日常生活为例。在列斐伏尔看来,卓别林的电影本身就是一种日常生活批判,一种"实践中的批判",他的电影恰恰是通过羞辱日常生活中异化的小人物来揭露异化,卓别林电影中穷困潦倒的流浪汉(Vagabond)形象是"资产阶级社会的**反转形象**"(image inverse)。[50]其实,卓别林的电影也深刻地反映资本主义自动化大生产中的异化现象,他所导演和主演的《摩登时代》(Modern Times,1936)[51]中,工人在全新的生产流水线客观工序规训下的碎片化和工具化,极其深刻地反讽了自动化机器生产中的劳动异化。在这一点上,他与青年卢卡奇在《历史与阶级意识》一书中的流水线生产标准化和物化批判是完全同向的。同时,列斐伏尔也提及,布莱希特的戏剧也是通过"靠近日常生活"来表达一种批判精神。他甚至说,"我和布莱希特更合拍"。因为,布莱希特拒绝传统戏剧的透明性描述方式,他所创造出来的戏剧的"疏离性效果"(Verfremdungseffekt)的本质,就是一种通过将我们熟知的日常生活在戏剧的变形和凸显中变得重新陌生化(étrangeté),在这种突现的陌生情境(situation)关系中发现日常生活存在着的异化关系赋型,这样,"观众在异化的意识之中,通过意识的异化接近自己"。[52]在后来的《向着革命的浪漫主义前进》一文中,列斐伏尔这样谈及布莱希特:"布莱希特的戏剧既不包含对现实的赞同,也不包含'被表现者'完全的现实存在。正好相反,由于它包含了间距,它也就包含了不协调,从而包含了批判性的估价。"[53]列斐伏尔说,与布莱希特相近的努力还有法国阿尔托[54]的"残酷戏剧"(théâtre de la cruauté)和超现实主义[55]。其实,列斐伏尔之后的好友情境主义者德波也是从布莱希特的"陌生化"观点中,获取了拒绝景观控制的武器。

实际上,列斐伏尔也是在说明自己日常生活批判理论在感性艺术超越性构境中的思想缘起。与这些艺术家的努力方向一致,列斐伏尔自己的日常生活批判理论是以他所误认的马克思的异化理论为批判工具,并且,将马克思后来讨论的经济关系异化和拜物教批判落实到日常生活的细节分析上来。列斐伏尔说，这样做，并非只是一种艺术观念和理论逻辑的改变，更重要的是当代资产阶级的资本统治开始把支配的触角伸到日常生活中来了。这个看法是深刻的。在后来的《日常生活批判》第二卷中，他肯定了德波的"日常生活被殖民化"的说法。[56]

第一，资本主义社会中异化的闲暇时间。这当然是一个当代资本主义社会中凸显出来的新问题。在列斐伏尔看来，农耕时代，"工作场所都在住宅周围，工作与家庭的日常生活联系在一起"，人的生存是一个整体，而只是到了资本主义社会，生产场所才彻底脱离了家庭环境，出现了工作与家庭私人生活和闲暇活动的分裂。[57]这是一个有深度的历史性分析。并且，闲暇时间只是在当代资本主义时代才成为一个值得关注的方面。在列斐伏尔看来，本来，闲暇应该是劳动者在劳作之外的一种自主性、自由的生存，或者让人"免于劳累和紧张，免除焦虑、担心和全神贯注"，可是，今天资产阶级世界中分离出来的闲暇却是一种被支配的异化状态，因为在闲暇中人的真实需要被挟持和绑架了，成为一种不自主的被动赋型状态。此时，列斐伏尔还没有构序起自己的"需要存在论"，这是他在《日常生活批判》第二卷才完成的事情。比如，"坐在电影院屏幕前的某人就是一例，是这种被动性的一般模式，这种被动状态直接显露出可能的'异化'性质"。[58]因为，电影只是用一种非真实的幻境替代了生活中的真实需要满足，一切美好的故事发生时，观众并没有离开他的座位，这是一种虚假欲望的幻象式满足。列斐伏尔说，闲暇时间中在体育馆看体育表演也是如此，在体育比赛现场的观众那里，"他热情得无以复加，他的内心世界焦躁不安，但是，他欲求离开过他的座位。这是一种奇妙的'异化'"。[59]球迷不是得到现实欲望的满足，而是在一种"对日常生活的补偿"的虚幻满足中自欺欺人。列斐伏尔说，"这样，闲暇表现为日常生活中的非日常生活"，"闲暇中也有异化，如同在劳动中存在异化一样"。[60]你可以感觉得到，列斐伏尔这里对日常生活异化新观点是有趣的和富有新意的，但是还缺少一种更深层次的思考，有如后来德波对于景观支配的更深意识形态支配关系的分析。

第二，资本主义社会中生活细节中的异化。列斐伏尔指认说，在今天的资本主义社会生活中，异化可能出现在每一个人的日常生活塑形细节之中，

　　"异化"——无论何时我唱一首爱情歌曲或吟诵一首诗，无论何时我处

理一个银行票据或进入一家商店,无论何时我瞟一眼广告或读一下报纸,我知道,"异化"就在那儿。当把人定义为"拥有财产",我知道,就在那个时刻,"异化"就在那儿。[61]

显然,列斐伏尔这里对异化现象的分析,已经远远超出和脱型于马克思劳动异化和经济关系异化批判话语的论域,因为,异化出现在个人日常生活的每一个经验塑形细节和存在瞬间之中。当人们在流行音乐现场疯狂地追星时,这是自我心理异化的典型;当我们受到广告制造的欲望控制的时候,这将会是我们的消费异化;当今天人们戴着手指头粗的金项链炫耀自己银行的巨额存款时,这是财富在而我不在的主体异化,等等。在这里需要特别指出的方面是,此处所说的"走进商店"或"处理一个银行票据",并非马克思《资本论》中所聚焦的资本与雇佣劳动的商品交换和货币关系异化,而是个人在退出劳动力交换和剩余价值生产过程后,在自己的日常生活中重新遭遇资本关系。表面上看,我们身边日常随处可见的唱歌、吟诗、看报、买东西和存钱这样的"小事情",似乎是逃离社会体制中的经济和政治关系赋型的,可是,这却是资本力量在今天支配全部生活和整个世界的真正构序和用力之处。这正是列斐伏尔小事情异化观的核心,也是那个社会批判理论转向中实质性的重要内容。

在书中,列斐伏尔还专门展开讨论了上述"走进商店"的异化分析。他说,可以从一个妇女在资本主义的超市里购买糖这件小事情开始我们的分析:

> 一个妇女买了一磅糖。认识会抓住这个事件中隐藏的东西。为了了解这个简单事情,仅仅描述它是不够的;研究会揭示出纠缠在一起的因果关系,纠缠在一起的本质和"现象":这个妇女的生活、她的经历、她的工作、她的家庭、她的阶层、她的支出计划、她的饮食习惯、她如何用钱、她的观念和想法、市场状况,等等。[62]

一个妇女在超市里买糖这件小事情,过去是很难进入传统马克思主义者对资本主义社会批判视域之中的,可列斐伏尔就是要由小见大。他说,"从买糖这件小事开始,整个资本主义社会、国家和它的历史就包含其中了",正是这个卑微的事件(L'humble événement)中发生着人们看不见摸不到的异化。因为,这个买糖的妇女是女佣还是富婆，她从超市的货架上取下的是廉价的小包装食糖还是昂贵的巧克力，她为什么会购买某种品牌的糖，她购买糖是为了一个月的生活计划，还是不经意随手消费所喜爱的商品，等等，这一切都会呈现出完全不同的复杂社会关系赋型结果和不同生存层次上的微观异化。并且，不像马克思在《资本论》中可以找到的无偿占有工人剩余价值的资本家，所有人都不会意识到生活中这种最普通的行为中发生的支配和异化，因为这里资本化身的一切支配力量都是非强制和无脸的。也是在后来的《日常生活批判》第二卷中，当他建构起人本主义需要存在论后，他将这一观点深化为当代资本主义社会中的虚假消费问题的思考。在他看来，资本家通常制造了虚假的欲望，再通过广告使消费者进行异化式的消费，一个妇女在超市买东西，看起来是她自主的选择，实际上却是资本家通过广告宣传中制造出来的虚假欲望驱动的。这一下子，就把上述列斐伏尔谈及的"看报纸"和购买一个品牌商品时发生的异化关系解释清楚了。所以列斐伏尔说，"消费者没有欲望。消费者顺从。消费者'奇怪地'推动着'行为模式'。消费者服从广告、贩子们的建议，服从社会声誉的要求"。[63] 这是说，消费异化中的行为模式，是由支配无意识的广告和"大家都这样"的常人惯性塑形和构序的。由此类推，今天马克思主义最重要的任务，就是要着眼于日常生活中发生的异化关系，建立科学的日常生活批判理论。这也就是列斐伏尔此时认定的当代马克思主义者的历史使命。

在列斐伏尔看来，斯大林的教条主义将马克思的学说变成一种历史镜像式的实证科学，这是有违马克思的初衷的。他说，"作为历史学家，马克思和恩格斯拒绝成为无聊的历史旁观者（badauds de l'histoire）"，这个 badauds de l'histoire（历史旁观者），也就是教科书解释框架中，将历史唯物主义装扮成人面对自身的客观规律的科学，所以人们只要在历史进程旁边真实地反映这种规律就行了。而列斐伏尔则主张，"马克思恩格斯首先认识到了思想如何与行动联系在一起"，因此才会"最系统地涉及生活这个层面，透视生活，揭开生活的面纱（la vie pour la pénétrer, pour la dévoiler）"。[64] 在《辩证唯物主义》一书中，列斐伏尔指认黑格尔在《精神现象学》中提出的"我们必须揭去实体性生活的面纱"（Il faut déchirer le voile de la vie substantielle），是全部马克思经济学批判话语的"纲领"（programme）。[65] 在这里，这一批判性的纲领则转换为**揭开日常生活的面纱**。列斐伏尔说，马克思恰恰"描绘和分析了社会的日常生活，指出了可以改造社会生活的方式"。这种说法有些牵强,马克思那个时代,他和恩格斯更多的注意力,还是集中于对资产阶级的政治经济制度的关注上。在列斐伏尔看来,马克思对资本主义的批判,也就基于对劳动者日常生活悲惨境地的分析,这是要将马克思硬往日常生活中拉扯了。列斐伏尔说,"真实的劳动者的日常生活是一种用生命、活动和肌肉,以及一种他的主人们共同寻求让他减至最低限度或转到与世无争境地的意识——以不幸福的方式表现出来的商品生活"。[66]其实,在这一点上倒是青年恩格斯早期的《英国工人阶级状况》等诸多调研报告,比较早地了关注工人阶级在生产过程之外的悲惨日常生活状况。列斐伏尔断言,"作为一**个整体(ensemble),马克思主义实际上是对日常生活的一种批判的知识(connaissance)"**。[67]这当然是列斐伏尔新的理论断言。

在列斐伏尔这里,这种日常生活批判的知识有这样一些内容:一是对资产阶级社会生成的特定**个体性的批判**(*Critique de l'individualité*),这个个体性是一种与社会分离的极端个人主义。二是对资产阶级世界出现的**神秘化的批判**(*Critique des mystifications*),这也是他前面在分析"神秘的意识"时已经做过的事情。三是资产阶级社会存在中**金钱的批判**(*Critique de l'argent*),这也是马克思的拜物教和经济异化批判理论的现代分析。四是对资产阶级虚假需要的批判(*Critique des besoins*),这也是对资本主义社会道德和心理异化的分析。这一点,在《日常生活批判》第二卷中,将构序和升格为一种全新的人本主义需要存在论。五是对资产阶级统治中**劳动的批判**(*Critique du travail*),这就是关于劳动者的异化和人的异化分析了。六是对资产阶级社会中所谓**自由的批判**(*Critique de la liberté*),这是列斐伏尔对人与自然关系的一种独特思考。在这六大批判中,列斐伏尔重新提出了马克思在《1844年经济学哲学手稿》中对占有关系和取用(appropriation)关系的区分,并将其逐渐延伸到人与自然的一般关系中来。他认为,在资产阶级世界中,"存在与占有是一致的",一个人只能通过占有财富来实现自己的存在,但并不知道财富是人本身的异化存在,并且,这种"异化表现在日常生活中,无产者的生活中,甚至小资产阶级的资本家的生活中(不同的是,资本家同时拥有异化的去人性化的力量)"。[68]而总体性的人则应该跳出资产阶级的占有逻辑,非占有式地取用自然和面对世界,真正获得人的解放。

在日常生活批判的全新构境中,列斐伏尔提出要把人的解放可能与资产阶级异化了的"生活世界"的没落区分开来,"这种区分本身就是日常生活批判的基本目标,这种区分意味着重建日常生活(*réhabilitation de la vie quotidi-enne*)"。[69]这也意味着,列斐伏尔眼中的马克思主义,就是要基于对资产阶级日常生活异化的批判,提出"怎样生活(*Comment on vit*)"的口号。他明确指出,必须对人的日常生活进行细致的考察,进行不同生活方式的比较研究,最终,使马克思所说的改变世界的宏大目标,从社会政治关系赋型的变革上回落到改变生活之中,要"从日常生活的最小方面,从日常生活的细枝末节之处,改造生活"。[70]"改变生活"这个兰波的口号,现在经过列斐伏尔的革命性转换,恰恰是针对了资产阶级日常生活的小事情异化。

然而,如何改造今天资本主义社会的日常生活呢?在他看来,"改变生活",这就是要让"生活成为艺术",按照总体人的全面发展要求,人的生活成为目的本身,"作为一个整体的生活,日常生活,应该成为一种艺术作品,一种能让自己快乐起来的艺术作品"。[71]我觉得,列斐伏尔给出的答案是令人失望的。因为,这显然是一种不切实际的空想。其实,在资本主义现实生活中发生的所有异化,决不会由于个人快乐和生活的艺术化得到改变。在此书的第五章中,列斐伏尔以"一个周日在法国乡村写下的笔记"为题,回溯了法国乡村原初的节日狂欢与日常生活中人与自然的和谐统一,"当人与自然处于同一个层面上时,人也与自己,他的思想、美的形式、智慧、疯狂、狂热和宁静,处在同一个层面上。在他的现实中,他运用和实现了他的全部潜能"。[72]这隐喻了这种让"生活成为艺术"的"可能性"(*possibles*,第六章)参照。这是典型的人本主义和浪漫主义诗性幻想。

关于列斐伏尔《日常生活批判》第一卷的总体评价,我的观点是偏保守的。虽然,正是这本书,创造性地实现了欧洲社会批判理论从宏观社会经济政治关系转向了日常生活的微观反思,但在思想史的层面看,他在哲学逻辑构序中的原创性是严重不足的,因为作为他日常生活批判的逻辑前提,只是对青年马克思人本主义异化史观的挪用,即便是对马克思经济拜物教批判的深刻看法,也停留于为我所用的抽象构式原则之上。这种状况在列斐伏尔的哲学思想发展中,不会待续较长的时间。

注释

[1] Henri Lefebvre, *Critique de la vie quotidienne*, vol.1: *Introduction*, Paris: L'Arche, 1947.

［2］［法］列斐伏尔:《日常生活批判》(第 1 卷),叶齐茂等译,社会科学文献出版社 2018 年版,第 1—2 页。

［3］同上书,第 2 页。

［4］Henri Lefebvre, *Pour comprendre la pensée de Marx*, Paris:Bordas éditeur, 1947.

［5］［法］列斐伏尔:《日常生活批判》(第 1 卷),叶齐茂等译,社会科学文献出版社 2018 年版,第 66 页。

［6］同上书,第 67 页。

［7］同上。

［8］同上书,第 58 页。中译文有改动,参见 Henri Lefebvre, *Critique de la vie quotidienne*, Paris:L'Arche, 1958, p.71。

［9］同上书,第 59 页。译者对原文做了较大的任意变更,这里笔者恢复了译文的结构,参见 Henri Lefebvre, *Critique de la vie quotidienne*, Paris: L'Arche, 1958, pp.71—72。

［10］同上书,第 69 页。中译文有改动,参见 Henri Lefebvre, *Critique de la vie quotidienne*, Paris：L'Arche, 1947, p.83。

［11］同上书,第 61 页。

［12］同上。马克思在《1844 年手稿》中的原话为:"人以一种全面的方式(allseitige Art),就是说,作为一个总体的人(totaler Mensch),占有自己的全面的本质。"《马克思恩格斯全集》(第二版)第 3 卷,人民出版社 2002 年版,第 303 页。

［13］同上书,第 64 页。中译文有改动,参见 Henri Lefebvre, *Critique de la vie quotidienne*, Paris: L'Arche, 1958, p.77。

［14］同上书,第 62 页。

［15］本书的中译者将马克思的这一重要文本误译成"对政治经济学批判的贡献"。

［16］［法］列斐伏尔:《日常生活批判》(第 1 卷),叶齐茂等译,社会科学文献出版社 2018 年版,第 70 页。中译文有改动,参见 Henri Lefebvre, *Critique de la vie quotidienne*, Paris：L'Arche, 1958, p.84。

［17］同上书,第 74 页。

［18］参见拙著:《回到马克思——社会场境论中的市民社会和劳动异化批判》,江苏人民出版社 2023 年版,第 13、14、17 章。

［19］Henri Lefebvre, *Le Marxisme*, Paris: Presses universitaires de France, 1948, pp.37—38.中译文参见付可桢译稿.《马克思与列斐伏尔:第四届列斐伏尔哲学思想学术研讨会译文集》,上册,第 19—20 页,2023 年,南京大学。

［20］［法］列斐伏尔:《日常生活批判》(第 1 卷),叶齐茂等译,社会科学文献出版社 2018 年版,第 72 页。中译文有改动,参见 Henri Lefebvre, *Critique de la vie quotidienne*, Paris：L'Arche, 1958, p.86。

［21］同上书,第 62 页。

［22］同上书,第 82 页。中译文有改动,参见 Henri Lefebvre, *Critique de la vie quotidienne*, Paris：L'Arche, 1958, p.98。

［23］同上书，第154页。

［24］同上书，第164页。中译文有改动。参见 Henri Lefebvre, *Critique de la vie quotidienne*, Paris：L'Arche, 1958, p.185。

［25］Henri Lefebvre, *La vie quotidienne dans le monde moderne*, Paris：Gallimard, 1968, p.62.

［26］［法］列斐伏尔：《日常生活批判》（第1卷），叶齐茂等译，社会科学文献出版社2018年版，第164页。

［27］在注释中，列斐伏尔仔细介绍了这些早期论著中的贡献：在1934年的《马克思著作精选》（*Morceauxchoisis*）的导读中，重新发现了长期被人们忽视的**经济拜物教**（*le fétichisme économique*）观念，并且开始确立辩证法的重要地位；在1836年《被神秘化的意识》中，他揭露的资本主义生产关系的**神秘化**（mystification）观念和**异化**（aliénation）观念；在1939年的《辩证唯物主义》中，他第一次提出了马克思**总体人**（homme total）观念，并将其与异化与经济拜物教问题内在关联起来。［法］列斐伏尔：《日常生活批判》（第1卷），叶齐茂等译，社会科学文献出版社2018年版，第164页，注释1。译者将这里重要的 homme total（总体人）译作"完人"是不准确的。参见 Henri Lefebvre, *Critique de la vie quotidienne*, Paris：L'Arche, 1958, p.185。

［28］［法］列斐伏尔：《日常生活批判》（第1卷），叶齐茂等译，社会科学文献出版社2018年版，第165页。中译文有改动。参见 Henri Lefebvre, *Critique de la vie quotidienne*, Paris：L'Arche, 1958, p.186。

［29］《马克思恩格斯全集》（第二版）第30卷，人民出版社1995年版，第89页。

［30］［法］列斐伏尔：《辩证唯物主义》，载《社会批判理论纪事》第13辑，周泉译，江苏人民出版社2022年版，第50页。

［31］［法］列斐伏尔：《日常生活批判》（第1卷），叶齐茂等译，社会科学文献出版社2018年版，第165页。中译文有改动。参见 Henri Lefebvre, *Critique de la vie quotidienne*, Paris：L'Arche, 1958, p.186。

［32］同上。中译文有改动。参见 Henri Lefebvre, *Critique de la vie quotidienne*, Paris：L'Arche, 1958, p.186。

［33］同上书，第166页。中译文有改动。参见 Henri Lefebvre, *Critique de la vie quotidienne*, Paris：L'Arche, 1958, p.187。

［34］同上。中译文有改动。参见 Henri Lefebvre, *Critique de la vie quotidienne*, Paris：L'Arche, 1958, p.188。

［35］同上书，第165页。

［36］同上书，第166页。

［37］［美］波斯特：《战后法国的存在主义马克思主义：从萨特到阿尔都塞》，张金鹏、陈硕译，南京：南京大学出版社2015年版，第222页。

［38］［法］列斐伏尔：《日常生活批判》（第1卷），叶齐茂等译，社会科学文献出版社2018年版，第155页。中译文有改动，参见 Henri Lefebvre, *Critique de la vie quotidienne*, Paris：L'Arche, 1958, p.176。

［39］关于拉康哲学中镜像理论的讨论,可参见拙著:《不可能的存在之真——拉康哲学映像》(修订版),上海人民出版社 2020 年版。

［40］[法]列斐伏尔:《日常生活批判》(第 1 卷),叶齐茂等译,社会科学文献出版社 2018 年版,第 156 页。

［41］1936 年 2 月 17 日,在《被神秘化的意识》一书出版几天后,列斐伏尔写信给古特曼说,有人读了《被神秘化的意识》一书后,认为此书乃是对卢卡奇已有日常生活思想的一种重复。而据列斐伏尔自己讲,此时他并没有读到卢卡奇的东西。

［42］阿尔蒂尔·兰波(Arthur Rimbaud, 1854—1891):19 世纪法国著名诗人,早期象征主义诗歌的代表人物。代表作:《地狱一季》《彩图集》等。1871 年参加巴黎公社运动。他明确提出诗人是发现"未知"的盗火者,诗歌是"改变生活"的工具,"重新发明诗歌语言"应该成为创造新世界的方式。他的这一口号,影响了一代先锋艺术家。1968 年,法国巴黎红色五月风暴中的革命学生将兰波的诗句写在大街的墙壁上:"我愿成为任何人""要么一切,要么全无!"

［43］[法]列斐伏尔:《日常生活批判》(第 1 卷),叶齐茂等译,社会科学文献出版社 2018 年版,第 90 页。

［44］同上书,第 146 页。

［45］同上书,第 14 页。

［46］同上书,第 153 页。

［47］同上书,第 154 页。

［48］[法]列斐伏尔:《现代性导论》,李均译,载包亚明编《现代性与空间的生产》,上海教育出版社 2003 年版,第 29 页。

［49］[法]列斐伏尔:《日常生活批判》(第 1 卷),叶齐茂等译,社会科学文献出版社 2018 年版,第 13 页。

［50］同上书,第 9 页。

［51］《摩登时代》是查理·卓别林导演的一部喜剧电影,查理·卓别林、宝莲·高黛、亨利·伯格曼等人主演。黑白片,片长 87 分钟。影片由 Classic Entertainment 公司制作,于 1936 年 2 月 25 日上映。该片是卓别林的最后一部无声电影。

［52］[法]列斐伏尔:《日常生活批判》(第 1 卷),叶齐茂等译,社会科学文献出版社 2018 年版,第 21 页。

［53］[法]列斐伏尔:《向着革命的浪漫主义前进》,载《列斐伏尔文艺论文选》,柳鸣九等译,作家出版社 1965 年版,第 210 页。

［54］安托南·阿尔托(Antonin Artaud, 1896—1948):法国著名演员、诗人、戏剧理论家。法国反戏剧理论的创始人。1896 年 9 月 4 日生于马赛,1920 年赴巴黎。20 世纪 20 年代曾一度受到超现实主义思潮影响,1926 年和人合办阿尔费雷德·雅里剧院,上演他的独幕剧《燃烧的腹部或疯狂的母亲》;1931 年写出《论巴厘戏剧》《导演和形而上学》等文章。后来,由于受到象征主义和东方戏剧中非语言成分的影响,提出了"残酷戏剧"的理论,试图借助戏剧粉碎所有现存舞台形式,主张把戏剧比作瘟疫,观众在戏剧中经受残酷折磨,但正由此而得以超

越现实生活。曾自导自演《钦契一家》。1937 年,患精神分裂症;1948 年 3 月 4 日逝世。主要代表作:《残酷戏剧宣言》(1932)、《剧场及其复象》(1936)等。

［55］在 1956—1957 年写下的《日常生活批判》(第 1 卷)的第二版序言中,列斐伏尔在一个注释中检讨了自己原先对超现实主义的不当评论,他承认了"超现实主义蔑视平淡无奇的资产阶级世界,超现实主义的激进的反叛,意义非凡"。[法]列斐伏尔:《日常生活批判》(第 1 卷),叶齐茂等译,社会科学文献出版社 2018 年版,第 27 页注 2。

［56］[法]列斐伏尔:《日常生活批判》(第 2 卷),叶齐茂等译,社会科学文献出版社 2018 年版,第 224 页。

［57］[法]列斐伏尔:《日常生活批判》(第 1 卷),叶齐茂等译,社会科学文献出版社 2018 年版,第 28 页。

［58］同上书,第 29 页。

［59］同上书,第 33 页。

［60］同上。

［61］同上书,第 169 页。

［62］同上书,第 52 页。

［63］[法]列斐伏尔:《日常生活批判》(第 2 卷),叶齐茂等译,社会科学文献出版社 2018 年版,第 244 页。

［64］[法]列斐伏尔:《日常生活批判》(第 1 卷),叶齐茂等译,社会科学文献出版社 2018 年版,第 131 页。中译文有改动,参见 Henri Lefebvre, *Critique de la vie quotidienne*, Paris: L'Arche, 1958, p.151.

［65］[法]列斐伏尔:《辩证唯物主义》,载《社会批判理论纪事》第 13 辑,周泉译,江苏人民出版社 2022 年版,第 54 页。

［66］[法]列斐伏尔:《日常生活批判》(第 1 卷),叶齐茂等译,社会科学文献出版社 2018 年版,第 131 页。

［67］同上书,第 136 页。

［68］同上书,第 154 页。

［69］同上书,第 117 页。

［70］同上书,第 208 页。

［71］同上书,第 184 页。

［72］同上书,第 191 页。

第三章　作为辩证人本主义的
日常生活批判

　　1958 年前后,列斐伏尔作过一次关于马克思理论的专题性研究,这似乎是他在有意识地寻求一个方法论上更强有力的支撑。时隔十五年之久,列斐伏尔在 1961 年出版了《日常生活批判》的第二卷(*Critique de la vie quotidienne, II*)[1],此卷的副标题为"日常生活的社会学基础"(*Fondements d'une sociologie de la quotidienneté*)。这个社会学学科的标识,似乎是想凸显观察日常生活的田野经验基础。在这一卷中,他回答了学界对"日常生活批判"理论的各种质疑,在方法论上形成一些新的观点,在异化逻辑上奠定了走向日常生活批判的新的**需要存在论前提**,并且将批判延伸到全新的现实生活改变中去。

一、回到马克思:一种方法论上的准备

　　从文献线索上看,1958—1960 年,列斐伏尔再一次比较集中地研究了马克思的理论思想,写下了一批重要的论著,其中比较重要的是《回到马克思》(*Retour Marx*)一文[2]和《马克思主义的当前问题》(*Problèmes actuels du marxisme*)[3]一书,这可以视作列斐伏尔的一种关于马克思方法论的再思考。很显然,列斐伏尔的这次专题研究,明显不同于 40 年代末那些通俗介绍马克思主义的讲座和小册子,比如《马克思主义》[4]和《理解卡尔·马克思的思想》[5]等。在那里,列斐伏尔对马克思的理解仍然还局限于"辩证唯物主义"的旧框架内,马克思的思想被不科学地切分为"哲学(辩证唯物主义)""伦理学""社会学(历史唯物主义)""经济学"和"政治学"。虽然他也认识到,马克思方法论的独创性就在于"深入现实、发现现实并表达现实,而不是脱离现实",并且,"将事实和思

想从其表面上的孤立中引出和发现**关系**,遵循通过其分散的方面所勾勒出的**整体运动,解决矛盾**,以便(通过突进)达到更高、更广、更复杂、更丰富的现实或思想"。[6]甚至他也在说明历史唯物主义的过程中,直接讨论了生产关系、生产力和生产方式概念,可是,这些重要方法论原则和科学观念与他自己的哲学思想,特别是日常生活批判理论并没有真正融合起来。而发生在20世纪50年代晚期的这次"回到马克思"的专题研究中,情况明显有了一种改变。

我认为,列斐伏尔的这篇《回到马克思》,可能会是整个西方马克思主义思想史上,比较早地明确提出"回到马克思"口号的文本。在此文中,他提出要"恢复马克思的形象(reprendre l'image à propos de Marx)",以重塑自己的哲学方法。其实,这是列斐伏尔自《辩证唯物主义》开始,始终在从事的工作。那么,这一次的 Retour Marx(回到马克思)有哪些新东西呢?我们看到,他先回溯了1842—1843年间青年马克思的思想从黑格尔哲学向费尔巴哈唯物主义的转变,在他看来,这种转变的实质,是将黑格尔的观念唯心主义解码和替换为"人是人的根源和基础。因此,哲学的使命是揭露和根除一切形式的异化(l'aliénation sous toutes ses formes),从神圣形象(宗教)到世俗表现,包括政治异化和哲学异化本身。因此,对天堂的批评变成了对地上的批评:对宗教的批评变成对法律和国家的批评"。[7]这基本上是正确的思想史复述。并且,列斐伏尔认为,马克思非常迅速地在《1844年手稿》中,将这种对现实的哲学批判转化为无产阶级的思想武器,这当然就是著名的劳动异化理论。这里的问题是,列斐伏尔并不认为,青年马克思这里的人本主义异化史观在方法论上是错误的。列斐伏尔也看到,在1845年写下的《关于费尔巴哈的提纲》中,马克思最终完成了理论批判向革命的社会实践的转化,在这里,马克思否定了旧唯物主义那种"非主体地(non subjectivement)看待对象、现实、活动和实践(de l'activité et de praxis)之外的事物"的观点[8],也开启了对直观物进行批判性透视的科学认识,进而第一次从革命的、批判性的物质实践物相化活动出发,将唯物主义哲学推进到"改变世界"的实践唯物主义科学方法论。我觉得,这是列斐伏尔第一次将《关于费尔巴哈的提纲》,放在了马克思思想发展进程中一个突出的逻辑构序位置上,他似乎是想凸显马克思对旧唯物主义的**物质本体论**的脱型与超越。这一重要的思考点,在之前的《马克思主义》一书已经被抽象地涉及,在那里,列斐伏尔提出:"这个世界是物体的世界,是人类双手和思想的产物。这些产品不是人,而只是人的

'物品'和'手段'。它们只是通过人、为人而存在;没有人,它们什么也不是,因为它们是人的活动的产物;反过来说,没有这些围绕着人、为人服务的物品,人什么也不是。"[9]这在之后的《马克思主义的当前问题》一书中被展开讨论了。也是在这个意义上,列斐伏尔甚至认为,马克思这种实践变革精神的本质上是一种超越性的"革命的浪漫主义"(un révolutionnarisme total, encore romantique)。[10]依他不久前发表的《向着革命的浪漫主义前进》一文的观点,这种"新浪漫主义(即革命的浪漫主义)着重的是'可能——不可能'"之间鸿沟的超越。[11]这也是他对马克思"改变世界"的实践活动本质的理解,只不过改变世界会进一步走向"改变生活"(兰波语)。此时,列斐伏尔开始注意到马克思在《提纲》中所使用的 praxis(实践)概念,但还没有将支配和征服意义上的 pratique(物性实践),替换为诗性创制意义上的总体性 praxis(人化实践)。这一点,是在后来的《元哲学》中确认的。在列斐伏尔看来,这种革命的方法论,在不久之后的《德意志意识形态》一书中,实现为一种"具体的历史辩证法(la dialectique historique concrète)":它包含了"一般意识形态辩证法、异化辩证法和个人辩证法(celui de l'idéologie en général, celui de l'aliénation, celui de l'individu)"。[12] dialectique historique(历史辩证法)是一个正确的看法,但列斐伏尔对历史辩证法内容的理解却是一种很任意的过度诠释,因为,这个所谓的"异化辩证法"肯定是不在场的。在列斐伏尔看来,在这种走向共产主义的历史辩证法中,真正统一了"人与自然、人与人、存在与本质、客观化与肯定、自由与必然、个人与物种之间"的六大矛盾,最终解决了人类社会发展的"历史之谜(mystère de l'histoire)"。[13]这个"六大矛盾"的辩证关系和最终统一,是青年马克思在《1844 年手稿》中所指认的扬弃劳动异化走向哲学共产主义的方向。[14]可以看出,列斐伏尔此处的观点,并没有真正深入历史唯物主义的理论构境之中,而仍然是在用《1844 年手稿》的逻辑构式来反注《德意志意识形态》。我发现,在此文中,列斐伏尔将马克思后来在《资本论》中对资本主义的批判,与上述《关于费尔巴哈的提纲》中哲学上对直观物的透视方法联系起来,提出马克思对资本主义经济关系的批判,正是建立在对资本这样一些直观"物质"(matière)的证伪基础之上的,因为,马克思恰恰是在商品、货币和资本这些看起来实存的物质背后,看到"我们周围的工业社会—资本主义社会—的实践(praxis dans la société industrielle qui nous entoure-la société capitaliste)"。[15]可以看到,列斐伏尔这里显然没有区分不同于物性实践

(pratique)的人化实践(praxis)。依我的看法,这是一种深刻的观点。这种重要的想法,在这之后的《马克思主义的当前问题》中具体地展开讨论了。可列斐伏尔并没有注意到,马克思这两种物相化透视是完全不同的,因为将经济事物还原为生产它们的物质生产实践("使用价值"),并没有真正解决马克思经济学上的劳动价值论的问题,也无法透视资本主义生产关系中以"交换价值"为核心人与人的关系颠倒为物与物的关系赋型和编码系统,以及由此产生的经济拜物教现象。

我觉得,列斐伏尔在《回到马克思》一文中这种大纲式的方法论提点,在同期出版的《马克思主义的当前问题》一书充分地展开了。虽然在这本书中,列斐伏尔主要是为了应对当时出现的关于马克思主义的挑战,但他的相关思考显然有一些重要的进展,我觉得,这也可以视作列斐伏尔接下去自己对资本主义社会日常生活进行批判的重要方法论准备。

在《马克思主义的当前问题》一书里,列斐伏尔明确提出要将"回到马克思"的口号,落实到对马克思第一手文本的历史性解读,这应该是列斐伏尔第一次明确提出这样的理论任务。具体说,就是

> 循着历史而追回到马克思的著作,以便设法了解他的著作是怎样在这段历史中,经过复杂的曲折(péripéties multiples)而出现在我们面前的。我们试图在坚持以现实作为依据的中心,恢复本真的马克思思想(restituer l'authentique pensée de Marx),而驳斥一切站不住脚的解释,虽然这些解释似乎也是为了阐明马克思的思想。[16]

恢复 l'authentique pensée de Marx(本真的马克思的思想)是列斐伏尔从 20世纪 30 年代就开始努力的方向,这种回溯式的"回到马克思",并不是简单地将马克思的历史文献奉为不变的教条,而是要真实地呈现马克思的思想在那段历史中经历的 péripéties multiples(复杂的曲折),而去掉那些站不住脚的诠释,恢复真正的马克思思想。在这时列斐伏尔的眼里,那种对马克思思想的"站不住脚的曲解",主要就是斯大林式的教条主义解释框架中的马克思观。他甚至坦诚地说,自己在 20 年前写下的《辩证唯物主义》一书,虽然也是反对教条主义的,却仍然受其影响。[17]那么,有哪些列斐伏尔认为需要恢复的马克思的本真性思

想呢？

首先，马克思的**新唯物主义**立场。这与上述《回到马克思》一文中的思考聚焦点是一致的。可以说，这是列斐伏尔自 30 年代开始研究马克思的哲学中，凸显出来的一个新的思考构序点。我们会看到，这种哲学基本原则上的深化，将使列斐伏尔的社会批判理论构境得以极大的深化。列斐伏尔说，教条主义的解释框架中，似乎马克思赞成那种旧式的直观**物质**实在论。比如，我在路上遇到一块石头，意识到它不在我的头脑中，而在经验现实中客观存在，似乎这就是马克思的唯物主义。在这种解释中，

> 确定一个"事物"（chose），说它存在于我之外，而我的关于这个"事物"的意识反映（reflète）了这个事物。因此，在我的头脑中所有的是这个事物的黯淡无力的副本。这种唯物主义自以为是哲学唯心主义的坚决反对者。然而有哪一个称得起哲学家的**唯心主义者**否认过某棵树木是存在于我们之外的呢？[18]

这恐怕是对的。这正是我们过去"马列课"讲哲学唯物主义时容易犯的错误。因为，黑格尔和贝克莱这样的唯心主义哲学家，并非会在吃饭时想喝上二两"精神"酒帮助消化，哲学思考本身不同于直观经验常识。关键在于，马克思所创立的新唯物主义突破了旧式唯物主义的直观经验塑形，他不再从抽象的物质或直观中的对象性的 chose（事物）出发，而是**从主体出发**的实践活动中重新观察人所面对的客观存在，这也就是马克思新唯物主义凸显的"**实践的**（praxis）意义，即人的活动的意义（如果不是因为有人的手将这块石头从自然界中分离出来、移动它并将它放在道路上，那么这块石头就会是'不存在的'，n'existerait pas）"。[19] 这个搬石头的比喻有些过于简单，马克思所讲的从主体出发的实践，更多地会是指人们的劳动生产活动，因为正是劳动者改变外部世界的客观塑形和构序活动，才使得我们周围的物质世界在重新编码中发生巨大的改变，由此创造出整个人类社会生活的客观基础。虽然列斐伏尔使用了**实践的**（praxis）的概念，但这明显是在物质生产实践（pratique）的构境意义上使用的，而不是后来专门标识出来的改变人的生活和社会关系的**人化实践**。列斐伏尔分析说，马克思正是在《关于费尔巴哈的提纲》中形成了自己的新唯物主义立场。可以清楚地

感觉到,在这一时期,列斐伏尔突然对马克思《关于费尔巴哈的提纲》的重视。列斐伏尔说,如果我们仔细去精读这一文本,就会发现

> "物质(matière)"一词在《提纲》中没有出现;十分清楚,在马克思看来,"物质"是包含在实践的感性活动、生产活动之中的。至于事物(chose),或者不如说各种事物,它们是被社会地生产、剪裁和组织起来的。事物在自然界失去了它们的统一性——因为人的活动把它们拆散了,为的是要铸造它们,使它们定型——但它们将在人的(社会的)世界中重新找到统一性。总而言之,实践(praxis)是以使实践无限地发掘出来的自然或物质为前提的,而认识对自然或物质的探索则是从认识的实际基础,即从支配力(pouvoir)中获得的。马克思没有感到有给这"物质"下定义的必要。[20]

这是对的。一是马克思的新世界观基础,不再是一般哲学唯物主义的抽象物质概念,而是人的历史性 praxis(实践)活动作用下的重新构序和赋型的客观世界,在这里,物质实践构序的"第一性"成了透视现成 chose(物)的基础。显然,列斐伏尔这里所理解的马克思在《提纲》中使用的 praxis(实践)概念,还仅仅是在改变外部世界的物性实践的构境意义之中的。由此,之前一切旧式的**物质基始本体论**都丧失了自身的合法性。这生成了一种全新的**实践唯物主义的社会存在论**。二是作为实践对象的自然物质,生产活动改变世界的第一个方面是自然物质原有赋型方式和内在构序的**失形和祛序**,然后才会生成社会历史负熵中新的定型和编码的"统一性"。列斐伏尔的这一观点是极其深刻的。它深入地理解了历史唯物主义的生产活动的首要环节并非创制,而是对象原有自然关联和自然负熵的失形和祛序。对于这一点,马克思是在 19 世纪 50 年代《伦敦笔记》的"工艺学研究"中才意识到的。[21]三是人对自然的支配权力(艺能-生产力),制约着人的认识水平,这里明显带有贬义的 pouvoir(权力),"不是政治权力,而是人对人以外的自然(和人本身的自然)的权力"。[22]这也是一个精辟的见解。这一观点,显然同向于法兰克福学派的工具理性批判,无形中,也会与之后福柯提出的"知识就是权力"的见解相一致。列斐伏尔由此分析说,在马克思创立的新唯物主义中,

> 人在他的探索和创造的**实践**（*praxis*，社会实践，pratique sociale）中认识了他所生产的事物；人对这些事物发生作用，改造这些事物；而他的认识就把实践的行动（l'action pratique）和行动的结果（产物，le produit）"反射"（réfléchit）出来。人在创造自己的人类世界，即创造自己的过程中认识了世界。这种认识的出发点是那些很快就被超越和被改造的现成的东西，即身体、需要、器官、手、基本工具（特别是制造工具的工具）、劳动。[23]

这意味着，费尔巴哈等旧唯物主义哲学家直观经验塑形中的感性对象，在马克思的新世界观中，被透视为人的物质实践活动所创造的历史性 produit（产物），人的认识只是对这种被实践重新塑形和构序过的看起来"现成的东西"的积极 réfléchit（反射）。这是马克思后来科学的**历史认识论**的基础。可以留心的文本细节是，此处列斐伏尔只是用一般意义上的 pratique（物性实践）来标识了马克思的 praxis（实践）概念，而并没有区分二者的差异。列斐伏尔没有意识到的方面是，马克思的这种革命实践观的背后，已经是现代性工业的创制本质，因为在自然经济与境中，人所面对的大部分对象性世界和产品都还是自然的产物，而不完全是人的实践构序活动的编码结果。并且，从根本上看，

> 没有无主体的客体，没有无客体的主体（Pas d'objet sans sujet, pas de sujet sans objet），这个命题应当根据（社会的）实践活动的意义而不是根据纯粹的意识的意义来理解。没有一种活动不是在客体中、在作品中实现的。任何一种好像本来如此、与众不同的客体都无非是活动的产物。通过生产物（les choses produites），一方面人接触了世界（le monde）和发现了世界，另一方面作为真正的人的人就实现了。[24]

Pas d'objet sans sujet, pas de sujet sans objet（没有无主体的客体，没有无客体的主体），这是一个很容易被唯心主义化的命题，所以列斐伏尔专门界划说，这一观点只能根据历史性的社会实践创造出来的我们周围的世界来理解。这个 monde（世界），不是先前我们看到的"哲学的唯物主义被归结为对各个孤立事物（这块石头、这棵树等）的论断"，即那个直观物构成的与主体无关的"万物"之和，而是由主体实践活动改变对象为生产物所构成的**有主体的客体世界**。这是

一个深刻的观点。

有意思的是,列斐伏尔还专门交待说,这些新唯物主义的观点大意"采自马克思的(《神圣家族》)一书和他的其他著作,特别是(《1844 年手稿》和《关于费尔巴哈的提纲》)。这些著作是相互阐明的"。[25] 显然,在列斐伏尔看来,《1844年手稿》与《关于费尔巴哈的提纲》,在哲学方法论上是没有质的差异的。这当然是错误的判断。一方面,从历史性的客观物质实践出发的逻辑,与从本真性的非异化的劳动出发的人学逻辑当然是根本异质性的,但这种新世界观萌芽中的方法论革命,在列斐伏尔那里却是一笔理论上的糊涂账。这也可以说明,我们在上面的讨论中曾经看到的同一文本中并行出现的双重逻辑的怪事的某种理论必然性。如果说,在青年马克思的《1844 年手稿》中,存在着两种逻辑的力量博弈和消长,这种复调式的逻辑矛盾最终由《德意志意识形态》中历史唯物主义的创立而告结束,那么在列斐伏尔这里,这种双重逻辑的交织和无意识的边界漫溢则伴随了他一生。这是一个需要我们认真辨识的方面。另一方面,列斐伏尔这里解读《关于费尔巴哈的提纲》时,并没有集中讨论马克思关于"社会关系总和"的观点,而这一问题,恰恰是他自己后来所强调的**社会空间关系场境本质和生产关系再生产**问题的重要理论构序入口。我注意到,在《马克思主义》一书中,列斐伏尔曾经这样谈及社会关系问题:"通过他们的活动,人类个体进入了某些关系,这些关系就是社会关系(rapports sociaux)。他们无法脱离这些关系,他们的存在依赖于这些关系,他们活动的性质、局限性和可能性也依赖于这些关系。换句话说,他们的意识并不创造这些关系,而是参与其中,并因此被这些关系所决定(尽管它确实介入其中,有时还能从这些关系中解脱出来,哪怕只是进入想象和抽象)。因此,由于它无法孤立自己,它必然要进入的关系构成了每个人的**社会存在**(l'être social);是社会存在决定了意识,而不是意识决定了社会在。"[26] 列斐伏尔这里的观点,正是从《提纲》中那个"社会关系的总和"进一步深入历史唯物主义的关系场境存在论的努力。

其次,马克思的**唯物主义辩证法**。这同样是列斐伏尔始终关注的方面。关于这一点,在上述《回到马克思》一文里,他是从《德意志意识形态》中的"历史辩证法"入手的。而列斐伏尔在《马克思主义的当前问题》一书中,则是从马克思的《资本论》中的方法论思考开始的。列斐伏尔说,马克思在《资本论》德文第一卷第二版的"跋"中专门做过说明,明确指认了自己在《资本论》中的方法与黑格尔唯心主义"倒置"的观念辩证法的差别,并形象地说,唯物主义的辩证法会将黑格尔的观念辩证法重新"再颠倒过来"。可是,列斐伏尔引导我们说,"马克思所说的'颠倒过来(retournement)'是什么意思呢?人们不能把方法像倒一个罐子那样颠倒过来"。[27]似乎,只要把黑格尔辩证法中的绝对观念换成物质就行了。实际上,在列斐伏尔自己编译的列宁的"伯尔尼笔记"中,列宁在阅读黑格尔《逻辑学》的研讨前期,就是简单地将观念转换为物质,将上帝转换为自然,可后来他发现,这种简单的颠倒是表面化和隐性唯心主义的逻辑。[28]结合前述《关于费尔巴哈的提纲》中马克思的新唯物主义观点,列斐伏尔认为,辩证法决不是一种从现成物质对象的外部的表面运动和关系进行思考的方法,

> 研究工作只有在"物质"的生成(devenir)中可能存在着辩证的运动(mouvement dialectique),而且这种运动确已存在着的限度内,才能在"物质"的生成中发现辩证的运动。但是只有在这个"物质"发生变化(transform)的情况下,才会发生辩证的运动,因为一切生成都包含着对现存事物的否定。认识是在形式和结构(formes et structures)的运动过程中,**从而也就是从它们的方生方灭的方面掌握各种形式和结构的**。[29]

这是对的。唯物辩证法的本质是要在devenir(生成)和发展着的事物和现象中,发现其内部矛盾关系中的辩证运动,而不是什么从外部反映物质对象运动的客观规律。在唯物辩证法的一般原则上,这是深刻的观点。然而,列斐伏尔并没有发现,简单地将马克思在《关于费尔巴哈的提纲》中对感性直观中"物质"(物像)的透视与《资本论》中的批判性辩证法连接起来,在更深层次上是一种**表面的嫁接**。因为马克思在《资本论》及基于手稿中对商品、货币和资本等经济事物的透视,并非是将其归基为物质实践(具体劳动)塑形和构序起来的用在性(使用价值),而是商品经济物相化空间中历史性生成的抽象劳动(价值),这是**两种完全不同的物相化透视**。列斐伏尔已经发现,如果具体到马克思在《资本论》中对资本主义经济关系的批判来看,在资产阶级经济学遭遇现成的商品、货币和资本"物质"的地方,马克思总是会揭露他们"没有接触到人与人之间的真实的——本质的、根本的——关系(rapports)。它只满足于物(choses),而不去揭露物所包含和隐藏的东西"。[30]这是对的。因为,商品、货币和资本这些直观

实在的物,不过是"人与人之间"劳动交换关系的现实抽象和事物化的颠倒。所以,资产阶级"政治经济学只考察物与物(产品,商品,货币量)之间的关系。马克思的批判指出了,只有被物的关系所掩盖的那种活生生的和正在行动的人与人之间的关系才是真实的关系"。[31]这种思考,也就从经济事物的表面和外部关联,进入资本主义生产关系内部的矛盾关系和辩证法运动中去了。这的确是非常深入的理解了。可是列斐伏尔并没有意识到,马克思从经济事物中批判性地透视出来的人与人的关系场境,其基础并不是直接的物质实践物相化活动(具体劳动的塑形和构序),而是这种劳动结果进入商品交换中现实抽象出来的价值(抽象劳动)关系赋型了。并且,如果不认真体知《关于费尔巴哈的提纲》中那个人的现实本质中的"全部社会关系总和"的论断,在这里也是无法科学地进入马克思这一无比复杂的思想构境层的。

列斐伏尔说,马克思告诉我们,

> 只有超越了**整体的混沌表象**(représentatiïmc luu, tiqued u tout)的分析,才能达到愈益简单和愈益精微的一些概念;精细而深刻的抽象抓住了隐藏在现实中的本质(结构)。这样一来,交换价值(la valeur d'échange),这个具有神学烦琐性的概念——而且只有这个概念——才使得经济科学得以开始。[32]

这的确是马克思所指认作为经济学研究指导方法的辩证法,但这种历史辩证法的具体内容,却已经不是对一般辩证法原则的说明,而是在**狭义历史唯物主义基础上历史现象学的批判话语**了。这里,valeur d'échange(交换价值)之所以会成为一个神秘性东西,关键在于它的本质是商品交换中现实抽象出来的劳动价值关系,交换价值只是商品价值的外部表现形式,"假如没有从事劳动的并按一定的价格交换他们的产品的活生生的人们,也就没有人口,没有某种类型的家庭,共同体或国家,从而也就没有什么'交换价值'"。[33]这是马克思对资本主义经济关系科学分析的开始。依我的观点,这种批判性分析更多的是历史现象学透视中的批判认识论。

其三,历史唯物主义理论中的**拜物教与异化批判**。我们知道,这也是列斐伏尔自 30 年代以来一直以来反复强调的方面。列斐伏尔认为,在马克思那里,"历史唯物主义被定义为一种具有历史内容和(社会的)实践内容的概念的哲学"。[34]可以看到,列斐伏尔这里所理解的历史唯物主义,直接是与马克思对资本主义经济过程的批判相关联。其实,这只是狭义的历史唯物主义构境。这与后来列斐伏尔在1968年对广义历史唯物主义生产方式理论的接受,是存在明显差异的。并且,这种列斐伏尔凸显的批判性的话语,主要集中在马克思对资本主义经济拜物教和异化的批判上。第一,列斐伏尔认为,马克思在经济学研究中所发现的历史唯物主义,其核心就是对经济拜物教的批判。这种观点的理论缘起,是青年卢卡奇的《历史与阶级意识》。[35]列斐伏尔说,

> 如果我们把商品价值(la valeur des marchandises),也就是商品本身,当作一种存在于人们之外的客观现实,我们就会陷入拜物教(fétichisme)。但是交换价值具有某种现实性(réalité);交换价值体现了活生生的人们之间的不依赖于——或者不再依赖于——他们的意志和意识的关系。这种关系对人们而言是外在化了的并从外面压迫着人们。[36]

这是说,在人们遭遇资本主义经济世界时,往往直观到商品、货币和资本这样一些"存在于人们之外的客观现实",可是人们并不知道,这些看起来实在的东西,不过是交换价值事物化颠倒的结果,作为一种历史性发生的现实性的经济关系赋型,它以商品、货币和资本的物性在场已经是对劳动交换关系的遮蔽,当人们疯狂地追逐金钱和财富时,这就是经济拜物教话语的历史发生。我以为,列斐伏尔将马克思的经济拜物教批判理论视作历史唯物主义的核心内容,是一个深刻的重要判断。但是他没有意识到,马克思这种对特定历史条件下出现的经济拜物教现象的批判,并非是贯穿整个历史的现象,这也意味着,他所指认的这种历史唯物主义观点是属于狭义历史唯物主义的构境,而将马克思的这种批判观念所针对的经济力量决定社会生活的观点扩展为整个人类社会历史发展的一般规律,则是第二国际开始的经济决定论误认。列斐伏尔正确地反对了第二国际经济决定论的错误,却无法科学地界划广义历史唯物主义与狭义历史唯物主义的逻辑边界。

可以看到,关于资产阶级经济拜物教的历史发生,列斐伏尔在此有着一个深刻的历史性分析。在他看来,正是在资产阶级特有的商品-市场经济运动进

程里，

> 在交换中，产品脱离了生产者而具有一种它所固有的、现实的、同时又是抽象的生命。商品的这种固有的生命在货币和资本的固有的生命中发展起来了。这是一些社会客体（objets sociaux）；它们不具有超乎人之外的现实性；虽然如此，它们却压在人们的头上；它们拥有一种回头反对活生生的人们（主要是对那些从事劳动进行生产的人们）的**力量**（*pouvoir*），而这种力量却正是人们在征服物质的自然界时所获得的。这些社会客体的抽象（abstraction）被**物神化**（*fétichisé*）了。[37]

这有两层意思：一是说人们在征服自然的过程中，获得了劳动生产的构序和支配力量，二是这种劳动构序力量创造出来的产品，在特定的资产阶级商品交换中却现实抽象并颠倒式地生成货币和资本这样一些 objets sociaux（社会客体），这些劳动创造出来的东西，现在却"拥有一种回头反对活生生的人们的力量"，这就是资产阶级经济力量物神化且生成经济拜物教话语。

在这段重要的讨论中，我们发现列斐伏尔的新观点是突出强调了经济交换过程中出现的 abstraction（抽象）。在早期的《辩证唯物主义》一书中，他曾经提及过实践的现实抽象问题。[38]他说，"抽象有许多类型或形式：纯形式的抽象，片面的抽象，采取物神形式的现实的抽象（l'abstraction réelle du fétiche）和拜物教幻象（illusoire du fétichisme）的抽象，有科学根据的概念的抽象。这是真正的马克思思想中最困难和最不易认识的要点之一"。[39]这是对的。重要的是，除去通常的观念抽象，列斐伏尔在此正确区分了存在于马克思思想中的两种不同的抽象：经济关系中出现的 l'abstraction réelle du fétiche（物神形式的现实抽象）和 illusoire du fétichisme（拜物教幻象）的抽象。这是一个极其深刻的思考点。在列斐伏尔看来，马克思指认的这种发生在商品交换中的 l'abstraction réelle（现实抽象）的基础，是客观发生在资产阶级工场手工业中的劳动分工之中，

> 亚当·斯密从社会的一般职能所必需的各种个别的和专业的劳动出发，通过抽象（absttaction），得出了**社会劳动**（*travail social*）的概念。这个抽象概念有一种完全具体的客观内容：社会第一次把自己当作一个整体来考

察。从表面上看来很简单的这个概念,概括出、提炼出经济与社会现象的一个复杂体,或更正确地说:一个**总体**(*totalité*)。各种现实的具体劳动被吸收在社会劳动这个抽象概念之中而消失了。[40]

依列斐伏尔的分析,商品交换中发生的现实抽象的基础,实际上是斯密指认的劳动分工之上生成的 travail social(社会劳动),这也是资本主义社会经济关系总体性的客观基础,其中,劳动者塑形和构序对象的具体劳动已经被抽象地遮蔽起来。这正是后面商品流通领域中劳动交换关系现实抽象发生的前提。我注意到,列斐伏尔在此并没有仔细地区分出现在马克思经济学语境中的两种不同的现实抽象:一是接受斯密-黑格尔那种基于劳动分工条件下,社会一般劳动的现实抽象,二是商品交换过程中出现的抽象劳动转换为价值关系的现实抽象。在整个西方马克思主义思想史中,系统研究马克思的现实抽象问题的是索恩-雷特尔[41]。但他聚焦的是马克思这里的第二种现实抽象。他在《脑力劳动与体力劳动——西方历史的认识论》(*Geistige und körperliche Arbeit Zur Epistemologie der abendländischen Geschichte*)[42]一书中集中讨论了这一问题。索恩-雷特尔自认为是"现象学式地"深入思考了西方资产阶级所创造的这个商品-市场经济王国的社会存在特性:在抽象劳动的基础上,正是以商品交换关系为核心所建构起来的**抽象形式化**的复杂经济机制,生成了这个资本主义生产方式中看起来在人的经验**之外**的自发整合(integration)运动和调节的先验社会综合功能。而他想刻意去做的事情,就是要重新捕捉到在康德先天观念综合结构自运行中被遮蔽起来的交换关系现实抽象的痕迹,以还原抽象劳动-现实抽象与观念抽象的初始塑形关联。[43]

第二,资本主义经济过程中发生的异化现象。这是长久以来列斐伏尔整个社会批判理论的核心批判话语,他从来没有放弃这一重要的理论武器。列斐伏尔认为,"马克思主义的哲学家们把他们的批判指向一切来自外部而压迫和窒息人类生活的东西,如宗教、道德、法律和政治学说,各种观念和制度,等等。他们描述、分析和揭露过去发生过、现在发生着以及将来还可能发生的人的存在的各种**异化**"。[44]这也就是说,马克思主义批判话语中最核心的东西就是异化批判。这有一定道理。在他看来,异化批判并非一种简单地挪移自古典哲学(黑格尔-费尔巴哈)的观念性证伪逻辑,而是人类社会生活的一种客观**自反性**运动

的反映。列斐伏尔分析说,在人类社会历史发展进程中,人们的物质生产构序活动创造了社会生活的现实基础,然而,这些

> 活动在"产品(produits)"中并通过产品而得到实现,同时又消失在产品中。产品以活动为前提,它体现活动,包含活动,又把活动隐藏着。对象和作品一经生产,就开始过着一种特有的、自主的(autonome)生活,在某种意义上这种生活是虚构的,在另一种意义上,它是现实的。对象和作品从创造性的活动中借取了生命和力量,但它们又把这种力量转而与那种活动相对抗。**拜物教**和**异化**(*Fétichisme et aliénation*)是同人的活动的实现相伴随的。[45]

显而易见,这是列斐伏尔试图将异化内嵌到前述实践唯物主义**社会存在论**中去的努力。在列斐伏尔这里,生产劳动塑形和构序出产品的同时,就已经包含着某种与自身的分离,当被生产出来的产品和作品获得自身的自主存在时,它们则会畸变为反向支配人的主体活动的现象,这也就是与拜物教一同发生的异化关系。实际上,马克思从来没有讨论过这种一般哲学意义上的异化概念,列斐伏尔的这种对异化概念的阐释,倒是更接近黑格尔的唯心主义异化观。列斐伏尔认为,"拜物教和异化——马克思所接受并加以深化的两个哲学概念——扩张到全部历史现实和社会现实之中了"。[46]可是遗憾的是,列斐伏尔并没有在这里仔细地分析马克思如何将异化批判"扩张"到社会现实之中,他只是十分原则地说,

> 马克思发现了,**社会劳动**——它的概念表述了资产阶级社会——在资产阶级社会**被异化了的**(*aliéné*)社会劳动。因为社会地劳动着和生产着的人们"被剥夺"了社会生产资料的所有权,而这正是被"私人的"所有制所剥夺的。马克思发现,需要(le besoin)是一种被剥夺的、不满足的、被破坏了的需要,总而言之,是异化了的需要;他发现了,个人是没有被实现的,是异化了的。而且正因为这样,他在揭露否定面的同时,就深化了概念的客观性。[47]

　　显然，列斐伏尔并没有注意到，马克思在早期接受的异化批判构式在马克思经济学研究中的科学重建，在这里，他刻意将马克思的异化理论与一种新的**需要异化论**连接起来。我们看到，列斐伏尔只是说，在今天的资本主义社会生活中，"我们所知道的经济的、社会的和政治的异化正在衰退和消灭"。[48]这也就是说，马克思所指认和批判的宏大经济和政治关系中发生的异化现象正在弱化和消失，那么，异化批判则会向列斐伏尔所提出的日常生活中的小事情异化方面转换，不过这一次日常生活批判的基础已经获得了一种人本主义的需要存在论的支撑。

　　在我看来，列斐伏尔这一次"回到马克思"的思想实验活动，的确取得了一些比较重要的理论进展，这使得他对马克思思想的理解大大加深了一步。这自然也会对他自己《日常生活批判》的思想逻辑构序，提供了重要的方法论支撑。不过，他并没有放弃马克思已经放弃的抽象人本主义话语。

二、需要存在论与当代资本主义社会中的消费异化

　　在 1961 年出版的《日常生活批判》的第二卷中，列斐伏尔首先确立了一种日常生活批判的存在论前提，即**需要存在论**。显然，这是一种拒斥了"物质本体论"的从**主体出发**的观念，只是这一正确的出发点，却被他用来建构新人本主义的逻辑编码基础。

　　据列斐伏尔的观点，之所以要提出这种新的哲学存在论，并非出于理论逻辑的需要，而在于资本主义社会生活中出现的新变化。依他的判断，这种变化先是可见的生活变动，一是"技术（techniques）正在更大程度上渗透到日常生活中"。这是列斐伏尔很早就开始关注的问题。然而，科学技术的新型构序并没有将日常生活改造成高级的创造性活动，反倒"产生了一个日常生活虚无（vide）"。[49]有如今天你手中的电脑、智能手机和汽车，你每天沉迷其中，但它们的内部构序机制是如何运作的，对你来说则是一个空无。用斯蒂格勒的话来说，就是新型的无脑式的"贫困化"。二是"公共（政治）生活已经渗透到了个人生活里，反之亦然"。[50]今天个人的生活中已经充斥着社会政治信息的无形赋型，日常生活被社会政治符码化了。有如今天通过网络，任何地方的政治事件和观点都会出现在你的饭桌和枕边。三是日常生活中出现的不易觉察的改变。在他看来，今天

日常生活的现实基础已经转型为一种新的"消费社会"(«société de consomma-tion»)。[51]这是他《日常生活批判》第二卷中的核心立论。也是他指导的学生鲍德里亚那本著名的《消费社会》的理论缘起。这当然是列斐伏尔在 1961 年原创性地提出的判断,也是整个《日常生活批判》第二卷的主要思考点。

依他所见,在这种当代资本主义社会发展新阶段的所谓的"消费社会"中,

> 消费者没有欲望(désire),他顺从(subit)。消费者奇怪地引出"行为"(comportements)的"动机"(«motivés»)。消费者服从广告和贩子的建议,服从社会诱惑力(prestige social)的要求(更不用说那些对债务挥之不去的担忧)。从需要(besoin)到欲望和从欲望到需要的循环过程,不断地受到干扰或被扭曲。来自外部的"构序"(«ordres»)成为微妙的抽象碎片,或者荒谬的"动机"(«motivations»)。欲望不再与真正的需要(vrais besoins)一致,欲望是虚构的(factices)。[52]

我们记得,列斐伏尔在《日常生活批判》第一卷讨论的那个在超市中买糖的女人,明明是她"自主地"伸手在货架上拿到了自己所想要的糖,列斐伏尔却说,她没有真实的欲望,她这一伸手取物的 comportements(行为)动机是虚假的,因为她只是在下意识中顺从了"广告和贩子们"的诱惑,她的消费需要背后的欲望受到扭曲,被看不见的外部 ordres(构序)制造出来的抽象碎片所 factices(虚构),当一个人的欲望不再是自己的 vrais besoins(真实的需要)时,人的消费就是异化的。这是列斐伏尔对**消费异化**问题第一次重要的理论透析。我以为,这可能是列斐伏尔在《日常生活批判》第二卷中关于当代资本主义社会在进入"消费社会"时,出现深层次消费异化最重要的分析。

但是,要理解列斐伏尔这里的消费异化批判,其逻辑前提是进入他对需要-欲望理论的全新预设和思想构境。或者说,是列斐伏尔努力建构出一种**新人本主义的异化史观**。这也可以被视作列斐伏尔在《日常生活批判》第二卷中,为自己的生活"小事情"异化批判确立的重要理论基础。如果说,在《日常生活批判》第一卷中,列斐伏尔只是指认了日常生活中出现在消费行为中的异化关系,但他并没有说明在人的生存中是**什么东西被异化了**。在《辩证唯物主义》一书中提出的那个"非总体性"=异化的逻辑等式,慢慢地开始被弱化了。列斐伏尔可能

意识到,相对于一个完整的异化逻辑构式来说,那种应该存在的**本真性价值悬设**是不在场的,有如黑格尔的本有观念、费尔巴哈的人的类本质、赫斯的本真性交往关系,以及青年马克思的理想化的劳动等。而列斐伏尔在这里构序起来的需要-欲望论,则是对这一重要逻辑缺环的补白。当然,对进入列斐伏尔这一思想构境来说,我们还需要做一些必要的说明:

第一,列斐伏尔异化批判的主体视位,已经从马克思关注的**生产过程中被剥削的工人劳动者**,转到了**日常生活中的所有被资本支配的一般个人**。这里的决定性因素,也是传统人本主义向新人本主义的转变。第二,从这个抽象的"一般个人"的主体视位出发,列斐伏尔就自然会主张,"可以把人定义为'需要的存在'(être de besoin)"。[53]这可以发展出一种关于**需要与欲望(动机)**的新人本主义哲学。在他看来,正是因为人和他的意识,"通过需要、欲望和对欲望的意识",才得以超越动物与之同一的自然界、人类个体成长中的童年,真正进入现实"生活和世界"(vie et le monde)。显然,列斐伏尔这里所指认的需要-欲望,并非弗洛伊德凸显的生理性原欲,而是人进入现实社会生活中出现的现实需要和欲望。他认为,对于任何人来说,"没有需要和欲望的经历,没有实际的或潜在的要什么和缺少什么,就不会有存在——意识,自由也不会发芽"。[54]我不能确定,列斐伏尔此处关于需要-欲望的主体性确证,是否受到黑格尔《精神现象学》中欲望主体论的影响。当然,这种使每一个人成为人的欲望和需要应该是**本真性**的,它相当于青年马克思在《1844年手稿》中那个作为人的**类本质**价值悬设的理想化劳动。像青年马克思那个尚未异化的自主、自由的创造性劳动活动一样,列斐伏尔这里定义**个人生存本质**的欲望,同样是一种每个人自己的创造性冲动和动机:"当这个欲望成为个人接受和使用的一种不可或缺的和精神的力量(puissance vitale et spirituelle)时,当他的生活成为一种创造性的(créatrice)意识,即通过再次变成需要进行创造和被创造时,欲望才真正成为欲望。"[55]这也就是说,这种成为个人生存本质的欲望,不是指饿了需要吃饭和本然性欲一类生理需要,而是使人的存在成为**创造性生存**的spirituelle(精神)需要,正是这种非自然的精神性的需要才使得人的欲望彻底超越自然界。列斐伏尔认为,这种本真性的精神需要基础上的真实欲望是人获得创造性生存和自由的根本。由此,本真性的需要是"欲望的内核(noyau)、欲望的出发点(point de départ)、欲望的'基础'(base)或'基地'"。[56]进而,本真性的需要-欲望也就构成了个人日常生活中应该居有的各种动机。我以为，正是在这种需要-欲望的人本主义存在论框架内，列斐伏尔成功建构了自己日常生活批判新的逻辑基础。这可能是《日常生活批判》第二卷中最重要的理论原创。由此，列斐伏尔才第一次建构了一个**完整的人本主义异化批判逻辑**。依我的观点，这一需要存在论在后来的《元哲学》中，进一步发展为**诗性创制**（poièsis）的人本主义新观念。应该提醒读者的是，列斐伏尔在进行这种纯粹思辨的学术构序和逻辑赋型时，他恰恰忘记了自己从马克思那里看到的从现实出发的思考方式，仿佛不久前的"回到马克思"的思想实验是在别人那里发生的事情一样。这可能是列斐伏尔文本中那个双重逻辑并行的根本原因，他总是无法整合这种存在于思想逻辑中的异质性思考错位。

正是因为列斐伏尔手中有了上述这样一个人本主义的**价值悬设尺度**，所以，当他以此去观察当代资本主义社会的日常生活时，就发现在今天资本主义的"受控制的社会"（société déterminée）中，人的本真性需要和欲望却彻底地沦丧了，这也就是上述"消费社会"中发生的虚假欲望下伪需要占位的**消费异化**。由此，这就立刻使之前那个在超市中购物的妇女的日常生活小事情异化问题，获得了重要的人本主义逻辑支撑。这个 société déterminée（受控制的社会），之后会进一步发展出消费被控制的官僚社会（société bureaucratique de consommation dirigée）。列斐伏尔说，看起来，"'消费社会'的基础是大众消费和为满足大众需要（consommation de masse）而展开的大规模生产，因此，在消费社会里，消费商品的制造商尽可能地生产消费品"。[57] 然而，现实发生的情况却是，"'消费社会'控制了需要，控制生产的控制着消费，控制消费则为了按照它们认为应该生产的而生产需要"。[58] 显然，这里既控制生产又控制消费的"消费社会"，是今天资产阶级社会的代名词。

列斐伏尔认为，由此，黑格尔所指认的作为市民社会统一起来的"社会生活水泥"（le ciment de la vie sociale）——需要体系（système des besoins）彻底失效了，这种联结个人之间需要体系被根本

> 分裂了，被摧毁了。正如德波大力主张的那样，日常生活确实"被殖民"（«colonisée»）了。因为最新技术的发展和"消费社会"的缘故，日常生活被带到了一个极端的异化（l'extrême aliénation）中，换句话说，日常生活陷入了影响深远的不满（insatisfaction）的境地。[59]

　　显然，在列斐伏尔这里对"消费社会"日常生活批判的逻辑证伪中，他先是拉了两个人过来做理论支撑，一是黑格尔，二是他此时还亲近的朋友德波。第一，当列斐伏尔把黑格尔市民社会理论中的"需要体系"比作社会生活水泥（le ciment de la vie sociale）的时候，并没有意识到，这一黏合原子化个体的需要体系"水泥"背后是已经被黑格尔超越的斯密，因为，在资本主义经济过程总体中，个人之间的需要关系已经是商品生产和交换中的金钱关系，这一"水泥"恰恰是被看不见的手糊在盲目市场竞争的"迷墙"之上的。斯密-黑格尔的需要体系决不会是列斐伏尔的本真性需要。这当然是一个误认。第二，德波的日常生活colonisée（被殖民）的观点[60]，与列斐伏尔是一致的，因为在资本主义的消费社会中，景观控制了个人的所有选择，看起来自主的购买商品和消费，其实都是被金钱关系殖民后的虚假欲望和动机，所以，这就出现了消费异化的极端败坏状况。资本主义社会中的一切日常生活，看起来开心的消费狂欢背后，实际上是真实需要的 insatisfaction（无法满足）。列斐伏尔的结论是：

　　　　不认识完整的社会（*société entière*）**就不能认识日常生活。没有他性和反向**（*l'autre et inversement*）**的激进批判**（*critique radicale*）**，就不能认识认识社会和日常生活次生状况中的原初构境**（*la situation de la première dans la seconde*）**，就不能认识日常生活和社会的相互作用**（*interactions*）。对于这种认识来讲，**否定的**概念（les concepts *négatifs*，疏远和缺失、不满意、沮丧或更一般的**异化**，distance et lacune，insatisfaction，frustration，ou plus généralement *aliénation*）和分别开来的科学中运用的肯定的概念一样，是不可缺少的。[61]

　　这段文字是非常难理解的形而上学之思。在这里，列斐伏尔在原文中用了整整四行半的斜体字来强调自己"深刻玄妙"的人本主义异化史观逻辑。这恐怕是《日常生活批判》第二卷中十分鲜见的文本状况。依我的理解，一是列斐伏尔明确表达出自己批判理论的核心是马克思辩证法的 concepts *négatifs*（否定概念），它除去马克思异化构式中的自我疏离和本质缺失外，它更表现为日常生活细节中的 plus généralement *aliénation*（更一般的异化），即真实需要不在场的不满意和沮丧；二是之所以他的日常生活批判能够发现这种小事情异化，是因为他基于总体人的本真需要的他性眼光，充分了解一个完整社会应该具有的、本真性的 situation de la première（原初构境），这样，他才能生成 critique radicale（激进批判），以透视当前资本主义社会日常生活的 seconde（次生）异化情境。这个"次生"，显然是相对于马克思所指认的原生式的经济-政治关系异化。列斐伏尔自己也承认，他的日常生活批判重新肯定了海德格尔的"本真性的问题"（question d'authenticité），但这是以一种特殊的方式在场的本真性。列斐伏尔甚至还说，日常生活批判的理论前提中，暗合着胡塞尔-海德格尔在现象学构境中所指证的"'生活的'和'生活世界'"（«Lebenswelt»），也将梅洛-庞蒂提出的"主体间性"（l'inter-subjectivité）置入人们的具体日常生活中来，不过，却是以一种激进的批判话语完成这种向人与人之间微细生活关系的生活世界透视的转向的。[62] 这也是一种刻意的重要理论逻辑对接。相对于前面的黑格尔和德波，这是第三种重要的逻辑编码支撑。由此，列斐伏尔自己的面对日常生活小事情异化的社会批判理论本身就显得高大起来了。

三、日常生活批判与辩证人本主义

也是在上述这个重要意义域中，列斐伏尔重申："日常生活批判致力于一种**辩证的人本学**（anthropologie dialectique），这种辩证的人本学依赖**辩证的人本主义**（humanisme dialectique，或与它一致）。"[63] 这是他试图将"辩证唯物主义"与人本主义嫁接起来的自觉努力。这也是列斐伏尔明确保持自身理论逻辑的内在连续性。但他不明白的事情是，将这两种根本异质性的理论逻辑构式硬性杂合在一起，就会出现"木制的铁""方的圆"那样荒唐可笑的编码幻想。他说，

> 我们的起点是一个总体（totalité），当然，这个起点按照范围和层次区分开来。我们的起点是一个总体的人（humain total）的现象："需要-劳动-愉悦"（besoin-travail-jouissance），"讲话-做事-生活"（dire-faire-vivre）。"现象"（phénomène）这个术语替代了哲学本体论的愿望，希望不要去设想通过确定人的和"世界"的本质而排除人和"世界"。[64]

　　论及人本主义,列斐伏尔还是不能忘记自己的那个总体性原则和原创的"总体的人"的口号。不过,这里对总体人有了新的话语塑形规定,即**需要-劳动-愉悦**和**讲话-做事-生活**两个三元体,并且,他自以为不会像青年马克思那样,先设定人和世界的理想本质,然后否定现实的人与世界。其实,他并没有真正挣脱这一预设人本学的逻辑构式。

　　列斐伏尔说,在第一卷最后,他已经将马克思新世界观"改变世界"的口号,经过兰波的"改变生活",直接变为"改造人的世界:日常生活"。[65]这是从马克思到兰波的他性认同,再到自己的自主性原创构序。当然,与第一卷中将日常生活批判"限制在一般地和抽象地批判一般异化"不同,列斐伏尔此时已经意识到必须重新定义日常生活的讨论域和其中不同层次的具体异化发生机制。

　　第一,关于日常生活的深入**理论分析**。列斐伏尔说,在《日常生活批判》第一卷中,他"第一次把日常生活定义为这样一个区域,人们在那里,更多地使用**他自己的自然**(*propre nature*),而不是外部的自然,**财物**(*biens*)面对着或多或少转变成欲望的需要,生活中没有控制的部分和被控制的部分在那里分界和交叉"。[66]这是一个十分哲学的定义。意思是说,人的日常生活已经不同于动物依存的外部自然,他生活在一种自己塑形和构序出来的世界之中,可是,在现代日常生活中,被改造过的物质对象以财富的方式面对人们变成欲望的虚假需要,生活里交织着支配对象与自然物的混杂。他专门说,人在日常生活中的活动,并不简单等同于马克思强调的改变世界的宏观物质实践,一定的意义上,它是总体实践过程中一个离我们生命个体存活最近的"**一个层次**"(*un niveau*)。这有一定道理。列斐伏尔说,"日常生活就在我们身边,从所有方面,从所有方向上,包围着我们"。[67]可是,列斐伏尔这里所说的包围着我们的日常生活,并非马克思所说的劳动生产物相化活动塑形和构序起来的我们的宏观周围世界,而是胡塞尔所凸显的"生活世界",或者是兰波诗境中的个人生命世界。在列斐伏尔看来,一是不能将日常生活与创造性的实践构序活动分离开来。因为,"正是从日常生活开始,人实现真正的**创造**(*véritables créations*),人的这些创造产生了人,人的这些创造是人性化的一个过程(*cours de leur humanisation*):作品(*les oeuvres*)"。[68]依我的理解,列斐伏尔是想说明,那些看起来伟大的社会政治-经济活动中创造性活动的根基,都是在日常生活之中,"这些创造性高级活动的萌芽的产生内嵌于日常实践(*Ces activités supérieures naissent de germes contenus dans* la pratique quotidienne)"[69]，并且，创造性活动的本真性目的也是使人的生存更加 humanisation（人性化）的过程。显然，列斐伏尔为了凸显自己对日常生活关注的必要性，勾画了一种抽象的个人日常生活创造活动图景，似乎，这种人性化的高级创造活动可以离开一定的社会历史条件下的社会关系场境赋型，这是一种纯粹的主观臆想，因为，在不同的时代，奴隶主与奴隶、地主与农民、资本家与工人的日常生活会是根本不同的，即便是在同一个时代中，一个服务员与一个艺术家的日常生活活动也会是不同的。可以看到，此时列斐伏尔讨论自己的哲学人本学的时候，马克思的那种从现实出发的客观逻辑早已被忘得干干净净。

第二，个人日常生活是**全部社会生活的支撑和归宿**。列斐伏尔分析说，正是在日常生活中，

> 日复一日，人眼学会了如何看，人耳学会了怎样听，人体会了如何保持节奏。但是，这还不是最重要的事情。最重要的是要注意到，感觉、观念、生活方式和愉悦都是在日常生活里确定下来的。甚至当异常的活动（activités exceptionnelles）产生了感觉、观念、生活方式和愉悦的时候，它们还得返回日常生活，去检验和确认这种创造的有效性（validité）。[70]

显而易见，列斐伏尔是在新人本主义的个人视位上界定日常生活的，因为在社会主体的层面，人学会经验塑形中的看和听，生成一定的生存节奏，都是**社会实践的历史产物**，而个体生存却可以从日常生活习性的重复中得到和体验这一切。这一点，是青年马克思在《1844 年手稿》中就已经指认出来的道理。[71]可是，列斐伏尔不管那些，他就是要让我们格外关注个体生存中的日常生活。因为在他看来，虽然马克思勾画了社会生活从经济基础到上层建筑的全景，可是，他并没有注意到，

> 正是日常生活衡量和具体体现了发生在"高层领域"（hautes sphères）里的"他处"（«ailleurs»）变化。历史的、文化的、总体（totalité）或作为全部的社会（société globale）、意识形态的和政治的上层建筑，都不能简单地定义人类世界（monde humain）。人类世界要通过日常生活这个媒介和中间**层次**（*niveau* intermédiaire et médiateur）来界定。[72]

这也就是说，无论在社会政治经济活动中发生什么了不起的大事，最终，在个人生活的层面，它们都必须在日常生活的微观塑形层面被消化，如果说，社会实践创造了人类生活的现实基础，而日常生活才真正生成了非物性的 monde humain（人类世界）。这是一个极其关键性的逻辑转换。列斐伏尔认为，看起来"日常生活平庸、琐碎、**周而复始**（répétitif）。然而，没有任何东西会比日常生活还深刻"。如同歌德所言，"理论是灰色的，生活之树常青"。一切深刻的道理，只有在生活中才能得到验证。一切伟大的社会实践，只有在个人的日常生活中的"活着"里才能变成现实。也是在这个意义上，列斐伏尔指认出，在日常生活中才存在着真正与个人生活相关的"辩证运动"（mouvements dialectiques）："需要和欲望、愉悦与不快（non-jouissance）、满足与缺失（privation，或挫折）、实现与空乏（accomplissements et lacunes）、工作与非工作"。[73]这样，马克思在历史唯物主义中发现的历史辩证法，就从劳动生产构序与社会关系赋型、复杂的生产方式与经济物相化，以及政治意识形态斗争，转换为个人生活中的欲望与满足、目的实现与挫折，以及劳作与休闲时间的矛盾。这也为列斐伏尔日常生活中的小事情异化批判，提供了社会微观层面的指称对象。我觉得，列斐伏尔强调关注日常生活，这并不错，但为了说明日常生活的重要性，将个人的日常生活指认为整个社会"辩证运动"的基础，实也不必。

第三，日常生活实现着人的**生命的节奏**。这是列斐伏尔第一次在日常生活批判理论构境中引入生命时间的节奏问题，依我的看法，这是他对柏格森内在生命绵延论的深刻体知和发挥。从中也可以看出，此时列斐伏尔在日常生活中的思考，还没有聚焦于生命存在的**空间维度**。生命时间节奏也是列斐伏尔晚年集中思考的问题。在《空间的生产》之后，他先是在《日常生活批判》第三卷中再一次讨论了节奏问题，并且给我们留下了最后的遗著《节奏分析的要素：节奏知识导论》[74]。在列斐伏尔看来，人的生命节奏开始于自然界生命负熵中的时间节奏，"社会人（l'homme social）的生活，从生到死，都是一组循环和节奏（de cycles et de rythmes）组成的。小时、日、周、月、季节（saisons）、年。有规律的返回，给最初与自然关联在一起的人提供了节奏"。[75]这是对的。在这一点上，人的自然生命节奏与动物生存是接近的。实际上，人的生存并非只有历史唯物主义确认的创造性的社会实践活动，其中也包含着以惯性行为为主的日常生活，在进行了繁重的工作之后，人必须通过休息和睡眠来恢复体力和精力，才可能重返工作状态,这是生命本身必须内嵌的时间节奏。开始,这种生命节奏是从自然生命的循环和时间节奏中承袭而来的,因为在我们这个星球上,围绕太阳旋转的地球自动生成着周而复始的循环和节奏,人在有太阳光照的白日劳作,在黑暗的夜晚睡觉,第二天再投入工作中去,这就有了工作时间与休息时间、工作日与休息日的轮番交替。特别是在农耕文明中,冬闲,春种,秋收,周而复始,生成了支配农民全部生活的**循环时间**(le temps cyclique)。在这里,列斐伏尔并没有仔细分析这种与自然经济同质性的循环时间的历史本质。而德波则可能受到列斐伏尔此处节奏问题的启发,在《景观社会》一书批判性地思考了循环时间与旧式生产方式的关系。

列斐伏尔明确地指出,资本主义社会中出现的一种与经济增长一致的反自然的**线性时间**(temps linéaire)节奏:

> 理性(rationnelles)和工业技术(techniques de l'industrie)已经打破了循环时间。现代人让自己独立于循环时间。现代人控制着循环时间。这种控制首先体现为干扰了时间循环。循环时间被与轨迹或距离一起考虑的线性时间(temps linéaire)所替代。[76]

这是人的生命时间与节奏中的巨大改变。这是一种正确的历史认识论的观点。列斐伏尔指出:"**日常生活批判研究现代工业线性时间里仍然保留着的节奏时间**(*temps rythmiques*)。**日常生活批判研究循环时间**(自然的、某种意义上非理性的,irrationnel,依然具体的)**和线性时间**(后天习得的,acquis,理性的,某意义上抽象的和反自然的)**的相互关系**"。[77]我以为,这是列斐伏尔在生命时间问题上的重要进展。如果说,柏格森是时间问题哲学思考中的"路德"[78],即将时间从外部物质的客观持续性转换为人的生命存在中绵延不断内在生成性,那么,这里列斐伏尔则是将柏格森的抽象生命绵延时间**社会历史化**了,因为,他正确地看到了农耕时代人的生命绵延时间仍然是依从自然生命负熵进程的——与自然生命节奏共命运的循环时间,这也是因为,人在农业生产活动中并没有根本改变自然负熵的进程,而资产阶级的工业时代,则通过工业生产塑形和构序了物质存在的全新形式和关系场境,由此创造出了一种新型机器化物质生产基础上的**他者式的线性时间**,在这一点上,人创造出来的外部财富堆砌的经济增长"绵延",

取代了人本身自然的内在生命绵延时间。这是列斐伏尔在原文中,用斜体刻意标出的日常生活批判的新任务。不像自然经济中的循环时间的不可逆和必然性重复,比如一个生活在农耕文明中的青年农民,他的生存会更多地依存于自然关联,"日常生活表现为一个有机整体",其中,"童年与成年完全没有分开,家庭与地方社区完全没有分开,工作与闲暇完全没有分开,自然与社会文化完全没有分开"。^[79]日复一日、年复一年,他会劳作在相同的土地上,封闭在完全统一、循环的自然经济时间和传统家庭生活中,在这里,个人生存的时间节奏是本己性的内在生命绵延。而工业生产塑形和技术构序创造的资产阶级的线性时间,彻底突破了自然生命节奏的循环往复,永无止境的不断发展的线性时间是走向文明的启蒙进步观的本质。一是这种线性时间"既是连续的,也是间断的",现在整个社会生活的时间和节奏已经不再仅仅是人的生命绵延,而"反自然"地从属于人的生命之外的资本追逐金钱的疯狂,于是,时间就不再是每个人生命绵延的时间节奏,而异化为外部的财富增长的节奏,**时间就是金钱!** 二是脱型于生命自然节奏的"线性时间分割成一段段时间,在每个时间段里,按照计划安排不同的事情",并且,这种生命存在之外的线性时间可以无限细分,也生成"重复的运作"(geste répétitif),它可以"在任意的时间里开始,在任意的时间里结束"。^[80]不过,列斐伏尔没有看到,上述这种被分割的线性时间正是由资本主义工业中出现的劳动分工导致的,这也会成为资本盘剥工人剩余价值的碎片式计时工资的依据。

现在列斐伏尔所关心的,是循环时间与线性时间在一般日常生活中的关系。他说,"循环时间并没有消失,但是,循环时间从属于线性时间,循环时间被打成碎片,散落开来(brisés, dispersés)",人们开始通过"反自然的(l'anti-nature)方式,从循环时间中解放出来"。^[81]依我的理解,列斐伏尔这里的l'anti-nature(反自然)和"解放",都是在反讽的构境中使用的,因为人的内在生命绵延时间对外部线性时间的从属,已经是时间节奏上的异化。比如通过灯光,让本来应该休息的夜晚也变成可以让劳动者工作的白日;"公共交通一天24小时运转",让生命自然节奏转换为全天候的生产剩余价值的功用性节奏。比如一个青年工人的日常生活,"他从童年开始所经历的都是分解(dissociation),以及创造性与痛苦并存的矛盾(contradiction)",因为"谋生"的劳动节奏与家庭的日常生活(自然节奏)分裂了,"在工厂生活里,这个青年工人发现自己被卷入了分割开来的线性时间、生产和技术时间里"。[82]并且,日常生活中的自然生命节奏异化为劳动力的再生产过程。我以为,列斐伏尔这里对时间问题的思境是极其深刻的,它表征了历史唯物主义方法在时间问题上的运用,这使得他的时间节奏的哲学思考超越了柏格森的内在生命绵延时间观。值得我们深入探究。

第四,**未成型和自发性**的日常生活。这应该是列斐伏尔对日常生活批判的方法论特征的一个新的提点。在列斐伏尔看来,在传统的哲学观念中,形式与内容的范畴是自亚里士多德开始的经典赋型规定,似乎"内容(contenu)只能从形式(forme)里表现自己,我们只能在形式里把握内容"。[83]这似乎也是所有科学与哲学方法论中的固有思维编码定势。然而,当我们面对日常生活的时候,却发现不同于社会生活中那种在理性意识支配下有设计的活动塑形和关系赋型,比如社会组织体制、法律条文和意识形态等,日常生活中发生的事情,除去以一定形式呈现的东西,更多的会以一种**未成形的**(l'informel)和**自发性的**(spontanéité)惯性生成场境方式表现出来。这又是一个别出心裁的新观点。依列斐伏尔的交待,这是"当代社会学"(sociologie contemporaine)研究中逐渐凸显出来的场境分析方法。一是列斐伏尔认为,捕捉未成形和自发性的生活场境是日常生活批判的微观方法论特征。他说,

> 未成形溢出(déborde)形式。未成形回避形式。未成形让形式的精确轮廓(contours exacts)模糊起来。未成形用消除和边缘化(des ratures et des marges)的办法,让形式不精确。日常生活就是"那个"(«cela»),就是表现出(个体的和作为整体的)形式不能抓住内容、不能聚焦内容和排除内容的一种事物。内容只有依靠分析才可以掌握,未成形虽然也是内容,但是,只有通过参与或刺激自发性(spontanéité),才能即时地或直觉地抓到未成形。[84]

列斐伏尔这里的意思可能是,相比之马克思集中思考的体制化的资本主义政治经济制度和生产关系赋型,今天更需要关注那些发生在日常生活中看起来并不成形的小事情情境,甚至是自发性的言行倾向。这些日常生活场境中放不到台面上来的熟知惯习构境中的"这个"或"那个",有可能是资本关系微细权力支配的对象。比如,瓦内格姆在《日常生活的革命》一书中列举的"给小费"和

"握手"这样一些细碎生活片段中,已经渗透着不可见的金钱关系编码的质性。这里没有任何强迫,而完全是在习俗和下意识的言行中发生的惯性臣服和入序。[85]所以,日常生活批判就必须从生活中那些还没有 contours exacts(精确轮廓)的未成形和自发性的场境现象中,寻找压迫和支配我们的毛细血管般的权力。列斐伏尔在此涉及了社会关系场境存在论的一个微细侧面,其实,并非仅仅是逃逸出形式的自发生活片段会呈现出无形的场境特征,人类社会生活中的所有关系性存在在本质上都是一种"没骨"式场境存在。有如无形的金钱关系除去在正式的交换场所发挥直接的效用功能之外,它以无形和自发的场境方式在生活中的弥漫,游离于法律边界上的伦理关系;在"大义"的道德尺度之外,出现在瞬间发生的无形恻隐之心和良心之痛场境中。

二是官僚制与未成形的日常生活的关系。列斐伏尔先定义了资产阶级特有的**官僚制**,在他看来,所谓

> **官僚制**(*bureaucratie*)一般为它自己和靠它自己运行。通过把自己建立成一种"系统"(«système»),官僚制成为自己的目标和自己的归宿;同时,在一个给定的社会(société donnée),官僚制具有实际功能(fonctions réelles),官僚制或多或少地有效地实施自己的功能。这样,官僚制改变日常生活,改变日常生活也是官僚制的目标和方针。然而,官僚制在"组织"(«organiser»)日常生活方面从未完全成功过;日常生活总是从官僚制中溜掉。[86]

这里有值得我们注意的两个方面:一方面,列斐伏尔显然是从马克斯·韦伯那里挪用了政治学中的法理型官僚制(科层制)的概念。之后,这个"官僚制"将与前述"受控制的社会"整合为他著名的"消费受控制的官僚社会"。另一方面,他特别说明了过去资本主义社会的发展中,资产阶级的宏大官僚制运转,也就是体制性的法律和制度,并非能够完全支配未成形和自发性的日常生活。而今天的资本主义官僚制,则已经开始通过异化消费控制整个日常生活,这是一种消费被控制的新型官僚制。列斐伏尔认为,日常生活有着"双重维度"(double dimension):"平面与深度(platitude et profondeur),平淡与戏剧性"(banalité et drame)。[87]这是一个有趣的认识。在列斐伏尔看来,过去从官僚政治法律构架

支配中"溜掉"的日常生活,今天则已经处于官僚制的支配之下,正是看起来都是平常发生的平淡无奇的小事情中,你去酒吧喝酒,在家里追剧,上超市购物,与朋友外出旅游,等等,这些都是"大家"在做的事情,可是它们很可能就是资本控制的景观支配消费和休闲时间的无意识编码结果,它们就是极其深刻的社会关系质性的实现,或者叫**平面中的深度**,看似平静如水中的无形日常生活,却涌动着社会矛盾冲突的戏剧性,正是在这种"柴米油盐或日常琐碎"中,"人间话剧才是盘根错节和清澈见底的"。这恰恰是当下日常生活批判本身需要掌握的新特点。

四、面对资本主义社会中日常生活新问题

如果说,在《日常生活批判》第二卷的上述讨论中,列斐伏尔是依靠人本主义的话语建构了他独有的社会批判理论的基础,那么,在这种理论基础之上,他也指认了当代资本主义社会日常生活实际出现的新变化、新问题。列斐伏尔指出,"在日常生活中,异化、拜物教、物化(les aliénations,les fétichismes,les réifications,派生于货币和商品),都有各自的影响"。[88]我们不难看到,一旦列斐伏尔要面对资本主义社会日常生活的具体现实,他就开始想起马克思那些重要的批判性观念,比如 les aliénations,les fétichismes,les réifications(异化、拜物教和物化)。在列斐伏尔过去的理论思想中,他最早在《辩证唯物主义》一书中提及这个 réifications(物化),在后面的讨论中,列斐伏尔简单地说明了物化与异化的关系。在西方马克思主义的思想史语境中,réifications 概念缘于青年卢卡奇《历史与阶级意识》一书,当时起到了异化范畴的替代品。然而,卢卡奇并没有科学地区分存在于马克思那里的事物化与物化(Versachlichung-Verdinglichung)概念。

在列斐伏尔看来,在当代资本主义社会中,与马克思关注的经济关系异化不同,现在,派生于经济拜物教的**"不平衡发展"**(l'inégal développement)成为日常生活的本质。在这里,他并没有解释这个 l'inégal développement(不平衡发展)的具体意思,依此处讨论的上下文语境推测,这个所谓的"不平衡发展"也就是资产阶级所制造的巨大的资本财富与工人贫困的剥削关系。也就是说,马克思在经济关系中发现的资本对雇佣劳动的盘剥和奴役,现在已经延伸到了整个日常生

活之中。

第一,资产阶级通过消费社会中出现的"享乐经济"(«économie de jouissance»)殖民了整个日常生活。如果说,马克思的经济学批判着眼于资本家对工人生产的剩余价值的无偿占有,虽然这种经济剥削也有着"平等交换"的外衣,但实质上这仍然是一种强制性的权力经济(l'économie de puissance)关系。而列斐伏尔所指认的这种 économie de jouissance(享乐经济)中,jouissance(享受)不再是生产和流通领域中的无形被迫,而是在生活中被追逐的对象。这是一个重要的关系转换。如果我们采用葛兰西首创的霸权概念,被压迫阶级的无形的政治认同基础,已经开始入序为一种生活中疯狂追逐 jouissance(享受)的他性认同。因为,人们往往不会反抗和抵制自己盲目迷恋的东西。这必然使资产阶级的统治关系就变得更加牢固和隐蔽。依他所见,这种虚假的享乐经济,"以一种神秘的形式掩盖了权力经济(forme mystificatrice puisqu'elle dissimule l'économie de puissance),并组织、控制和摧毁(organisée, dirigée, émiettée)人们的快乐"[89]。依前述的本真性需要-欲望论,当下日常生活中人们疯狂地追逐享乐的虚假消费和畸形休闲时间,实际上是被资本 organisée, dirigée, émiettée(组织、控制和摧毁)掉的本真欲望后的虚假需要编码中的替代品,资本主义社会中不再仅仅是商品、货币和资本关系的神秘性拜物教,享乐经济中基于伪欲望的消费异化以一种不可解释的 forme mystificatrice(神秘性),遮蔽了资本黑手伸向日常生活的毛细血管般的权力。不得不说,这是对当代资本主义社会控制和奴役关系的一个深刻的批判性透视。

第二,科学技术已经侵入日常生活。这是在列斐伏尔日常生活批判视域中,逐渐被凸显出来的方面。不久它在《现代性导论》中得到专题性的关注,然后在《现代世界中的日常生活》中被提高到资本主义社会发展的主导方面。这里还是会有一个历史性的比较视域:不像马克思当年所关注的工厂机器化大生产过程中发生支配作用的科学技术,列斐伏尔现在关注的是,科学技术已经走出工厂生产的车间,今天人们身边每天的日常生活已经是"按照工业技术方式组织"(organisé sur le mode de la technicité industrielle)建构起来的,因为,资产阶级以科学技术为核心建构起来的

"工业社会"已经给日常生活一个紧密结合在一起的和专门的组织,让

> 日常生活不再与没有征服的自然（nature non-maîtrisée）接触，或者反过来讲，让日常生活通过技术客体（objet techniques）的"世界"重新与自然联系起来，使日常生活成为一组动态平衡（équilibres dynamiques）的一个部分，类似于自组织领域专家所研究的反馈、稳定状态和扫描（feed-backs, homéostases et scannings）。[90]

这是说，今天的资本主义社会的日常生活，已经不仅仅是马克思那个时代工业生产产品构筑起来的生活，而是由资本控制下的科学技术创制的 objet techniques（技术客体）支配和重装起来的。这个技术客体的概念，是西蒙栋[91]《技术客体的存在形式》（Du mode d'existence des objets techniques, 1958）的核心概念。一方面，相比之农产品和工业产品对自然的依存关系，技术客体彻底阻断了人与自然的直接关联，人的日常生活中充斥着"技术客体"构序起来的关联，人的日常生活已经成了科学技术人工制造和编码出来的世界。另一方面，技术化使日常生活变成了一种科学生活的一组动态平衡数据，一切都以专家的建议摆布我们的身体、饮食起居和所有生命活动，就像我们今天日常生活中的身体健康已经成了 CT 检查、彩超扫描、血样分析，加上药物干预的动态反馈过程。如果依后来福柯发明的"生命政治"的观念，这就是资本对身体本身的殖民统治。

第三，技术对日常生活的浸透和全面支配，也根本改变了人们生存的本真需要和原有节奏。这是列斐伏尔在消费异化之外寻找到的新问题线索。一方面，列斐伏尔说，现在人的技术化的日常生活中遍布各种家用电器和无数技术客体，这些"分离的对象（objets séparés，吸尘器、洗衣机、收音机或电视机、冰箱、汽车，等等）决定了一系列分离的行动（actes disjoints）"。[92]家用电器之间没有真实的自然关系，而只是功能性的、相互隔离的消费物关联和编码，人的自然生命存在中原有的真实需要越来越多地被技术客体链建构起来的虚假需要关系赋型所取代，这当然就是生命本身的异化，这是比消费异化更基础性的异化关系。有如，当今天我们拉窗帘的运作变成了电动按键工序，当人们之间面对面的交流变成了我们智能手机屏幕上出现的电子表情包时，我们其实已经失去了人的生活本身。另一方面，技术客体大量出现在日常生活之中，技术客体的他性运动节奏成为生活的条件，日常生活本身的自然节奏也就丧失了。列斐伏尔说，家用电器的"小技术活动干扰了旧的节奏（rythmes anciens），这种干扰很像一般生产活动中分割开来的劳动(travail parcellaire)"。[93]这也意味着,除去马克思已经关注的劳动分工和时间的金钱化节奏外,现在我们的日常生活本有的节奏已经消失在技术操作时间之中,因为生活中各种技术的"这些操作掐头去尾,把日常生活剁成肉馅"。[94]比如,我们在网络信息技术中的迷失,在智能手机和各种无处不在的电商推送中,人落入一种"非参与和任人摆布(la non-participation et de la passivité réceptive)的消极状态",我们的生活节奏不再属于自己,而是任技术客体宰割和支配的外部节奏。这是上述列斐伏尔提出思考生命节奏问题的现实缘由之一,这是比前述劳作节奏和时间就是金钱更不易觉察的时间构序机制中的异化。这真是令人感叹的微细发现。

第三,大众媒介对日常生活的全面渗透。这是在麦克卢汉[95]《理解媒介》(*Understanding Media：The Extensions of Man*, 1964)之前,对大众传媒在日常生活中的巨大作用的较早思考。在列斐伏尔看来,今天资本主义社会中日常生活的异化表现之一,是大众媒介(mass media)通过"现代信息和通信手段"(moyens modernes d'information et de communication)全面地浸入日常生活中来。他分析说,在今天的资本主义社会生活中,当一个人坐在电视机前,

　　　日复一日,新闻、广告、意义表达,后浪推前浪,滚滚而来,翻天覆地,它们纯粹是奇迹,它们让人无法抗拒,昏昏欲睡,通过这样一个简单事实,它们其实大同小异。"消息"把观众淹没到了单调的新闻和时事性话题里,它们削弱着观众的敏感性,销蚀着观众求知的欲望。[96]

这是列斐伏尔在1961年发现的日常生活异化现象。这种生活异化的罪魁祸首就是大众媒介。那个时候,大众媒体的主要传播手段还是平面媒体和广播电视,可列斐伏尔已经意识到,这种大众媒体"会是一种封闭回路(circuit fermé),一个来自阴间的轮回演出剧场,一个完美的圆,在这个圆里,没有沟通,没有燃起激情的信息,事物的特征不复存在"。[97]它们的作用,就是通过信息轰炸使人丧失所有敏感性,成为消极被动的"景观"(广告和象征符码)接受者,从而在被精心制造出来的伪欲望中变成资本微观支配的对象。同时,在列斐伏尔看来,"'大众媒体'(mass media)所做的是把隐私普遍化(C'est la *vie privée* qui se généralise)。同时,大众媒体已经统一和传播着日常生活:大众媒体以太真实和

绝对表面的方式把日常生活与'世界'时事整合(intégration)起来,从而瓦解了日常生活"。[98]大众媒体的作用是使人的真实需要和欲望生成的 vie privée(私生活)变成标准化的科学的一般模式,生活成为被组织起来的与时俱进的l'actualité «mondiale»(时事"世界")的跟屁虫。

第四,现代性都市空间打包和装配日常生活。应该说,这是列斐伏尔之后都市研究和空间生产问题的前导性思考。这已经是列斐伏尔从先前的乡村社会学研究转向城市社会学中的焦点。关于这一点,我们后面会具体讨论。列斐伏尔敏锐地注意到,资产阶级在资本主义工业进程中,同时也以集中公寓和小区的方式建立和组织日常生活的"新都市"(les villes nouvelles)关系空间。此时,列斐伏尔关注的是法国新建的穆朗新城(Mourenx-Ville-Nouvelle)。[99]之前,列斐伏尔已经写过一篇相关的调研报告,这是他 1959 年对新城居民田野调查的分析结果。[100]列斐伏尔告诉我们,看起来,集中居住小区中的公寓和大楼(appartements et immeubles)比原来贫民窟要好,似乎提供了一种"光亮之城"(Cité radieuse)里的"新生活",然而,"公寓大楼常常被建设成'居住机器'(«machines à habiter»),居住区是维持工作之余的生活的一台机器。功能决定每一个对象"。[101]说公寓大楼像 machines à habiter(居住机器),当然是相对于传统人们栖居的邻近村落住房,在那里,人们的日常生活处于紧密的亲情关系之中,而新型都市中的居住小区和公寓大楼,只是一种效用性的居住功能体,它像机器一样提供各种生活功能,这是此时列斐伏尔还没有聚焦和深入思考的空间句法(Space Syntax)[102]问题。列斐伏尔认为,在这里,

> 人们像打包(emballage)一样对待日常生活:一个巨大的机器抓住劳动者工作之余的时间,然后,把这个时间像商品一样包装起来,群体[工人、技师、技术专家(ouvriers, maîtrise, techniciens)]被隔离开来,人们相互之间也隔离开,每一个人都住在他的那个盒子(boîtes)里,这种现代性安排了他们反反复复的行为举止。[103]

这恐怕是我们今天都可以感受到的都市现代性居住,所有人都在自己那个阶层的居室盒子中,邻里中的人们互不相识,群体之间的相互隔离并非外部强制,而由收入差异决定,打包式的起居饮食臣服于上下班和休闲时间的组装。用

巴什拉[104]的诗性话语为描述,就是"大城市的居民们住在层层叠叠的盒子里",这种盒子没有了家园之根,"内心生活从那里完全消失了"。[105]列斐伏尔说,也因为"人们的工作几乎日益远离创造性的活动,人们现在只能坐在自己的靠椅上,在电视机里把创造性工作当作世界奇迹来看"。[106]这是盒装休闲时间的机器化流水线作业的一种通常方式,之外,还会有拖着疲惫的身心在电影院中吃爆米花、逛商店和参加旅行团打发时间的看起来自由的伪性选择。在后来的《现代世界的日常生活》一书中,列斐伏尔说,"对于新城市大楼中的居民来说,事情会完全不同,因为他们的时间表是固定的、程式化的、功能化的,刻在墙上,刻在路旁、购物中心、街头广场、公共停车场以及车站"。[107]这些看起来在人之外的物性建筑、道路和广场等,却是人们每天惯性复建特定社会生活功能的空间关系赋型基础。

　　第五,要特别关注妇女在日常生活异化中的特殊地位。虽然在《日常生活批判》第一卷中,他已经关注到妇女在日常生活的小事上的异化问题,但从研究的总体层面上提出关注妇女问题,这还是第一次。我们可以看到,此后列斐伏尔不断地强调这一点。因为在列斐伏尔看来,在当代资本主义社会中,妇女承担了更多的日常生活"份额"[108],她们是日常生活中劳动的行为主体,"家庭主妇沉浸在日常生活中,被日常生活所淹没;她从来都逃不出日常生活,除非她待在非现实的世界里(做梦,算卦,占星术,浪漫的媒体,电视上的逸闻趣事和典礼,等等)"[109]。之所以妇女会被囚禁在日常生活之中,根本的原因之一,就是父权制意识形态制造出来的"女性世界"(monde féminin)幻象。似乎相对于男性天生的户外"劳动、勇猛和认知"(travail, courage, connaissance)形象,女人的天职就是在屋内日常生活中养育孩子、操持家务和引导消费,她的形象就是浑身散发着香水味、取悦男性的性感美貌。把这些东西"赋予无法忍受的生活,在虚构的和半醒半睡的梦中,无法忍受的生活就成了可以接受的生活。在这个虚假的世界里,所有的东西无中生有地受到了褒奖。就像暗淡的光环一样,意义利用了没有利用的,意义误导了本真"。[110]列斐伏尔说,这正是资产阶级意识形态强加给妇女的"伪日常生活"(pseudo-quotidien)。[111]应该说,在整个西方马克思主义思想史上,明确提出妇女在资本主义社会的异化地位,列斐伏尔的观点是先进的。这与波伏娃等第二代女性主义的思想努力是一致的。

　　其实,我们从这里列斐伏尔对资本主义社会日常生活出现的新情况的分析来看,虽然他也依托人本主义的本真需要的异化逻辑,但总体上还是从现实生活本身出发去思考问题的。这就呈现了一种奇特的复杂理论构境:人本主义的价值悬设异化批判话语的作用愈来愈显然得苍白和抽象,这种状况,为列斐伏尔下一步在方法论上彻底转向历史唯物主义打下了一定的基础。当然,这并非一种理论逻辑构序上的自觉,而是列斐伏尔越深入现实生活,就会被客观现实的社会关系场境所吸引和支配。

五、日常生活批判中的方法论原则

在列斐伏尔看来,日常生活批判的目的,就是在今天的资本主义异化了的日常生活中"发现什么必须改变、什么可以改变、什么是必须和可以得到改造的问题。日常生活批判是批判地提出人们如何生活的问题"[112]这也就是说,日常生活批判不仅要发现异化,而且还应该思考如何改变生活的问题。或者说,"日常生活批判——激进的批判(critique radicale)旨在彻底改变日常生活——单独继承这个本真的马克思主义计划(le projet marxiste authentique)"。[113]这也就是说,日常生活批判正是马克思那个政治经济学批判传统的继承,只是将马克思当时关注的改变资本主义经济政治现实的做法,进一步深入日常生活的批判和改造中来。

他认为,面对上述资产阶级世界中日常生活中出现的一切新的问题,都需要在方法论层面上坚持一些基本的原则。列斐伏尔特意提醒我们,面对当代资本主义社会中的日常生活异化中的新问题,应该在方法论上"避免片面性和新拜物教(néo-fétichismes,对意义的崇拜、对没有意义的崇拜或对没有意义的事物的崇拜,对结构的崇拜和对自发性的崇拜,对文化和反文化的崇拜,对总体性和非总体性的崇拜,这些都是新拜物教的例子)"。[114]其实,列斐伏尔所列举的方面,无论是象征域中的话语意义,还是结构和总体性原则,都是当时思想界已经开始凸显和强调的方法论原则,可是,如果过分夸大这些方法原则的作用,则会进到另一种极端的观念拜物教迷雾中去。这是列斐伏尔在此专门讨论方法论原则的初衷。

一是我们已经熟知的日常生活批判中的**总体性**(totalité)原则。我们知道,总体性并不是一个新概念,这是列斐伏尔在 1939 年《辩证唯物主义》一书的核心关键词,是他上承青年卢卡奇,重构青年马克思在《1844 年经济学哲学手稿》中人全面占有自己的本质观点的结果。在那里,总体性的原则还是以具象的总体人(l'homme total)的概念出场的,在研究方法上,他并列指认了一个功能性的整合(intégration)原则。[115] 在这里,列斐伏尔再一次突出强调总体性的概念,并将其确定为日常生活批判的原则。此时,萨特在《辩证理性批判》第一卷(Critique de la raison dialectique I, 1960)中,已经讨论了总体性与**总体化**(totalisation)的区别。[116] 列斐伏尔说,

> 没有**总体性**的概念(concept de totalité),我们就不能展开对日常生活的研究。我们正在面对人类现实,理论和实践都蕴含着或明确地包含了总体性概念(即社会和人类的观念)。没有总体性概念,就没有参照系(références),没有一般性(généralité),甚至没有普遍性(d'universalité)。没有总体性概念,知识就不再有"结构"。[117]

依列斐伏尔这里的说明,总体性概念是理论知识整合与编码的骨架,也是我们面对社会生活和观念总体性存在的参照系和普遍原则。当然,也因为当代资产阶级世界的日常生活通常是碎片化的,所以,总体性的原则就会是更加重要的。在这一点上,列斐伏尔直接回溯到青年卢卡奇在《历史与阶级意识》一书中提出的这个原则,不过,列斐伏尔将卢卡奇的抽象总体性规定进一步确认为革命辩证法中的否定性和批判原则,他说,我们将总体性范畴"隶属于**否定**(négativité),或辩证否定(négation dialectique)的范畴,辩证的否定对我们更为根本"。[118] 这也意味着,必须将总体性的概念现代化(moderniser)。也是在这里,他赞同了萨特的**总体化**(totalisation)概念。当然,"总体化的概念不是从本体论上提出的,而是从战略上,即步骤上提出的"。[119] 重要的是,列斐伏尔意识到,历史经验告诉我们,抽象的总体性也有"陷入教条主义的风险"(s'engager dans le dogmatisme et de s'y égarer)和上面他已经提及的总体性拜物教,因为,绝对的总体性崇拜可能会"期待权力"(Elle veut le pouvoir)[120]。这是一个极其深刻的看法。后来阿多诺在《否定的辩证法》中说,总体性(同一性)的最终结果必然是奥斯维辛。

二是日常生活批判中的**异化**(aliénation)批判原则。在这一点上,列斐伏尔对马克思异化理论的态度已经有了一定的改变。列斐伏尔说,学术界重提异化概念已经有 30 年了,异化概念需要有新的发展。列斐伏尔现在认为,异化现象在马克思那里被"约减成了经济异化(Réduite à l'aliénation économique)",即"经过经济拜物教的作用,人的活动和关系转变成了**物**(choses),如货币、商品和资本"。[121]然后,再由无产阶级革命活动实现**祛异化**(désaliénation)。这是列斐伏尔发明的新概念,青年马克思通常使用黑格尔的"扬弃异化"的说法。我觉得,将马克思的异化理论概括为 l'aliénation économique(经济异化)的观念是不准确的,实际上,马克思的异化观念从一开始就是从主体出发的劳动异化论,在摆脱人本主义话语之后,这种劳动异化批判构式在对资本主义生产方式的深刻剖析中,一步步从劳动交换关系(商品价值)的异化,到货币权力和资本关系的异化与事物化颠倒,科学地说明了资产阶级经济拜物教的本质。马克思的科学异化观当然不仅仅是批判经济异化现象,而是从劳动异化关系透视整个资产阶级世界。在这一点上,列斐伏尔的理解是片面的。列斐伏尔观点的合理之处,是指出异化批判话语应该面对当代资本主义社会现实中出现的新的异化领域和现象。列斐伏尔认为,用马克思的这一经济异化的观点来看待今天的资本主义社会现实已经不够了,必须提出一些新的观点。这可能也是列斐伏尔第一次公开提出要超越马克思的异化观。波斯特敏锐地注意到了这一点,他评论说:"到 1960 年代列斐伏尔不再承认马克思的异化概念是一个完备的理论。……人类异化的现实比马克思所理解的要复杂得多,因为社会生活的每一个领域都在自身中包含着异化的整个网络"。并且,波斯特还细心地发现,列斐伏尔现在"对异化的当前形式的具体研究将清除马克思的表述中的'本体主义'残余"。[122]波斯特的观察有其深刻的一面,但也并非抓住了列斐伏尔此时异化理论中存在的根本问题。我们来看列斐伏尔在这里对异化批判话语的一些原则性分析。

一是要超越经济异化论,将异化概念放置到特质性、历史性和相对性(particulariser, historiser et relativis)的与境之中,反对把异化和祛异化问题简单化,比如用经济异化规制所有异化现象,因为今天资本主义社会中的异化现象是"无限复杂"的。对此,列斐伏尔举了上面讨论过的日常生活中发生的不起眼的妇女的异化,在他看来,这种从属于资本主义社会总体异化的妇女异化,决不仅仅是女性主义关注的经济学意义上的家务劳动或男人猎物的扭曲女性形象,这是一种深藏起来的对妇女生存的否定,因为,妇女被压在日常生活的底层,她们仿佛就是平庸日常生活的天然主角,但这种与日常生活的同质性却是以人的异化关系为前提的。这种人们习以为常的妇女生存异化现象,当然不是用经济异化批判就能打发掉的。

二是要看到在资本主义社会现实中异化与祛异化之间更加隐蔽的**反转辩证关系**。列斐伏尔认为,在当代资本主义社会中,往往在经济社会关系赋型中消除一种异化的同时,更深层次的异化却在日常生活中得以发生。这是一个有趣的观点。比如,二战之后由于国家垄断资本主义的干预主义和福利政策,欧美等发达资本主义社会中明显的经济贫困现象逐渐开始消除,仿佛人们获得了更多的收入和闲暇时间,这似乎是马克思所指认的"经济异化"现象的消除。然而,我们必须注意到新出现的劳作之外日常生活中"休闲活动去掉了劳动分工带来的异化,然而,当休闲活动是娱乐的消遣时,休闲活动包括了自己的异化"。[123]你自以为是拿钱去开心旅游,却是一个"上车睡觉,下车拍照、购物"的资本财富回流的过程。列斐伏尔说,必须意识到消除一种异化"可以变成一个更深的异化"。再比如,也是他上面讨论过的已经成为大众传媒工具进入普通老百姓日常生活的电视机,看起来丰富了人的生活,"电视让每一个家庭去看世界奇迹,但是,恰恰是这种把世界当成奇迹来看的方式,引进了非参与和任人摆布的消极状态"。[124]这就是德波所指认的景观拜物教支配下的人的自主选择性的异化,这是现实日常生活中发生的消费异化的隐性构序和编码成因。

三是注意物化现象对异化的遮蔽。这可能是列斐伏尔第一次试图说明物化(réification)与异化的关系。在他看来,"物化活动(活动和意识)成为'东西',允许用'东西'接管活动和意识。这种状况构成了异化的极性和最后阵地。当然,这种极性没有穷尽异化概念。物化掩盖了许多异化采用的形式"。[125]其实,列斐伏尔这里所说的 réification(物化),其本质是对马克思在经济学语境中指认的事物化与物化(Versachlichung-Verdinglichung)关系的误认。在马克思那里,事物化是特指商品交换中价值关系在一般等价物货币中事物化颠倒为经济事物,以及资本关系在生产过程中颠倒为劳动资料和对象等,这种经济事物化颠倒的本质恰恰是劳动异化。当人们错将这种关系颠倒为物的社会属性直接当作物的自然属性时,才会发生物化误认,这也是经济拜物教产生的基础。马克思并没有涉及过黑格尔式的意识物化问题。列斐伏尔这里的物化概念,显然是依从了青年卢卡奇的物化观念构境。所以,他会讨论一般意义上的活动和意识变成物的"物化"且掩盖异化关系的问题。在这里,列斐伏尔列举了汽车 réification(物化)的现象。汽车作为一种物,似乎实现了很多人的自我欲望,却没有意识到,"个人和这个对象之间缔结起来的关系超出了单纯的使用和纯粹的愉悦",特别是汽车的消费从单纯功用性的代步工具到炫耀性等级生存的物化关系转换后,这恰恰是物化对人的生命异化关系的掩盖。在后来的《现代世界中的日常生活》一书中,列斐伏尔指认,"汽车是大写客体之王,是大写物的向导"(L'Auto c'est l'Objet-Roi, la Chose-Pilote)。[126] 为什么呢?因为,汽车象征着一种新的等级,它有着自身的公路符码,"汽车是一种身份的象征,它代表着舒适、权力、权威和速度,除了其实际的用途之外,它是**作为符号而被消费的**(consommation des signes)"。[127] 在这里,物化掩盖了消费异化。这可以有一个长长的延伸系列,比如人在手指粗的黄金项链中的生存物化、追逐名牌商品中的功用关系物化、独栋别墅中的空间物化,等等。

最后,异化与**他者**(autre)[128] 的关系。这也是列斐伏尔在《日常生活批判》第二卷讨论异化概念中最有意思的观点。在他看来,

> 异化是一种与"他者"关系的结果,这个关系使我们成为"他者",即这种与"他者"的关系改变了我们,把我们与自己撕裂开(arrache),把一种活动(有意识或无意识地)转变成他性物(autre chose)。或者,很简单,转变成一种物(chose)。[129]

在列斐伏尔这里,不同于可以接近的他人(autrui),无脸的他者是有距离的,不可接近的,是一种自我撕裂的异化。当我进入一种面向世界观看的他者关系时,我变成一种宾语关系中的**他我**。在他我伪境之中,我欲望着他者的欲望,成为消费异化中的 autre chose(他性物)。说实话,这可能是列斐伏尔异化论中最糟糕的一段表述了,他很想学萨特或者拉康,并且将哲学构境中的他者概念引入异化逻辑中来,然而,他并没有真正搞明白这个复杂的他者关系。或者说,他还没有能力进入这种更深的形而上学思辨构境。

六、日常生活批判中新的观念

列斐伏尔认为,面对当代资本主义日常生活的批判,除去坚持总体性和异化批判的原则之外,还必须认识到的一个理论前提为:迅速捕捉到可以运用到日常生活批判话语编码中新的观念。实际上,这也是列斐伏尔哲学研究中的一个特点,在每一个历史时期中,他总是十分敏感于不同学科中出现的新概念和新观念,并尽力将这些新概念引入到自己的学术思考之中。

一是列斐伏尔认为,作为科学研究中的新概念——"**层次**(*niveau*)的观念正在迅速扩散开来"。[130]在他看来,现在我们可以"把世界想象为一个巨大的相互作用的**层次**,从亚原子到星系,从微分子有机体到生物,从小社会群体到所谓'文明'这种巨大的社会文化形式"。[131]这是自然科学观察中的不同层级图景加社会学研究的分层研究。显然,列斐伏尔这里更关心的是社会生活中的分层问题。相对于马克思主义经典作家社会批判理论中宏观的粗线条描述,列斐伏尔主张将社会生活本身用层次的观念区隔开来。比如,法理型官僚结构的政治生活中,从国家元首到部长层面,再到州郡层次和部门层面,最后到基层政治运作,应该看到不同政治权力关系"层次间的**差高**"(*dénivellation*),每一种政治权力在相应的政治运作层次中的作用机制都会是不同的。这就会使韦伯科层制中的政治权力分析更加精细化了。同理,列斐伏尔认为社会生活的每一个层次,都是"一个残余沉淀物,也是一个产物",而日常生活,则是全部社会生活的基础和微观层面。列斐伏尔还专门指认说,宏观层次与微观层次的方法论区分,"在大部分科学中都出现了"。[132]关于这个微观的日常生活层次本身,列斐伏尔竟然也进行了分层分析,并给出了一张图表详细描述了以话语编码分析为轴线的"日常生活中的层次网片段"(autre fragment d'nue grille):最底层是琐碎的"常识"塑形层面,它对应于亚语言(infra-langage)中的自发性、原初的冲动、欲望和需要,以及食物符号象征;中间是语言关系赋型和编码中对应的重复性实践、日常经验和社会解释;最上层为超语言(supra-langage)关系中自觉性需要、设想中的象征符码和模型-价值配置。[133]这个日常生活层次发生的事情,显然不同于上述政治生活层次的斗争,但日常生活却依存于社会生活整体。列斐伏尔分析说,日常生活批判强调了人类经验即**实践**的一定方面。日常生活批判把这些一定方面分开，对它们进行分类。实践中的日常生活状况和日常生活占据的层次依赖于作为整体的社会（société globale）。在国家垄断资本主义（capitalisme monopolistique d'Etat）条件下，日常生活和实践的其他方面之间的差距达到了最大化；日常生活隶属于一个极端基本的功能层次结构（hiérarchie de fonctions，如规范、价值、角色、模式和组织），技术、官僚体制和个人权力则在日常生活之上。[134]

这是日常生活层次的特殊性。看起来，个人的日常生活中并没有惊心动魄的社会革命和经济巨浪，但从属于社会整体的日常生活层面却以它独特的方式，映现着政治官僚体制、经济力量构序、科学技术和权力关系的所有质性和波动。对日常生活的分层研究，将会使对资本主义社会日常生活批判本身变得更加精准和深入。

二是日常生活批判中的**维度**（dimension）概念。列斐伏尔说，维度的观念来自数学和几何学中多维度空间推演，但已经为社会科学研究广泛接受。在列斐伏尔看来，目前理论思维中的维度原则也直接体现了不同质性的思维方式：一维（*Dimension* UN）思维是传统的形式逻辑（logique formelle）中的分析性认识和编码原则，抽象的形式逻辑分析通常只是着眼于独立的事物或者绝对一元论的旧式本体论，这也是形而上学的方法论根源。二维（*Dimension* DEUX）思维即辩证逻辑（logique dialectique）中的一分为二的演绎，这已经进展到把握事物自身对立统一、相互作用的运动的矛盾规律。这是黑格尔-马克思的辩证法已经达及的话语编码层面。而新的三维（Dimension TROIS）思维，则是列斐伏尔认定的面对复杂日常生活显现出的立体"辩证运动"（mouvement dialectique），这也意味着，科学的三维认知模式是日常生活批判可以运用的理论工具。在他看来，这种三维认知和话语编码模式，正好面对了客观呈现出来的日常生活结构：三维空间——"需要-工作-愉悦"与"做-说-生活"，这是那个列斐伏尔刚刚确立的新人本主义存在论；三维时间——"以前、当下、未来"统一体，这是现象学揭示的非线性的时间观；三维社会关系群——"我与你、我们与你们、他们与他们"，这是社会关系场境的三维视角。[135]当然，列斐伏尔也说，我们对生活现实的认知不能仅仅停留在三维认知模式中，还应该走向"**多维**"（*Multidimensionalité*）和"无限维"（*Infinité de dimensions*）的复杂性思考。

三是日常生活批判中的**结构**（structure）概念。列斐伏尔说，科学迅速接受了结构概念，似乎结构成了学术界的主导观念，其中，结构主义思潮是一个极端的例子。可以看出，列斐伏尔此时对结构概念的态度是复杂的：一方面，他十分重视结构概念在自己学术构序和话语编码中的作用，这是当时法国学界的主流观念；另一方面，列斐伏尔也并不赞成结构主义的观点。特别是以阿尔都塞[136]为代表的"结构式的马克思主义"对马克思主义思想史的解读。之后，他在不同场合和文本中都批判过阿尔都塞。对此，列斐伏尔曾写下多篇论文[137]，并在 1971 年还专门出版了《超越结构主义》（*Au-delàdu structuralisme*）[138]一书。我发现，列斐伏尔这里关于结构概念的思考点，并不在于语言学和系统科学中结构概念谱系发生的构序意向上，比如话语系统结构或复杂性科学系统结构，他极其敏感地意识到，马克思的辩证思维中的结构观，是与他对社会现实结构的分析密切关联在一起的。这种观点，在后来的《元哲学》一书中推进为"形式、系统和结构"的完整讨论，并在《〈资本论〉中的形式、功能和结构》（*Forme，fonction，structure dans le capital*）[139]一文中形成了对马克思方法论的全新理解。

按照马克思在《〈政治经济学批判〉序言》中给自己确定的计划，马克思定义了**生产关系**（*rapports de production*），生产关系构成了社会的经济**结构**（*structure*），政治上层建筑的"基础"，社会意识**形式**（*formes*）与生产关系一致。这里结构是社会的本质（*l'essence d'une société*），资本主义社会的本质，一定的生产关系确定和决定了这种社会。[140]

列斐伏尔特别提醒说，这里的结构概念不是被结构主义实体化的东西，而是一个功能性的正在发生的**构造**（construction），它涉及事物"内在的关系系统以及转变"（transformations）。[141]这也会使马克思眼里的社会发展，呈现出一种结构性变革中的非连续性势态。由此，列斐伏尔也指出，日常生活批判当然应该关注连续性与非连续性的辩证关系。在他看来，如果 19 世纪的科学比较重视连续性，而 20 世纪之后的科学研究则会更多地关注结构转换中的非连续性。[142]因为，往往事物发展中整体结构的非连续性断裂，恰恰决定了否定性的质变。可以看到,列斐伏尔在上述这段文字中用斜体标识出的"关系""结构"和"形式"这几个概念,都是有共同构序意向的,即非**实体性**的形式和关系性存在,他甚至认为,结构是社会的本质。如果,他所讲的结构是生产方式,这倒是正确而深刻,然而此时,他还没有将这种功能性的社会结构与生产方式直接关联起来。可以说,这也是他日常生活批判中特别值得关注的方面,这里,他要凸显马克思关于社会生活结构概念的作用。为此,列斐伏尔还列举了一个贝壳的生动例子。他说,我们在沙滩上拾到一个贝壳,表面上看,这是一个孤立存在的物体,可是当我们细细去研究时,就会发现它的存在是一个复杂的关系体,"生命与它的环境之间关系的产物",它曾经以活的生命结构体共存,它的存在是生命活动的外壳,一直到它目睹生命的死亡。列斐伏尔立即联想到,"住宅、街区和城镇类似于这个贝壳的形象",它们是物的实在,但它们却是人的生命活动的物性设施。[143]只有在人的关系性空间活动中,它们才成为日常生活中的物性支撑。其实。在1949年写下的《狄德罗论》一书中,列斐伏尔就谈到,人周围的"环境和风景不是孤立的,而作为人的活动场景和范围"。[144]在后来的《空间的生产》中,列斐伏尔展开了这一重要思想构境。列斐伏尔还特别指出,马克思关于结构概念的看法,也可以深化到对当代资本主义的"垂而不死"问题的理解。在他看来,"1930年前后世界一定程度的稳定(资本主义站稳了脚跟,而社会主义正面临阻力)对关注'结构'起到了很大的作用"。[145]这一点,与他后来关于资本主义幸存于结构化的空间生产的观点有深刻的关联。

我注意到,也是在接受结构概念的过程中,列斐伏尔提醒我们在关注结构概念的同时,还应该留心生成社会生活运动结构中模糊无形的**势能**(conjoncture)作用。这可能是 conjoncture(势能)概念的第一次出场。或者说,要形成"'结构-势能'关系"(rapport «conjoncture-structure»)的完整认知构架。社会生活中的结构,通常是人对自然和人与人关系互动生成的功能构架,而关系场境中力量消长却内嵌着发展趋向的势能。"从结构的角度看,势能构成了机遇和相互作用(hasards et d'interférences)"。[146]阿尔都塞后来也关注和使用过这一概念。[147]由此,列斐伏尔提出,要关注社会场存在中出现的不同于**结构性变量**(variables *structurales*)的**势能性变量**(variables *conjoncturales*),"势能性变量涉及联系和关系(rapports et relations)、偶然和相互作用的问题"。[148]如果说,结构性变量体现了事物发展中稳定的方面,那么,势能性变量则会模糊地旁及"我们正在研究的现象之外的背景",一种无形的场境关系。我们看到,在列斐伏尔之后写下的《马克思〈资本论〉中的形式、功能与结构》一文中,他专门在形式和结构之间增加了对功能问题的关注。应该指出,列斐伏尔这里提出的势能概念,是社会历史发展中极其重要的内在趋势因素,它表征了社会生活构序和负熵增殖的方向性变量。在传统中国文化中,"势头""大势已去"和"势不可挡"中的势,都是这种内在发展趋势变量的表征。法国汉学家于莲专门著有《势:中国的效力观》一书,在他那里,势被规制为内在的局势走向(propension)。[149]

四是日常生活批判中的**模糊性**(d'ambiguïté)特征。一方面列斐伏尔说,不同于人们在社会生活中的理性意识主导,在重复性的日常生活中,个人主体的言行通常都不是刚性的确定质性,而是处于模棱两可的模糊状态之中。他指认,这种处于下意识中自发生成的"模糊性是一种复杂的情境(situation complexe)",人们的日常生活往往会"由若干虚拟的端点(polarisations virtuelles)构成"。每个人每天在生活中所做的事情,经常处于一种惯性言行运转之中,它有些像布尔迪厄所指认的惯习。常常,人们在自己日常生活场境中并不问为什么、怎样做,他就是下意识那样做了,就是那样说了,因为,昨天、前天他都这样做了。这更像是一种自动编码系统。也是在这个意义上,列斐伏尔说,"模糊性是一种日常生活的特征,日常生活就是应用的领域"。[150]比如,人们的家庭生活情境就是模糊的,"家庭中发生或没有发生的每一件事情都具有模糊性:爱和冤家、信任和不信任、窒息和保护、利用和滥用"。[151]日常生活中往往没有意义明确的"大是大非",模糊性的琐事占据了重复发生的日常生活主体。列斐伏尔让我们注意,在对日常生活进行批判分析的时候,要特别注意这种界限不清的模糊性。

另一方面,在列斐伏尔看来,正是大众传媒与大众消费的出现,引导了整个社会日常生活层面上凸显出一个"巨大的模糊性"。与前述的日常生活中发生的一般模糊性不同,这是一种意识形态赋型中的模糊性话语编码。列斐伏尔认为,

> 大众传媒影响了人们的品位,使人们的判断模糊起来。大众传媒训练它的受众,大众传媒影响它的受众。随着大众传媒的形象趋于饱和,时下和"新闻"缺乏新意,大众传媒蛊惑它的受众,大众传媒让它的受众感到厌倦。大众传媒扩大着传播,大众传媒威胁了思想的连续性和思想、词汇和语言表

达,威胁到了语言本身。[152]

关于这一点,我们不会很难理解,今天的网络传媒已经将所有的社会观念模糊化,今天这样说,明天就那样说,严格地说,社会价值判断与认知的真理性已经被彻底模糊化了。这种社会模糊性的目的,恰恰是使日常生活中的无脑个人更加容易在大众消费中被广告和意识形态编码所支配和控制。

五是日常生活批判中的**社会空间**(espace social)和**社会时间**(temps social)概念。此时,列斐伏尔还没有聚焦于他之后将爆燃的都市空间问题,但他已经明确意识到了在日常生活中存在着特殊的时间与空间问题。在他看来,日常生活中"存在着一个有别于生物、生理和物理时间尺度的社会时间或社会时间尺度。存在着一个有别于几何、生物、地理和经济空间的社会空间"。[153]一是与一维的线性时间中必然呈现的过去、当下和未来的持续性流逝不同,内嵌于人的社会实践的社会时间,往往会出现非线性的"完成的、预见的、不确定的和不可预测"的四个维度,因为,列斐伏尔推崇的时间观变革中的"路德"——柏格森,已经将外部的时间内化为人的生命绵延,而列斐伏尔这里,则指出了日常生活中人的思想动机和行动的不确定性,决定了社会时间生成的反自然性,比如,工作时间节奏对人的内在生命时间节奏的篡位,经济物相化构序和交换关系编码中的"时间就是金钱"的时间异化等。

二是发生于日常生活中的社会空间。这一问题,将在《都市革命》之后爆燃为一个全新的思想构境。这可以从主-客两个方面来看:从主体上看,"社会空间是一个群体和这个群体中个人的环境,社会空间是水平的"。这是说,不同于一般的物理空间场域,社会空间的本质是人与人之间的相互作用关系构序而成的生活场境。没有人的主体性活动,就没有社会空间赋型的发生。这是一种深刻的看法。后面我将指认列斐伏尔将柏格森的生命绵延时间,转换为人的社会实践关系场境生产与再生产的努力,从而成为空间理论革命中的"路德"。而从客观上看,在人的日常生活中,也存在着由人所创造的非自然物性建筑、道路和广场等设施建构起来的空间场所,这些场所的本质并不是它们的物性实在,而是由上述人们的活动关系构成的社会空间句法(Space Syntax)。人的功能性使用和流动的"句法",构序和赋型起社会空间的客观本质。也是在这个意义上,列斐伏尔指认社会空间是一种"建立着社会流动性的网络和渠道",是一种反自然的"社会场"(champ social),这个关系性的网络和社会场恰恰是日常生活的组成部分。[154]列斐伏尔《日常生活批判》第二卷第三章第十二目的标题,就叫"总体场"(Le champ total)。[155]我们在不久后的《都市革命》中,将会看到这个社会场观念的凸显。必须承认,正是列斐伏尔的这个社会场的观点,引起了我对他的格外关注。因为这一思想构序方向,与我自己的社会关系场境存在论是接近的。

也是在这个意义上,列斐伏尔明确表示,这种对**社会场存在**的关注是对实体性旧本体论的根本超越,这显然是一个深刻的看法。他说,"从来都没有一种人的'实体性'(«substantialité»),它具有社会的、精神的、社会心理的、意识形态的、经济的或政治的性质。'实体'这种本体论的范畴(catégorie ontologique)正从我们的视线里消失"。[156]关于这一点,我们可以在前述列斐伏尔在《回到马克思》一文中,对马克思《关于费尔巴哈的提纲》的解读和阐释语境里体知到。由此,日常生活的批判将更加关注社会空间中发生的非实体性的关系赋型和功能性编码的方面。列斐伏尔说,"'功能'的观念(notion de «fonction»)来自若干科学,也来自社会实践"。[157]这个fonction(功能)的概念,与前述那个讨论结构概念时出场的conjoncture(势能)是接近的。其实,在列斐伏尔看来,无论是日常生活中一个客体还是个人,都对应于一定的活动功能结构,眼中只有实体性对象的"物神决定论"(déterminisme fétichisé)是无法真正透视日常生活本质的。并且,这种客体或生活的功能结构,也会随着历史的变迁发生功能性的改变。在这里,列斐伏尔列举了欧洲城市中多见的大教堂(cathédrale)。这个大教堂的社会空间场境变迁之例,会不断出现在列斐伏尔之后的讨论域之中。作为一个直接到场的社会客体,大教堂在人类社会历史进程中社会空间的不同功能运转中,也转换自身的文化场境本质。列斐伏尔分析说,这些教堂在欧洲的中世纪曾经是"政治宗教中心"(centre politico-religieux),它的实际社会空间功能是由当时的宗教活动和封建专制关系来实现的,所以,

这些教堂**呈现**(présentait)了一定的世界观和生活愿景,体现了一种世界形象和生活概览(image du monde et un résumé de la vie)。教堂的建筑师从教堂的象征再现(représentation symbolique)开始(这种象征性的再现是陈旧的,但是,就这种象征所表达的意义而言,这种象征是有内在活力的),把它们装饰起来,这种装饰受到了自发性的影响。大教堂超出了它

们的功能（fonctions），它们把内在性转变成了式样（style）。然后，通过式样和象征，大教堂成了始终**在场**（toujours *présent*）。这个城镇的一座纪念碑（monument），不仅在特殊时刻，而且在日常生活的核心里，它都是活跃的。[158]

当信徒走进那些哥特式的尖顶式建筑时，彩色的光线自上而下，如海涅在《论浪漫派》中所言，人的肉身如粗俗的长袍扑落在地上，灵魂升向神的天堂。这种神性的关系场境功能，瞬间建构起"我"与上帝的垂直关系。哈维后来在《社会正义与城市》一书中也这样谈道："中世纪的教堂设计简单地通过某人必须成为中心焦点的空间关系，将社会等级体系的本质提示得淋漓尽致。与那些中殿的人相比，唱诗班看起来与上帝更近（而且更有特权）并非偶然。"[159] 而随着历史的发展和变迁，今天资本主义社会的日常生活里，大教堂的社会空间中的活动场境功能已经悄然发生改变，神性仪式的场境功能虽存，可宗教神性与政治的勾连、神性话语编码生活的情境已经不复存在，大教堂那种文化象征和独特的空间关系式样却使之成为一座城市永远的纪念碑。

最后，日常生活中不同于劳作实践（pratique）的**总体实践**（praxis totale）概念。列斐伏尔最早是在《辩证唯物主义》一书中，提出这个区别于一般社会实践的 praxis totale（总体人化实践）概念的。[160] 之后，这个总体性的人化实践将与列斐伏尔所提出的诗性创制（poièsis）一起，构成一种新的取用（appropriation）自然观。我以为，这是列斐伏尔此书较为出彩的一个哲学构境层。在列斐伏尔看来，社会实践的概念是很难理解的概念，但作为哲学范畴的**实践**（*praxis*）既抽象又具体，既存在于日常生活中，也是整个社会存在的基础。第一，praxis（实践）是一个总体性的范畴，不应该将实践仅仅限定于狭义的操作性的物质生产实践（pratique）。传统的实践概念，大多基于**制作**（faire），制作是指人们具体地做事，通常是人工匠式地塑形和构序于物质存在的改变，人在改变对象的同时也物相化自己的存在。这可能也是传统生产概念的基础，但这种"生产的观念不足以完全包含实践的观念"。[161] 在 1966 年写下的《马克思的社会学》一书中，列斐伏尔将制作表述为"将人类形式赋予感性，它包括人类与自然的关系——人类作为农民、匠人和艺术家的劳动——更一般地来说，人类对自然的占有，对外在于自身和内在于自身的自然的占有"。[162] 这也就是说，生产实践活动的本质，是**占有**自然和对象物的单纯塑形和构序的制作。而应该将这种制作关系赋型中的一般社会实践,与包含了"人与人的关系、管理活动"的创造性 praxis(实践)区分开来。在列斐伏尔看来,"制作的观念不能帮助我们提出实践中的创造问题"。[163]显然,他已经是在走向不久后《元哲学》中那个特殊的 praxis(人化实践)概念了。列斐伏尔说,传统哲学中实践概念的狭义理解,是在今天的资本主义发展过程中遇到问题的。因为,在当代资本主义的自动化物质生产阶段中,作为制作-生产的社会实践活动似乎被解构了,因为,"在现代工业中,操作者直接和没有中介地与他的工具和材料接触的状况正在消失,在自动化(l'automatisation)条件下,这种直接性实际上消失了。基于制作观念的实践分析会面临许多事实的危险"。[164]这意味着,在劳动者通过自控机床从事生产的时候,传统的直接性物质塑形的制作-生产模式也就不复存在,用**及物性操作**的制作来理解实践的传统构境也就失去了合法性的现实基础。这个分析有一定的道理。可列斐伏尔并没有注意到,实践中原有的及物性的创造性生产的消逝,是与抽离于具体生产劳作过程的科学技术实践活动同时发生的,在后者那里,科技智能劳动仍然在非及物的制作过程中构序和赋型存在。

第二,列斐伏尔在这里提出了总体性实践的一个新的层面,即**社会关系的生产**问题。前面我们已经提及列斐伏尔将"人与人的关系"和"管理"嵌入到实践中的想法。这也是他后来他从《元哲学》开始,并在《都市革命》和《空间生产》中重点思考的"人化实践"→"空间实践"的问题。在列斐伏尔看来,必须在更加广阔的构境视域中理解马克思在《提纲》中使用的 praxis(实践)概念,过去,我们习惯于将人占有和改造自然的物质生产物相化视作实践的主体,其实,这只是人的社会实践的一个方面,因为,"人与人之间的关系——集体的和个人的——显然都是实践的一部分。社会关系(生产关系)蕴含在人对自然的作用之中(生产力),人对自然的作用在一定程度上解释了社会关系"。[165]这是一个深刻的想法。在这里,有两个值得我们思考的地方:第一,从理论逻辑构序上看,列斐伏尔的这一想法,是在将马克思在《关于费尔巴哈的提纲》中两个重要的思考点统一起来的努力,一是透视直观素朴实在论的实践活动,二是作为人和社会生活本质的"社会关系的总和"。而马克思的 praxis(实践)概念恰恰可以将这二者融合起来。这后一点,恰恰是列斐伏尔在前述"回到马克思"研究中忽略的地方。列斐伏尔的这种刻意的观念赋型,自然是有着自己的用意的。在不久之后的

《元哲学》中,他明确将 praxis 确认为区别于人改造外部世界的物性生产实践(pratique)的**人化实践**。第二,我觉得,这是列斐伏尔在《日常生活批判》第二卷中初次比较深入地关涉到历史唯物主义的基本原则,然而他并没有察觉这种科学方法论与他自己主张的辩证人本主义是根本异质的。也正是这一努力,促进了列斐伏尔在后来的《都市革命》和《空间生产》中彻底转向历史唯物主义。列斐伏尔认为,

> 实践(praxis)既包括物质生产,还包括"精神"(spirituelle)生产,生产方式(mode de production)的生产,终端产品的生产,工具、物品和需要的生产。生产与再生产都不仅仅是把一定的数量生产出来的对象(生产工具或消费品)投入分配、交换和消费中,或者投入,或者积累它们。生产与再生产也生产和再生产多重**社会关系**(multiples *rapports sociaux*),这些社会关系使生产能够得以进行和**占有**物品(而且,限制或阻碍生产和占有)。[166]

实际上,这是对的。这里我们可以看到,列斐伏尔已经在刻意使用 praxis 一词,并且将其与人改变社会关系的活动相关联。在马克思原先理解的社会实践中,人对自然的改造中,"人们的共同活动就是生产力"(赫斯语),所以,除去物质生产与再生产活动这个基始性的层面,praxis(实践)也已经包括了人与人之间的社会关系赋型和"精神"活动,比如一定历史条件下出现的血亲-宗法关系或者复杂的经济关系赋型,以及不同性质的阶级斗争一类的政治实践。也是在这里,我们看到了 mode de production(生产方式)概念的较早在场。不过,这还没有被凸显为历史唯物主义方法论中的核心原则。有趣的是,我们看到列斐伏尔在此突出强调了当代资本主义社会中正凸显出来的非物质性的"服务"(services)实践活动。在他看来,"所有的社会都包括和蕴含一种非物质(non matérielle)却具有创造性的生产,即各式各样的'服务'。现在,这些服务交织成社会关系、生产关系和财产关系的构架"。[167]列斐伏尔这一观点,在几十年后的意大利马克思主义者奈格里和维尔诺的"非物质劳动"研究中得到了历史回应。[168]因为,不同于远离生活的物质生产,这种服务工作恰恰是围绕着日常生活而发生的,"体现了日常生活中的生产与消费(分配、交通、医疗卫生、教育和培训、休闲活动、广告、特殊的文化工作等)"。[169]其实,列斐伏尔这里是用今天

资本主义社会中逐渐凸显出来的第三产业"服务",泛化为所谓服务性实践的观点。可列斐伏尔说"所有社会"都存在着作为"创造性生产"的服务,显然是非历史的观点,因为在奴隶制和封建等级制度下,奴隶和"答应"[170]对主人和上人的"服务"不可能是创造性的生产。而马克思也在《1861—1863年经济学手稿》中专门讨论过资本主义社会中出现的非生产性的"服务",但马克思是从资本增殖的生产性劳动的尺度来分析服务工作的。[171]

第三,列斐伏尔这里还提出了一般社会实践中的两种类型,即**重复性**实践(pratique *répétitive*)和**创造性**实践(pratique *créatrice*)的关系。这是令我十分惊喜的观点,因为在20世纪80年代,我也提出过"惯性实践"(即列斐伏尔这里所说的"重复性实践")的观点。[172]列斐伏尔认为,传统实践研究的侧重点都在于创造性的活动,而实际上,即便是在生产过程中,所有创新的东西"尽早都会成为一种重复劳动",而更重要的方面是,"大部分日常生活是由刻板的和循环的活动(d'actes stéréotypés et répétés)所组成"。[173]所以,应该把实践的创造性与重复性结合起来,才能获得一个完全的总体性实践概念。这是正确的观点。在1966年写下的《马克思的社会学》一书中,列斐伏尔又在创造性实践和重复性实践中间增加了一个"摹仿性实践"。这是他在《元哲学》一书中界划出来的诗性创制活动的一种特殊方面。他说,实践有三个层次:重复性层次、创造性层次和在这两极之间的**摹仿性**实践。如果说,重复性实践是指"同一个行动,在被决定的循环中一遍又一遍地重复进行",那摹仿性实践则"遵循着诸多模式;它偶尔创造而不摹仿——在不知道如何和为何的情况下创造——但更多的时候,它摹仿而不创造"。[174]关于这一点,我们会在下面具体地讨论。列斐伏尔认为,只有将日常生活批判与实践问题结合起来,才有可能真正落实马克思所提出的改变世界的愿景。

到这里,我们可以感觉得到,列斐伏尔的《日常生活批判》的第二卷,与第一卷的思想构境水平相似,虽然他在此卷的副标题中标识了"日常生活的社会学基础"(*Fondements d'une sociologie de la quotidienneté*)的论域,但全书的讨论基础并非基于田野调查的实证数据,也没有实证性的统计和归纳,这仍然是一个哲学构境中的广义社会批判理论构架。从学术水平上看,如果与同时在场的萨特(《存在与虚无》)、梅洛-庞蒂(《意识现象学》),甚至他之后的福柯(《词与物》)和德里达(《胡塞尔几何学的起源》)相比,他的这种抽象的新人本主义需要存在论哲学逻辑构序和构境算不上是真正深刻和系统的,而他与马克思历史唯物主义科学方法论的关系仍然处于一种含混不清的关系之中。这种状况一直延续到多年后的《现代世界中的日常生活》一书中才开始有所改变。列斐伏尔哲学逻辑的突变,缘起于《都市革命》,完成于《空间的生产》,由此,列斐伏尔才登上了欧洲思想史的原创性高峰。

注释

[1] Henri Lefebvre, *Critique de la vie quotidienne*, vol.2: *Fondements d'une sociologie de la quotidienneté*, Paris：L'Arche, 1961.

[2] Henri Lefebvre, *Retour Marx*, Cahiers Internationaux de Sociologie, NOUVELLE SÉRIE, Vol.25(Juillet—Décembre 1958), pp.20—37.

[3] Henri Lefebvre, *Problèmes actuels du marxisme*, Paris：Presses universitaires de France, 1958.

[4] Henri Lefebvre, *Le Marxisme*, Paris：Presses universitaires de France, 1948.

[5] Henri Lefebvre, *Pour connaître la pensée de Karl Marx*, Paris：Bordas, 1948.

[6] Henri Lefebvre, *Le Marxisme*, Paris：Presses universitaires de France, 1948, pp.16—17. 中译文参见付可桢译稿。

[7] Henri Lefebvre, *Retour Marx*, Cahiers Internationaux de Sociologie, NOUVELLE SÉRIE, Vol.25(Juillet—Décembre 1958), p.23.

[8] Ibid., p.28.

[9] Henri Lefebvre, *Le Marxisme*, Paris：Presses universitaires de France, 1948, p.39.中译文参见付可桢译稿。《马克思与列斐伏尔:第四届列斐伏尔哲学思想学术研讨会译文集》,上册,2023 年,第 21 页,南京大学。

[10] Henri Lefebvre, *Retour Marx*, Cahiers Internationaux de Sociologie, NOUVELLE SÉRIE, Vol.25(Juillet—Décembre 1958), p.28.

[11] [法]列斐伏尔:《向着革命的浪漫主义前进》,载《列斐伏尔文艺论文选》,丁世中译,作家出版社 1956 年版,第 230 页。

[12] Henri Lefebvre, *Retour Marx*, Cahiers Internationaux de Sociologie, NOUVELLE SÉRIE, Vol.25(Juillet—Décembre 1958), p.28.

[13] Ibid., p.33.

[14] 参见《马克思恩格斯全集》(第二版)第 3 卷,人民出版社 2002 年版,第 297 页。

[15] Henri Lefebvre, *Retour Marx*, Cahiers Internationaux de Sociologie, NOUVELLE SÉRIE, Vol.25(Juillet—Décembre 1958), p.36.

[16] [法]列斐伏尔:《马克思主义的当前问题》,李元明译,生活・读书・新知三联书店

1966 年版,第 3 页。中译文有改动。参见 Henri Lefebvre, *Problèmes actuels du marxisme*, Paris：Presses universitaires de France, 1970, pp.7—8。

　　[17] [法]列斐伏尔:《马克思主义的当前问题》,李元明译,生活·读书·新知三联书店 1966 年版,第 2 页。

　　[18] 同上书,第 11—12 页。

　　[19] 同上书,第 12 页。

　　[20] 同上书,第 38 页。

　　[21] 关于马克思《伦敦笔记》中的工艺学研究对历史唯物主义的深化问题,可参见拙文:《马克思:工艺学与历史唯物主义深层构境》,《哲学研究》2022 年第 12 期。

　　[22] [法]列斐伏尔:《马克思主义的当前问题》,李元明译,生活·读书·新知三联书店 1966 年版,第 36 页。

　　[23] 同上书,第 35 页。

　　[24] 同上书,第 36 页。

　　[25] 同上书,第 37 页注 1。

　　[26] Henri Lefebvre, *Le Marxisme*, Paris：Presses universitaires de France, 1948, p.39.中译文参见付可桢译稿。《马克思与列斐伏尔:第四届列斐伏尔哲学思想学术研讨会译文集》,上册,2023 年,第 25 页,南京大学。

　　[27] [法]列斐伏尔:《马克思主义的当前问题》,李元明译,生活·读书·新知三联书店 1966 年版,第 39 页。

　　[28] 关于列宁的这一复杂思想认识过程转变的研究,可参见拙著:《回到列宁——一种关于"哲学笔记"的后文本学解读》,江苏人民出版社 2008 年版,下篇。

　　[29] [法]列斐伏尔:《马克思主义的当前问题》,李元明译,生活·读书·新知三联书店 1966 年版,第 41—42 页。

　　[30] 同上书,第 43 页。

　　[31] 同上书,第 21 页。

　　[32] 同上书,第 44 页。

　　[33] 同上。

　　[34] 同上书,第 50 页。

　　[35] 青年卢卡奇提出:"历史唯物主义最重要的任务是,对资本主义社会制度做出准确的判断,揭露资本主义社会制度的本质。"[匈]卢卡奇:《历史与阶级意识》,商务印书馆 1995 年版,第 307 页。

　　[36] [法]列斐伏尔:《马克思主义的当前问题》,李元明译,生活·读书·新知三联书店 1966 年版,第 44—45 页。

　　[37] 同上书,第 46 页。中译文有改动。参见 Henri Lefebvre, *Problèmes actuels du marxisme*, Paris：Presses universitaires de France, 1970, p.62。

　　[38] [法]列斐伏尔:《辩证唯物主义》,乔桂云译,载《西方学者论〈1844 年经济学哲学手稿〉》,复旦大学出版社 1983 年版,第 169 页。

［39］［法］列斐伏尔：《马克思主义的当前问题》，李元明译，生活·读书·新知三联书店1966年版，第46页。

［40］同上书，第48页。中译文有改动。参见 Henri Lefebvre, *Problèmes actuels du marxisme*, Paris: Presses universitaires de France, 1970, p.65。

［41］索恩-雷特尔（Alfred Sohn-Rethel, 1899—1990）：德国西方马克思主义哲学家。1921年毕业于海德堡大学。1920年，与恩斯特·布洛赫成为朋友，1921年结识本雅明。1924—1927年间，在意大利与法兰克福学派的克拉考尔和阿多诺接近。但由于霍克海默的反对，始终没有成法兰克福学派的成员。1928年获得哲学博士学位。1937年，他通过瑞士和巴黎移居英国。1978年，索恩-雷特尔被任命为不来梅大学的社会哲学教授。代表作：《商品形式与思想形式》（1971）、《德国法西斯主义的经济和阶级结构》（1973）、《认识的社会理论》（1985）、《脑力劳动与体力劳动》（1921—1989）、《货币：先天的纯粹铸币》（1990）等。

［42］此书1970年版的书名为《脑力劳动与体力劳动——社会综合的理论》（*Geistige und körperliche Arbeit Zur Theorie der gesellschaftlichen Synthesis*）。中译文可参见［德］索恩-雷特尔：《脑力劳动与体力劳动——西方历史的认识论》，谢永康等译，南京大学出版社2015年版。

［43］关于索恩-雷特尔相关问题的讨论可参见拙著：《发现索恩-雷特尔——先天观念综合发生的隐密社会历史机制》，北京师范大学出版社2018年版。

［44］［法］列斐伏尔：《马克思主义的当前问题》，李元明译，生活·读书·新知三联书店1966年版，第6页。

［45］同上书，第50页。

［46］同上书，第51页。

［47］同上书，第56页。

［48］同上书，第30页。

［49］［法］列斐伏尔：《日常生活批判》（第2卷），叶齐茂等译，社会科学文献出版社2018年版，第236页。

［50］同上书，第236页。

［51］同上书，第243页。

［52］同上书，第244页。中译文有改动，参见 Henri Lefebvre, *Critique de la vie quotidienne*, *II*, Paris: L'Arche, 1961, p.16。

［53］同上书，第239页。

［54］同上。

［55］同上书，第242页。

［56］同上书，第243页。

［57］同上书，第244页。中译文有改动，参见 Henri Lefebvre, *Critique de la vie quotidienne*, *II*, Paris: L'Arche, 1961, p.16。

［58］同上书，第427页。

［59］同上书，第244页。中译文有改动，参见 Henri Lefebvre, *Critique de la vie quotidienne*, *II*, Paris: L'Arche, 1961, p.17。

［60］1961 年 5 月 17 日，列斐伏尔在法国国家科学研究院（C.N.R.S）举办的日常生活研讨会上，受邀的德波人在现场，却以"陌生化"的录音方式发表了《论对日常生活的有意识的改变》（*Perspectives de modifications conscientes dans la vie quotidienne*）的演讲（《情境主义国际》1961 年第 6 期，第 20—27 页）。他说，"列斐伏尔因为日常生活是一个落后发展的领域，没有和历史一起同步发展，但也没有完全从历史中隔绝出去，所以为此他继承了不发达状态（sous-développement）的思想。我认为，可以接着把这个水平上的日常生活定义为一个被殖民的领域（secteur colonisé）。我们知道，发展落后和殖民化都是和全球经济相关联的因素。同时所有的事情也显示，同样这些事情也都和社会经济结构、和实践相关"。Guy Debord, *Œuvres*, Paris, Gallimard, 2006, p.575.中译文参见刘冰菁译稿。

［61］［法］列斐伏尔：《日常生活批判》（第 2 卷），叶齐茂等译，社会科学文献出版社 2018 年版，第 244 页。中译文有改动，参见 Henri Lefebvre, *Critique de la vie quotidienne*, II, Paris：L'Arche, 1961, p.17.

［62］同上书，第 256 页。

［63］同上书，第 319 页。

［64］同上。中译文有改动，参见 Henri Lefebvre, *Critique de la vie quotidienne*, II, Paris：L'Arche, 1961, p.99.

［65］同上书，第 255 页。

［66］同上书，第 275 页。中译文有改动，参见 Henri Lefebvre, *Critique de la vie quotidienne*, II, Paris：L'Arche, 1961, p.51.

［67］同上书，第 271 页。

［68］同上书，第 274 页。中译文有改动，参见 Henri Lefebvre, *Critique de la vie quotidienne*, II, Paris：L'Arche, 1961, p.50.

［69］同上。中译文有改动，参见 Henri Lefebvre, *Critique de la vie quotidienne*, II, Paris：L'Arche, 1961, p.50.

［70］同上。

［71］马克思说，人的"五官感觉的**形成**是迄今为止全部世界历史的产物（Die *Bildung* der 5 Sinne ist eine Arbeit der ganzen bisherigen Weltgeschichte）"。并且，人"除了这些直接的器官以外，还以社会的**形式**形成**社会的**器官（*gesellschaftliche* Organe, in der *Form* der Gesellschaft）。例如，同他人直接交往的活动等，成为我的**生命表现**的器官和对人的生命的一种占有方式"。《马克思恩格斯全集》（第二版）第 3 卷，人民出版社 2002 年版，第 304—306 页。

［72］［法］列斐伏尔：《日常生活批判》（第 2 卷），叶齐茂等译，社会科学文献出版社 2018 年版，第 274 页。中译文有改动，参见 Henri Lefebvre, *Critique de la vie quotidienne*, II, Paris：L'Arche, 1961, p.50.

［73］同上。中译文有改动，参见 Henri Lefebvre, *Critique de la vie quotidienne*, II, Paris：L'Arche, 1961, p.50.

［74］Lefebvre, Catherine Régulier-Lefebvre, *Éléments de rythmanalyse：Introduction à la connaissance des rythmes*, Paris：Ed. Syllepse, 1992.

［75］［法］列斐伏尔:《日常生活批判》（第 2 卷），叶齐茂等译，社会科学文献出版社 2018 年版，第 276 页。

［76］同上书，第 277 页。

［77］同上书，第 278 页。中译文有改动，参见 Henri Lefebvre, *Critique de la vie quotidienne*, II, Paris: L'Arche, 1961, p.54。

［78］这是借喻了马克思在《1844 年手稿》中认可恩格斯的相关比喻，即恩格斯在《国民经济学批判大纲》一书中，将斯密比喻为"国民经济学中的路德"（*nationalökonomischen Luther genannt*）。《马克思恩格斯全集》（第二版）第 3 卷，人民出版社 2002 年版，第 289—290 页。

［79］［法］列斐伏尔:《日常生活批判》（第 2 卷），叶齐茂等译，社会科学文献出版社 2018 年版，第 278 页。

［80］同上书，第 277 页。

［81］同上。

［82］同上书，第 279 页。

［83］同上书，第 291 页。

［84］同上。中译文有改动，参见 Henri Lefebvre, *Critique de la vie quotidienne*, II, Paris: L'Arche, 1961, p.69。

［85］关于瓦内格姆的日常生活分析问题的讨论，可参见拙著:《革命的诗性:浪漫主义的话语风暴——瓦内格姆〈日常生活的革命〉的构境论解读》，南京大学出版社 2021 年版。

［86］［法］列斐伏尔:《日常生活批判》（第 2 卷），叶齐茂等译，社会科学文献出版社 2018 年版，第 292 页。

［87］同上。中译文有改动，参见 Henri Lefebvre, *Critique de la vie quotidienne*, II, Paris: L'Arche, 1961, p.69。

［88］同上书，第 293 页。

［89］同上书，第 245 页。

［90］同上书，第 300 页。中译文有改动，参见 Henri Lefebvre, *Critique de la vie quotidienne*, II, Paris: L'Arche, 1961, pp.78—79。

［91］吉尔伯特·西蒙栋（Gilbert Simondon, 1924—1989）:当代法国著名技术哲学家。1944 年至 1948 年在巴黎高等师范学校攻读哲学专业，1958 年他在乔治·康吉莱姆的指导下通过博士论文《形式与信息概念中的个性化》（*L'individuation à la lumière des notions de formes et d'information*）。1960 年至 1963 年他在普瓦提埃大学任教，1963 年至 1969 年在巴黎大学人文科学院工作，1969 年至 1984 年到巴黎第五大学并创建了亨利·皮罗恩（Henri Piéron）"普通心理学和实验技术"研究所。主要代表作:《技术客体的存在形式》（*Du mode d'existence des objets techniques*, 1958）、《个体及其肉体-生物起源》（*L'individu et sa genèse physico-biologique*, 1964）、《心理与集体个性化》（*L'individuation psychique et collective*, 1989）等。

［92］［法］列斐伏尔:《日常生活批判》（第 2 卷），叶齐茂等译，社会科学文献出版社 2018 年版，第 301 页。中译文有改动，参见 Henri Lefebvre, *Critique de la vie quotidienne*, II, Paris: L'Arche, 1961, p.79。

［93］同上。

［94］同上。

［95］马歇尔·麦克卢汉（Marshall McLuhan, 1911—1980）：加拿大著名媒介理论家。1933 年在加拿大曼尼托巴大学拿到了文学学士学位；1934 年在同一所大学获得硕士学位；此后不久到剑桥大学留学，继续文学方面的研究；1942 年获得剑桥博士学位。曾在美国多所大学任教。主要著作有：《机器新娘》（1951）、《理解媒介》（1964）等。

［96］［法］列斐伏尔：《日常生活批判》（第 2 卷），叶齐茂等译，社会科学文献出版社 2018 年版，第 301 页。

［97］同上书，第 302—303 页。

［98］同上书，第 303 页。

［99］20 世纪 50 年代，在法国比利牛斯（Pyrénées）山脉朗德省列斐伏尔所居住的小城镇纳瓦朗（Navarrenx）仅仅只有几公里的地方，新建了石油联合企业，也是为了解决拉克（Lacq）油田小镇的工人的住房问题，1957 年至 1960 年间建造了一座新的城市——穆朗新城在石油区附近建立起来。它主要是由一些公寓大楼构成，其中一些大楼高达 12 层。列斐伏尔以此观察都市化的发生。

［100］Henri Lefebvre, 'Les nouveaux ensembles urbains'. *Revue française de sociologie* 2 (April—June), pp.186—201.

［101］［法］列斐伏尔：《日常生活批判》（第 2 卷），叶齐茂等译，社会科学文献出版社 2018 年版，第 304 页。中译文有改动，参见 Henri Lefebvre, *Critique de la vie quotidienne*, *II*, Paris：L'Arche, 1961, p.230。

［102］空间句法理论是关于建筑学中复杂总体性结构的理论。它是在 20 世纪 70 年代由英国伦敦大学学院巴特莱特建筑学院比尔·希列尔（Bill Hillier）首先提出的。其主要思想：独立的空间元素不能完全影响社会经济活动，而整体性的空间元素之间的复杂关系，才是社会经济活动开展的空间因素，才是影响并决定社会经济现象的因素。

［103］［法］列斐伏尔：《日常生活批判》（第 2 卷），叶齐茂等译，社会科学文献出版社 2018 年版，第 304 页。中译文有改动，参见 Henri Lefebvre, *Critique de la vie quotidienne*, *II*, Paris：L'Arche, 1961, p.82。

［104］加斯东·巴什拉（Gaston Bachelard, 1884—1962）：法国哲学家。1912 年，他在巴黎大学科学学院获得数学学士学位。1920 年，获哲学学士学位。1922 年，通过法国教师资格考试。1927 年，巴什拉以获法兰西科学院奖的博士论文《论近似的知识》（An Knowledge by Approximation）获法国国家博士学位。1930 年，他在第戎大学人文科学院教授哲学。他还任索邦学院教授，直到 1954 年退休。代表作为：《绵延的辩证法》（1936）、《火的精神分析》（1938）、《空间的诗学》（1957）、《梦想的诗学》（1960）等。

［105］［法］巴什拉：《空间的诗学》，张逸婧译，上海译文出版社 2009 年版，第 27 页。

［106］［法］列斐伏尔：《日常生活批判》（第 2 卷），叶齐茂等译，社会科学文献出版社 2018 年版，第 305 页。

［107］Henri Lefebvre, *La vie quotidienne dans le monde moderne*, Paris：Gallimard, 1968, pp.62—63.中译文参见仰海峰译稿。

[108] [法]列斐伏尔:《日常生活批判》(第 2 卷),叶齐茂等译,社会科学文献出版社 2018 年版,第 268 页。中译文有改动,参见 Henri Lefebvre, *Critique de la vie quotidienne*, *II*, Paris:L'Arche, 1961, p.43。

[109] 同上书,第 279 页。

[110] 同上书,第 309—310 页。

[111] 同上书,第 309 页。

[112] 同上书,第 251 页。

[113] 同上书,第 255 页。中译文有改动,参见 Henri Lefebvre, *Critique de la vie quotidienne*, *II*, Paris:L'Arche, 1961, p.29。

[114] 同上书,第 320 页。中译文有改动,参见 Henri Lefebvre, *Critique de la vie quotidienne*, *II*, Paris:L'Arche, 1961, p.100。

[115] [法]列斐伏尔:《辩证唯物主义》,乔桂云译,载《西方学者〈1844 年经济学哲学手稿〉》,复旦大学出版社 1983 年版,第 173 页。

[116] [法]萨特:《辩证理性批判》,徐懋庸译,商务印书馆 1963 年版,第 2 页。参见 Jean-Paul Sartre, *Critique de la Raison dialectique*, Tome I, Gallimard, 1960, p.14。

[117] [法]列斐伏尔:《日常生活批判》(第 2 卷),叶齐茂等译,社会科学文献出版社 2018 年版,第 376 页。中译文有改动,参见 Henri Lefebvre, *Critique de la vie quotidienne*, *II*, Paris:L'Arche, 1961, p.183。

[118] 同上书,第 396 页。中译文有改动,参见 Henri Lefebvre, *Critique de la vie quotidienne*, *II*, Paris:L'Arche, 1961, p.189。

[119] 同上书,第 398 页。

[120] 同上书,第 395 页。

[121] 同上书,第 414 页。

[122] [美]波斯特:《战后法国的存在主义马克思主义》,张金鹏等译,南京大学出版社 2015 年版,第 220 页。

[123] [法]列斐伏尔:《日常生活批判》(第 2 卷),叶齐茂等译,社会科学文献出版社 2018 年版,第 414 页。

[124] 同上书,第 300 页。

[125] 同上书,第 415 页。

[126] Henri Lefebvre, *La vie quotidienne dans le monde moderne*, Paris:Gallimard, 1968, p.191.中译文参见仰海峰译稿。

[127] Ibid., p.195.中译文参见仰海峰译稿。

[128] 这里的他者(*autre*)概念是拉康构境的重要批判性概念,这个他者从一开始就异质于海德格尔-萨特式的他人,也不同于列维纳斯的他者,拉康的他者概念的缘起是柯耶夫式的黑格尔镜像关系中的**另一个**(*other*)自我意识。拉康的他者概念是特指一种在我们之外的无形力量关系,我们却无思地将其认同为本真的本己性。拉康的他者关系有小、大他者之分:小

他者(*autre*)是指孩子最初在镜像生成的影像自我和周边亲人反指性塑形关系,而大他者(*Autre*)则是由语言系统建构起来的整个社会教化符码关系。小他者建构了个人自我最初的存在构序意向和具体生存塑形,而大他者则是个人主体建构的本质,我们永远都是"欲望着大他者的欲望"。具体讨论可参见拙著:《不可能的存在之真——拉康哲学映像》(修订版),上海人民出版社 2020 年版。

[129][法]列斐伏尔:《日常生活批判》(第 2 卷),叶齐茂等译,社会科学文献出版社 2018 年版,第 419—420 页。

[130]同上书,第 338 页。

[131]同上书,第 340 页。

[132]同上书,第 355 页。

[133]同上书,第 344 页。

[134]同上书,第 347 页。中译文有改动,参见 Henri Lefebvre, *Critique de la vie quotidienne*, *II*, Paris:L'Arche, 1961, p.133。

[135]同上书,第 369 页。中译文有改动,参见 Henri Lefebvre, *Critique de la vie quotidienne*, *II*, Paris:L'Arche, 1961, p.133。

[136]路易斯·阿尔都塞(Louis Althusser, 1918—1990):法国著名哲学家、"结构主义马克思主义"的奠基人。1918 年 10 月 16 日出生于阿尔及利亚的比尔芒德雷,先后在阿尔及尔和法国的马赛、里昂上小学、中学。1936 年入巴黎高等师范学校预科学习,1939 年入该校文学院。不久战争爆发,应征入伍参加反法西斯战斗。1940 年被俘,长期被关押在战俘营,直到战争结束才获释。1948 年在巴黎高等师范学校获哲学博士学位。并留校任教。同年加入法国共产党。1962 年升任教授。1980 年因精神失常而掐死自己的妻子,被送进精神病院监护。主要著作有:《保卫马克思》(1965)、《读〈资本论〉》(1965)、《列宁和哲学》(1969)、《论再生产》(1974)等。

[137]Henri Lefebvre, 'Le concept de structure chez Marx', In Roger Bastide(ed.) *Sens et usage du terme de structure* The Hague:Mouton, 1962, pp.100—106. 'Réflexion sur le structuralisme et l'histoire'. *Cahiers internationaux de sociologie* XXXV, pp.3—24.

[138]Henri Lefebvre, *Au-delàdu structuralisme*, Paris:Anthropos. 1971.

[139]Henri Lefebvre, 'Forme, fonction, structure dans le capital'. *L'Homme et la société* 7 (January—March), pp.69—81.

[140][法]列斐伏尔:《日常生活批判》(第 2 卷),叶齐茂等译,社会科学文献出版社 2018 年版,第 373 页。中译文有改动,参见 Henri Lefebvre, *Critique de la vie quotidienne*, *II*, Paris:L'Arche, 1961, p.162。

[141]同上书,第 372 页。

[142]同上书,第 350 页。

[143]同上书,第 376 页。

[144][法]列斐伏尔:《狄德罗论》,载《列斐伏尔文艺论文选》,柳鸣九等译,作家出版社 1965 年版,第 22 页。

［145］［法］列斐伏尔：《日常生活批判》（第 2 卷），叶齐茂等译，社会科学文献出版社 2018 年版，第 371 页。

［146］同上书，第 378 页。中译文有改动，参见 Henri Lefebvre, *Critique de la vie quotidienne*, *II*, Paris：L'Arche, 1961, p.150。

［147］［法］阿尔都塞：《论再生产》，吴子枫译，西北大学出版社 2019 年版，第 64 页。

［148］［法］列斐伏尔：《日常生活批判》（第 2 卷），叶齐茂等译，社会科学文献出版社 2018 年版，第 363 页。中译文有改动，参见 Henri Lefebvre, *Critique de la vie quotidienne*, *II*, Paris：L'Arche, 1961, p.150。

［149］Francois Jullien, *La propension des choses*, Éditions de seuil, 1992.［法］于莲：《势：中国的效力观》，卓立译，北京大学出版社 2009 年版。

［150］［法］列斐伏尔：《日常生活批判》（第 2 卷），叶齐茂等译，社会科学文献出版社 2018 年版，第 425 页。

［151］同上书，第 426 页。

［152］同上书，第 428 页。

［153］同上书，第 434 页。

［154］同上书，第 434—435 页。

［155］同上书，第 468 页。

［156］同上书，第 351 页。

［157］同上书，第 407 页。

［158］同上书，第 411 页。中译文有改动，参见 Henri Lefebvre, *Critique de la vie quotidienne*, *II*, Paris：L'Arche, 1961, p.206。

［159］［美］大卫·哈维：《社会正义与城市》，叶超等译，北京：商务印书馆 2022 年版，第 26 页。

［160］［法］列斐伏尔：《辩证唯物主义》，乔桂云译，载《西方学者论〈1844 年经济学哲学手稿〉》，复旦大学出版社 1983 年版，第 178 页。

［161］［法］列斐伏尔：《日常生活批判》（第 2 卷），叶齐茂等译，社会科学文献出版社 2018 年版，第 435 页。

［162］［法］列斐伏尔：《马克思的社会学》，谢永康等译，北京师范大学出版社 2018 年版，第 436 页。

［163］［法］列斐伏尔：《日常生活批判》（第 2 卷），叶齐茂等译，社会科学文献出版社 2018 年版，第 436 页。

［164］同上。

［165］同上书，第 438 页。

［166］同上书，第 440 页。

［167］同上书，第 439 页。

［168］关于奈格里和维尔诺的非物质劳动问题的讨论，可参见拙著：《文本的深度耕犁》（第三卷），中国人民大学出版社 2018 年版，附录部分。

［169］［法］列斐伏尔：《日常生活批判》（第2卷），叶齐茂等译，社会科学文献出版社2018年版，第439页。

［170］"答应"，是中国封建社会明清时期对皇宫中近侍太监和宫女的特定称呼。

［171］《马克思恩格斯全集》（第二版）第37卷，人民出版社2019年版，第334页。

［172］参见拙文：《实践的惯性运转》，《求索》1991年第1期。

［173］［法］列斐伏尔：《日常生活批判》（第2卷），叶齐茂等译，社会科学文献出版社2018年版，第441页。

［174］［法］列斐伏尔：《马克思的社会学》，谢永康等译，北京师范大学出版社2018年版，第37页。

第四章 走向元哲学：取用、诗性创制与存在论剩余

在 20 世纪 60 年代前期，列斐伏尔的哲学思想达到了一个原创性的高峰，他已经不满足于解释马克思的观点，以及将这种批判话语应用于对资产阶级日常生活的省思，他力图生成属于自己的人本主义"元哲学"。可以看到，这种特殊的理论努力是通过《现代性导论：序曲》（Introduction à la modernité : Préludes）[1]和《元哲学》（Métaphilosophie）[2]来完成的。依我的判断，这两个文本（特别是后者）是列斐伏尔人本主义哲学构境的最深层，因为它实现了在自然观上从征服到取用的转换、在实践观上从占有性的物性实践和异化了的人化实践向诗性创制的转换，从而实现了他人本主义价值悬设中的最终本真性规定。

一、取用的缺失：现代世界与资产阶级的现代性

在出版《日常生活批判》第二卷之后，列斐伏尔在 1962 年出版了一本十分特殊的书——《现代性导论：序曲》。此书是列斐伏尔 1959 年 9 月至 1961 年 5 月期间写作的论文合辑[3]，可以看出，这本书的写作时间重合于《日常生活批判》第二卷的写作。《现代性导论：序曲》由十二个"前奏"构成，其中比较重要的，一是第七前奏"关于新城的笔记"（Notes sur la ville nouvelle），这是列斐伏尔对自己家乡建立起来的现代化新城市的社会学考察；二是第九前奏"自然与对自然的征服"（Nature et conquêtes sur la nature），其中，他从哲学的高度，仔细讨论了在资产阶级现代工业和技术支配下的自然占有观，以及缺失的人本主义总体性实践维度；三是第十一前奏"什么是现代性？"（Qu'est-ce que la modernité？）。特别是在第十一前奏中，他集中讨论了资产阶级的**现代性**概念，这应该是他意

识到一种全新现代世界中的日常生活塑形基础的改变。在下一章开始讨论列斐伏尔的《现代世界中的日常生活》前,我们先来看一下他对现代性本身的新认识,因为在很多方面,这个"导论"是列斐伏尔关于日常生活批判新见解的思想实验室。

首先,**马克思的现代与现代性问题意识**。在列斐伏尔思考什么是现代性问题的最前面,他说明了1840年前后出现在马克思那里的现代(moderne)与现代性(modernité)概念。在他看来,"现代"概念在马克思那里会是一个断代性的指称,"马克思经常用'现代'这个词来表示资产阶级的兴起、经济的增长、资本主义的确立、他们政治上的表达"。[4]这是对的。马克思的现代概念,是一个伴随着资产阶级在工业生产和商品市场经济基础之上历史性发生和发展的历史时期。而马克思那里出现的现代性概念,则是作为一种代表资产阶级政治意识形态的观念。这也意味着,现代性概念会成为马克思批判和证伪的对象。这是列斐伏尔讨论现代性问题的逻辑起点。为此,列斐伏尔直接引述了青年马克思在《黑格尔法哲学批判》中的一些论断。依我的观点,这恐怕是不够准确的。因为在那一文本中,马克思还没有转到无产阶级的立场上来,这种转变是在之后完成的"导言"中才实现的。并且,青年马克思此时也没有通过《巴黎笔记》中第一次经济学研究,真实地了解到资产阶级经济过程的历史发生,所以马克思还不可能科学地认识资产阶级现代性观念的本质。我觉得,马克思那里形成**历史的现代性**问题,应该是出现在1845年3月的《评李斯特》一文中,在这时,马克思才通过了解到现代工业与资产阶级现代性的关联,使用了**现代资产阶级社会**(moderne bürgerliche Gesellschaft)一语。[5]并且,他在1845年春天写下的《关于费尔巴哈的提纲》中"改造世界"的物质性实践的本质,是**现代工业改变和征服自然的物质生产**。这也是列斐伏尔前面那个第九前奏"自然与征服自然"的历史背景。

其实,在前面的"第九前奏"中,列斐伏尔指认马克思心目中的那种以工业征服自然的现代性,是以资产阶级的抽象性[符号、技术和逻辑形式(signes et formes techniques et logiques)]暴力构序和盘剥自然的过程,在本质上,这是一种"反自然"(l'antinature)错误启蒙观念。[6]而马克思则主张一种与资产阶级现代性"征服自然"完全不同的人化的**取用**(appropriation)自然观:"马克思总是呼唤(appelle)自然,被文化与知识所失去、忘怀、分裂与撕碎的自然,被人类为成为人类而摆弄的自然,在经历资产阶级社会极端抽象(abstraction)的苦涩忧伤而变形后人类终将重新发现的自然。"[7]依我的理解,这应该是列斐伏尔自己在人与自然关系认识上的一种重要改变,因为在之前的《马克思主义》(1948)中,他谈及人对自然的关系时,还在肯定"人要与自然抗争;他不能被动地停留在自然的层面上,沉思于自然,或浪漫地沉浸于自然;相反,他必须通过劳动、技术和科学知识来战胜自然,主宰(dominer)自然,这样他才能成为他自己"。[8]显然,那时候列斐伏尔的观点还是基于启蒙的人征服自然的理念之上的。此处列斐伏尔的看法已经大相径庭了。并且,在不久后的《元哲学》中,列斐伏尔指认"马克思是唯一宣布人与自然和解的人(Marx est le seul qui ait annoncé une réconciliation de l'homme avec la nature)"。[9]显然,这是列斐伏尔用人本主义的话语重新编码的东西,或者说,是青年马克思在《1844 年手稿》中那个人与自然重新统一后的**人化自然构境**,因为,"只有革命性的(总体性的)实践才能重建真正的统一体:被重新揭示、控制、认识和恢复的自然"。[10]实际上,在马克思、恩格斯创立历史唯物主义之后,物质生产与再生产活动中发生的人对自然的能动改造关系中的物质生产力,仍然是社会生活的现实基础。也就是说,在马克思和恩格斯那里,不会出现列斐伏尔这里所刻意赋型的拒斥启蒙理性的人本主义总体性实践观。

其次,**先锋艺术中的现代性拷问**。可以看到,列斐伏尔讨论今天的现代性(modernité)概念,是从波德莱尔[11]的艺术实践开始的。这是因为,当时人们讨论现代性,总是喜欢纠缠于艺术思想史中的自然主义-现实主义-现代主义的逻辑构序。依他的观点,波德莱尔一开始是拥戴资产阶级的 l'antinature(反自然)的现代性的,在他的诗作中,并没有意识到这种征服自然的现代性本身就是马克思总体性革命实践的不在场。只是在 1848 年欧洲革命失败后,波德莱尔才陷入"对'现代性'概念进行修正的痛苦历程中",成为鞭挞现代性的"被诅咒的诗人(Poète maudit)"。这是一种历史性的思想转换。列斐伏尔说,"在波德莱尔的波德莱尔式的批判这里,我们看到了现代性的出现,我们见证了现代性羽翼渐丰的概念开始了它的飞翔。不过在它的辉煌中,尚有一块阴影(noire empreinte)",这就是马克思拒斥资产阶级现代性的"革命性实践、总体性实践(praxis totale)及其失败的不在场(l'absence)"。[12]列斐伏尔在这里,专门使用了上面已经遭遇过的不同于征服式的生产实践(pratique)的 praxis(人化实践),以表明马克思的这种总体性实践是基于对自然取用(appropriation)关系的诗性创制(poièsis)。当然,这并不是说,现代性概念是从波德莱尔那里才出现的,而是他第一次使资产阶级的现代性从文学艺术批判中，以一种显著的"恶之花"的败坏形象，非常感性地呈现在大众面前。我们可以看到，列斐伏尔始终将这种资产阶级反自然的现代性的出场，与马克思取用自然的人本主义 praxis totale（总体性创制实践）进行着逻辑参照。他说，

> 波德莱尔的诗作和它们生长所需要的全部传统在一种新的光照下显露了。马克思政治性地思考现代世界（le monde moderne），使所有知识都附属于政治知识，又把政治知识连接到一个行动的纲领、大写的创制实践统一体理念和总体（programme d'action，à l'idée d'une Praxis unitaire et totale）上。而波德莱尔则试图审美化地思考现代世界，使知与行的所有类型都从属于艺术。[13]

这个 le monde moderne（现代世界），正是后面我们将要讨论的列斐伏尔那本《现代世界的日常生活》的所指。这是说，当马克思遭遇资产阶级的 le monde moderne（现代世界）时，他总是从人本主义的行动纲领出发，在政治上证伪资产阶级所特有的现代性，而波德莱尔在接触现代性时，只是将其从属于艺术上的悲剧式的叹息，所以，在他的艺术化的现代性"恶之花"诗性喻境中，只能看到资产阶级现代性在艺术构境中的"拙劣赝品"。这也是因为，诗的构境并不是话语能指与意义所指的直接相关，而是在一种指向他处的想象喻境中暗示或折射。在《美学概论》中，列斐伏尔曾经说明过这种特殊的**此-彼喻指关系**中的诗境："我自己读一段诗，或者别人读给我听一段诗，我能够听到各个词的音乐，它们的声音的连续，它们原有的语言上的联结。我享受着韵律，'音节的协和'或诗句的流畅。可是这些词汇代表着某种意义。它们表示着物象、人、思想或感情。因此，它们都归结到所描述的或所暗示的事物上"。[14]所以列斐伏尔讥讽地说，波德莱尔的现代性，"只有在魔鬼般的与仿冒的光照中才可能得到理解"。[15]可能也是在这个象征意义构境中，列斐伏尔才将波德莱尔式的诗学指认为一种"知识或文化恐怖主义"。[16]列斐伏尔是在 1957 年的《向着革命的浪漫主义前进》一文中，最早指证波德莱尔的"文学上的恐怖主义"。[17]列斐伏尔告诉我们，他之所以把波德莱尔作为讨论现代性问题的开端，是因为"波德莱尔的诗作开创了后来兰波、洛特雷阿蒙、马拉美、瓦莱里（Bimbaud，Lautréamont，Mallarmé，

Valéry)等追寻的诗与现代艺术之路。在这些诗人和波德莱尔以来的诗歌创作中，总有一种疯狂的祛异化(désaliénant)热望，对立于他们反抗的日常性(la quotidienneté)"。[18]列斐伏尔的兴趣点就是这种疯狂的désaliénant(祛异化)先锋艺术激进话语，这是他早先从达达主义和超现实主义那里就深刻体验到的东西。列斐伏尔自己曾经说，"达达主义、超现实主义、夸张(而不堪一击的)浪漫主义，所有这些东西都在表达蔑视和憎恨，它们看不起世界的陈腐与乏味，厌恶单调的苦恼和单调的快乐。它们也都表现出一种对奇妙的、惊人的时刻亦即非凡时刻(当然不是成功地或完美的，但肯定是完整的或总体的……)的品位和感受力。它们都不可能放弃主体的锐气和激情，自由的味道"。[19]我觉得，这种反思和批判现实的非凡感受力，始终伴随着列斐伏尔的一生。在后面的讨论中，列斐伏尔果然提点到布勒东的超现实主义和扎拉的达达主义的先锋艺术实践，以及后来在戏剧、文学等领域中出现的"反剧场、反戏剧、反文学、反小说、反诗歌"等艺术批判的"恶之花"实验。这里，我们还看到了后面《现代世界中的日常生活》中被专门讨论的，作为日常生活构序可能性出场的quotidienneté(日常性)概念。在《现代性导论》一书中，列斐伏尔已经23次使用这一概念。在这些现代主义诗人的此-彼隐喻诗境之中，这种日常性正是异化的资产阶级现代性在日常生活中的体现。关于这个特殊的资产阶级现代性与日常性的关系，也将成为《现代世界中的日常生活》中聚焦的重要关系。[20]

再次，先锋艺术话语背后资产阶级现代世界中的**技术现代性突变**。有趣的是，列斐伏尔在这里讨论现代性，他给出了一个时间节点：1905年。据他的解释，这是因为1905年发生的俄罗斯的资产阶级革命，是新时代"现代性和现代主义"(Modernisme et de la Modernité)开启的象征。[21]然而，当他具体解释这个时间节点时，却并没有再去仔细关注俄国的政治革命，以及即将发生的世界大战和欧洲资本主义的经济发展，而是突然聚焦于20世纪的科学技术进步。这也意味着，列斐伏尔眼中的现代性的本质，将会是以全新科学技术物相化为核心的现代世界。列斐伏尔是在1957年写下的《论现代化的一封信》中提出这一观点的。[22]列斐伏尔说，"这些技术(主要是用于武器)开始穿透日常生活：电、内燃机、汽车、飞机"。[23]当电力、汽车和飞机成为人们日常生活的重要内容时，这无疑生成着一种与马克思那个时代完全不同的现代世界的日常生活。并且，列斐伏尔也提到20世纪初发生的物理学革命，这是指爱因斯坦的相对论和量子力学，"在宏观与微观两个层面上进行的物理学探索"。列斐伏尔认为，在这个新的现代世界中，"专家的角色变得极其重要了"，因为专家成了生活中真理的标准。在后来的《元哲学》中，列斐伏尔指认说，"电子学、控制论和信息论在管理中的应用，会给技术官僚以过高的权力（Elles attribueraient un pouvoir exorbitant aux technocrates）"。[24]同时，"马克思在他的时代没有想到或很少理解的结构概念，倒开始了它的辉煌历程"，不仅是物理学家关注物质的结构，语言学家也开始捉摸话语的结构，一时间，结构概念成为人们构序世界的核心编码原则。也由此，"新时代通过把它自己特别新奇的东西加到旧时代上去，从而把自己移植到旧时代上"。[25]列斐伏尔特别指认说，在这种科学技术的进展中，有这样一些方面发生了深刻的改变：

一是**抽象**（L'abstraction）构序成了存在论中的质变因素。在前面的第九前奏"自然与对自然的征服"中，列斐伏尔将生产工具的本质指认为抽象，"工具是对自然界关系的一种抽象化（l'instrument est une abstraction abstrayante par rapport à la nature）。它分离、分割、隔离和维持（Il sépare, il divise, il isole et il maintient）。由一个（技术）操作产生的对象，通过同一操作或紧随其后的另一操作而稳定下来，最后根据确定的和稳定的操作使用，是一个抽象的趋向，对'我们'来说，它的具体性优于自然"。[26]这是一种十分深刻的看法。工具是将人对自然改造的劳作活动技能抽象出来，并反向对象化到物性工具模板中，以便在下一次的生产活动中重构惯性劳作。工具的抽象，已经是对自然存在的"分离、分割、隔离和维持"，由于这种抽象生成的**反自然具体**，直接成为我们周围世界的基础。列斐伏尔的这一观点，内在地关联于他在早期的《辩证唯物主义》一书中提及过实践的现实抽象问题。[27]在今天的科技现代性中，原先出现在生产过程的工具抽象进一步转换为技术本身的非及物抽象构序，"'现实（réalité）'改变了，抽象变成了感触，感触变成了抽象。'真实（réel）'失去了它陈旧而熟悉的特征，成了胶合拼板玩具的排片，同时，它也变得更具体和更不真实了"。[28]科学技术的抽象构序和编码，使人们生活中的现实本身发生了改变，看起来技术生成的抽象却比感性物质更具体，因为它将是人造 réalité-réel（现实-真实）的赋型模板。这一下子似乎很难理解。其实，只要想一下今天我们身边电脑和智能手机屏幕上，由抽象数字符码构序起来的虚拟现实世界，就能知道列斐伏尔这里所讲的技术抽象拼板游戏的批判构境所指。实际上，这是列斐伏尔涉及的第三种现实抽象问题了。在前面我们讨论过的《马克思主义的当前问题》一书中,他已经注意到了斯密劳动分工条件下"社会劳动"的现实抽象与商品交换关系中发生的实现抽象问题。[29]只是在列斐伏尔的理论逻辑中,他并没有将这些马克思历史唯物主义构境中三种不同的现实抽象问题联结起来。我注意到,在晚年的《论国家》一书中,列斐伏尔再一次集中讨论了这一重要的现实抽象问题。[30]

二是科学主义与控制论(Scientisme et cybernétique)的霸权。列斐伏尔认为,今天的资产阶级现代世界已经成为一个"科学的虚构、科学主义和技术至上论的乌托邦综合(synthèse utopique de science-fiction, de scientisme et de techno-cratie)",在这里,"社会生活可以逐渐变得类似一个高度发达的机械,能够依照接收到的信息(即碰巧、偶然性)来调整自己的规划,从而吸收它"。[31]这是上述那个征服自然的资产阶级现代性逻辑的直接延伸。这也是法兰克福学派工具理性批判的同向努力,当人们将支配自然的科学技术转向控制社会生活时,就必然出现全新的科技奴役关系。用霍克海默和阿多诺的话语来讲,这是一种启蒙的辩证法颠倒。在列斐伏尔看来,在今天的资产阶级现代世界中,生活不再是人的自主性生命负熵存在,而是一个"依照铁路网线或交通信号灯系统组织起来的控制论社会",这是一种人的生活依科学技术构序逻辑编码起来的异化存在。在这里,"控制理论其实是一种控制论实践、一种意识形态超级结构(superstructure idéologique)的反映"。[32]只是这种超级意识形态支配,从外部强制转换为人们愿意接受并且认同的"科学标准"和健康生活的原则。这是一种牧领式内心臣服下的控制论社会。

三是技术抽象的绝对形式是通信和信息技术中的无质性内容的信号(Les signaux)。这可能是列斐伏尔在20世纪60年代非常前瞻性的预见。列斐伏尔说,现在资产阶级的现代世界中,

> 信号,这些工业社会的技术发明,侵入了街道、工作和休闲活动、日常生活(总是缓慢的,总是确实的)。信号有助于使象征贬值并替换它们(déprécient et supplantent les symboles),它们成了实践行为的校准器(régularisent pratiquement les actes)。它们组合个体"自由"交流的本质行为模式。[33]

应该承认，在 20 世纪 60 年代，列斐伏尔的这种批判性认识是十分了不起的。因为他竟然已经意识到，当时出现在现代通信技术和信息技术中的信号，在以**自身无内容**的数字化方式，贬低和替代过去语言话语对再现存在的象征关系，量化的信号操作成了人们在日常生活的言行 régularisent（校准器），它甚至建构起主体际的自由交流的方式。这是列斐伏尔写于 1960 年的观点，可今天无内容的信号代码编程下的数字化生存，人们在脸书、微信一类电子化交流中的表情包已经大大深化了这一数字信号符码拜物教。

四是现代世界中出现的**城市图景**。这当然是之后列斐伏尔思想中那个重要的爆燃点。在列斐伏尔看来，

> 摄影、电影和广告都促使图像（images）的扩散，后者以立体信息、低劣符号来阻碍、堵塞意识。固定、精巧的电光照明使城市和它的纪念性建筑、道路、街道从乡村、天空、田野的自然环境中清晰地凸显出来。电光照明比煤气灯［在 19 世纪城市的神话赋型（formation du mythe）中扮演了重要角色］更加刻板地强调出了都市景色（paysage urbain）的特征。[34]

本来，人的日常生活中发生的关系场境瞬间，一旦在场即刻消逝，可摄影相片却永久地抓住了一个死去的瞬间，让生命的场境瞬间变成物；电影和广告的同谋以立体的声像图景，使人的"视觉癌变"[35]（德·塞托语），彻底废除了主体的意识性，将人变为无脑的消费动物。上述指出的"技术对日常生活的渗透"在这里表现为，电光照明把地球自然时间节奏中的白日和黑夜边界破坏了，它将人造之光赋型于城市建筑和街道，技术的非及物构序和编码却创造了过去由"乡村、天空和田野"组成的自然风景中没有的反自然 paysage urbain（都市景色）。

列斐伏尔明确指认说，在资产阶级的现代世界中，出现了一种由"他性现实（autre réalité）"拼装起来的"他性世界（autre monde）"，这个不同于马克思揭示的商品-金钱王国的他性世界的本质就是："技术及其对自然的权力（Ceux de la technique et du pouvoir sur la nature）。"[36] 这是对培根"知识就是力量"的政治话语改写。这一观点与法兰克福学派的工具理性批判的观点相一致，并且先于福柯那个"知识就是权力"的口号。这个作为资产阶级现代世界本质的"现代性是一项事业：去揭示和占用欲望的事业"。[37] 科学技术使资产阶级的这一盘剥自

然的现代性的事业大大向前推进了。而列斐伏尔认为，与此相对立的，正是"马克思主义本真的取用概念（le marxisme authentique et le concept d'appropriation）"[38]基础上的总体性革命。用他在《元哲学》中的指认，这种总体性的革命，正是对海德格尔批判技术将人类自身的存在"连根拔除"的回应，"马克思所主张的与自然的联盟（l'alliance avec la nature proposée par Marx），正是对这个'根'（en-racinement）的回归"。[39]这可能是列斐伏尔对资产阶级现代世界最重要的批判性指证，也是下文即将进入的"现代世界中的日常生活"批判的人本学逻辑导引。

二、形式、系统和结构背后的人化实践和诗性创制

依我的判断，之所以在 1965 年，列斐伏尔会出版《元哲学》一书，是因为他突然发现自己面对的一群法国哲学家的强大哲学思辨性，如萨特背后的存在主义、梅洛-庞蒂背后的现象学、阿尔都塞和福柯背后的法国科学认识论和拉康、列维-施特劳斯背后的结构主义，等等，而列斐伏尔自己的手中却只有马克思的批判话语和社会学方法，固然他开辟了日常生活批判的新视域，甚至提出了人本主义的需要存在论，但列斐伏尔还是觉得，在哲学立场上他并没有真正生成自己特有的基质，于是，他将《现代性导言》中初步形成的人对自然的关系的取用观，则进一步发展为不同于生产劳作实践（pratique）的**人化实践**（praxis）中的**诗性创制**（poièsis），由此去构序更加复杂和深刻的原创性元哲学。这里的 praxis 一词，在列斐伏尔哲学的翻译中较多地意译为"诗化实践"。第一，在列斐伏尔《元哲学》最后的结语"元哲学与诗性创制"（poièsis et métaphilosophie）中，他指认，这种所谓的总体性的 poièsis（诗性创制）是人的"本然的生命和欲望"（vie spontanée et le désir），在这一点上，直接关联于他在《日常生活批判》中的那个人本主义需要存在论，只是这种生命存在的本然欲求已经远远超出了日常生活中的消费关系，而成为整个人类生活的原初本质。相对于现实生活中的功用性生存，它是一种不可还原的（irréductibles）多价场境存在。[40]第二，作为一种不同于人改变自然存在的占有性关系，诗性创制创造出了超出动物生存的人对人的世界，这是家园式"一种存在的方式（对自己、对他人、对'世界'）"。第三，然而在人类社会历史

征服自然的塑形和构序、赋型社会关系进程中，这种人自身的本然关系场境却成了一种权力吞食世界后的存在论的剩余，即占有性实践权力断裂时突现的一种诗性创制的"瞬间"（moment），"一种永久的创造（存在、快乐和愉悦，或痛苦的创造）"。[41]最后他设想，可以通过重新聚焦这种作为剩余的 poièsis（诗性创制），打通"存在与应该、事实与价值之间的对立"［Comme aussi l'opposition entre «être» et «devoir-être»（Sein et Sollen），entre fait et valeur］。[42]我觉得，列斐伏尔在这里的诗性创制概念，正是他在人本主义构境中走向元哲学的重要努力。但我认为，这种"元哲学"的抽象逻辑构序尝试并不是非常成功的，因为，它只是表现为人本主义话语格式塔的复杂构境，列斐伏尔自己真正的原创性哲学革命，是在《都市革命》之后的《空间生产》之中。在那里，以这个关系场境为本质的 poièsis（诗性创制）被历史唯物主义构境中的社会空间概念所取代，并且，现实的社会物性实践再一次取代了人化实践，使用概念取代了带有人学色彩的取用。可是，理解列斐伏尔在《元哲学》中的这一理论构序逻辑，却是真正理解后来他所实现的历史唯物主义构境中空间生产理论的隐秘入口。这恐怕是历来列斐伏尔哲学研究中的逻辑盲区。

列斐伏尔在1963—1964年写下的《元哲学》一书，加上序言一共是 8 章，在第2—8章的具体讨论中，列斐伏尔把思考点放在当代哲学的危机、超越和变形（métamorphose）问题上，而恰恰在作为第 1 章的导言中，列斐伏尔以逻辑构式的差异性图表，集中提炼了此书中他在 Métaphilosophie（元哲学）方向上的努力，这也为我们完整地了解他的理论构序的逻辑线索提供了最重要的指引。在此，我们集中来看一下列斐伏尔在这个引言中的逻辑概括。

列斐伏尔历史性地探讨了今天成为主导性力量的资产阶级现代性物性实践和人化实践中交换关系构式的生成过程，以及它是如何替代和压倒原初作为人类生存本有的诗性创制力量的。列斐伏尔先指认了贯穿于社会历史生活中的三种重要的社会历史负熵[43]因素：**形式、系统和结构**（formes，systèmes，structure）。由此展开他下面"元哲学"的原创性观点。依我的推断，这会是他在不久前《日常生活批判》第 2 卷中关于结构与势能问题讨论的深入和在"元哲学"构境中的系统化推进。我们需要注意，后来这三个概念被修订为总体系统统摄下的"形式、功能和结构"。依我的推测，这三个概念正是当时已经开始登上法国学界历史舞台的科学认识论（康吉莱姆、阿尔都塞、拉康）和语言学结构主义话语（列维－施特劳斯、拉康）的关键词：概念形式、语言系统和话语结构。然而可以看到，列斐伏尔显然是重构了这三个概念，因为，这三个概念已经是内嵌于人的社会生活中的决定性因素。他说，必须在社会生活的历史进程中

> 展示形式、系统和结构的**不平衡发展**（*Vinégal développement*），也就是说，展示那些由历史为我们提供的，结束与起始（de fins et de commence-ments）、"解构"与"重构"（de «déstructurations» et de «restructurations»）之间的纠葛。表格所涉及的形式、系统和结构，要么是**人化实践**的产品，要么是**诗性创造**的作品（des produits de la *praxis* ou des oeuvres de la *poièsis*）。[44]

第一，在这里，形式、系统和结构不再是列维－施特劳斯、阿尔都塞、拉康等人理论逻辑中的抽象概念，而成了社会历史本身不断发生的不同时期的 de fins et de commencements（终结和开始），以及这种历史演变中反复呈现出来的 de «déstructurations» et de «restructurations»（"解构"与"重构"）机制。这很像马克思、恩格斯在《德意志意识形态》一书中批判唯心主义哲学家们，根本不懂得理论与现实的关系。第二，更重要的方面，是列斐伏尔告诉这些哲学家们，在他们玩弄的这些概念背后，还隐匿着决定了这些生活呈现方式的根本性的创造力量，列斐伏尔特别强调的方面，是这些社会生活形式、系统和结构背后起决定内驱力的**生产出社会关系产品的** praxis（人化实践）**和创造出人的非占有性作品的** poièsis（诗性创制）。这是后来产品（produits）完全替代作品（oeuvres），占有性实践权力取代和篡位诗性创制的本真基础。当然，之后还有在资产阶级现代性中成为社会关系本质的商品交换逻辑（资本**权力**）对取用（使用）的彻底背离。这也意味着，在康吉莱姆、列维－施特劳斯和阿尔都塞那里热闹非凡的"结构""系统"一类东西，不仅是一定历史条件下复杂社会关系的表现，而且这些关系实际上是由更深层次的社会生活活动构序和赋型起来的。只是在这里，列斐伏尔指认了在**物质生产实践**（pratique）之外对社会生活产生直接作用的 praxis（人化实践），这是他"元哲学"逻辑构序的第一层级。第二层级的构序为，人化实践中的核心内容是创造了生活作品的 poièsis（诗性创制），可是诗性创制却会沦丧和异化为社会权力的产品生产。这是一个复杂的历史过程。为了说明这一重要观点，这里，列斐伏尔还列举了恩格斯和马克思的观点。一是列斐伏尔援引了恩格

斯这样一种说法："家庭是一个能动的要素(l'élément actif)……反之,家族制度却是被动的(les systèmes de parenté sont passifs):它只是把家庭经过一个长久时期所发生的进步记录下来"。[45]这是说,在一定时期内决定了人的亲情关系的家族制度,或者说,这种复杂的亲情关系系统实际上是人每天发生的 actif(能动的)家庭生活决定的。在列斐伏尔的"元哲学"构境层中,这种不同于一般物质对象生产的"家",正是那个与人的生命本然状态更近的诗性创制作品,然而在人类历史发展的长河中,"家"却逐渐演变为一种可见的家族关系系统的赋型,我们看不清,无论是封建专制条件下"人对人的依赖关系",还是后来作为"物的依赖"关系中的金钱化家族体系,都是对生活活动本身有序性和组织化"进步"的现实抽象和规范性固化。列斐伏尔对恩格斯文本的这一援引是精辟和深刻的,这对我们后面理解列斐伏尔整个"元哲学"的内在构序逻辑是关键性的。二是列斐伏尔告诉我们,马克思的观点也是一样,从《德意志意识形态》一直到后来 1859 年的《政治经济学批判》序言,他都明确指认了能动的物质生产实践塑形和构序创造能力决定了一个时代社会关系结构和系统的发生和改变,正是这种创造着人与人关系场境的人化实践规制着整个社会生活的上层建筑体制,"政治的、法律的、宗教的、哲学的体系,一般都是如此"。[46]由此,列斐伏尔在面对结构主义来势汹汹的主流思潮时,通过这种巧妙的逻辑深境,将形式、系统和结构概念打压为"被动"的次级表象。这可能真是一种战略上的胜利。

列斐伏尔深刻地指出,在现实生活中我们可以看见各种支配性的关系"网络、成体系的系统、自我调节的等级制度(réseau, système de systèmes, hiérarchie d'autorégulations)",然而,在这些系统背后真正起到生成性力量的东西却是不可见的,这是一种真实的(réel)创造性生成力量。列斐伏尔说,这是

> 一个巨大的、矛盾的(辩证的)生成(devenir),充斥、遍及着它们,哲学称之为"宇宙"或"世界""上帝""天命""精神""生命""意志"等等。在稳定性的每一个层面上,这种生成似乎都已耗尽。它似乎沦为一种"剩余物"(«résidu»)。然后矛盾复活:生成重新开始。它打破或消解了稳定性。[47]

在欧洲不同时代的哲学家眼里,这种给予世界有序的生成性社会历史负熵力量被表征为早期的自然的秘密宇宙力量,可以是贯穿中世纪的上帝造物主和

人的"天命",也会是近代以来凸显观念能动性的绝对精神,或者是个人生命原欲和权力意志,但是,按照历史唯物主义的观点,这些规制了不同时代的生活形式、系统和结构的生成性力量,归根结蒂是一定历史条件下的物质生产力构序和生产关系赋型。只不过,在马克思、恩格斯那里表征为能动性力量的物质生产实践,被列斐伏尔人本主义地描绘为作为比物质生产实践更原初、更深本质的 praxis et poièsis(人化实践和诗性创制),然而在今天,这种**应该存在**的人化实践和诗性创制,却成了占有性物性实践强暴和交换权力的**存在论** résidu(剩余)。那么,社会生活中的形式、系统和结构,也会因为这种内在趋动力的改变而发生呈现中的畸变。当然,这会有一个复杂的历史演变和转换过程。依我的观点,这应该是我们理解列斐伏尔元哲学思想构境中本真性价值悬设的前提。

第一,他特别说明道:"使用'人化实践'和'诗性创制'这两个术语来把握人类历史中的创造性能力,我们并不是要在这个幌子下建构一种本体论(ontologie)。我们绝不能'本体化'历史(«ontologiser» l'histoire)。"[48]这虽然是表明列斐伏尔的元哲学并不是要重新建立一种旧式的本体论哲学,不是要通过人化实践和诗性创制来使社会历史 ontologiser(本体化),但无意之中,却指认了过去作为本体论基始性的那个权力**空位**。列斐伏尔对马克思在《关于费尔巴哈的提纲》中超越旧式物质本体论的存在论革命意义的理解,是在《回到马克思》(Retour Marx)一文[49]和《马克思主义的当前问题》(Problèmes Actuels du Marxisme)[50]一书中实现的。在那里,列斐伏尔明确指认了马克思通过历史性的社会实践打碎了抽象物质实体的假象。[51]也是说,这两个原创性的概念正是处于本真性原初逻辑起点上的构序环节,它们将原初性的历史生成动力与自身的畸变关系揭露出来,也与人的异化了的**占有性权力**布展中的**存在论剩余**内在地关联起来。第二,列斐伏尔还提醒我们,"重要的是,不要把创造性能力(capacité créatrice)的这两个方面割裂开来。这个表格(tableau)试图说明这些作品和产品,是如何被活动在其整个历史轨迹中所沉淀(分泌)的,以及它们是如何破裂或消解的"。[52]这是列斐伏尔对这个导言式的第一章中大量的逻辑图表的关键性说明。这也意味着,人化实践和诗性创制是人的 capacité créatrice(创造性能力)的两个不可分割的内在方面,可是在社会历史发展的进程中,它们却被占有性物性实践和交换逻辑所替代,出现了复杂的破裂和消解,这种分裂和消解又体现在两种创造性能力异化后实现出来的不同社会生活形式、系统和结构的历史演进之中。我以为，这是列斐伏尔对《元哲学》一书的真谛所做的画龙点睛式地说明。

在列斐伏尔下面的具体分析中，我们可以体会到此处作整个人类社会历史发生和发展核心的这三个决定性呈现方式的构境意向：一是 formes（形式），这会是在物质生产中通过能动的劳动给予自然存在新形式的**塑形**，有如生产一个木料的桌椅外形，或者艺术给予一个雕像的外形，前者是功用性产品的劳动塑形，后者是非功用作品的艺术塑形。在这里，能动的劳动活动塑形和艺术创制是可见形式的基础。当然，形式也会脱离内容异化为形式合理性，或者在交换逻辑中颠倒为抽象形式。二是 systèmes（系统），这里的系统并非是指一种体系，而是让产品和作品进入一个有序性关系的**构序**和**赋型**。比如上面提及的桌椅可坐的有序性与房屋甚至是学习活动相关的组织化，以及一个雕塑作品与一定的象征意象和表象符码的内在关联。关系系统的真实基础将会是人对自然的用在性功能关联，以及人与人之间历史性关系场境的客观构式。历史地看，人对自然的关系和人对人的关系系统，也可能发生奴役性的质变，并且颠倒为物与物的"物的依赖性"关系系统。三是 structure（结构），它表征了更大尺度中的社会生活关系场境和逻辑构式，它往往会是一种动态的功能性动态**筑模**。显然，这里所指认的形式、系统和结构主要是指人类社会生活中发生的历史性有序性和组织化，它不同于自然界已经出现的生命有序性和组织化进程，因此，这是一种人类生存特有的能动创制中的**社会历史负熵**。这种社会历史负熵，也会转换为似自然性的盲目外部力量，比如市场经济中不以个人意志为转移的"看不见的手"（价值规律）。

三、构序社会生活的不同形式、系统和结构

在《元哲学》的导言中，列斐伏尔列举了这样一些欧洲社会历史发展中起重要作用的形式、系统和结构历史演进的 tableau（表格），仔细去看，这些逻辑图表中可以看到很深的**历史性线索**，这显然是列斐伏尔对结构主义遗忘历时性的反击。在大的时间线索上，他列举了这样三个大的方面：

首先，是古代社会中生成的人整合社会生活的形式、系统和结构，作为超出动物生存的社会历史负熵质，它表现为一种象征关系中的"**古老系统**"（systèmes *dits archaïques*）:"这样的系统出现在前资本主义社会（précapitalistes），特别是农业（agraires）社会。它们的宇宙观和神话还有部分存留:象征（symboles），谚语表达［通过书写行为、符号（signes）超越象征占主导地位，以及今天信号（signaux）超越符号占主导地位，而逐渐被改变］"。[53]这里的关键词有二:一是"古老系统"中的 systèmes（系统），这个系统，显然是我们上面提到的决定了以农业为基础的前资本主义社会生活组织化的构序力量的系统化表征。这个作为构序力量的"系统"，就是前面《日常生活批判》第 2 卷已经出场的那个非直接的势能（conjoncture）关系,之后,它会进一步会转换为成"功能"。二是 symboles（象征），它似乎是古老系统中的决定性关系赋型因素,整个社会生活是由观念性的象征关系塑形和构序起来的,它会表现为象征外部支配权力的神话系统、语言象征系统和梦的象征。这显然是主体观念的能动投射和抽象,这种系统中对自然和生活的支配性编码基础,恰恰是人在现实历史中弱小地位中生成的幻想。也就是说,人在自然经济中现实实践能力和水平的低下,决定了象征系统的主观投射和幻象编码,象征关系和语言的编码是最早人类的历史创生力量和社会历史负熵质性。具体说,列斐伏尔列举了下面的不同象征系统。

十二星座（和占星学的宇宙观）;

元素的象征意义（土、火、空气、水）;

语言和物品（花、宝石、戒指）;

梦的象征意义;

神话系统（*les systèmes mythologiques*,尤其是大地母亲这一象征,以及希腊神话等）;

时间和空间周期（由数字 12 以及关于圆和球体的数字支配）;

有限制的时空（由数字 2、3、4、5、6 和 7 所再现和结构化,根据不同的宇宙观和社会而有所不同）。[54]

这里出现了与神话系统相关的星座和占星学、"大地母亲"这样一些象征编码,它确证了人对自然直接依存关系的想象性投射,还有对世界现实存在基始性的最初判断,有如直观中的"土、火、空气、水"等世界构成元素的推断,以及从梦境幻象中直觉的心身分离和灵魂说的象征编码,其中最重要的是最初的时空系统和语言系统与对物的命名,在"花、宝石、戒指"的概念中,已经出现了物的分类、财富和媒姻关系的意义象征编码。这也是后来福柯《词与物》中那个著名的人对物的构序。这种原初的象征关系,恰恰是建立在不发达的农业生产力基础上,物的分类最早关联于种植业和畜牧业的生产质性和实践触点,人的直观生活经验推断和想象构境,早期希腊神话中创造和支配世界的众神,象征着人无法拥有的构序和赋型力量。值得注意的方面,这些早期的象征和想象关系系统,多少都还是围绕着人的生命本然活动发生的,其中的主导性力量应该是诗性创制的原初性。有趣的是,列斐伏尔这里关于早期人类社会中居支配地位的象征关系,并没有与人类学中莫斯[55]等人的原始部族生活考察直接关联起来,而他的学生鲍德里亚在巴塔耶的启发下,由此生发出一种原始象征交换关系的哲学逻辑起点。[56]

其次,构序社会生活中的物性形式、系统和结构,这也被列斐伏尔指认为"**过渡性系统**"(*Systèmes transitionnels*)。他说,这些系统"依附于生物的、生理的和领土的(biologiques, physiologiques, territoriales)决定,而后被工业化(industrialisation)所破坏,但并非没有留下幸存物和痕迹(survivances et traces)。这些系统首要的是**物的体系**(*systèmes d'objets*)"。[57]很显然,这些新指认的"过渡性系统",并不是上述象征关系系统在时间上先后发生的系统,而是从象征关系赋型到实际物质编码系统的过渡。有时,二者是交叉发生的,明显的是,后者更侧重于systèmes d'objets(物的体系)。这个systèmes d'objets(物的体系),并不是外部自然存在的客观系统,甚至也不是生命物质运动中的负熵组织,而是依人的需要编码起来的用在性功能关系中的客体体系,即海德格尔存在论中的上手功用世界,后来,这也成为列斐伏尔学生鲍德里亚《物体系》(*Le systéme des obiets*,1968)一书的书名。在历史唯物主义的构境中,这将是物质生产活动创造的社会历史负熵系统。对此,列斐伏尔列举了下面的方面:

> **服饰系统**(由性别、年龄、社会等级或社会团体、地区、民族决定);
> **食物系统**(取决于主食的使用:小麦、大米、玉米、脂肪、油、黄油等);
> **亲属关系系统**(通过简化到夫妻家庭而被还原);
> **游戏物系统**(*systèmes d'objets ludiques*,球、棋盘游戏、塔罗牌、纸牌等)。[58]

可以看到,列斐伏尔这里指认的"物的"系统的前两项,是直接对应于人的生命负熵存在的,不同于动物皮毛的服饰系统源于人的防晒御寒,不同于动物的生物生存依赖自然产物,人的食物系统提供了人的体能和智力进化的必要条件,有趣的是,列斐伏尔这里刻意回避了这两个物的系统背后的物质生产塑形和构序活动所创制的非生物负熵的社会负熵质。因为,动物的皮毛和天然食物仍然是自然作品,而人的衣物和食品已经开始成为物性生产实践中新的劳作产品。**由此,人化实践转换为物性实践**。依我的推测,列斐伏尔这里之所以可以如此具象地发现生活中的这些物性系统,源于他特殊的社会学田野经验,这是通常哲学家们不易留心的感性生活方面。依列斐伏尔前面预设的恩格斯的观点,这种systèmes d'objets(物的系统),只不过是人的现实生活中每天客观发生的进食和服饰塑形和构序活动和功能关系链的现实抽象,这种不可见的诗性创制力量反向对象化为可见的 systèmes d'objets(物的系统)。如果精细一些分析,还会看到饮食惯习中每天到场的餐具(锅碗瓢盆),以及制作衣物鞋帽的特殊工具,它们同样是上述餐饮和穿衣活动发生前提的烹饪和缝纫技能现实抽象且反向对象化的结果。第三项物的系统是前面恩格斯提及的亲属关系系统,我们已经知道从母系社会到一夫一妻制家庭的制度性改变,是人的"家庭生活"的历史发展所决定的。这种人自身的生命延续,恰恰是通过诗性创制中的美妙生命作品来完成的,而不是功利性的劳作产品。而列斐伏尔指认的最后一项物的系统是令人惊异的,因为,在"球、棋盘游戏、塔罗牌、纸牌等"的物的系统背后,同样不是物质生产劳动或交换价值的逻辑,而恰恰是非用在性、非功利的诗性创制活动。球、棋、牌正是这种游戏活动现实抽象反向对象化的结晶,它们作"玩具"的到场是激活每一次游戏竞技发生。在今天,它们正是占有性功利实践中的存在论résidu(剩余)或 survivances(幸存物)。在后来列斐伏尔"让生活成为艺术"的革命瞬间中,游戏将成为重要的诗性创制形式。在这一点上,列斐伏尔与情境主义的主张是接近的。

再次,欧洲社会历史发展中的**主要的构成形式**(grandes formes constituées)。列斐伏尔告诉我们,"这些形式产生于都市生活(la vie urbaine),比前面提到的系统更具有普遍性(généralité)"。[59]这里,列斐伏尔没有再使用上述的现成性的系统概念,而用了更多功用色彩的 formes constituées(构成形式)这样的词组。从下面他列出的内容来看,这是指在欧洲社会发展特别是在城市生活中起到关键性生活塑形和构序作用的各种有序和组织化形式,与前述象征编码和物性关系赋型不同,这些有序性的建构形式具有更加普遍性的特点。在列表中,左栏是从历史时间的列表,右栏则是这些主要构成形式的历史变迁线索。这又划分为三个大的时段:

第一是**起源**(*origine*)时期,在时间刻度上起于古希腊和罗马,中间跳过中世纪直接到了13—18世纪,在构成形式的右栏列表中,我们看到了这样一些构序形式:一是

知识的形式和形式的知识(forme de la connaissance et connaissance de la forme):逻各斯理论(外延);语法,句法,话语形式(grammaire, syntaxe, forme du discours)。

形式逻辑,话语的连贯性;几何学(有定义的、均质的空间);"完美的系统"(teleion sustèma):音乐中八度音阶的同质性。

修辞。

话语的实际使用。

话语的政治使用。

修辞格理论(内涵的符码)。[60]

显然,这里具体讨论的构序形式并不直接对应于历史时间线索,但区别于前述语言系统中神话的发生,这里格外强调了 forme de la connaissance et connaissance de la forme(知识的形式和形式的知识)。如果说象征性的神话是人在实际征服能力低下状态下的能动主观构式的投射,那么,形式化的知识和逻各斯都已经是在映射人不断提高的实际创化能力了。可列斐伏尔并没有指认,知识体系(认知形式和结构)的本质,已经是观念形态上对工业生产之后实践塑形、构序和社会关系赋型的映射,但他充分表达了在人的社会生活中,超出农耕时代的自然经济和手工艺劳作中占主导地位的直观经验,规律性的逻各斯支配和话语运作形式的重要作用。除去知识形态的构序和赋型,这还包括了人的音乐世界中的音阶构序和几何学数学空间的抽象法则的建立,以及知识话语在政治权力统治中的普遍支配作用。列斐伏尔没有进一步讨论的问题,首先是,知识系统作为普遍性的观念构序形式是工业生产物相化(都市生活)之后的事情;其次是,

知识(真理)原初的诗性创制本质与后来进入征服和奴役性工具理性的断裂;最后是,音乐世界和几何空间中内嵌的诗性创制本质。

二是现实社会生活中出现的构成形式,其核心是至19世纪欧洲资产阶级的商品交换关系和形式法的确立。这应该是列斐伏尔喜爱的那个内嵌于生命原欲的诗性创制在人化实践中彻底沦丧的时刻,因为占有性的实践和商品交换关系已经开始成为整个资产阶级世界的构序和编码法则,它作为外部社会生活规范系统就是现代形式法体系的完成,其本质是对私有财产的庇护。

> 正式法[Droit formel,规范的等价关系(réglant les équivalences):交换,合同,货物的转移]。
>
> 仪式和习俗的成文法(恋爱,礼仪等)。
>
> 空间和时间感知的形式化(视角,时间的标准化)。
>
> 同质和无限的时空(伽利略,笛卡尔,牛顿)。
>
> 发达的音调系统(système tonal élaboré,拉莫)。智力的综合概念(莱布尼茨、康迪拉克等)。民法典[Code civil,在有各种法律解释的早期发展之后,颁布于19世纪初:建立在商品与财产的等价性之上的,商品交换和"平等"契约的一般准则(règles généralisées de l'échange des marchandises «justes» basés sur l'équivalence des biens)]。[61]

这里,除去在社会生活的有序性和组织化构成形式中开始出现的"综合智力"、同质的时空构架和音乐中的"音调系统"外,列斐伏尔主要聚焦了资产阶级商品-市场经济关系之上建立的法律体系,在此,不仅原先的家庭生活关系由成文法所规制,而正式法的出现是"交换,合同,货物的转移"中等价关系的规范性法规,而民法典则是règles généralisées de l'échange des marchandises «justes»(商品交换和"平等"契约的一般准则)的确立。这里列斐伏尔没有直接挑明的方面,是资产阶级现代法律体系背后的商品交换关系,彻底解构了人对自然取用关系上的诗性创制,由此,对象性产品的物性生产实践彻底压倒了诗性创制作品的人化实践,而人的生存变昧为功利满满的占有性实践,并且,诗性创制中残破的用在性关系(使用)转换为资本的交换逻辑。并且,资产阶级商品-市场经济物相化创造的金钱负熵王国,恰恰是通过商品生产和交换中的无序返熵自发生成的。而这一切,又都是工业生产力构序和现代性人化实践巨大发展的必然历史结果。

第二,破裂、解体、解构(在欧洲)[Ruptures, dissolutions, déstructurations(en Europe)]的时期。如果说,西方社会走向现代性的进程是一种社会历史负熵的不断构序和组织化的建构各种规制体系的过程,那么,20世纪也开始出现了一种反方向的祛序和脱型。其中,列斐伏尔先是列举了发生在欧洲文艺复兴一直到20世纪下半叶社会生活中的各种构序力量。在时间上,可以看到与上述讨论时段明显的重叠和交叉。一是文艺复兴时期到20世纪初,各种社会生活层面上的体系化构式,这包括:

教条神学的系统(La théologie dogmatique systématisée)。

农民共同体。

父系大家庭(血统和同住)及其亲属关系体系:表亲、邻居。

形式逻辑(受到辩证法思想的攻击,且因科学发现而变得灵活)。

教条的、体系的哲学(Philosophie dogmatique et systématique,卡尔·马克思对黑格尔体系的批判,哲学的 teleion sustema,完美的体系)。

自由竞争资本主义(具有盲目和自发的自我调节:在垄断者和工人阶级的双重压力下)。[62]

这里,列斐伏尔列举的社会构序力量呈现出来的各种远离诗性创制的体系化的赋型系统,正是下面将受到全面攻击和质疑的对象。这里的关键词是 dogmatique(教条的),神学的教条体系、农民的固化乡村共同体和父权制关系体系,经典的自由资本主义市场交换体系,以及观念构架中的教条主义哲学体系。这些从古至今逐步构序起来的社会生活中的体系化构式,从神学-哲学的观念构架到人的血亲关系赋型,再到资产阶级创造出来的商品-市场经济物相化的现代性关系构式,正是即将发生的 Ruptures, dissolutions, déstructurations(破裂、解体和解构)的前提。

二是1910年开始的资产阶级现代性的自我解构、祛序和返熵。列斐伏尔多次提及1910年这个特殊的时间节点。[63]我们看到,表格右栏中出现了这样一些重要方面的改变。一方面是整个精神世界的裂变:

语言,逻各斯[被拜物教化(fétichisé)和侵蚀、被图像攻击等]。

古典透视(参照地平线)。

调性系统(参照主音)。

绝对时空(参照欧几里得维度,圆形时钟)。

自然系统(参照力学,生命自发性)。

"真实的"和可靠的感知。

艺术[拜物教(fétichisé),处在消解过程中,正如语言所处的过程,解构与自我解构。达达主义,超现实主义]。

从符号到信号的转变。[64]

参照表格左栏的时间轴,语言和逻各斯被拜物教和图像侵蚀,发生在 19—20 世纪之交,这当然是资产阶级创造的经济拜物教世界中的杰作。之后,列斐伏尔特别标注出 1910 年的时间节点,以说明整个现代性精神体系的瓦解和返熵现象。这里涵盖了马奈等人对美术绘画中古典透视法的颠覆,勋伯格的无调音乐对古典音乐调性体系的否定,达达主义和超现实主义对艺术现代性的解构,由此,作为社会历史负熵质的有序性开始败给无序和混乱,以及现代自然科学进展中传统自然图景的彻底改变,那种绝对时空中对自然存在的逼真性幻象被祛序,编码观念世界的象征性的符号开始走向自身空泛的信号。

另一方面是现实社会生活中各种强力构序和组织化体系的崩溃和脱型。列斐伏尔在此列举的有,前述"物的体系"中服饰、家具和食物系统的改变,这可能是指作为诗性创制的服饰的时尚异化,直接生活家居用具到空间生产用具的转换,以及快餐构式中"麦当劳化"流水线占位;资产阶级创立的"情境体系"(Systèmes de situations)中行业、职能和角色(métiers, fonctions etrôles)的改变,比如以体力劳动为核心的传统职业在服务、资讯等第三产业兴起中的衰落;标注为 1945 年时间节点的,是在生物-种族主义基础上的纳粹暴政的被粉碎,以及20 世纪下半叶发生的"以阶级为基础的哲学-政治组织"的彻底崩溃;最后是城市的扩张和核力量对整个地球的威胁。这一切,又都是整个社会生活的有序化、体系化和组织化结构的消解。我觉得,在此我们应该思考的问题,是列斐伏尔所指认的这些发生在 20 世纪的体系化的解构和崩溃背后,意味着什么新的可能性。或者说,在其他新锐哲学家看到所谓"后现代"的地方,列斐伏尔看到了什么?

第三,是被标定为"新宪法"(Constitutions nouvelles)的断代。旧的体系断裂之处,并非迎来了解放,而是资本逻辑新的后工业布展。"新宪法"是新的奴役之法。列斐伏尔这里还是标注为 20 世纪正发生的事情。其中我们看到,

> 日常性(La quotidienneté,在工作和居住地、私人生活和休闲的分离中被功能化和结构化)。
> 图像的世界(视听的;被变成景观的世界,spectacle du monde)。
> 汽车(有其需求,"物的世界"中的引领物:声望,城市的毁灭;有其成文法,"公路法规",现代的完美系统)。
> 技术性(技术客体,les objets techniques)及其社会基础(技术-官僚制度,echno-burcaucratie)。
> 生存的系统(作为系统的生存)。[65]

这显然是列斐伏尔自己关注的传统社会生活祛序和返熵进程中呈现的新情况和新问题了。一是资产阶级资本魔爪已经全面浸透到现代日常生活。这是他从 20 世纪 30 年代就开始进行的日常生活批判,这里他刻意区分出来的方面是不同于劳作的居住,以及私人生活和休闲活动被资本殖民中的 fonctionnalisée et structurée(结构化和功能化),显然,这种新型的结构化和功能化不同于工业化中的可见组织体系,它是一种非直观的支配力量。他的下一本书就是集中讨论这一问题的《现代世界中的日常生活》。二是列斐伏尔肯定的德波所揭露的资产阶级 spectacle du monde(景观社会),人的社会生活在存在论中已经异化为图像-视听表象建构起来的虚假幻象世界。依德波的说明,景观社会的本质是存在颠倒为表象,虚拟的景观构序支配人,支配生活。三是资产阶级建立的一个完美的、新的物的世界,这种物的世界不再是直接面对的人的生活需要的一般服饰、饮食和家居体系,而是一种炫耀性消费建构起来的虚假客体有序系统,其中,列斐伏尔特别点出汽车成了特定的"引领物"。在前面的《日常生活批判》第二卷和之后的《现代世界中的日常生活》二书中,列斐伏尔都专门讨论了这一问题,因为汽车的消费已经异化为一种身份的象征,它成了"大写的客体之王"。四是

与乡村相关的传统的城市在消亡,取而代之的是资产阶级空间生产的现代都市关系场境。五是技术客体成为统治性的力量,因为,原先在物质生产塑形和构序中的所有经验和技术,都被现实抽象为科学和技术中的非及物构序和构式,真实的物质生产反倒成了科学技术的反向对象化,自动化机器系统中的客观工序和操作创造出似乎具有生命力的技术客体,列斐伏尔指认说,正是在这一基础上出现了现代资产阶级的 echno-burcaucratie(技术-官僚制)。依他在《现代世界的日常生活》的说法,是"**消费被控制的官僚社会**(*société bureaucratique de consommation dirigée*)"[66]。

四、权力的存在论剩余:人化实践中流逝的诗性创制和摹仿

其实列斐伏尔在这里的表格中,主要讨论并列举了在人类社会发展的各种时期,作为征服自然、构序社会生活的社会历史负熵力量,而目的却是引出此时他作为"元哲学"基始性因素的 praxisetpoièsis(人化实践和诗性创制)问题。或者说,一部人类社会历史的进程,就是诗性创制在人化实践中隐匿自身的过程,**诗性创制成了占有性权力吞食世界的存在论剩余**。这恐怕也是过去列斐伏尔哲学研究中不易被攻破的理论难点。

(一)在他看来,马克思其实早就意识到了这个问题,在著名的《关于费尔巴哈的提纲》中,"希腊语'praxis'是马克思为了避免目前'practice'一词的混淆而再引入的。但它并没能避免污染(contamination)"。[67] 这也就是说,人化的 praxis 在畸变成物性的 practice。列斐伏尔最早是在《辩证唯物主义》一书中,提出这个区别于一般社会实践的 praxis totale(总体人化实践)概念的。[68]他说,

> 今天,"praxis"包含了几个不同的含义。它可以表示任何社会活动,因此也可以表示人类活动[包括技术、诗性创制以及理论知识(la technique, la «poièsis» et aussi la connaissance théorique)]。它也可以与纯粹的理论和知识,或者那些声称是纯粹的理论和知识的事物形成对比,这就使 praxis 接近于当前意义上的 practice。最后,它可以具体地表示社会活动,也就是说,人的存在之间的关系(les rapports entre les êtres humains),通过合法抽象(ab-

straction légitime)而与人同自然和物质(la nature et la matière)的关系区分开来(技术和诗性创造)。这就是我们正试图辨别和定义的最终含义。[69]

在这里,列斐伏尔试图区分今天 praxis 概念中同时内嵌的几种因素,这既有人改变外部自然的 technique(技术)实践,也有体现人的本质的诗性创制,以及区别于以认知活动为基础的理论知识的客观活动,这使得人化实践被混同为物性的实践。然而在列斐伏尔看来,praxis 最根本的含义还是区别于人对自然(物)关系的 les rapports entre les êtres humains(人的存在之间的关系)。这也意味着,列斐伏尔似乎倾向于将 pratique 视作人改变自然的物性生产实践,而 praxis,是更接近处理人与人之间关系社会活动的人化实践。在后来的历史唯物主义构境中的空间生产理论中,这个 praxis(人化实践)直接内化为作为空间生产本质的社会关系的生产与再生产。或者,就是**空间实践**(la pratique spatiale)。如果,pratique 主要是指人在改变外部自然存在的塑形和构序的一般物相化活动,而 praxis 更多的是指人处理自身存在和社会生活的构序和关系赋型的**社会物相化**[70]活动。二者同属于异质于自然存在和生命负熵进程的人的社会历史负熵的不同层面。相对而言,praxis 会更接近列斐伏尔所指认的诗性创制活动,或者说,诗性创制是人化实践的一个内在方面,只是人化实践后来的异化逐渐远离了诗性创制的本性。可能,这也在传统列斐伏尔的哲学研究中,人们会将 praxis 错误地混同于诗性创制的原因。

也是在这个意义上,列斐伏尔认为,

> 在精确意义上的人化实践将是人类"真实"(«réel»),只要它既不与历史和历史趋势分离,也不与可能性分离。所有的人化实践都位于历史之中;它是历史的创造者(créatrice d'histoire)。因此,总体历史(l'histoire totale)将是一部人化实践的历史;它将(在极端情况下)趋向于对人类发展的完全认知。[71]

与改变外部自然的物性实践不同,人化实践位于人类生活的历史之中,在一定的意义上,它才是人的关系场境存在的 créatrice d'histoire(历史的创造者)。所以,总体的社会历史负熵之上的人的生活会是一部人化实践的历史。在我看来,列斐伏尔对马克思在《关于费尔巴哈的提纲》中使用的 praxis 概念的这种过度解读和刻意转喻,在他自己的理论逻辑构序中可能是有意义的,但与马克思新世界观中的原初构境是相异的,在马克思那里,praxis 当然首先就是指"从主体出发"改造外部世界的总体性物质实践活动,它并不仅仅是改变人自身和社会制度的狭义的社会关系生产的"人化实践"。这是需要我们留意辨识的地方。而且,在列斐伏尔自己后来最重要的《空间的生产》一书中,在历史唯物主义的方法论指导下,这个带有人本学色彩的 praxis(人化实践)概念再一次没影于现实的**空间实践**(la pratique spatiale)之中。从概念考古学的词频统计上看,列斐伏尔在《空间的生产》一书中一共十次使用了 praxis 一词,而 pratique 则成为三百五十余次的高频词。

(二)列斐伏尔在此列举了人化实践在阶级社会中的主要社会构式,可以看到,这里人化实践所构序和赋型的社会关系基本上都是远离诗性创制的不平等的奴役性制度。一是"**劳动分工**(*Division du travail*)。劳动的不平等(Inégalité des travaux)。进行物质劳动(travaillant la matière)的群体(牧民、农民、工匠、工人)和对其他人类群体进行活动的群体(战士、牧师、行政人员、商人、教育家等)之间日益加剧的分裂。功能的不平等和对相对社会剩余产品(le surproduit social relatif)的争夺(在缺乏中)的不平等"。[72] 显然,这里的 Division du travail(劳动分工),并不是斯密和马克思确认的工业生产工序上的工厂内部发生的劳动者之间的劳动工序的技术分工,而是在狭义的劳动技能分工基础上生成的体力劳动与脑力劳动、劳动生产者与其他社会活动者之间的**社会分工**。这是列斐伏尔在分工问题上的不精准。在此,人化实践的实现方式是人与人之间活动关系的不平等关系场境。二是"**交换和贸易**(*Les échanges et le commerce*,人的贸易和货物的贸易)。货币,市场和语言。商品和逻辑合理性(这一**概念**的社会使用)的普遍化(généralisation)"。[73] 这已经是资产阶级经济物相化活动的结果了,因为,商品逻辑的 généralisation 是资本主义生产方式全面实现的标志。这里,人化实践所构型的形式上平等的商品逻辑的社会物相化空间,在实质上仍然是不平等的。三是"**从权力到权力**(*des pouvoirs au pouvoir*),从社会功能到属于职能人员、名人、首领和国王的国家。政治的和国家的(l'étatique)。话语的政治使用(作为一种行动手段)"。[74] 这是人化实践所赋型的上层建筑中的国家权力和意识形态话语的布展了,这会涵盖从专制等级关系到资产阶级政治权力的功能性运用。四是"**阶级和阶级斗争**(*Classes et luttes de classes*),它们独立于属地、作为主要群体的斗争。群体和阶级的挑战和斗争。战术和战略,战斗的工具(包括意识形态)"。[75]有不平等的社会现象,就必定存在阶级斗争,阶级斗争是人化实践在阶级社会中的主要表现形式。这一点,很深地关联于马克思的阶级斗争理论。五是"**从逻辑理性到分析理性和辩证理性**(*De la rationalité logique à la rationalité analytique et à la raison dialectique*)。对作为整体的社会的把握[按照社会劳动(*le travail social*)把握,在社会劳动的进展作为概念和革命现实的时刻;在那样一个状况,当它处于顶点,它的衰败被瞥见]"。[76]这里出现了一个意外,因为严格地说,理性并不属于实践活动,可列斐伏尔却以 travail social(社会劳动)的历史发生来说明理性体系构式的本质,斯密和马克思的社会劳动概念,只是劳动分工条件下现实抽象出来的社会一般劳动。六是"**日常性的构成和强化**[*Constitution et consolidation de la quotidienneté*,这预示着极端的劳动分工,与分析理性的**人化实践**(*praxis* de la raison analytique)相对应;功能化和普遍的功能化,等等]。日常的模糊性(Ambiguïtés)"。[77]依列斐伏尔的思想逻辑,这正是资产阶级在当代创造出来的人化实践的最新方面,劳动分工所产生的不平等关系开始渗透到日常生活的方方面面,日常生活成为资本逻辑支配的领域,这往往会使经济剥削和政治压迫的关系场境变得模糊起来。这个日常性问题与资产阶级现代性的关系,也会是列斐伏尔即将完成的《现代世界中的日常生活》一书主旨之一。七是"**技术的和官僚主义的人化实践**(*La praxis technique et bureaucratique*)。作为一个自我管理(d'auto-régulations)的网络的社会"。[78]这是列斐伏尔多次指认的当代资本主义社会中发生的社会物相化的人化实践。这种人化实践恰恰是反人的。当技术工具理性与韦伯式的法理型官僚权力结构相结合时,这就会出现一个资产阶级生产关系生产与再生产的"自我管理的网络的社会"。用福柯的话语来说,就是自我惩戒的规训社会。

(三)作为人的本真性生命实现的**诗性创制**(*poièsis*)。这是列斐伏尔"元哲学"的核心关键词。在历史性地分析了构序社会生活的体系化构序和编码力量,界划了不同于物性实践的人化实践及其历史畸变之后,列斐伏尔告诉我们,在人类社会生活中不存在着一种不易辨识的重要方面,即创造了非功利生活作品的诗性创制活动。这也意味着,在人类社会历史负熵的创化进程中,出现了两种不同质的负熵质:一是物质生产实践构序起来的功利性的负熵体系,二是诗性创制生成的真正体现人的本性的非功利的负熵质。这当然是一种刻意为之的人本主义的逻辑界划。依我的判断,这正是列斐伏尔整个《元哲学》中最重要的原创性立论。因为,虽然在《日常生活批判》第二卷中,列斐伏尔已经提出了基于人的本真原欲的需要存在论,但那还是针对了具体的消费选择性异化的特定构境层,而这里的诗性创制概念,则是构成列斐伏尔全部人本主义逻辑的根本支撑点。正是这个作为人类生活本性的诗性创制,构成着社会历史的原初本质,作为一种应该存在的价值悬设,它将构成全部现实异化的逻辑构序前设。由此,人的异化生活中的人化实践从诗性创制中的异化、物质实践走向占有性征服的异化、社会生活体制中人对人关系赋型的异化,以及社会生活存在从取用(使用)向商品交换逻辑的异化,都有了一个统一的逻辑支撑点。在这个意义上,列斐伏尔这里提出的诗性创制概念,将会是他人本主义逻辑构序的最终完成。之后我们还会看到,在列斐伏尔的《都市革命》开始的思想革命中,这个人本主义的话语逻辑会消解于空间生产的理论构序之中,poièsis(诗性创制)将没影于社会空间存在的本质。

当然,这个 poièsis 也会是一个很难理解的概念。依列斐伏尔自己的解释:

> 我们用这个术语指代在如下范围内的人类活动:它拥有了人类周围和内部(他自身的自然:感觉、知觉、感官、需求和欲望等)的"自然"(physis)。因此,**诗性创制**(poièsis)是作品(oeuvres)的创造者。它包括具有无限后果的基础和决议,尽管有时是长期未被察觉的。不是所有的创造(création)都是**诗性创制**,但所有的**诗性创制**都是创造。[79]

与上述通过直接塑形-构序物质对象和社会制度赋型的 pratique(物性实践)和 praxis(人化实践)不同,poièsis(诗性创制)并不功利地获取用在性的产品,而是依人的周围和自身的自然("感觉、知觉、感官、需求和欲望")创制出属于人本身需要的本真性生活关系场境,这是一种非功利性的 oeuvres(作品)。可以看到,列斐伏尔在这里特意使用了 approprie(拥有)而非占有的概念,并且,他刻意在 nature(自然)一词后面加注了希腊文 physis(自然),这表明,此处的 nature 并不是外部的自然界,而更多地指向人的**本性生发出来的本真关系场境世界**。这样,我们也看到了诗性创制与原先那个基于人的原欲的需要存在论的关联和深化关系。可列斐伏尔不知道的是，海德格尔在对这个 physis（自然）的解释中，发现了自然概念的在 for us 的强暴性的"涌现"和在场。在这一点上，同大自然所创造的天然作品相比，诗性创制是人的**本然作品**的创造，但不是功用性实践的产品创造。他还特别交代："对我们而言，技术和技术发明（technique et l'invention technique）仍将留在诗性创制的领域之外。如果这些技术确实掌握了'自然'（外部世界），如果它们因此是必要的，它们也并不满足拥有人类存在的本性（les êtres humains de leur propre nature）的要求。这一区别对于确定现代性中技术的限度以及正确定义技术异化（l'aliénation technologique）至关重要。"[80] 这句话有些费解。依我的解读，其意思是说，技术和技术发明也并没有具体的功利性产品，可技术作为人的劳作技能的现实抽象并不是直接满足人的本性欲求，而是工具理性的物相化，最终必然走向违背人性的 l'aliénation technologique（技术异化）。

下面，列斐伏尔列举了他心目中的诗性创制方面，这是一个十分重要的具体说明。第一，他指认了四个非功利的自然发生的诗性创制方面：

> 1. **村庄的建立**[*Fondation du village*，一般归功于妇女，包括：定居农业、固定住所（家）、制陶、编织、制造篮子，年轻人教育的起步等]。
>
> 2. **一般意义上的城镇**[*La ville en général*，作为社会、宗教和政治参与的自发产物，包括：集会场所（lieux pour le rassemblement），周围能够聚集民众的纪念碑（仪式、游行队）；在集会过程中获得的激动，更确切地说，情绪宣泄，等等]。
>
> 3. **希腊城邦**（*La polis grecque*，集会的基础，自由集会的场所）。
>
> 4. **罗马城市**（*L'urbs romaine*，论坛的基础，一个以禁律为标志的集会）。[81]

可以看出，列斐伏尔此处标定的诗性创制活动，多为不同时代人类生活中超出动物活动的社会负熵生活。一是由母性关爱生发出来的"家"的无形空间场境，它最早出现在游牧生活转向固定的农业（种植业和畜牧业）和定居生活，这是那个亲情关系塑形和构序起来的自然村落，其中，"制陶、编织、制造篮子，年轻人教育的起步"，都是直接围绕人的原初本性发展的日常生活中直接真实需要的。制陶是为了蓄水,编织是为了御寒的衣物,制造篮子是为了装载物品,年轻人的教育是为了孩子们的成长,这些活动之所以是诗性创制,是由于它们还没有被功利性的生产实践所浸蚀。需要注意的一个细节是,"家"这个诗性十足的概念,表征出一种人类社会独有的空间场境,它并非停留在房屋、用具等物性实在上,而是一种社会关系负熵情境。这将是后来列斐伏尔空间生产理论中的社会空间概念的历史缘起。二是不同于乡村生活的城镇的出现,列斐伏尔在此同样没有关注城镇中的街道、建筑等物性设施,而是特意凸显了城镇中那种不同于村落亲情关系的更加复杂的社会关系场境,他聚焦了"作为社会、宗教和政治参与的自发产物"的集会(le rassemblement),这是发生在广场和纪念碑旁的人与人的复杂互动活动,其中,重要的是人们之间共同激发出来的激动共识和情绪宣泄,这是一种当下发生且消逝的关系场境,这也是人的社会生活与动物的群体生存的巨大异质性。这同样是后来列斐伏尔在空间生产理论中用空间表象和表征性空间说明的内容。可以看到,在古希腊城邦和罗马的城市空间中,列斐伏尔同样关注了相近的自由集会和自由言说的论坛一类空间关系场境。这说明,他此时内心里想通过元哲学探究的人类社会生活的诗性创制本质,正是后来的非异化的空间生产与再生产。只不过,在历史唯物主义的构境中,这种人本主义的诗性创制被现实地描述为社会生活的直接使用空间关系场境。

第二,列斐伏尔列举的第二组诗性创制活动,意外地提及了这样一些方面:

5. **理念**(*L'idée*,柏拉图式的),关于绝对的爱的(一个人对另一个人的独有的爱,在 13 世纪的西欧)。

6. **中世纪城镇和关于积累的计划**(*La ville médiévale et le projet d'accumulation*,关于物品、货物、财富、技术和知识的积累,一个逐渐发展到资本构成的积累过程)。

7. **族裔群体、公民和民族的建立**(依附于某一领土、对这一领土的占有、服装和食品的时尚等的大群体)。[82]

属于诗性创制的方面,首先是包括了人类精神层面上的观念逻各斯构境和人所独有的爱情构境,这些源自我类存在本性的作品也是人的生存超出动物界负熵的根本标志,可是,原先属于人的本性欲求的理念与爱都会被阶级关系和金钱关系所浸蚀而沦丧为非诗性的东西。其次是不同于动物生存中一般的耗尽和有限存储，人的社会生活在一定的时段中开始出现 le projet d'accumulation（有计划的积累），这里包括了技能、知识和物品，工匠的技艺，经验抽象的知识都是自发生成的作品，在起初，这也是人类生活异质于动物生存的诗性创制，然而，这种积累后来却变成了奴隶主封建统治者们的财富积累和资本家无尽的金钱贪欲。再次是人的群体生活和在一定的领土上建立的民族，这也是一种人与人结成的种族意义上的社会关系场境，这会历史性地生成特定的生活、文化和生活方式。只是，它们也会异化为国家一类暴政权力。

第三，列斐伏尔指出的诗性创造的最重要的方面，是对在人化实践中沉沦的诗性创制的拯救。如果说，上述诗性创制的作品是人类社会生活中天然发生的作品，那么，列斐伏尔指认的这个第三方面的诗性创制力量则不再是自发的作品，而是为重新获得诗性创制的努力和不懈抗争，或者说，是非功利负熵对功利性负熵统治的决战。在他看来，

8. **关于总体人的主张**（*La proposition de l'homme total*），克服了劳动分工（傅立叶）。

9. **否定的统一**（*L'unité des négations*），以构成新的总体性（la totalité nouvelle，马克思），承载着激进否定性的工人阶级。

10. **精神分析**（*La psychanalyse*，投射出一种新的精神发泄，建立在个体意识的透明性和平等的人之间的直接交流之上，而不涉及魔法操作、威望和势力的手段、晦涩的象征符号和具有隐藏意义的概念，因此包括了对矛盾的阐释）。

11. **改变日常生活的决定**（*La décision de changer la vie quotidienne*）。占有"瞬间"或"剩余"（des «moments», des «résidus»）的规划，以及艺术不再是自身的目的或专门的、自主的活动，而是成为一种改变日常的手段和"真正的"生活的工具的规划。因此而来的，"总体的""世界的""地球的"的人（l'homme «total», «mondial», «planétaire»）的形成。

将已完成的瞬间恢复到其卓越的"现实"（«réalité»）和力量中。创造新的瞬间（de nouveaux moments，或者，如果你愿意用这个提法：新的构境，de nouvelles situations）。[83]

我以为，这是列斐伏尔在对诗性创制讨论中最关键的部分，因为，他眼中的人类社会历史进程中，在今天，作为人的本真生存的诗性创制已经是一个在物性实践和人化实践中逐渐沦丧和消逝在异化生存的中的**存在论剩余**，所以，积极抗争和去重新发现诗性创制非功利负熵质的努力都是他自己肯定的方面。首先是克服劳动分工的努力，这种努力被列斐伏尔指认为从博立叶开始的重新争取人的总体性生活的斗争，l'homme total（总体人）是他自 30 年代就开始高举的人本主义旗帜。这一点，明显针对了上述人化实践中出现的那个由劳动分工生成的不平等的社会关系，实际上，更准确地说，应该是消除奴役性的分工，而不是一般性的劳动分工。其次是与上述总体人口号一致的来自马克思的革命性的 L'unité des négations（否定的统一），这是说，马克思的人类解放要求并不仅仅只是要消除劳动分工导致的社会不平等，而是要否定性地消除这个世界上的一切不公正和不平等的方面，la totalité nouvelle（新的总体性）意味着工人阶级所代表的人的全面自由解放。再次是人的精神解放，在这里，列斐伏尔给予了精神分析很高的地位，似乎它开辟了精神层面上诗性创制的全部救赎方向。不过，仔细去看，列斐伏尔在此提出的精神解放内容，无论是平等的、透明的主体际交流，还是象征符码中逃离意识形态支配的努力，都已经远远超出一般精神分析的领域。总之，人的精神和观念上的诗性创制，必须回归一种没有"魔法操作、威望和势力的手段"控制的自由构境。最后是列斐伏尔自己最上手的方面了，这就是日常生活中的 changer la vie（改变生活），这是他从兰波那里承袭而来的批判性反思。这里他直接提出了要重新占有被权力强暴后的诗性创制的碎片式的 moments et résidus（瞬间和剩余），这也是他那个"让生活成为艺术"的努力方向，这里的艺术不是狭义的艺术活动，而就是人的生命本真实现的革命情境具体瞬间，这也是总体人的最终实现。至此，我们也就完整地看到列斐伏尔在《元哲学》中对自己人本主义逻辑前件——诗性创制的系统概说。应该说，这可能也是列斐伏尔在人本主义思想构境中能够达到的最高点了。不过依我的看法，这种人学的逻辑构序在之后列斐伏尔自己的理论发展中，也遭遇到了自己的界限，当他通过"都市革命"走向以历史唯物主义方法中的空间生产理论时，这种抽象的诗性创制开始变得苍白和边缘化。这是后话。

（四）不同于模仿的诗性摹仿（mimèsis）。这是列斐伏尔在讨论诗性创制时特意区分出来的一个子概念。似乎，这也是诗性创制活动及其作品在现实生活中再生产出来的路径。在他看来，不同于重复性的一般模仿（imitation）行为，或者生产过程中功用性产品的简单再生产，摹仿"是一个社会学上的事实（包括了心理层面，但超出了它）。在这个意义上，摹仿可以被定义为人化实践（praxis）的一个方面或一个层次"。[84]这也意味着，内嵌于人化实践的摹仿是人与人之间属于诗性创制的主体际关系。这是一个重要的定位。在列斐伏尔看来，这个摹仿关系构成了社会生活中的一个重要环节，可它往往也被忽略了，因为它常常被还原和简化为熟知言行的重复。有如"在'人类的沙滩'中，每一粒沙子都模仿（imite）其他沙子，同时相信着自己是单独的、分离的"。[85]也是海德格尔所指认的常人共在。列斐伏尔告诉我们，发生在生活中的

> **摹仿**并不可以还原为模仿性的重复（répétition imitative）。它是可教育性（l'éducabilité）所内在的，也就是说，是教师和其门徒、学生的关系，以及父母和子女的关系中所内在的。它使示范性、亲子关系和从属关系成为可能。它也是立法者和公民、王储和他的臣民，或神灵和他们的崇拜者的关系中所内在固有的。[86]

显然，列斐伏尔提出这一观点的目的，是想找到一个日常生活自然发生的本真性人对人关系中的重要关联机制，或者说，一种诗性创制和人化实践泛化和世界化的根据。在前面的讨论中，列斐伏尔提到过实践活动中的"重复性人化实践和革命性人化实践（la praxis répétitive et la praxis révolutionnaire）"[87]的问题，那是指创造性的实践与后续熟知的惯性运转的关系，而这里的摹仿概念则是特指人对人本然生存构序的内在认同和依从。它会是长辈与后代的成长、老师与学生的教化关系中维系一种生命样态的接续绵延，开始，摹仿同样是非功利的诗性创制活动，可后来在社会层面上，却可能畸变成人对人的宗法依赖关系和法律关系中的臣服。也由此，列斐伏尔才会说，不能把摹仿与人化实践和诗性创制简单割裂开来，因为摹仿会"处于重复和颠覆（革命性的）的发明之间，它与诗性创制有一种关系"，只是它可能被扭曲甚至异化。所以，列斐伏尔列出了摹仿现实发生的两种现象：第一方面是摹仿的原初性形式，

1. 对于"意象样式"（"*imago mumdi*"）的初步掌握，城市、寺庙、房屋的

样式,也许还有服饰(圆形或球形形式,长方形或网格形式)的样式。由此,这些形式的使用被认知了。

2. 局部意义系统(符号学系统)的影响:礼貌的法则,法律的法则,上流社会的形式主义,爱情、礼仪、惯例、习俗、程序的法则。[88]

这里的摹仿包括了日常生活中的两个方面,首先是人们对物性空间中建筑的样式和服饰系统等功用形式的认同和摹仿,在开始的社会生活中,这种认同和摹仿并不带有任何功利性,只是一种诗性创制的泛化,比如田间、乡间小路的修建、家居房屋和便利广场的建造,虽然这些建筑设施的风格各异,但其基本空间句法构式一定是相近的,人要走路,房屋必须保暖防雨;各种民族着装上相近的上衣、裤子和帽子等,风格不同但对身体的保护却是一致的。其次是象征符码系统中的摹仿,在所有民族的日常生活中,这也是维系社会生活的重要方面,孩子从小开始就会受到长辈们的反复指教,以形成一定时代中必须遵循的生活"礼仪、惯例、习俗",这种摹仿通常与伦理道德的内在规范相通,之后,还有走上社会必须遵从的带有强制性的社会法律法规。可以看到,这些遵从性的摹仿起先并不是功用性的物性实践,而是人与人之间人化实践的内核。但是,在后来的社会生活发展中,它们也有可能异化为简单的"住宅小区"、商用建筑和时尚服饰的批量产品生产。这也就是从摹仿向模仿的转换了。

第二方面是从作品摹仿向模仿性重复中产品生产和积累的转换。它们包括:

3. **对象再生产的一般形式**(*Forme générale de la re-production des objets*):情境与行动(des situations, des activitdu)。由此而来的,已经成为商品、财富、程序和技术的事物的积累形式。

4. **"人类现实"的赋型**(*Formation de la «réalité humaine»*):关于这个现实的科学研究:角色、态度、功能。模式(模型)[modèles(*patterns*)]的日益增长的重要性。

因循守旧主义和遵从。偶像的统治(Le règne des idoles)。

5. **作为思想方式和生活方式的拟真与拟像**(*La simulation et le simulacre comme méthode de pensée et de vie*)。人类中的一个新种类的兴起,总体人的

对立面：赛博人类（1e cybernanthrope，总体人的漫画式模仿、拟像、拙劣模拟、颠倒形象）。[89]

这已经是从实践和观念形态中的摹仿向重复性的模仿的转换结果了。首先是物性实践中"对象的再生产"对物质生产的重复性实践的指认，它并不是人对生活构式的内在摹仿，而成了简单地重复产品制造。这会影响到人化实践中人的社会活动和关系场境建构的再生产重复。并且，在进入资本主义的时代，这种模仿性的对象和生产关系的再生产已经成了"商品、财富、程序和技术的事物的积累形式"。其次是发生在非对象性的社会生活中的重复性再生产，它表现为人的社会角色、行为态度和关系功能的简单重复，在此，社会中流行的 modèles（patterns）模式（模型）成为模仿的生产机制，这必然导致 Le règne des idoles（偶像的统治）。再次是发生在生活方式和思想方式中的模仿畸变。这里，列斐伏尔特别指认了所谓 1e cybernanthrope（赛博人类）对总体人的模仿问题。这里，列斐伏尔突然使用了后来被他的学生鲍德里亚充分展开和讨论的 La simulation et le simulacre（拟真与拟像）概念。在这里，他只是强调了电子化人工智能条件下，有可能出现了某种看起来消除了奴役性分工的虚拟的"赛博人类"。这也是今天已经开始恶性膨胀的人工智能的哲学原型。在列斐伏尔看来，1e cybernan-thrope（赛博人类）是对他所列举的总体人的"漫画式模仿、拟像、拙劣模拟、颠倒形象"，他还明确表示，要对这种伪总体人"宣战"。我理解，这是因为，人工智能条件下的赛博智能机器人对全能的总体人的模仿，并不是对这个不平等社会的否定和真正的人类解放，在一定的意义上，它很可能成为资本统治世界的新工具。

列斐伏尔专门列举了诗性创制在各种权力统治之下的**存在论剩余**。在他看来，如上所述，在人类社会历史发展进程中，总有各种征服自然和改造社会生活本身的构序和赋型力量，这是物性实践和人化实践已经走过的道路，可以看到，"每一项变得自主化（autonomise）的活动，都倾向于将自身构成一个系统，一个'世界'。通过这种方式，它构成了、驱逐了和定义了一个'剩余物'（«résidu»）"。[90]在上述所有的面对自然或者面对人自身社会生活的塑形和构序活动中，无论是物性的实践还是人化实践，都在生成一种离开原初诗性创制本性的 autonomise（自主化）化身，这也是本真性诗性创制活动的历史沉沦和异化，这种异化了的强制权力往往通过形形色色的编码系统和特定关联世界征服自然和社会生活。列斐伏尔告诉我们,在这些征服和改造的过程中也可以发现一些权力之网中漏洞的"不可还原的"(Les irréductibles)属于诗性创制的东西,他将这些不可还原之物称为人的生命存在论中的 résidu(剩余)。我觉得,列斐伏尔这里指认的存在论上的剩余概念,明显受到了巴塔耶相近观念的影响。在后来的阿甘本那里,他在讨论奥斯维辛现象时,再一次启用了这个特殊的存在论剩余概念。这种存在论意义上的剩余正是逃离了功用性世界和交换价值逻辑的诗性创制的残余。他认为,这种存在论上的剩余正是自己元哲学所要面对的本真性。他说,

> 在试图把握这些在总体人历史的描绘中所涉及的术语[系统——形式、功能和结构——关于**人化实践、诗性创造、摹仿**(la *praxis*, la *poièsis*, la *mimèsis*)]之间的关系的分析过程中,我们将证明这些不可还原性。同理,我们将表明每一个剩余的元秦(从构成"世界"的权力的角度来看的剩余)都包含着一些珍贵的和必要的东西。我们将以对一项行动、一项战略的奠基性决定来结束:聚集"剩余物"[le rassemblement des(对一项行动、一项战略的)],以使它们的联合在**人化实践**(*praxis*)中,诗意地创造一个比专门化权力(puissances spécialisées)的世界更实在、更真实(更普遍)的宇宙。[91]

这也就是说,列斐伏尔上面列举的大量构序和赋型人类独有的社会生活的形式、功能和结构,比如人工物的系统、话语系统和复杂的社会体制,虽然创造了一个人生活其中的关系场境,但也逐渐失去和远离了人化实践中与人的生命本真需要和欲望更贴近的诗性创制和摹仿,这恰恰是比功用性的世界更加"珍贵和必要的东西",列斐伏尔就是想将这些从权力高压和清剿中剩余下来的不可还原之物重新聚焦起来,诗意地创造一个非强暴的美丽新世界。这正是元哲学的最终构境旨趣。在最后,列斐伏尔再一次用一个对照性的表格列举了"权力与剩余",前者是我们这个存在的世界,而后者是我们正在丧失却是无比珍贵的他者。这一表格的内容较乱,重新概括后如下:

一是神学和哲学话语下的剩余:黑暗中世纪中宗教权力关系统治下,被压抑和阉割的人的自然的、肉体的(naturelle, charnelle)生命存在,这是人的本真原欲

之剩余;板着脸一本正经道说的形而上学系统中,人们日常生活中开心的形而下的戏谑(ludique)瞬间。二是进入阶级社会之后无处不在的政治-国家的集中化权力统治下的剩余:隐秘的私人生活(La vie privée)虽然可能是不入史的,但对每一个个人生命来说,恰恰是更可贵的"剩余物";在国家同一性和集中化的权力之下,人们追逐"奇异性"(singularités)的自由和非中心化的努力;官僚统治和组织化治安生活中的剩余:个人性与非正常的另类生存,偏离常规的(déviant)生活。三是控制论结构支配和工具技术理性统治下的剩余:这里包括非结构化的历史时间、辩证运动和悲剧性(tragique)的个性,瞬间和构境(Les moments et situations)。四是大众文化浪潮中的剩余:这会有真正艺术创制中的想象力和独特风格。五是话语和象征编码下剩余:其中有不可言说(indicible)和无意义之物,诗意的潜能(capacité poiétique)。最后是核威胁下的剩余:这是一种"超越死亡的可能生活"。[92]列斐伏尔要重新会聚这些重要的存在剩余中的星星之火,以复燃起走向诗性创制的燎原烈焰。

在后来的一次访谈中,列斐伏尔这样谈到自己的"元哲学",他说,"我认为自己是一个元哲学家。也就是说,我并不建立某种体系。我的目标是从哲学中汲取那些能够唤起批判意识的概念。这些概念有助于我们对我们身处其中的世界形成更高和更深刻的认识"。[93]这里,我推测列斐伏尔的自我辩解应该包括两个构境层:一是列斐伏尔自认为,他在《元哲学》中所指认的权力之下的存在论剩余——生活中不可见诗性创制,正是马克思那个人类全面解放的最终目标。在这一点上,他达及了人本主义构境中的最高点。二是这种"元哲学"的努力,在后来一系列的研究进展中得到了深化,依我的判断,从《都市革命》一书开始,列斐伏尔原先在人本主义话语逻辑中关注人与人的社会关系生产与再生产的人化实践与诗性创制观念,在历史唯物主义的构境中获得了全新的意义,它实现为社会空间的场境关系存在论和空间生产的理论,从而真正完成了"元哲学"的原创性构序。

注释

[1] Henri Lefebvre, *Introduction à la modernité*:*Préludes*, Paris:Éditions de Minuit, 1962.

[2] Henri Lefebvre, *Métaphilosophie*, Paris:Éditions de Minuit, 1965.

［3］列斐伏尔自己在全书的文末写道："1959 年 9 月至 1961 年 5 月"（Septembre 1959-mai 1961）。

［4］［法］列斐伏尔：《什么是现代性?》，李均译，载《现代性与空间的生产》，上海教育出版社 2003 年版，第 2 页。

［5］《马克思恩格斯全集》第 42 卷，人民出版社 1979 年版，第 241 页。

［6］Henri Lefebvre, *Introduction à la modernité: Préludes*, Paris：Éditions de Minuit, 1962, p.146.

［7］［法］列斐伏尔：《什么是现代性?》，李均译，载《现代性与空间的生产》，上海教育出版社 2003 年版，第 6 页。

［8］Henri Lefebvre, *Le Marxisme*, Paris：Presses universitaires de France, 1948, p.7.中译文参见付可桢译稿，《马克思与列斐伏尔：第四届列斐伏尔哲学思想学术研讨会译文集》，上册，第 3 页，2023 年，南京大学。

［9］Henri Lefebvre, *Métaphilosophie*, Paris：Éditions de Minuit, 1965, p.269.

［10］［法］列斐伏尔：《什么是现代性?》，李均译，载《现代性与空间的生产》，上海教育出版社 2003 年版，第 4 页。

［11］夏尔·皮埃尔·波德莱尔（Charles Pierre Baudelaire, 1821—1867）：法国 19 世纪现代派诗人，象征派诗歌先驱。代表性作品有：《恶之花》（1857）、《巴黎的忧郁》（1864）等。

［12］［法］列斐伏尔：《什么是现代性?》，李均译，载《现代性与空间的生产》，上海教育出版社 2003 年版，第 8—9 页。

［13］同上书，第 9 页。中译文有改动。Henri Lefebvre, *Introduction à la modernité：Préludes*, Paris：Éditions de Minuit, 1962, p.175.

［14］［法］列斐伏尔：《美学概论》，载《列斐伏尔文艺论文选》，柳鸣九等译，作家出版社 1965 年版，第 103 页。

［15］［法］列斐伏尔：《什么是现代性?》，李均译，载《现代性与空间的生产》，上海教育出版社 2003 年版，第 9 页。

［16］同上。

［17］［法］列斐伏尔：《向着革命的浪漫主义前进》，载《列斐伏尔文艺论文选》，柳鸣九等译，作家出版社 1965 年版，第 215 页。

［18］［法］列斐伏尔：《什么是现代性?》，李均译，载《现代性与空间的生产》，上海教育出版社 2003 年版，第 10 页。中译文有改动。Henri Lefebvre, *Introduction à la modernité：Préludes*, Paris：Éditions de Minuit, 1962, p.175.

［19］Richard Deledalle Denis Huisman, *Les philosophes français d'aujourd'hui par eux-mêmes：autobiographie de la philosophie française contemporaine*. CDU, Paris, 1963, p.292.中译文参见王立秋译稿。

［20］［法］列斐伏尔：《什么是现代性?》，李均译，载《现代性与空间的生产》，上海教育出版社 2003 年版，第 18—19 页。

［21］同上书，第 11 页。

［22］在这封信中，列斐伏尔写道："在 1905 年前后，发生了一些什么呢？现代技术伟大的发明——电力、飞机、汽车——开始用于工业和社会生活。这时开始有了电影，有了普及文艺的新方法和纪录声音与音乐的新技术。生活明显地变了样，甚至连城市、街道、房屋的面貌也有了改变。生活似乎开阔多了，地平线也似乎无边无际地舒展开来。形象、象征、符号、标志都以一种意想不到的方式和现实生活结合在一起，并且带给现实生活新的深度和容量；真实的事物与人们习惯上认为真实的事物也相互混合。从这种爆发性的结合中，便产生了对绘画、雕塑、音乐、文学的新奇见解。"［法］列斐伏尔：《论现代化的一封信》，载《列斐伏尔文艺论文选》，柳鸣九等译，作家出版社 1965 年版，第 252 页。

［23］［法］列斐伏尔：《什么是现代性？》，李均译，载《现代性与空间的生产》，上海教育出版社 2003 年版，第 11 页。

［24］Henri Lefebvre, *Métaphilosophie*, Paris：Éditions de Minuit, 1965, p.282.

［25］［法］列斐伏尔：《什么是现代性？》，李均译，载《现代性与空间的生产》，上海教育出版社 2003 年版，第 13 页。

［26］Henri Lefebvre, *Introduction à la modernité：Préludes*, Paris：Éditions de Minuit, 1962, p.141.

［27］［法］列斐伏尔：《辩证唯物主义》，乔桂云译，载《西方学者论〈1844 年经济学哲学手稿〉》，复旦大学出版社 1983 年版，第 169 页。

［28］［法］列斐伏尔：《什么是现代性？》，李均译，载《现代性与空间的生产》，上海教育出版社 2003 年版，第 13 页。

［29］［法］列斐伏尔：《马克思主义的当前问题》，李元明译，生活·读书·新知三联书店 1966 年版，第 48 页。

［30］［法］列斐伏尔：《论国家》，李青宜译，重庆出版社 1988 年版，第 44—49 页。

［31］［法］列斐伏尔：《什么是现代性？》，李均译，载《现代性与空间的生产》，上海教育出版社 2003 年版，第 39 页。

［32］同上书，第 40 页。

［33］同上书，第 14 页。中译文有改动。Henri Lefebvre, *Introduction à la modernité：Préludes*, Paris：Éditions de Minuit, 1962, p.180.

［34］同上。中译文有改动。Ibid.

［35］［法］米歇尔·德塞托：《日常生活实践：(1)实践的艺术》，方琳琳译，南京：南京大学出版社 2009 年版，第 41 页。

［36］［法］列斐伏尔：《什么是现代性？》，李均译，载《现代性与空间的生产》，上海教育出版社 2003 年版，第 14 页。中译文有改动。Henri Lefebvre, *Introduction à la modernité：Préludes*, Paris：Éditions de Minuit, 1962, p.181.

［37］同上书，第 26 页。

［38］同上。Henri Lefebvre, *Introduction à la modernité：Préludes*, Paris：Éditions de Minuit, 1962, p.181.

［39］Henri Lefebvre, *Métaphilosophie*, Paris：Éditions de Minuit. 1965, p.280.

[40] Ibid., p.275.

[41] Ibid., p.278.

[42] Ibid., p.271.

[43] 社会负熵(social negentropy)是我提出的历史唯物主义新概念。在已有的自然科学观念中,熵是无序,负熵则是指物质系统有序化、组织化、复杂化状态的一种量度。薛定谔在1944 年发表的《生命是什么》一书中,提出了生命的本质是负熵的观点。我认为,古典经济学的社会唯物主义观念,已经基于工业生产创制出来的不同于自然负熵的社会负熵,而马克思、恩格斯第一次在《德意志意识形态》一书中,以一定历史条件下的物质生产与再生产对社会定在和社会生活的有序化和组织化作用,奠定了社会定在的本质是生产力历史构序的一般社会历史负熵质。之后,马克思又在自己中晚期的经济学研究中,发现了商品-市场经济构式特有信息编码中的经济构式负熵质,这种经济构式负熵中的有序化和组织化,恰恰是以经济无序和返熵的自发性来实现的。社会历史负熵是人的观念负熵的现实基础。

[44] Henri Lefebvre, *Métaphilosophie*, Paris：Éditions de Minuit, 1965, p.23.中译文参见胡诗雨译稿。《马克思与列斐伏尔:第四届列斐伏尔哲学思想学术研讨会译文集》(上册),第 78 页。2023 年,南京大学。

[45] Ibid.中译文参见胡诗雨译稿。《马克思与列斐伏尔:第四届列斐伏尔哲学思想学术研讨会译文集》(上册),第 78 页。2023 年,南京大学。

[46] Ibid.中译文参见胡诗雨译稿。同上。2023 年,南京大学。

[47] Ibid.中译文参见胡诗雨译稿。同上书,第 79 页。2023 年,南京大学。

[48] Ibid.中译文参见胡诗雨译稿。同上。2023 年,南京大学。

[49] Henri Lefebvre, Retour Marx, Cahiers Internationaux de Sociologie, *NOUVELLE SÉRIE*, Vol.25(Juillet—Décembre 1958), pp.20—37.

[50] Henri Lefebvre, *Problèmes actuels du marxisme*, Paris：Presses universitaires de France, 1958.

[51] 列斐伏尔指出,在《关于费尔巴哈的提纲》中,马克思否定了旧唯物主义那种"非主体地(non subjectivement)看待对象、现实、活动和实践(de l'activité et de praxis)之外的事物"的观点,也开启了对直观物进行批判性透视的科学认识,进而第一次从革命的、批判性的物质实践物相化活动出发,将唯物主义哲学推进到"改变世界"的实践唯物主义科学方法论。Henri Lefebvre, *Retour Marx*, Cahiers Internationaux de Sociologie, NOUVELLE SÉRIE, Vol.25(Juillet—Décembre 1958), p.28.

[52] Henri Lefebvre, *Métaphilosophie*, Paris：Éditions de Minuit, 1965, p.23.中译文参见胡诗雨译稿。《马克思与列斐伏尔:第四届列斐伏尔哲学思想学术研讨会译文集》(上册),第 78 页。2023 年,南京大学。

[53] Ibid., p.24.中译文参见胡诗雨译稿。同上书,第 79 页。2023 年,南京大学。

[54] Ibid.中译文参见胡诗雨译稿。同上。2023 年,南京大学。

[55] 莫斯(Marcel Mauss, 1872—1950):法国现代著名人类学、社会学家。1872 年 5 月,莫斯出生于法国埃皮纳尔的一个犹太家庭,其父是一个从事刺绣工艺的小业主,而母亲就是

鼎鼎有名的社会学大师涂尔干的姐姐。1890 年中学毕业之后，莫斯没有升入巴黎高等师范学校，而是直接在波尔多大学跟随涂尔干学习社会学，并逐步成为涂尔干的重要学术助手。1891 年前后，他同时注册学习法律。两年后，莫斯曾因服兵役暂时中断学业。1895 年，莫斯通过了国家哲学教师资格的考试，并于同年开始在法国高等实验研究院学习、工作。1898 年，莫斯与涂尔干一起创办《社会学年鉴》，开创了法国社会学的"年鉴派"。1930 年，他当选法兰西学院"社会学讲座教授"；1938 年，当选高等实验研究院宗教科学部主任。1950 年 2 月，莫斯因病在巴黎去世，终年 78 岁。其代表作有：《论民族》（1920 年）、《论礼物》（1925 年）、《社会学与人类学》（1950 年）、《作品集》（三卷，1968—1969 年）等。

［56］关于鲍德里亚的象征交换的研究，参见拙著：《反鲍德里亚》，导言，商务印书馆 2006 年版。

［57］Henri Lefebvre, *Métaphilosophie*, Paris：Éditions de Minuit, 1965, p.24.中译文参见胡诗雨译稿。《马克思与列斐伏尔：第四届列斐伏尔哲学思想学术研讨会译文集》（上册），第 79 页。2023 年，南京大学。

［58］Ibid.中译文参见胡诗雨译稿。同上。2023 年，南京大学。

［59］Ibid., p.25.中译文参见胡诗雨译稿。同上。2023 年，南京大学。

［60］Ibid.中译文参见胡诗雨译稿。同上书，第 80 页。2023 年，南京大学。

［61］Ibid.中译文参见胡诗雨译稿。同上。2023 年，南京大学。

［62］Ibid.中译文参见胡诗雨译稿。同上书，第 81 页。2023 年，南京大学。

［63］在后来的《空间的生产》中，列斐伏尔提到，"在 1910 年左右，一类特定的空间被打碎了，即常识的空间、认知（Savoir）的空间、社会实践的空间、政治权力的空间"。［法］列斐伏尔：《空间的生产》，刘怀玉等译，商务印书馆 2021 年版，第 39 页。中译文有改动。Henri Lefebvre, *La production de l'espace*, Ed.Anthropos, Paris, 2000, p.34.在《日常生活批判》第三卷中，1910 年，也是列斐伏尔在日常生活批判构序线索中标定资产阶级现代性确立和技术意识形态到场的时间节点。［法］列斐伏尔：《日常生活批判》，第三卷，叶齐茂等译，社会科学文献出版社 2018 年版，第 581 页。

［64］Henri Lefebvre, *Métaphilosophie*, Paris：Éditions de Minuit, 1965, p.26.中译文参见胡诗雨译稿。《马克思与列斐伏尔：第四届列斐伏尔哲学思想学术研讨会译文集》（上册），第 81 页。2023 年，南京大学。

［65］Ibid.中译文参见胡诗雨译稿。同上书，第 82 页。2023 年，南京大学。

［66］Henri Lefebvre, *La vie quotidienne dans le monde moderne*, Paris：Gallimard, 1968, p.125.中译文参见仰海峰译稿。

［67］Henri Lefebvre, *Métaphilosophie*, Paris：Éditions de Minuit, 1965, p.27.中译文参见胡诗雨译稿。《马克思与列斐伏尔：第四届列斐伏尔哲学思想学术研讨会译文集》（上册），第 82 页。2023 年，南京大学。

［68］［法］列斐伏尔：《辩证唯物主义》，乔桂云译，载《西方学者论〈1844 年经济学哲学手稿〉》，复旦大学出版社 1983 年版，第 178 页。

［69］Henri Lefebvre, *Métaphilosophie*, Paris：Éditions de Minuit, 1965, p.27.中译文参见胡

诗雨译稿。《马克思与列斐伏尔:第四届列斐伏尔哲学思想学术研讨会译文集》(上册),第82页。2023年,南京大学。

［70］社会物相化为我在《回到马克思》第二卷中提出的观点,它主要是指人们构序自己社会生活的方面,通常是通过社会关系场境和制度体系的方式来完成。

［71］Henri Lefebvre, *Métaphilosophie*, Paris:Éditions de Minuit, 1965, p.27.中译文参见胡诗雨译稿。《马克思与列斐伏尔:第四届列斐伏尔哲学思想学术研讨会译文集》(上册),第83页。2023年,南京大学。

［72］Ibid.中译文参见胡诗雨译稿。同上。2023年,南京大学。

［73］Ibid.中译文参见胡诗雨译稿。同上。2023年,南京大学。

［74］Ibid., p.28.中译文参见胡诗雨译稿。同上。2023年,南京大学。

［75］Ibid.中译文参见胡诗雨译稿。同上。2023年,南京大学。

［76］Ibid.中译文参见胡诗雨译稿。同上。2023年,南京大学。

［77］Ibid.中译文参见胡诗雨译稿。同上。2023年,南京大学。

［78］Ibid.中译文参见胡诗雨译稿。同上。2023年,南京大学。

［79］Ibid.中译文参见胡诗雨译稿。同上书,第84页。2023年,南京大学。

［80］Ibid.中译文参见胡诗雨译稿。同上。2023年,南京大学。

［81］Ibid., pp.28—29.中译文参见胡诗雨译稿。同上。2023年,南京大学。

［82］Ibid., p.29.中译文参见胡诗雨译稿。同上。2023年,南京大学。

［83］Ibid.中译文参见胡诗雨译稿。同上书,第84—85页。2023年,南京大学。

［84］Ibid.中译文参见胡诗雨译稿。同上书,第85页。2023年,南京大学。

［85］Ibid.中译文参见胡诗雨译稿。同上。2023年,南京大学。

［86］Ibid., p.30.中译文参见胡诗雨译稿。同上。2023年,南京大学。

［87］Ibid., p.27.中译文参见胡诗雨译稿。同上书,第83页。2023年,南京大学。

［88］Ibid., p.30.中译文参见胡诗雨译稿。同上书,第86页。2023年,南京大学。

［89］Ibid., pp.30—31.中译文参见胡诗雨译稿。同上。2023年,南京大学。

［90］Ibid., p.31.中译文参见胡诗雨译稿。同上。2023年,南京大学。

［91］Ibid.中译文参见胡诗雨译稿。同上。2023年,南京大学。

［92］Ibid., pp.31—32.中译文参见胡诗雨译稿。同上书,第87页。2023年,南京大学。

［93］参见:《莱泽克·科拉科夫斯基与亨利·列斐伏尔的对话:进化还是革命》,《马克思与列斐伏尔:第四届列斐伏尔哲学思想学术研讨会译文集》(上册),第160页。2023年,南京大学。

第五章 日常性与现代性:现代资产阶级日常生活的改变

1967 年,也是红色五月风暴爆发的前夕,列斐伏尔完成了作为《日常生活批判》第三卷的思考大纲——《现代世界中的日常生活》(*La viequotidienne dans le monde modern*)[1]。我推测,他没有直接接着写作第三卷,可能已经感觉到会有大的政治事件发生,所以他只是在这一思考大纲中总结和记录自己在这一方面思考的线索。在这里,他区分了日常生活与日常性,透视了当代资产阶级日常生活与现代性同谋的关系场境本质,并且提出以"消费被控制的官僚社会"来界定今天的资本主义社会。当然在这一文本中,我们看到了元哲学家列斐伏尔在日常生活批判理论中的某种无方向感和逻辑彷徨,这也是他方法论变革前的致暗时刻。

一、文学与哲学视域中的日常生活批判

可以看到,在《现代世界中的日常生活》一书中,列斐伏尔对现代世界中的日常生活观察,并没有从自己熟悉的社会学和哲学入手,而是从感性的文学开始。这一点,与上述的《现代性导论》中"什么是现代性"一章(第十一前奏)起始的思考点相近。不过,这已经不是波德莱尔、兰波、布勒东、扎拉等 19 世纪末到 20 世纪初的先锋艺术实践,而已经是面对日常生活的一批更新的激进艺术话语。首先,在列斐伏尔看来,今天人们对日常生活的关注开始变得强烈起来,但不同于马克思的那个时代,激进话语对资本主义社会存在的不公正和奴役关系,主要是从宏大的政治和经济问题入手的,甚至那个时候的伟大文学作品,也会是宏大叙事中的现代性话语模式。而今天,过去不起眼的"日常生活像火

山爆发一样大量地涌入到文学领域"。其实,并不仅仅是文学,列斐伏尔还列举了资本主义社会中的"现代戏剧(Ionesco[2], Beckett[3])、诗(Ponge[4])、电影(Resnais[5], Godard[6])"等,也都出现了与文学一样的对日常生活的批判性反思。后面列斐伏尔又提及音乐、建筑、绘画、舞蹈和游戏等领域中的思想转换,因为,这都是与反复惯性发生的日常生活密切相关的事情。[7]

其中,尤为突出的是爱尔兰作家乔伊斯[8]的小说《尤利西斯》(Ulysses),列斐伏尔认为,这是一部史诗般的日常生活批判画卷。他说,在这部小说中,

> 生活中的每个细节都成为"普遍性的日常生活"的一个象征,生活的这种可限定和无法限定的模糊状态,反映了这个时代的精神,即日常生活的"难以想象的面孔",正如乔伊斯的描写所揭示的,这些细节一个接一个地以匿名的方式(anonymat)刻画着日常性(quotidienneté)。[9]

因为,不像雨果的《巴黎圣母院》,深刻揭露了宗教神学压抑人性的复杂矛盾,也不像《资本论》揭露的资本家对工人剩余价值的无偿经济占有,乔伊斯通过无数模糊不清的生活细节,刻画了今天资本主义社会丧失了诗性创制质性和价值取向的生活世界中,不可见权力在量化和无意义的日常性中的 anonymat(匿名)构序和统治。后面列斐伏尔会说明,这里新出现的 quotidienneté(日常性)已经是对日常生活的反思。在《尤利西斯》中,他"通过史诗般的(épique)描写方式——面具、习俗、场景(masques, costumes et decors)——日常性吸引了读者的注意力",这是发生在生活细节中的"贫穷与富有"关系,一种"神秘的力量主宰了一切(D'énigmatiques puissances president)"。[10]在这里,物消解为超物(super-objet),主体表现为普遍性和日常性的双重关系赋型属性,

> 大写的主体(Sujet)变得暧昧不明(estompé),这对任何人来说都不再是新闻,主体已失去了自己的外形,主体不会涌现出来或者像过去一样向更远的地方流动,同时它的性格、角色、人格已滑落到背景之中。现在是客体扮演着主导地位的时候,不是它的客观性(objectivité,它仅意味着同主体的关系),而是大写的客体(Objet),是纯粹形式(forme pure)。[11]

　　这是过于形而上学的描述。这里可以感觉到列斐伏尔文本写作中的一种改变，即**走向哲学思辨**，我推测，这可能是对同辈哲学家拉康、萨特、梅洛－庞蒂，甚至是对横空出世的阿尔都塞、福柯和德里达等深层哲学构境的回应。在《元哲学》一书之后，这一改列斐伏尔在《日常生活批判》前两卷中那种在哲学和社会学之间的摇摆不定。列斐伏尔这里的意思是说，《尤利西斯》深刻地反映出，传统布尔乔亚那种与神性相近的大写主体性（"类"）开始消解，现代主体性如同福柯所指认的"沙滩上的人脸"，人失去人的外部塑形，独立的人格消融于背景，这是人的死亡；同时，super-objet（超物）的抽象客体（经济客体和技术客体）成为日常生活的中心，这并非是与主体相关的objectivité（客观性），而是抽象的、纯粹形式化的Objet（大写客体）。这是列斐伏尔从乔伊斯的作品中体知到的现代日常生活世界中的主体与客体的改变，或者说，现代资本权力下艺术家能够捕捉到的某种存在论"诗性"剩余。

　　可是，列斐伏尔认为，与乔伊斯文学作品中对现代日常生活的深刻透视不同，现在的一般作家在描述资本主义社会日常生活中的任何现象，并没有充满反思性的关联，而就是停留于实证观察中的对象，直接臣服于平庸的日常生活。列斐伏尔说，

　　　　如果我今天想写作——那就是描写虚幻的东西——我将从一个日常的对象（objet）开始，从一个杯子、一个橙子、一个我试图详细描述的苍蝇开始，我根本不会从感性（sensible）开始——具体地表述它——我会开始列举清单和种类。我为什么不选择从雨滴滑落到玻璃窗上开始？对于这滴雨，我能写一整页、十页。对我来说，它是日常生活的再现（representer），同时又回避着日常生活，它表现了时间和空间，以及在时间之内的空间（espace dans le temps），它将会成为整个世界，虽然现在还仅仅是一粒小雨滴。[12]

　　在平庸作家的眼中，现在只有生活中可见的实证对象，而丧失了主体性的联想。就像眼前打在窗子玻璃上的雨滴，如果出现在文学作品中，列斐伏尔说，他可以就这雨滴写上一页甚至十页，因为从sensible（感性的）日常生活批判去思考，这打在满是灰尘的玻璃上的雨滴，可能会是久旱土地渴望的甘露，会是失恋姑娘的心头的血滴，也可能会是游荡街头的流浪汉找不到避雨之处的焦虑，所以

从敲打在玻璃上的雨滴中,列斐伏尔会想到主体际生活关系中的时间与空间场境,甚至联想到作为 espace dans le temps(时间之内的空间)的整个诗性创制构境中的日常生活世界。然而,在平庸作家的笔下,因为"缺少对日常性的关心,而仅揭示了其'客观的'或场景的方面",所以,它只是我们看见的"一粒小雨滴"。这与前述乔伊斯在《尤利西斯》中对日常生活的深刻批判,形成着鲜明的对比。在这里,列斐伏尔以法国作家克劳德·西蒙的书《弗兰德公路》(*La Route des Flandres*)[13]为例,在他看来,西蒙的小说里,"他不想有深度,一切就在那里",于是,"人类的命运游戏于日常生活世界中","面对日常生活,作者没有揭开面具,揭去面纱(le demasque,le devoile),日常生活变得越来越难以忍耐,越来越枯燥"。[14]用资产阶级意识形态最重要的思想家韦伯的话语来说,就是马克思曾经想揭开的"面具"和"面纱"背后空无一物,那么,**现象就是本质**,真实生活就是可见的"价值中立"的事实。奴役就是一种**活该性**[15]关系中的现实。列斐伏尔则提出,现代日常生活批判的方法论实质,就是要打碎这种无视诗性创制的实证主义的麻木性,像乔伊斯那样发挥超越平庸日常生活的批判性隐喻功能(fonction métaphorique)。能体知得到,列斐伏尔对乔伊斯作品的解读,多少带有一些超现实主义的构境痕迹。平心而论,列斐伏尔上述这种文学评论,相比之萨特的文学作品中内嵌的深刻批判构境和阿多诺的音乐哲学省思来说,真不能算是深刻的东西。

其次,讨论两本面对资本主义日常生活的小说,倒不是列斐伏尔真想评论文学,而是要引导读者关注马克思主义的日常生活批判话语与现代实证主义(实用主义)思潮在哲学方法论上的根本对立。列斐伏尔明确说,"要从新的哲学视角出发,来着手解决日常生活问题"。这也就是列斐伏尔眼中"哲学与日常生活知识"(Philosophie et connaissance du quotidien)的关系。我甚至觉得,这也是列斐伏尔在日常生活批判中,开始自觉地从社会学向哲学的转换。在前述《日常生活批判》的第1—2卷中,列斐伏尔的方法论基础主要是社会学。在他看来,

> 在19世纪,思想的主线是由思辨转向经验的、实践的现实主义(réalité empirique et pratique),卡尔·马克思的著作和正在崭露头角的社会科学,形成了这一转换过程的界标。以自由竞争的资本主义社会为框架,马克思从生产活动和幻觉的克服(activite productrice,illusions k surmonter)这一双重

视角出发,主要关注于工人阶级的日常存在,尽管存在着实证主义和实用主义(positivisme et pragmatisme)的挑战,但哲学仍然直面这些质疑,并且独自能将破碎的意识形态和专业化的科学联为一体;换言之,如果我们想理解存在与本质、真实的或想象的可能性、人类的潜能与局限,我们就不能废除哲学;在联结和评价彼此脱离的物质的方面,没有任何方法能与哲学的方法相媲美。这是因为哲学,通过它的广泛的兴趣领域,设计着总体性(totalité)的"人的存在"(être humain)的形象,一个自由的、完成了的、充分地实现了的、合理的虽说还不真实的形象。[16]

这是观察日常生活的两种截然不同的哲学方法。列斐伏尔声称,虽然从 19 世纪开始,资产阶级就通过实证主义和实用主义拒斥和否定所谓抽象的"形而上学",他们消除现象背后的本质,使人们关注资产阶级世界中可见的物性现象上,停留于日常生活给予的现状之中。但马克思却以关注一定历史条件下的生产活动和超越意识形态幻象为基础,找到了面对工人阶级日常生活的批判性哲学话语,这种哲学的本质就是要透视日常生活存在的本质,以挖掘人的潜能和真实生命存在的意义,并且,他认为马克思基于整体的(ensemble)**总体性**(totalité)诗性创制的"人的存在"(être humain)仍然是这一研究的牵引方向。这当然是一种人本主义话语包装和编码起来的说辞。实际的情况是,马克思通过透视资本主义社会的日常生活中看起来公平的资本家与工人的平等交换现象,揭示出这种形式上平等 illusions(幻觉)背后遮盖起来的实质上的经济剥削关系,这就是资本家无偿占有雇佣工人在 activite productrice(生产活动)中创造的超出"工资"的剩余价值的秘密。而在资产阶级经济学家看来,马克思的劳动价值论和剩余价值理论,正是不可见的"形而上学"抽象。列斐伏尔的意思,是想在日常生活批判中坚持马克思的哲学批判方法。这当然是对的。但他忘记说明,马克思经济学研究中的哲学批判是从剩余价值剥削关系中透视劳动异化和事物化颠倒的经济拜物教。

也是在这里,列斐伏尔特意说明了**日常生活**(quotidien)与他新创造的**日常性**(quotidienneté)的关系。如果说,直观的日常生活可以是社会学的研究对象,那么日常性概念本身,已经是一种形而上学的哲学抽象。这是一个理论逻辑构序中的进展。在他看来,

　　日常性(*quotidienneté*)是一个哲学概念,它不能从哲学之外来理解,它必须由哲学来思考,非哲学在其他语境中是难以思考这个概念的。日常性是一个既不属于日常生活,也不反映日常生活的概念,但在哲学的意义上,更能揭示日常生活的可能性转变(transformation)。况且,它也不是纯粹哲学思辨的产物,而是来自直接面向非哲学领域的哲学思考,它的主要成就在于这种自我超越(propre depassement)。[17]

　　这是一个十分奇特的构序逻辑。在列斐伏尔这里,这个 quotidienneté 并非人本学的价值悬设构境中应该存在的本真性,比如他在《元哲学》中设定的诗性创制,并以此为尺度判定日常生活中的沉沦为异化,也就是说,**日常性不是逻辑前置的"应有"概念,而一种逻辑后置的"将有"规定**,即从现有的日常生活改变的未来构序维度上确定的可能性方向。这是主导日常生活的动态本质。列斐伏尔自己界定说,日常性不是客观发生的日常生活,也不是沉沦于被"占有欲与需要所支配"常人(l'homme quotidien)的日常经验,而是一种从哲学上对日常生活观察的抽象结果,所以,日常性不会是简单直观,而会是一种促使日常生活 propre depassement(自我超越)的可能性。在这里,列斐伏尔专门交待说,过去的哲学批判话语总是将自己与"大写的自然、神、人"(la Physis, du Divin et de l'Humain)的权威联系起来,哲学仿佛就是代言"大写的存在、深度和实体"(l'Etre, la Profondeur, la Substance)[18],由此凌驾于日常生活之上,似乎哲学就是高深莫测的真理和居高临下的本质,而日常生活只是微不足道的琐事和现象。这当然是一种可笑的误认。这里,列斐伏尔专门使用了海德格尔诠释语境的希腊文 Physis 来凸显"大写自然"的哲学性。仔细去想,列斐伏尔这里构境意向十分接近施蒂纳对"类哲学"的证伪,然而他没有意识到的问题是,他刚刚提点的"总体人",仍然属于这种人本学的"大写"类哲学话语构境之中。

二、作为社会关系场存在的日常生活与日常性

　　在列斐伏尔看来,他的日常生活批判,恰恰是一种超出社会学研究和实证主义哲学观的新的哲学话语,这种哲学话语是对日常生活中日常性的把握和透视:

第一，过去的哲学恰恰不知道，"日常生活作为微不足道的行动及其结果的总和，作为与其他生命（自然中的植物、动物等）不同的生命活动的结果的总和，更能避开大写的自然、神圣的和人性的神话（mythes）。它能表现意义的初始领域（premiere sphere de sens），在这里创造力被贮藏起来，以准备新的创造"。[19] 相比之宏大社会实践构序和重大历史变革事件，日常生活正是社会革命初始发生的基础，那些打着 la Physis, du Divin et de l'Humain（大写的自然、神、人）旗号的创造性实践和社会革命的创造性，正是在不起眼的引导日常生活中的日常性中蕴育和生长起来的。依不久前他在《元哲学》中的逻辑，这种被隐匿起来的原生性创造力，正是人化实践中支撑日常生活存在的诗性创制。这是列斐伏尔一开始讨论日常生活时就突出强调的东西。

第二，日常生活并不是一些可见物构成的实体存在，而是一种不可见社会**场存在**。这是我们在上述《日常生活批判》第 2 卷讨论中已经遭遇的深刻观点。这种观点在《元哲学》一书的讨论中，与诗性创制的非物性关系场境相关联，当然也会内在地连接于之后的社会空间场境中的生产关系再生产问题。列斐伏尔说，

> 这个场（champ），既不能被还原为哲学家的主观性规定，也不能归结为各种各样对象的客观再现（representation objective），如衣服、食物、家具等，因为它不只是这些？它不是一个裂缝，一个栅栏，或一个顶点，而同时是一个场和一个中继站点（une etape et un tremplin），一个歇脚处和一个跳板，一个由许多瞬间构成的时刻（moment compose de moments，需要、劳动、享受——结果和成功——被动性和创造性——方法和结果，等等）。[20]

这又是一个过于形而上的说法。列斐伏尔是想表明，日常生活并非传统哲学所低看的物性生活琐事，它是不可见的生活存在场，这种场境存在的构序本质不是衣服、食物和家具那样的对象物，而是个人生活言行中许多发生即消逝的非物性的 moment（瞬间），这是一种不可直观的人与物、人与人的生活关系场境编码。实际上，在前面《元哲学》关于诗性创制的界定中，首先出现的就是不同于服饰和饮食等物的系统的**关系场境存在**，这也会是后来那个社会空间思考线索的缘起。在这个意义上，日常生活在夜里是"不在场"的。我们真的能够感觉

到，列斐伏尔在努力使自己在哲学上更加思辨和深刻起来。

第三，列斐伏尔认为，更重要的问题是，这种由人和物、人与人的关系建立起来的社会日常生活场境并不是永恒不变的状态，因为，马克思作为历史唯物主义最主要认知对象的社会存在是**历史性的发生**的，这也必然导致支配日常生活的日常性的历史性特征。他说，今天我们在现实中看到这种关系场式的"社会生活（vie sociale），是在 19 世纪的工业时代（l'époque industrielle）才从千年占统治地位的条件中慢慢地浮现（emerge）出来的"。[21]这是一个十分深刻的看法。在人们直观常识中，似乎"日常生活就是生计、衣服、家具、家人、邻居、环境"，但是，建立在农耕文明之上的封建宗法关系场境中的日常性关系中，人的"生计、衣服、家具、家人、邻居、环境"都是基于一种人对人的直接依赖关系，似乎日常生活会是永恒不变的，然而，你进入资本主义社会中的日常生活，你会发现"一切都被计算（compte）。任何事物都被数字化了：货币、分钟、米、公斤、卡……不仅客体（objets）而且活生生的和有思维的人也是如此，因为动物和人的人口统计学，就像对物（choses）进行统计一样来计算人和动物"。[22]这也就是说，资本主义社会这种特殊的日常性的本质是消除质性的可操作性的量化，除去马克思已经讨论过的进入交换关系的金钱量化，还包括以各种形式量化编码和重组的人的生活细节，这将导致生活中**一切质性（价值合理性）**和**意义**的解构。资产阶级的日常生活的日常性，体现着走向死亡的求新瞬间中的资产阶级现代性的时尚逻辑。

第四，这种作为社会关系场存在的**现代世界中**的日常生活，从一开始就畸变为一种特定的资产阶级**日常性**（la quotidienneté）与**现代性**（la modernité）捆缚在一起。这个现代性概念，是列斐伏尔在《现代性导论：序曲》中讨论过的问题。一是在列斐伏尔看来，资产阶级的"现代性代表着新奇的（nouveauté）、光亮的（brillance）、自相矛盾的（paradoxal）东西，并且打上了技术性的和世界性的烙印"。这里列斐伏尔对现代性的指证，更多地表现为一种符码性的美学特征，所以，资产阶级的现代性的标识是不断翻新的炫耀式的光亮时尚之物，它是由技术构序和编码起来的无止境翻新和"进步"的世界性场境。而现实世界中的日常性，则是资产阶级可操作的量化日常生活中表现出来的某种无意义的"微不足道和坚固的东西"（l'humble et le solide），它"做没有日期的事情（C'est donc ce qui ne porte pas de date），也微不足道（insignifiant）"。[23]相对于现代性的光亮，支配日常生活的日常性，表现为生活中没有任何诗性创制质性事件的重复发生，摹仿畸变为简单的模仿，在隐性的伦理实践和非直观的雇佣时间美学中，实现着资产阶级全部现代性意识形态目的。也是在这里，列斐伏尔使用了德波的景观概念。1967年，德波出版了著名的《景观社会》。[24]列斐伏尔说，"在景观(spectacles)中，现代世界为自身而构成自身。日常性和现代性相互指涉、相互遮蔽、相互提供着合法性、相互补偿。今天，这种普遍的日常性，根据赫曼·布洛赫(Hermann Broch)的说法，正是现代性的反面，正是我们时代的精神"。[25]在德波那里，景观是一个新的存在论意义上的虚假表象系统，而列斐伏尔并没有深入景观概念的深刻批判构境之中，他只是说明了资产阶级现代性与日常性在景观中的某种同谋性，这也是他与自己的老友布洛赫的共识。

二是作为符号集合的现代性与无意义的日常性，共同建构起资产阶级意识形态控制。

> 日常性和现代性，一方装饰和掩盖着另一个，泄露和遮盖着另一个。日常性，由无意义(insignifiant)组成，统一于这个观念中，回应和符合着现代性，现代性是由符号的集合(ensemble de signes)构成的，通过符号我们的社会表现自己，为自己确立合法根据，这些构成了这个社会的意识形态部分(partie de son ideologic)。[26]

这是说，光亮、常新的现代性是一个符码集成起来的表象系统，它在资本主义经济关系中的金钱符码和政治法律话语之上，以一整套完整的现代性话语编码体系，认证着全部资产阶级世界的合法性，而看起来无意义和微不足道的日常性，则以平庸的无思的日常生活回应着现代性，让现代性成为现代日常生活本身的意识形态无形支撑。

三是作为能指与所指关联的现代性和日常性。在列斐伏尔这里，索绪尔语言学中的所指是意义，而能指则是符码，可是在资本主义社会的日常生活中，现代性与日常性在景观中互为能指与所指，这是一种奇怪的景观现象。

> 这两个方面相互指涉，根据需要，每个依次成为能指或所指(signifiants aux signifiés)，当没有这种需要时，它们只不过是无目的能指与不相关的所

指。在这个世界,你根本不知道你站在哪里。当你尽力将能指与所指联系在一起时,如果你相信各种宣言、声明或宣传(déclamations et déclarations, propagandes),各种妄想就会将你引入歧途。如果你接受从电视和收音机、电影和报纸里蜂拥而至的符号,并且认可决定这些符号意义的评论,你将成为这种情境(situation)中的一个被动的牺牲品,但如果你对此做出某种区别——比如日常性和现代性(de la quotidienneté et de la modernité)——情况就会改变:你现在是符号的积极阐释者(l'interprete actif des signes)。[27]

这是说,在现代资本主义社会的景观场境中,并非存在着凝固化的现代性和日常性,这二者会互为符码和意义,现代性可能会通过各种政治声明或公开宣言表达出来,也可以由日常性通过看起来无意义的电视广播中的虚构故事叙事引导日常生活,无论你是赞成某种政治立场还是拒绝一条法规,无论你是喜欢一个新闻还是厌恶一个节目,你都会是这种分不清能指与所指的混乱景观的奴隶。

应该说,这些观点是列斐伏尔日常生活批判理论中的"元哲学"进展。在他看来,这个特定的现代性资产阶级世界中出现的日常性,不仅仅是一个概念,而且是一个可以用作理解整个资产阶级社会存在的导线,它可以让我们发现,"市场(资本和生产)的普遍化改变了一切,物、人、关系(rapports)打下了支配的印记(caractere dominant),这种支配使世界变成了单调的散文"。[28]这是说,马克思所指认的资本的逻辑,已经侵入(envahir)到一切事物中——文字、艺术和对象之中,并且,存在本身的全部诗性创制(poièsis)已经被驱逐出去了。[29]然而,在已有的社会科学研究(比如家庭社会学、消费心理学、人类学或现代人类文化学)中,人们"通过研究习惯与行为,抹平了日常生活",并且,"他们轻视家具(meubles)、客体和客体世界(monde des objets)、时间表(les emplois du temps)、新闻标题,以及广告等这些日常事实",从而忽略了从日常生活中把握日常性的本质。[30]只有从这个角度出发,才能建立一种基于诗性创制异化的全新的日常生活批判理论。当然,列斐伏尔不会忘记黑格尔、马克思和尼采,前二者的现实合理性(réalisation du rationnel)的方向将提供关于日常生活的**批判分析**(l'analyse critique du quotidien),而最后者将建构出**改造日常生活**(transformation du quotidien)的前瞻性。[31]1975年,列斐伏尔出版了《黑格尔、马克思与尼采,或阴影的王国》[32]一书,并将黑格尔、马克思和尼采并列为支撑自己元哲学方法论的"三圣"。列斐伏尔专门指认说，这一切仍然是他自己"元哲学"（métaphilosophie）的努力方向。

三、日常生活批判理论发展逻辑的历史梳理

在这里，列斐伏尔对自己日常生活批判理论发展逻辑，进行了初步的历史梳理。这是他第一次对自己的日常生活批判理论的历史回溯，在后来的《日常生活批判》第三卷中，他再一次回溯了这一理论的历史进程。我们看到，他将自己已有的理论努力划分为三个不同阶段：第一个阶段是 1946 年写下的《日常生活批判》第一卷（导论）。他承认，那本书打上了那个时代的印记。在当时的列斐伏尔眼里，这本书"包含了对马克思主义思想的解释"，同时这种解释也同当下的日常生活研究有关。这里的两个关键词是马克思和日常生活。

首先，第一个主要成就为"回到马克思"：

它既向哲学主义（philosophisme）挑战也向经济主义（économisme）挑战，拒绝承认马克思的遗产能被降低为哲学的体系（systéme philosophique，辩证唯物主义）或还原为政治经济学理论。当根据马克思的早期著作（虽然在心里仍然根据《资本论》）来解释马克思时，**生产**（production）这个术语要求一种更强有力的和更宽泛的意义。生产不仅仅是产品的制造（fabrication de produits）：这个术语一方面意指"智力"生产（production «spirituelle»），即创造（包括社会时间和空间的创造），另一方面意指物质生产或事物的制作；它也意指人类自身在历史发展过程中的自我生产，这包括**社会关系**的生产（production de *rapports sociaux*）。最后，从它的最丰富的意义来说，这个术语还包括**再生产**（*reproduction*），不仅包括生物意义上的（这是人口统计学的领域）再生产，而且包括物质生产工具的再生产，技术性工具和契约性社会关系的再生产。[33]

我觉得，在《现代世界中的日常生活》一书中，这是列斐伏尔对自己思想史发展进程中关于"回到马克思"研究的一个十分重要的重新提点。第一，在 1945

年,列斐伏尔已经在拒绝第二国际理论家将马克思主义诠释为教条主义式体系哲学的错误做法,马克思思想的本质既非抽象的 philosophisme(哲学主义),也不是僵死的 économisme(经济主义)决定论。这承袭了自青年卢卡奇和葛兰西开辟的西方马克思主义思考逻辑。应该说,在整个西方马克思主义思想史中,在青年卢卡奇的《历史与阶级意识》和柯尔施的《马克思主义与哲学》之后,真正系统地重新理解马克思思想的就是列斐伏尔,在这一方面,他的工作是远在同时代所有左翼学者之上的。列斐伏尔遇到的真正挑战,是 1965 年以《保卫马克思》和《读〈资本论〉》异军突起的阿尔都塞。

第二,列斐伏尔刻意强调说,虽然那里主要关注了马克思的早期著作(《1844 年手稿》),可内心里却"装着"《资本论》,这也是事实,但他并没有体知到,他是以人本主义的异化史观来重构《资本论》的。在这一点上,他与弗罗姆在《马克思的人的概念》和杜娜叶夫斯卡娅[34]的《马克思主义与自由》中的观点是基本一致的。

第三,列斐伏尔思想中发生了重要改变,但这种改变不是发生在 1945 年,而是**现在**。显然他有一些过度美化自己的嫌疑,因为他把当时掉在马克思早期人本学异化史观中的自己的观点美化成一种新的观念,并且,他具体指认了一种所谓的**生产与再生产**(production et reproduction)的观点。这是历史唯物主义的核心观点,显然不是他 1945 年的思想。列斐伏尔在《日常生活批判》第一卷中,的确心里装着马克思的《资本论》,但他主要关注经济拜物教批判。在这里,列斐伏尔说,一是他的生产概念已经跳出了马克思原来理解的物质生产塑形和构序的范围,因为,生产不仅仅是物质生产和产品的制造,它还内含着一种智力性构序的"创造[包括社会时间和空间(le temps et Tespace sociaux)]"。这里的智力性构序的生产,实际上主要是指在生产过程中越来越重要的非及物的科学技术的纯粹塑形和构序活动。请注意这里与时间一起出现的**社会空间创造**的观点。二是生产概念也包含了"人类自身在历史自我发展过程中的自我生产,这包括**社会关系**的生产(production de rapports sociaux)"。在《元哲学》中,则是区别于物性实践的人化实践和诗性创制。在此,列斐伏尔还没有将社会关系的生产与社会空间场境关系构序连接起来。三是生产还包括了再生产,这个再生产不仅指人的再生产,也包括了"物质生产工具的再生产,技术性工具和社会关系的再生产(reproduction des rapports sociaux)",正是这种持续不断的再生产过程保证了社会生活本身的连续性。依我的判断，这种观点当然不是出现在《日常生活批判》第一卷中，而是在 1958 年前后"回到马克思"（《回到马克思》和《马克思主义的当前问题》）专题研究后的《现代世界中的日常生活》中，此时发生在列斐伏尔思想里的一次重要改变，即从人本主义的逻辑抽象逐渐开始向历史唯物主义的真实贴近。当然，这种观念的根本改变，发生在不久后对马克思《资本论》的重新解读（《马克思〈资本论〉中的形式、功能与结构》），之后在《都市革命》中成为研究方法的自觉层面，最终完成于 1974 年的《空间的生产》中。

也是在这里，列斐伏尔终于明确提到了他所理解的生产概念，还会成为一种超出功用性劳作的"影响着物和存在"（l'action sur les choses et l'action sur les êtres humains）的**人化实践**与**诗性创制**（la *praxis* et la *poiésis*）的运动。这个不同于一般社会物性实践（pratique）的 praxis（人化实践）和 poiésis（诗性创制），显然已经是《现代性导论》和《元哲学》中的新得了。列斐伏尔说，这种理想化的诗性创制，不同于那种对自然占有性的征服和控制，而是通过人化取用关系赋型面对着自然，并使之适应于人性，并且，这种诗性创制活动不发生于历史唯物主义中的社会的上层建筑（国家，学术领域、"文化"）之中，而是发生于日常生活的关系场境之中。[35] 当然，这些重要的人本主义新的想法，并不是在《日常生活批判》第一卷中完成的，而是不久前《现代性导论》和《元哲学》中的成果了。

其次，《日常生活批判》第一卷的第二个理论成就，当然就是关于日常生活中发生的异化问题。这的确是他早年提出日常生活批判的核心问题。在列斐伏尔看来，固然他在 1945 年讨论的日常生活异化现象时的一些理论结论有可能"过时"，但是，他已经"试图抓住日常生活的全景——总体性（la totalité），而不只是详细描述细节以及在共同体与阶级间进行区分"。[36] 这是对的。不过，那是用马克思的"总体人"的预设来批判日常生活异化。并且，他声称自己还指认了资本主义社会中日常生活中所发生新的异化现象，这种异化

　　设定新的和更深的意义，它使日常生活变得贫乏，忽视了日常生活的生产和创造性潜能，彻底否定了日常生活的价值，并在意识形态的虚假魔力中将之窒息。一种特殊的异化将物质贫困转化为精神贫困（Une aliénation spécifique change la pauvreté materielle en pauvreté spirituelle），正如它终结了从创造性工人同物质和自然的直接联系中生长出来的建构性关系（rapports constitutifs du travail createur）。社会异化（aliénation sociale）使创造性意识——艺术的基本"现实性"——转变为关于灾难和阴郁的消极意识。[37]

这是说，当代资本主义社会中的异化，已经从马克思所揭露的发生在工厂中对工人剩余价值的无偿占有，转变为资本对所有人日常生活的深层次奴役和剥夺，它通过剥夺日常生活创造性潜能，完全贬低了日常生活的价值，而将其置于意识形态的虚假魅力之下而被窒息。这种新型异化的本质是 change la pauvreté materielle en pauvreté spirituelle（将物质贫困转变为精神贫困），即从工人阶级的吃不饱穿不暖的经济异化转换为所有人在日常生活中自主选择性的丧失。由此，他还改写了马克思和列宁关于革命发生的前提条件，即当一个社会的人们不能再过上他们本真的日常生活之时，革命才会发生。

再次，第三个成就是日常生活与**大写的节日**（Fête）的关系。列斐伏尔说，在《日常生活批判》的第一卷中，他还只是说明了节日的"农业缘起（l'origine paysanne），以及当下语境中同时发生的风格的消解和日常生活对节日的支配"。[38]这是对的。在第一卷中，列斐伏尔讨论打破日常生活的节日瞬间时，他只是简单地列举了法国农村残存的节日狂欢情景。列斐伏尔认为，现在的资本主义日常性（现代性）中，"大写的风格已经退化成文化"（Le Style se degrade en culture），节日虽然还没有完全消失，虽然它仅仅在"聚会、派对和非正式场合"中畸变中生存下来，依列斐伏尔的看法，这只是一种"低廉的代替品"，丧失了大写的节日应有的魅力。这里列斐伏尔以一种深刻的历史观点分析说，

毫无疑问，人们总是不得不吃、穿、住，当他们消费时，不得不生产以及再生产；但直到19世纪，直到竞争资本主义的兴起和"商品世界"（monde de la marchandise）的扩张，日常生活才存在。我们在这里提出的观点是极其重要的，它揭示了历史中一个重要的悖论。在贫困和直接占有的时代，存在着**风格**（*style*）；从前生产的是**劳动的技能**，然而今天，我们生产的是商品化的产品，剥削代替了暴力压迫。风格赋予弱小的客体、行为、活动和姿势以意义，这是一种具体的意义，而不是从一个象征体系（symbolisme）中获取碎片的抽象意义。[39]

这倒真是一种历史认识论的观点。列斐伏尔深刻地意识到，平庸的日常生活是资本主义时代的特定产物，如果说在过去那些专制强暴的岁月里，"存在着残酷的风格、权力的风格、智慧的风格；残酷和权力生产出了伟大的风格和伟大的文明（阿兹特克、罗马），埃及与印度的贵族统治也是如此"，那么，在今天资产阶级的商品世界中，"伟大的风格、象征和神话已经随同集会的场所如大教堂、纪念馆和节日等一起消失了"。[40]因为，在走向金钱关系赋型夷平存在的世俗化进程中，有价值合理性的神性编码和诗性关系场境都被解构和消除了，只剩下平庸重复的日常生活苟生。列斐伏尔认为，未来的革命将结束资产阶级的日常性，它将打开我们的枷锁，迎接人性的慷慨和挥霍，在新的社会生活中，"日常性和节日之间的对立——或者是劳动与休闲之间的对立〔l'opposition du quotidien et de la Fete（du travail et du loisir）〕——都不再是社会的基础"，这也意味着，我们必须"夺回大写的风格和大写的节日"（reconquete du Style et de la Fête）！[41]这也难怪波斯特说，"列斐伏尔声称只有当日常生活成为节日的时候人才能成为完全的总体的人。他浪漫地诉诸节日中的古希腊，作为日常生活成为节日的例子，在其中压抑性的规范都被忘却了并且'一切都是被允许的'。在资本主义条件下，日常生活充斥着异化、拜物教以及满足人类物质生活需要的匮乏"。[42]这是基本正确的概括。

列斐伏尔日常生活批判理论的第二阶段，即我们已经讨论过的《日常生活批判》的第二卷。依他自己的概括，第二卷的主要理论成果为：

（A）日常性（la quotidienneté）与非日常性（艺术、宗教与哲学）的逐渐分离，以及其他分化中的断裂（rupture correlative d'autres scissions，经济与直接利润，工作与生产，私人与公众事务）；

（B）风格的销蚀影响到客体、行动与姿态（des objets, des actes, des gestes）并被文化、艺术和唯美主义或"为艺术而艺术"所代替；

（C）人与自然疏离（separation），节奏的缺席（dislocation des rythmes），深深的乡愁（nostalgie，对过去自然缺失的伤感）；悲剧与暂时性的衰落；

（D）符号——后来是**信号**（*signaux*）——代替了象征和象征主义；

（E）共同体的解体与个人主义的产生（但不能将之混同于个人的自我实现）；

（F）亵渎（profane）占据了一切，但又不能替代神圣与被诅咒的东西；

（G）专业化的观点强调劳动分工，随之以意识形态来弥补整体的丧失；

（H）由**无意义**（*insignifiant*）的感觉所导致的痛苦，符号与所指（signes et signifiés）的增殖无法弥补意义的普遍缺乏。[43]

这里的核心是不同于传统社会日常生活的资产阶级日常性本质的凸显。其实，从上面的讨论中我们已经知道，这个从日常生活中抽象出来的 quotidienneté（日常性），是列斐伏尔在本书中刚刚创制出来的新概念。依列斐伏尔多次强调的历史性认识，这种特殊的资产阶级社会关系分裂生成的日常生活中，现实基础为专业化的劳动分工粉碎了人的生存总体性，谋生的效用节奏取代了自然生命的节奏，与个人主体相关的风格和姿势沦丧为时尚中的工具美学，无意义的符号增殖-信号体系根除了人性和神性，平庸和亵渎成为日常生活的本质。似乎，列斐伏尔并没有具体展开讨论第二卷中的这些"伟大成就"。

四、面向消费被控制的官僚社会

第三个阶段，就是列斐伏尔这里写作的作为《日常生活批判》第三卷"大纲"的《现代世界中的日常生活》。这应该是列斐伏尔在这一"大纲"中想主要讨论的内容。他自己展望说，第三卷的主旨是将自己的日常生活批判理论建设成一门科学："这门科学将揭示日常生活及其同形式和制度的关系，它将揭示这些隐含于日常性中的关系，在日常性中这一切都是隐蔽的和模糊不清的[44]。"[45]这算是一种学术上的雄心大志。他说，本书已经写作了一些内容，但并没有完成和出版，"因为作者很快认识到，在那个时候，在社会中正发生着重要的变化，他的'主题'已无法认识这一转变。然而，只有通过参考新近时期的'历史'，我们当下的质疑性说明才能有助于揭示了一些有意义的事实"。[46]后来的实际情况是，1968 年巴黎爆发了"红色五月风暴"，列斐伏尔从发生在街道和广场上的文化革命场境中，体验到都市-空间生产的重大意义，这使已经开始写作的《日常生活批判》第三卷的完成，一下子延后了十余年。更重要的方面，是列斐伏尔思想中长期占支配地位的人本主义话语开始走向弱势。其实，在这本书中，也可以看到一种从现实生活出发的分析原则，正成为列斐伏尔方法论中的主流，而不久前在《元哲学》中精心构序起来的诗性创制论也很少在文本中露面。也就是说，列斐伏尔意识到，今天的资本主义社会中出现了一些新情况。什么"重要的变化"呢？在他看来，"资本主义（稍微有些变化，但基本结构还是一样的）和资产阶级（他有许多国内与国际的竞争者）已经重新获得了运作的创造力（repris l'initiative des opérations）"。[47]这显然是一个新的判断。列斐伏尔甚至觉得，除去列宁在《帝国主义论》中深刻预言到1917—1930年期间资本主义世界的全面经济危机，自战后特别是20世纪50年代以来，欧美发达资本主义国家似乎重新获得了生命力。说彻底一些，今天的资本主义并没有像马克思、列宁所预测的那样走向灭亡，而是出现了"垂而不死"的情况。那么，是什么原因造成了这种情境呢？依他的观察，"新资本主义（neo-capitalisme）的介入，这是旧资本主义（l'ancien capitalisme）形式（竞争、然后是垄断）的变化，但生产关系并没有改变"。[48]其中最重要的改变，是原先马克思预设在社会主义和共产主义中，通过自觉认识生产规律所进行的"计划化观念"（idees de planification），现在被资产阶级有效整合到了自身的资本主义生产方式之中。[49]这是对罗斯福"新政"和凯恩斯革命中的国家干预主义的一种来自马克思主义立场上的理论说明。在后来的《资本主义的幸存》一书中，他充分展开了这一问题的思考，只是，他又发现了经济学论域中国家干预主义之外的空间资本关系生产的新方向。

列斐伏尔认为，从总体上看，这个neo-capitalisme（新资本主义）可以被指认**为消费被控制的官僚社会**（*société bureaucratique de consommation dirigée*）。这是一个列斐伏尔对当代资本主义社会新的原创性理论概括。可以看到，这仍然是在列斐伏尔自己的日常生活批判理论构境中的认识深化，此时他并没有意识到即将到来的都市-空间转折。我们来看他的分析。他先是分别讨论了"工业社会"（sociétéindustrielle）、"技术社会"（société technicienne）、"丰裕社会"（société d'abondance）、"休闲社会"（société de loisirs）、"消费社会"（sociétéde consommation）等概念的基本含义和各种话语编码中的不足。一是"工业社会"概念的确可以表征资本主义社会超越农业生产和自然经济的特质，但它无法表征与工业化同体发生的都市化（urbanisation）进程，工业社会同时也会是一个都市社会（société urbaine）。[50]显然，资本主义社会中日益凸显出来的都市化问题，已经是进入列斐伏尔理论域中的思考对象。而可能恰恰是这一聚焦,炸毁了他写作第三卷的预设计划。二是"技术社会"概念的确反映了今天"技术已经成为决定性的因素"(la technique prend un caractère déterminant),然而,这一术语转换到政治话语中就会生成所谓的专家治国论(les technocrates),而实际上,技术和专家背后真正的主人仍然是资本,技术专家政治的本质是"专家-官僚政治的社会"(société technocratico-bureaucratique)。[51]现代资本主义生产方式中科学技术构序的支配性作用,是列斐伏尔一直关注的方面,这会成为《日常生活批判》第三卷中的主题。不过在那里,他更多地强调了信息技术的核心构序作用。三是"丰裕社会"和"休闲社会"的概念,这是两个有明显缺陷的表述,都是在"将部分的真理夸大成绝对真理了",因为在当代资本主义社会中,真正获得财富自由和时间自由的人只是资本家的"丰裕",一般劳动者即便是收入增加且得到了一些劳作之外的休闲时间,也会是被资本重新控制和支配的虚假日常生活场境。四是 20 世纪 50—60 年代出现的中性的"消费社会"概念。这是最接近列斐伏尔此时思考资本主义社会日常生活本质的方面。在列斐伏尔看来,消费问题的确已经成为现代资本主义社会中一个重要的主导性现象,但对消费的重视绝不能落入一种非批判的肤浅观点。因为,看起来今天的资本主义社会中,已经超出了以往那种"忽视市场和消费者的爱好"的"无计划的生产"阶段,今天资产阶级世界中的"消费被按照生产的模式组织起来",并且,"生产的组织者熟知市场,不仅熟知有偿付能力的要求,也熟知消费者的欲望和需要,这样,消费者的行为通过被组织后,以合理性的方式登上它的舞台"。[52]这当然是一个资产阶级制造出来的新型"消费社会"假象。我推测,也因为"消费社会"问题涉及列斐伏尔关心的现代资产阶级世界中日常生活批判的核心,所以在此,列斐伏尔对此进行了十分具体的批判性分析和讨论。

第一,列斐伏尔以在"消费社会"中大行其道的"熟知消费者的欲望和需要"为批判靶向。他提出的问题是,资产阶级熟知消费者的欲望和需要真的是人的本真性需要吗?这一下子抓住了今天资本主义社会中消费关系被赋型的本质。显然,列斐伏尔是从不久前他刚刚建构的**人本主义需要存在论**出发的。他深刻地发现,资本主义社会日常生活中作为消费动机的欲望本身,是资本通过软性的广告制造出控制人们的无意识中的虚假需要,由此再生产出盲目跟风消费的"他者欲望"(拉康语)。人们对自己虚假欲望的追逐和满足需要的疯狂消费,表面上看起来是他自己的"成功"和自我实现，在现象层面上呈现为非异化，但实质上却是花钱炫富场境中更深的异化。在不久前的《元哲学》中，他将这种异化称为"二级异化（l'aliénation au second degré），一种抹除了限定性的异化的异化（aliénation sur aliénation qui en efface la limite）"。[53]这个作为异化的异化的二级异化的观点，是十分深刻的。也由此，列斐伏尔断言说，在今天的资本主义现代世界中，"异化从未如此真实，异化的理论也从未如此重要"。[54]

对此，他质问道，资本主义社会中无处不在的广告景观，难道不是在无脑的疯狂消费中"制定出咒语来引诱和征服人们的欲望吗"？

> 在资本主义生产者的雇用下，广告（publicité）不是创造着欲望（désir），同时也遮蔽着需要（besoins）吗？当广告这样做时，它毫无疑问是一种不同寻常的权势（extraordinaire puissance）。但广告首先不也是消费品（consommables）吗？它不也提供着符号、影像和喋喋不休的话语这样的消费品吗？它难道不是我们社会的修辞学（rhetorique），渗透到社会的语言、文学和影像中，不停地干扰着我们的日常经验和我们更多的个人渴望吗？不正是通过这种方法，广告正成为我们时代的**意识形态**（l'ideologie），宣传模仿着广告的方法，不是正好证明了广告的重要性及其影响吗？制度化了的广告（publicité s'institutionalisant）不是已经代替了以前的交流模式，包括艺术？事实上它不是正起着这种作用并成为生产者与消费者之间、理论与实践之间、社会生活与政治权力（vie sociale et pouvoir politique）之间重要中介吗？如果不是我们称作日常生活这一社会现实层面，以及所有"客体"（«objets»）——衣服、食物、家具，这种意识形态所伪装和遮蔽的是什么呢？[55]

在以往的日常生活批判中，列斐伏尔也提及广告的作用，但这里对广告的思考是更加深入的。因为，这上升到一个社会存在论的高度：人的本真性 besoins（需要）畸变为伪 désir（欲望）的异化，这是消费异化的本质。在这段重要的表述中，列斐伏尔用了八个问句，直逼一个实质性的问题，即资产阶级炮制的"消费社会"中被隐性控制的消费，这当然也就是日常生活中由广告制造的虚假他者欲望虚拟构序起来的消费异化。

一是看起来只是推销商品的广告，其实是资本主义社会日常生活中出现的

extraordinaire puissance（不同寻常的权势），因为，它通过巧妙地制造出他者的欲望，遮蔽了人们本真的需要。列斐伏尔说，在人们无法回避的各式各样的广告中，"充斥着相同的隐喻功能（fonction métaphorique），使无关紧要的东西'令人着迷'，将日常生活翻译为意象，以致消费者的面孔被满足的微笑所照亮"。[56]这是说，广告并非直接支配人们的意识，因为那样，自然会遭到明确的拒绝，广告的生产机制是通过巧妙的隐喻，类似诗性创制般地生成和编码人们下意识中的伪原初欲望，让并不需要的消费品变成被追逐的对象，这当然是一种异化了的虚假需要。

二是广告中"肤浅的分析只能理解并置起来的细节（生活、食物、衣服和时尚、家具、旅游、城市和都市等），每个细节都被体系所统治着，并且形成了一种社会整体，但在那里，我们发现了次体系（sous-systémes），正是次体系使日常生活的功能性组织成为可能，并服从于强迫（asservir）"。[57]广告制造的虚假需要并不是一种独立的骗局，而呈现为一个伪需要关联式构序的异化消费的"客体系统"，比如买汽车就一定会买车位，购买相关的保险，并且不得不购买开车必备的汽油等耗材，以及外出行车所需要的用具等，这个由购买汽车所入序的需要系统不是可有可无的，而是强迫（asservir）性的暴力构序。

三是广告作为一种支配人们无意识-下意识活动的特殊话语，无形中也提供了日常生活的符码、影像编码和话语构成方式，左右着"我们的日常经验和我们更多的个人渴望"，成为支配人们表象和思考的不可见的"社会修辞学"。广告中出现的形象，通常会是当红的影视明星或体育健将，这在无形之中也布展了一种资产阶级牧领的拜物教式的生活方式，它潜移默化地将人们对生活的目标锚定在炫耀性的消费构境之中，人们会争相模仿广告人物的行为模式和话语。列斐伏尔说，"广告拯救和改写了神话（mythes），这是**微笑的神话**（消费的快乐认同于男人和女人在描述物体消费时产生的想象的快乐），**展示的神话**（社会行为不断地将事物置于展示台上，并且依次生产出这类物体作为'展示单元'）"。[58]这种微笑的神话，本质上是资产阶级意识形态话语编码中炫富的得意。

四是广告就是今天最大的意识形态，publicité s'institutionalisant（制度化的广告）已经在改变人们的主体际交流方式，并成为政治权力与日常生活、理论与实践，甚至是生产与消费之间的中介，它正是通过日常生活中的普通客体和细碎现象,遮蔽起全部社会现实中存在的资本统治关系。应该说,列斐伏尔这里的批判性分析是极其深刻的。相比之《元哲学》中那种形而上学构境中权力与"存在论剩余"的玄思,列斐伏尔已经开始更加接近社会生活的现实。而青年鲍德里亚也正是列斐伏尔的指导下,完成了《物体系》(*Le système des objets*, 1968)和《消费社会》(*La société de consommation*, 1970)两本书的撰写。

第二,在列斐伏尔看来,在所谓的"消费社会"中已经生成了一种新的特殊意识形态(idéologies nouvelles),即现代资产阶级世界中特有的**消费意识形态**。列斐伏尔清醒地认识到,正是在"意识形态终结论(fin des idéologies)"的幌子下,资产阶级建构了全新的消费意识形态,这种意识形态"不再诉诸易冲动的感情,不再忠诚于某种领导权",作为新型的意识形态,它却表现为不是意识形态,甚至是反意识形态化(desidéologisation)的样式,因为,不同于过去专制意识形态中内嵌的强制性,有如封建宗法意识形态中"天意"和"三纲五常"、早期资产阶级意识形态中冰冷的金钱话语,今天的消费意识形态以可亲、日常生活中的悉心引导,让你的生活带回美丽的丰裕和健康,更加充满微笑和诗意。可是,这种广告和景观建构起来的"微笑的神话",仍然在"遮蔽、掩饰和改变现实,也就是说生产出各种关系(couvrir, dissimuler, transposer le réel, c'est-a-dire les rapports de production)"。[59]因为,

> 你是在家中,在你的起居室里,和小型的屏幕在一起(而不只是它所传输的信息,按照麦克卢汉的看法),你正在被照顾着、关心着,告诉你如何生活得更好些,如何穿出时尚来,如何去装饰你的房子,简言之如何去生存;你被全面和彻底地编程(programme)着,除了你不得不在许多商品中加以选择外,你无法做什么,因为消费的行为保持着不变的结构(structure permanente)。[60]

你不在奴隶主和封建统治者的牢房里,甚至不在被资本家控制的工厂车间里,也不在警察的棍棒下,你就在自己的家中,自由于电视前、在收音机前、在时尚杂志前,你在各种专家的科学建议下被关心体贴,在各种美不可言的商品推荐中,知道如何更好地生活,而实际上,你只能在给定的"更科学"的构序和编码选择中选择,所有消费的行为都隐匿着固定不变的 programme(编程)支配结构。你仍然是资本"微笑的神话"的奴隶。列斐伏尔说,

在这里生产的意识形态和创造性行为（l'idéologie de la production et le sens de Factivite créatrice）的意义已经成为**消费意识形态**（*idéologie de la consommation*），这种意识形态夺走了工人阶级从前的理想和价值，但维护着资产阶级的身份与主动精神。消费者已经代替了行动者的意象，把消费当作对幸福的占有和对完美合理性的占有，当作能变成现实的理想（"我"，个人，生命，行动的主体成为"客体的"）。在这个意象中，真正重要的既不是消费者也不是被消费物，而是消费的幻想和作为消费艺术的消费。在这个意识形态的替代过程中，通过以新的异化（aliénations nouvelles）代替旧的异化，人们对其自身异化的意识被压抑了，或者甚至遭到了查禁。[61]

这一新的判断基于《1844年手稿》中这样一个过去的经典逻辑预设：在原先的资本主义雇佣关系之下，工人的劳动发生了异化，当时马克思提出扬弃异化则意味着走向劳动自身重新获得创造性生产的地位和身份。在那里，资产阶级生产了金钱关系场境赋型中"交换的意识形态（ideologie de l'echange），'为了工资而工作'，遮掩着真实的生产条件，掩盖着已经构成的——正在构成的关系（出卖工作力、所有权和被一个阶级控制生产方式的管理权）。这种关系已经变得模糊了，消费意识形态只是增加了这种模糊性。消费是生产的替代物（La consommation sert d'alibi à la production），它加剧了剥削，并成比例地减少了强迫性"。[62]在这里，列斐伏尔似乎是说，相对于马克思已经揭露的资本主义社会中存在的经济剥削关系，取代了"交换意识形态"的消费意识形态中，原先的资本奴役关系被在遍及日常生活的"我购买故我在"中加剧了，并且这种新型的盘剥关系赋型减少了明显的外部"强迫性"。并且在今天，"广告不仅提供了消费意识形态，它更创造了'我'这一消费者的意象，并且在这种消费行动中实现着自己以及与其自身的理想相一致的'我'。广告以对事物的想象（imaginaire des choses）为基础，唤醒对事物的想象，陷入附加在消费艺术和内在于消费艺术想象的华丽言辞和诗歌中"。[63]因为，在资产阶级消费意识形态幻象中，所有人（"我"）都成为无脑的消费者，原先有可能站出来革命的阶级主体消逝了，华丽和诗性构境中的消费意识形态让人们不再去追逐社会解放，一切生活理想都成了获得炫耀性的消费品，这样，消费中 aliénations nouvelles（新的异化）**就取代了传统的劳动异化。**这当然是列斐伏尔在马克思社会批判理论中创造的新观点。

　　列斐伏尔郑重地提出，可以用**消费被控制的官僚社会**（société bureaucratique de consommation dirigée）这一新的概念来定义当代的资产阶级全新的日常生活本质。依我的研究，列斐伏尔的这一重要概念，实际上是从德波等人的情境主义国际那里得来的。德波明确提出过技术控制日常生活的现代官僚资本主义（capitalisme moderne bureaucratisé）。[64]如果说，在马克思那个时代，政治权力压迫和经济盘剥相对于工人还是一种高高在上的东西，那么，在今天的看起来自由放任的"消费社会"中，正是个人消费主导的日常生活承载着"制度的重负"（pésent les institutions）。列斐伏尔认为，"控制被消费的官僚社会，坚信自己的能力并且满足于自己的成功，正在实现着自己的目标，这个社会的意图正在成为现实：它通过对日常生活的非直接作用走向控制的社会"。[65]这意味着，现代性的资本主义制度，对社会现实生活进行了"全方位全领域的组织化分层化控制"，这就像韦伯所指认的资产阶级官僚制的政治结构，今天，现代资本主义社会的金字塔式等级结构，恰恰建立在 consommation dirigée（消费被控制）的日常生活的基础上，而消费意识形态幻象中"我购买故我在"的日常生活塑形本身，往往构成了这种奴役强制结构的最底层。在他看来，自 20 世纪 60 年代以来，资产阶级发现了"所有处于资本主义政治决策与经济集中的中心之外的地区，都被看作是半殖民地（semi-colomale）并施以剥削"。[66]如果说，在马克思那个时代，资本家对工人的政治压迫和经济剥削，主要发生在自己长期深耕细作的"殖民地"式的工厂车间和中心城市的政治生活中，相对于那里发生在生产过程中那种对工人剩余价值的直接无偿占有和社会政治关系中的阶级压迫，现在资产阶级发现，可以通过组织经济与政治活动之外的日常生活来剥削和支配消费者的可能性。这种离开生产车间和中心城市政治斗争的日常生活，就像资产阶级新开拓的非直接盘剥和压迫的 semi-colomale（半殖民地）。现在，不仅仅是工人，而是原先不引人注目的所有人的"日常生活被连根拔起"，并在被重新放到 consommation dirigée（消费被控制）中加以设计和编码，在空间上，就像解决一个个的"拼版游戏"（puzzle）中的构序一样，拼版中的每一块的入序都依靠一些组织和制度，"每个方面——工作生活、私人生活、休闲——都被合理地开发着（包括最近的商业和半规划的休闲组织）"。在时间上，"日常生活被有组织的、巧妙地划分和规划着以适应一个被控制的、精确的时间表。不管他的收入是多少，不管他属于哪个阶级（雇员、钟表匠、磨镜工人），新城市的居民获得了无产阶级的普遍身份"。[67]在现代资产阶级世界中,日常生活已经不再是有其丰富的主观性内涵的"主体";它已经成为社会组织的一个"客体",失去了具体意义的信号和符码,为对人与物的操控提供了方便的话语编码体系。

也是在这里,列斐伏尔再一次对"现代世界"——当代资本主义社会的日常生活进行了"浓缩式"(condensant)的概括:

> 日常生活不是一个被抛弃了空间-时间的复合物,也不是一个留给个人自由、理性和才能的透明领域,它不再是这样一个地方,在那里正在上演人类的苦难与英雄主义,也不再是成为人的条件的场所。它已不再是社会中被合理剥削的殖民地,因为日常生活不是一个区域,理性的剥削也充分利用了迄今为止更为精确的方法。日常生活已经成为沉思的对象,成为组织的领域(domaine de l'organisation):空间-时间自动地进行着自我调制(autoregulations),因为当它被合理地组织起来时,它形成了封闭的回路(生产-消费-生产),在那里需要被预见到了,因为需要被诱导着,欲望已被察觉,这种方式代替了竞争时代(la période concurrentielle)的盲目、自发式的自我调制(les autoregulations, spontanées et aveugles)。[68]

列斐伏尔认为,今天的消费被控制的官僚社会,已经不同于马克思面对的资本主义自由竞争时代,日常生活不像《资本论》深究的资本在工厂车间盘剥工人剩余价值的稳定"殖民地",它甚至不是一个可以精确确定边界的时间-空间场境,但是,处于"半殖民"关系中的日常生活已经变成了被直接操控的对象,成为domaine de l'organisation(组织的领域),正在通过对日常生活的间接中介作用而走向被隐性控制的社会,日常生活根据预定的程序编码和封闭的回路被组织起来,或者叫虚假需要诱导下依伪欲望**被规划**(programmation)起来的日常生活。[69]在列斐伏尔看来,

> 这是一个有着合理的目的和借口的社会,它以目的性原则作为自己的重要前提,并有着全方位、全天候的组织,这些组织结构、计划和规划着(on structure, on planifie, on programme)一切。科学主义支撑着工具主义(只要存在着计算机、电脑、IBM 计算器和编程,不管它如何以及在什么意义上仅

仅是细节部分），科学的发现终结了一切神秘化。[70]

这当然是一个新的判断了。不难看出，这个关于当代资本主义社会的定义，基于韦伯的法理型官僚结构，其中合理性是核心，但社会本质却从马克思关注的物质生产场转换到了消费，并且，这种被资本控制的消费运行和依存的社会生活层面是资本控制的技术力量渗透的日常生活。相对于韦伯的形式合理性，列斐伏尔再一次重启价值合理性，不过，这一次的目的性原则不再是信仰或者社会解放，而就是当下的即时行乐，只是这种疯狂的享乐主义不过是被消费意识形态"全方位、全天候"组织和编码起来的虚假价值合理性目的。并且，由于科学主义的工具理性已经发展到"电脑、IBM 计算器和编程"的全新阶段，它消除了人的生命存在中的"一切神秘性"，只要能买到能够显示自己"丰裕"和成功的消费品，这就是人生命存在的可见和当下的意义。列斐伏尔强调说，"我们提出下面这个术语：**消费被控制的官僚制社会**（*société bureaucratique de consommation*）。这个概念更能概括这个社会的理性特征，并对这个社会的合理性（rationalité，官僚主义，bureaucratique）加以限制，其组织的客体（消费替代生产场，la consommation au lieu de la production）以及它运行与依赖的**层面**是：日常生活。这个定义比起其他术语来，更有**科学性**和**精确性**[71]"。[72]这算是列斐伏尔对当下资本主义社会的基本论证。

五、现代资产阶级世界中的新变化

在列斐伏尔看来，在这个"消费被控制的官僚社会"中，除去他在《日常生活批判》第二卷已经指出过的方面之外，还有一些需要补充的新现象：

一是**社会积累问题中出现的变化**。列斐伏尔说，"马克思的积累理论（La théorie de l'accumulation）在今天必须加以修正，因为在《资本论》及其相关著作中，这一理论以英国与西欧的历史为基础，在过去的几世纪中，在这些地方出现了许多新情况。除了资本外，还存在着其他从属于积累的东西：例如知识、技术（aux connaissances，aux techniques）"。[73]列斐伏尔这里的说法，看起来只是对马克思资本积累理论的修改，其实还包含着更深的含义，即如果说在马克思的时代,欧洲资产阶级通过野蛮殖民掠夺完成的资本原始积累和不断经济剥削基础上的增殖,来实现自身生产关系的再生产,那么今天的"消费被控制的官僚社会"中,除去资本的积累外,知识和技术的积累也成为资产阶级盘剥劳动者日常生活的重要工具,甚至,智能劳动塑形和构序可能会是剩余价值新的来源。遗憾的是,列斐伏尔并没有深化自己的这一观点。

二是在资本主义精神生产过程中,语义场(champ sémantique)里的象征性**符号向无意义的信号编码的转变**。如果在早期人类文明发展中,曾经有过从文化象征(symboles)到语言符号(signe)的转变,那么今天"消费被控制的官僚社会"中出现的"这种向信号(signal)的转变,体现了对压力感和日常生活的一般条件的征服,它消除了语言和意义的所有其他维度,如象征与意义的差异,还原为单一的维度(重新组装碎片)。虽然它们并不排斥其他更巧妙的方法,但信号和符码(code)为实现对人与物的**操控**(manipulation)提供了实践的体系"。[74] 依列斐伏尔的判断,从语义场中象征→符号→信号的转换,是一个话语运作中意义不断衰减的过程,今天以通信技术和计算机数字化信号为基础的操控编码体系,只是让资本对人与客体在日常生活中的操控更加便利,而与人的生命本真性愈加疏离。在一定的意义上,这是列斐伏尔对今天数字化资本主义现实的预测。

三是符号向信号转换的背后,实际上存在着一种**自然对象向技术客体的转变关系**,这同时也是话语能指对原初现实"指涉的消失"(La chute des référentiels)过程。这是一个非常深刻的历史指认。列斐伏尔认为,"大约在1905—1910 年间,在各种压力(科学、技术、和社会变迁)的影响下,指涉(référentiels)一个接一个地消失了。共同的感觉与理性丧失了它们的统一性并最终走向了分裂,对绝对的现实所具有的'共同感'消失了,一种全新的感性'真实'(reél)世界代替了'熟知'的感知现实,同时功能的、技术的客体(objets fonctionnels et techniques)代替了传统的客体(objets traditionnels)"。[75] 这是一个十分奇特的历史存在论和认识论中的判断。然而,因为这其中内嵌了一种历史认知话语中巨大的历史跳跃,所以必然会难以入境。这里跳过的认知环节,是马克思所处的资本主义工业生产构序的阶段,在那里,农耕时代没有被整体被祛序的自然物质(包括生命负熵进程)系统,第一次被工业生产塑形和构序所改变,人对自然的关系指涉基础发生了根本性的改变,纯粹的自然存在开始转向工业生产客体。而这里列斐伏尔指认的时间节点,即他多次指认的 1905—1910 年,基本可以对应 20 世纪初自然科学中以量子力学和相对论为代表的物理学革命,在那里,似乎出现了"自然物质"本身的解构。并且,科学技术创造了工业生产塑形和构序中完全没有的新状况,因为,整个自然界的体系被彻底打碎并且开始被重新构序和编码了。在此,才出现了列斐伏尔所指认的自然对象和生产客体向全新的"技术客体"的转换。这里,列斐伏尔具体指出的实例是电力照明的出现,人工的光电"侵入到日常生活中,改变了夜晚和白天及其分界线的比例关系"。其实,当然不仅仅是地球自然节奏中"黑夜"的消逝,几乎所有原初意义上的自然物质现实"指涉",也通通被科学技术彻底改变了自然存在方式,"物变成了符号,以及符号变成物(les objets deviennent signes et les signes deviennent objets),并且'第二自然'(seconde nature)代替了第一自然,即感性现实的源初内容"[76],原先依自然生存的法则和边界 référentiels(指涉)的传统自然现实,现在一个接一个地消失在无限翻新的技术客体铸就的人造 reél(真实)世界之中。在这里,我们可以看到后来鲍德里亚《拟象与拟真》一书中的基本观点之缘起。

四是这个社会的生存目标开始变为**虚假的满足**(satisfaction)。这正是前述那个资产阶级消费意识形态的现实结果。之所以是虚假的满足,因为,在这个"消费被控制的官僚社会"中,人的欲望,都是被广告和其他景观等认同装置刻意构序和制造出来的异化了的消费幻象(虚假的需要)。列斐伏尔说,"可以把日常生活理解为欲望的缺席,这是一个欲望死于满足、并从废墟中重新出现的地方"。[77]人的本真需要,已经死于广告巧妙塑形和构序的虚假欲望废墟之中,今天的资本主义社会中的日常生活,就是一个人没有自己真实需要-欲望的消费异化空间。在这里,人们无脑地跟随消费意识形态,

> 欲望"欲望"着,就这个术语表明"存在"(être)的状态,它意味着任何东西,欲望欲望着自身,欲望欲望着它的目的,欲望着在满足中自身的消失。在欲望着一个又一个事物的行为中只涉及所指(signifié),所指满足着欲望,欲望也只在所指中才能得到满足,能指(signifiant),正如精神分析学家所说的,消失了。[78]

在这种被消费意识形态生产出来的无穷尽花样翻新的伪欲望驱使下,欲望

本身畸变为光亮大他者的虚假欲望,明星们背的包包,住的别墅,开的豪车,一个个一线品牌的所指,替代了人的真实生活需要,成为永远不可能满足的深渊。列斐伏尔说,"当需要被那些导向满足的认同装置所诱惑时,需要就被看作界限清晰的裂缝,被掏空了内容,并被消费和消费品所填充,直到饱足为止,需要就这样不停地被各种方法刺激着,在满足与不满足之间摆动,直到它们再次成为可出租的东西"。[79]在被控制的异化消费活动中,人的需要被虚假的欲望掏空了真实的内容,各种炫耀性的商品占据了存在本身的在场位置,人的满足被引诱为不是他自身的物欲横流。

五是欲望策略的过时性。这是一个极为深刻的看法。列斐伏尔发现,在"消费被控制的官僚社会"中,被景观制造出来的虚假欲望的本质是永无止境的符码翻新,

> 这个社会不断地解构过去,永不停止。但我们要去思考内在于这种消费中的诡计。**过时**(*obsolescence*),这是在成为技术物之前需要仔细研究的主题,专家们非常熟悉物体的寿命:洗澡间三年,起居室五年,卧室八年,商品、汽车为三年等。这种统计是客体统计学(demographie des objets)的部分,并同生产与利润的成本相关联,生产—组织办公室知道如何去利用它们来降低寿命,增加生产与资本的周转。实际上,至于说到汽车工业,丑行已遍布到世界范围。[80]

如果在《共产党宣言》中,马克思、恩格斯宣告了资产阶级社会中生产关系的不断变革,成为资产阶级生存下去的条件,那么在"消费被控制的官僚社会"中,这种消解凝固化封建等级制的"烟消云散"则转化为一种新型话语编码中的"消费中的诡计",即虚假欲望(异化需要)翻新中人与物在场方式内嵌的 obsolescence(过时性)。用今天的话来表述,就是 you out 了。所有资本家生产出来的商品,很深的心机都用在了"客体统计学"中精确制造出来的技术性缺陷生成的有限寿命上。你需要不断地换手表、换包、换手机、换电脑、换车、换房,一切东西都在完全可以继续使用的情况下人为地 obsolescence(过时),这正是资产阶级构序伪欲望的策略。"需要也必须过时,新的需要将代替旧的需要,这是欲望的策略(C'est la stratégie du désir!)!"[81]

　　最后，当代资本主义社会中的**都市化问题**。这是列斐伏尔在《日常生活批判》第二卷中已经涉及的问题，也是他在理论上逐步靠近的新的思考层面。这里他用了"开启"（l'ouverture）这样一个小标题，这也是下一阶段《都市革命》中，他的思想理论进程里突然爆发出来的思考重点。其实，与几乎同期写作的《元哲学》一书相比，这里列斐伏尔面对社会现实的实证性分析似乎更加翔实一些，那些花哨的人本主义哲学话语悄悄地在被边缘化。在列斐伏尔看来，"都市化（urbanisation），因为历史的原因被马克思忽视了。当《资本论》在一百年前出版时，城市化还处于婴儿期"。[82] 这是一个历史性的判断。后来列斐伏尔在《马克思主义与城市思想》一书中，具体分析了这一问题。列斐伏尔认为，现在人们已经开始关注城市问题，但现代资本主义社会城市中的都市化问题还没有得到科学的认识，往往，都市化只是被理解为工业化进程中的一个"加强版"，而实际上，资产阶级的都市化实践，"已经改变了生产、城市、城市社会的本质"。依他所见，"都市社会（société urbaine）兴起于农业社会和传统城市的废墟上"，在资产阶级工业发展的基础上，"都市社会的新时代正在破晓而出"。[83] 在这种都市化的运动中，人们在日常生活中尽力去创造一个新的"中心"。

　　在列斐伏尔看来，今天的都市化实践有这样一些特点：第一，"都市中的时间独立于自然循环的时间（temps se délivre des cycles naturels），但不屈从于持续的理性化线性时间（linéaires de la durée rationalisée）。它是无法预知的时间，但它不是没有空间的时间而是支配着空间的时间，它在空间中产生，并通过空间而出现"。[84] 这是说，都市中的时间既不同于农耕文明中的循环时间，也异于工业进程中的合理化线性时间，这里出现的时间是一种支配了空间的时间，是一种无法预知的时间。有如上班高峰时堵车的时间，一个聚焦性事件中发生的时间，它们不会再以简单的物质循环出现，今天你上班花一个小时，明天可能因为一个瞬间发生的交通事故，你就会堵上一个半小时。考夫曼说，列斐伏尔"早在二次世界大战前夕，他应邀前往纽约时和1950年访问意大利的波伦亚时，便萌生了都市其实就是一种'瞬间'（moments）这样的意识"。[85]

　　第二，都市中出现的"将是欲望的空间与时间，它处于需要之上并远远超过了需要，因为在这一理解中，都市生活履行各种功能并且是超功能的"。[86] 这是列斐伏尔上面详细讨论过的问题，只是这里他将消费意识形态的发生集中在都市化进程之中，这也是工业城市向都市化转换中的必然结果。

第三,都市化与大众媒介的同谋关系。列斐伏尔认为,

> 都市社会并不与大众传媒(mass media)、社会交往、交流与告示相对立,但排除了消极状态中的创造性(activité créatrice en passivité),将创造性变为被分离的、空虚的凝视,变为展示与符号的消费。它主张强化物质的与非物质的交换,在那里质量代替数量,并赋予交流媒介以内容与实质。都市社会不会使日常生活转化为意象,也不会满足于对日常性进行不同的思考,而是以自己的日常性术语来改造日常性。[87]

这是说,在都市社会中,大众媒介和公共交往成为一种内爆性的因素,这彻底改变了人们的创造性活动方式,将积极的活动变成"被分离的、空虚的凝视,变为展示与符号的消费",用都市化铸成的新的日常性来改造日常生活。

第四,列斐伏尔特别留意到,资产阶级是通过"占有都市设计(urban setting)过程而实现的对日常生活的规划设计"(une quotidiennete programmée dans un cadre urbain adapté à cette fin)。[88]这里的重要理论质点,一是日常生活的被规划,二是这种通过**都市设计**完成的。索亚敏锐地注意到这一重要的变化,他指出,在列斐伏尔的日常生活批判中,"日常世界处处被技术理性所殖民、所渗透,后者影响所及已经超过市场和工作场所,扩展到家庭、医院、学校、街道和社区,扩展到了消费、繁衍、休闲和娱乐的私人空间之中。这种特别的殖民渗入国家及其官僚机构中,这是列斐伏尔称为'空间规划'的扩张过程中进行的"。[89]应该说,索亚的思想是极其敏锐的。并且,他还进一步注意到了列斐伏尔在对日常生活的被规划性问题的思考,引申出**都市设计**这个关键性的过渡环节。这正是通向一个全新的想法,资本主义的**都市化**。索亚说,列斐伏尔的都市化概念"已经远远超出城市的基本范畴","都市化是对现代性空间化以及对日常生活的战略性'规划'的概括性比喻,而正是这一切,才使得资本主义得以延续,得以成功地再生产其基本的生产关系"。[90]这是非常精准的判断。

显然,列斐伏尔此处对资本主义都市化实践的看法,都还处于一种初步的思考和不完整的判断之中,都市问题将会成为他下一步认真面对的重大现实和理论问题。不过,列斐伏尔已经想到自己在方法论上的力不从心,如果要跳出自己日常生活批判的思维惯性,他不得不再一次求助于马克思。

注释

[1] Henri Lefebvre, *La vie quotidienne dans le monde modern*, Paris：Gallimard, 1968.

[2] 尤涅斯库(Eugène Ionesco, 1912—1994):法国荒诞派戏剧大师。

[3] 塞缪尔·贝克特(Samuel Beckett, 1906—1989):爱尔兰荒诞派戏剧大师。1969年贝克特获得诺贝尔文学奖。

[4] 弗朗西斯·蓬热(Francis Ponge, 1899—1988):法国当代诗人,评论家。

[5] 阿伦·雷乃(Alain Resnais, 1922—2014):法国电影导演、编剧、制片人、剪辑师。

[6] 让-吕克·戈达尔(Jean-Luc Godard, 1930—2022):法国导演、编剧、制作人。

[7] 其中,列斐伏尔专门讨论了重复(répétitif)循环的日常生活与音乐重复结构的关联性。在他看来:"音乐是运动、流动、时间性(mobilite, flux, temporalite),然而音乐的基础是重复,所有可传递的主题都是潜在的循环——当它被誊写的时候更是如此。所有的音乐包括声音的连续体都是重复的,所有的旋律都有结尾(乐章的结尾),但这个结尾可能是一个重复的开始——正如基调在八度音的后面被划分为音程(一个音阶),标明另一个八度音的开始一样。主题也能重复,在一个旋律中被组合在一起的音阶也可重复。源于过去的激情和感情被重新唤起,通过音乐,情感的瞬间被重新唤回(通过想象和一般意义上的艺术)。"Henri Lefebvre, *La vie quotidienne dans le monde moderne*, Paris：Gallimard, 1968, p.42.中译文参见仰海峰译稿。在列斐伏尔看来,正是音乐的这种重复性结构,才可能将生活中的情感和经验"重新唤回",二者由此发生深刻的关联。他让我们从音乐中听到"实践的结构"(structurale),并且在音乐的无调性(atuonalité)分解中听到日常生活的碎片化。这里,列斐伏尔几乎接近阿多诺,即从贝多芬的第9交响乐中听到工业革命的车轮声,以及从无调式的新音乐中听到新时代辩证的否定。列斐伏尔提醒我们,必须从日常生活中的建筑、绘画、舞蹈、音乐和游戏中找到同样反思性的内在关联。这恰恰是传统社会批判理论在政治经济关系中找不到的微观生活层面。

[8] 詹姆斯·乔伊斯(James Joyce, 1882—1941):爱尔兰作家、诗人。1902年6月,乔伊斯毕业于都柏林大学学院,获得了现代语学士学位。代表作为:《尤利西斯》(1922)和《芬尼根的守灵夜》(1939)等。

[9] Henri Lefebvre, *La vie quotidienne dans le monde moderne*, Paris：Gallimard, 1968, p.9.中译文参见仰海峰译稿。

[10] Ibid., p.10.中译文参见仰海峰译稿。

[11] Ibid., p.19.中译文参见仰海峰译稿。

[12] Ibid., pp.19—20.中译文参见仰海峰译稿。

[13] 克劳德·西蒙(Claude Simon, 1913—2005):法国小说家。代表作及成名作《弗兰德公路》(1960)。1985年克劳德·西蒙因为小说《农事诗》(1981)获得诺贝尔文学奖。

[14] Henri Lefebvre, *La vie quotidienne dans le monde moderne*, Paris：Gallimard, 1968, p.26.中译文参见仰海峰译稿。

[15] 这个活该性,是我对韦伯祛魅性的本质分析,当一切价值合理性消失时,人所进入的资产阶级自由关系中,核心前提会是康德所指认的启蒙理性中的个人主体自主性,所以,当

人们进入资产阶级的商品生产和交换市场时，就预设了一种法定的活该性，当你赔钱破产时，只能怪自己无能而跳楼。这是所有股票证券市场门口写的那句"股市有风险，入市需谨慎"提示的话外音。

［16］Henri Lefebvre，*La vie quotidienne dans le monde moderne*，Paris：Gallimard，1968，pp.27—28.中译文参见仰海峰译稿。

［17］Ibid.，pp.30—31.中译文参见仰海峰译稿。

［18］Ibid.，p.31.中译文参见仰海峰译稿。

［19］Ibid.，p.32.中译文参见仰海峰译稿。

［20］Ibid.中译文参见仰海峰译稿。

［21］Ibid.，p.48.中译文参见仰海峰译稿。

［22］Ibid.，p.45.中译文参见仰海峰译稿。

［23］Ibid.，p.52.中译文参见仰海峰译稿。

［24］Guy Debord，*La Société du Spectacle*，Paris：Gallimard，1967.关于德波《景观社会》一书的研究，可参见拙著:《文本的深度耕犁》(第二卷)，中国人民大学出版社 2008 年版，第 2 章。

［25］Henri Lefebvre，*La vie quotidienne dans le monde moderne*，Paris：Gallimard，1968，p.51.中译文参见仰海峰译稿。

［26］Ibid.中译文参见仰海峰译稿。

［27］Ibid.，p.53.中译文参见仰海峰译稿。

［28］Ibid.，p.62.中译文参见仰海峰译稿。

［29］Ibid.，p.61.中译文参见仰海峰译稿。

［30］Ibid.，p.56.中译文参见仰海峰译稿。

［31］Ibid.，p.35.中译文参见仰海峰译稿。

［32］Henri Lefebvre，*Hegel，Marx，Nietzsche，ou le royaume des ombres*，Paris：Tournai，Casterman，1975.

［33］Henri Lefebvre，*La vie quotidienne dans le monde moderne*，Paris：Gallimard，1968，pp.62—63.中译文参见仰海峰译稿。

［34］雷娅·杜娜叶夫斯卡娅(Raya Dunayevskaya，1910—1987):美国马克思主义学者。1910 年出生于沙俄的乌克兰，1920 年随父母迁居到美国芝加哥。20 世纪 30 年代后期曾担任托洛茨基的秘书，后来参加美国工人党的活动。主要代表作为:《马克思主义与自由》(1958)、《哲学与革命》(1973)和《罗莎·卢森堡妇女解放和马克思的革命哲学》(1982)等。

［35］Henri Lefebvre，*La vie quotidienne dans le monde moderne*，Paris：Gallimard，1968，p.63.中译文参见仰海峰译稿。

［36］Ibid.，p.71.中译文参见仰海峰译稿。

［37］Ibid.，p.68.中译文参见仰海峰译稿。

［38］Ibid.，p.71.中译文参见仰海峰译稿。

［39］Ibid.，p.76.中译文参见仰海峰译稿。

[40] Ibid.中译文参见仰海峰译稿。

[41] Ibid., p.73.中译文参见仰海峰译稿。

[42] [美]马克·波斯特:《战后法国的存在主义马克思主义:从萨特到阿尔都塞》,张金鹏、陈硕译,南京:南京大学出版社2015年版,第222页。

[43] Henri Lefebvre, *La vie quotidienne dans le monde moderne*, Paris：Gallimard, 1968, pp.77—78.中译文参见仰海峰译稿。

[44] 乔治·拉巴萨德(Georges Lapassade)、黑内·拉罗(René Lalou)及研究小组的成员已经探讨了这一特性,他们所做的可看作**社会—分析**,因为他们假设了对现实情境的干预,对共同体的日常生活的干预。这种社会—分析的干预,**分为空间的时间**,这种空间与时间规定了情境的意义,过去它们与错误的证据结合在一起。这种分析同经验**相关联**,而从前,这种经验与它无关,并通过归纳和转换的方式加以处理。这样,共产主义政党内部反斯大林主义的对立,在那个时代,是社会—分析的重要例证,这种分析的某些发现可以在后面的发展中来评述(在特定意义上是社会学的,在一般意义上是马克思主义的)。《日常生活批判》第三卷将发展这一解释的某些特征,并根据如下的计划加以建构:首先,直接的日常生活,它的变化和误解,然后是形式的说明。——列斐伏尔原注

[45] Henri Lefebvre, *La vie quotidienne dans le monde moderne*, Paris：Gallimard, 1968, p.346.中译文参见仰海峰译稿。

[46] Ibid., p.80.中译文参见仰海峰译稿。

[47] Ibid., p.81.中译文参见仰海峰译稿。

[48] Ibid., p.83.中译文参见仰海峰译稿。

[49] Ibid., p.85.中译文参见仰海峰译稿。

[50] Ibid., p.93.中译文参见仰海峰译稿。

[51] Ibid., pp.98—99.中译文参见仰海峰译稿。

[52] Ibid., pp.106—107.中译文参见仰海峰译稿。

[53] Henri Lefebvre, *Métaphilosophie*, Paris：Éditions de Minuit, 1965, p.284.

[54] Ibid., p.285.

[55] Henri Lefebvre, *La vie quotidienne dans le monde moderne*, Paris：Gallimard, 1968, p.108.中译文参见仰海峰译稿。

[56] Ibid., p.165.中译文参见仰海峰译稿。

[57] Ibid.中译文参见仰海峰译稿。

[58] Ibid.中译文参见仰海峰译稿。

[59] Ibid., p.186.中译文参见仰海峰译稿。

[60] Ibid., p.203.中译文参见仰海峰译稿。

[61] Ibid., pp.109—110.中译文参见仰海峰译稿。

[62] Ibid., p.175.中译文参见仰海峰译稿。

[63] Ibid., pp.172—173.中译文参见仰海峰译稿。

[64] Guy Debord, *Œuvres*, Paris：Gallimard, 2006, p.576.

［65］Henri Lefebvre，*La vie quotidienne dans le monde moderne*，Paris：Gallimard，1968，p.125.中译文参见仰海峰译稿。

［66］Ibid.，p.113.中译文参见仰海峰译稿。

［67］Ibid.，pp.114--115.中译文参见仰海峰译稿。

［68］Ibid.，pp.140—141.中译文参见仰海峰译稿。

［69］Ibid.，p.125.中译文参见仰海峰译稿。

［70］Ibid.，p.159.中译文参见仰海峰译稿。

［71］这个定义与其他一些术语如"国家垄断资本主义"并不矛盾，而且在我们看来，它要求对社会功能与结构进行更全面的分析，它比起后者来更加现实，更富有分析潜能，"国家垄断资本主义"似乎强调经济方面并显示出偏爱于**经济主义**，对意识形态与"价值"解释得不够。——列斐伏尔原注

［72］Henri Lefebvre，*La vie quotidienne dans le monde moderne*，Paris：Gallimard，1968，p.117.中译文参见仰海峰译稿。

［73］Ibid.，p.118.中译文参见仰海峰译稿。

［74］Ibid.，p.141.中译文参见仰海峰译稿。

［75］Ibid.，pp.212—213.中译文参见仰海峰译稿。

［76］Ibid.，p.214.中译文参见仰海峰译稿。

［77］Ibid.，p.223.中译文参见仰海峰译稿。

［78］Ibid.，p.222.中译文参见仰海峰译稿。

［79］Ibid.，p.153.中译文参见仰海峰译稿。

［80］Ibid.，p.157.中译文参见仰海峰译稿。

［81］Ibid.，p.158.中译文参见仰海峰译稿。

［82］Ibid.，p.253.中译文参见仰海峰译稿。

［83］Ibid.，p.347.中译文参见仰海峰译稿。

［84］Ibid.，p.349.中译文参见仰海峰译稿。

［85］考夫曼等：《迷失津渡：时间、空间与城市》，载《重访列斐伏尔：法国理论与中国道路（会议译文集）》，刘怀玉、鲁宝译，2019 年，南京大学，第 23 页。

［86］Henri Lefebvre，*La vie quotidienne dans le monde moderne*，Paris：Gallimard，1968，p.347.中译文参见仰海峰译稿。

［87］Ibid.中译文参见仰海峰译稿。

［88］Ibid.，p.126.中译文参见仰海峰译稿。

［89］［美］索亚：《第三空间——去往洛杉矶和其他真实和想象地方的旅程》，陆扬等译，上海教育出版社 2005 年版，第 50 页。

［90］［美］爱德华·索亚：《后现代地理学：重申批判社会理论中的空间》，王文斌译，北京：商务印书馆 2007 年版，第 77 页。

第六章 解读《资本论》:走向历史唯物主义的道路

    1968年,在纪念马克思诞辰150周年纪念活动中,列斐伏尔发表了一篇十分重要的学术论文《马克思〈资本论〉中的形式、功能与结构》[1]。可以看到,原先在《元哲学》中起关键作用的"形式、体系和结构"中的体系概念,在这里已经变成了更加动态功用性的"功能"(fonction)。这应该是列斐伏尔在阿尔都塞《读〈资本论〉》一书的刺激下,第一次按照马克思经济学研究中的狭义历史唯物主义逻辑,体验真正"从现实出发"的客观逻辑视角。这为列斐伏尔之后即将进入的都市问题研究,提供了重要的方法论依据。依哈维的说法,正是这篇文章,为列斐伏尔进入都市研究"提供了强有力的思维框架"。[2]这是深刻的看法。当然,这也会使列斐伏尔的人本主义话语逻辑生成一个断裂式的方法论跃迁。

一、方法论中的历史性生成与结构

    在这篇文章中,列斐伏尔一上来就讨论了一个马克思思想中十分重要的**生成性**(devenir)构想。据说,这是西方哲学中从古希腊赫拉克利特开始的观点,后来由黑格尔所挖掘和光大。这是对的。在赫拉克利特那个燃烧着的"火"中,世界万物得以构序生成,这种被指认为辩证法运动的思想,在黑格尔唯心主义的观念生成和辩证运动中达到思辨哲学的顶点。在列斐伏尔看来,

        在这一构想中,生成没有任何无定形之状。它并非混沌。无论在自然中,还是在社会和认识中,因为具备了一种内在的平衡,所以历史性生成(le devenir historique)创造了保持原状的诸"存在"、诸稳定体(unités stables)、

诸实体(entité)。尽管如此,正如对于黑格尔一样,对于马克思来说,这些稳定远不是最终的状态。这些平衡只是暂时的。这些结构(structures)也只是生成的"瞬间"(moments du devenir)。[3]

这是过于形而上学的表述。列斐伏尔这一观点的直接针对性,当然是对此时在法国如日中天的结构主义的反击,因为现成性的结构正是历史性构序力量的结果。这一理论意向,同向于列斐伏尔不久前在《元哲学》中提出的论点。不过,那还是一种人本主义的构境。[4]其实,这里有两个列斐伏尔想集中讨论的关键词:一是历史性的生成瞬间,二是稳定性的结构。依我的理解,第一,这个所谓的捕捉 devenir historique(历史性生成)的构想,也就是黑格尔在《精神现象学》中首次提出的现象学透视,即看起来稳定实在的物性对象是"正在消逝的东西",它不过是观念设定和构序历史性生成且瞬间扬弃的环节。这种历史性生成的唯心主义观点,经过复杂的唯物主义逻辑转换,也就成为马克思在《关于费尔巴哈的提纲》中的实践生成性和功能性关系的**双重透视法**,即从费尔巴哈看到的直观 entité(实体)背后,看到"从主体出发"的实践构序,从费尔巴哈看到不变的类本质结构的地方,看到现实的"社会关系的总和",这也意味着,那些看起来处于平衡状态中的 unités stables(稳定体)结构,不过是实践生成活动的关系场境瞬间。这当然是一个深刻的观点。实际上,这也是历史唯物主义中**历史概念的本质**,这个历史,不是社会历史领域或者过去发生的事情,而是历史性发生的时间性——**一定的瞬间发生**。可以看到,青年卢卡奇在《历史与阶级意识》中,也是从这一点出发来理解黑格尔-马克思的历史概念的。这个历史性的生成时间,也将是后来海德格尔《存在与时间》的入口。这之后在马克思的思想发展进程中,会不断呈现出历史唯物主义构境中我们面对的物质生活条件背后的物质生产与再生产的 devenir historique(历史性生成),以及商品、货币和资本这些 unités stables(稳定体)背后,遮蔽着消逝了的劳动生成。这是列斐伏尔进入马克思的《资本论》时的一个**方法论前提**,因为对于马克思的经济学批判而言,"正是发生(la genése)成就了可理解性(l'intelligibilit)"。[5]这是对的。这种在方法论层面上的深入思考,显然会使列斐伏尔下面的都市空间的关系场境构境顺利得以构序。列斐伏尔应该体会到,马克思在《资本论》中的话语构式显然不是从抽象的价值悬设出发的。

第二，在列斐伏尔眼里，在《资本论》中，当资产阶级经济学家在商品-市场中看到物性商品、货币和资本的地方，马克思"将提供货币的起源和商品流通中的金钱所扮演的角色。如果这种认识遭遇了一种结构（structures），那么这种分析就是为了表明这种结构是如何形成的：生成与历史如何将其创造"。[6] 这里，已经有了一种逻辑透视中的转换：一是从经济物像到经济关系的透视，在资产阶级经济学和资本家看到土地、资本物的地方，马克思透视出生成性的社会关系；二是这些社会关系场境中相对稳定的赋型 structures（结构），比如特定的封建的或者资本主义的生产关系。这一点，内在地关联于前述《关于费尔巴哈的提纲》中的第二重透视。这也就是说，在资产阶级经济学家着眼于论证某种不变的 structures（结构）——作为资本主义生产关系的天然永恒性的地方，马克思则会揭露这种生产方式结构的历史生成和解构。因为，在资本主义生产方式发展的历史进程中，

> 在生成之中，一些结构被建立起来，然后生成又逐渐消解或者急剧打破其所创造的这些结构。然而，这种短暂平衡的消解或断裂、这种**解构**（deatructuration），并不是随着结构的建立而来的。相反，这是在平衡的内部、在结构的中心，从一开始，消解之和打破之的诸力就起作用了，解构发生了。[7]

在广义历史唯物主义的一般原则中，劳动、实践、物质生活活动的历史性生成中，必然生成一定的人与自然、人与人关系赋型中的特定功能结构，这些结构本身就内嵌着自我否定的历史解构性，所有关系结构的平衡都是暂时的，而否定性的解构则是永恒的。在瞬间发生且消解的社会关系结构中就更是如此。列斐伏尔的这种分析，显然是对结构主义思潮的有力回击。对此，列斐伏尔还进一步解释说，比如在欧洲封建社会中历史生成的"商品、商业、产品的交换、交换价值"，就是一种特定历史条件下生成的经济关系结构体系，固然资产阶级试图巩固这种"自由竞争的资本主义"结构，但由于无产阶级"工人阶级的政治和经济行动"，它已经开始在一种相互消长的势能（conjuncture）中处于走向终结的 deatructuration（解构）之中。这里，我们看到了作为**力量关系角逐中动态格局**的 conjoncture（势能）概念的再一次出场。无独有偶，几乎在同时，阿尔都塞也提及了这个 conjoncture（势能）概念。[8] 并且，列斐伏尔认为，在马克思那里，"也正是生

成的构想将建构与解构、结构与势能(conjoncture)放在了辩证的(也就是说,冲突的、矛盾的)关系之中"。[9] 显然,这个 conjoncture(势能)概念是与解构相近的动态结构。

为什么列斐伏尔会将历史性生成和结构概念的讨论,置于他解读《资本论》的前置方法论的最前面? 依我的理解,这并非是完全出自列斐伏尔的主观想法,而是法国学界当时面临的思想博弈现状。列斐伏尔自己说,萨特(J.-P. Sartre)在将存在主义与马克思主义嫁接在一起的时候,是有一种**历史生成性**的观念的,然而,他却是"针对主体或历史主体的研究出发来进行的"。另一方面,"列维-施特劳斯(Claude Lévi-Strauss),法国结构主义的领军人,他同样自称为马克思的继承者",他则是在语言的话语运作中凸显了**结构**的观念。[10] 这也就形成了一种历史生成性与结构的分裂,列斐伏尔当然想在理解马克思的观念中走出一条截然不同的道路。可是,在过去学界的直观印象中,列斐伏尔对马克思的理解较多地集中于源自《1844 年手稿》的"总体人"和异化的概念,这听上去与当下讨论的生成性-结构很难挂上钩。这可能也是他选择重新研究《资本论》的原因。实际上,列斐伏尔这里故意没有提及的还有一位他的法兰西同胞,即阿尔都塞,1965 年,在《读〈资本论〉》中,阿尔都塞用结构化的症候阅读法进入对马克思经济学构境的解读中,并引起了轰动。而在这种理论效应中,阿尔都塞的公开旗帜,就是批判列斐伏尔手中的青年马克思《1844 年手稿》中的人本主义异化观。我猜测,这应该是列斐伏尔这里的真正理论对手。恐怕这也会是列斐伏尔没有再进一步推进《元哲学》人本主义话语的理由,在这里,我们几乎看不到"诗性创制"、存在论的"剩余"一类概念的身影。这一情况,十分类似 1845 年青年马克思在受到施蒂纳对人本主义的公开批判后的做法。我们将在本章的最后看到这一理论事实。然而,令列斐伏尔自己并没有意识到的事情是,虽然是应对当下学界的思想动态,可是在对《资本论》的认真细读后,他会逐渐被历史唯物主义的科学方法论所征服,这在他逻辑无意识层面生成了全新的思考逻辑。

二、历史唯物主义中的生产方式

这样,我们就容易理解列斐伏尔在此提出的问题了:《资本论》"在什么程度上,并且马克思如何使用了结构概念(notion de structure)"? 这显然是在针对阿尔都塞。不过,列斐伏尔在这里的回答是复杂的。他说,"我们将表明,马克思使用了三个基本概念:**结构、形式、功能**(celle de **structure**, celle de **forme**, celle de **fonction**)。马克思在相同的名义下使用这三个概念,将它们置于平等的地位"。[11]这也意味着,在《资本论》中,并非只是今天人们凸显出来的结构概念,而存在着一种从资本主义经济关系复杂的商品生产-市场交换功能形式中历史性生成出特定经济结构的过程。可是,列斐伏尔明确指出,解读马克思的《资本论》,应该避免像结构主义、形式主义和功能主义那样,绝对化马克思思想中的某一种因素,"赋予一个概念——或结构或功能或形式——以优先地位都会产生一些严重的后果",从而导致一种观念上的意识形态,因为在马克思的《资本论》中,关于结构、形式和功能在一种社会生活中的作用,会是一个完整的辩证关系。这个说法是有一定道理的。

有趣的是,列斐伏尔在讨论马克思《资本论》前,先隐晦地提及了自己原先十分熟悉的《1844年手稿》,他说,青年时代的马克思当时提出了一种关于"社会转变(transformation)"想法,"根据马克思的论述,这种转变将结束人的存在的一切异化(toutes les aliénations)、通过阻止人的存在的充分发展来阻碍人的存在发展的一切东西,这种人的存在被认为是社会的存在",可现在的列斐伏尔认为,"这种转变是不可能通过一种哲学的教谕(décret philosophique)来得以实现的"。[12]听起来,列斐伏尔好像是意识到自己思想上的一种转变。因为在《资本论》中,列斐伏尔第一次很深地体知到了**方法论中的历史唯物主义**,这就是将历史生成性与结构结合起来的**历时性图式中的生成性的结构**[Structure du devenir(schéma diachronique)]。这是列斐伏尔此文第二目的标题。显然,仔细去想,列斐伏尔这里是同时将萨特、施特劳斯和阿尔都塞三种片面的深刻性整合起来,这是一种十分巧妙的作战方案。不过,列斐伏尔这一次对《资本论》的研究的确有新的重要发现,因为,这种所谓的历史生成的结构,也就是作为历史唯物主义一般原则中最关键的**生产方式**(**mode de production**)。当然,这并不是说列斐伏尔到此时才第一次提及生产方式的概念,而是他有可能第一次透彻地理解了从历史性的Structure du devenir(生成性结构)——生产方式出发去观察世界的方法论意义。在《日常生活批判》第二卷和《现代世界中的日常生活》中,他已经开始注意到生产方式的范畴。[13]从物质生产方式历史性地分析社会历史发展,特别是资本主义生产方式动态筑模的历史发生、发展和消亡，这正是马克思在《资本论》中所坚持的历史唯物主义科学方法。我以为，正因为找到了这一重要的方法论线索，必然促使列斐伏尔自己在方法论上的转变。无论他是否自觉意识到这一点，从历史性发生的功能化生产方式去观察一个社会断面，思考一种不合理的社会历史现象，也就会逐渐摆脱抽象的人本主义话语统摄。这一点，我们会慢慢地在列斐伏尔的思想进程中看到。

首先，**生产方式的一般定义**。列斐伏尔分析说，"对马克思来说，一种生产方式是什么呢？这个词指示着一种社会，这种社会被社会关系（**rapports sociaux**）所表征，社会关系自身则被生产关系（**rapports de production**）所决定"。[14]这也就是说，生产方式是指一定历史条件下的生产关系决定的社会关系系统。这是对的。然而，列斐伏尔却没有突出马克思、恩格斯在《德意志意识形态》创立历史唯物主义时，突出强调生产方式的本质是表征的"**怎样生产（Wie sie produzieren）**"的功能性构序特征。具体说，

> 生产关系需要一定劳动的**技术**分工（division **technique** du travail）、一种与物质自然一并考虑的社会关系的组织，简单说，也就是以一定的生产力作为条件。生产关系还将一种劳动的**社会**分工（division **sociale** du travail），也就是说，一些指挥的、知识的、管理的功能，加入这种劳动的技术分工之中。在自然方面的社会行动上，人的本质的行动形式互相叠加，在这个社会的中心一些叠加在另一些之上。由此，从社会分工的双重层面上出发，技术的和社会的，生产关系得到定义。以一定水平的生产力为条件，生产关系自身就是极其复杂的社会关系之条件。一些被定义的生产关系倾向于组成一个具有一种凝聚力和一种内在一致性的社会整体，这构成了一个**总体（totalité）：生产方式（mode de production）**。[15]

这是列斐伏尔此时对历史唯物主义生产方式理论的理解。这个重要的totalité（总体性），显然已经不再是列斐伏尔从30年代就开始凸显的人本主义构境中的**人学逻辑总体性**，而是**现实社会关系的总和**意义上的功能总体。如果我没有记错，这也是列斐伏尔从20世纪30年代开始研究马克思的思想以来，第一次真正聚焦历史唯物主义的生产方式概念。我觉得，这大体上是正确的复构。

应该指出，当列斐伏尔用两种不同的 division（分工）来说明生产关系的本质，多少是不精准的。因为，分工，特别是劳动分工本身就是一个历史的产物。当列斐伏尔用"劳动的技术分工"来说明人们在物质生产中的技能合作关系，而用"劳动的社会分工"来指认技能关系之上的"指挥的、知识的、管理的功能"时，是容易引起误解的。实际上，依列斐伏尔在文章一开始的引导性讨论中，已经指出了存在于黑格尔-马克思思想中那种超出直观对象的"生成性结构"，而在《德意志意识形态》创立历史唯物主义的一般原则中，生产方式恰恰是这种"怎样生产"的历史性生成结构：一是在社会生活面对的实体性物质生产资料背后，发现物质生产和再生产的物相化活动；二是从物质生产活动中再提炼出生产构序功能水平的生产力；三是指认生产力的本质是一定历史条件下人对自然能动关系的质性，而这种生产塑形和构序活动的发生，必然依存于人与人之间在生产劳作中构成的技能合作关系赋型；四是这双重关系在特定历史条件的结合方式也就构成一个时代中特有的"历史性的生成结构"——生产方式；五是生产方式的转换和变迁就是社会历史的本质。在认识世界和观察社会生活的过程中，坚持从一定历史条件下的生产方式出发的原则，就是历史唯物主义的科学方法论。我以为，无论列斐伏尔的理论复构是否精准，他多少直觉到了马克思在《资本论》研究方法中的科学逻辑。这的确是一个重要的方法论进步。这对于列斐伏尔之后的整个思想发展，都将起到重要的引导作用，并将他思想中原有的**人本主义话语与从现实出发的客观逻辑的矛盾势能结构倒转起来**，历史唯物主义那种从现实出发的思路逐渐地开始占上风。

其次，**生产方式的历史分析**。这一方法论中的领悟，对列斐伏尔来说是最重要的认识进步。列斐伏尔告诉我们，在《资本论》中，"马克思区分了亚细亚的生产方式（le mode production asiatique）、原始共同体（la communauté primitive）、奴隶制、封建的生产方式、资本主义、社会主义"。[16] 显而易见，这并不是一个线性接续的生产方式运动的历史图式，因为这同时涵盖了马克思对欧洲和东方社会不同生产方式的关注，例如，这里的 la communauté primitive（原始共同体）并不是指奴隶制之前的人类原始社会，而是马克思在 19 世纪 50 年代开始研究的同时存在于欧洲古代和世界各地土地公有制基础上的公社生活；而亚细亚生产方式，则是长存于亚洲各国特殊的社会定在和发展形式，它也不会成为欧洲社会生产方式历史发展中的必经环节。在对这些社会历史不同生产方式的历史分析中，我们会看到列斐伏尔那个抽象的人学逻辑越来越难立足,同时,也会改变他在《元哲学》中那种简单的西方中心论的线性历史线索。在列斐伏尔看来,马克思将历史上出现的生产方式的性质主要界划为两种:

第一,**人对人的依赖关系**的生产方式。列斐伏尔说,

> 在封建的生产方式(mode de production féodal)中,就已经存在一种生产的活动(activité productive)了;农业生产(便随着一种劳动分工和一种自身的组织)扮演着一个重要的角色。但是,表征这个社会的,却是**人的依赖关系(rapports personnels de dépendance)**。所有的社会关系"表现为人与人之间的关系(des rapports entre les personnes)"(《资本论》第一卷第一章第四节)。[17]

这是说,在封建的生产方式中,基于农业生产活动,社会关系表现为一种人对人的依赖关系,这是封建等级制下完全"**透明**"(transparente)的阶级压迫关系。这个 transparente(透明),是说社会阶级等级结构的直接显现,皇族的显贵和平民的低贱,都是娘胎里带来的血亲关系,没有任何故意的遮蔽。也因为这是列斐伏尔对马克思历史观点的复构,所以,需要指出这种表述中的不精确。一是,马克思在《资本论》(德文第二版)第一卷第一章第四节[18]中所指认的"人与人之间的关系",并不是列斐伏尔这里所讲的"人对人的依赖关系",而是资本主义商品经济中发生的劳动交换关系。二是,马克思关于"人的依赖性""物的依赖性"和"人的全面发展"三大社会形式的讨论并非出现在《资本论》,而是在《大纲》中[19],在那里,马克思并非是在说明不同生产方式的异质性,而主要集中分析以不同的社会关系质性区分的社会形式。其中,作为第一种社会形式的人对人的依赖关系的社会,并不仅仅专指 mode de production féodal(封建的生产方式),而是泛指前资本主义社会历史发展中,基于自然经济的奴隶制、封建制条件下所有直接血亲关系中人对人的宗法式依存关系。这也说明,列斐伏尔此时对《资本论》的研究中,还存在着一些随意性造成的硬伤。

第二,**物的依赖性**的生产方式。在列斐伏尔看来,马克思还指认了一种不同于人的依赖性为主导的生产方式,即资本主义的生产方式,这一生产方式最本质的特征就是**经济的优先性**。其实,这是不准确的,在马克思那里,资本主义生产

方式最本质的特征是资本关系，即资本对雇佣劳动的盘剥关系，经济的优先性只是这种生产关系赋型的外部现象。列斐伏尔认为，"马克思想要表明，经济学的决定性始于资本主义，且表征资本主义。正是资产阶级为了从中获利才建构了这种经济优先性（primat de l'économique）"。[20] 如果是批评第二国际以来将历史唯物主义误认为经济决定论，指认 primat de l'économique（经济优先性）的历史性，这无疑是正确的。列斐伏尔说，相对于前述人的直接依赖关系中专制社会压迫和奴役的"透明"，

> 资本主义社会是一个不透明的社会（société non transparente）。何以见得？因为人与人之间的关系以物（choses）且以这些物——商品、货币、资本——之间的关系为中介。更为复杂的是，资本主义社会比封建主义社会更为发达，资本主义从一开始就是昏暗的、矛盾着的，直到组成它的一致性的东西之中。通过从现在出发的时间的回溯（倒退地，régressivement），然后追寻现在的发生（前进地，progressivement），这种分析发现了这些显著的特点。[21]

列斐伏尔这里对马克思第二大社会形式——物的依赖性为主导的资本主义生产方式——的表述，基本上是正确的复构。他认为，这正是马克思先"回溯式"地追寻到过去发生的人对人的直接依赖关系，然后才"前进式"地找到了今天资本主义生产方式中"物的依赖性"。仔细去想，此处列斐伏尔指认的"回溯-前进法"（1953）的话语格式塔，已经发生了较大的改变，因为它已经从一种社会学的实证历史描述转换为历史唯物主义的观察。关于这个"回溯-前进法"的历史发生和发展的讨论，我们将在下一章具体分析。正是这种人的关系畸变为物的关系中介后的复杂经济优先性，才使得资产阶级对无产阶级的压迫和奴役关系变得昏暗和不透明，这里的不透明，意指资本主义社会中那种表面上的公正、平等和自由背后，掩盖着实质性的不公正、不平等和不自由；而昏暗的矛盾，则是指可见的资本家与工人的等价交换背后，却遮蔽着对劳动者剩余价值的无偿占有的合法经济剥削。这是一个深刻的说法。由此，列斐伏尔也找到了自己那个"回溯-前进法"（régressif-progressif）在《资本论》中的落脚之处。我以为，列斐伏尔此处没有内省的问题是，这里他指认的马克思第一种"人对人的依附关系"，

并不是本真性的社会生活状况，而就是历史上真实存在过的历史"曾在"，如果从人对人的依附关系走向第二种"物的依赖性关系"是一种异化，那么，他的"回溯"与"前进"就不是一种人本主义的逻辑推演和编码，而是社会历史发展的客观现实过程。这已经在解构他自己仍然坚持的人本主义话语。列斐伏尔显然没有深入到这一更深的思想构境层。

列斐伏尔认为，在马克思的历史观察中，在不同的生产方式之间并不仅仅是一种时间上的接续或者断裂，这是由于，在任何一个历史时期，都有可能出现不同生产关系赋型的并存现象，比如，资产阶级的经济关系最早萌发于封建生产方式发展的末期，而资本主义早期发展中，恰恰通过让原先存在的生产关系从形式上从属于资本，所以，马克思才会指认一个时代中"占统治地位的生产关系"和"资本是普照的光"等重要问题。也由此，列斐伏尔说，马克思在自己的历史分析中不仅仅使用一个孤立的"历史生成性"或者"结构"概念，而是同时使用诸如"层级、渐进性、趋势、总体概念，以及同样的形式、结构与功能概念（de niveau, de gradualité, de tendance, de totalité, et aussi ceux de forme, de fonction, de structure）"。[22] 这是由于，社会生产方式的运行有它革命性的质变，也会有渐进性的量变，这使得不同生产关系赋型处于不同强弱的结构化功能作用层级之中，也是在占统治地位的生产关系赋型成为一个时代的客观历史趋势时，才会生成决定社会生活基本质性的总体性功能，这是马克思在《资本论》中依形式、结构和功能概念分析资本主义生产方式时所必须面对的复杂情况。需要说明的是，列斐伏尔指证的马克思这一重要观点，也不是出自《资本论》，而是作为复杂思想实验的《大纲》。

应该指出，列斐伏尔在这里对马克思不同生产方式的历史演进和"三大社会形式"的理解，与前述《元哲学》中那种简单的占有性权力与存在论剩余对置的人本主义批判逻辑，形成了鲜明的方法论差异，这有可能是他真正接受历史唯物主义和历史认识论的开始。我推测，这可能会是之后列斐伏尔在《都市革命》历史性地分析欧洲城市发生、发展全程的方法论参照。这是非常重要的一个理论逻辑质变节点。

第三，**生产方式的共时性分析**。列斐伏尔说，在马克思那里，除去对生产方式的一般历史分析之外，也存在一种共时性的层级讨论，这就是一定生产方式中复杂的社会结构断面的模型。列斐伏尔告诉我们，上面他指认的 niveau（层级）

的概念,也可以运用于对一个生产方式的共时性观察之中,它会更微观地表现为不同社会关系赋型因素在"社会构造的层阶(étage)叠加",这同样是一个功能性的活动结构。在这个生产方式的共时性结构图式中,

> 首先是**基础(base)**,也就是劳动的组织和分工。接着是构成了**结构(structure)**——确切地说是社会的结构——的生产关系和社会关系。最后,处于顶端的是不可分割的制度和意识形态,也就是**超结构(superstructures)**。这种图式(schéma)垂直地而非水平地布展开来。[23]

不难发现,这是列斐伏尔对马克思在**狭义历史唯物主义**构境中,那个关于经济的社会关系结构中**基础**与**上层建筑**比喻的改写。这里有两个可以商榷的地方:一是也因为列斐伏尔错误地承袭了第二国际以来对马克思这一观点的误认,所以才会将这一特定历史指称的结构**泛化**到全部历史中去。因为,这个比喻并非一般生产方式的通用"社会构造的层阶(étage)叠加"图式,意识形态决不可能出现在没有阶级统治的原始社会生活之中。二是列斐伏尔无意中将马克思的生产方式直接比作整个社会结构,这显然是不妥的。因为在马克思的历史唯物主义构境中,生产方式作为"怎样生产"的功能构序方式,只是集中于生产力构序与生产关系赋型的历史结合势能,而不是整个社会的共时性结构。

我们看到,为了便于理解,列斐伏尔还贴心地给出了一个十分直观的示意图:

超结构-意识形态和制度(国家等)

↑↓

财产关系[被结构者-结构者(structurés-structurants)]

结构-生产关系

劳动的社会分工

↑↓

生产技术[24]

依列斐伏尔的描述,这里的生产方式的 base(基础)是生产的技术,这与马

克思原来的构境显然已经不同了,而马克思的"经济基础",即作为经济的社会形态中历史性出现的社会分工之上生成的生产关系和财产关系,现在成了生产方式的中间 structure(结构),这两个功能性的关系性结构,构成了列斐伏尔眼中生产方式的本体,再往上,则是作为 superstructures(超结构)的国家、社会制度、意识形态一类的政治、法律和意识关系结构。显然,这已经是列斐伏尔自己的过度诠释了。实际上,在马克思那里,他并没有使用如此之多的结构概念,这是列斐伏尔在受到当时结构主义思潮冲击后特有的不良逻辑反应。当斯特凡·基普费尔等人表扬列斐伏尔"拒绝赶结构主义、后结构主义的时髦,拒绝追随随后出现的一波有媒体头脑的新哲学家"[25]时,他们是正确的,可他们恐怕也没有看到列斐伏尔当时在思想中这种无奈的应对。

三、《资本论》的复杂理论逻辑

前面列斐伏尔对历史唯物主义的生产方式问题的原则性讨论,目的是要进入马克思的《资本论》。应该看到,这时进入《资本论》的列斐伏尔,当然已经不再是原先那个《现代性导论》和《元哲学》中充满激情的人本主义形象,并且,与当时红得发紫的阿尔都塞的《读〈资本论〉》相比,这也会生成一种完全不同的理论解读路径了。我们清楚地看到,在这里列斐伏尔是以"交换价值"(La valeur d'échange)作为《资本论》理论复构的入口。这是他此文第三目的标题。可以说,这是一个基本正确的起点。

首先,商品的两种现实关系赋型的不同在场。也因为在上述的关于生产方式的讨论,列斐伏尔很深刻地体知了历史唯物主义的**场境关系存在论本质**,所以,在他进入《资本论》的经济学研究时,就较快地抓住了经济物像背后的客观经济关系本质。这当然也使列斐伏尔在逻辑无意识中不自觉地远离抽象的人本学逻辑。列斐伏尔认为,在《资本论》中,"对于马克思来说,各种活动(各种劳动,这种或那种的劳动的技术和社会分工中)的产品,在交换中采取了一种与它们的物质性和使用性(de leur matérialité et de leur usage)十分不同的社会和精神(mentale)形式"。[26]这是非常精准的判断。这里的关键词是资本主义商品-市场经济中的商品交换关系。如果在历史唯物主义的透视中,我们已经意识到社会生活中遭遇的各种物质性(matérialité)对象,都是各种劳动生产活动生产出来的具有特定使用功能(usage)的产品,那么,当这些产品进入商品交换关系场境后,它们则呈现出一种与自身的物质性和使用性形式(使用价值)不同的社会形式(价值-货币-资本)和精神形式(经济拜物教)。这里,我们看到了列斐伏尔对马克思《资本论》中形式(Forme)概念的突出使用。令人感叹的是,列斐伏尔的厉害之处就在于,他竟然用一句话就概括了马克思整个《资本论》中超出经济学语境批判话语的理论构序核心。列斐伏尔依托文本更加细致地复述说:

> 商品具有双重面孔(double face):交换价值和使用价值(《资本论》第一卷第一章第二节)。商品同时就是两种物(deux choses):具有效用性的对象(objets d'utilité)和交换价值的承担者。商品的形式内嵌着某种关系——在市场上,每一个对象与其他所有可交换对象之间的关系。但这种关系是从两个商品之间的抽象(abstrait entre deux marchandises)和最简单的关系出发,来被分析被发现的。[27]

应该说,这也是一个正确的观点提炼。我们在现实生活中遭遇的每一个商品(比如马克思经常列举的木桌)都有着双重面孔:一是可见的作为效用对象(objets d'utilité)的使用价值,一张木制桌子可以放置物品,可以在上面吃饭、看书,它的实用功能对应于上述面对我们生活功用性的具体的劳动;二是非直观的特殊经济质的价值("交换价值"),桌子在商店中标有一定的价格,即变卖关系场境中的"值多少钱",后者作为商品交换中被**现实抽象**出来的价值(对象化的抽象劳动)关系被透视。这正是马克思科学的劳动价值论的基本线索。列斐伏尔认为,人们容易忽视的方面,恰恰是马克思在《资本论》中通过"价值形式和结构(la structure et la forme de la valeur)"的分析得出的一个重要观点,即整个资产阶级社会日常生活中的对象,都是通过这种交换关系中抽象出来的价值形式和结构,获得了一种**通约的商品链**(l'enchainement des marchandises),这种关联与资本主义社会中的观念词语链(l'enchaînement des mots dans le langage)是高度相似的。这里的 l'enchainement des marchandises(商品链),已经不再是自然存在系统中的原初状态,比如制作桌子的木料在原始森林中的生态负熵进程,而是依社会财富的相关势能建立起来的全新"物的体系",有如制作出来的桌子与椅子,在与整个家居的空间关系场境的关系,以及在商业市场中的价位。而在资产阶级社会中出现的话语编码系统,也是这种交换关系赋型的产物。在这里,我们可以感到,列斐伏尔在刻意区分形式概念与结构概念的差异性,在《资本论》中,经济结构是不同交换关系和价值形式的复杂整合结果。展开说,

> 在价值的"崇高现实"(réalité sublime)中,所有的商品勾连成链(marchandises s'enchainent)。存在着一种商品之间的语言(langue des marchandises,《资本论》第一卷第一章第三节)。交换价值的形式、功能与结构与语言的形式、功能与结构是如此的相似,以至于商品就构建一个同时是物质的、社会的、精神的世界。"价值的一般形式,以其结构表明,它就是商品世界的社会表达。"商品世界,或者更确切地说,就是体现着、象征着和总体化着(incarne,symbolise et totalise)商品的无限序列的世界。[28]

这是一段列斐伏尔自己话语复构中极有深度的概括。一是商品的价值关系生成了普遍联系起来的商品链,它建构了一种超出一般物质现实在场的崇高现实(réalité sublime)在场。这里的打引号的崇高(sublime),不是真的崇高伟大之意,而应该会关联于后面即将点破的神秘的经济拜物教对象。实际上,列斐伏尔并不知道,这已经是马克思在经济学研究中所深化的**狭义历史唯物主义**观念,这种商品中超出一般物质现实的**经济质**,恰恰是狭义历史唯物主义中最难理解的"物"。用马克思《资本论》中的原话来说,即是商品、货币和资本这些"可感觉而又超感觉的物(sinnlich übersinnliches Ding)"。[29]在《资本论》第一章提及的这张普通的木桌,一旦成为商品,就立刻变成了头足倒置跳舞的神秘物。这里出现的 réalité sublime(崇高现实)是一个深刻的比喻。然而我们在《资本论》第一卷中并没有看到马克思相似的说法。有趣的是,后来齐泽克也使用了相同的比喻。[30]这里还应该指出的问题为,列斐伏尔自己忘记的事情,是在《大纲》中马克思已经将价值关系指认为最初的经济关系异化。[31]这显然是远离人本学逻辑的结果。二是价值关系就像商品的话语,它的形式、结构和功能与资产阶级的发财致富的经济拜物教话语是同质性的。或者说,资产阶级的意识形态编码正是由商品交换关系赋型所规制的。在这一点上,索恩·雷特尔极其深刻地捕捉和阐释了这一重要观点,并直接影响到阿多诺。

其次，作为一般**商品镜像关系**的货币。列斐伏尔说，在马克思那里，商品的价值关系赋型在交换活动现实抽象出来的"崇高现实"中的到场是不可见的，所以，在商品交换的历史发展进程中，价值关系的一般形式塑形也就以**可见的物性**货币直接到场，充当起交换的上手性的中介和工具。这样，

> 通过价值的一般形式形变为货币形式（forme monétaire），"一步一步地，金就作为商品的等价物而发生着作用"。这个世界是一个稀奇的倒影世界（monde de reflets），里面的每一"物"都是所有别的东西的镜像（miroir），都映照出它们、反射着它们。商品世界，以其逻辑和语言，于是被看作被相信为透明的。然而，它却不过是更为阴暗的。事实上，在这个世界中，我们忘记了社会劳动（travail social），尽管每个商品以及组合在一起的所有商品都不过是社会劳动的产品，尽管每一价值都表达了社会劳动的平均生产率（整个社会部署着社会劳动）。[32]

作为商品间交换公约等价物的第三者——货币，正是无形的价值形式最终到场的颠倒方式，因为，在最初的商品交换中，一个商品的价值形式开始有可能是通过另一商品，比如小麦的价值通过一件上衣的使用价值表现出来，在商品交换的进程中，这种充当价值等价物的商品，逐渐转化为某种充当一般等价物的特殊商品，开始可能是骨片或石子，然后是耐磨的金属，最后才归属为金银等贵金属。于是，价值关系以**不是它自身的特定价值形式——货币**，颠倒地表现出来。可正是这种颠倒，使价值关系获得可见的 miroir（**镜像指认**），这是马克思所指认的经济关系事物化的结果，这本身也是列斐伏尔自己没有提及的经济关系异化的进一步加剧，由此，整个资产阶级经济王国呈现为一个颠倒的经济物相化的 monde de reflets（倒影世界）。在这个看起来**透明为金**的存在者世界里，金钱关系的强大赋型功能畸变成了财富一般，"有钱能使鬼推磨"，这是一种可以统治一切的神奇构序符码。这里，列斐伏尔还提到作为金钱"第二级别的符号：银行票据、汇票、支票（billets de banque, traites, chèques）"。[33]这一点，马克思是在《资本论》第三卷中专门讨论的。列斐伏尔同样没有注意到，马克思在《大纲》中将其指认为货币权力的异化。[34]可是，人们恰恰遗忘了生成这些颠倒为经济事物的商品价值形式和货币（资本）关系的劳动，这种劳动是资本主义工业生产中

劳动分工工序现实抽象而成的 travail social(社会劳动＝抽象劳动)。这也是列斐伏尔对上述资产阶级世界虚假透明性的进一步说明。

其三,《资本论》中的**经济拜物教批判**。这是列斐伏尔从 1936 年在"意识的神秘性：日常生活批判的笔记"中就开始注意到的方面。列斐伏尔认为,马克思正是基于上述这种现象学式的透视,发现了资本主义经济事物自发返熵运动中的颠倒物像之上的观念表象系统,

> 这种表象(apparence)倾向于抹掉它所掩饰(recouvrir)和伪造(supposer)的现实。正是商品提供了形式、语言、社会的镜子(miroir),却没有提供十分本质的社会劳动。并且这一直持续到理论计划上的分析撕掉它的面纱,一直持续到实践中的一种新社会将其彻底的社会现实交还给劳动。在资本主义里,这种表象变为了现实(L'apparence devient réalité)。于是,商品的世界和语言占据了主导。[35]

这个镜子式的 apparence(表象),应该同时包含客观和主观两个层面的镜像：一是商品的价值关系颠倒地表现为不是它自身的金钱,这是一个客观发生的经济关系畸变；二是现在金钱(资本)关系的世界之上生成的经济拜物教话语占据了上风。由此,马克思才指认在资本主义的社会生活中,虚假的颠倒镜像就成了现实,货币变成了财富一般,并在转换为资本关系中具有支配一切的权力,而创造财富的社会劳动塑形和构序活动则被深深地隐匿起来。这就必然产生看不到商品价值关系、货币和资本关系是无产阶级现实劳动事物化颠倒和异化本质的幻象,金钱成了世俗生活中的上帝,在人们的观念中普遍生成商品、货币和资本三大经济拜物教。列斐伏尔说,

> 这种拜物教(fétichisme)以生产物、商品、货币、资本之间的关系来替代生产者(劳动者)之间的关系(《资本论》第一卷第一章第四节,论商品的拜物教)。在这样的一个社会中,商品并不仅仅构建一种被说的语言,一种在社会的积极的(生产性的)人的存在中的特定的资本主义交换的语言。由于拥有一种物质现实(réalité matérielle),商品也有一些与书写一样的相同点。社会关系变得晦涩不明(Les rapports sociaux devenant obscurs),因为通

过物和物所采取的形式之虚假的清楚透明性,社会关系被盲目地压缩,所以劳动的每一个产品都变成了一个极其难解的天书符号(hiéroglyphe)。[36]

这的确是马克思在《资本论》第一卷(德文第二版)第一章中讨论的商品、货币和资本三大经济拜物教。这种表现为天书符号(hiéroglyphe)经济拜物教,实质上正是资本主义生产关系中劳动所创造的剩余价值被由资本所盘剥的社会关系遮蔽起来。看起来十分清楚透明的物与物的平等交换背后,存在着实质上的不平等和阶级压迫关系。这正是资本主义生产方式中资本与雇佣劳动关系的本质。

其四,资本主义的**历史结构**。我觉得,这是列斐伏尔概要地说明马克思在《资本论》中对资本主义生产方式本质的一般描述。一是在资本主义社会中,经济的构序力量是占据决定性的地位的。列斐伏尔说,"在这种社会中,认识、艺术、道德、国家本身,也就是说各种意识形态和制度,都将从属于经济(subordonnées à l'économique),并且都将只能从政治经济学出发来加以理解"。并且,这种经济力量成为主导性决定因素的现象是历史发生的,因为"古代社会和中世纪社会的情况都并未如此"。[37]这是一个正确的历史认识论观点。但列斐伏尔没有注意到,如果这种观点反映在哲学基本立场上时,承认经济力量是社会生活的决定性主导因素,已经是**狭义历史唯物主义**的构境,将这种特殊的社会规律泛化为广义历史唯物主义中整个人类社会的一般规律,正是第二国际理论家经济决定论的错误。二是在物质生产的基础上,前资本主义生产方式存在的客观基础是农业生产,而资本主义生产方式则基于全新的工业生产之上,"在资本主义中,农业生产变得首先从属于商业,其次从属于资产阶级所管理的工业生产。农业一开始是占主导的,而现在则是被主导。在资本主义社会中,农业现在只拥有一种功能,现在只代表社会的一个部门、一个越来越不能与主导的部门保持一致的部门"。[38]这是对的。列斐伏尔没有更深地理解到,农业生产的本质仍然是劳动依存于自然负熵进程中的优选和辅助作用,而工业生产中的劳动塑形和构序活动,则给予了自然物质全新的存在方式和社会历史有序性。三是自由竞争的资本主义的历史性生成。列斐伏尔说,欧洲资本主义的初始形态是商业资本主义(capitalisme commercial),一开始,"在国内和世界市场方面,它带有商人以及商品生产者之间竞争的特点。逐渐地,市场方面的这种竞争变得从属于资本的竞争(la concurrence des capitaux)"。[39]这种自发性的市场竞争功能,构成了早期资本主义商品-市场的根本运行机制。并且,马克思的经济学理论逻辑,基本对应着这种一直持续到19世纪的自由竞争的资本主义发展规律。四是资本主义的阶级结构和危机四伏的经济运行规律。列斐伏尔认为,马克思分析了资本主义社会中居统治地位的资产阶级,其中包括了"商业资产阶级、工业资产阶级、银行资产阶级",在资产阶级的收入方式上又会表现为不同的利润、地租和利息,可这些财富都是对无产阶级所创造的剩余价值无偿占有后的派生分配形式。在资本主义的经济运行结构中,由于无序的盲目生产,必然导致周期性的生产过剩,"产生一种经济学的循环(活跃-萧条)的存在和经济危机的永久威胁。马克思在危机理论中弄清楚了这种'结构-势能'(structure-conjoncture)的辩证运动"。[40]这是资本主义生产方式走向消亡的客观原因。五是当代资本主义生产方式从自发调节到主动调节的功能性转换。这当然已经不再是马克思《资本论》中的认知对象,而是列斐伏尔自己的新观点了。列斐伏尔说,马克思在他所处的自由资本主义时代,像斯密-黑格尔一样,深刻地透视了资本主义生产方式本身具有的市场经济无序返熵运动中的自发调节性(autorégulation)功能,这种自发的市场调节机制往往是建立在对生产力发展的严重损伤之上的,所以马克思才设想,在未来的社会主义经济活动中,原先"竞争的资本主义自发而盲目的自动调节必须让位于生产的一种理性的主动的调节(régulation rationnelle et volontaire)。通过拆穿形式与内容、结构与势能、资产阶级社会的政治与社会功能(fonction),马克思自己允许合理性的向前一跃:计划化(la planification)"。[41]然而,马克思没有想到的是,这种物质生产和经济活动中的planification(计划化),令人吃惊地内嵌在了当代资本主义的生产方式之中,现在"第一点,竞争资本主义已经消失了。第二点,根据国家和部门,以一种不平衡的方式,经济语言、计划化、组织合理性已经取代了竞争的资本主义自发而盲目的自动调节",依列斐伏尔的看法,这是"一种有能力主宰产品市场和资本市场一段时间的大组织之新资本主义(néocapitalisme de grandes organisations)"。[42]这当然是列斐伏尔对20世纪以来罗斯福新政-凯恩斯革命的肯定,在这里,20世纪出现的垄断资本主义以国家的方式直接干预市场和全部经济生活。这一看法,可能也会引导列斐伏尔更加关注当代资本主义社会中的重大变化,比如下面我们即将看到的都市化实践和空间生产中的"资本主义幸存"。

最后，列斐伏尔小结说，马克思在《资本论》中对形式、结构和功能概念的运用，是深入资本主义生产方式历史发展和复杂经济关系的本质之中的，而决不是结构主义式的孤立强调社会生活的共时性结构。其实，此时他心里想的批判对象，恰恰是在这里没有直接出场的阿尔都塞。因为，在引起巨大轰动的《读〈资本论〉》一书中，阿尔都塞简单地用"结构主义"误读马克思的《资本论》。这是一笔迟早要算的理论账。

四、反对阿尔都塞对《资本论》的拆卸和重组

1969 年，列斐伏尔在《人与社会》第 3 期上发表了《阿尔都塞的悖论》[43]一文，把矛头直指阿尔都塞对马克思《资本论》的"症候阅读"。依我的推测，这应该是列斐伏尔在前一年《马克思〈资本论〉中的形式、功能与结构》一文中取得重要进展后的一次直接理论作战。在列斐伏尔看来，表面上用结构主义和精神分析伪饰起来的阿尔都塞，本质上是一种精致的"斯大林教条主义"（Le dogmatisme stalinien）。这是一个深刻的说法。在方法论上，这种教条主义在面对马克思的思想发展进程时，则直接表现为简单独断的"断裂说（la coupure）"。这种断裂说，总是轻视马克思的早期作品，并拒绝承认马克思思想进程中的连续性。在将这种斯大林式的教条主义结构化后的阿尔都塞那里，这就表现为所谓的"认识论（épistémologique）断裂"。[44]

首先，反对阿尔都塞对马克思主义思想史的断裂式理解。列斐伏尔说，依阿尔都塞的观点，以 1845 年为界，之前包括了《1844 年手稿》中劳动异化理论的青年马克思的哲学为意识形态的问题式，而之后则是科学的方法，这样，他就直接"抛弃、反驳和抹去了异化理论（rejeté，réfuté，écrasé la théorie de l'aliénation）"。[45]这恐怕是列斐伏尔最不能容忍的事情。实际上，阿尔都塞指证青年马克思思想中存在的费尔巴哈式的人本主义话语是正确的，错误在于，他简单否定异化概念在马克思之后思想发展中的合法性。有意思的是，在上述列斐伏尔对《资本论》的解读中，他却没有讨论马克思经济学研究中再次提出的科学的异化理论。以我的猜测，这是列斐伏尔突然掉进《资本论》中那种从客观经济现实出发的现实逻辑的结果，因为，历史唯物主义构境中的异化批判话语，在公开出版的《政治

经济学批判》(第一分册)和《资本论》中,是被马克思刻意遮蔽起来的方面。列斐伏尔认为,在今天的社会批判话语中,"异化概念扮演着一个在认识的和社会的领域之间、在'生活'和理论建构之间、在否定性和行动之间的中介的转换的角色"。[46]这应该是对的,阿尔都塞的问题在于,用理论上的独断拒绝看到今天在资本主义现实中仍然存在的客观异化关系。但是,列斐伏尔也认为,与马克思原来在宏大社会政治经济关系中指认的异化现象不同,今天的

> 异化允许巨大的人群表达他们的处境、他们的情境(situation),这不只包括了(对生产者和消费者本身的、分开地或同时地)剥削,而且包括了对越来越严格的社会等级的从属、来自高层的决定的束缚、和被动性。异化概念(或者说,如果我们使用这一话语的话)实现了它的批判功能(fonction critique),也就是显影(révélatrice)。[47]

这是列斐伏尔第一次提及异化批判话语在方法论上的 révélatrice(显影)功能。我理解,这种显影,就是将被隐匿起来的非直观异化关系重新暴露和显现出来。在马克思那里,正是承袭黑格尔的现象学批判话语。只不过,与马克思看到的经济剥削中的劳动异化不同,异化批判今天已经在关注人们在日常生活中的被奴役、被控制的微观情境。这样,才会有更加深入地去观察关于"女人的、学生的、被殖民者的、殖民者的、主人的和工人的"异化等。这是异化批判理论本身的现代转型。并且,列斐伏尔断言,异化理论也是反对斯大林教条主义的批判工具,因为,教条主义的马克思主义本身正是一种理论逻辑异化。

其次,揭露阿尔都塞对《资本论》的拆卸和重组。在列斐伏尔看来,在1965年发表的"《保卫马克思》《读〈资本论〉》以及他的一些文章中,阿尔都塞对《资本论》进行着一种解蒙太奇和重新蒙太奇(à un dé-montage et à un re-montage)、一种新的切割和一种装配的工作"。[48]这里,列斐伏尔用了电影生产的话语——蒙太奇[49],以反讽阿尔都塞从精神分析中挪用来的症候阅读法。列斐伏尔对阿尔都塞的这种观点表示了强烈的反对态度。

> 为什么反对阿尔都塞的这种工作呢?因为它在严格的名目下却带入独断(arbitraire)。阿尔都塞,来自权威,宣称《资本论》的第一章不应当被解读

成一种开始,而是一种接续(une suite)。而在重组的工作中,它来自这样或别的那样的地方。根据什么权利? 第二或第 n 种"症候式(symptomale)"阅读就有权改动这些文本吗? 主体性取代了对文本的尊重,因为它断言自己的严格性,它宣称自己为完美的"解码"(decodage)。多么滥用的抱负啊! 我们不久就将提出作为科学性的最后一个词,马克思主义的一些"拼贴"(collage)。[50]

在列斐伏尔看来,阿尔都塞的所谓症候阅读法的实质,缺失了"对文本的尊重",完全是从独断式的主体性编码去曲解和重组这些文本,这是一种打着科学性旗号的对马克思主义的任意 collage(拼贴)。列斐伏尔说,面对马克思的《资本论》,对文本的直接阅读是基本的条件,任何解读都必须尊重马克思《资本论》原文中的"论证和观念的**构序**(*l'ordre* des arguments et des idées)"。[51]这应该最起码的学术研究前提。这是有道理的说法。列斐伏尔说,人们今天是不是还要理解马克思?

需要读《资本论》? 当然。然而为什么要读? 为谁而读? 以何种战略目的? 如果我们忽略掉这些问题,如果我们不延伸这些分析与展示(接受外推的危险),那么还涉及什么呢? 就只剩下文学。只剩下书写的游戏(jeux d'écriture)。字面的或症候的,在策略的忧虑之外对马克思的阅读,就只是能是经院哲学(scolastique)。[52]

我以为,列斐伏尔对阿尔都塞的这种批评是中肯的。在今天,我们面对马克思的所有文本,其根本的目的都不能仅仅是还原所谓的"原初语境",或者纠缠于文献学细节的 jeux d'écriture(书写游戏),而是获得马克思的科学方法以面对实现生活,重读马克思的战略目的只有一个,这就是使之真正成为科学地认识和改造世界的思想武器。

再次,从马克思的《资本论》走向今天。那么,这里列斐伏尔不同于阿尔都塞对《资本论》的看法是什么呢? 显然,他没有像上述《马克思〈资本论〉中的形式、功能与结构》那样,在细读文本的基本上复构马克思《资本论》的理论逻辑,而是对《资本论》进行了一般的原则性评论,并重点指认出他在《资本论》开辟的理论逻辑基础上向前走的方向。这是一种巧妙的逻辑证伪策略,即相对于阿尔都塞只是停留于 19 世纪马克思的《资本论》文本,更应该做的事情是将马克思《资本论》中的基本方法、立场和观点,运用到对今天资本主义社会日常生活的批判中去。

列斐伏尔认为,"《资本论》,作为马克思的整个思想,对于理解 20 世纪是必要的,但不再足够。他的文本不是一个终点而是一种手段,不是一个目的而是一条路、一段历程"。[53]这是表明,我们在今天重新阅读《资本论》,真正的战略任务当然不仅是回到马克思的文本,而是要依从马克思在《资本论》中为我们提供的科学方法,重新面对今天的资本主义现实中的新问题、新情况。在这个意义上,相对于阿尔都塞满足于马克思对《资本论》中的文本解释,列斐伏尔将《资本论》视作一条正在行走之上的"一条路和一段历程"。这是正确和机智的判断。在列斐伏尔看来,今天的资本主义生产方式已经有了长足的发展,我们当然不能仅仅停留在《资本论》的某些历史结论中。列斐伏尔告诉我们,

> 《资本论》,一部未完成的著作(oeuvre inachevée),只包括了对资本主义市场与功能的一种整体展示的分析元素。为了识破最初的细胞、简化的模型和商品的形式抽象,马克思在《资本论》的开头以手工业的小生产(修鞋匠和织布工人的例子)开始分析。这种步骤的轨迹应该是为人熟知再熟知的,没有争议点,但是也不是一帆风顺的。从竞争资本主义中的平均利润率的形成到新资本主义中的一般利润率与帝国主义(在其中,垄断组织通过政治策略在所有国家的中起作用)的超额利润(surprofits)的形成,是如何过渡的?[54]

列斐伏尔这里对《资本论》的评点基本上是客观的。马克思在《资本论》中,科学描述了自由竞争时代资本主义生产方式在市场运行和经济关系转换功能中的一般规律,而今天在垄断资本主义的经济全球化中通过金融资本、国际公劳动分工和科学技术积累获得的超额利润,的确超出了马克思的那个时代。在列斐伏尔看来,解决这个问题的关键在于,

> 如果《资本论》的分析和展示可以扩展到这个范围,一种平均利润率,也

即是说,在交换的世界关系框架(le cadre des rapports mondiaux d'échange)下的国家之间的生产率的一种调整就会形成(通过商品与资本经济的交换的途径)。也就是说在货币协定的框架下,一种整体的、因此也是政治的世界性剩余价值(la plus-value mondiale)的再分配也会发生。这些"具有良好设备的"、高有机构成的工业化国家,获得了比它们所生产的此整体剩余价值的部分更高的剩余价值;他们(通过战略的手段)抽取了比他们的资本平均利润更高的利润,无论如何都是巨额的。处于劣势位置的、少"竞争性的"国家,拿到比起他们所生产的巨额剩余价值更少的剩余价值。[55]

这是列斐伏尔眼里,在当代资本主义生产方式中由于不平等的国际交换关系,发达资本主义的垄断资本必然得到某种马克思在《资本论》中不曾预料到的超额利润。同样,马克思也不可能看到,今天的资本主义生产方式中,原先只是出现在一个国家市场内部的资本之间的竞争,现在已经大大超出了一个国家的范围,它要么"通过一种国家介入(intervention de l'Etat)的方式,相反,要么是通过某些银行(此银行施加它的策略)的统治地位,今天资本主义携带着最高等级的、国际化级别的竞争(la concurrence au niveau le plus élevé, au niveau international)"。[56]这都是马克思在《资本论》中不可能预料到的新情况,今天的资本全球化后国家垄断资本主义和跨国资本,在世界范围内历史性地生成大资本之间的国际竞争,以及金融资本、科技力量和劳动的国际化分工条件下的跨国性剩余价值盘剥。

在列斐伏尔看来,除此之外,当代资本主义生产方式的发展,还在以下几个方面出现了新情况:一是在资本主义国内市场的内部,今天的"资本主义,它[通过对市场和动机的研究(études de marché et des motivations)、通过对人群和货币的操纵(la manipulation des gens et de l'argent)、通过广告]获得了某种对市场虽然有限但是真实的统治,这种统治奠定了今天的阶级策略"。[57]在列斐伏尔《日常生活批判》所关注的"消费被控制的官僚社会",甚至出现了虚假的消费引导和制约生产的现象,这也是《资本论》关于资本主义生产方式的研究不可能涉及的新问题。二是城市成为资本重点布展的结构性空间场所。列斐伏尔说,"发达国家是工业化的,其中的城市现象变成了主导的,既是因为剩余价值的形成、实现和再分配,也是因为政治的观点(为了权力强有力武装起来或者稍微武装的决策组织）。组成城市的东西，需要被强调，阶级斗争与阶级派别的政治场所。场所(Le lieu)，也就是剧场(le theatre)与目的(l'objectif)"。[58]列斐伏尔认为，马克思在《资本论》中比较多地讨论了剩余价值在工厂中的生产，可是并没有关注剩余价值的实现主要是在城市空间中完成的，并且，当代资本主义正通过全新的都市化运动，使资本主义生产关系在结构性 lieu（场所）——社会空间中获得新的发展可能。也是在这里，列斐伏尔嘲笑阿尔都塞的"结构化的马克思主义"逻辑中，正好隐匿了一种**空间拜物教**(fétichisme de l'espace)的意识形态。阿尔都塞并不知道，他的方法论前提，正是当代资本主义生产方式最新生成的"空间的拜物教：脑力的与社会的空间、认识论的空间、结构的空间、严格建立起来的拓扑结构(topologie)，从过去中浮现并且力图忽略之的'拓扑'链(enchainement des topies)、凝固化结晶化的结果整体"。[59]到这里，列斐伏尔还不忘给阿尔都塞补上致命的一刀。因为，结构主义思潮的确可能与当代资本主义在空间中的共时性布展无意识同质同向，但阿尔都塞并不能理解，将这种复杂的社会关系 enchainement des topies(拓扑链)形而上学地结晶化为一种教条主义观念，则必然会导致资产阶级的特有的 fétichisme de l'espace(空间拜物教)。列斐伏尔这里突然对拓扑学[60]概念的援引，已经预示着他下面将进行的社会空间关系拓扑场境的思考。由此，列斐伏尔恶毒地说，阿尔都塞《读〈资本论〉》中的"'症候的'阅读暴露出了一种知识分子的精神分裂症(schizoidie)"。[61]阿尔都塞以为自己在精致地解读《资本论》，实际上，他在远离《资本论》的精髓：批判资本主义现实。这种现实，就是列斐伏尔即将全面展开讨论的资产阶级都市化实践与空间生产。我之所以指证列斐伏尔此处话语中内嵌着某种"恶毒"，也因之阿尔都塞的确患有精神疾病。[62]

注释

[1] Henri Lefebvre, 'Forme, fonction, structure dans le capital', *L'Homme et la société* 7, 1968(January—March), pp.69—81.

[2]［美］哈维：《叛逆的城市——从城市权利到都市革命》，叶齐茂等译，北京：商务印书馆 2014 年版，第 iii 页。

[3] Henri Lefebvre, 'Forme, fonction, structure dans le capital', *L'Homme et la société* 7, 1968(January—March), p.69.中译文参见王嘉译稿。

[4]列斐伏尔在《元哲学》中指出,这些社会生活形式、系统和结构背后起决定内驱力的是**生产出社会关系产品的** praxis(人化实践)**和创造出人的非占有性作品的** poièsis(诗性创制)。Henri Lefebvre, *Métaphilosophie*, Paris:Éditions de Minuit, 1965, p.23.中译文参见胡诗雨译稿。《马克思与列斐伏尔:第四届列斐伏尔哲学思想学术研讨会译文集》(上册),第 78 页。2023 年,南京大学。

[5]Henri Lefebvre, 'Forme, fonction, structure dans le capital', *L'Homme et la société* 7, 1968(January—March), p.69.中译文参见王嘉译稿。

[6]Ibid.中译文参见王嘉译稿。

[7]Ibid.中译文参见王嘉译稿。

[8][法]阿尔都塞:《论再生产》,吴子枫译,西北大学出版社 2019 年版,第 64 页。

[9]Henri Lefebvre, 'Forme, fonction, structure dans le capital', *L'Homme et la société* 7, 1968(January—March), p.69.中译文参见王嘉译稿。

[10]Ibid., p.70.中译文参见王嘉译稿。

[11]Ibid.中译文参见王嘉译稿。

[12]Ibid., p.71.中译文参见王嘉译稿。

[13][法]列斐伏尔:《日常生活批判》(第 2 卷),叶齐茂等译,社会科学文献出版社 2018 年版,第 440 页。Henri Lefebvre, *La vie quotidienne dans le monde moderne*, Paris:Gallimard, 1968, p.175.

[14]Henri Lefebvre, 'Forme, fonction, structure dans le capital', *L'Homme et la société* 7, 1968(January—March), p.71.中译文参见王嘉译稿。

[15]Ibid., pp.71—72.中译文参见王嘉译稿。

[16]Ibid., p.72.中译文参见王嘉译稿。

[17]Ibid.中译文参见王嘉译稿。

[18]因为,在《资本论》德文第一版中,并没有这个第一章第四节,这是马克思在第二版中增加的内容。

[19]《马克思恩格斯全集》(第二版)第 30 卷,人民出版社 1995 年版,第 107—108 页。

[20]Henri Lefebvre, 'Forme, fonction, structure dans le capital', *L'Homme et la société* 7, 1968(January—March), p.72.中译文参见王嘉译稿。

[21]Ibid.中译文参见王嘉译稿。

[22]Ibid., p.73.中译文参见王嘉译稿。

[23]Ibid.中译文参见王嘉译稿。

[24]Ibid., p.43.中译文参见王嘉译稿。

[25][美]斯特凡·基普费尔等:《列斐伏尔读本》导言,张笑夷译,载《重访列斐伏尔:法国理论与中国道路(会议译文集)》,2019 年,南京大学,第 6 页。

[26]Henri Lefebvre, 'Forme, fonction, structure dans le capital', *L'Homme et la société* 7, 1968(January—March), p.73.中译文参见王嘉译稿。

[27]Ibid., p.75.中译文参见王嘉译稿。

［28］Ibid., p.76.中译文参见王嘉译稿。

［29］《马克思恩格斯全集》（第二版）第 42 卷，人民出版社 2016 年版，第 56 页。中译文有改动。Karl Marx, *Marx-Engels-Gesamtausgabe*（*MEGA2*）II/5, Text, Berlin：Dietz Verlag, 1983, S.44.

［30］齐泽克在《意识形态的崇高客体》一书写道："在这里我们接触到一个马克思未解决的货币的物质特性的问题：不是指货币赖以构成的经验的物质材料，而是指它的**崇高性的**材料、它的某种另类的'不可改变且坚不可摧的'躯体，这一躯体在物质性的躯体腐朽之后仍能继续存在——货币的这种另类躯体类似于萨德笔下的受害者的尸体，虽历经折磨仍不改其美丽。这种'躯体之内的躯体（body-within-the-body）'的非物质性的实体使我们可以精确地定义这个崇高的对象（sublime object）。"［斯］齐泽克：《意识形态的崇高客体》，季茂译，中央编译出版社 2002 年版，第 25 页。

［31］《马克思恩格斯全集》（第二版）第 30 卷，人民出版社 1995 年版，第 88 页。Karl Marx：*Grundrissen, Marx-Engels-Gesamtausgabe*（*MEGA2*）II/1, Text, Berlin：Dietz Verlag, 2006, S.74.

［32］Henri Lefebvre, 'Forme, fonction, structure dans le capital', *L'Homme et la société* 7, 1968（January—March）, p.76.中译文参见王嘉译稿。

［33］Ibid., p.77.中译文参见王嘉译稿。

［34］《马克思恩格斯全集》（第二版）第 30 卷，人民出版社 1995 年版，第 95 页。

［35］Henri Lefebvre, 'Forme, fonction, structure dans le capital', *L'Homme et la société* 7, 1968（January—March）, p.76.中译文参见王嘉译稿。

［36］Ibid.中译文参见王嘉译稿。

［37］Ibid., p.78.中译文参见王嘉译稿。

［38］Ibid.中译文参见王嘉译稿。

［39］Ibid.中译文参见王嘉译稿。

［40］Ibid., p.79.中译文参见王嘉译稿。

［41］Ibid., p.80.中译文参见王嘉译稿。

［42］Ibid.中译文参见王嘉译稿。

［43］Henri Lefebvre, 'Les paradoxes d'Althusser', *L'Homme et la société* 13, 1969（July—September）, pp.3—37.

［44］Ibid., p.5.中译文参见王嘉译稿。

［45］Ibid., p.7.中译文参见王嘉译稿。

［46］Ibid., p.8.中译文参见王嘉译稿。

［47］Ibid.中译文参见王嘉译稿。

［48］Ibid., p.23.中译文参见王嘉译稿。

［49］蒙太奇（Montage）原为建筑学术语，意为构成、装配。在电影理论中，蒙太奇是"剪接"的意思，也是一种电影中镜头组合的理论。蒙太奇基本上是俄国导演发展出来的理论，是由普多夫金根据美国电影之父格里菲斯的剪辑手法延伸出来，然后艾森斯坦也提出了相关性

的看法。普多夫金认为两个镜头的并列意义大于单个镜头的意义，甚至将电影认为镜头与镜头构筑并列的艺术。少用远景而用大量特写的连接造成心理、情绪、与抽象意念的结果。艾森斯坦则受俄国辩证性哲学思维的影响，认为镜头间的并列甚至激烈冲突将造成第三种新的意义。当我们在描述一个主题时，可以将一连串相关或不相关的镜头放在一起，以产生暗喻的作用，这就是蒙太奇。

［50］Henri Lefebvre,'Les paradoxes d'Althusser', *L'Homme et la société* 13, 1969(July—September), p.23.中译文参见王嘉译稿。

［51］Ibid.中译文参见王嘉译稿。

［52］Ibid., p.34.中译文参见王嘉译稿。

［53］Ibid., p.23.中译文参见王嘉译稿。

［54］Ibid., p.28.中译文参见王嘉译稿。

［55］Ibid., p.32.中译文参见王嘉译稿。

［56］Ibid., p.27.中译文参见王嘉译稿。

［57］Ibid., p.26.中译文参见王嘉译稿。

［58］Ibid., p.33.中译文参见王嘉译稿。

［59］Ibid., p.35.中译文参见王嘉译稿。

［60］拓扑学是研究几何图形或空间在连续改变形状后还能保持不变的一些性质的一个学科。它只考虑物体间的位置关系而不考虑它们的形状和大小。拓扑英文名是 Topology，直译是地志学，最早指研究与地形、地貌相类似的有关学科。几何拓扑学是 19 世纪形成的一门数学分支，它属于几何学的范畴。在物理学中，拓扑在几个领域被使用，如凝聚态物理学，量子场理论和物理宇宙学。拓扑在计算机网络中即是指连接各结点的形式与方法。

［61］Henri Lefebvre,'Les paradoxes d'Althusser'. *L'Homme et la société* 13, 1969(July—September), p.36.中译文参见王嘉译稿。

［62］1940 年 6 月，德国军队占领法国，阿尔都塞被俘，被囚禁于德国战俘集中营(stalag)内。那种悲苦的囚徒生活持续了整整五年，直到战争结束他才重获自由，由此他患上了严重的精神抑郁症。1963 年 8 月，好友雅克·马丁自杀。这使阿尔都塞的精神状态更加不好。1980 年 11 月，阿尔都塞因精神病发作误杀其妻，虽被免于起诉，却再一次被送进圣安娜(Saite-Anne)精神病院接受治疗。

第七章　无形的社会织物：都市社会统治组织

正是在《马克思〈资本论〉中的形式、功能与结构》一文之后，在历史唯物主义方法论的指引下，列斐伏尔在《现代世界中的日常生活》一书最后提出的都市化问题，很快就成为他理论逻辑中爆发出来的一次重要转折，即从日常生活批判向"都市革命"的过渡。因为，这种所谓的都市化进程，正是资产阶级现代性日常生活生成的根源。在社会学研究层面上，这也是他从乡村社会学向城市社会学的转变。在列斐伏尔那里，经过 1968 年发生在巴黎街道上的"红色五月风暴"洗礼之后，这种对都市化的现实关注愈加强烈起来。这样，他计划中的《日常生活批判》的第三卷则很自然地延迟了。其实，都市-生产关系-社会空间的主题，将凸显为列斐伏尔思想中的重大断裂，一种日常生活批判-社会空间关系场境的新的关联性正在被建立起来。无形之中，列斐伏尔在研究方法上开始实质上地**走向历史唯物主义**。不过在他那里，这一切却是无意识发生的，因为，他越深入社会现实，挂在嘴边的人本主义话语就越派不上用场。

一、从乡村社会学到城市社会批判话语的转换

·列斐伏尔着手思考都市问题的尝试，是紧接着《现代世界中的日常生活》一书开始的。这也就是他关于城市-都市问题系列研究的首部论著——《进入城市的权利》(*Le Droit à la ville*, 1968)[1]。我们都知道，列斐伏尔是以乡村社会学研究起家的。自 20 世纪 30 年代开始，他就以一个社会学家的身份关注法国农业与农民问题。这种研究主要体现为列斐伏尔从 1941 年到 1952 年对乡村社会学的专题性研究成果，并以此为基础，他完成了关于比利牛斯山西部的乡村问

题的博士论文,即《康庞山谷》(*Lavallée de Campan*: *Étude de sociologier urale*, 1963)。在 1960 年,列斐伏尔在《社会学评论》(*Revue fancaise de Sociologie*) 第 1 期上发表的研究报告中,提出了这样一些新的问题:(1)"家庭框架下的需求研究"(母亲如何看待儿童的需要。日常生活的社会学。需求理论。研究家庭框架中的需求)。(2)城市的诞生。(3)有关乡村的专门研究。我们正处在一个将"走向城市社会学"或者"一个日常生活社会学的进化的关键点"。其中,我们不难看到列斐伏尔社会研究对象的转移。在列斐伏尔出版的《从乡村到都市》(*Du rural àl'urbain*, 1970)[2]一书中,他的理论关注明确开始从乡村社会学转向城市社会学中的都市问题研究。

首先,如果我们去阅读列斐伏尔这些社会学研究的文本,可以体知到一种独特的方法论关注,它既不同于英美社会学研究中那种纯粹的田野实证,也不完全同质于德法反思社会学的批判逻辑,我觉得,列斐伏尔的社会学研究的确是受到了马克思方法论的直接影响。比如,他在考察乡村社会发展中提出的双重复杂性,即"一种我们称之为'水平的'(horizontal),另一种我们称之为'垂直的'(vertical),但是二者又是历史的(historical)——'相互交织''相互渗透'和'相互作用'"。[3]这里所谓的水平式的观察,是指农业生产中同一种生产方式不同发展状况,而垂直的观察则是不同生产方式在农业生产中的空间并存,二者却都是历史和现实的。这显然不单纯是社会学的方法了。也是在这种自觉抵制乡村社会学中的非历史(non-historical)态度中,他提出除了基础性的"描述性研究(Descriptive)"之外,还要采取"回溯-分析(Analytico-regressive)"和"历史的-发生(Historico-genetic)"的前进分析[4],比如佃农在封建生产关系中的历史缘起,以及它逐渐地消逝在资本主义生产方式之中的过程。这可能是列斐伏尔较早地生成自己特有的**回溯-前进分析法**的尝试。在这些明确带有哲学痕迹的方法指导下,列斐伏尔手中乡村社会学的总体图景也就超出了实证的观察。

这一总体图景(tableau d'ensemble)包括矛盾(尤其是在整个历史中,大规模和小型农业之间的激烈斗争)、意识形态(土地神话、民间传统等的残余)和结构(村庄、农民家庭等)领域的残余。从这个概貌中,我们得到了农村社会学研究或手册的大纲。它必须从调查当前的集体和最近的(资本主义和集体主义)结构和(资本主义和集体主义)全球市场等开始。它将涉及研究土地共同体的统一、解体、生存和复苏,强调从血缘关系到领土关系的运动(后者在冲突中出现了胜利的胜利,也强调了分化、等级制度、接近关系等。[5]

显然,传统的社会学研究是无法创制出这种关于乡村社会历史发展宏大图景的,列斐伏尔的这一研究,从农业生产关系的历史演进过程中,捕捉到深刻的社会矛盾和意识形态结构,这无疑是马克思主义的社会学典范。这一关系,列斐伏尔后来通过《马克思与社会学》(*Sociologie de Marx*,1966)等论著直接给予了说明。这里需要我们注意的方面,是列斐伏尔的这种社会学研究中的方法,在很长一段时间中,是并行于他在日常生活批判里认同的人本主义异化批判话语的。

其次,从乡村社会学研究向城市社会学的转向。在逐步深入的乡村与城市关系的社会学研究中,列斐伏尔发现,不同于基于大自然物理空间的乡村田野和住宅,基于工业生产之上的城市建筑、街道和商业活动的空间关系里,内嵌着资产阶级以交换逻辑改变整个世界的都市化实践,这正是他自己所关心的现代世界日常生活的直接基础,这必然也促使列斐伏尔开始关注都市化这一资本主义社会发展的新趋势和新现象,这是列斐伏尔《都市革命》中重大思想实验的理论前提。可以看到,在 1967 年写下的《进入城市的权利》一文中,列斐伏尔在关于城市问题的研究里已经提出了他之后在细读马克思《资本论》时所关注的形式、功能与结构问题,他说,

> 理论思维将不得不正视自身以重新定义城市的(经济的、政治的、文化的等等)形式、功能与结构(formes,fonctions,structures)以及都市社会所固有的社会需要。到目前为止,只有那些被所谓的消费社会(消费被控制的官僚制社会)所激发的个人需求得到了详细考察而且被操纵,但是它们没有得到详细的理解与认识。[6]

可以看到,一旦进入城市问题研究,列斐伏尔非常迅速地将自己的社会学研究与社会批判理论逻辑,特别是日常生活批判的思考整合起来,城市空间,正是他所指认的 la société bureaucratique de consommation dirigée(消费被控制的官僚制社会)发生资产阶级统治和奴役关系的地方,这当然有助于社会批判理论的

深入思考。但他也明确指认说，自己的社会批判理论已经不再依托"古典人本主义（humanisme classique）"，而将是一种面对现代城市空间中日常生活批判的"新人本主义（nouvel humanisme），一种新的实践（nouvelle praxis），一个都市社会的新人"。[7]这表明，列斐伏尔仍然没有放弃人本主义，固然这种人本主义话语关注了"都市社会的新人"。

第一，乡村社会学与城市社会学研究对象的差异。列斐伏尔指出，原先的乡村社会学的研究对象大多还是基于自然条件，"在农村海洋之中几乎是零星地散布着几座城市，乡村社会是（现在仍旧是）一个匮乏和贫穷的社会，一个需要被接受或者拒绝的社会，一个用禁令管理、调节困苦的社会。它也是一个节日的（Fete）、充满庆祝活动的社会"。[8]这也就是说，乡村生活固然还保留着喜庆瞬间的节日，农耕生产之上的生活还有着与自然相关联的质朴性，但在根基上还是专制式的禁令统治下的"匮乏和贫穷"生活。而在转到城市社会学研究层面后，他所面对的资产阶级的现代城市生活，从一开始就已经是"反自然"的工业化生产的结果，并且，现代城市生产了一种对乡村的统治关系，城市破坏了乡村生活所依托的自然关系，在资产阶级城市建立的"殖民（Colonisée）统治下，农村失去了农民生活的品质、特征与独特魅力"。[9]这里的 Colonisée（殖民）统治当然只是一种比喻，它说明工业化和商业化的资产阶级城市中心对自然乡村的支配和盘剥关系，最终，乡村会变为城市中心的边缘性附庸。对于这一点，哈维曾经评论说，在列斐伏尔那里，"城市与乡村的关系正在发生巨大的变革，传统的农民消失了，乡村正在城市化。在人与自然的关系上，采用一种新的消费主义方式（周末和度假的选择由原来的乡村变为草木葱茏、蔓延扩展出的郊区），在农产品对城市的供应上，采用资本主义的生产至上的方式（与其对立的是自我维持和农民式的农业生产）"。[10]这是正确的判断。还有一个需要指认的方面，就是列斐伏尔那个充满人本主义情怀的诗性创制（poièsis）在实证社会学研究中的**逻辑没影**问题。因为，在《元哲学》一书，我们看到自然形成的"村落"正是诗性创制第一个天然"作品"，而城市广场中发生的集会和自由辩论，则是诗性创制场境进一步发展的形式，而在这里的批判社会学语境中，非物性实践的人化实践进程被客观地从乡村到城市的关系场境分析所取代，关键在于，这种实证分析已经与历史唯物主义的历史辩证法关联起来。这是我们应该认真思考的思想谱系变化。

第二，现代城市对乡村的奴役关系。列斐伏尔认为，在资产阶级城市化的进程中，乡村生活中的自然构序基础被彻底破坏，"自然"本身沦落为供城市人休闲娱乐的可变卖的商品。列斐伏尔说，

> 自然进入交换价值（valeur d'échange）成了商品可以被买卖。这种"自然性"（naturalité）是被仿制的，被商业化所破坏，并且可以在工业化与制度上有组织的休闲活动中进行交易。"自然"或者它所传递的东西，以及它赖以生存的东西变成了休闲消遣的贫民窟，成了快乐的隔离之地，变成创造性退隐的地方。[11]

本质上看，这也是工业文明对农耕文明的胜利，因为在工业生产中，人类第一次改变了自然物质存在的方式，并且在资本主义的经济发展中，原先乡村生活所依托的自然空间和物质对象通通被工业生产塑形和构序重组，并被资产阶级特有的商品交换原则所浸润和编码。

第三，资产阶级城市生活本身发生的奴役关系。列斐伏尔告诉我们，城市对乡村的殖民关系并非是所有城市人对乡下人的奴役，因为在资产阶级商业化了的城市生活中，仍然存在着统治世界的资产阶级和贫民窟中的被压迫阶级：一是超越了日常生活的"新资产阶级贵族（nouvelle aristocratie bourgeoise）"，"他们从一个大酒店到另一个大酒店，或者从一座城堡到另一座城堡，从游艇上指挥着舰队或者整个国家。他们无处不在却又无迹可寻"。[12]这些资产阶级的新贵，才是真正殖民乡村、奴役城市无产阶级的统治者。二是城市中也生活着创造了财富却沦落为被统治阶级的劳动者。在列斐伏尔看来，资产阶级蛊惑被压迫阶级并让他们沉溺在殖民化的日常生活之中，"人们只能睁大了眼睛去理解每天的日常生活：从自己家里跑到车站、近或远的地方、到拥挤的地下火车、办公室或工厂，而晚上又原路返回家休息以便能够在第二天可以重新开始"。[13]这当然是一种异化了的城市日常生活塑形。由此，列斐伏尔就将自己的乡村-城市社会学研究逐渐与日常生活批判统一了起来。

第四，列斐伏尔提出，要建立一种全新的"都市革命"计划，这也体现为一种全新的"进入城市的权利"，它将是乡村对城市殖民统治的反抗，也是城市边缘地带向支配中心的进军，"都市革命"将通过建立一个"新城市以及城市新生

活"，实现对资产阶级的"都市动物（l'animal urbain）的克服和超越，它趋向一种多价的（polyvalent）、多重知觉的（polysensorial），能够与世界（环境及其自身）保持复杂与透明的关系的都市人类（l'homme urbain）"。[14]这个"多价"且"保持复杂与透明的关系"的 l'homme urbain（都市人类），正是原先列斐伏尔在人本主义构境中的总体人。如果要实现这种新型的"都市革命"，就必须认真研究现代资本主义城市空间中发生的一切。这就是之后《都市革命》一书的主要任务。

再次，城市-都市空间研究的新路径。也因为资产阶级创造的城市空间，已经大大不同于传统社会空间中的自然存在，列斐伏尔也意识到自己的社会学研究方式应该会有大的改变。我们在列斐伏尔1966年为文集《独栋住宅》撰写的"序言"中，可以初步看到这种探索。在这篇文章中，列斐伏尔明确提出反对"社会学的实证主义（positivisme sociologique）"，在他看来，"这种方法，它集聚和堆积着各种事实，并且称自己是'操作性的（opératoire）'。的确，它的模型以及概念都是以此方式获得了发展，以便以最低的（时间、空间、金钱和思想）成本保证快速的应用"。[15]这是对的。实证主义最大的优点，就是便于资产阶级金钱效用性的构序应用。与实证主义的态度相反，列斐伏尔明确提出在观察城市建筑时，要更加深入地理解城市空间中发生**非直观的社会关系场境本质**。这正是那个人学语境中非物性的"诗性创制"（poièsis）的本质。在这里，列斐伏尔以巴什拉和海德格尔关于人类栖居的本真性状态为视轴，展现了以**居住**为聚焦点的进入城市生活一种新的**空间塑形方法**。在这种超出实证观察的哲学思考中，他要求我们从城市建筑的物性实在中，透视出日常生活居住现象里社会关系赋型的场境存在。他说，"一间棚屋和一所独栋住宅之间的相似性不应该被用来消除它们之间的差异性。居住（habiter）已经根据那些总体（totalités），即构成文化、文明以及一个世界规模的社会的总体（即生产关系、生产方式的结构和上层建筑）被改变了"。[16]显然，这是非常深刻的内嵌着历史唯物主义的观点。这一下子就使列斐伏尔的空间分析大大超出了巴什拉和海德格尔的非历史的形而上学玄思构境。列斐伏尔分析说，棚屋和独栋住宅，看起来都是人居住的建筑实体，然而这里面可居住的"相似性"中却存在着不同的建筑空间句法，体现了人们在生产关系场境中的不同生活存在塑形。这也意味着，在城市空间存在中，作为日常生活十分重要的居住，并不等于人与可见的房屋，人的"居住在由一系列的建造物、产品和物（choses）构成的次体系中客观地（objectivement）表现自己：住房、城市和都市区域"。[17]人的居住活动,并不等于人的肉身与建筑物塑形和构序起来的实在,而是在物性建筑中人的生命活动实现出来的空间关系场境存在。这相当于列斐伏尔在《元哲学》中对无形场境存在的"诗性创制"(poièsis)分析。列斐伏尔发现,特别是在资产阶级城市生活中,出现了一种乡村自然空间中没有的新式社会空间"次体系",城市物性建筑中发生着特定的社会关系场境存在。比如,在一个东方伊斯兰教的国家中,"每一个城市的功能即交换和交流的地方,发生在一个富有意义的同时又具有经济的和政治活动的功能(fonctions économiqueset politiques)的建筑物里面,在一个围绕着它的纪念碑、它们的信仰和(主要是清真)寺院的近似的统一的地方"。[18]这是说,物性建筑与特定的神性编码,生成着特殊的神性生活空间。而在欧洲的现代城市建筑中,则会发生完全不同的城市生活空间。如果在《元哲学》中,这会是欧洲城市中诗性创制场境向权力关系畸变。

再回到这篇序言讨论的现代资产阶级城市空间中出现的独栋住宅(Pavillon)问题上来,列斐伏尔的具体分析是会让人眼睛一亮的。他说,在现代资产阶级城市建设中,与集体群居的公寓楼群不同,也有着可以使人能够"诗意地栖居"(海德格尔语)的住宅,这就是独栋住宅。在这种独栋住宅中,栖居其中的人可能"能够根据自己的体验(tastes)、爱好和某种可塑的方式去组织他们自己的生活",因为,与棚屋中那种简单的功用性不同,"独立住宅的空间(L'espace pavillonnaire)允许家庭及其成员某种程度自由地取用(appropriation)他们自己的生存条件。他们能在现存的空间的基础上改变、增加或者减少,重叠他们自己的观念(符号、组织)。因此,他们的环境获得了他们自己赋予的意义"。[19]在这里,生活在独栋住宅中的人们,可以摆脱所有外部生活条件的制约,完全按照自己的意愿自主地取用物性空间条件和编码生活场境,自由地依诗一般生活情境组织和实现自己的梦想。这里,我们看到列斐伏尔刻意使用了自己在《现代性导论》中确证的重要的概念,即作为**本真性使用状态**中的 appropriation(取用)。依他的解释,这是马克思面对人与自然关系中的一种应该具有的本真性态度。[20]一是它不同于通常人对自然关系中的支配关系,"取用并不破坏自然,而是去改变它——现存的身体与生物生命,将时间与空间——转化成为人类性质(biens humains)。取用是目标,是方向,是社会生活的目的"。[21]二是不同于商业逻辑中的空间被变卖的交换关系,这个取用,接近物品和空间的使用价值。比如，我们在街道中正常的行走，这是对通道空间的取用，而如果我们在商业中心的展示拱廊街上驻足观望，那则是商业空间的变卖。在这里，马克思在经济学构境中使用的**使用价值成了取用的根据**。还应该特别指出，这种使用价值与取用的关联，在之后的思想发展中，慢慢会生成取代人本主义话语中那个抽象的"应该本真存在"的价值悬设。然而这一点，却处于列斐伏尔思想进程的理论无意识中。那么，依这一逻辑构序线索，在城市空间中的独栋住宅中，那里的人，似乎脱离了外部的支配和交换关系，实现某种空间取用关系场境中的"诗意的栖居"，这也是《元哲学》中那个作为场境关系到场的**诗性创制**（poièsis）的直接体现。然而，列斐伏尔立刻透视说，其实，这种独栋住宅的取用关系和"诗意的栖居"（诗性创制）实为一种**空间意识形态**，

> 独栋住宅的生活方式的意识形态表明，财产和财产所有者的意识可能与别的意识形式（尤其是阶级意识，在大多数业主是工人阶级的情况下）形成冲突。很多时候，这种冲突都处于潜在的状态。但是它仍旧在发挥着作用。资产阶级-无产阶级的矛盾变成了穷人-富人或者弱小-强大（私有财产所有者）之间的对立。[22]

这是说，在今天的资本主义社会中，能够在独栋住宅中实现诗性创制的"诗意栖居"的人，只能是拥有财富的资产阶级，独栋住宅与棚屋、盒式公寓都是城市建筑物，但在社会空间中实现和再生产的生产关系却完全不同的。所以，独栋住宅现象并不是"纯粹的住宅"，而是一种特定社会空间中存在的社会关系场境。这是一个有趣且深刻的空间关系分析个案，也会是列斐伏尔自己人本主义话语被炸裂的开端。

二、走向历史唯物主义：生产方式与剩余价值的在场

在 1970 年写下的《都市革命》（*La révolution urbaine*）一书[23]的开始，列斐伏尔提出了我们正在遭遇一个"**完全都市化的社会**"（*l'urbanisation complète de la société*）的观点。他专门交待说，自己不用已经在《现代世界中的日常生活》中批

判性地证伪过的"后工业社会、技术社会、丰裕社会、休闲社会以及消费社会"（de société post-industrielle, de société technicienne, de société d'abondance, de loisirs, de consommation）等概念来表征今天的资本主义社会，但也并非将这里的都市社会当作一种已经完成的"即成现实"，他认为，按照不同于演绎归纳的"**转导法（transduction）（对可能存在的对象的反思）**"[24]，都市社会更多地会是一种社会生活中将要发生的"趋势、方向和潜在性"（la tendance, l'orientation, la virtualité）。[25]这个转导法，列斐伏尔是在《现代世界中的日常生活》一书启用的，在那里，他将这个transduction视作与逻辑归纳法不同的基于可能性的逻辑方法。比如，日常性相对于日常生活的可能性转导。在1969年的《形式逻辑与辩证逻辑》一书第二版的序言中，他专门这样说明，"除了演绎（déduction）和归纳，辩证而深入的方法论应该展现出一些新的方法，例如转导（transduction），这是思维过程对一个虚拟对象进行的构建与实现。它应该是一种关于可能和（或）不可能对象的逻辑"。[26]这也就是说，列斐伏尔此时眼中的都市社会，目前只是资本主义城市化实践发展的方向和潜在因素。他还特意说明，都市社会的讨论，并不妨碍自己不久前刚刚提出的关于"消费被控制的官僚社会"的批判性分析，后者是主体向度中对现代资产阶级消费意识形态的政治分析，而前者则是**客观向度**中这种新型消费意识形态生成的社会关系场境。这是一个重要的关联性说明。我觉得，列斐伏尔走向历史唯物主义的方法论改变，正是从这种观察社会历史进程的客体向度中开始的。

我发现，正是在《都市革命》一书中，列斐伏尔专门交待了自己在方法论上实现的转变。首先，列斐伏尔特意说，他这里的讨论与分析，"从表面上看，我好像在描述和分析城市的起源及其变化与转型这个客体（object）。但是，我的初衷是一个潜在的对象（l'objet virtuel），我用它来描述时空轴（l'axe spatio-temporel）"。[27]我认为，列斐伏尔在这里的说明是十分关键的。一是因为，他不是在"城市科学"的层次上讨论作为客体存在塑形起来的城市，他是从哲学上捕捉一个人们长期以来都忽略的社会关系场境层面上的l'axe spatio-temporel（时空轴）。这个时空轴也就是后来的社会空间。显然，列斐伏尔已经意识到自己思想中的重要转变。因为，他这里讨论的都市问题式与《日常生活批判》中的人本主义小事情异化，已经具有完全不同的理论性质。二是上述关注的都市问题式，并不是一个已经完成的时空轴结果，而是正在发生的历史走向。这是列斐伏尔特有的一个虚拟的转导性（transduction）理论高点，这是一种倒置的逻辑。三是列斐伏尔第一次将转导逻辑与自己原先的回溯－前进法联结起来。列斐伏尔说，

> 正是资本主义社会使我们能够理解最明晰易懂的社会，即古代社会和中世纪社会。而不是相反。随着时间和历史性（temps et historicité）的到来，我们的意识便能理解两种相对立的运动：**回溯**（*régressif*）（从潜在到现实，从现实到过去）与**前进**（*progressif*）（从过时的和**已完成的**到预期所能达到那种**完成状态**，即预示着并形成新事物的运动）。[28]

这是列斐伏尔对那个著名的"回溯－前进"方法的最重要的说明。可以看到，列斐伏尔的思考是从马克思《大纲》中那个历史认识论构境中"人体是猴体解剖的钥匙"开始的。这当然是不久前关于马克思《资本论》的经济学研究时获得的新想法。也因为这个方法后来为萨特所使用，关于这个"回溯－前进法"（régressif-progressif）的原创性问题，列斐伏尔在后来的《空间的生产》一书中给予了具体的回应。[29]马克思的"人体是猴体解剖的钥匙"[30]一说，成了列斐伏尔"回溯"逻辑的一部分，即从现实到过去（de l'actuel au passé），回溯的另一部分是从潜在到现实（du virtuel à l'actuel），他只是增加了相反的"前进"逻辑进向，即走向新事物的运动。这样，分析历史的方法表征了两种相反的逻辑构序运动：回溯法是发现一种在旧事物中潜在的否定性转化为现实的过程，同时，再从这种现实反向说明历史性的基础；而前进法则是从一个完成了的事物重新走向自身被否定和变革的新事物发生的路向，这是历史辩证法中的否定之否定，也是他所谓的逻辑转导法的基础。

其次，特别值得注意的地方，是列斐伏尔在这里已经开始明确地使用历史唯物主义的关键性概念——**生产方式**（mode de production），以及马克思经济学语境中重要的**剩余价值**（plus-value）概念。这里，我们可以有一种历史性的参照分析：如果说，早在列斐伏尔1930年代开始的马克思主义研究中，他主要捕捉到的马克思的重要观念——人本学的异化批判和经济拜物教批判，并将其转换为人本主义批判话语的重要逻辑构式支撑点；而在此，他则精准地掌握了历史唯物主义构境中的生产方式核心原则和经济学革命中的剩余价值理论，并将其运用于对现代资本主义都市化实践的分析。这是一个在方法论上极其重要的改变。也

是在这个意义上,我才指认列斐伏尔后来在《空间的生产》中建构了**晚期马克思主义**的理论方向,即在 1968 年"红色五月风暴"之后,仍然坚持从生产方式透视和批判当代资本主义的最新发展。

当然,依列斐伏尔自己的说法,他所运用的历史唯物主义的生产方式原则和经济学中的剩余价值理论,会是一种有保留的批判性使用。第一,过去人们在理解历史唯物主义的生产方式的概念时,主要是从异质性的生产方式历时性线性发展时间的线索去思考的,这虽然不错,但其中忽略的方面,恰恰是生产方式在**共时性社会空间**方面筑模中的不同点,因为,

> 每种生产方式已经"生产出"(不是任何普通意义上的事物,而是指一种享有特权的作品)一种类型的城市(type de ville),这种城市通过使最抽象的社会关系(rapports sociaux les plus abstraits)——法律的、政治的和意识形态的——成为感性的(sensibles),以一种在外界环境上直接清晰可见的方式"表达"其生产方式。时间的这种不连续的方面不能被过于突出,以至于使连续性变得不可理解。在城市中也存在一种相对连续的积累过程(processus cumulatif):知识、技术、物、人、财富、货币和资本的积累。[31]

这是一个有一定合理性的补充说明。方法论上的大前提是,他开始从历史唯物主义构境中坚持生产方式的原则,但又特别想让人们从关注生产方式的历时性发展进程,转换到对生产方式共时性筑模中空间关系场境的关注。依我的推测,这是列斐伏尔对当时结构主义思潮在逻辑构序上的让步,虽然他口头上拒绝"结构"至上,但也无形中承认了关注历史共时性的重要性。这也是他空间生产理论的隐秘逻辑缘起。可是,列斐伏尔并没有区分广义历史唯物主义与狭义历史唯物主义的差异,所以在列斐伏尔看来,马克思在历史唯物主义构境中对生产方式本质的认识,集中在每一种生产方式中包含的最抽象的社会关系(rapports sociaux les plus abstraits)上,然而,这些非直观的社会关系(经济关系和政治法权关系),恰恰是在不同时期的城市空间中生成感性的(sensibles)社会生活关系空间。这也是原先他那个日常生活发生的社会空间场境。如果说,马克思在经济关系的层面上关注资产阶级货币和资本积累,而且这种积累进一步延伸到知识和技术构序领域,那么,这一切也正是在城市空间中发生和落地的。列

斐伏尔这里的表述中不精确的地方,恰恰是将生产方式的特定历史形式,简单地同化于一般生产方式的概念,他没有留心到,一是远古原始部族的游牧生活中一定是没有定居的城市生活的,二是知识、技术和资本的积累只是资本主义生产方式下现代城市中的事情。

第二,列斐伏尔认为,马克思在自己的经济学研究中,科学地说明了资本主义生产方式中"剩余价值的赋型和它的实现与分配(la formation de la plus-value, sa réalisation, sa répartition)"。[32] 这里列斐伏尔使用的 la formation de la plus-value(剩余价值的赋型)中的 formation 是精准的,在马克思那里,剩余价值不是一个在流通领域中贱买贵卖的现成物,而是资本家对工人剩余劳动赋型价值的无偿占有。但是,马克思应该没有关注商业城市、工业城市和都市化实践在剩余价值生产赋型、实现和分配中的重要作用。这与上述强调城市的共时性社会空间在生产方式中的地位一样,这里是在说明,马克思所揭示的资本主义社会中剩余价值的生产正是在工业城市中发生的,并且,剩余价值通过城市中的商品交易市场得以实现,并进一步在城市日常生活中被分配和消费。所以顺理成章,理解马克思的剩余价值理论,自然离不开对城市问题的关注。在列斐伏尔看来,现代资产阶级

> 建立于城市之中的商业和银行系统(système commercial et bancaire)一直是剩余价值**实现**(réalisation)的一种组织机构。在财富**分配**(répartition)方面,那些控制城市的力量也试图保留绝大部分的这种剩余价值(比它们投资获得的平均利润要多)。对剩余价值的赋型、实现和分配这三方面而言,**都市中心**(centre urbain)扮演着日益重要的角色,这表现为都市中心性(centralité urbaine)的一个方面。都市中心性是资本主义生产方式的本质(essentielle),然而它的这种根本性还没有得到认识(未被察觉到)。这与认为过去的城市和当代的都市中心仅仅是上层建筑而与生产力和生产方式无关的认识相矛盾。[33]

列斐伏尔还是在强调资本主义社会发展进程中,城市化和都市化实践在剩余价值生产赋型、银行金融系统和商业交换市场实现、分配中的重要地位。这恐怕确实是马克思当时没有直接关注的方面。然而,"都市中心性是资本主义生

产方式的本质"这一理论断言,只是当代资本主义发展的历史产物,而且,在马克思那个时代,还谈不到什么"城市和当代的都市中心仅仅是上层建筑而与生产力和生产方式无关的认识"。可以感觉到,列斐伏尔这里关于方法论的说明,目的都是为了自己这个资本主义都市社会概念的历史出场。

三、资本主义都市社会的历史发生

依列斐伏尔的解释,这个都市化进程中的**都市**,"专指在工业化进程中诞生的社会,它通过工业化进程本身对农业生产的支配和吸收(dominant et résorbant)而建立起来",这是一个基于物质生产条件深刻转化的正确历史定位。因为,城市(ville)并非是资本主义社会特有的东西,西方自古就有希腊城邦、中世纪的城市,而这里列斐伏尔所说的 urbain(都市),正是资本主义工业化进程对传统农业生产的支配后生成的新型城市化关系场境。现在,

> 农业生产已经转变为工业生产的部门,服从于后者的命令和控制。经济增长和工业化成了最高的原因和理由,并在各个领土、区域、国家和大陆上全面扩大它们的影响。结果,传统的适宜于农民生活的组织形式,也就是农村(village)正发生着变化,被更大的单位吸收或征用,它被融入到工业及其产品的消费之中。人口的集中伴随着生产方式的集中。**都市组织**(*tissu urbain*)正在增生、扩张和侵蚀着农业生活的残余。[34]

这意味着,列斐伏尔这里看到的 urbain(都市),并不是指具体实在的由城市建筑构成的物性城市设施,而是特指一种资产阶级创造的工业生产塑形和构序活动和特定商品市场经济关系赋型对社会生活的支配关系,它是一种**功能性的力量关系**和 *tissu*(**组织**)。原先在传统社会物质生产中占据主导地位的农业生产,现在已经成为正在壮大起来的工业生产的附属部门,从属于工业的控制,旧有的乡村生活,开始被城市中工业产品的消费关系所渗透和改变,产业生力军和城市人口随着资本主义生产方式取得胜利,而集中于中心城市,以生成新型的都市化组织势能构架。这里,出现了一种从历史发展现实出发的历史认识论观念。

这当然与前述人本主义的观念逻辑演绎是异质的，可是，列斐伏尔那种对社会生活关系场境（非物性的诗性创制）的关注却是没变的。列斐伏尔说，今天的 urbanisation（都市化），并非人们可见的物性城市的简单变形，而是"在那些继承了诸种**非连续的**（*discontinues*）转变的旧的都市形式发生**爆裂**（*éclatent*）之后，这种都市社会才孕育出来"。[35]可以看到，列斐伏尔在《日常生活批判》第二卷中自觉指认的"非连续性"，在这里开始成为重要的方法论构序指向。恰恰是在实证主义的城市科学和建筑学研究中，人们"忘记了或者忽略了那些把各种都市类型（type urbain）联结起来的诸种社会关系（les rapports sociaux，生产关系）"。[36]面对拔地而起的高楼和城市建筑，人们恰恰忘记了在由一定生产方式生成的社会关系场境中塑形起来新型社会空间。可以看到，这里列斐伏尔已经在强调一种客观发生的无形的**社会关系场境**，这当然是向历史唯物主义的靠近。这种对关系场境的思考的基础，正是他原先那个人本主义构境中的诗性创制意向。只是他不能意识到，这必然会是对人本主义逻辑的偏离，他也还没有将这种关系场境看作日常生活和社会空间的本质。列斐伏尔把这个可见物性城市中无法直观的都市称为一种关系性的**织物**（tissu），或者叫网络式的**都市组织**（*Le tissu urbain*）。他告诉我们，这个新型的"'都市组织'并不仅仅指城市中的建筑领域，而是城市对乡村（campagne）实现统治的全部症状。在此意义上，一座别墅、一条高速公路、一个乡村里的超级市场，都属于都市组织的一部分"。[37]都市不是可见的城市建筑，而是一种城市对乡村的统治关系赋型。我们可以看到的别墅、高速公路和乡村中的超市本身并不是都市，都市是资产阶级通过城市中心对乡村甚至对整个社会生活生成的统治关系网络。以后列斐伏尔会发现，都市并非仅仅是城市对乡村的统治和支配关系，而是资本主义生产方式在现代空间中的社会关系生产与再生产。并且，这种织物般的拓扑网络存在是不能直观的，而且，**这种非直观的社会关系网络或拓扑空间结构正是列斐伏尔发现的社会空间生产**的本质。这个空间关系拓扑学（topologie），是他在不久前的《阿尔都塞的悖论》一文中提出来的新观点。[38]进一步，列斐伏尔指出，

　　　　随着全球过程的这一形态（工业化与/或都市化）的一步步展开，大城市（grande ville）的激增带来了中间的产物：郊区、住宅区或工业区、卫星城（bourgades satellites），卫星城又与都市化的城镇（bourgs urbanisés）不大

一样。小城市和中等城市成了大都会（métropole）的附属和半殖民地（semicolonies）。[39]

在资产阶级都市组织布展的全球进程中，不仅是城市统治乡村，而且是中心大都会统治中小城市，中小城市的 semicolonies（半殖民地）性质，不仅是这些城市的物性建筑塑形和构序起来的对象性实存，还会是那个无形的资产阶级支配性的社会关系织物的进一步扩展。

列斐伏尔认为，对都市社会的认识，必须要上升到一种认识论（épistémologique）的水平。[40]这正是我在上面指证的来自历史唯物主义构境中的**历史认识论**。从上述列斐伏尔的分析来看，这是一种正确的科学认识论的维度。这里，以社会空间的现代生产为本质的都市社会并不是从天上掉下来的，而有着一个历史生成过程。为此，他还讲了一个十分感性具体的"从0→100"的**空间发展轴线**上的历史故事。应该指出，这种历史性的描述方式，从来没有出现在列斐伏尔的前期学术思想史进程中。这是列斐伏尔真正理解历史唯物主义方法论的开始，而抽象的人本主义逻辑则自然被弱化。这当然是方法论上的一个值得关注的逻辑断裂点。在这一点上，我们可以直接对比列斐伏尔在《元哲学》中的那个逻辑图表与此处的现实历史分析的差异。列斐伏尔说，"这条轴线（axe）从毫无都市化 ['纯自然'（pure nature），被放逐到'自然力'之中的土地]，直到都市化（urbanisation）的完成"。[41]在这里，pure nature（纯自然）是外部自然的纯粹物理空间——"土地"，这当然只是一个"回溯"性的比喻，作为自然母亲的大地，此时，由人的活动关系构序和建构起来的社会空间历史开端为0，而 urbanisation（都市化），则是社会空间历经复杂历史发生、不断转化的空间关系场境塑形和构序的发展后的未来可能性"前进"方向中的100。这是一个过于抽象的表述。列斐伏尔说，

> 这条轴线表示我们所指涉的对象，**都市**[都市现实（réalité urbaine）]，它既是空间的，又是时间的：空间的，是因为这一进程在空间中展开，它改造（modifie）了空间；时间的，是因为它在时间中发展，它一开始只是次要的方面，但在后来成为实践和历史的主导（prédominant de la pratique et de l'histoire）。这个图示（schéma）只反映了这段历史的一个方面，对时间的

> 这种划分在某种程度上抽象和武断的，为进一步操作（周期化）创造条件，它没有绝对的特权，而是与其他划分一样是一种平等的（相互的）必要性。[42]

这个"从0→100"的历史构序 axe（轴线），是人类社会历史发展进程中的时间轴线，可是它思考的聚焦点却是拓扑关系赋型中的空间问题，这个从"纯自然"的物理空间零度开始的被改造了的社会空间，逐步成为社会历史进程中的 prédominant（主导）方面。后面，列斐伏尔在此基础之上又给出了一个更复杂的"都市问题式"的历史构序图式。

第一，自然存在（物理空间）上社会历史存在的**零度空间**的突破。在纯自然的物理空间中，作为生命存在的动物并没有在这个大地上留下痕迹，而恰恰是人类主体性生存的出现，改变了这个作为社会空间塑形意义上的无："在最初的阶段，第一批人类组织（采摘者、渔人、猎人，也许还有牧羊人）在空间上打下烙印并为之命名（marqué et nommé l'espace），他们在留下痕迹的同时开拓了空间。他们指出了地名，最基本的地方单位。这是后来定居于土地上的农民不断完善和有条不紊地精确化的拓扑学和空间网（Topologie et grille d'espace）"。[43] 这显然是一个抽象的理论描述。这是说，自然界物理空间（社会历史构序上的零度空间）的打破，是由最早的人类改变自然存在的生产劳作物相化活动打破的，这种生产塑形和构序活动，第一次在自然物理空间中打下烙印并为之命名。这种烙印内嵌着双重改变：一是人的物质生产塑形和构序逐步地作用于自然物质存在，通过分类和命名存在使之入序并为人类主体需要服务，具体到社会空间建构上，则是通过建造农舍、打谷场、乡间道路和桥梁等，建立起不同地名的非自然区域。这也是福柯所指认的"词与物"的构序关系。二是在第一种改变基础上，建立起自然生命负熵联结中没有的主体际社会关系赋型场境，后者是不同于物理空间的社会空间拓扑网。这是马克思所引述黑格尔的"动物没有关系"和德里达"动物没有世界"的新的社会空间意义场。请注意这里列斐伏尔再次凸显的 Topologie（**拓扑学**）和 espace（**空间**）概念的使用，新的"打上烙印并为之命名"的非零度空间，是随着早期人类的实践活动生成的不同于物理空间的拓扑学意义上的社会空间网。如果对照列斐伏尔在《元哲学》中那个逻辑表格，我们会发现，这种超出自然负熵关联的社会关系场境正是那个所谓人本学构境中的"诗性创制"（poièsis）。应该指出，列斐伏尔这里并没有意识到他所指认的第一种"零的突破"中，农业生产并没有根本改变自然物质的存在方式和自然负熵进程，所以农耕活动中的劳作塑形和构序在物理空间上留下的"烙印"是极其有限的，而人对存在的"命名"也是属于总体自然关联链的。但是，人的社会历史开端在社会关系场境建构上却是卓有成效的，固然，这种社会空间场境仍然依存于动物般的血亲关系。

第二，作为最早的**政治城市**出现的欧洲中世纪的城镇。可以看出，列斐伏尔此处的社会空间发生学研究线索，是以欧洲历史发展为基础的，它并不能涵盖欧洲以外的世界其他地区的城市发生史。在列斐伏尔看来，欧洲的最早的城市是伴随着或跟随着农耕经济出现的，耕地、农村生活以及农村文化慢慢"分泌出城市的现实"，这个新的现实不是指不同于土地和农舍的城市建筑，而是指一种新型的**政治**支配关系网赋型。这里的社会空间关系场境本质的改变是：如果上述早期空间关系建构中发生的主要是自然对人的支配关系，那么这里的城市空间本质则已经是人对人的政治权力关系的暴力赋型。列斐伏尔说，

> 占领着该都市中心的通常是精明能干的征服者，他们逐渐变成保护者、开拓者和统治者，也就是一个国家或其雏形的管理者和奠基者。**政治城市**（*ville politique*）紧紧地伴随着或跟随着有组织的社会生活、农业以及农村的建立而来。[44]

在社会空间的历史进程中，ville politique（政治城市）仍然不是具体的物性建筑载体，而是城镇政治（神学）中心建立的无形的"构序、布展和权力"（ordre et ordonnance，pouvoir）关系。在中世纪，一个城镇的建筑格局通常会是围绕着教堂和城市中心广场建立起来的街道和建筑物延伸，它既象征了神性权力中心，**一切为了上帝**，也发挥着实际的日常生活空间关系赋型中的控制功能。早在1953年写下的《美学概论》中，列斐伏尔就这样描述过他想象中的中世纪城镇，"处在一个公社区域（大家熟悉的、严格限制的和神圣的）的中间的教堂建筑，是社会生活的中心。教堂周围，是居民和墓地"，在那时，"教堂不仅控制了空间，而且也控制了时间（以教堂的钟声调度工作时间，以它的节日调度日常生活）。由此可见，空间和时间是一定的社会现象，好像是从大自然夺取来的东西"。[45]这里

的"从大自然夺取来的东西"，则是前述从零度空间开始的社会空间塑形。在这里，则是宗教权力构序起来的神性空间。

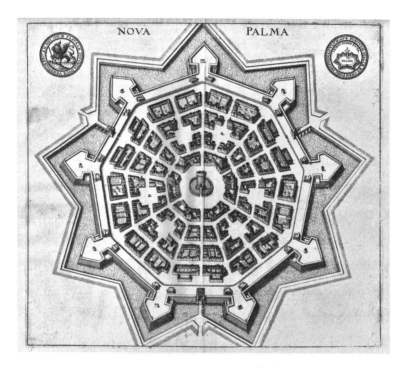

中世纪帕尔马诺瓦城地图[46]

上图为中世纪帕尔马诺瓦城（Palmanova）的古地图，这是意大利东北部一处小镇，处于斯洛文尼亚与意大利边境地区。从图中可以看到，主教堂和中心广场的核心构序位置，以及像阳光一般散开的建筑和街道。列斐伏尔指出，中世纪的"政治城市通常管理、保护和开发一片广阔的区域。它指导着大规模农业工程的建设：排水、灌溉、筑堤、开垦等。它统治着一定数量的农村。土地所有权（propriété du sol）成为君主的至高权力，象征着秩序和效力"[47]。可以看到，列斐伏尔所指认的政治城市，并不仅仅是那些城市建筑中教堂、广场等的物性实在，而是这些建筑格局所布展的神学与封建宗法制度的统治权力关系，这种统治既表现为对农业生产的直接管理，也维系着土地上凝固不变的封建等级制度。也是在《美学概论》中列斐伏尔说的，中世纪的"大教堂的尖顶不是毫无用处的东西，这些魔术的东西，指向天空，指向神的世界。中世纪的大教堂只能理解成是多方面的现象:魔术的和神圣的东西、农村公社和城市公社的中心、集合地点、小型的世界、宇宙的对象、社会关系的体现、政治的象征"[48]一定记住,列斐伏尔在讨论社会空间时,总是从物性建筑背后,透视出人的活动关系场境。中世纪的大教堂那个物性的尖顶指向天空,既表征了上帝和垂直神性超拔关系,也布展了上帝之城与世俗宗法权力对农村生活和所有日常生活空间塑形的建构和支配关系。

第三,**交换与商业城市**的历史发生。在封建式的政治城市发展后期,也逐步开始出现了异质于土地上农活的"手工业和交换"(artisanat et des échanges),然而,"交换和贸易的场所一开始就打上了**异托邦**(hétérotopie)的烙印",常常被排挤到城镇的边缘。这里列斐伏尔所使用的异托邦(hétérotopie)[49]概念,显然不同于福柯。后面,他会专门讨论。列斐伏尔说,"市场和商品(人与物)的整合过程一直持续了数百年"。正是在资产阶级反对封建专制的斗争中,带来社会财富和流动的商品交换关系市场,逐步地取代政治城市中的神学-政治关系场境(教堂和广场)成了社会空间塑形的中心。不难感觉得到,这里列斐伏尔对资产阶级商品-市场经济的历史发生的描述,已经慢慢没有了那种人学的逻辑演绎,而真的是从社会历史的现实出发的,这是历史唯物主义的客体向度。与上述《马克思〈资本论〉中的形式、功能与结构》中把握和领会历史唯物主义的生产方式原则不同,列斐伏尔在这里是按照现实生产方式的历史进程来描述欧洲城市的发生和变迁。《都市革命》的整本书,几乎是历史唯物主义方法论逐渐占上风的理论构序进程。这是我们需要认真关注的思想方式改变。在列斐伏尔看来,

> 在这场反对领主、所有者以及统治者的(阶级)斗争中,它充满生命力地在西方创造了它的整个历史本身,市场成为中心之地(la place du marché devient centrale)。它接替和取代了集会(古希腊广场、古罗马广场)地位。市场周边的地方变得越来越重要,它汇聚了教堂和市政厅(由商业寡头势力所控制),以及象征着自由的钟塔或钟楼。**建筑**(architecture)遵循和阐释了这座城市的新的理念。都市空间(L'espace urbain)成为物和人汇集的地方,成为交换(échange)的地方。[50]

　　这里有一个重要的思想谱系发展线索，这里列斐伏尔所指认的古代希腊罗马的广场上的集会，正是《元哲学》中所指认的非物性诗性创制（poièsis）的体现，而在此，那种作为价值悬设出场的人本主义本真性，已经成为一种**历史曾在**，它历史地被资产阶级创造的交换集市所替代。深刻的人的生命本然存在的 poièsis（诗性创制），将逐步被指认为社会空间关系场境的本质。正是资产阶级，领导了这场反对封建统治者的斗争，在这种新的历史进程中，列斐伏尔看到了经济的商品交换市场对原有政治关系中心的历史性替代，象征资产阶级政治关系场境的市政厅和直接表现（**时间就是金钱**）的钟塔，以自由的主体性和线性的经济构序节奏，压制了原先教堂和广场的神性场境，此时，物性的建筑开始体现了资产阶级新的都市化空间塑形理念：一是城市建筑空间开始成为**自由了的主体之间的平等交往的关系场所**，这是一种全新的解放了的社会空间场境。二是在这种新型的社会空间塑形中，一切为了上帝被替换为**一切为了交换**，这是从天上的神性构序向世俗商品经济物相化构序的过渡，也是从政治城市中慢慢分化出的**商业城市**（ville marchande）。依列斐伏尔的判断，大概在 14 世纪的西欧，"商业交换成了一种都市的**功能**（fonction），它以一种形式（forme，或多种形态：建筑的和/或都市的）出现，这就给予都市空间一种新的**结构**（structure）"，都市空间的本质是一种新型的功能关系结构。可以看到，列斐伏尔在讨论商业城市的发生时，并没有着眼于具体的城市规模和建设，而是聚焦于这种新型城市中出现的资产阶级关系性场境存在，他集中用功能形态和结构来说明这种特定社会关系存在的建筑（architecture）术的出现。三是在这时，资产阶级的"商品拜物教（fétichisme de la marchandise）随着商品的统治、商品的逻辑、商品的意识形态、它的语言以及它的世界而出现"。[51]商品拜物教，正是上述商业交换功能关系的观念映照，追逐财富的拜金主义，正是商品交换原则编码社会空间的意识形态赋型。这显然是将马克思在《资本论》中关于经济拜物教的批判话语移置进来。四是城乡关系的彻底颠倒。列斐伏尔故弄玄虚地说，"在西欧的某个时刻，发生了一件鲜为人知的、然而却影响深远的大'事件'"（«événement» énorme），这个大事件的本质，是一种乡村与城市关系的**历史性的颠倒**："在某个时刻，这些复杂关系颠倒了（rapports multiples s'inversent），情况变得完全相反。应当在我们的轴线上记下这种反转，这种异托邦的颠倒（renversement de l'hétérotopie）的时刻"。[52]列斐伏尔认为，"这种意义的颠倒离不开商品贸易以及市场的存在。只有用那个嫁接在政治城市之上并发挥自身优势的商业城市,才能对此作出解释"。[53]这也就是说,正是在资产阶级的商业城市发展中,乡村与城市的关系才被颠倒了。原来在乡村这一汪洋大海中的孤岛的城镇,"不再表现为与农村或乡村的本质相对立的矛盾、怪物、地狱或天堂",即政治城市的存在;反过来,现在相对于商业城市生成的都市现实来说,乡村"不过是——仅仅只是——城市的'环境、范围、边界'"。最后,资产阶级创造了商业城市操控非神性的世俗文字,通过特有的写作方式——可操作性的地图(plan),建立了一个新的平权了的资产阶级日常生活的城市形象(l'image de la ville)。这是后来在《空间的生产》一书中"空间再现"的概念的原型。

第四,从商业城市向**工业城市**的过渡。在经济学逻辑构序中,这似乎对应于商业资本向工业(产业)资本的转导。列斐伏尔说,"紧随其后的是工业资本以及**工业城市**(ville industrielle)的出现",在物性建筑的层面上,工业城市的本质是**非城市**(non-ville),甚至是**反城市**(anti-ville)。这是一个很难进入的全新构境。在列斐伏尔的独特构序逻辑中,工业城市的社会空间存在,恰恰出现在"都市现实不在场或断裂的地方(absence ou rupture de la réalité urbaine)"。[54]这个不断出现的 absence(不在场),预示着列斐伏尔理论关注点的一种重新聚焦。列斐伏尔说,

> 工业起先是建立在能量资源(煤、水)、原始材料资源(金属、纺织)以及劳动力资源附近。当工业走进城市的时候,它是为了寻找资本和资本家、市场以及大量廉价的劳动力。工业可以随处可建,但它早晚要进入已有的城市,或者建立新的城市,一旦有新的利益出现它也准备好随时离开。[55]

可以看出,列斐伏尔这段文字中实际上混淆了两种工业:一是与农业生产不同的工业生产塑形和构序活动,这是整个资本主义生产方式发展起来的客观基础;二是作为新型现代城市社会空间本质的资本关系的工业(资本)。与基于不动产大地的政治城市和商业城市不同,这个作为资本关系的"工业"本身不是不动产样态中的城市,它并不是固守于原先实在城墙之内,也不是一个城市建筑群落,它是一个流动的社会实践关系场境,它是创造不同于自然财富的动产——社会财富的运动,它往往以"非城市和反城市(la non-ville et l'anti-ville)征服了城

市,渗透到城市之中并使之爆裂,因此使它无限地展开而走向社会的都市化（l'urbanisation）,形成一个能够囊括所有前工业的城市剩余物的都市组织（tissu urbain）”。[56]这是一个非常深刻的透视。工业资本的都市化实践之流走进城市,爆裂原有城市物性的凝固状态,使其处于功能性的雇佣关系场境赋型之中。“不断扩张和爆裂的都市现实在这场运动中失去了它属于过去时代的特征:组织的总体性（totalité organique）、依附（appartenance）、令人振奋的想象以及被伟大的荣耀所掌握和支配的空间”。[57]工业资本抽掉了整个封建专制的存在基础,这就是依存于土地的人对人的依附关系赋型,这使得几个世纪以来支配农业生产和乡村生活的“伟大的荣耀”的神性空间第一次被破碎了。列斐伏尔在这里直接借用了物理学的**内爆-外爆**（implosion-explosion）的概念。列斐伏尔所借喻的工业化城市中内爆-外爆概念,显然区别于麦克卢汉（1964）在媒体关系构境中使用的信息内爆-外爆概念。在这个意义上,与其说工业城市是一个城市,不如说它是一个动态关系场境中的**集合城市**（conurbation）。应该说,列斐伏尔这里的讨论,在总体上是正确的。可这里有一个可以讨论的细节,即我所指认的第一种工业生产为资产阶级商品交换关系提供的前提问题。因为,之所以商业城市可以发展起来,现实基础是工场手工业的发展已经在突破封建性自然经济自给自足的特征,超出直接需要的剩余产品才会走向交换,而此处列斐伏尔所指认的工业资本和工业城市,精准地说,应该是工业革命之后的机器化大生产之上取得了决定性历史胜利的资本主义生产方式。在这里,资本将一切社会定在实质性地从属于自己。这是我们需要注意辨识的地方。

更重要的是,与工业生产同体发生的都市化关系中,资本主义的商品-市场经济关系同时进一步在社会空间中布展起来的全球化进程。以后,列斐伏尔将其概括为**世界化**（mondialisation）。

> 这时候,内爆-外爆已经显示出它们的影响。工业生产的增长与商业贸易齐头并进。它从物物交换一直发展到世界市场（marché mondial）,从两个人之间的简单交换发展到商品、作品、思想以及人类本身的交换。买与卖、商品与市场、货币与资本之间似乎被扫清了障碍。在这种扩大化的时期里,这一进程的影响——也就是都市现实——既是原因,也是目的。[58]

这是一个重要的观点。因为在列斐伏尔这里,资产阶级的都市化进程的两个关键性的支撑点:一是工业生产的"进一步增长",二是机器化大工业生产之上日益复杂起来的资本主义的商品-市场经济关系,在社会空间层面上,已经发展为征服全球的世界市场,生成着这一都市化内爆与外爆的原因和目的,工业实践与商品交换的逻辑既内爆同质化一切存在,也将自身外爆于全球,实现资本的世界历史。

实际上,列斐伏尔在这里对欧洲城市发生、发展的历史描述,十分接近马克思和恩格斯最早在《德意志意识形态》一书中的做法,在那里,他们描述了四种社会所有制的历史演变进程。我觉得,这正是列斐伏尔在方法论上发生重大转换的结果,他一改从 1936 年"意识的神秘性"批判开始的人本学逻辑,突破了自己在《辩证唯物主义》《日常生活批判》第 1—2 卷,《元哲学》以及《现代世界中的日常生活》中居主导地位的从抽象的价值预设出发的叙事和内省方法,第一次从社会历史的现实运动过程出发,这是历史唯物主义构境开始占据列斐伏尔思想方法主导地位的显像。这对于之后列斐伏尔在《空间的生产》一书实现自己的原创性哲学革命,提供了最初的方法论思想实验。

四、作为关系性空间存在的都市问题式

在列斐伏尔看来,工业城市已经预示了都市化全新的**批判的区域**(zone critique),或者一个新的社会空间塑形。这种批判区域中的批判,也可作否定性理解,它表明都市实践不是某种物性现实(城市建筑、机器和可见财富),而是一个不断吞食世界的**关系性空间怪物**。在一定的意义上,这是那个非物性的诗性创制的场境"异化"。列斐伏尔说,这就是越来越失形于物理空间和具象建筑设施的**都市问题式**(problématique urbaine),本质上看,这也是资本将一种特定控制世界的实践势能推向社会空间地平线的新的生产方式筑模样态。这种生产方式并不是社会总体的生产方式,而是生产方式发展的最前端。此处,列斐伏尔使用了阿尔都塞取自马雅克·马丁的问题式概念。他后来曾经解释说,"从哲学的意义上来理解,'问题式'这个词意味着相互之间有联系的有关问题的总体"。[59]当然,列斐伏尔的都市问题式,已经不再是马丁和阿尔都塞的理论生产方式,而

是一种客观的新型**社会空间生产方式**。列斐伏尔分析说，

> 　　都市现实能否把自己看作是在经济、资本主义、社会结构之上的一种
> "上层建筑"（superstructure）？看作是增长和生产力的简单的结果？与生
> 产相比只是微不足道的、边缘的现实？不！都市现实改变了生产关系（La
> réalité urbaine modifie les rapports de production），但并不足以改造整个生产
> 关系。它像科学一样成了生产力（force productive）。空间和空间政治
> （L'espace et la politique de l'espace）"表现"了社会关系，但也反过来影响了
> 它们。明显，如果都市现实能够自我显现和自我证明它的支配地位的话，那
> 么它只能通过**都市问题式**（problématique urbaine）。[60]

　　这里是列斐伏尔对自己发现的都市问题式的说明。我们可以清楚地看到，
这个所谓的都市问题式在列斐伏尔心目中整个社会结构中的实际构序位置。在
列斐伏尔看来，这种作为新型的 espace et la politique de l'espace（空间和空间政
治）在场的都市问题式，肯定不是原来那个历史唯物主义构架中经济基础之上
的上层建筑，这种逃逸出传统社会结构的都市化空间生产方式本身，像另类的非
及物性科学技术一样，已经成为重要的 force productive（生产力）。这是一个极
其重要的类比。当马克思在 1860 年代讨论相对剩余价值问题时，已经意识到科
学技术物相化异质于物质生产中对劳动对象的直接物性塑形和构序，完全转化
为一种在脱离实物操作中发生的非及物虚拟塑形和构序活动，并且，这种纯粹科
学技术构序已经成为提高劳动生产率的关键性因素。列斐伏尔这里将都市化空
间生产类比为科学一样的新的生产力，大有异曲同工之意。虽然，这种空间关
系场境中的都市化实践并没有根本改变资本主义制度，但它的确使社会生产
关系发生了变化，并且，将逐步占据资本主义发展中的支配性地位。这是一个
重要的历史断言。这一点，经过《资本主义的幸存》，可以直达后来的《空间的
生产》。

　　列斐伏尔说，可以再"画一条轴线，指出一个有方向的时间"，零度还是从自
然存在开始的那个构序起点，都市问题式则是一百度（100%）。然后，再来看都
市问题式的历史发生学整体：

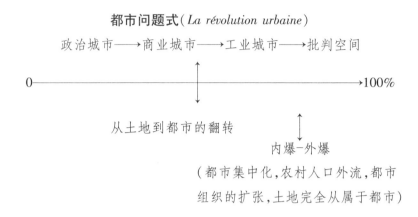

都市问题式（*La révolution urbaine*）

政治城市——→商业城市——→工业城市——→批判空间

0————————————————————→100%

从土地到都市的翻转

内爆-外爆

（都市集中化,农村人口外流,都市
组织的扩张,土地完全从属于都市）

从这张标有"时空轴"的图示可以得知,都市问题式是一个从历史走来并通过工业和资本主义的经济逻辑将全部世界吞食的实践势能。这可能是列斐伏尔在《元哲学》中那个占有性权力的最强悍的表现,有趣的是,这里却没有了诗性创制的"存在论剩余"。依列斐伏尔的说明,这是"把都市问题式放到整体过程中去解决。画一条轴线,指出一个有方向的时间,通过思想来跨越批判空间而达到彼岸"。[61] 具体看,图中的构序零点中那个 pure nature（纯自然）的起点被省略了,不过,整个走向都市化的核心并没有变,即"从土地到都市的翻转"（basculement de l'agraire vers l'urbain）,这是从可见的物理空间向纯粹社会空间关系场境的翻转。实质上,这是马克思所指认的封建宗法关系赋型向资本主义生产关系的转换,只是列斐伏尔刻意从社会空间塑形的视角,捕捉了一种从自然性地缘乡村到中世纪神性-政治城市,再通过商业城市和工业城市的内爆与外爆,最终走向都市关系网络空间的发展线索。他还专门告诉我们,"都市社会的开端和都市化的形态",都取决于工业化时期的社会的特征——新资本主义（néo-capitaliste）的"经济的或高科技的飞速发展"。这当然是一种历史唯物主义的观点。对此,埃尔登认为:"尽管列斐伏尔建立了一个从 0 到 100 的百分比数轴,但这并不是一种狭隘的线性的城市历史的进步过程",这是对的。可是他又说,这个图示"有助于我们理解古代是如何从城镇走向中世纪,然而又从中世纪走向商业城市以及工业城市是如何从商业城市中诞生的"。[62] 这还是将列斐伏尔这里的逻辑图示当成了城市发展的历史描述,这当然是不对的,因为列斐伏尔的用意恰恰是指反自然、反工业和反城市的都市化问题式的复杂历史发生。

列斐伏尔特意指出,这里他所指认的都市组织,不是实指地建立一个物性的巨型城市来替代工业城市，都市问题式不是传统实证的城市科学所能面对的认知对象，而是"一种正在进行的社会实践，以及正在形成中的**都市实践**（pratique urbaine）"。我们看到，列斐伏尔此处在描述都市问题式时，刻意使用了不同于取用关系中的**诗性创制与人化实践**（la praxis et la poiésis）的占有性的 pratique（实践）。这是独具匠心的。我们也能体会到，在强大的从现实出发的分析方法的压力下，列斐伏尔原来的人本主义话语已经被挤压到一个狭小的理论构境空间之中，而在后来的历史唯物主义构境中的社会空间生产理论中，这又会是空间关系场境中的"使用"向交换逻辑的异化式转换。也因为都市问题式是一种非直观的社会空间关系场境，所以它只有在哲学构境中的科学的抽象（l'abstraction scientifique）中才能被把握。他还精细地指认说，都市问题式并不是一种已经完成了的东西，目前还是转导关系中的"一种正在进行的社会实践，以及正在形成中的**都市实践**（pratique urbaine），不管要面对怎样的困难。这种实践在目前是隐蔽的和分散的，它在今天只拥有着现实的一些碎片和一门未来的科学（science futures）"。[63]这个转导可能性中 science futures（未来的科学），应该就是列斐伏尔不久后集成的关于**社会空间生产**的理论。

列斐伏尔指出，他所发明的社会空间构境中的 l'axe spatio-temporel（时空轴），可以透视"自然与逻各斯（理性）"［a nature（la physis）et le logos（la raison）］、"乡村与城市"（la ville et la campagne）关系的历史性转变。这是已经开始浸透到列斐伏尔思想逻辑中的历史认识论观念。他告诉我们，在欧洲文艺复兴之后，理性与自然的关系就发生了改变，特别是在 18 世纪末到 19 世纪初，还出现了"大写的自然拜物教"（le fétichisme de la Nature），当然，这里作为物神的 Nature（大写的自然），已经不再是早期人类眼中被神化的天然自然，而是城市空间中"表现为石头和金属的第二自然（seconde nature），建立在最初的，也就是由土、空气、水和火构成的原始的自然（nature initiale）之上"。[64]显然，这里的 seconde nature（第二自然），已经是城市生活用石块和钢筋建造起来的城市建筑，它区别于没有被人作用过的"土、空气、水和火"那种原生自然。这种观念，是对黑格尔"第二自然"概念不那么深刻的挪用。在黑格尔那里，"第二自然"特设性地表征了人所创造的东西反过来成为外部的必然性，社会生活中出现了与自然界盲目运动相类似的现象。然而在列斐伏尔这里，他所使用的"第二自然"的概念，已经失去了黑格尔语境中透视资产阶级经济社会生活中"似自然性"的原初的深刻性,而只是表征社会生活的非自然性。而在列斐伏尔这里,大写的自然漫画式地畸变成了城市中人造自然景观塑形,他甚至说,"没有园林或公园,没有对自然的模仿,没有迷宫,没有对海洋或森林的再现,没有被痛苦地折磨成奇怪的人形和非人形(humaines et inhumaines)的树,就没有城市,没有都市空间"。[65]

其实,到这里为止,列斐伏尔所指认的这个当代资本主义社会发展出现的都市问题式,真的还只是一个观念性的抽象。为了让我们能够进入这个特定的思想构境,列斐伏尔列举了我们熟悉的城市街道的都市化关系场境。街道作为一种石材、砖木等材料塑形和建造起来的物性实在,在中世纪的政治城市和后来的商业城市中就已经存在,今天在都市化实践中它们发生了什么改变? 在列斐伏尔看来,都市化实践中的街道出现了利弊两个方面:一是积极的方面,**街道的利**(pour la rue)。

> 街道是什么? 它是人们相遇(rencontre)的场所(托邦,topie),没有街道人们就不能在其他指定的场所(lieux)相聚(咖啡厅、剧院以及各式各样的场所)。这些特殊的地方使街道充满活力(animation)并为这种活力服务,否则它们将不复存在。街道就像一个自发的剧院,我成为景观(spectacle)和观众,有时候也是演员。这里充满了运动和交融,没有这些就没有都市生活(vie urbaine),而只有分散和凝固不动的隔离。[66]

不同于古道只是用于行走,也不同中世纪政治城市中从教堂中心广场延伸出去的街道,表征着神权的布展,今天出现在我们身边的物性街道与街道上的咖啡厅、酒馆、商店和剧院,都不仅仅是直观中的道路和建筑,而是一个人们在其中相遇(rencontre)的场所,建筑塑形中物性的实在是为这种现代人独有的活动和交融场境服务的,没有这些物性设施构成的特定的交往关系场所,就没有现代性主体表演和各色景观登场的都市生活空间。他具体分析说,

> 在街道中以及通过这一空间(espace),一种组织(城市本身)开始呈现出来并把这些地方据为己有(s'approprie),获取一种自身的时空(temps-es-pace)。这种挪用表明了使用和使用价值能够支配交换和交换价值(l'usage et la valeur d'usage peuvent dominer l'échange et la valeur d'échange)。革命事件往往发生在街道上。难道这不同样表明这种杂乱无章酝酿着他性构序

（autre ordre）吗？街道的都市空间（L'espace urbain）难道不是这种话语产生的地方，难道不是这些词句和符号像事物一样被交换的地方吗？难道它不是一片能把话语转换为文字的宝地？难道人们不是为了逃避规章和制度，而变成了"未驯化"（«sauvage»）的话语写在街道的墙上吗？[67]

这里值得注意的关键词是日益增多的 espace（空间）概念，这种空间概念显然不是物理空间那种客观的场地之意，这是社会生活塑形和建构起来的人与人的活动关系场境空间。在"红色五月风暴"之后，列斐伏尔更看清了街道中发生的新型文化革命，从 sauvage（未驯化）的革命话语（"让生活成为艺术"）涂鸦地写在巴黎大街的墙上，到与警察展开巷战的战场，这是一种反对资产阶级制度的革命力量与反革命力量博弈的空间塑形。列斐伏尔甚至感觉到，这个人们相遇的街道空间中发生的"杂乱无章酝酿着"的 autre ordre（他性构序），能够转导为**使用**重新战胜资产阶级**交换**价值逻辑的场所。这是列斐伏尔刻意让我们看到的街道"利"的一面。其实，在列斐伏尔这里的街道"利"的讨论中，我们不难体知到一种很深的相似性，即他在《元哲学》中设定的那个作为人本主义价值悬设的本真性的**诗性创制**（poièsis）。只是在这里，这种人所特有的社会关系场境越来越接近现实生活中的社会空间存在，这是他之后空间生产理论中的那个隐性空间本质的逻辑缘起。

1968 年"红色五月风暴"巷战一景

二是消极的方面，**街道的弊**（contre la rue）。列斐伏尔发现，都市化实践中街道也成为资产阶级社会空间塑形支配人的关系场境。第一，从相遇空间到消费异化场境的转变。街道的确是人们可以相遇的地方，也可以是祛序的革命空间，然而，在当代资本主义日常生活的大多数时间中，人们在街道上的相遇"只是肤浅的（Superficielles）相遇"，因为，在今天的资产阶级现代世界中，"在街道上，我们不是相遇，而是在随波逐流。这里的'大家'（«on»）才是关键。街道不允许建立组织或'主体'，却聚集了一帮不知所向的人。商品世界在街道上展开"。[68]这里的"大家"，是海德格尔的"常人"（Men）构境。这里的意思是说，在今天满是商店和购物中心的街道上，人们并不是作为独立的有自主选择性的主体相遇，而是一群被广告无意识支配的"大家都如此"的随波逐流的无脑时尚达人，"商品世界在街道上展开"，这是资产阶级商品关系赋型落地于日常生活的前提。如果在以前，街道与其他城市建筑一样，"只是核心场所的附属：寺庙、运动场、广场、花园"，而今天，

> 纯粹的商人成了街道的主人。街道成了商店之间的橱窗和过道。商品成了（挑逗的、诱人的）景观[spectacle（provocant，alléchant）]，同时把人们也变成景观并循环往复。尤其在这里，交换和交换价值超越了使用（l'échange et-la valeur d'échange l'emportent sur l'usage），直到把它化约为一种剩余物。因此，对街道的批判应当更进一步：街道成了核心场所的一种压迫（répression），并尽可能地通过这里形成的关系的"现实"特征表现出来，它是脆弱的、被异化-异化的（aliéné-aliénant）。[69]

在列斐伏尔这里，今天都市化实践中的街道，不再仅仅是行走的有用性物性通道，也不仅仅是相遇和交流的社会空间场所，而是资产阶级商品世界交换价值编码和征服日常生活的特定空间，这是一种新型的"挑逗的、诱人的"景观（spectacle）压迫下，人在商业街道上发生消费异化的（aliénant）关系空间。这里可以看到，经过"红色五月风暴"，德波的景观概念已经被列斐伏尔完全接受。这里，我们也再一次遇到了批判性的异化概念，但这一次，异化不再是人本主义的价值悬设之沦丧，而是从交换价值对街道本身的使用的支配和颠倒关系中生发出来的，这种关系场境异化观在逐步接近马克思后来的科学异化理论。可列斐伏尔

本人并没有意识到这一点。

第二，生命节奏被商业节奏重新编码和篡位。列斐伏尔十分仔细地观察到，逛街的人们走在商铺林立的街道上，但人们在"街道上的移动(passage)，交流的空间，它是**强制的**(*obligatoire*)和**受压抑的**(*réprimé*)"。[70]如果用人本主义的话语来表述，则会是本真性的诗性创制情境被异化为权力强暴的存在论"剩余"。这是一个奇怪的说法。为什么？因为，此时人们逛街行路的速度和节奏不是自身生命机体的节奏，而"是以能否察觉到橱窗和购买展览的商品来决定和衡量的。时间成了'商品时间'(买和卖的时间、被购买和被贩卖的时间)。街道在劳动时间之外控制着时间：它使劳动服从于自身的系统，服从于产出和利润。它只是存在于强制劳动、有计划的休闲活动和作为消费场所的住宅之间的必要的过渡"。[71]这是一个极其深刻的观点。逛街的人们走在商业大街上的时间和行为节奏异化了，因为它取决于满大街商店橱窗里充满诱惑和挑逗的商品展示的景观时间和变卖节奏，我们行走在商业街区中不自觉发生的"舔橱窗"行为[72]（德·塞托语，意指"光看不买"的行为）是一种看不见的空间关系场境中发生的隐性强制和支配。列斐伏尔后来专门讨论过这个作为人在社会空间中出场的时间——**人的生命节奏**问题。更重要的是，它是资本关系在劳动时间之外的日常生活时间中对人的压抑性支配关系。这样，列斐伏尔就将这里的都市化实践的社会空间关系场境反省，与自己的日常生活批判和消费异化问题内在地联结起来。这是逻辑过渡中十分漂亮的一招。

列斐伏尔概括说，

> 消费的新资本主义结构(L'organisation néo-capitaliste de la consommation)在街道中展现了它的力量，它不仅仅是(政治的)权力，或者是实施压迫的权力(公开的或隐蔽的)。街道、橱窗、展览的商品，显示了商品的逻辑(la logique de la marchandise)如何夹杂了一种(被动的)沉思而形成一种美学和伦理学。商品的积累伴随着人口和资本的积累，变成一种隐藏在可读性和可见性特征之下的意识形态，它从此似乎不证自明。因此我们也可以讨论都市空间的一种殖民化(colonisation)，通过图像、广告、客体景观(par l'image, par la publicité, parle spectacle des objets)而在街道上形成，也就是通过"物体系"(«système des objets»)来制造象征和景观。[73]

由此,我们就可以体知到,列斐伏尔这里剖析的街道,显然不是我们常识中那个熟悉的通达四方的物性交通大街,而是一种资产阶级商品逻辑精心布展自己奴役关系的社会空间塑形,在这里,不是人、车通行的物理空间,而是一种消费意识形态通过美学构境中的"橱窗、展览的商品",潜在地在人的心理和消费行为关系场境中编码和生成一种消费的新资本主义(néo-capitaliste de la consommation)都市殖民化奴役场境,这里由铺天盖地的广告和五彩缤纷的图景构成的景观,客观地生成一种消费链中"物体系"。这里,我们可以想一下纽约时代广场制造的景观效果。鲍德里亚《物体系》(Le système des objets,1968)一书,展开说明了"物体系"问题。当然,这个存在论意义上的"物体系",已经不仅仅是街道上的消费意识形态布展,而是整个消费链铸造的世界。我们也看到,列斐伏尔将德波的"日常生活殖民"概念,直接运用到街道关系空间分析中来了。

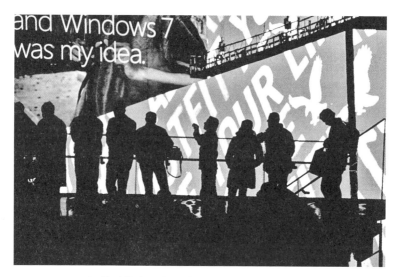

纽约时代广场中的迷失(张异宾摄,2009 年)

其实,列斐伏尔这里对街道的个案话语分析,只是在于表明现代资产阶级世界中都市化实践所生成的新型社会空间生产的本质。这种空间关系生产中的异化场境,同样会表现在所有城市建筑和物性设施的关系性势能空间句法之中。在这里,列斐伏尔还以城市中几乎都有的纪念碑(le monument)为例。这是他在前述独栋住宅那篇序言中已经提及的问题。[74] 在他看来,作为一种实物性的建筑物,纪念碑不像街道那样在都市实践中塑形成全新的社会空间,或者像城市本身那样将全新的社会生活场境整体投射到大地上，他说，"纪念碑把一种世界观投射到地面上（Les monuments projettent sur le terrain une conception du monde）"，当人们瞻仰纪念碑或者举拳宣誓的时候，"纪念碑在本质上是镇压性的（répressif）。它是一个制度（教会、国家、大学）的中心。在它周围构建一个空间是为了对它进行移植和压制。伟大的纪念碑被看作是征服者和当权者的荣光"。[75] 从一个历史性的客体对象中，看到一种镇压性的社会关系赋型，这是马克思在《提纲》中确立的新世界观方法论的双重透视（从对象物中看到不在场的实践和从肉身的人中看到非直观的"关系总和"），这同样是走向历史唯物主义的节奏。列斐伏尔非常哲学地断言："纪念碑铭刻了一种超验性（transcendance），一个远方（ailleurs）。它们永远是乌托邦的（utopiques）。它们从高度和深度上表明了一种都市进程之外的维度，即义务、权力、知识、幸福、希望……"[76] 凝固性、现成性的纪念碑本身，并非直接生成社会空间，因为它没有人的活动构序的功能性空间句法，但它通过一种"都市进程之外维度"，仍然向社会空间投射一种引向特定价值合理性的 ailleurs（远方），这是一种由历史性的"义务、权力、知识、幸福、希望"构成的乌托邦。这是一个深刻的看法。这个加了连接短线的 utopiques，是列斐伏尔模仿海德格尔，因为这里纪念碑所指向的不在场的 topie（场所），往往是指向过去的旧式社会空间场境。在后来的《空间的生产》中，列斐伏尔再一次讨论过纪念碑的社会空间意义。

五、作为社会空间存在盲场的都市问题式

列斐伏尔形象地说，关于这个只能通过科学抽象才能看到的都市问题式，长期以来是我们面对历史观察中的一个被遮蔽起来的领域。如果以一种比喻性的说法，也会是理论认知中的一个"**空白（空的）或黑暗瞬间（"暗箱"）**[blanc（un vide）ou un moment sombre（une «boîte noire»）]"，甚至是看不见的"**盲场**"（champs aveugles）。[77] 这也是此书第二章的标题。这是哲学构境中的深刻努力了。我自己觉得，列斐伏尔在《都市革命》的思想实验中无意识达及的哲学理论构序，其构境层深度是远超《元哲学》中的刻意玄思的。恐怕，也是在此时，列斐伏尔才真正成为比肩于列维纳斯、萨特、梅洛-庞蒂、阿尔都塞等人的大哲学家。

这有三重复杂的思想构境：一是都市问题式在实体存在的层面上是一种
vide（空无），因为城市中的房屋、街道和广场，离开了人在其中的空间践行活动
就是 vide（无），它凸显都市问题式自身的势能性关系存在特性。这很像阿尔都
塞所指认的黑格尔所说的"人，那个黑夜"。[78] 也是列斐伏尔自己在《元哲学》
中凸显的那个非物性的诗性创制的关系场境意向。二是这种势能性存在不再依
存于自然物质存在或自然运动规律，而是依存于由建筑师和工人制造出来的
"大写的自然"，房屋在模仿洞穴，广场和公园都是对"开放空间的拙劣模仿"，然
而这些自然物理空间的替代物，不过是都市设计者的构序活动功能暗箱（boîte
noire），看起来是物的建筑，但其中的空间句法却是事先设定的操作性转导构序。
三是都市空间本身是一种由活动关系当下发生又瞬间消逝的不可见关系场境赋
型，也是在这个意义上，列斐伏尔将都市问题式指认为非直观的盲场。

那么，到底什么是列斐伏尔所指认的这个奇怪的**都市问题式盲场**呢？我们
来看他的具体分析。第一，在列斐伏尔看来，一般而言，作为"反自然"的社会空
间的关系场境本身就是非直观的盲场。这是社会空间不同于自然物理空间的特
殊存在论质性，它恰恰是人的社会生活超出动物自然存在的直接空间塑形基础。
这正是列斐伏尔在《元哲学》所指认的那个非物性的"诗性创制"（poièsis），可现
在，这种社会生活中的关系场境正在脱型于人本主义话语。从思想谱系上看，之
后它会直接关联于社会空间的本质。如果是在认识论的层面上，

> 这个盲场不仅晦暗不定、缺乏探究，而且是视网膜上、视觉中心——否
> 定——的盲点（point aveugle）意义上的空白。一个悖论。眼睛看不见；它需
> 要一面镜子。视觉中心看不见并且不知道自己看不见。这样的悖论也会延
> 伸到思想、意识、知识吗？过去，在农村和工业之间存在着一个场
> （champs）——就像现在，在工业和都市之间那样——它是我们看不
> 见的。[79]

为什么看不见？一是因为，列斐伏尔所讨论的作为空无和暗箱的城市空间，
或者作为盲场的都市问题式，在社会存在关系构境中，根本就不是土地上建设的
街道、房屋、广场和公园等物理空间场所或实物，而是一种人与自然、人与人关系
构成的新型社会关系场境空间，这种新型的空间塑形的本质，是发生在大地上各

种物性建筑和设施中无形的生命"力量和冲突的场"(champs de forces et de con-
flits)。[80]所以,它根本不构成传统认识论的认知对象,因而它是那种以视觉为
中心的素朴实在论中不可见的盲点(point aveugle)。在这里,我们可以看到列斐
伏尔在《日常生活批判》第二卷提出的作为社会空间本质的"社会场"概念的爆
燃。[81]这个观点,看起来与布尔迪厄的场概念是接近的,但不同于后者将这种
力量关系冲突场境限定于主体际关系之中,列斐伏尔此处的场境存在是在更宽
泛存在论意义上的。二是从历史的维度看,在农村和城市之间、在城市与都市之
间,可能在同样的土地之上,甚至是相同的建筑和设施中,却会凸显出完全不同
的社会空间场境,不同社会空间之间的场境转换同样是不可直观的。比如,列斐
伏尔前面所举的欧洲城市中的大教堂,它在中世纪显现的"上帝之城"和今天的
日常生活中凸显的文化空间场境是不同的;商业和工业城市中的功用性的街道,
与今天充满诱惑的 CBD 商业中心里的通道构序也是不同的。正是在这个意义
上,列斐伏尔认为,社会空间生成的盲场,"对知性来说,它们是虚空,对行动来
说,它们是可能性"。[82]这是说,对于只能看到物性实在的知性认知来说,社会
空间就是空无,而对于实践活动和日常生活来说,它则是建构关系性社会空间的
转导可能性。

第二,列斐伏尔认为,之所以将都市问题式视作认知盲场,更深一层看,即便
我们今天努力地去捕捉这种看不见的客观场境存在时,"我们用眼睛观察,以概
念来理解,然而我们的眼睛和使用的概念已经被实践和工业化理论定型了,我们
用的在工业化时期就事先设计好的碎片化的分析工具,因此正在发生的现实被
简化还原了"。[83]这是一个深刻的历史认识论观点。在历史性发生的工业化实
践铸就的理论"范式"中,只能看见工业化的城市空间,而新生的都市问题式则
从这种认知栅栏中流逝了。他具体分析说,

> 有多少人虽能注意到"视角"(«perspectives»)、角度和轮廓、体积、直线
> 和曲线,但是却不能感知或构想多重路径、复杂空间(des parcours multiples,
> des espaces complexes)？他们不能从受工业生产和工业产品消费制约的人
> 为的**平日**(quotidien)中跳出来看已经摆脱那些宿命和制约的都市。他们无
> 法构建一幅图景,形成或提出一种特定的都市的美丑观念。都市现实,甚至
> 在它开始和确立之前,就被农村(花园郊区,即所谓的开放空间)和工业的

平日[居所、社区、各种关系的功能性结构，单调乏味但却是必需的路线]，即一种受制于企业需要并按企业理性来对待的**日常性**（*quotidienneté*）所简化还原。[84]

在列斐伏尔看来，虽然今天的不少社会学家和哲学家已经可以从不同的视角、不同的量化指标观察城市，可他们无法看到资产阶级都市化实践所生成的复杂空间（espaces complexes），因为，他们头脑中规制经验和理性逻辑的问题式（话语结构），已经被工业化运作的"功能性结构"——quotidienneté（日常性）所渗透。在简化了的工业化城市场境中，"都市被简化还原为工业"（l'urbain se réduit à l'industriel），戴着工业化有色眼镜的人们无法看到新型的都市化盲场。他们对都市化实践之所以"视而不见"，恰恰是由于他们认知对象的"光源（知识或意识形态）投射一束光照亮了**别处**（*ailleurs*）。自我蒙蔽使我们茫然地凝视，与此同时那个我们凝视的区域留在了阴影中"。[85]这是对的。如同封建社会后期的贵族和牧师们，在自己的神学-宗法认知构架中，只能看到还原为神授空间的假象，而看不到已经兴起的现代商业城市和工业城市生活一样，有如堂吉诃德与之作战的风车。

第三，都市问题式的一个历史发生学描述。能感觉得到，这是列斐伏尔在强化自己从历史唯物主义构境获得的历史性分析方法。这是上述那个走向都市问题式的从0—100时空轴的场境存在再说明。不过，与前述时空轴的城市维度不同，这一次，列斐伏尔直接选择了社会空间的场境存在本身，依他的观点，今天作为100%的都市问题式，是由不同形式的**社会空间场**历史演变而来的。列斐伏尔说，第一种社会空间场是"农村-农民场"（champ «paysan-rural»）。这显然不同于前述讨论中那个自然物理空间零度的打破和政治城市的观察。这也意味着，社会空间并非只是今天才发生的，而缘于自然经济进程中基于土地的农业生产。可以看到，因为农业的直接基础仍然是自然的物理空间，所以这里列斐伏尔并没有提出生产意义上的"农业场"，而是专门指认失形于物理空间的社会空间意义上的paysan-rural（农村-农民），农村是自然经济活动的空间场所，而农民则是这一空间中活动的势能主体。在他看来，

"农村-农民"场（champ）由空间的再现（re-présentation de l'espace）构

成，或者换种方式来说，它是由一种空间网格（grille d'espace）构成，这种空间网格隐含着方位、标志，能理解位置和命名地点（地名，即用于界定依附于"自然"特性的空间的修辞惯用语）。它采取自发的（spontanéité）形式，非常受限于一个共同体的持续不间断的行为。[86]

这要分成两个层面：一是农村-农民场的现实基础，是"依附于'自然'特性"的自然经济，不仅这种关系场境的基础是自然物理空间，虽然人们可以将物理空间在主体经纬序构尺度中"命名"为地点，但这并不根本改变物理空间的质性；而整个已经开始超出动物生存状态的人的生命节奏，在根基上还是依从自然的"简单的循环和节奏（日复一日、季复一季、年复一年）"。二是由人的活动关系构成的 re-présentation de l'espace（空间的再现）的场境存在，这种不可见的 grille d'espace（空间网格）中的主导性关系场境，是可见的血亲关系中的人对人的依附性同共体。在 1949 年写下的一篇关于"农村共同体"的论文[87]中，列斐伏尔明确提出不能把农村"简化为一个偶然的，人、畜、物的大杂烩"，而是要"通过考察这个村子，我们会发现一种复杂的组织，一个'结构'"。[88]这个非直观的关系结构就是作为农村场本质的农村共同体。因为，这个空间性的农村也是历史发生的，早期的游牧民的移动生活转化为固定在一定土地上的村子，"一旦一个游牧或半游牧的人群和土地绑定，村子就出现了"。[89]而在后来的《元哲学》中，这种村落则成为最早的诗性创制场境的表现。[90]农村中的城镇是一种神性-宗法关系场构成的政治存在（d'existence que politique），在这里，城市（神权与皇权）"统治着被河流环抱、养育，偶尔被淹没的乡村世界"，它的主体际空间网格是由"巫术和宗教"来整合和编码的，"巫师解决迫在眉睫的问题，牧师照管的是整个世界"。[91]巫师面对人的日常生活，而教堂中的牧师则看护上帝创造的世界。从社会空间的关系场境建构看，"农村对应着先是部落制后来是封建制的土地所有制（不动产）形式"，城市和乡村之间的差别与体力劳动和脑力劳动、生产和贸易、农业和手工业的历史性分离联系在一起。在这里，"家庭制和家长制社会成长和发展"起来，封建制家庭生活和社会关系越来越重要。这是农村-农民场的本质。

第二种社会空间是超出土地依存关系的"工业场"（champ industriel）。这是人类社会通过自己的工业生产活动塑形和构序起来的反自然的全新关系场境。

一是工业场以自己的生产制造物取代了自然,由此脱型于自然物理空间之上的"农村",它以自身新的工业生产的同质性征服和统治世界。二是在此基础之上,建立了异质于"神权-皇权"关系赋型的"公司所有者或老板式的家长制",也就是资产阶级"以理性、法律、权威、技术、国家和掌管统治权力的阶级的名义完成的。所有这些要素各得其所、各司其职来合法化并建立遵循商品逻辑(la logique de la marchandise)的普遍构序(ordre général),即由资本主义和资产阶级在全球范围内实现商品'世界'"。[92] 显然,在列斐伏尔这里,工业场的本质并非仅仅是物质生产过程中出现的不同于自然物质的机器和产品,而主要转喻为资产阶级以商品的逻辑构序的关系场境世界。正是这个商品世界,第一次创造了一个不同于农业自然经济物的非直观的关系性盲场,市场交换中的商品逻辑的构序,不再是可见的血亲生物关联,而是不可见的交换关系赋型网络,因此,相对于可见的封建纹章,"它空洞无物,创造了一个盲场(Il crée le champ aveugle parce que désert)"。[93] 这也就是说,工业场中盲场的核心是由商品交换的逻辑构序起来的,并且,"工业显现为一种与高度改进的剥削形式相配合的等级制度"。[94] 显然,列斐伏尔这里的工业场(champ industriel)就是资本主义生产方式。这是一个十分深刻的判定。

在列斐伏尔看来,这种由资产阶级创造的新型的工业场是一个双层赋型结构:第一,由法理型的规划(projet)通过制造分工(division manufacturière)向劳动的社会分工(division sociale du travail)的延伸实现的技术关系场境。这里的规划是指资产阶级布展的征服世界的普遍理性规划,其本质是韦伯所指认的工具理性逻辑,制造分工是斯密-马克思的劳动分工,而劳动的社会分工则已经包括更宽泛的"非生产性却是社会所必需的劳动(智力型劳动、科学劳动)"。[95] 这里的智力型劳动和科学劳动,都是列斐伏尔新增加的方面。其中,这个"非生产性"意指对直接物质生产过程的脱型。列斐伏尔认为,这种由工具理性规划布展的

> 社会实践的普遍组织结构,即时空(spatio-temporelle)组织,看起来完全是理性的了,因为它是由构序和强制(d'ordre et de contraintes)构建起来的。实践试图实现和总体化的同质的时空(L'espace-temps homogène)充斥着对象的尘埃、碎片化的活动、情境(situations)以及情境中的人们,这是一种堆积,其一致性只是表面上的,尤其是因为这种表面上的一致性是运用专横的

系统化(systématisations impérieuses)才得以形成。[96]

　　与依存于自然的农村-农民场不同，在那里，社会空间的组织和运动节奏都直接基于自然有序性，所以，列斐伏尔会在人本主义的构境中将其指认为诗性创制的原初呈现，而工业场的构序原则已经是人的主体性理性构序与强制(d'ordre et de contraintes)，它的场境时空组织更加远离自然物理时空，它以工业生产为核心的社会实践物相化实现工业场的总体化同质性社会时空(spatio-temporelle)，在这里，"一切都变得可计算和可推断，可量化和可转换。一切都必须是通过强制而强化的秩序"。[97]工业生产中的标准化编码、量化的可操作性夷平一切存在的质性。我注意到，也是在这里，列斐伏尔指认了不同于马克思指认的经济拜物教的**生产拜物教**(le fétichisme de la production)。[98]在后面的讨论中，列斐伏尔指出，

　　　　毋宁说通过对自然的统治(dominer)，工业蹂躏着(ravageait)自然，完全毁坏了它。声称用一致的合理性取代自发的混沌，它孤立并瓦解了任何它接触到的东西，它通过建立起一个同质化的秩序王国摧毁了联系。对于工业而言，手段变成了目的，而目的变成了手段：生产变成了战略，一种生产主义哲学(le productivisme en philosophie)，一个神圣的国度。工业时代的构序与无序(L'ordre et le désordre)再生产了更早的、充满鲜血的混沌；实际上它们蹂躏着它。[99]

　　显然，列斐伏尔这里的观点已经远远地超出马克思的批判话语，因为，他主张了**生产有罪论**。这一逻辑线索缘于从青年卢卡奇的《历史与阶级意识》。人对自然的**统治**、工业对自然的**蹂躏**，以及充满贬义的 productivisme(生产主义)，它突破了马克思不触碰物质生产本身生成奴役性的底线，达及了法兰克福学派对理性批判的构境。在这一点上，很深地关联于他在《现代性导论》一书中所确证的人对自然的非奴役的取用(appropriation)关系。我不能确定，列斐伏尔这里的观点是否直接影响到鲍德里亚1973年出版的《生产之镜》。

　　第二，工业场的另一层面，是资产阶级创造的以商品-市场交换为基础的多重逻辑构序和编码起来的不可见时空场境。列斐伏尔分析说，

商品逻辑(扩展至试图以消费为基础来组织生产),国家和法律的逻辑、空间的组织(城乡规划和都市设计),对象的逻辑,即日常生活、语言、信息和通讯(de l'information et de la communication)的逻辑。因为每种逻辑都想成为具有约束性的和完满的,它消除了一切不适宜的,并声称要统治世界的剩余物,于是它便成了空洞无物的同义反复。按照这种方式,通讯只传播可传播的。但是所有这些逻辑和所有这些同义反复会在某一时刻会彼此相遇。它们共有一个空间:剩余价值的逻辑(la logique de la plus-value)。[100]

这是一个深刻的判断。其中,马克思揭示的资本无偿占有剩余价值的世界历史成为主导性的时空构序原则,这里面,马克思讨论过的经济上的商品逻辑已经变成"以消费为基础来组织生产"的构序,在国家与法律的逻辑之外,又新出现了"城乡规划和都市设计"空间组织样式,以及建构日常生活和信息支配的微观生活场境,这一切,都是以无形的关系场境空间为前提的,这是列斐伏尔将工业场指认为第一个盲场的主要原因。

第三种社会空间,是作为当代资本主义社会中新出现的都市"新场"(nouveau champ)。这当然是列斐伏尔重点想说明的历史现象。列斐伏尔认为,"为了探究这个场(champ),为了看清它,我们必须改变,放弃之前的观点和视角"。[101]这个"之前的观点和视角",是指"农村-农民场"和"工业场"视角,特别是后者。因为,在传统工业社会场境中起主导作用的"理性、历史、国家和人类"都开始变得模糊不清,一种不可见的"都市形式"(forme urbaine)的决定性赋型作用被凸显出来。列斐伏尔说,

它由重建的时空(espace-temps renouvelé)构成,这种时空是一种不同于农业时空(周而复始和并置的地域特殊性)和工业时空(趋向于同质性,趋向于合理的和被规划的强制统一性)的布局。一旦我们不用工业理性——它的同质性规划——去规定它,都市时空(L'espace-temps urbain)就表现为**差异**(différentiel),每一处和每一时刻只在一个整体(ensemble)中存在,通过对比和对立使之与别处和其他时刻相连并与之相区别。[102]

不同于农业时空的自然循环节奏和属地性关系,也异质于工业时空的同质

性构序和理性强制,都市时空是一种新的**差异性时空场境**。这个差异性时空是很难理解的。如果说,在工业场中,人与物同质于工具理性和商品交换逻辑的强制同一,而在都市时空中生成的各种关系性场境则会呈现出各异的特征。其实,先不说列斐伏尔这里的历史逻辑推演是否真的与史实完全相符,可通过这第二种社会空间场的历时性时空轴描述,我们不难体会到,历史唯物主义构境中的历史认识论观点,已经较深地嵌入他的社会观察之中。这致使列斐伏尔不断地刻意描述这种客观发生的空间历史辩证法运动。

列斐伏尔说,为了理解这种复杂的差异性都市场,要捕捉到这个容易流逝的认知盲场,就需要引入新的概念,即"**同-托邦**(*iso-topie*)、**异-托邦**(*hétéro-topie*)和**乌-托邦**(*u-topie*)"。[103] 在这里,列斐伏尔巧妙地利用了著名的 utopie(乌托邦)一词的 topie(场所)后缀,通过不同质性的构词编码,塑形出三种不同的都市场境。他还特意用海德格尔式的短线分隔来显示对都市空间特定关系场境的不同界划。在他看来,这三个概念,都是对"处于社会关系(所有制、生产、消费)中的主体(个体或集体)"行动和情境的不同话语分析。依我的理解,这是列斐伏尔试图创立自己独特的社会空间论的方法论原创努力。因为,这是一种超出所有传统空间理论的异质性关系场境分析。这里,理想性的乌托邦是大家熟知的,而作为他处的异托邦概念经福柯的使用[104] 也有一定的知名度,同托邦则是列斐伏尔挪用于现代化学的同位素[105] 概念。我们来逐一看一下列斐伏尔自己的具体解释:

一是同托邦。他解释说,都市场中的"同托邦(isotopie)指的是一个处所(位置),以及围绕着它(邻近区域、最接近的环境)的一切[106],也就是,使一个处所成为**同一处所**(*même lieu*)的一切"。从列斐伏尔给出的注释说明中,我们知道这一概念是援引自格雷马斯(Greimas)[107],可以体知出这里的同-托邦已经不是传统城市中的建筑和街道,而是指围绕一个同质性的处所中心发生的突现场境关系,比如,现在我们可以看到的城市中的"金融区""商业区"和"住宅小区",这种围绕着一种社会活动建设起来的建筑群,人们通过相近的主体际活动建构起同一种特殊质性的社会场境空间。有如北京西单各家银行和证券公司总部林立的金融"同-托邦"和南京新街口德基、金鹰等商业中心的商业"同托邦"。

二是异托邦。这应该是理解都市场关系空间中最重要的本质。依列斐伏尔的看法,hétéro-topie(异托邦)

通过参照原初处所定位它(定位它自身),标记出它的差异。这种差异能从一个非常显著的差别一直扩展到一种冲突,扩展到以至于要把一个处所的占有者也考虑在内。这些处所在都市综合体(l'ensemble urbain)中彼此相关。这便假定了存在一个中立的要素,它包含着并置之地——街道、广场、十字路口(街道和小径的十字路口)、花园和公园——的开-合(coupure-suture)。当前,尚有一个别处,一个没有处所并且为其自身寻找一席之地的无处(non-place)。[108]

显然,列斐伏尔这里的异托邦概念不同于福柯,它不是像墓地或现实存在的同性恋社区**他性实有空间**[109],列斐伏尔这种异托邦是所谓都市空间特有的差异性关系场境,它是指现有社会空间中突现的非同质性关系场境,同样的街道和广场,因为差异性的空间关系场境,使之突然转换为异质性的他性空间——异托邦。有如现在经常发生了商业中心里"快闪"艺术,一群音乐家突然群集在商场空地上,所有原先被商业橱窗中商品景观引诱的顾客突然被一种异质于金钱空间的音乐空间所打破,人们与音乐家共同建构起一个反同托邦空间的异托邦。当音乐家们演奏完迅速离开,这一突现的异托邦空间即刻解构。其实,1968年5月突然发生在巴黎街道和广场上"红色五月风暴",就是一种在传统行走通道和商业街区中突现的新型文化革命实践场境中的"造反"异托邦。在一定的意义上,这里列斐伏尔所指认的空间异-托邦,倒真是接近作为"存在论剩余"的诗性创制场境。

三是乌托邦。与传统那种非现实的理想彼岸不同,都市场空间中的"乌托邦(utopie)与一种抽象的虚构(l'imaginaire abstrait)毫无共同之处。它是真实的(réel)。它恰恰位于现实的中心(coeur de ce réel),这种现实也就是没有它作酵母就不会存在的都市实在(réalité urba)"。[110]依列斐伏尔的观点,这种都市现实是一种关系性的"垂直性(verticalité)","即在任何一个水平面上竖立起的高度,能成为他处(l'ailleurs)的量度,成为一个以在场-不在场(l'absence-présence)为特征的处所——神、权力、半潜在半真实之物(mi-fictif mi-réel)、崇高的思想——的量度。与之类似,地下深度是一种反向的(inverse)垂直度"。[111]这里的垂直性,也就是超出常人之间水平关系的大写的我-你神性关系。列斐伏尔说,有如纪念碑和凯旋门一类的城市建筑物,"纪念碑状的**雄浑壮丽**扩散着、辐射着,浓缩起来、集中起来。一个纪念碑远远超出自身,超出其外观(假设它有一个外观)和内部空间。一般来说,高度和深度是雄浑壮丽的一部分,即充溢着其物质边界的空间的一部分"。[112]

法国古城中的凯旋门(张异宾摄,2011 年)

纪念碑的物性存在,散发着一种无形的垂直度关系,它通过历史性的关联将日常生活超拔为有意义的关系场境存在。在这个意义上,纪念碑就是一种无形的乌托邦引导。当然,这只是一个比喻,因为纪念碑在传统社会场境中也是存在的,都市场境中的乌托邦,应该是指突现于差异性关系场境中的崇高性,有如"国际化大都市"规划、"人文之都"的设计,以及"硅谷""光谷""慢城"一类都市乌托邦引领。这种都市场境中的乌托邦,并不是遥远的不现实理想,而都是今天塑形和构序起来的超拔性社会空间场境。

依列斐伏尔的看法,他此处讨论的作为都市场的"都市空间**乃是**具体矛盾(Cet espace urbain *est* contradiction concrète)。研究都市的逻辑和形式属性也就是辩证地分析它的矛盾"。[113]这种具体矛盾关系与前述"农村-农业场"和"工业场"不同之处,就在于都市空间在关系场境上"超越了封闭的和开放的,间接地和直接的,近的和远的秩序",它要么迅速扩张,要么突然瓦解,"偶尔,它会掉转方向,用空虚和匮乏把自己包围起来",都市空间彻底脱离于凝固化的土地依存和重工业设施编码的总体性,它表现为无限多变的社会关系场境。

> 在多数情况下,它假定并主张世界上,实际上也是宇宙中**一切事物**的集中:大地的产物,工业的产品,人类的作品,对象和工具,行为和环境,符号和象征。这些表现在任何一个地方。任何事物都**可能**变成中心位置,汇集之地,特许之所,以至于每个都市空间内在地具有这种可能的不可能性(possible-impossible),它自身的否定,以至于每个都市空间过去、现在和将来都是集中之地,而且是**多中心**的。都市空间的这种形式引起和激发了集中与分散(cette concentration et cette dispersion)的进程:人群,庞大的积聚,撤离,突然倾泻而出。[114]

在都市空间场中,所有事物与现象都会因人群的集聚和分散而突显成都市关系中心,一个自然风景处、一种汽车或一件艺术品,甚至一种流行的行为和象征性的话语方式,都会突现为一个巨大的都市关系场境,成为possible-impossible(可能的不可能性),因而都市空间中会不断生成让人们"倾泄而出"的新的热点中心,瞬间,这些狂热的热潮又会烟消云散。都市场更多地表现为非物性的关系场境,它通过当下突现且解构的都市关系赋型物和人。所以,列斐伏尔说,

> 被视为场(champ)的都市不只是一个充斥着对象的空的空间(espace vide rempli d'objets)。如果视而不见的话,它便不会出现,仅仅因为我们不可能看到这些对象而且空间显现为空的。不,都市是一个极其复杂的充满张力的场(champ),一种潜在(virtualité),一种可能的不可能性(possible-impossible),吸引了那种已完成的、某种曾更新的且一直苛求的在场-不在场(présence-absence)。[115]

这些话,我们将在《空间的生产》一书的开头读到,只是它们已经在用来表

述对社会空间的定义。列斐伏尔再次强调，都市场不是放置对象的空场，它是一个由极其复杂的充满张力的关系场境构成的全新社会空间，在都市空间中，一切都会成为 possible-impossible（可能的不可能性）和 présence-absence（在场的不在场）。他说，之所以人们对都市场视而不见，是因为人们眼中只有"前工业化时代的对象和产品以及工业活动和技术"，从而遮蔽了这种无形的都市关系空间，特别容易发生的事情，是人们看不到工业场与都市场的"不连续性"（discontinuités）。

六、都市问题式研究的方法论和元哲学

可以感觉得到，列斐伏尔关于都市问题式和盲场的讨论，是这本书中最形而上学的内容。都市空间不是里面放置了不同建筑物和街道的物理空间，这种不断突现和爆燃出来的新型关系场境空间是一种**不在场的在场性**。也是在这里，列斐伏尔重申要更新观察社会历史现象时的方法，以重塑他曾经心心念念的元哲学，然而，这种新的"元哲学"构序已经开始偏离原先的人本主义逻辑话语。

第一个方面是方法论层面，他提出对于都市空间场，我们还必须启用**复杂化**（complexification）概念和更新过的**描述的方法**（méthodes descriptives）。一是复杂化概念缘于复杂性科学的思考，它会让我们透视都市空间中社会关系的复杂性，不同于笛卡尔那种"原始简单性的图式和经由简单要素组合而成的复杂性"，新的复杂化透视会让我们知道，

> 每种现实（réalité）都包含着可以通过分析来揭示的"要素"。这些现实有其内在构序（ordre interne，它的连续性与一致性），但呈现给我们的却是处于某种祛序（désordre）状态，即屈从于过剩的信息（诸如构序的重复、分组的重复，后者预先地由互不相关的单元或分类的要素组成）。因为，**信息**（*information*）能够带来某种令人惊讶的要素和不断增加的多样性，一种来自新的可理解形式的**祛序**（désordre），一种新的冗余，一种不同且更复杂的他性瞬间构序（autre ordre momentané）[116]。[117]

依我的理解,列斐伏尔这里所谓的复杂化概念,完全是从复杂性科学[118]的理论构境中来讨论都市空间的本质,即都市场中的社会关系场境更多地是由不可直观的信息 ordre(构序) 和 désordre(祛序) 构成的,都市场境的突现和消散,取决于不同的都市现实中的 ordre interne(内在构序),而不是外部建筑和设施物性实在的塑形和赋型(formation)。同样的建筑物和物性空间,会由于内部赋型 information(信息)构序的不同,而生成 autre ordre momentané(他性瞬间构序),导致都市场关系场境的格式塔转换。当然,这里发生的信息构序及转换是由人的活动关系场境生成的,这存在着一个建筑结构-空间句法-主体势能功用的多重复杂信息整合与改变的过程。最简单的例子,有如一个古旧的工业厂房,从物质生产的整体祛序和重新商业化构序进程中,转换为餐饮实体或艺术空间。在南京,坐落于湖南路商业街上的南京等分电机厂改建为著名的"狮王府",原先的办公室和大开间厂房成了豪华的包间和餐饮大厅,最有趣的是,原来的一些车间主任和工人老师傅竟然摇身一变为笑容可掬的老门童。除此之外,南京还有在晨光机械厂旧址上改建的"1865 年创意空间"。当然,也有不同时代建筑物的并置空间,列斐伏尔就曾经这样谈及今天巴黎都市空间中的差异性空间表象:"在巴黎街头,中世纪的府邸把自己从周围的'现代性'上扯下来,在时间上维持着它的距离。从罗马遗址到银行,并置的建筑在空间中再生产了历史的各个年代和时代的演替。过去被写在了石头的伤口里面。"[119]

二是面对都市现象的描述性方法。依列斐伏尔的解释,他所说的描述方法不同于流行于世的"生态学描述"(L'oecologie décrit)和"现象学描述"(la description phénoménologique),因为,这些描述无法真正透视都市空间中发生的复杂社会关系(rapports sociaux)。然而,列斐伏尔并没有具体说明这两种描述方法的问题。

> 这些社会关系包括生产和交换关系以及市场关系(rapports de production et d'échange, le marché,虽然我们真正要讨论的是市场)。这些关系既是易懂的也是难懂的,既是可见的又是不可见的(visibles et non visibles)。它们被投射到各种场所的景观中:市场、股票与商品交易、劳动交换,等等。它们的投射(projection)能使我们识别(repérer)那些联系,却无法掌握它们。一旦它们在此层面上被掌握,都市现实便呈现出一种不同的外表。

它变成了各种市场总和与聚集中心（somme et siège de multiples marchés）：农产品市场（地方的、区域的与国家的）、工业产品市场（就地或在周边领地上接收、生产、分配工业产品）、资本市场、劳动力市场、房屋出租市场、土地开发市场还有艺术品市场和知识、符号与象征物（signes et symboles）的市场。[120]

　　我以为，这可能会是列斐伏尔在此书中关于都市场或者都市问题式最重要的分析。因为，他已经在将当代资本主义都市化实践建构起来的社会空间本质，直接与马克思的狭义历史唯物主义联系起来了。在他的眼里，都市场中最重要的东西，并非是不动产的土地和可见的机器、厂房，而是"包括生产和交换关系以及市场关系"赋型，他要求我们摆脱那种对人与物的实体性观察，而关注资本主义商品-市场经济中出现的那些可见与不可见（visibles et non visibles）的功能性活动关系投射，这样，都市化社会空间的本质就被规定为不同交换市场的复杂关系场境整合，这就是都市场特有的突现出来的聚合中心和总和（somme et siège）。然而，列斐伏尔应该想到，除去符号和象征物（signes et symboles）的交换市场，其他交换市场的关系场境已经出现在他所历史性划分的工业场中。在后面的讨论中，列斐伏尔更加深入地理解马克思揭露的资本主义经济物相化中发生的社会关系场境都是以事物化颠倒为前提的。也就是说，所有这些交换市场中呈现的经济现象都是一种颠倒的物像关系。也是在这个意义上，列斐伏尔说，"都市现象和都市空间并不仅仅是**社会关系的一种投射**（projection des rapports sociaux），而且是发生着**各种战略冲突的场所**（lieu et terrain où des stratégies s'affrontent）"。[121]这是说，都市关系场境中的社会关系投射，往往内嵌着不同的意识形态赋型战略。这是都市空间的政治本质。也由此，列斐伏尔指认都市空间具有某种**拓扑学的特征**（propriétés topologiques）。显然，列斐伏尔在不断强化自己在《阿尔都塞的悖论》一文中提出的社会拓扑学观念。[122]根据拓扑学的非线性流变分析，列斐伏尔会在都市空间中发现复杂社会关系场境的"**纵聚合的**（paradigmatique），一个对立方的集合或体系，以及**横组合的**（syntagmatique），一个序列（或路径）"。[123]这是指社会空间中从国家生产方式、地方区域再到个人活动关系的上下拓扑集合，以及国与国、区域之间到人与人日常生活中的横向拓扑结构。也是在这里，列斐伏尔提及自己将写作一本新书，"这部著作一定不是泛泛地探究都市现象,而是致力于空间的分析和政治学(l'analytique et à la poli-tique de l'espace),致力于都市的拓扑学(topologie urbaine)"。[124]我猜测,这应该就是不久后的《空间的生产》,在那里,列斐伏尔已经想好要从具象的都市现象上升到一般空间问题的哲学思考中,这将是一种空间政治的理论构序。

三是列斐伏尔还专门对比性地提及自己曾经工作过的法国都市社会学研究(Institut de Sociologie urbain),特别是那里实际发生的实证研究方法。这是列斐伏尔在这里所批判的方法。因为在这种实证研究中,"都市现象分解成不同的因子、指标和指数",

> 它开始于宏观信息(每英亩土地上的居民数、建筑物的年头等等),然后慢慢移向越来越多的细节(生育率、合格劳动力的受教育程度等等)。被确认的指标数达到 333 个。虽然越来越出色的分解也已经被尝试过了,但分析仍停留在这种任意的数字上。在把数目简化为大约 40 种最典型的指数之后,数据组变得难以处理,甚至在计算机上也是如此。围绕着整个社会实践领域,都市现象被呈现为一个整体的(甚或一个**总体**)现实。[125]

有趣的是,这正是列斐伏尔自己在现实中作为"谋生手段"所使用的方法。他明确认识到,依这种方式获得的都市研究结果,必然是"还原论的和局部的实践(pratique réductrice et partielle)",伴随着每一次的数据处理的步履蹒跚,每一次科学还原的前进,"一种意识形态的典范(exemple de ces idéologies)油然而生"。[126]这里不自觉地发生的事情,就是看不见的资产阶级**空间政治**(La poli-tique de l'espace)。这个 La politique de l'espace(空间政治)显然是一个新概念。它直通不久后的《空间与政治》。这种资产阶级的都市 idéologies(意识形态),是"通过强力的同质化牢牢抓紧任何现存事物,此同质化乃是一种空间的政治,一种压制象征物、信息与游戏的严格规划形式"。[127]依列斐伏尔的观点,这里的"象征物、信息与游戏",都是有可能转导空间异质性的构序因素,而资产阶级的空间政治则是压制一切破坏同质性的努力。列斐伏尔分析说,"空间政治只将空间视为同质化与空洞的中介(milieu homogène et vide),在其中我们安置物品、人、机器、工业设备、流通与网络。这种表象建基于一种受限合理性的逻辑学之上,并促发了一种通过还原从而摧毁都市和'栖居'的**差异空间**(espaces *différentiels*)的战略"。[128]这里的意思是说,在看起来客观中立的都市社会学实证研究中,当上述不可见的复杂关系场境空间被还原为物品、居民、建筑物的数据以及各种生育、受教育和就业的数据时,都市场就会被设置为一种可以放置客体的同质化的空场,这里,无形中发生的就是带有资产阶级意识形态的政治逻辑构式。这恰恰是遮蔽差异空间(espaces différentiels)中社会关系生产与再生产中的空间政治战略。

四是列斐伏尔提醒我们,要想捕捉到都市问题式的场境存在,还需要掌握一种新的复杂话语逻辑。因为,城市与都市现象不能被归结为"**孤立的符号和意义体系**(système de signes et de significations)",而会是呈现不同社会关系空间生产中"在多个层面上的话语体系",这个多重构境的复杂话语编码体系,正是上述都市空间中发生的多重现实实践关系的观念呈现。比如,

> 它们包括日常生活的模型[物品与产品、交换与使用的符号、商品的调集与市场、**栖居**以及"定居"(*l'habiter* et de «*l'habitat*»)的符号与意义],作为整体的都市社会的模型[权力、力量(pouvoir, puissance),以及作为整体或分别加以考究的文化的符号学],特殊化的都市空间−时间(城市的标示性特征的、它的风景和外观的、它的居民的符号学)的模型。[129]

这是说,研究都市问题式必须从不同层面的社会关系符码表征整合性地入手,不仅要用政治和意识形态权力和力量关系的话语去描述都市空间,也要从日常生活中更基始的交换、生活起居关系中的符码和意义体系研判着手,甚至特定城市和都市文化的外部象征符码,也会生成捕捉都市问题式的话语研究抓手。总之,"都市现象作为一个**整体性现实**,迫切需要人们把那些零碎的知识片断汇总起来"。[130]这是对的。

第二个方面,列斐伏尔认为,如果我们想真正透视都市问题式这样复杂的场境存在,除去方法论上的自觉,还必须确立一种脱离旧哲学的**元哲学**(*métaphilosophie*)。对列斐伏尔而言,这是他1965年已经提出的理论任务。然而,这种métaphilosophie(元哲学),似乎已经不完全等同于他自己在1965年写下的那个以诗性创制(poièsis)为核心话语编码的"元哲学"了。或者说,这里发生了一个列斐伏尔元哲学逻辑构序中的重要转换,即从人本主义的诗性构境转

向从现实出发的空间生产理论。我们知道,在希腊文的最初语境中,meta-既指在……之外或者之后,又指地点或者性质的改变。所以,列斐伏尔这里的"元哲学"是超越传统的意思。[131]在他看来,"元哲学是一种新的语境(nouveau context),在其中,理论与概念,即脱离其哲学语境的意指单位,呈现出某种别样的意义。而要对当前问题式的范围,即作为问题式的现实性有更清晰的认识,我们可以运用哲学思想——如果我们正在实现从古典哲学到元哲学的转变"。[132]元哲学是一种新的思考方式和话语语境,它象征着从古典哲学范式向元哲学的转变。需要提醒的方面是,我们在列斐伏尔上述关于城市历史发展进程的描述和都市问题式的讨论中,竟然很少看见那个诗性创制(poièsis)为核心的**人本主义话语**的身影。实际上,这正是列斐伏尔身不由己在被历史唯物主义所吸引的例证。当他从客观的历史现实出发去讨论不同的城市赋型和社会空间场境的历史发生时,总会"忘记"抽象"总体人"的批判原则、本真性的需要存在论和诗性创制的异化逻辑构式。因为,人本学的话语在面对历史时,总是苍白无力的。不过在métaphilosophie(元哲学)的层面上,列斐伏尔必然要再一次重提一种被改变了的人本主义。

一是他明确声明,这种元哲学绝不是简单地回到旧式的人本主义话语,"我们的目标并不是重建已经衰落的人本主义(humanisme),自从马克思与尼采以来人本主义已经退避三舍,屈从于对它们的严厉的理论批判"。[133]这说明,列斐伏尔也已经意识到传统人本主义逻辑的历史局限性。这是一个了不起的进步。我认为,在这本书中出现了列斐伏尔思想发展中的一个重要的非连续性环节:这是一种从现实都市社会出发的客观逻辑,这已经异质于从理想化的抽象人本主义(humanisme abstrait)出发的主观构序逻辑。他甚至认识到,这种抽象的人本主义是与资产阶级的古典的自由主义相对应。关于这一点,麦里弗尔德也敏锐地关注到了。他认为,此时的列斐伏尔已经"不仅仅是人本主义、黑格尔主义的马克思主义了;他变成了一个都市马克思主义者和激进的城市地理学家"。[134]当然这是不够准确的描述。我觉得,实质上逐步摆脱了人本主义话语的列斐伏尔不是成为一个城市地理学家,而是回到方法论上的历史唯物主义,虽然他还假装穿着人学的外衣,因为,他仍然在假想,批判"都市社会是否可以促成一种新人本主义(nouvel humanisme)的发展"。[135]也是在这里,我注意到列斐伏尔提出了一个关于人的本质理解的重要方法论辨识。他说,依据马克思的观点，"'人'的'本质'不可能在孤立的个人(l'individu isolé)之内找到，而是由一系列关系或具体的（实践的）社会关系所构成[mais consiste en un ensemble de relations ou de rapports sociaux concrets(pratiques)]。一般的大写的人(l'Homme générique，总体而言)仅仅是一种抽象(abstraction)"。[136]应该说，这是列斐伏尔十分重要的一个方法论自省。他已经意识到，马克思在《关于费尔巴哈的提纲》中批判了人本主义的抽象本质，因为，人的本质，在其现实性上，是由一系列具体的历史性社会实践关系所构成。这是一个了不起的科学看法。遗憾的是，这一正确的方法论内省，仍然服务于列斐伏尔建构的"新人本主义"。在他看来，这种新人本主义是一种"充分发展的（从而是朝向总体性迈进的）、具体的人本主义(l'humanisme concret)"。如果说，"人本主义的第一阶段与人类的想象相对应，这是一种由哲学所呈现与代表的抽象的规划。第二阶段与人们对目标、意义之存在的觉醒相对应。而在第三个阶段，完满（已完成的，相对性的，但'总体的'）的概念与意志得到了发展"。[137]虽然这里的"想象""觉醒"和"概念和意志"的描述，带有抽象的色彩，但这倒有一点历史认识论的意味。可以感觉得到，列斐伏尔这里提出的 humanisme concret(具体的人本主义)，在形式上十分接近布洛赫的具体乌托邦观念，他们都是试图找到一种超越旧人本主义的道路。

二是元哲学应该作为一种"弃绝任何形式的教条主义"、拒斥任何形式"目的论(finalisme)"的"激进的批判"(critique radicale)，它的基础是一种排除了先验目的预设的**历史生成论**(le devenir historique)，因为，在这里已经"没有什么被预制的目标，因而也就没有什么已经由神或因其之名所实现的目标，没有由某种理念或绝对精神所实现的目标。没有什么可以作为(已经是真实的)对象而设定的目标"。[138]这是对历史目的论话语编码的彻底否定。这个 le devenir historique(历史生成论)，正是不久前列斐伏尔在《马克思〈资本论〉中的形式、功能与结构》一文中重点讨论和获得的新观点。[139]我也不能肯定，这里列斐伏尔反对历史目的论的观点，是不是受到阿尔都塞和福柯的影响，因为阿尔都塞在《保卫马克思》(1965)、福柯在《认知考古学》(1969)中都批判了历史目的论。这样，也必然会造成先验人本主义逻辑前提的解构。因为，在历史生成论中，所有具体的目的都被实际的"生成和行动"(l'action et du devenir)取代了。

没有什么综合(synthèse)可以预先被实现。没有什么原初的与最终的总体性（totalité originelle et finale），相比较而言，任何相对的情境、行动和瞬间（toute situation et tout acte et tout moment）都是被异化－异化着的（alienated-alienating）。另一方面，不存在任何与迫切需要、意志和总体的观念相矛盾的东西，也不存在任何封闭地平线（ferme l'horizon）的东西，除了这种异化着的－被异化的（alienating-alienated）态度，后者声称是一种例外的存在，理论，实践，一种**物**。[140]

这是一段非常重要的表述。在此，列斐伏尔几乎达到了一种**方法论自觉**的层面。他明确证伪了康德式的先天综合判断，也拒绝了青年卢卡奇那种原初的逻辑总体性，而将正在客观发生的社会生活中的所有情境、行动和瞬间（toute situation et tout acte et tout moment）的异化，只是看作现实历史实践构序所生成的现实，而不是某种应该存在的先验状态的异化。列斐伏尔说，他的元哲学"不再声称提供目的、综合与总体性（apporter la finalité，lasynthèse，la totalité）"，而只是指出"一条道路，一个方向"。这是一个事实求是的态度。列斐伏尔说，在拒绝目的论的基础之上，元哲学又"增加了对还原论和碎片化科学这些已经被专业化和体制化的理论的激进批判"。[141]并且，元哲学最终仍然要回落到微观的日常生活批判上来。他概括地说，"这个时代导致了一种**日常性**（quotidienneté）的构成，即一种复杂精密地剥削和小心周密地控制着的受动的社会环境。**日常性**不存在于'城市'本身之中，而是存在并贯穿于广泛的分离之中：活动与生活的瞬间（moments）的分离"。[142]这是我们已经非常熟悉的东西。日常生活的批判将通过对物化的日常性结构的"战略性控诉"，通过总体性展示如何生活，彻底改变现实社会生活。

三是元哲学将以实现存在的总体性（totalité）为目的。在这一点上，列斐伏尔的总体性显然已经超出《辩证唯物主义》，因为，这种总体性不再是简单地诠释青年马克思在《1844年手稿》中的某种理论设想，而开始意指现实社会的解放实践。列斐伏尔认为，

那么总体性是什么呢？辩证地说，它就是此地此时的现在在场。它又是不在场。它存在于每个人的活动之中，也可能存在于自然界之中，一切瞬间（moments）都包含于其中：工作与游戏、知识与回应、努力与享乐、快乐与悲

伤(travail et jeu, connaissance et repos, effort et jouissance, joie et douleur)。但这些瞬间需要被"对象化"到现实与社会之中。它们也需要某种阐发形式。在此意义上，总体性接近于鲜活的直接性和视域(immédiateté vécue et horizon)，但它也与此有所不同。[143]

不同于青年卢卡奇的原初的逻辑总体性，列斐伏尔的总体性是一种社会生活中此时此地的在场-不在场辩证运动。在一定的意义上，这似乎是对萨特"总体化运动"的改造。总体性存在于每个人的活动之中，它实现于所有与现实抗争的努力之中，对现实的一切新的需要瞬间都对象化为具体的社会生活改变。这也是列斐伏尔所试图建立的具体的人本主义的新方向。

七、对资本主义都市问题式的批判战略

在这种新的元哲学视域之中，我们再来看列斐伏尔"具体人本主义"的都市批判战略。显然，这里"元哲学"构境中的具体人本主义已经是从社会现实出发的客观观察了。第一，**国家干预主义在都市实践中的新表现**。列斐伏尔认为，"今天资本主义国家在使用两个基本战略：**新自由主义**(它可以使那些私人企业以及与都市规划相关的开发商和银行家们的创造性发挥到极致)以及**新干预主义**(néo-dirigisme)，后者强调(至少表面上如此)都市范围内的计划，鼓动专业技术人员与技术官僚的干预，以及国家资本主义的干预"。[144]这是一个基本准确的重要现实判断。这里列斐伏尔突出了两个"新"：新自由主义是对20世纪罗斯福"新政"和凯恩斯革命之后国家垄断资本主义的"逆反"，这种对市场和金融货币宽松的凸显，表达了资本不可压制的本能市场冲动；而新干预主义则是将国家对经济市场的直接干涉，软化为社会空间中的都市关系赋型和布展。这是一个很新的观点。需要提醒的是，列斐伏尔这里所指出的资产阶级国家干预中资本在都市空间中的政治布展，很深地涉及一个重大理论问题，即当代资本主义的"垂而不死"的问题，其中，经济学中的**国家干预主义**是学术界已经普遍关注的方面，而**资本的空间布展**则是列斐伏尔自己的原创性思考，这将成为之后《资本主义的幸存》一书的主题。在此，列斐伏尔着重思考的方面显然是"新干预主义"在都市空间中的政治战略。列斐伏尔认为,在新的都市实践构序中,既发挥了资本家在都市空间布展中的积极性,也实现了技术官僚和国家资本主义对都市规划的干预。他说,落实到资本主义的都市化实践中,其核心就是"资本市场和空间政治"(marché des capitaux,politique de l'espace)的结合。如果为资本主义的都市社会描绘一个共时性的结构图,可以区分为国家层面的**整体性**(global)层次、**混合性**(mixte)一般社会生活层次,以及关涉人们居住的**私人性**(privat)层次。

具体说,一是在社会整体性(global)层次上,体现资产阶级整体意志的垄断国家,"作为掌握着权力的意志,是与政治战略或各种战略密切相关的",并且,"拥有意识形态上正当性的政治空间的概念(conception politique idéologiquement justifiée de l'espace)"。显然,这是一种阶级逻辑构式。

> 社会的(政治的)与精神的(逻辑的与战略的)这个整体层次同时把自身设计为建筑物领域的一部分:楼舍、纪念碑、大范围的都市设计、新城镇。它也把自己筹划成为非建筑物(non bâti)领域的一部分:道路与公路、普通的交通与运输组织、都市组织与中立性空间、"自然保护区"。这是一个与我所称之为**制度化的空间**(l'espace institutionnel)相关的层次(还有其必然结果,即制度化的都市设计)。[145]

可以看到,与此时学术普遍关注的国家对经济活动的"计划"和"补贴"等直接干预不同,列斐伏尔这里聚焦的国家干预,是凸显了国家资本在都市实践中的支配性构序作用。当然,这并不是指国家组织的都市设计和基础设施建设,而是通过建筑物和道路一类设施实现统治阶级的意识形态关系投射,由此生成都市社会整体层面上的制度化空间(l'espace institutionnel)。比如,一个拥有海岸线国家的沿海发展战略,或能源生产大国的资本能源空间战略。二是在城市层面上的混合性(mixte)空间政治战略。这是指布展于城市建筑群中的"某种与位置(直接的周围环境)和情境(situation,远距离的周围环境、整体状况)的关系。这个特别的都市集合体(ensemble spécifiquement urbain)给予社会'实在'或团体某种特有的统一性:形式-功能-结构(formes-fonctions-structures)"。[146]这当然也不是指具体的建筑物,而是渗透到直接环境和远距离情境中的势能关系赋型,这些势能关系构序起社会生活中人与人之间的都市集合体。比如,华盛顿的政治首都空间与巴尔的摩的经济通港空间。三是私人性(privat)的都市生活层面。它主要表现个人居住的建筑设施,这"包括大的公寓建筑、可大可小的私人住所、露营街道、棚户区"等,列斐伏尔认为,在资产阶级的都市实践中,功能性的定居(l'habitat)取代了传统的栖居(l'habiter),它把诗意的栖居(海德格尔)变成了"一种简化的功能,把'人类'局限于少数的基本活动上:吃、睡和再生产"。在那些定制和功能化的公寓大楼中,"定居由上而下地被压制为同质性的整体与量化空间(espace global homogène et quantitatif),这迫使它变成了自闭于盒子、笼子或'居住机器'(machines à habiter)之中的'生活体验'"。[147]当然,这是指资本主义社会中生活在底层的劳动阶级的劳动力再生产中的定居,这种同质性的整体与量化空间,自然异质于资产阶级的"富人区"(比如"独栋住宅")的栖居生活。也是在这里,列斐伏尔指认,在资本主义的都市空间中仍然存在着异化,"都市异化(L'aliénation urbaine)包括所有其他形式的异化并将其永恒化。在都市异化中并通过都市异化,隔离(ségrégation)变得司空见惯:阶级的、邻里间的、职业的、年龄的、种族的、性别的,等等。人群与孤独并存"。[148]公寓盒子中的穷人与独立别墅中的富人相隔离,白人与有色人种相隔离,同一幢大楼里的人们之间不再是亲近的邻里,而是每天同一个上下电梯中的贴身而立却不相识的异化情境中的陌生人。

第二,都市空间创造出资本主义颠倒世界的新形式。这是一个十分深刻的指认。在列斐伏尔看来,"马克思的著作(主要是《资本论》但也包括其哲学的与政治学的著作)"中,已经将资本主义社会揭露为一个"**颠倒的世界**"(monde à l'envers),在那里,资本家和食利者(金融资本与土地所有者)作为"中间人取代生产者(工人)与创造者(艺术家、发明家、知识与思想的生产者),他们通过占有创造者的活动成果而置承担着创造风险的那些人于贫困之中,以此为代价实现自我富足"。[149]这里的"艺术家、发明家、知识与思想的生产者",显然是列斐伏尔自己的"私货",因为马克思并没有肯定工人以外的这些"生产性劳动"。这是说,在资本主义社会中,明明是劳动者创造财富养活了资本家,但资本家却通过雇佣关系的剥削,无偿占有了劳动者的剩余价值,这是最大的社会关系颠倒。这里,"结果表现为原因,目的变成了手段,而手段变成了目的"。[150]列斐伏尔声称,他的都市空间批判理论,"已经为这种关于颠倒世界的理论增加了一点儿新要素,这便强化了颠覆这个世界的使命,并通过将规划的都市革命补充于马克思主义关于在工业组织体系中进行革命的理想之上而使其完整"。[151]这也意味着,列斐伏尔自觉地将自己关于都市空间的讨论,历史性地视作马克思对处于工业场中的资本主义批判的延续,变革都市空间关系场境的革命,也会是马克思原先社会革命理论的新发展。遗憾的是,列斐伏尔并没有具体讨论这个作为全书主标题的"都市革命"的内容。

列斐伏尔说,与农耕时代的神话、工业时代的城市意识形态和乌托邦不同,资本主义新兴的

> 都市在地平线上若隐若现,它是形和光(forme et lumière,一种启发式的虚拟),是一种不断发展的实践,是另一个自然或不同于原初自然的那个自然的发源地和基础。都市凭借被混合起来的再现生成,这种混合物在这种简要的分析面前会迅速分崩离析:神话和乌托邦,意识形态和科学。都市问题式(problématique urbaine)出现了。[152]

显然,列斐伏尔这里在隐喻式地借用马克思在《大纲》中的著名说法,即占统治地位的资本关系是"普照的光",而今天资本主义都市问题式的出现,生成了一种新的神话和意识形态编码。在列斐伏尔看来,正是都市问题式以一种全新的forme et lumière(形与光),粉饰着"这个到处充斥着金钱、矫情和奋不顾身的狡诈的普遍交换的地方"。这个都市问题式,列斐伏尔前面已经做了大量的讨论。

第三,都市问题式生成了一种社会关系网络支配中的都市范式(paradigmatique)。这可以视作都市关系"网络的并置与重叠、网络的聚合和统一,在这些网络中,有些是在土地上建立起来的,有些是基于工业,其他的则内在于都市构造的其他中心"。[153]在此,前面分析过的在空间场境存在中的三个层次,乡村空间场、工业空间场以及都市空间场,它们相互重叠、相互渗透、相互吸收,但都市 paradigmatique(范式)是决定性的构序因素。这个范式,显然不是库恩所指认的主观科学理论范式,而是客观的社会关系构式。列斐伏尔说,都市空间显著地不同于凝固化的乡村空间和同质性的工业空间,因为,都市空间是差异性的关系布展,它的"空间结构是历史的结果(le résultat d'une histoire),我们必须将其视为社会'代理'或'活动者'的作品,视为不断实施推动的集体'主体'的成果。它

们间断性地、相对地释放和塑造出空间的层次"。[154]在一定的意义上，都市空间在实体的层面上越来越表现为空无。这也是列斐伏尔前面描述为"盲场"的特殊关系场境。列斐伏尔说，都市关系场境生成的

> 空无(vide，一个处所)极具吸引力，它有这种意味和结果。事实上，任何事情都可以在任何地方发生，人群可以集合起来，物品可以堆积起来，节日可以展开，某一事件——恐怖的或者快乐的——可以发生，这就是都市空间何以那样迷人的原因：集中总是可能的。与此同时，这个空间可以自我清空，清除其他内容变成一个纯粹匮乏的或权力的场所。[155]

都市实践场是人、事物和事件聚合和突现场境的差异化结果，所以都市空间并不锚定于固定的物性场所，一个都市场境因集中而生，也会自我清空而生成权力的场所，它突然而至却悄然消逝，这使差异性的都市空间获得了迷人的吸引力。列斐伏尔认为，都市空间的本质是一种空间构序的流动化(mobilisation)，一种暂时被管控的构境空间，这一突现的都市空间随即变成"多功能的、多价的、超功能的(multifonctionnel, polyvalent, transfonctionnel)，伴随着连续不断的功能转换，在那里，群体掌控着就要摧毁的空间以便表达他们的行动与构想"。[156]在此，他列举了加拿大蒙特利尔城的1967年世界博览会，在此时，"被情境化塑造的空间，即被群体活动塑造的空间，是大型的展览空间，特别是在蒙特利尔的城市，一个稍纵即逝的城市从某个被改变的位置中产生"。[157]这是说，世博会这个都市化实践场境，并非蒙特利尔城市空间固有的，它是伴随着一种群体活动无中生有的流动化空间构境。

也是在这里，列斐伏尔专门在注释中说明了自己在不久前出版的《城市权利》(Le Droit à la ville)[158]一书中已经提出的观点。他说，《城市权利》已经说明了城市的关系本质："一是(空间的)客体[objet(spatial)]；二是(近端和远程构序的)(entre l'ordre proche et l'ordre lointain)中介；三是(与艺术作品相类似的由群体塑造的)作品"。[159]意思是说，在《城市权利》一书中，他已经透视出城市作为空间性的客体，本质上是一种由不同力量关系构序出来的中介性场境，就像舞蹈等表演塑形的美境一样，它是一种群体活动塑形起来的无形社会空间。在城市空间的表现形式中，看不见的"权力决策和行动"将三者结合起来，就会走

向都市化实践。并且,列斐伏尔还进一步提出了下述应该得到深入研究的理论要点:空间句法的"树状图(l'arbre)"通过严格的规定性结构,提供了先定的空间路径;这种结构既是观念的也是社会的;这种空间结构"向地面投射了一个官僚(等级制)的社会概念〔projette sur le terrain une conception bureaucratique (hiérarchique) de la société〕";这种空间结构"以科学性遮盖了意识形态"(que sascientincité dissimule une idéologie);这个空间图式(schéma)是都市现实的简化;最后,这种空间结构正是资产阶级都市规划构序的典范。[160]列斐伏尔特别交待说,这些重要问题都将是自己的新书《都市空间理论》(Théorie de l'espace ur-bain)需要进一步探究的主题。然而,我们并没有在他后来正式出版的作品找到这本 Théorie de l'espace urbain。我推测,这本新书应该就是后面更名为《空间的生产》的巨著。并且,这些直接关联于都市问题的思考,会上升成一种新的社会存在论。

第四,都市规划背后的**都市幻象**。在列斐伏尔看来,今天的资本主义都市化实践,正在生成一种虚假的都市幻象。他说,新生成的都市幻象,不同于抽象的哲学幻象和霸道的国家幻象,都市幻象以一种都市规划专家技术性的"都市生活方式",布展一种"新的总体性"(totalité nouvelle),然而,这种都市生活方式却呈现为一种当事人无意识的盲场(champs aveugles)。这里,我们再一次看到了盲场这个比喻。列斐伏尔说,当人们生活在都市关系场境之中时,

> 他们靠它过活,他们身处其中,但他们就是没有看到它,当然也就不能如其所是地把握它。他们完全心平气和地用表象取代空间、社会生活、各种社会群体及其实践关系。他们并不知道这些表象——也就是说他们所提供的逻辑与策略(les logiques et les stratégies)——来自何处或者它们意味着什么。而如果他们确实知道的话,那么他们的知识便是不可原谅的。他们的意识形态盖子(couverture idéologique)的破裂暴露出一具怪异的裸体。[161]

这是较难入境的一段表述。其实,列斐伏尔这里揭露了都市关系场境中出现的一种新型的**社会无意识**。就像马克思在《资本论》中所指认的资本主义经济当事人,"他们没有意识到这一点,但是他们这样做了(Sie wissen das nicht, aber sie thun es)"。[162]这是说,处于市场交换和无序竞争中的当事人,像木偶一样受到"看不见的手"("理性的狡计")的支配,但他们并不知道正是自己的生产和经济行为,无形中造成了这种社会总体上的客观运动规律(价值规律)。实际上,这样的事情也发生在列斐伏尔自己身上,他在对马克思思想的深入研究中,不经意间已经在按照历史唯物主义的原则面对社会生活,但他自己这样做了,却没有意识到这一点。在列斐伏尔这里,则是指认当资产阶级的都市规划者精心制定着城市建设规划以引导"都市生活方式"时,无形中却践行着一种都市幻象,他们身在其中,却并不能意识到内在支配性的意识形态盖子(couverture idéologique)。因为,看起来都市规划专家们在自主性地出谋划策,但他们并不是真正的决策者,他们不能理解,

> 空间,作为产物(produit),来自被某个活动集团(groupe agissant)所控制的生产关系。都市规划专家们似乎对如下这样一个事实毫无察觉或者有所误解:他们自身在生产关系中作为组织者和管理者的形象。他们使空间生效,却不能控制空间。他们服从于某种社会命令,这种命令并非任何直接给定的对象或任何给定的产物(商品),而是一个全球的客体(objet global),至高至尊的产物,交换的最终对象(ultime objet d'échange):空间。[163]

这极其深刻地分析了这种都市幻象的发生。表面看起来,一个都市规划是由都市规划专家制定的,但实际上,这种规划的表面构序只是代表了资产阶级集团利益的生产关系赋型的无形布展,这就出现了专家设计都市规划,并使其发挥实际效用,却永远不可能支配这种作为全球化交换对象的都市空间。列斐伏尔分析说,

> 他们局限于把空间切割成为方格与四方形。技术官僚们对他们头脑中与他们工作的观念中的所要进展的东西浑然不知,从而深深地误判了在他们的盲场中正在展开的(以及没有展开的)东西,最终,技术官僚们精密地组织起来一个**压迫性空间**(l'espace répressif)。对于这一切来说,他们具有清楚的意识。但他们对空间包含某种意识形态(idéologique)[更确切地说,一种**观念逻辑**(idéo-logique)]全然不知。他们对如下事实全然不知或装作不

知,即具有客观性外表(因为它是国家的一种功能并依赖于技术和知识)的都市生活方式是某个阶级的都市生活方式的形式,并包含着某个阶级的战略(stratégie de classe,某种特殊的逻辑)。[164]

都市规划专家们自以为是在"呵护和治疗一个患病的社会",可实际发生的事情却是,通过他们的规划设计,今天的都市空间正在成为资产阶级盘剥劳动阶级的压迫性空间。只不过,在一种他们自己也控制不了逻辑无意识构境中,"他们让逻辑与战略隐藏起来,并使战略表现为逻辑,从而使战略获得必要性的特征"。[165]在不久后完成的《空间与政治》一书中,列斐伏尔十分具体地描述了这种发生在规划设计专家和建筑学家那里的"全然不知"的逻辑无意识。[166]

第五,作为资产阶级获取剩余价值的空间的生产。列斐伏尔认为,正是在这种都市幻象中,人们看不到"空间不再仅仅是中立的媒介、地点或形式的总和(la somme des endroits où se forme),在那里剩余价值被创造、实现和分配。它变成了社会劳动的产物(produit du travail social),非常一般的生产对象,从而是剩余价值的赋型(formation de plus-value)。生产就是如此这般地在其新资本主义自身的框架(cadres euxmêmes du néo-capitalisme)之中变成社会性的"。[167]这是非常深刻的理论透视。也是在这里,我们可以看到列斐伏尔向马克思狭义历史唯物主义的靠近。都市空间,现在成了新资本主义框架中资本盘剥劳动者剩余价值的地方,今天资产阶级对整个世界的盘剥,并非仅仅发生在传统资本家工厂的物质生产中,也在新的都市空间关系场境中重新占有社会劳动的产物。"今天,空间作为整体,通过空间部分的购买、出售和交换,作为一个产品而进入了生产"。[168]这也就是都市空间的生产。在这里,空间的生产主要表现为"空间变成了各种功能(fonctions)得以实施的场所,其中最重要和最隐蔽的方面在于,它以各种时新的方式(façon nouvelle)构成、实现和分配整个社会的剩余价值(在资本主义生产方式的范围内使剩余价值普遍化)"。[169]这里的意思是说,如果说马克思的经济学研究重点关注了发生在工厂生产过程中工人劳动者创造的剩余价值,那么,今天的资本主义生产方式中的剩余价值生产则开始溢出工厂的厂房,并以智能劳动、服务劳动和其他新的方式,发生在劳作的车间之外,并且,都市空间成为资产阶级实现剩余价值的实现市场变卖和消费狂欢的场所。在列斐伏尔看来,这是由当代资本主义创造出来的"世界性与总体性的社会空间生产"

（la production globale et totale de l'espace social）。

也是在这里，列斐伏尔对都市空间的生产提出了一个重要的政治断言，即都市空间的生产是当代资本主义**幸存**的重要手段。他提出，

> 资本主义已然筋疲力尽。它在征服空间中——在微不足道的条款中，在不动产的投机、资本的规划（城市的里里外外）、空间的买卖中——发现了新的灵感。而这发生在全球规模上。这是（无法预见的）生产力社会化（la socialisation des forces productives）的道路，空间本身生产的道路。资本主义为保幸存（survie），首创了这种方式。这种策略一点一点地超越了简单的出售空间的范围。它不仅把空间纳入剩余价值的生产之中，而且试图将生产完全重组使其从属于信息与决策中心（centres d'information et de décision）。[170]

这也是在回答一种质疑，"帝国主义"真的是垂死的吗？在列斐伏尔看来，列宁在20世纪初的政治断言是对的，20世纪的资本主义生产方式在重重经济和社会危机中已是穷途末路，然而，今天的资产阶级除去广为人知的国家垄断资本主义对经济和市场的"干预主义"，同时还通过发现都市空间的生产，获得了谋取剩余价值的全新方式，这使得资本主义得以幸存。这也是他不久后写下《资本主义的幸存》一书逻辑缘起。

第六，**拜物教式的都市化物像**。列斐伏尔说，新的都市问题式内嵌着双重拜物教（double fétichisme）：一是所谓的**满足的拜物教**（*fétichisme de satisfaction*），这是指由消费意识形态制造出来的虚假欲望，在都市空间中实现的疯狂消费和满足，这种远离真实需要的欲望被不断制造出来，在存在论上，"满足"是资本家为了得到剩余价值所挖掘的无底深渊。这是他在《现代世界中的日常生活》一书提出的重要理论观点。二是**空间的拜物教**（*fétichisme de l'espace*）。列斐伏尔认为，今天资本主义社会的"空间是创造物。无论谁创造了空间，正是他们创造了充斥于空间中的所造物"。[171] 现在，空间创造物作为剩余价值实现的途径，成为了资本主义幸存下去的新方式。在此，列斐伏尔以"置业公司（投机活动与结构）在新资本主义社会（société néo-capitaliste）中所发挥的作用"为例。他说，"房地产作为第二部门，即与资本主义生产相并行的一个循环，它服务于非耐用

资产市场,或者至少那些并不比建筑物耐用的市场。这种第二部门起到了缓冲器的作用。它是如果萧条发生资本得以流通的地方,虽然巨大利润很快就会变得如涓涓细流"。[172]这是一个深刻的观点。依他之见,今天的房地产业成为了与资本主义工业生产并行的"第二部门",它在资本主义遇到危机的时刻起到了吸收和释放资本的缓冲器的作用,甚至,"房地产投机能变成资本形成的主要来源,换言之,能成为剩余价值实现的主要来源"。[173]这是因为暴利的房地产,迅速集聚和盘剥了社会财富,这有可能是资本主义社会实现剩余价值的新途径。这是值得我们深究的新问题。后来戈特迪纳进一步概括说,也因为列斐伏尔所指认的这个资本主义的第二部门,开始逐步拥有"自己的银行和金融渠道、房地产代理、自有资产和市场",所以,"通过资本二次循环的参与,社会关系发生了变化。房地产是在商品资本主义制度内获取财富的一种独立资源"。[174]这有一定的道理。

第七,**都市问题式**是一个重要的思想逻辑裂变,它标志着列斐伏尔通过反思具象的城市研究(实证科学中都市设计规划中的"都市主义")走向了历史唯物主义中的生产关系研究,这是《空间的生产》中主要观念缘起的秘密诞生地。我注意到,哈维也留心到了这一点,但是他恰恰反对列斐伏尔这种改变。他赞同列斐伏尔在《城市权利》中的观点,但是对于后者"逐渐演变成《空间的生产》(1974)的权利这样一个更为一般性的问题"表示了疑虑。[175]列斐伏尔明确指认,他对都市问题式的发现,类似于马克思在1845年实现的革命。这是一个有些膨胀的说法。假如在那里,马克思关于"有关工业现象的马克思主义与批判的(革命的)思想正在形成";而这里,他关于都市问题式——都市主义(urbanisme)的批判,正是对当代资本主义生产方式的最重要的批判。这一比喻虽然有些夸张,但其中却包含着需要我们深思的问题线索。那么,"什么是都市主义(l'urbanisme)?一种新资本主义社会的上层建筑(superstructure),一种'组织化的资本主义'(capitalisme d'organisation)的形式,它与'组织化的资本'并非一回事。换言之,一个消费引导型官僚社会(*société bureaucratique de consommation dirigée*)"。[176]都市生活方式被指认为新资本主义的上层建筑(superstructure),这里的上层建筑并非传统教科书体系中的那个政治、法律和意识形态,而直接就是总体性的组织化的资本主义(capitalisme d'organisation),它将马克思、列宁预测的在社会主义社会中出现的计划性生产和干预,整合于资本主义生产方式的构成之中，本质上，这种新资本主义也就是在社会空间中实现的消费型的官僚制社会。如前所述，在《现代世界中的日常生活》（1968）一书中，列斐伏尔最早提出了这一概念，它也被表述为"消费被控制的官僚社会"，逐渐被简化为**消费社会**。列斐伏尔的学生鲍德里亚以此为名写下著名的《消费社会》。

列斐伏尔认为，一是"都市问题式是世界性（mondiale）的"，它不是发生在一个国家或一个地区，资本主义的都市空间生产是全球性的。之后，他启用了**世界化**（mondialisation）的表述。在他看来，"都市社会只能被界定为全球性的。事实上，它通过重造自然（re-créant la nature）而笼罩了整个星球，后者已经被工业对自然资源（物质与"人类"）的掠夺所彻底摧毁，即被所谓自然特性之毁灭所摧毁"。[177]如果说，资本主义的工业生产和经济掠夺已经彻底摧毁了本有的自然，那么，都市空间生产则是通过重造自然（re-créant la nature）的社会空间生产和塑形，来使资本主义控制整个星球。在这个意义上，都市空间生产就会表现为资本世界历史进程中的一次新的胜利。二是资本主义的"都市现象深刻影响着生产方式：生产力、生产关系，以及它们之间的矛盾。在一个全新的平面上，它同时扩大和增强了生产性劳动的社会特征及其与所有者即生产资料私有者之间的冲突"。[178]这是一个与历史唯物主义逻辑的直接连接。列斐伏尔解释说，都市生产并没有根本解决工业资本主义内含的社会矛盾，而只是通过空间生产的方式缓解了对抗性，同时也在一个新层面上扩大和增强了这种矛盾。这是因为，从乡村走向工业以及从工业走向都市，"社会变得越来越**复杂化**。这个多方面的复杂化，既影响着空间也影响着时间"，由此，各种社会矛盾在新的社会空间中得以布展和深化。三是在都市空间生产中，原来以栖居为本的具体空间被抽象的空间（espace abstrait）所替代。[179]在列斐伏尔看来，这种由资产阶级都市实践创造出来的抽象空间，"倾向于同质化（数量化、几何学化与逻辑化的空间）"，在这里，"空间被一连串的受干预决定的网络与关系所把持。一方面，其同质性与制度、一体化的战略以及系统化的逻辑相呼应；另一方面，其同质性又与其还原性与持续不断的简单化、表象化相呼应"。[180]这种抽象的同质性，与工业化的同质性是不同的。同时，都市空间也"倾向于实现一种独特的符码，一种绝对的体系，一种价值与交换价值的体系，一种逻辑的事物的体系和一种事物的逻辑的体系。与此同时，它充斥着次生体系、局部符码、信息与能指，它们无法变成统一程序的一部分，即空间以各种方式所规定的、预定的与铭记的东西"。[181]这是生成都市空间差异性的核心构序。这些极其重要的问题，都将在即将开始的《空间的生产》的重要思想实验中一一认真地思考。

注释

［1］Henri Lefebvre, *Le Droit à la ville*, Paris：Anthropos, 1968, p.5.

［2］Henri Lefebvre, *Du rural à l'urbain*. Paris：Anthropos, 1970.

［3］Henri Lefebvre, ' Perspectives de sociologie rurale'. *Cahiers internationaux de sociologie* XIV, 1953, p.126.中译文参见鲁宝译稿。

［4］Ibid., pp.134—135.中译文参见鲁宝译稿。

［5］Ibid., p.139.中译文参见鲁宝译稿。

［6］Henri Lefebvre, ' Le droit à la ville'. *L'Homme et la société* 6, 1967（October—December）, p.29.中译文参见鲁宝译稿。

［7］Ibid., p.31.中译文参见鲁宝译稿。

［8］Ibid.中译文参见鲁宝译稿。

［9］Ibid.中译文参见鲁宝译稿。

［10］［美］哈维:《叛逆的城市——从城市权利到都市革命》,叶齐茂等译,北京:商务印书馆 2014 年版,第 viii 页。

［11］Henri Lefebvre, ' Le droit à la ville'. *L'Homme et la société* 6, 1967（October—December）, p.34.中译文参见鲁宝译稿。

［12］Ibid., p.35.中译文参见鲁宝译稿。

［13］Ibid.中译文参见鲁宝译稿。

［14］Ibid., p.30.中译文参见鲁宝译稿。

［15］Henri Lefebvre, *Du rural à l'urbain*. Paris：Anthropos, 1970, p.161.中译文参见鲁宝译稿。

［16］Ibid., p.163.中译文参见鲁宝译稿。

［17］Ibid., p.166.中译文参见鲁宝译稿。

［18］Ibid.中译文参见鲁宝译稿。

［19］Ibid., pp.172—173.中译文参见鲁宝译稿。

［20］［法］列斐伏尔:《什么是现代性?》,李均译,载《现代性与空间的生产》,上海教育出版社 2003 年版,第 26 页。Henri Lefebvre, *Introduction à la modernité*：*Préludes*, Paris：Editions de Minuit, 1962, p.181。

［21］Henri Lefebvre, *Du rural à l'urbain*. Paris：Anthropos, 1970, pp.172—173.中译文参见鲁宝译稿。

［22］Ibid., p.178.中译文参见鲁宝译稿。

［23］Henri Lefebvre, *La révolution urbaine*, Paris：Gallimard, 1970.

　　[24]［法］列斐伏尔：《都市革命》，刘怀玉等译，首都师范大学出版社 2018 年版，第 7 页。

　　[25] 同上书，第 4 页。

　　[26] Henri Lefebvre, *Logique formelle*, *logique dialectique*, Vol. 1 of A la lumière du *matérialisme dialectique*. Paris：2e édition chez Anthropos en 1969, p.xxiii.

　　[27]［法］列斐伏尔：《都市革命》，刘怀玉等译，首都师范大学出版社 2018 年版，第 27 页。中译文有改动。参见 Henri Lefebvre, *La révolution urbaine*, Paris：Gallimard, 1970, p.35。

　　[28] 同上。

　　[29] 在《空间的生产》中，列斐伏尔反讽性地反驳了他人指责自己剽窃萨特方法的"错误"，因为他自己在早于萨特《辩证理性批判》(1960)的《远景》(1953)一文中就已经使用了这一方法，所以，如果他有"错误"，那将会是"两次"剽窃错误。列斐伏尔第一次陈述这一方法是在他的《国际社会学手册》中，后来在 1949 年的论文《乡村社会学问题》一文中对之进行了详细的阐述。并且，他明确说明了这一方法来自马克思，其实也就是我们熟悉的"人体是猴体解剖的钥匙"的历史分析法。实际上，萨特自己也公开承认了这一点。在《辩证理性批判》一书中，萨特在引述了列斐伏尔对回溯-前进法的三个步骤后说："是一个名叫亨利·列斐伏尔的马克思主义者想出来了一种在我看来简单而无可指责的方法，以便从唯物辩证法的角度把社会学和历史学融为一体。这段话值得全文引述。……这个文本如此清楚、如此丰富，我们相信只有这种方法以及它从现象学角度描述的句子和它回溯-前进的双重运动，适用于一切人类学的领域。"可是，"遗憾的是并没有在其他马克思主义知识分子中看到有人效仿列斐伏尔。"参见［法］萨特：《辩证理性批判》，林骧华、徐和瑾、陈伟丰译，合肥：安徽文艺出版社 1998 年版，第 47 页注。

　　[30] 马克思的原话为："人体解剖对于猴体解剖是一把钥匙（Die Anatomie des Menschen ist ein Schlüssel zur Anatomie des Affen）。反过来说，低等动物身上表露的高等动物的征兆，只有在高等动物本身已被认识之后才能理解。因此，资产阶级经济为古代经济等等提供了钥匙。"《马克思恩格斯全集》(第二版)第 30 卷，人民出版社 1995 年版，第 46—47 页。

　　[31]［法］列斐伏尔：《都市革命》，刘怀玉等译，首都师范大学出版社 2018 年版，第 28 页。中译文有改动。参见 Henri Lefebvre, *La révolution urbaine*, Paris：Gallimard, 1970, p.36。

　　[32] Ibid., pp.36—37.

　　[33]［法］列斐伏尔：《都市革命》，刘怀玉等译，首都师范大学出版社 2018 年版，第 28 页。

　　[34] 同上书，第 5 页。

　　[35] 同上书，第 4 页。

　　[36] 同上书，第 3 页。

　　[37] 同上书，第 5—6 页。

　　[38] Henri Lefebvre, 'Les paradoxes d'Althusser'. *L'Homme et la société* 13, 1969 (July—September), p.35.

　　[39]［法］列斐伏尔：《都市革命》，刘怀玉等译，首都师范大学出版社 2018 年版，第 6 页。

　　[40] 同上书，第 8 页。

［41］同上。

［42］同上书,第9页。

［43］同上书,第10页。中译文有改动。参见 Henri Lefebvre, *La révolution urbaine*, Paris: Gallimard, 1970, p.15。

［44］同上书,第10页。

［45］［法］列斐伏尔:《美学概论》,载《列斐伏尔文艺论文选》,柳鸣九等译,作家出版社 1965 年版,第79页。

［46］Luogo di stampa: Franckfurt, Anno: 1640.

［47］［法］列斐伏尔:《都市革命》,刘怀玉等译,首都师范大学出版社 2018 年版,第 11 页。

［48］［法］列斐伏尔:《美学概论》,载《列斐伏尔文艺论文选》,柳鸣九等译,作家出版社 1965 年版,第79页。

［49］这是青年福柯在60年代生成的一个重要的**反向存在论观念**,即通过指认一种在现实中真实存在的**他性物和非常事件**,来解构现实体制的合法性。这种他性存在被福柯命名为**异托邦**(hétérotopie),以区别于非现实的理想悬设物——**乌托邦**(l'utopie)。可参见拙著:《回到福柯——暴力性构序与生命治安的话语构境》,上海人民出版社 2016 年版,第 8 章第 4 节。

［50］［法］列斐伏尔:《都市革命》,刘怀玉等译,首都师范大学出版社 2018 年版,第 12 页。

［51］同上。

［52］同上书,第13页。

［53］同上书,第15页。

［54］同上。

［55］同上。

［56］同上书,第16页。

［57］同上。

［58］同上书,第16—17页。

［59］［法］列斐伏尔:《论国家》,李青宜译,重庆出版社 1988 年版,第 249 页。

［60］［法］列斐伏尔:《都市革命》,刘怀玉等译,首都师范大学出版社 2018 年版,第 17 页。

［61］同上书,第18页。

［62］Elden, Stuart. *Understanding Henri Lefebvre: Theory and the Possible*, Continuum, 2004, p.130.

［63］［法］列斐伏尔:《都市革命》,刘怀玉等译,首都师范大学出版社 2018 年版,第 18 页。

［64］同上书,第29页。

［65］同上。

［66］同上书,第20页。

［67］同上书，第 21 页。中译文有改动。参见 Henri Lefebvre, *La révolution urbaine*, Paris：Gallimard，1970，p.30。

［68］同上书，第 21 页。

［69］同上书，第 21—22 页。

［70］同上书，第 22 页。

［71］同上。

［72］［法］米歇尔·德塞托：《日常生活实践：（1）实践的艺术》，方琳琳译，南京大学出版社 2009 年版，第 174 页。

［73］［法］列斐伏尔：《都市革命》，刘怀玉等译，首都师范大学出版社 2018 年版，第 22 页。

［74］Henri Lefebvre, *Du rural à l'urbain*. Paris：Anthropos，1970，p.166.中译文参见鲁宝译稿。

［75］［法］列斐伏尔：《都市革命》，刘怀玉等译，首都师范大学出版社 2018 年版，第 24 页。

［76］同上。

［77］同上书，第 30 页。中译文有改动。参见 Henri Lefebvre, *La révolution urbaine*, Paris：Gallimard，1970，p.39。

［78］阿尔都塞的原话为："对黑格尔来说，精神就是已经变成存在的虚无，或者用他那罗曼蒂克式的语言来说，就是'已经变成为白天的黑夜'。这种黑夜在人之中就是普遍实现（in actu）：'人类就是这种黑夜，就是这种空洞的虚无'，一种被界定为在其存在中的非存在的空洞的无。'当我们用眼睛看人类的时候，我们看见了这个黑夜'"。［法］阿尔都塞：《黑格尔的幽灵——政治哲学论文集》，唐正东译，南京大学出版社 2005 年版，第 124 页。

［79］［法］列斐伏尔：《都市革命》，刘怀玉等译，首都师范大学出版社 2018 年版，第 32 页。

［80］同上。

［81］［法］列斐伏尔：《日常生活批判》（第 2 卷），叶齐茂等译，社会科学文献出版社 2018 年版，第 434—435 页。

［82］［法］列斐伏尔：《都市革命》，刘怀玉等译，首都师范大学出版社 2018 年版，第 34 页。

［83］同上书，第 33 页。

［84］同上。

［85］同上书，第 35 页。

［86］同上书，第 36 页。

［87］Henri Lefebvre，"Problèmes de Sociologie Rurale：La Communauté Paysanne et ses Problémes Historico-Sociologiques"，*Cahiers internationaux de Sociologie*，No.6（1949）：78—100.

［88］Ibid.，p.78.参见《马克思与列斐伏尔：第四届列斐伏尔哲学思想学术研讨会译文集》，上册，第 33 页。2023 年，南京大学。

［89］Ibid.，p.87.参见《马克思与列斐伏尔：第四届列斐伏尔哲学思想学术研讨会译文集》，上册，第 3 页。2023 年，南京大学。

［90］Henri Lefebvre，*Métaphilosophie*，Paris：Éditions de Minuit，1965，pp.28—29.中译文参见胡诗雨译稿。《马克思与列斐伏尔：第四届列斐伏尔哲学思想学术研讨会译文集》（上册），第 84 页。2023 年，南京大学。

［91］［法］列斐伏尔：《都市革命》，刘怀玉等译，首都师范大学出版社 2018 年版，第 36 页。

［92］同上书，第 37 页。

［93］同上。

［94］同上书，第 46 页。

［95］同上书，第 37 页。

［96］同上书，第 38 页。

［97］同上书，第 39 页。

［98］同上。

［99］同上书，第 202 页。中译文有改动。参见 Henri Lefebvre，*La révolution urbaine*，Paris：Gallimard，1970，p.233。

［100］同上书，第 38 页。

［101］同上。

［102］同上书，第 40 页。

［103］同上。中译文有改动。参见 Henri Lefebvre，*La révolution urbaine*，Paris：Gallimard，1970，p.54。

［104］［法］福柯：《词与物——人文科学考古学》，莫伟民译，上海三联书店 2001 年版，前言，第 5 页。中译者将 hétérotopies 直译为异位移植。

［105］同位素是具有相同原子序数的同一化学元素的两种或多种原子之一，在元素周期表上占有同一位置，化学行为几乎相同，但原子量或质量数不同，从而其质谱行为、放射性转变和物理性质（例如在气态下的扩散本领）有所差异。

［106］同托邦指"一种语义范畴，它使得从整体上理解一个故事成为可能，这种理解是在清除了言语的模糊性之后对其进行部分理解的结果，而这种清除活动是为了追寻一种唯一的理解"（Algirdas Julien Greimas，"Eléments poir une théorie de l'interprétation du réct," in *Communication*，p.30；see also *Structural Semantics*，p.96）。因而，这个概念便和理解都市空间（和铭刻于这种空间中的时间）联系起来。这种空间在城市的镜像中以及在城市的地图上多少是清晰可辨的，可通过多种方式加以辨识。它促成了不同的词汇和不同类型的话语，正如它积极诉诸经由城市而形成的不同方法。"同托邦"这个术语及其相关术语"异托邦"表明，通过将多元的话语和词汇安置于一处进而将它们集合起来是适宜的。这些经由城市而获得的方法能促成具有不同形式、功能和都市结构的众多话语。谁正在讲话？谁正在行动？谁正进入空间？答案是处于社会关系（所有制、生产、消费）中的主体（个体或集体）。对同位和异位的描述应结合以对这些主体行为和情境的分析，以及对这些主体与占据都市空间的对象的关系

的分析。这会导致人们对促成都市空间人口的在场-不在场，对作为乌托邦的他处（一个没有位置的处所）的发现，毋宁说是重新认识。——列斐伏尔原注

[107] 格雷马斯（Algirdas Julien Greimas，1917—1992）：法国立陶宛裔语言学家。他出生于图拉。1934 年毕业于立陶宛大学法律系，1936—1939 年在格勒诺布尔学习语言学。1944 年赴法国学习，1949 年获得索邦大学博士学位。格雷马斯从 1965 年开始领导巴黎的符号语言学研究，为符号学的巴黎学派奠定了基础，他本人也成为巴黎学派的核心人物。代表作有：《关于上帝和人》（1979）、《寻找民族记忆》（1990）等。

[108]［法］列斐伏尔：《都市革命》，刘怀玉等译，首都师范大学出版社 2018 年版，第 41 页。中译文有改动。参见 Henri Lefebvre，*La révolution urbaine*，Paris：Gallimard，1970，p.54。

[109] 关于福柯异托邦概念的具体讨论，可参见拙著：《回到福柯——暴力性构序与生命治安的话语构境》，上海人民出版社 2016 年版，第 8 章第 4 节。

[110]［法］列斐伏尔：《都市革命》，刘怀玉等译，首都师范大学出版社 2018 年版，第 41 页。

[111] 同上书，第 41 页。中译文有改动。参见 Henri Lefebvre，*La révolution urbaine*，Paris：Gallimard，1970，p.55。

[112] 同上。

[113] 同上书，第 42 页。

[114] 同上。

[115] 同上书，第 43 页。中译文有改动。参见 Henri Lefebvre，*La révolution urbaine*，Paris：Gallimard，1970，p.58。

[116] 都市中心展示出如下特征：在都市的清单上同时存在的要素（物与人）在基于某（冗余的）秩序的边缘领域内被固定与分割，这些要素的相互作用，以及随之而来的无序与最大限度的信息。这创造出了既与外围相背也与来自流入的风险与威胁相干的复杂化。对这些现象的分析性与形式化即数学化研究要冒着掩盖集中化辩证法的危险。并不存在单独的自足的中心或充足的中心。饱和使其不再可能。它把我们直接引向一种差异化的中心，一种差异性的集中。——列斐伏尔原注

[117]［法］列斐伏尔：《都市革命》，刘怀玉等译，首都师范大学出版社 2018 年版，第 51—52 页。中译文有改动。参见 Henri Lefebvre，*La révolution urbaine*，Paris：Gallimard，1970，p.58。

[118] 复杂性科学（Complexity Science）是 20 世纪系统科学发展的新阶段，也是当代科学发展的前沿领域之一。复杂性科学是指以自然和社会复杂性系统为研究对象，以超越还原论为方法论特征，以揭示和解释复杂系统运行规律为主要任务，以提高人们认识世界、探究世界和改造世界的能力为主要目的的一种"学科互涉"（inter-disciplinary）的新兴科学研究形态。复杂性科学的发展，不仅引发了自然科学界的变革，而且也日益渗透到哲学、人文社会科学领域。

[119] Henri Lefebvre，"Problèmes de Sociologie Rurale：La Communauté Paysanne et ses Problémes Historico-Sociologiques"，Cahiers internationaux de Sociologie，No.6（1949）：79.参见

《马克思与列斐伏尔:第四届列斐伏尔哲学思想学术研讨会译文集》,上册,第 34 页。2023年,南京大学。

[120]〔法〕列斐伏尔:《都市革命》,刘怀玉等译,首都师范大学出版社 2018 年版,第53 页。

[121] 同上书,第 98 页。中译文有改动。参见 Henri Lefebvre, *La révolution urbaine*, Paris: Gallimard, 1970, p.117。

[122] Henri Lefebvre,'Les paradoxes d'Althusser'. *L'Homme et la société* 13, 1969(July—September), p.35.

[123]〔法〕列斐伏尔:《都市革命》,刘怀玉等译,首都师范大学出版社 2018 年版,第98—99 页。

[124] 同上书,第 99—100 页。

[125] 同上书,第 53—54 页。

[126] 同上书,第 54 页。

[127] 同上书,第 109 页。

[128] 同上书,第 54 页。

[129] 同上。

[130] 同上。

[131] 列斐伏尔后来自己解释道,"méta-有多种意思:越界,到外边,超过,等等。……元哲学也就不是哲学的取消。相反,它开辟了一个反思默想的领域,哲学在其中得到充分的表现,其局限也暴露无疑"。参见〔法〕列斐伏尔:《在场与缺席:再现的理论》,转引自〔美〕索亚:《第三空间——运往洛杉矶和其他真实地方和想象地方的旅程》,陆扬等译,上海教育出版社 2005 年版,第 41—42 页。

[132]〔法〕列斐伏尔:《都市革命》,刘怀玉等译,首都师范大学出版社 2018 年版,第163 页。

[133] 同上书,第 71 页。

[134] Andy Merrifield, *Metromarxism*: *A Marxist Tale of the City*, Routledge, New York and London, 2002, p.88.

[135]〔法〕列斐伏尔:《都市革命》,刘怀玉等译,首都师范大学出版社 2018 年版,第71 页。

[136] 同上书,第 114 页。中译文有改动。参见 Henri Lefebvre, *La révolution urbaine*, Paris: Gallimard, 1970, p.137。

[137] 同上书,第 79 页。

[138] 同上书,第 73 页。

[139] Henri Lefebvre, 'Forme, fonction, structure dans le capital'. *L'Homme et la société* 7, 1968(January—March), p.69.中译文参见王嘉译稿。

[140]〔法〕列斐伏尔:《都市革命》,刘怀玉等译,首都师范大学出版社 2018 年版,第73—74 页。中译文有改动。参见 Henri Lefebvre, *La révolution urbaine*, Paris: Gallimard,

1970, p.93。

［141］同上书,第 155 页。

［142］同上书,第 160 页。

［143］同上书,第 163—164 页。

［144］同上书,第 88 页。

［145］同上书,第 89 页。

［146］同上书,第 90 页。

［147］同上书,第 91—92 页。

［148］同上书,第 103—104 页。

［149］同上书,第 113 页。

［150］同上。

［151］同上书,第 113—114 页。

［152］同上书,第 125 页。中译文有改动。参见 Henri Lefebvre, *La révolution urbaine*, Paris：Gallimard, 1970, p.146.

［153］同上书,第 139 页。

［154］同上书,第 145 页。

［155］同上书,第 148 页。

［156］同上书,第 149 页。

［157］同上。

［158］Henri Lefebvre, *Le Droit à la ville*, Paris：Anthropos, 1966.

［159］［法］列斐伏尔:《都市革命》,刘怀玉等译,首都师范大学出版社 2018 年版,第 152 页。注 1。

［160］同上。

［161］同上书,第 175 页。

［162］《马克思恩格斯全集》(第二版)第 44 卷,人民出版社 1998 年版,第 91 页。Karl Marx：*Grundrissen*, *Marx-Engels-Gesamtausgabe*(*MEGA 2*)II／6, Text, Berlin：Dietz Verlag, 1987, S.105.

［163］［法］列斐伏尔:《都市革命》,刘怀玉等译,首都师范大学出版社 2018 年版,第 176 页。

［164］同上书,第 179 页。

［165］同上。

［166］［法］列斐伏尔:《空间与政治》,李春译,上海人民出版社 2015 年版,第 9 页。

［167］［法］列斐伏尔:《都市革命》,刘怀玉等译,首都师范大学出版社 2018 年版,第 176 页。中译文有改动。参见 Henri Lefebvre, *La révolution urbaine*, Paris：Gallimard, 1970, pp.204—205。

［168］同上书,第 177 页。中译文有改动。参见 Henri Lefebvre, *La révolution urbaine*, Paris：Gallimard, 1970, pp.204—205。

［169］同上书,第 178 页。

［170］同上书,第 177 页。

［171］同上书,第 181 页。

［172］同上书,第 181—182 页。

［173］同上书,第 182 页。

［174］［美］马克·戈特迪纳:《城市空间的社会生产》,任晖译,江苏凤凰教育出版 2014 年版,第 7—8 页。

［175］［美］哈维:《叛逆的城市——从城市权利到城市革命》,叶齐茂等译,商务印书馆 2014 年版,前言第 VIII 页。

［176］［法］列斐伏尔:《都市革命》,刘怀玉等译,首都师范大学出版社 2018 年版,第 186 页。

［177］同上书,第 192—193 页。

［178］同上书,第 193 页。

［179］同上书,第 210 页。

［180］同上书,第 109 页。

［181］同上书,第 193—194 页。

第八章 聚焦城市的"照着说"：
历史唯物主义的田野工作

  1970 年，列斐伏尔出版了《马克思主义思想与城市》(*La pensée marxiste et la ville*)[1]一书，这几乎是他与《都市革命》同时完成的工作。可以看到，这本书是列斐伏尔著作中少有的对马克思、恩格斯经典文献的细读。列斐伏尔编译过不少马克思的文本，但他明确指认此书是与原先的"选集"(morceaux choisis)不同的专题性研究。依我的判断，这本书是列斐伏尔思想发展史中并不多见的全面接受历史唯物主义的田野工作，只是这种扎实的文献细读，集中于经典文本中的城市问题。更重要的是，列斐伏尔这里对马克思、恩格斯有选择的文本细读，并没有再依从自 30 年代《辩证唯物主义》开始一直到《现代世界中的日常生活》所主张的新人本主义的异化史观，即以《1844 年手稿》中的劳动异化来图解马克思主义，而是走向一种对历史唯物主义的"照着说"。我以为，这为他之后在《空间的生产》中的思想革命，进一步夯实了科学方法论的基础。

一、解读思想史的方法论前提

  在进入马克思主义思想史的具体研究之前，列斐伏尔让我们务必先关注两个在方法论上需要界划的方面。第一，青年马克思与青年恩格斯的**理论逻辑差异**。自 20 世纪 30 年代以来，"马克思与恩格斯对立"的说法，就是西方马克思学制造出来的意识形态学术事端，可列斐伏尔此处关注的马克思与恩格斯的差异问题，却是集中于两位思想家早期各异的学术路径。依我的判断，这是列斐伏尔突然遭遇且细读恩格斯的早期作品后的反思结果。这当然是一个对比性的思考。我们看到，列斐伏尔对马克思、恩格斯文本的细读，跳过了青年恩格斯的

《国民经济学批判大纲》和青年马克思的《1844 年经济学哲学手稿》,在时间节点上刻意选择了 1845 年,这当然是有特殊用意的。首先到场的是恩格斯从 19 世纪资产阶级社会现实出发的《英国工人阶级状况》[2]列斐伏尔注意到,"恩格斯为《英国工人阶级状况》这部著作准备了很长时间。他在 1842 年开始发表了一系列重要的文章[3]"。[4]我们可以看到,列斐伏尔正确地辨识说,在方法论上,与青年马克思那里的强大思辨抽象不同,在这些文章和著作中,

> 恩格斯让理论与现实作对决,让经济学思想与经济的实际作较量。他把"生活经验"(vécu)(在商业中,在工业中,以及在资本统治下的无产阶级的生活中)和政治经济学对这同一个现实的表达放到一起加以比较。恩格斯一方面批判了缺乏思想的"生活经验",另一方面批判了脱离了生活,也就是说脱离了实践的思想。[5]

这个评价基本上是属实的。恩格斯的理论起步,真的是从现实生活和经济实务出发的,而当青年恩格斯 1844 年 9 月在现实资本主义社会中开始自己的社会调查时,青年马克思却正处于《1844 年手稿》的思辨式思想实验之中。列斐伏尔突然意识到,与恩格斯相比,青年"马克思是在最高的抽象层面(niveau le plus élevé de l'abstraction)上比较了几种重要的理论立场:黑格尔和费尔巴哈的立场,以及斯密和李嘉图的立场,比较了他们的概念和观念(concepts et conceptions)"。[6]这是对的。在青年马克思那里,并没有出现恩格斯研究中那种"让理论与现实作对决,让经济学思想与经济的实际作较量"的状况,有趣的是,这显然是指不久前还是作为列斐伏尔自己人本主义哲学前提——青年马克思的《1844 年手稿》中的复杂理论关系。我体会,这可能透露了列斐伏尔自己思想深处的一种转变。现在列斐伏尔认为:

> 在《1844 年手稿》中,马克思极大程度地、强有力地推进了如下理论之间的对抗(la confrontation théorique entre):
>
> (1)形而上学(métaphysique,本体论,ontologie)与人类学,关于有机的自然存在的认识;
>
> (2)哲学(历史哲学和哲学史)与政治经济学,关于社会实践和当代社

会的科学；

（3）法国政治批判传统（革命的、雅各宾派的），始创于英国的、关于财富（richesse）的科学研究，以及德国思想的概念化力量（马克思对此进行了延伸，但他认为工人阶级应当继承这一遗产）；

（4）黑格尔关于"人"的理论，即人类在自己的历史进程中通过劳动和斗争创造了自身，与费尔巴哈关于"人"的理论，即人类是一种自然存在，是感性的、并且具有感觉能力，是一种需要和享受的存在。[7]

这是列斐伏尔此时对青年马克思《1844年手稿》思想背景和内涵的一个高度抽象的概括。第一个层次是传统本体论上的形而上学和人本主义，以及人化自然观；第二个层次是学科上的哲学与经济学，这后一种学科的背后是当代社会实践；第三个层次是青年马克思思想深处交织着法国大革命、英国工业革命后的社会财富（richesse）论，以及德国精神辩证法思想；第四个层次是黑格尔以劳动辩证法的历史运动为视轴的人学和费尔巴哈的自然人本主义。总体上看，列斐伏尔此时对《1844年手稿》思想前提的看法是大大加深的。然而，列斐伏尔认为，青年马克思的《1844年手稿》中只是发生了上述理论之间的对抗（la confrontation théorique entre），他说，"在《1844年手稿》中，这种普遍化的对抗在'纯粹'的知识层面得到了展开。它仍然是巨人、神龙和独眼巨人之间的较量，依然是诸神之间、观念与概念之间的斗争。对'生活经验'的参照仅仅存在于注释和题外话之中"。[8]这与青年恩格斯那里出现的融入生活经验和社会实践的批判相比，呈现出极大的不同。很显然，列斐伏尔已经开始对自己先前关于《1844年手稿》的态度产生了疑虑。似乎从此时开始，列斐伏尔无意识地更加接近这种从**现实出发**的理论逻辑，这当然就是之后马克思和恩格斯共同创立的历史唯物主义。只是列斐伏尔没有更深地注意到，即便是在人本主义话语居主导地位的《1844年手稿》中，青年马克思的思想中已经客观存在着两条异质性的理论构序逻辑（孙伯鍨），列斐伏尔这里赞同的"从现实出发的逻辑"，已经无意识地呈现在马克思《巴黎笔记》开始的经济学研究语境之中。现在，列斐伏尔居然告诉我们，青年马克思的这部"手稿在当今的重要性不应该被高估或低估。就像道路上的路标一样，这些文本指明了一个方向。手稿所缺乏的东西和它揭露出来的东西，与手稿呈现出来东西同样重要。在各个范畴之间的（辩证的）冲突中，在各种概念的暴雨雷鸣中,曙光开始出现了"。[9] 对于现在的列斐伏尔来说,《1844 年手稿》已经不再是可以简单取用的现成经典,而是要在不同观念冲突的暴风骤雨中探索新世界观曙光的复杂思想构境了。列斐伏尔对《1844 年手稿》的认识转变,是一个需要我们认真省思的思想史问题;而列斐伏尔对马克思与恩格斯思想逻辑特征差异性的认识,也是我们在拒斥西方马克思"马克思与恩格斯对立"的谬误时可以参考的重要观点。

第二,在书的开始,列斐伏尔还界划了自己对马克思文本精读方法与阿尔都塞的不同。通过上面我们对列斐伏尔《阿尔都塞的悖论》的讨论,我们已经知道,阿尔都塞在 1965 年发表了《读〈资本论〉》,并且提出了所谓"症候阅读法"。对此,列斐伏尔有针对性地说,他自己对马克思主义思想的

> "重新阅读"(re-lecture)并没有什么特殊之处。这种阅读不能说是"字面"的,因为它的目标是为了汇集这些片段,突出这种理论思想在文本中的那些共同的概念和范畴。它也不是"症候式"(symptômale)的,它不需要我们在马克思和恩格斯的思想中发现什么隐藏的内容,不需要读者去发现什么秘密。它是一种主题式(thématique)的阅读或重新阅读。这里思考的主题是,在历史唯物主义理论框架(cadre théorique du matérialsme historique)下的城市以及随之而来的都市问题式(la problématique urbaine)。[10]

列斐伏尔的观点很清楚,他不喜欢阿尔都塞那种在文本研究中故弄玄虚的症候阅读,明确讲不是要从马克思恩格斯的文本中发现什么"隐藏的秘密",而是一种主题性的研究,即在历史唯物主义理论框架(cadre théorique du matérialsme historique)下聚焦马克思、恩格斯文本中讨论的城市问题,并且思考即将发生的都市问题式(la problématique urbaine)。应该指出,这是列斐伏尔第一次在自己的著作中明确指认出历史唯物主义理论框架(cadre théorique du matérialsme historique),也是第一次自觉地将历史唯物主义方法作为解读马克思主义经典文本的前提,第一次明确将城市-都市问题放置到历史唯物主义构境之中。我以为,列斐伏尔无形中也第一次奠定了后来整个**晚期马克思主义**的理论逻辑构序的方法论基础。下面来看一下列斐伏尔在此书中对马克思、恩格斯文本的解读。

二、早期马克思、恩格斯的城市观转换

在《英国工人阶级的状况》一书中,列斐伏尔留心到,恩格斯是从英国工业革命的历史维度关注工人阶级的生存,"工业机器的引入改变了纺织工人的生活方式,在城市周围的、比较偏僻的农村里,过着诚实而勤奋的生活的家庭遭到了破坏"。[11]这有两个观察视点,一是工业机器生产的物相化改变社会生活,这当然已经是与走向历史唯物主义创立的马克思相一致,二是列斐伏尔巧妙地捕捉到这种转变中他所关心的工业城市对乡村生活的冲击,这是一种毁灭性的冲击。并且,列斐伏尔指认恩格斯精细地注意到,正是17世纪末在工业生产中出现的"珍妮纺纱机""走锭纺纱机"和"蒸汽机"的使用,导致了资本主义商业城市和工业城市的产生。我们可以看到,《都市革命》一书中列斐伏尔提及的一些关于城市历史发展的重要判断,在此是与经典文本的对话中逐步地被实际落地的。可以留心的文本细节为,如果在《都市革命》中,工业城市和商业城市的出现,都还只是抽象逻辑概念的演进,而在恩格斯的文本中,商业和工业城市的发生则是有**具体历史时间节点**("17世纪末")的,这将对列斐伏尔理解历史唯物主义的**历史时间性**有重要的促进作用。因为,他也能体会到这种历史时间性在《1844年手稿》中的不在场。并且,正是围绕着工业生产发生着双重集中:一是人口被集中起来,一个工厂附近慢慢地形成一个城镇,"村镇变成了小城市,小城市变成大城市",这一点,将与列斐伏尔自己家乡那个"穆朗新城(Mourenx-Ville-Nou-velle)"历史发生和田野经验直接连接起来;二是在大城市中,"工人、交通线路(运河、铁路和公路)、原始材料的运输、机器和技术、市场、交易所"这些工业元素被高度集中起来。[12]这双重集中,正是资本主义生产方式登场的历史条件。列斐伏尔在此关注的从乡村到城镇再到大城市的发展,并不是土地、道路和机器等物性对象的进程,而是由不同人与人的关系建构起来的社会生活场境。列斐伏尔认为,恩格斯这里从资本主义工业发展进程来说明工业城市的历史发生的观点,是历史唯物主义中的原创性观点,并且与同期的青年马克思的思想相比,恩格斯显然"并非第二小提琴手(second voilon),而是一位原创思想家(penceur original,甚至在'马克思主义思想'破晓时分居于显赫地位)"。[13]这是一个值得

我们注意的观点。依我的理解，列斐伏尔这里的观点，并不是广松涉那样极端的看法，即恩格斯是历史唯物主义的真正创始人[14]，而是说明恩格斯以独立的理论和实践探索，与从理论走向现实的马克思走到了一起。这是一个基本正确的判断。

列斐伏尔说，恩格斯在《英国工人阶级的状况》的"大城市"的研究中，已经发现了一种"可怕的都市现实"，因为，"资产阶级占有了资本，即生产方式。资产阶级使用资本，决定了生产性使用的条件"。资本即生产方式，这已经是非常透彻的科学认识了。然而，我们同样可以看到列斐伏尔眼中关注的恩格斯的思想中，更多地也是在凸显人对人的关系场境。列斐伏尔说，恩格斯已经发现，在这种资本关系构序和控制一切的金钱世界中，恰恰是在像伦敦这样的大城市的街道上，人们相互间冷漠地从身边走过，"这种可怕的冷淡、不近人情的孤僻和目光短浅的利己主义，这些特点在任何一个地方也不像在这里表现得这样无耻。人类的原子化（atomisation）在这里发展到了顶点"。[15] 这里的描述，如果相对于前述《都市革命》中对街道之"利"的讨论，人们"相遇"的空间关系构境则是异化为冷漠的"走过"。这当然是列斐伏尔的延伸诠释，因为那时候恩格斯的分析中不可能有什么"街道问题式"（problématique de la rue）。列斐伏尔很较真，他立刻强化自己刚刚得到的新认识，他有些渲染性地说，与青年马克思的前面《1844年手稿》中的异化观念相比，青年恩格斯的"异化的主题（théme l'aliénation）从来不是以抽象的（孤立的）形式出现的；他是从具体中去理解和把握异化。……他是在生活中说明异化，在社会实践中把握异化的"。[16] 这里的意思是，如果青年马克思《1844年手稿》中的异化概念是"抽象的（孤立的）形式出现"的哲学话语，那么，恩格斯这里的异化批判，则是具象在伦敦大街上人与人的原子化（atomisation）分离关系赋型中的。这种说法是非常深刻的。可以看出，列斐伏尔此时不断地有意识强化自己刚刚获得的关于《1844年手稿》的新认识。还有一个应该提及的文本事实是，青年恩格斯此时的理论构境中并没有完整的哲学异化逻辑。还需要特别指认的是，这也是列斐伏尔此书中难得出现的异化话题。在这本书的讨论中，原先在列斐伏尔日常生活批判中占据优先地位的人本主义异化批判理论，几乎绝迹于列斐伏尔对马克思、恩格斯的文本细读中。一方面，这是由于1845年之后，马克思、恩格斯的确不再公开使用传统哲学中的大量概念，其中也包括马克思对人本主义异化史的根本性证伪。另一方面，列斐伏尔并没有精细地注意到马克思在《大纲》和《资本论》中在历史唯物主义的基础上对异化概念的重新使用，特别是他跳过的《1861—1863年经济学手稿》中，马克思重新确立了历史现象学构境中科学的劳动异化批判理论。[17]

列斐伏尔说，恩格斯在城市的个案研究中还特别留意了英国工业革命的爆发之地——曼彻斯特。这是对的。恩格斯非常熟悉这个他曾经工作和生活过的曼彻斯特城。后来，在恩格斯与马克思共同写作《德意志意识形态》一书的过程中，恩格斯还邀请马克思共同来到曼彻斯特进行实际考察和学术研究。[18]在这里，"它在世界市场上占据着得天独厚的地位（在19世纪）。商业和工业在城市内外同时得到了发展。恩格斯所发现的那些特征有着一种普遍的适用意义：隔离（ségrégation），以及中心的解体（décomposition）"。[19]可以看到，列斐伏尔现在已经十分刻意地留心恩格斯对历史性时间的标识，因为，在19世纪，典型的工业城市曼彻斯特在资本主义世界市场中已经获得了十分特殊的地位，列斐伏尔在此指认，在曼彻斯特的城市空间中，劳动者与资本家的日常生活是隔离的，这种生活场境中的隔离"掩盖了剥削和剥削的后果"，传统城镇中那种等级制的封建暴政中心被消解了，相比之下，"资本主义社会掩盖着它的生存之本，它具有活力和生产力的部分（partie active et productive）"。[20]在资产阶级的城市空间中，弥漫着无脸的经济力量的统治，因为"在都市的背景下，直接的剥削通过一系列精密的过程倍增为一种间接的剥削（exploitation indirecte），并且从企业（作坊、工厂）延伸到日常生活的全部方面"。[21]似乎，列斐伏尔认为青年恩格斯较早地注意到这样一种新情况，在资本主义城市发展中，资本家在工厂生产过程中对工人的直接经济盘剥，已经开始转换为在整个日常生活中的间接的剥削（exploitation indirecte）。我觉得，这应该为列斐伏尔自己的过度诠释。

列斐伏尔认为，相对于直接生活在资本主义城市一线生产工人之中的青年恩格斯，此时的马克思更多地游走于书本之间。列斐伏尔现在发现，在青年马克思的《1844年手稿》中，"**城市**"（ville）并不是被关注的主题，虽然马克思也讨论了土地与工业的关系，"工业和城市生活（la vie citadine）"等问题，但他始终没有把对劳动异化问题的思考融入现实的德国乡村或英国的工业城市的经验生活中去。这可能是一个符合实际情况的说法。列斐伏尔认为，从《神圣家族》开始，理论家马克思开始受到了社会主义实践者恩格斯的直接影响，直到《德意志意识形态》一书中二人的直接合作，那种从现实出发的理论构序线索爆燃为伟大的思想革命,**历史唯物主义的科学方法论诞生了。**列斐伏尔说,正是在马克思和恩格斯在 1845 年底共同开始写作的《德意志意识形态》一书中,他们共同创立了"一种新概念(nouvelle conception),即人类通过劳动创造自身的历史唯物主义"。[22]这是一个准确的思想史定位,因为他已经意识到,历史唯物主义是一种与青年马克思在《1844 年手稿》中的人本主义话语相异质的新概念(nouvelle conception),这也正是此时列斐伏尔努力理解和捕捉的科学方法论。这里有一个需要讨论的问题,即列斐伏尔注意到青年恩格斯对青年马克思的一定影响,这是正确的判断,可是,他完全忽视了马克思从《1844 年手稿》的复杂思想构境,一直到《提纲》中生成"实践唯物主义"新世界观萌芽的独立思考和探索。他并没有真正深入马克思思想进程中去,科学地捕捉到从人本主义异化史观到历史唯物主义的逻辑转换。可能这也是他之后仍然在哲学立场上出现摇摆不定现象的原因。

在列斐伏尔看来,马克思、恩格斯在《德意志意识形态》一书中创立的历史唯物主义的关键性概念为"历史与实践(histoire et praxis)"。这是列斐伏尔第一次自己从经典文本内省历史唯物主义的具体内涵。可以注意到,列斐伏尔这里刻意将历史唯物主义中的实践规制为自己构序的诗性创制的 praxis。在《德意志意识形态》一书,马克思和恩格斯大约 50 次使用了 praxis,而近 170 次使用了 praktische。列斐伏尔说,一是"历史概括了人类存在的生产(production de l'être humain)本身。这里的'**生产**'一词的意义比经济学家所使用的更加宽泛;它获得了完整的哲学的意义:事物(产品)和作品的生产,观念和意识形态的生产,意识和认识的生产,幻象和真理的生产"。[23]将历史唯物主义中的"历史"定位于 production(生产),这是一个深刻的认识,这一下子就超越了传统教科书体系中对历史唯物主义的"历史领域"的误认。可是,列斐伏尔这里对生产本身的说明显然有些过度诠释。因为,在《德意志意识形态》中,作为历史唯物主义一般原则的决定了整个社会生活基础和性质的生产,只是特指一定历史条件下的物质生活资料的生产与再生产,将其无限制地扩容为包含了观念和意识形态的广义社会生产后,只会模糊历史唯物主义生产范畴的科学边界。二是实践,"**实践**(*praxis*)以这种历史的运动为基础,依赖于当下并且构建出当下,为未来做准备,预见其可能性,也就是说,通过一种总体的革命(révolution totale)来实现对现实世界的总体的改造。社会实践可以进行分析:狭义上(restreint)的生产和社会生产力、政治实践和革命实践等等"。[24]显然，此处列斐伏尔对 praxis（实践）的解释，是想提出一种区别于通常人们眼中的征服和占有自然的 pratiques（实践）的新实践观，并将其运用到历史唯物主义构境之中。这当然也是列斐伏尔自己的一厢情愿的解释。因为，在《德意志意识形态》的文本中，《关于费尔巴哈的提纲》中那个带有总体性哲学概念的实践，已经深化为社会实践活动中第一层级的物质生产活动。无论如何，这是列斐伏尔对历史唯物主义方法论的基本认识和高度认可，也可以看成是列斐伏尔自身无意识开始的从**人本主义话语向科学方法论的转换**。如果说，在《都市革命》一书中，列斐伏尔对历史唯物主义的靠近，还是资本主义都市化实践的现实研究氛围所潜移默化的结果，那么在这里，则是他从马克思、恩格斯的《德意志意识形态》文本中直接依历史唯物主义构境"照着说"的田野工作。这是一个十分重要的逻辑转换节点。了解这一点，对于我们进入《空间的生产》的思想构境是至关重要的。

列斐伏尔特意指认说，正是在《德意志意识形态》中，马克思、恩格斯已经看到"都市现实占据了首要地位（La réalité urbaine passe au premier plan），虽然还只是在一个有限的方面上"。[25]这当然是他真正关心的内容。然而在《德意志意识形态》的手稿中，马克思和恩格斯是在历史性地描述"部落所有制""古代公社所有制和国家所有制""封建的或等级的所有制"和"现代资产阶级所有制"四种所有制的发生、发展过程中旁及欧洲城市问题的。在列斐伏尔眼中，马克思和恩格斯历史地看到，"古代的起点是城市，而中世纪的（言下之意：欧洲的、西方的）起点是乡村。在古代，**政治城市**（ville *politique*）组织、统治、保护、管理、开发着某片领土，其中包括农民、村民和牧羊人等"。这是欧洲的特殊情况，比如雅典和罗马城，作为古代的政治城市不仅仅是一些对象性的可见物性建筑，而一种非直观的社会统治关系。在《元哲学》中，列斐伏尔将古希腊罗马城邦中的集会视作非物性的诗性创制场境。而在《都市革命》一书中，我们记得列斐伏尔所确认的作为"农民-农村场"之上出现的关系性"政治存在"（d'existence que politique）。在列斐伏尔眼中，"政治城市对周围乡村的统治在一开始就是确定的，它被包含在'城乡'关系之中"。[26]到了中世纪，这种关系场境被颠倒过来，"领主依赖于乡村，他统治着一片不发达的领土，他希望扩张"，并且在封建社会的后期，与土地占有制并存着城市手工业中的"同业公会所有制"（propriété corporative），"这两种形式（城市中的土地所有制和同业公会所有制）的结构是由狭隘的生产关系和生产力决定的：农业还处于初始阶段，工业还处于手工业阶段，交换活动依然不稳定，分工还没有细化"。[27] 不难体会到，列斐伏尔此处当然直接感受到马克思、恩格斯在讨论城市与乡村的关系，土地所有制向工业和商品交换制度的过渡，从根本上是由生产力和生产关系的历史性质和矛盾运动所决定的。这正是历史唯物主义方法在城市历史研究中的贯彻。与前面我们看到的《都市革命》中的城市史分析相比，这里的讨论显然是更加深刻的。随着工场手工业生产和商品交换关系的历史发生，资产阶级开始走向历史舞台，"在土地私有制和货币私有制中，后者替代前者而成为统治的力量。这导致了普遍的异化（L'aliénation générale）"。[28] 实际上，马克思和恩格斯在《德意志意识形态》一书中，已经不再正面使用异化概念，**奴役性的分工**更多地取代了人本主义异化观的逻辑位置。回到城市发展的历史线索上来，"在乡村和小城市中仍然带有宗法的色彩（teintés de patriarcalisme），但是在工场手工业城市中，这种关系已经变成了金钱的关系（rapports d'argent）"。[29] 如果说，城市的空间存在主要体现为非直观的社会关系的生产与再生产，那么，从乡村城镇中的宗法关系场境向资产阶级城市的转换中，社会空间中占据主导地位的社会关系赋型，则已经是冰冷的金钱关系。并且，资产阶级的城市开始承担起新的生产物相化的作用：

> 城市本身是一件作品，它也是各种各样的作品的生产场所（lieu），是生产的意义之所在：需要和享受（besoins et jouissances）。它也是商品的生产、交换和消费的场所。它集中了这些现实和这些生产的方式，一方面是直接的，另一方面是间接的（非直接的）。这个统一体（unité）是社会的支撑，它是一种"主体"，它使社会具体化并使之拥有历史，而城市本身依然处于抽象和非历史之中。[30]

这可能是列斐伏尔前述那个工业城市的历史发生，也是他用自己的观点图解和重新编码马克思、恩格斯城市观的结果。在列斐伏尔的眼中，这里的城市是工业物性生产产品之上的"作品"，这是指它的物性建筑和设施中发生的人与人的空间活动关系场境。但这里还出现另一种新的生产，是一种不同于自然土地上生产出自然财富——粮食和肉品和具体工业产品的生产，即"商品的生产、交换和消费"的生产方式在社会空间中的生产与再生产。这种新型城市中经济关系构式的空间生产统一体(unité)支撑着新型的资产阶级社会。然而,这种非直接性的统一体的本质是什么? 依列斐伏尔的分析,在《德意志意识形态》中,马克思、恩格斯已经看到,随着大工业生产和商品市场经济的发展,"竞争变得普遍,使所有资本转变为工业资本,促进了资本的流通和集中",大工业把原有社会生活中自然形成的性质一概消灭掉,它的力量不受限制地侵入自然之中,它还成功地消解掉所有自然形成的血亲关系赋型,并使其转变成为物与物之间的货币的关系,它用"现代的大工业城市"(grandes villes industrielles modernes)代替了"自然形成的城市"(villes nées naturellement)。[31]在列斐伏尔看来,现代工业城市已经具有一种特殊的"联合能力"(capacité associative),他专门指认说,城市的这种能力并不来自生产力,"不在于上层建筑(宗教、伦理等等)和意识形态,也不在于封建的'生产方式'本身",而是出自资产阶级创造的新型**生产关系**(*rapports de production*)。[32]这是精准的判断。资产阶级城市中的支配力量,并非来自由生产制造的物性建筑和设施,也不是观念和思想,而是一种看不见的生产关系空间生产场境。

> 在马克思看来,封建的生产方式的解体(dissolution)及其向资本主义的过渡归因于并且依附于一个**主体**:城市。城市破坏了中世纪的(封建的)系统,并同时超越了自身:通过转变为资本主义的**生产关系**(毫无疑问地出现在人们眼前),进入另一种**生产方式**之中,即资本主义。从城市的视角来看,一切都变得清晰明朗了,并且在很长一段时间里都依然如此。[33]

这显然有些夸大城市的作用。固然,在列斐伏尔这里,资产阶级的工业城市正是资本主义生产关系赋型的实现场境,也是整个社会进入资本主义生产方式的重要空间基础。他认为,在这种生产关系的作用下,"城市(la ville)将会终结,而'都市'(l'urbain)则可能在世界范围内得以提升、建立或修复"。[34]这一点,应该不是马克思和恩格斯在《德意志意识形态》中的观点。我注意到,对于马克思、恩格斯在《德意志意识形态》中关于城市发展的客观历史分析,列斐伏尔不由地感叹道,"这里的文本并没有任何浪漫主义的成分(Ces textes n'ont rien de romantique)"。[35]这里的浪漫主义,也许与人本主义话语相关,所以,仍然坚持走向"革命的浪漫主义"的列斐伏尔才会如此敏感。因为,这里看到的一切描述,都是从现实历史发展线索出发的。这种正确的感觉,将会强化列斐伏尔向历史唯物主义方法论的靠近。

三、《大纲》与马克思关于资本主义城市问题的思考

列斐伏尔在 1945 年写下的《日常生活批判》第一卷中,就已经开始关注马克思的《大纲》,在那里,他主要关注了马克思在《大纲》提出的异化问题和经济拜物教批判。但是,真正系统地、认真地对《大纲》进行文本细读,则是在这里开始的。我觉得,这一研究必然对列斐伏尔的思想发展产生较大的影响。在列斐伏尔眼里,马克思关于城市问题最重要的思考,显然是与从《大纲》开始的经济学研究内在联系在一起的。而实际上,马克思第一次接触到不同国家的城市问题,是在 1846—1847 年间于布鲁塞尔对古·居利希的 5 卷本《我们时代主要商业国家的贸易、工业和农业的历史叙述》的经济史论著的研究。[36] 列斐伏尔先引导性地分析说,马克思在《大纲》中,已经开始深化在《德意志意识形态》里作为历史唯物主义基础范畴的生产概念。因为,进入资本主义生产和复杂经济活动中的马克思意识到,现代资产阶级改变世界的生产"存在着许多关系、层次、形式和功能(des rapports, des niveaux, des formes et fonctions),以及它们的全部内容应当而且必须构成一个整体。尤其是生产与消费、需要与满足需要的方式必须成为一个整体(ensemble),使之能获得某种联系性或结构性"。[37] 这个判断是对的。在马克思从经济学语境进入资本主义生产和商品-市场经济世界中,他就会发现,现代工业物质生产和再生产过程本身已经在劳动分工和科学技术的作用下变得十分复杂,并且,它的实际发生和运动,无不关联于资本获取剩余价值的交换、分配和消费的总体关系赋型系统。马克思的这一认识深入,必然会大大地深化历史唯物主义的观念。

列斐伏尔进一步认为,历史唯物主义的生产概念本身也扩展为"狭义和精确的"(étroite et précise)生产和"广义和模糊的"(large et vague)生产,狭义的生产是马克思、恩格斯在《德意志意识形态》中指认的物质产品的生产,而广义的生产则是整个世界的生产。列斐伏尔显然更想将讨论引向后一种"广义"的生产。在他看来,

　　　　社会中的"人"一方面生产出事物（choses，产品），另一方面生产出作品
（oeuvres，其他的所有东西）。事物可以被计数和计算，可以通过金钱来衡
量，可以用来交换。而作品则难以做到这一点。在广义上，生产是科学、艺
术、人类之间的关系、时间与空间、事件、历史、制度、社会本身、城市以及国
家等的生产，用一句话来说，是所有东西的生产。[38]

　　显而易见，列斐伏尔这里解读马克思《大纲》中的生产概念，直接目的就是
要从传统的物质产品生产，走向更宽泛的"科学、艺术、人类之间的关系、时间与
空间、事件、历史、制度、社会本身、城市以及国家等的生产"，这是为他自己将要
提出的存在论意义上的空间生产做理论准备。从思想谱系的线索看，这也是他
在《元哲学》中区分生产产品的物性实践（pratique）与创制社会生活关系场境
"作品"的人化实践（praxis）逻辑构序的一种重要变形，这种创制出"科学、艺术、
人类之间的关系、时间与空间、事件、历史、制度、社会本身、城市以及国家等的生
产"，将来会是那个创制社会关系场境的特殊的**空间实践**的前身。列斐伏尔甚
至说，恰恰是资产阶级经济学家才将生产仅仅理解为"物"的生产，因为，他们
"对**关系一无所知**"（car il ne saisit aucun *rapport*）。[39]这个观点总体上是对的，
但不够精准。因为在马克思那里，他批评资产阶级经济学家看不到"关系"并非
是指产品的对象性实存，而是在经济物相化层面上人与人的关系颠倒为经济事
物（商品-货币）之间的关系，还有进入生产过程中的劳动对象、机器和厂房这些
事物隐匿起来的资本支配关系。这也是马克思经济拜物教批判的根本所指。我
觉得，列斐伏尔提出关注生产关系的生产，也开始关注当代社会生活中新的生产
活动，应该没有大错，但是他没有留意历史唯物主义构境中物质生产与再生产本
身的基始地位是不能动摇的，物质生产成为社会生活的直接依存基础，与资产阶
级在经济物相化空间中只看到"物"的经济拜物教并非一种东西。所以，在这种
广义的生产范畴引导下，列斐伏尔对马克思《大纲》城市问题的解读也变得复杂
起来，历史观察不再局限在经济学的物质生产视域之中，而展现出多学科的、具
体的历史差异关系。甚至他说，在马克思这里根本不再存在什么凝固化的历史
对象，"土地、乡村、城市和工业在人类社会的发展中，在生产、生产关系和生产
方式的转变中扮演着重要的角色"。[40]对应前面我们看到的《都市革命》中关于
乡村城镇、商业、工业城市和都市化问题式的历史分析，列斐伏尔这里依据历史

唯物主义的"照着说"是更加接近历史现实的。

第一，是作为物质对象实存的土地（terre）。依列斐伏尔的看法，马克思在《大纲》中涉及土地问题时，呈现出多重观察视角：在物理空间的尺度上，"它是社会的物质载体（support matériel）。土地并非是持久不变的。它的面貌会发生改变，从原初的、纯粹的自然转变为被破坏的自然。从开始到人类的终结，这一人类社会的载体既不是不变的，也不是被动的"。[41] 人与动物共享的自然土地本身并不是社会生活，只是人类社会生活的"大的实验场"（grand laboratoire，马克思语）的物质支撑。这个 laboratoire（实验场）的比喻，其实就是列斐伏尔之后强调的非直观的社会空间塑形。并且，在不同的生产力、生产关系和生产方式的历史演进中，土地作为自然对象也发生着历史性的改变。列斐伏尔分析说，一是出现在早期自然经济中的土地，几乎就是人们眼中的外部自然界，它首先是作为种植业中劳作物生长、畜牧业放养牲口的直接依存基础，它甚至也是人的生存需要的自然母亲。

> 在马克思的表述中，"实验场"指的是自然不仅仅是消极的生产要素。它起到了干预作用，事实在于，联合起来的人类［构建起一个社会并生产出他们的社会存在（existence sociale）］时刻与自然作斗争。生产作为人与自然之间的活动，能够让自然对人类的能动性作出回应。它并不满足于提供生产活动所要提取、分离和加工的材料。共同体（communauté）作为血缘（sang）、习俗和语言的共同体，它来自自然。社会对客观条件进行取用的首要条件是共同体，它产生于各式各样的自然之中，自然本身具有着丰富的多样性。[42]

在列斐伏尔的解释中，马克思所指认的 laboratoire（实验场），并不是对象性的自然存在，而是人对自然力量的斗争关系场，这正是物质生产活动塑形和构序对象的能动性本质。这里的关键，是早期的人类生产出来的非物理空间中的 existence sociale（社会存在），还没有切断与自然母亲的脐带，支配这个社会生活空间的基础，除去土地上的自然经济，还有以自然血亲关系为基础的关系共同体。二是随着资产阶级的登场，在资本主义工业和商品市场经济进程中，"人类联合起来构建起一个社会，开始统治自然（dominent la nature），使土地及其要素发生改变,从中抽取出开展活动所需的物资,远离自然,以至于用另一种现实、人造的(facticité)自然去取代它。土地不再是最初的实验场。城市取代了它"。[43]这也意味着,人类"大的实验场"已经从自然土地转向了城市,也因为工业生产的本质,是给予自然对象一种完全"反自然"的社会质编码和存在方式,这就第一次使人的社会生活不再直接依存于自然母亲的脐带,并且开启了资本通过经济力量征服自然的世界历史。列斐伏尔认为,这里取代土地实验场的人造自然,就是实现社会空间中不断再生产出来的作为"第二自然"的城市。

第二,是**城市**创造的全新社会空间。在列斐伏尔看来,马克思在《大纲》中已经明确提出了

> 城市是一种**环境**(milieu)、**中间状态**(intermédiaire)、**中介**(médiation)、**工具**(moyen)、最大的资产和重中之重。对自然和土地的改造意味着另一种场所和环境——城市。虽然不存在"城市的生产方式"或"土地的生产方式",但城市,更确切地说,城市与乡村的关系成了生产变迁的载体,提供了**贮藏所**(réceptacle)和**条件**(condition)、场所和环境。在城市中,通过城市的作用,自然让位于第二自然(nature seconde)。[44]

显然与物性实在的土地不同,"城市取代了'客观的'自然成为一种取用的条件,成为实验场",在对"自然和土地的改造"中生成的城市,虽然也有物性塑形和构序的建筑和设施,但它的本质却是脱型于自然母亲的社会生活中的"**环境**(milieu)、**中间状态**(intermédiaire)、**中介**(médiation)、**工具**(moyen)",这是一个非常重要的差异性界定。其中,社会空间中"城市与乡村的关系"构成了社会历史变迁的主线,一种逐渐强大起来的征服和支配的关系场境,构成了现代生活世界的"第二自然"本质。这里的 nature seconde(第二自然),显然已经不是黑格尔原初语境中社会生活的"似自然性",而是指人所创造出来的城市生活却表现为社会空间中非主体性异在。"城市渗透在生产方式之中,一旦都市公社(commune urbaine)取代了与土地密切关联的(部落的或农业的)共同体(communauté),这一过程就已经开始了。这样,城市取代了土地,成为社会力量的大实验场(grand laboratoire)。这就是《大纲》所确立和发展了的观点"。[45]这里的意思是说,旧有的自然土地之上,竖立着封建宗法性的血亲共同体,而资产

阶级新的生产关系中不同社会力量角逐生成的城市空间,则成了新的社会空间实验场。在这个新的实验场中,

> 城市让工人和劳动、知识和技术以及生产方式本身得以集中起来,在增长和发展中起到积极的干预作用;因此,它也能起阻碍的作用;在城市的内部、城市的领土之上、生产力和生产关系上发生的对抗,可能会带来有益的或灾难性的结果。就像土地和国家一样,城市在历史的进程中成为一个熔炉(creuset),在其中,生产关系被制造出来(s'élaborent les rapports de production),生产关系和生产力之间的矛盾得以凸显。[46]

可以看得出,列斐伏尔重点强调,不同于自然土地上的农业劳作,城市作为实验场,集中了大工业生产中的"劳动、知识和技术以及生产方式",同时,它也像是一个社会空间塑形的 creuset(熔炉),生产出整个资产阶级的商品-市场经济的复杂生产关系赋型。这也就走向《空间的生产》中最核心的观点,社会关系生产与再生产的场境。我们不难体会到,在这种从现实出发的历史考察中,列斐伏尔原先思想中那个人本主义的逻辑构式已经没有了立足之处。

列斐伏尔惊奇地发现,在《大纲》中马克思区分了三种不同所有制下的城市,一是"亚细亚社会中的东方城市"(ville orientale dans les sociétés asiatiques),二是欧洲的古代城邦(cité antique),三是"日耳曼的蛮族共同体"(communautés barbares germaniques)中的城市。这是马克思在历史研究中的最新进展。实际上,马克思在《大纲》中讨论了作为资产阶级生产关系历史发生前提的三种土地所有制形式,一是自然形成的共同体,二是东方公社式的土地所有制,三是日耳曼式的土地所有制。[47]在那里,马克思并没有专门讨论城市问题。列斐伏尔说,马克思在《大纲》中的历史分析,打破了原先《德意志意识形态》中那种主要是以西方为中心的线性历史逻辑编码,这也形成了城市发展的三条不同的路线:

> 第一条路线使社会和城市走向停滞。第二条路线使城邦和社会急速地成长,走向辉煌,继而走向衰落。第三个方向在城市与乡村的关系中,使城市缓慢地成长,但它的未来不会受到明确的限制。第一条路线的模式是一元的,第二条路线的模式是二元的,第三条路线的模式是三元的[48][49]

这显然是列斐伏尔自己的诠释和概括了。他说，在这里，马克思通过这三个不同的路线区分了三个方向，这三个方向都包含了"血缘共同体的解体、占有（利用、然后交换）领土的共同体和公社的形式的出现，'城乡'关系的形成以及这一关系的转变"。[50]然而，这三个方向上的城市发展前景却是各异的。比如，东方"亚细亚的历史表现为'城市和乡村的一种无差别的统一'"，而欧洲古代的历史中，"城市是乡村生活的中心，是土地所有制和农业的基础，但中世纪是从乡村这个历史的舞台出发的"，因为，"古代城邦在政治上统治着乡村，然而在经济上却受乡村的统治"。[51]而在日耳曼的共同体中，"它既没有一种凌驾于它的成员之上的最高的存在，也没有一种独立的经济和政治存在"，甚至，根本不存在古代城邦意义上的城市，因为，社会生活"包含在每个房屋、每个家庭之中"。[52]在这三种不同的城市发展方向上，并不存在一种共有的同一道路。也是在这里，列斐伏尔通过马克思的《大纲》中对不同地区、不同民族社会历史发展的非线性讨论，第一次意识到**线性历史观**的局限。他内省式地说，"在**一定的生产方式**（马克思强调了这一点）中具有其活生生的现实性"［une réalité vivante dans *un mode déterminé de production*（souligné par Marx）］。[53]这可能是列斐伏尔第一次真正意识到历史唯物主义的核心构序点：一定的（*déterminé*）时间节点中的特殊历史质性，以及一定的生产方式在不同地区和民族特殊的发展中所表现出来的活生生的现实性（réalité vivante）。这不仅会直接证伪从抽象的逻辑悬设出发的人本主义话语编码的非历史性，也会生发出对列斐伏尔在前述《都市革命》中那个从 0→100 的线性城市史线索的拷问。

此时，列斐伏尔深刻地认识到，"马克思的思想道路经历了成千上百万次的重造和回溯"[54]，这表现为他与政治、经济、历史等领域的思想发生碰撞，广泛关注古代与现代、东方与西方的不同历史条件，在这条布满荆棘的探索道路上，马克思误入过歧途也遇到过各种艰难险阻，但他始终不懈努力，最终获得了对历史的科学观察。这一点，对列斐伏尔惯于随意的思想构境显然有较大的触动。

第三，资本主义**都市系统**的历史发生。这当然是列斐伏尔自己的过度诠释。列斐伏尔注意到，虽然马克思在《大纲》中主要分析了欧洲历史上土地所有制中资本主义生产方式的历史发生，但他已经在精细地区分这一生产方式在欧洲各国产生和发展的不同特点。列斐伏尔显然不知道这是马克思在"居利希笔记"的全球经济学研究中的成果。当然，列斐伏尔接下去的主要任务为，我们跟随马克思的脚步,分三步重新塑造他的思想道路:"都市系统"(système urbain)的起源,这一阶段从属于一种更广泛的起源,即一般化的交换价值、商品世界和货币的起源,总而言之,资本的起源。在每一步中,概念都在不断地巩固和扩大;尤其是在每一步中,**差异**(*différences*)都得到了呈现。对这种轨道的重述不是为了建立某种重言式的同一性(identité tautologique),使它从属于普遍的、虚无的真理。恰恰相反。在原始的、直接的、自然的共同体中存在着大量的差异,语言、习俗、共同体成员之间的关系,周围的自然也是如此。[55]

这也就是说,马克思在《大纲》中追寻了资本主义都市系统(système urbain)的起源,即都市关系场境所基于的资产阶级所创造的"一般化的交换价值、商品世界和货币的起源,总而言之,资本的起源",在这里,商品的价值关系、货币和资本关系的历史发生,被看作"都市系统"生成的三步走,这是一个有意思的历史发生学的观点。在马克思的《大纲》中,显然不会出现这里列斐伏尔所指认的都市系统观念。但是,马克思从来没有打算将所有不同地区的民族的社会历史发展硬塞进一种普遍的同一性(identité)轨道之中,而充分注意这种现实历史发展中的不同差异和特点。这正是历史唯物主义的观点。列斐伏尔说,固然"社会存在源于动物性",这是一个自然基础,也"历史辩证地来自史前史",今天的资本主义社会来自"原始共同体(部落的、家庭的)的解体,以及建立在废墟、古代城邦和中世纪城市之上的公社的解体,因此产生了不同的演化路线(lignes d'évolution différentes),有的走向停滞,有的走向衰亡,有的最终开创了'历史'并产生了现代社会"。[56]这里的不同演化道路是极其重要的,它直接反映了马克思《大纲》中在历史认识论上的重要进展。

也是在这里,列斐伏尔有些用力过度,为了表明历史唯物主义对历史分析差异性的重视,他竟然不恰当地反对了一般"生产方式"概念的普适性。他认为,

"生产方式"(mode de production)作为一个特定的理论概念,用来指示某个社会或社会群体(une société ou un groupe de sociétés),在《大纲》中,这一概念和术语既没有用来描述东方社会,也没有用来描述古代或中世纪的欧洲社会。它仅仅用来描述所谓的原始共同体(通过血缘关系、领土关系、

部落关系或家庭关系来界定），但也是以一种特殊的方式提及。[57]

　　将马克思的生产方式概念仅仅定义为一个原始共同体或一个社会群体，这当然是不对的。但是，列斐伏尔从非物性的社会关系场境来把握生产方式，却有着自己独特的构境意向。可能在《大纲》的讨论中，马克思描述了在特定生产方式基础上原始共同体的生成，但这并不会否定生产方式在整个历史唯物主义构境中的原有构序地位，即一定生产力水平之上生产物相化活动的样式以及社会关系结合起来的方式，这是具有普适性的基本范畴。列斐伏尔竟然说，只是因为马克思"在一篇著名的、广受议论的文本中，'生产方式'这一术语和概念才表现出人们所熟知那种的坚固性和稳定性"。[58]这里的文本是指马克思1859年写下的《〈政治经济学批判〉序言》。列斐伏尔的意思是说，正是第二国际的理论家错误地依据这一文本，将历史唯物主义解释为经济决定论，这一判断并不错。但由此否定生产方式在历史唯物主义构境中的基础性地位，则是有失公允的。

　　列斐伏尔说，他这里主要还是会聚焦于资本主义社会都市进程的发生和发展。在他看来，马克思在《大纲》中仔细讨论了内嵌着都市化趋向的资本主义的历史发生，"资本主义是如何建立起来的？它的统治来自一个漫长的过程，它既是一个经济的过程，又是一个政治的过程"。[59]这是一个历史性的判断。他说，

　　　　资本和资本主义的形成经历了一个阶段，即"劳动形式上从属于资本"（soumission formelle du travail au capital）。由资产阶级所控制的大工业，使现有的生产力，即那些与资本主义的生产关系和生产方式不相符的生产力——手工业、制造业、农业生产和商业交换的各种各样的部门——隶属于大工业自身。在转型的过程中，直接劳动（travail immédiat）依然是基本的要素，例如在手工业和制造业中，而大工业生产成功地把它们整合在一起。对资本主义而言，这些要素是现成的东西，资本主义的前提是使这些要素服从于自身。[60]

　　这是基本正确的分析。可是，这一观点的萌芽的确出现在《大纲》中[61]，而关于"劳动从形式上从属于资本"的具体分析，则是马克思在后来的《1861—

1863 年经济学手稿》中完成的科学认识。[62]列斐伏尔说,在资本关系开始生成的阶段中,"平均利润率还不是很明显,因为在资本的市场上还没有资本的竞争,而只有产品的竞争。在这一时期,剩余价值率(利润与工资之间的关系)比利润率更加重要"。[63]应该说,这是列斐伏尔从马克思那里学到的十分专业和到位的经济学分析了。然而,"平均利润率"和"剩余价值率"等属于资本主义生产总过程的问题,马克思并没有在《大纲》中真正展开讨论,这是马克思在《1861—1863 年经济学手稿》和《资本论》中完成的科学认识。

也是在这里,列斐伏尔指认说,正是"在这一过程中,城市(ville)扮演了重要的角色,它使现有的生产力服从于资本,充当资本积累、市场扩张、平均利润率赋型(formation du taux de profit moyen)以及政治干预的场所。在这一过程的结尾,一切事物都呈现为资本的生产力(force productive du capital),而不再是劳动本身"。[64]这意味着,资本主义生成的主要空间是不同于土地的城市,在工厂和商业聚集的全新社会空间中,劳动塑形和构序的财富不再表现为自身,而颠倒地呈现为资本的生产力(force productive du capital),资本关系支配现有的生产力,资本积累、商品交换市场的建立和资本竞争中的平均利润率等全部资产阶级社会生活得以发生,以资本与雇佣劳动关系为本质的整个资本主义的经济关系赋型得以再生产。正是在这里,马克思所指认的资本的"**世界历史**(*Weltgeschichte*,*l'histoire mondiale*)与城市一同诞生,它来自城市并且发生在城市之中:东方的、古代的、中世纪的城市(ville orientale, antique, médiévale)。但这一历史运动将带我们走向何方? 走向资本主义的尽头"。[65]这是一个科学社会主义在城市研究中的断言。列斐伏尔指出,

> 作为诸种生产力和生产力本身之间的纽带,城市是经济的中枢(siège de l'économique),也是其怪物般的力量的中心。在城市中,在(它自身的)历史过程中,交换价值慢慢地压倒了使用价值(la valeur d'échange a lentement vaincu la valeur d'usage);这场斗争铭刻在城市的高墙上、建筑物上和街道上;城市记录了它的痕迹,为这场斗争作证。同样,城市也是政治权力的中心,它为资本的经济权力提供保证,保护(资产阶级)生产方式的所有制,确保它免受暴行和暴力的干扰。[66]

显而易见，与上述土地之上基于自然血亲-宗法关系的不同地区和民族中出现的东方的、古代的、中世纪的（orientale，antique，médiévale）旧式城市不同，资产阶级的城市是彻底脱型于自然性空间关系后所建构起来的全新的社会空间，它铸造了资本主义经济的中枢，这种新型的城市空间不再依托于自然土地，而在土地之上建立的新型的工厂、商业街道等建筑物中，工业生产基础上生成了以商品-市场经济关系赋型为核心的社会空间中的城市生活。其中，商品交换中生成的"交换价值慢慢地压倒了使用价值"，在这里，作为资产阶级社会空间的"城市始终存在，那些经济范畴、工资与资本、剩余产品与剩余价值在这一舞台上上演着它们的故事与悲剧"。[67]同时，这种新型的城市中的议会大厦、法院和警察局等建筑物中，也成为资产阶级围绕经济利益博弈的政治斗争戏剧的空间舞台。显然，列斐伏尔眼中的城市空间，并不是指物性对象实存中的建筑本身，而是建筑物和城市设施中发生的人与物、人与人的复杂关系场境空间。实际上，在这一特殊的城市空间中同时发生着三重空间构序轨迹：一是工厂厂房中发生的不同于土地-农业生产的工业生产物相化，特别是其中由工人劳动塑形和构序的物品的用在性，它表现为商品的使用价值（valeur d'usage），这是历史唯物主义一般原则所肯定的物质生产与再生产的社会空间基础。二是资产阶级商品-市场经济物相化所生成的复杂交换关系系统，这里的关键是资本对雇佣劳动的支配关系，这一经济空间中上演的"交换价值慢慢地压倒使用价值"的"故事和悲剧"，是劳动者创造的剩余价值如何颠倒地畸变为压迫和盘剥自己的金钱和资本。三是资产阶级维系自身统治合法性的政治斗争、法律和意识形态话语的冲突，这是一种更加隐秘的空间力量角逐。在列斐伏尔这样具体的、现实的和历史的政治经济学分析中，原先他力图在"元哲学"中建立的"家"-村落-城镇集会等诗性创制构序已经不具有透视历史本质的功能，一句话，人本主义话语败给了历史唯物主义的方法论构境。

四、《资本论》与剩余价值在城市空间中的生产和实现

在列斐伏尔看来，从《大纲》到《资本论》，马克思自己思考问题和话语编码的"图表（tableau）发生了变化"。如果说在《大纲》中，马克思根据"批判的认识

（connaissance critique）构建出真正的科学（真实的科学，脱离了意识形态），这种批判的知识找到了它的起点；它知道从哪里做起、如何做起以及自己批判的是什么"；那么，在《资本论》中，经济学阐释的"理论的连贯性以一种更严密的方式出现"，在这里，马克思更加注重的则是经济学理论建构的"**纯粹的形式**"（la forme pure）。[68]我觉得，这有一定的道理。因为，如果《大纲》是马克思自己搞清问题的思想实验，所以建构一种科学的历史现象学和批判认识论成为他思考的焦点；那么，《资本论》则已经是他系统地阐释经济学理论成果的叙述话语编码，所以，他会更加注意在经济学语境中理论表述纯粹的形式。在《资本论》中，马克思更多地想到面对经济学家和普通读者，所以，他会"与庸俗的话语相遇，与日常生活和商品世界的话语相遇，与作为个体的资本家的话语相遇，还有与之相对应的意识、知识和意识形态的各种模态"。[69]也就是说，他更多地会遭遇感性经验错觉和经济拜物教幻象，这样，马克思就不会全部保留自己在《大纲》中获得经济学话语之外的思想成果，而会集中精力破解经济学逻辑中的迷雾。这是我们应该注意的一个马克思不同文本研究方法论差异中的细节。

列斐伏尔认为，在《资本论》中，马克思时常是从我们在日常生活中遭遇的最普通的事情开始他的深刻剖析的。所以列斐伏尔也模仿马克思，非常具体地举例说，如果在日常生活中，

> 假设有一个富有常识的人、一个"经验主义者"（empiriste），他试图去理解在他周围发生的事情。他计算对象和事物（des objets，des choses）的数量：这张桌子、这张床、这些黄油、这些糖，等等。或者这些房子、这些街道、这些建筑。他为这些对象设立了一张清单。为了继续他的研究，他需要询问这些物品的价格；他可以在商店里看到这些生活用品的标签；他不断更新物品的清单、价格的清单。[70]

这名假想中的学者，在研究资本主义社会日常生活中的现象时，总是停留于可见的物性对象数量，生活中使用的桌子、所吃的食物，以及在城市中直观看见的街道和建筑上，甚至，他也可以进一步弄清这些客体对象在商业买卖中的标价。恐怕，这似乎是我们大多数人在日常生活中遭遇这个商品世界时的基本状态。列斐伏尔认为，马克思在《资本论》中恰恰是以证伪这种实证经验开始自己

的叙述的。在马克思看来，人们在这种经验论的情境中进入资本主义的商品-市场过程中，最大的问题是"仅仅看到**经济事实**，而没有看到**社会关系**（*rapport social*）"[71]，因为，

> 在任何一个时刻，这名"学者"（他事实上知道很多事情）都不能理解这些**对象**之间、这些货币单位之间的任何一种**关系**（*apport*）。他一个一个地对它们计数和分类。他不知道**一个物品**为何以及如何能够"价值"一定数量的货币；他永远不会知道他对此一无所知（il ne saura jamais qu'il ne le sait pas）。他也不知道**两个物品**（或者更多的物品）如何以及为何能够价值**同等数量的货币**；相反，不知道**一个物品**在它的价格发生变化的情况下，为何以及如何能够价值更多的货币。[72]

当然，列斐伏尔的意思是对的。但是显然他混淆了自己后来在空间生产理论中弄清楚的两个不同的社会关系场境。一是常人不易从"桌子""床""房屋"和"街道"这样的物性实在中体知到生活关系的非直观的空间场境；二是这种社会关系在进入资产阶级经济物相化空间后的复杂颠倒和变形。因为，在经济拜物教的幻象之中，资本家和资产阶级的经济学家都只是停留在商品、货币和资本的外部物像上，而无法透视这些经济事物的关系本质。但在资产阶级经济学家那里，他们并非觉得自己不 saura（知道）作为商品对象和货币之间的关系，包括商品的价格波动和资本利润增殖的关系，马克思所真正关心的问题，是他们在解释商品的 valoir（价值）关系，特别是利润、利息、地租和税收等剩余价值的来源问题的时候，陷入更深关系场境层面上的经济拜物教。

列斐伏尔说，马克思在《资本论》中主要讨论了资本主义生产方式中的剩余价值的生产、实现和分配关系。这是正确的认识。在生产关系的层面，也是资本支配雇佣劳动关系的生产与再生产。一是在劳动者个人层面上，他的货币工资所得低于自己在生产过程中实际创造的价值。列斐伏尔的这个概括不错，但是不讨论劳动力使用权的价值的问题，很容易使马克思在《大纲》中创立的狭义剩余价值理论流于"不公正交换"的假象。恰恰是在列斐伏尔拒斥的阿尔都塞对《资本论》的"症候阅读"中，被指认出马克思在斯密的《国富论》的不彻底的劳动价值论中，发现了"劳动价值"后面的空白，所以，当这一逻辑症候中的空白被填

上"力"时,则实现了剩余价值理论的革命[73]。可正在这里,列斐伏尔却再一次批评了阿尔都塞的"症候阅读"。[74]二是在不同企业和市场层面,资本家在平均利润率的影响下只能获得相应比例的剩余价值份额。其实,除去资本利润,马克思在《资本论》中还详细讨论了利息与地租等剩余价值的次生异化形式。三是在国家层面上,"国家(通过不同的方式:税收、国营企业)从总的剩余价值中抽取重要的一部分,并且强有力地在资产阶级的各阶级的各个阶层和派别之间进行分配"。[75]特别是这种税收支撑着现代资产阶级社会运行的"大型公共服务"(grands services publics)系统,其中,"包括学校和大学、交通、医疗和医院以及'文化',因此也包括城市"。[76]这第二、三方面,在马克思的经济学理论话语中,已经是在讨论资本主义生产总过程中实现的广义剩余价值。但马克思并没有展开说明第三方面,特别是城市空间中出现的国营企业、教育、医疗等"公共服务系统"领域中的这些方面,因为,这只是20世纪欧洲发达资本主义社会中出现的新情况。在列斐伏尔看来,马克思在《资本论》中依次分析剩余价值在资本主义生产总过程中"赋型"(formation)、"实现"(réalisation)和"分配"(répartition)。可是,马克思并没有重点讨论的剩余价值分配中的国家税收,这是"从剩余价值中提取重要的一部分,特别是通过税收制度,从而维持社会的生活,维持知识和教育、军队和警察、官僚和文化等等的生活"。[77]这是列斐伏尔自己特别关心的问题,因为,它会关联到当代资本主义空间生产中新的文化和日常生活等线索。

当然,列斐伏尔对《资本论》的解读,最终还是要回到城市问题。在这里,他先批评马克思在《资本论》中没有完成地产(la propriété du sol)理论,因为,地产问题不仅仅归结马克思已经讨论的地租,还关涉列斐伏尔关心的"城市建筑地产"(domaine bâti des villes)。[78]我觉得,这是一种多余的指证。因为在马克思的那个时代,根本还没有出现今天意义上的"房地产"。关于《资本论》中的城市问题,列斐伏尔有如下的看法:

第一,城市本身是**一定历史条件下出现的特定社会产物和生活**。列斐伏尔说,"城市的概念本身归属于历史。它是一个**历史范畴**"。[79]这是一个正确的认识。在前面的《都市革命》中,我们已经看到过列斐伏尔那个政治城市-商业城市-工业城市-都市化城市的历史时空轴。在他看来,马克思已经认识到,不同于欧洲的古代城市和中世纪的政治城市,资本主义的新兴城市"是先前的社会形态被摧毁的结果,是资本的原始积累(它在城市中并且通过城市而得以完成)的结果"。[80]因为，资产阶级的工业生产塑形和构序、经济物相化空间和民主政治空间，都是建立在对传统宗法关系基础上奴隶-封建专制的摧毁和脱型之上的。不过，按照马克思在《资本论》中的观点，资本的原始积累并非仅仅发生在资本支配的城市之中，而更多地依靠了西方殖民主义对其他地区和国家人民的残酷杀戮和掠夺。

第二，是在这种城市中经济物相化背后的**非直观社会关系**空间。这是列斐伏尔十分深刻的思考点。他指认说，在《资本论》中马克思对城市的讨论里，可以看出资本主义的城市中发生的某种非物性的空间关系场境向对象性物性的畸变，在资产阶级的经济空间中，"它是一种社会的物（*chose sociale*），社会关系在其中变成了可感觉的物，社会关系本是不可感觉的[81]，因此我们必须通过思想来进行构思，从它们的具体的（实践的）实现出发"。[82]在《资本论》中，马克思原来的阐述并不是对城市空间的直接描述，而只是说明商品交换中人与人的关系颠倒地**事物化**（Versachlichung）为经济事物之间的关系，而列斐伏尔却以此来透视资本主义城市空间关系场境的本质。这是一种没有大错的逻辑移植。也因为列斐伏尔这里混淆了两种完全不同的空间场境关系，所以，在资本主义的现代城市中，存在着可感觉得到的对象性的建筑、街道，这并不是列斐伏尔所想指认的 *chose sociale*（**社会的物**），而是在物性建筑的空间句法中现实发生的人与人的社会关系，这是在资本主义历史地发生之前就已经存在的生活空间场境，然后，才会在资产阶级的经济物相空间中，商品交易市场中发生的劳动交换关系被客观地抽象为价值关系，并且事物化颠倒为货币和资本，这样，"社会关系在其中变成了可感觉的物"，人们在超市和购物中心的建筑中用金钱换取商品，在工厂的建筑里发生的生产过程中遭遇劳动对象、机器和其他生产资料，却无法知道这些物并不是它们自身，而是经济物相化结果的社会物。在此，列斐伏尔特别想强调这些社会物对城市空间的直接依存性。应该说，这是一种十分深刻的认识。

第三，资本主义城市中的**社会物向自然物的畸变**。这同样也是一个十分复杂的思想构境。在《资本论》中，这是马克思指认在经济物相化过程中，人们将商品交换中生成的特殊经济质——价值关系误认为物品本身的自然属性，这是一种特定的**物化**（Verdinglichung）观念，由此生成商品拜物教、货币拜物教和资本拜物教。列斐伏尔说，在城市中,商品世界在其抽象的自身(lui-même abstrait,因为它是由脱离于使用的关系所构建的)中,与自然(nature)相遇,模仿自然,它能够充当自然界,用自己的物质化身(incarnation matérielle)充当自然。在这里,资本的需求和资产阶级的需要既被看作是自然的,也被看作是社会的(用我们今天的话来说,"文化的")。在都市的背景下,这些由历史所造就的需要在这里成为了不可或缺的东西。[83]

这是一个深刻的见解。因为,列斐伏尔将马克思的物化批判直接与资产阶级自然意识形态连接起来了。在前述社会物的透视中,货币作为一种从商品交换中现实抽象出来的社会关系,并非贵金属或纸币本身这种特定的 incarnation matérielle(物质化身),可资产阶级却将这种事物化颠倒和物化误认直接意识形态地自然化伪饰起来,"资产阶级的需求"就是"自然的(naturels)需求",以此论证资本主义生产方式的天然性。我们不难看到,列斐伏尔在上述关于城市空间的思考中,如实地将马克思分析资本主义经济物相化空间中的方法,直接应用到对城市问题的讨论中来,这是他对马克思《资本论》"照着说"的具体例证。

列斐伏尔认为,马克思在《资本论》中对资本主义城市空间的思考,可以从"**剩余价值的赋型**"(*la formation de la plus-value*)和"**剩余价值的实现**"(*la réalisation de la plus-value*)两个视角来认识:第一方面,城市是资本主义剩余价值赋型的重要场境背景。列斐伏尔也承认,马克思并没有将城市直接作为资产阶级盘剥剩余价值的场所,因为,"剥削的场所、剩余价值最初形成的场所是生产的单位:企业、资本主义意义上的'社会'、工业部门,以及大规模和中等规模的农业生产单位(利用雇佣工人)"。[84]然而在马克思那里,城市只是剩余价值赋型更大的空间背景。

对马克思而言城市只是一种生产力(forces productives)。它包含着一部分重要的、过去的、固定的劳动,也就是字面上讲的死劳动,资本家支配了这种死劳动从而获得了活劳动(travail vivant);它也包含了那些从劳动工具每天的损耗中幸存下来的东西;它以一种机构的方式(la manière d'une institution)维持着分工,后者对于资本主义的运行而言必不可少;它因此在它的内部维护并改善着社会分工;它使生产过程的诸要素相互接近。[85]

这当然不是马克思原来的经济学话语。一是列斐伏尔说，城市在整个资产阶级盘剥剩余价值的过程中，只是起到了客观生产力的作用，在这种社会空间中，发生着生产过程中劳动本身的分工，这迫使一无所有的工人不得不在劳动分工条件下，出让自己的片面化活劳动创造的剩余价值，城市正是这种以"机构的方式"维系资产阶级经济剥削的空间条件。列斐伏尔说，"马克思之后的、最近的经济学家已经证明了城市现实的这些功能，它在空间和时间里集中了生产的这些方面：企业、市场、信息和决策，等等"。[86]这是说，城市是保证剩余价值生产的主要时空条件。二是对于资本主义生产来说，剩余价值的生产并非仅仅局限在工厂的车间里，还会体现在城市空间中的生产资料的运输、仓储和日常生活中的劳动力再生产等方面，"城市和都市现实是特殊的场所，是再生产循环（cycles de la re-production）得以完成的场所的整体，这种循环比它所包括的生产循环还要庞大和复杂。特别的是，（资本主义）生产关系的再生产包含着分工的再生产，也就是内在于分工的诸种分离（séparations），尤其是技术分工（在生产单位中）与社会分工（在市场上）之间的分离"。[87]依列斐伏尔之见，正是由于劳动分工中出现的这种最基础性的分离，导致了资本主义生产方式在社会空间的生产和社会关系再生产循环中的一系列分离。列斐伏尔认为，其中最重要的分离有两个方面："从根本上说，正是在资本主义的基础上，存在着生产者（劳动者）与生产资料之间的分离，以及最初的交换分解为两种不同的行为：生产和出售（货币支付），这引起了生产过程与流通过程之间的分离"，而这种分离则生成不可避免的"经济危机"（crise économique）。[88]这是两种完全不同层面上的分离：一是所有制关系中传统生产关系解体带来的劳动者与生产资料的分离，这是整个资本主义生产关系的前提；二是商品-市场经济中逐步分离开来的生产与流通领域，这后一种脱节和分裂是资本主义发生经济危机的必然内因。

第二方面，资本主义的城市也是剩余价值实现自身的必要条件。在列斐伏尔看来，马克思在《资本论》中，较多地关注了剩余价值的生产，却没有深入思考剩余价值本身实现的空间前提——城市。这可能是一个事实。我以为，出现这种情况的原因并非马克思没有意识到这一点，而是他并没有完成自己六卷本的宏大经济学研究计划[89]，在规划中的"国家"和"世界市场"研究中，马克思必定会涉及剩余价值的空间中的实现问题。当然，马克思在《资本论》中已经认识到，资本家盘剥劳动者的剩余价值的"这种实现首先需要市场（marché），然后需要一种特殊的信用、贴现、资金转账制度(systéme particulier de crédit, d'escompte, de virements de fonds),使货币(钱币)能够充分实现它的功能:调节交换价值、商品流通以及支付方式"。[90]而这一切,都是在城市空间中完成的。这是对的。一是资本家已经剥削到手的剩余价值,必须以商品的方式变卖出去,这就需要城市中商品交换的各种批发和零售交易市场,需要商店、商业街和贸易中心的建筑群落。二是列斐伏尔还特别指认说,剩余价值的实现也越来越离不开城市中复杂的银行金融系统,

> 城市为银行制度(système bancaire)提供保护,这种制度建立于中世纪,它为钱币(现金)的功能提供保证。与银行以及银行制度一同产生的,是为连接支付和相互补偿而准备的办法,货币制度发展为信用制度(système de crédit)。它免除了现实的支付并代之以本票,通过一种"信用的"或"书面的"货币,这种货币要求信任。[91]

虽然,钱生钱的高利贷和"钱庄"出现在前资本主义社会,但现代意义上的银行系统却只是资产阶级经济发展的历史产物,资产阶级发明的信用贷款、贴现和资金转账系统,已经成为有限资本集聚和占有大规模社会资本,加快资本流动和使用的必不可少的重要手段,而"城市是这些资产阶级戏剧发生的剧场",也就是说,这一切信用-银行关系的中枢和主体也都是在城市的金融中心实现的。关于资本主义的信用体系的研究和批判,马克思是在《资本论》第三卷中完成的。

最后,列斐伏尔小结说:

> **城市包含着我们列举和分析过的所有事物**:过剩的人口、大工业的卫星城、所有类型的"服务"(从最好的到最坏的)。别忘了行政和政治的机器、官僚和领导者、资产阶级和它的随从。因此城市与社会走到了一起,混淆在一起,因为城市作为"首府"(capitale),把资本主义权力(pouvoir capitaliste)本身——国家吸收到它的内部。在此背景下产生了社会资源的分配,这是一种阴谋算计和疯狂浪费的奇妙混合。[92]

依列斐伏尔之见，虽然马克思并没有在《资本论》中集中地讨论城市，但在他对资本主义生产关系的整体批判中，我们不难体知到城市在资本在支配全部社会生活中的基础性作用，这不仅是剩余价值的赋型与实现、劳动力生力军人口的集聚，也有资产阶级的政治统治机构的空间布展，在现代资本主义的发展中，城市空间就是资本世界历史的社会生活实现。在这里，"剩余价值的再生产和生产的社会关系（rapports sociaux de production）的再生产不再分离开来"，特别是在资产阶级"在大城市的扩张和国土整治的过程中，社会空间（L'espace social）本身被生产出来，与此同时它也受到监管和控制（surveillé et contrôlé）"。[93]

列斐伏尔十分明确地表示，他这一次对马克思主义经典文献的"重新阅读"（re-relecture）的最大成果，并非是在经典文献中"试图去发现或构建出一种连贯一致性：一种'都市系统'（système urbain），内在于资本主义生产方式的都市结构和功能（structures et fonctions urbaines à l'intérieur）"。[94]这是对的。因为在马克思、恩格斯的那个时代，还不会出现今天资本主义的都市化实践。但是，这并不妨碍列斐伏尔自己用刚刚真正学到的历史唯物主义方法，去面对当代资本主义的社会空间问题。在他看来，马克思已经充分说明了资本主义生产方式的历史发生和发展，其中，一方面，资本主义的"生产关系的再生产包含着扩张，包含着生产方式及其物质基础的扩大"，这意味着"资本主义扩展到整个世界中"，另一方面，"资本主义构建起新的生产部门，因而建立起新的剥削部门和统治部门；在这些部门中，我们可以列举出：休闲、日常生活、认识、艺术以及最后的都市化"。[95]显然，这里所谓"新的部门"中已经内嵌着列斐伏尔自己关注的领域了。更重要的是，固然资本主义生产方式自身发展中的

　　　　生产力在其增长过程中，尽管受到了资本主义生产关系的"限制"（«entraves»），但它在两次世界大战的刺激下获得了一种力量，也就是它能够**生产出空间**（produisent l'espace）。在世界范围内，空间不仅是公开的、被占有的，而且也是被改造的，以至于它的"物质材料"、"自然"受到了这种**统治**的威胁，而不是一种**取用**（appropriation）。一般的**都市化**（L'urbanisation）是这种巨型扩张的一个方面。如果存在着空间的生产，那么难道不存在空间的矛盾（contradictions de l'espace），或者更确切地说，内在于这种生产之

中的冲突,新的矛盾?如果是的话,那么马克思的思想就保持它的意义,甚至具有更大的视野。[96]

这里,我们竟然看到了列斐伏尔在《现代性导言》中提出了人本主义话语中的取用概念,可是,这显然不再是某种应该存在的本真性,而是历史唯物主义构境中的人对自然关系的历史曾在。我们直接看到,列斐伏尔后来那本《空间的生产》的思考主题甚至书名几乎在这里都出现了,依他的观点,如同马克思和列宁所预测的那样,在资本主义生产方式中的近代发展进程中,其败坏的生产关系极大地阻碍了生产力的发展,甚至在 20 世纪 20 年代遭遇自身的致命危机,然而,资产阶级在两次大战期间有效地通过国家干预改变了经济策略,目的是"资本主义生产方式足以维持下去",以列斐伏尔的判断,其中最重要的方面就是**生产出空间**(produisent l'espace)!之后,列斐伏尔会在《资本主义的幸存》一书中断言,空间的生产正是当代资本主义生产方式得以苟延残喘的途径。这就是列斐伏尔所说的,马克思已经初步预测到却没有回应的新问题。列斐伏尔认为,资本主义空间生产中的新矛盾主要有这样一些方面:

一是资本主义空间生产的碎片化奴役关系场境。列斐伏尔说,现在资本主义社会的

> 主要的矛盾存在于全球范围内的总的被生产的空间与空间的碎片化、粉末化(fragmentations et pulvérisations)之间,碎片化和粉末化是资本主义生产关系(生产方式的私有制和土地,也就是说空间本身)的结果。空间被压碎,按照碎片来进行交换(出售),碎片化的科学以碎片化的方式去认识空间,而空间是作为世界的总体性(totalité mondiale)、甚至星际的总体性而形成的。[97]

这是一个比喻性的分析。相对于对象性的不动产土地和工业化中凝固化的不变资本,都市化的空间生产是碎片化的场境关系,传统社会中支配性的政治关系和经济奴役制度被碎片化和粉末化,用福柯的话语,就是资产阶级的权力像毛细血管般地浸入社会生活的每一个微粒和看起来是"小事情"的生活细节。这将是一种资产阶级统治世界的全新强制构序总体性。其实,如果要入境于列斐

伏尔在《元哲学》中构序的人本主义话语中，这也是那种从"家""村落"到城镇广场的列斐伏尔在《元哲学》中构场境的异化，因为，人与人之间最珍贵的生活关系场境被切割和变卖了。还应该说明，列斐伏尔这里所指出的当代资本主义空间生产中的碎片化特征，正是后来所谓"后现代思潮"激进话语的幻象产生的真正现实基础。他们假定用以反抗总体性、本质主义的碎片化、祛中心主义的做法，正是当代资本主义空间生产中碎片化趋向的无意识反映。奈格里和哈维后来都明确指证了这一点。

二是资本主义生产方式在空间生产中的延伸，"把一种镇压性的（国家的）统一体施加在群体、功能和场所的一般分离（隔离）之上，也就是在所谓的都市空间（l'espace dit urbain）之中"。[98]在所谓的都市空间中，资产阶级的统治开始建立在一种新型的群体、功能和场所的分离之上。因为生产的自动化使"非劳动（non-travail）成为可能"，社会空间呈现出"劳动空间、非劳动空间和休闲空间"（les espaces de travail, de non-travail et de loisirs），比如，在企业生产和办公区以外的生活起居的公寓（"家"）、公共体育竞技的场所（"相遇""自由集会"）、主题公园那样的休闲空间（非劳作的"放松"）等，可是，"只有休闲从属于剩余价值，通过工业化和休闲商业化、休闲空间商业化的方法，资本主义才会延迟娱乐的时间"。[99]并且，所有分隔开来的空间生产和支配都是看不见的资产阶级"镇压性的统一体"。这也意味着，"诗性创制"场境的最后避难所也被侵占和摧毁了。

三是列斐伏尔认为，当代资本主义生产方式中这种都市化（urbanisation）的"无限地、爆炸性地扩张"，必然导致城市对乡村的"吸收"和对自然的摧毁，然而，乡村和"郊区的分散、威胁着社会关系的隔离，与它们相对立的是一种强调其形式的集中性，作为决策（财富、信息、权力、暴力）的集中性"。[100]可是，身处大都市的个人却仍然是"分离的、孤立的、分裂的"。资本主义的都市化实践，不仅毁灭了原生的自然和乡村，也造成了都市化空间中统治中心对边缘化（郊区）人群的新型奴役关系。

列斐伏尔认为，通过对《资本论》的细读，我们不难发现，

> 马克思在他的晚年，在他的写作中越来越多地围绕着生产方式（mode de production）的概念。对他而言，对资本主义生产方式进行定义不是为了

构建一种"模型"(《modèle》),……也不是系统地构想出一般的社会、尤其是资产阶级社会。不是关闭这种现实,也不是"结束"这种概念,而是相反地打开(ouvre)现实和概念。资本主义生产方式的过去或未来并没有被关闭。[101]

其实,这恐怕是列斐伏尔这一次对马克思主义经典文献细读的最大成果。虽然,他并没有在马克思、恩格斯的文献中直接找到关于城市的专题性研究和深入的思考,但他真的经历了一次历史唯物主义科学方法论的洗礼。列斐伏尔应该是第一次学会了从客观实际出发去打开社会生活现实和概念。这是列斐伏尔思想中一次方法论上的重大转折。虽然,他还仍然保留着人本主义话语的外饰,但那种从价值悬设出发的人学批判话语已经彻底失去了主人话语的编码地位。

注释

[1] Henri Lefebvre, *La pensée marxiste et la ville*, Tournai, Paris：Casterman, 1972.

[2]《英国工人阶级状况》一书写于 1844 年 9 月至 1845 年 3 月,1845 年 3 月出版。从1843 年后开始,恩格斯在英国进行了广泛而深入的调查,访问矿山和工人家庭,查阅议会报告以及工厂视察员、医生和教师们的证词,并去伦敦、利物浦等工业中心实地考察,搜集了大量关于英国工人生活条件政治态度和斗争情况的第一手材料。

[3] Friedrich Engels, *Gazette rhénane*, décembre 1842, «Les Crise». Cf. Aussi «Esquisse d'une critique de l'économie politique», dans *Annales franco-allemandes*, 1844 et «La Situation de l'Angletterre», dans les *Annales* ainsi que dans le *Vorärts*, septembre-octobre 1844.——原注参看恩格斯的《英国对国内危机的看法》《国内危机》《各个政党的立场》《英国工人阶级状况》和《谷物法》这五篇 1842 年 12 月发表在《莱茵报》上的文章,中译本参看《马克思恩格斯全集》第 2 版第 3 卷,人民出版社 2002 年版,第 405—422 页;并参看恩格斯 1844 年发表在《德法年鉴》上的《国民经济学批判大纲》,中译本参看《马克思恩格斯全集》第 2 版第 3 卷,人民出版社 2002 年版,第 442—473 页;以及恩格斯 1844 年发表在《德法年鉴》上的《英国状况　评托马斯·卡莱尔的〈过去和现在〉》、同年发表在《前进报》上的《英国状况十八世纪》和《英国状况　英国宪法》这三篇文章,中译本参看《马克思恩格斯全集》第 2 版第 3 卷,人民出版社 2002 年版,第 495—547、558—585 页。——中译者注。

[4] Henri Lefebvre, *La pensée marxiste et la ville*, Tournai, Paris：Casterman, 1972, p.9.中译文参见刘怀玉、郑劲超译稿。

[5] Ibid., p.10.中译文参见刘怀玉、郑劲超译稿。

[6] Ibid., pp.27—28.中译文参见刘怀玉、郑劲超译稿。

［7］Ibid.，p.29.中译文参见刘怀玉、郑劲超译稿。

［8］Ibid.中译文参见刘怀玉、郑劲超译稿。

［9］Ibid.，p.34.中译文参见刘怀玉、郑劲超译稿。

［10］Ibid.，p.7.中译文参见刘怀玉、郑劲超译稿。

［11］Ibid.，pp.27—28.中译文参见刘怀玉、郑劲超译稿。

［12］Ibid.，p.11.中译文参见刘怀玉、郑劲超译稿。

［13］Ibid.，p.13.中译文参见刘怀玉、郑劲超译稿。

［14］［日］广松涉：《青年恩格斯的思想形成》，参见：《文献学语境中的〈德意志意识形态〉》，彭曦译，南京大学出版社 2005 年版，第 272 页。

［15］Henri Lefebvre, *La pensée marxiste et la ville*, Tournai, Paris：Casterman, 1972, p.12. 中译文参见刘怀玉、郑劲超译稿。

［16］Ibid.，p.14.中译文参见刘怀玉、郑劲超译稿。

［17］参见拙文：《经济学革命语境中科学的劳动异化理论》，《马克思主义与现实》2022 年第 2—3 期。

［18］1842 年 9 月，恩格斯结束兵役之后，在德国赴英国曼彻斯特去其父亲开办的工厂中工作，一起持续到 1844 年。1845 年 7—8 月，马克思与恩格斯一同前往曼彻斯特进行社会考察，在社会活动之余又进行紧张的经济学研究，写下了《曼彻斯特笔记》。

［19］Henri Lefebvre, *La pensée marxiste et la ville*, Tournai, Paris：Casterman, 1972, p.17. 中译文参见刘怀玉、郑劲超译稿。

［20］Ibid.，p.19.中译文参见刘怀玉、郑劲超译稿。

［21］Ibid.，p.21.中译文参见刘怀玉、郑劲超译稿。

［22］Ibid.，p.12.中译文参见刘怀玉、郑劲超译稿。

［23］Ibid.，pp.34—35.中译文参见刘怀玉、郑劲超译稿。

［24］Ibid.，p.35.中译文参见刘怀玉、郑劲超译稿。

［25］Ibid.，p.34.中译文参见刘怀玉、郑劲超译稿。

［26］Ibid.，p.40.中译文参见刘怀玉、郑劲超译稿。

［27］Ibid.中译文参见刘怀玉、郑劲超译稿。

［28］Ibid.，p.46.中译文参见刘怀玉、郑劲超译稿。

［29］Ibid.，p.56.中译文参见刘怀玉、郑劲超译稿。

［30］Ibid.，pp.47—48.中译文参见刘怀玉、郑劲超译稿。

［31］Ibid.，p.58.中译文参见刘怀玉、郑劲超译稿。

［32］Ibid.中译文参见刘怀玉、郑劲超译稿。

［33］Ibid.，p.71.中译文参见刘怀玉、郑劲超译稿。

［34］Ibid.，p.59.中译文参见刘怀玉、郑劲超译稿。

［35］Ibid.，p.53.中译文参见刘怀玉、郑劲超译稿。

［36］Karl Marx：*Exerpte aus Gustav von Gülich. Marx-Engels-Gesamtausgabe（MEGA*2），Ⅵ/6，Text，Berlin：Dietz Verlag，1983.

［37］Henri Lefebvre, *La pensée marxiste et la ville*, Tournai, Paris：Casterman, 1972, p.73.中译文参见刘怀玉、郑劲超译稿。

［38］Ibid., pp.74—75.中译文参见刘怀玉、郑劲超译稿。

［39］Ibid., p.75.中译文参见刘怀玉、郑劲超译稿。

［40］Ibid., p.80.中译文参见刘怀玉、郑劲超译稿。

［41］Ibid.中译文参见刘怀玉、郑劲超译稿。

［42］Ibid., p.85.中译文参见刘怀玉、郑劲超译稿。

［43］Ibid., p.80.中译文参见刘怀玉、郑劲超译稿。

［44］Ibid., p.81.中译文参见刘怀玉、郑劲超译稿。

［45］Ibid.中译文参见刘怀玉、郑劲超译稿。

［46］Ibid., p.86.中译文参见刘怀玉、郑劲超译稿。

［47］《马克思恩格斯全集》（第二版）第 30 卷，人民出版社 1995 年版，第 467—476 页。

［48］不得不承认，在今天，我们对此有必要提出一些保留意见。日耳曼人难道不是与希腊和拉丁文明的奠基者一样，都属于印欧语系吗？参看历史学家和人类学家的著作，尤其是乔治·迪梅齐（Georges Dumézil）的著作。然而，我们不能否认在西欧的社会和意识形态中，存在着地中海（摩尼教）世界的某种趋势和某些三位一体的特征。——列斐伏尔原注

［49］Henri Lefebvre, *La pensée marxiste et la ville*, Tournai, Paris：Casterman, 1972, p.90.中译文参见刘怀玉、郑劲超译稿。

［50］Ibid.中译文参见刘怀玉、郑劲超译稿。

［51］Ibid., p.92.中译文参见刘怀玉、郑劲超译稿。

［52］Ibid., p.93.中译文参见刘怀玉、郑劲超译稿。

［53］Ibid., p.94.中译文参见刘怀玉、郑劲超译稿。

［54］Ibid., p.98.中译文参见刘怀玉、郑劲超译稿。

［55］Ibid.中译文参见刘怀玉、郑劲超译稿。

［56］Ibid.中译文参见刘怀玉、郑劲超译稿。

［57］Ibid., p.99.中译文参见刘怀玉、郑劲超译稿。

［58］Ibid.中译文参见刘怀玉、郑劲超译稿。

［59］Ibid., p.100.中译文参见刘怀玉、郑劲超译稿。

［60］Ibid., p.101.中译文参见刘怀玉、郑劲超译稿。

［61］马克思是在分析社会历史总体性时涉及这一观点，他的原话为："这种有机系统（organische System）本身作为一个总体（Totalität）有自己的各种前提，而它向总体的发展过程就在于：使社会的一切要素（alle Elemente）从属于自己，或者把自己还缺乏的器官（Organe）从社会中创造出来。有机系统在历史上就是这样生成为总体的。生成为这种总体是它的过程即它的发展的一个要素。"《马克思恩格斯全集》（第二版）第 30 卷，人民出版社 1995 年版，第 237 页。中译文有改动。Karl Marx, *Grundrissen*, *Marx-Engels-Gesamtausgabe*（*MEGA2*）II/1, Text, Berlin：Dietz Verlag, 2006. S.201.

［62］《马克思恩格斯全集》（第二版）第 32 卷，人民出版社 1998 年版，第 103—109 页。

［63］ Henri Lefebvre, *La pensée marxiste et la ville*, Tournai, Paris：Casterman, 1972, pp.101—102.中译文参见刘怀玉、郑劲超译稿。

［64］Ibid., p.102.中译文参见刘怀玉、郑劲超译稿。

［65］Ibid.中译文参见刘怀玉、郑劲超译稿。

［66］Ibid., p.103.中译文参见刘怀玉、郑劲超译稿。

［67］Ibid., p.106.中译文参见刘怀玉、郑劲超译稿。

［68］Ibid., p.109.中译文参见刘怀玉、郑劲超译稿。

［69］Ibid., p.111.中译文参见刘怀玉、郑劲超译稿。

［70］Ibid., p.112.中译文参见刘怀玉、郑劲超译稿。

［71］Ibid., p.113.中译文参见刘怀玉、郑劲超译稿。

［72］Ibid., pp.112—103.中译文参见刘怀玉、郑劲超译稿。

［73］参见 Louis Althusser, Étienne Balibar, *Lire le Capital*, Maspero, coll. « Théorie », volumes 1, 1968, p.21。

［74］列斐伏尔的原话为："我们走近马克思，走近这种充满解释力的精神；我们向他提问，并且马上用浮现在提问者脑海中的话来替代马克思所说的话。这就是所谓的症候阅读。字面的阅读无疑更好，前提是这种阅读没有被正统的注释者用来挖掘马克思主义的土壤、提取出那些老生常谈的引文。这些引文长久地为他们而服务。" Henri Lefebvre, *La pensée marxiste et la ville*, Tournai, Paris：Casterman, 1972, pp.110—111.中译文参见刘怀玉、郑劲超译稿。

［75］Ibid., p.114.中译文参见刘怀玉、郑劲超译稿。

［76］Ibid.中译文参见刘怀玉、郑劲超译稿。

［77］Ibid., p.115.中译文参见刘怀玉、郑劲超译稿。

［78］Ibid., p.117.中译文参见刘怀玉、郑劲超译稿。

［79］Ibid.中译文参见刘怀玉、郑劲超译稿。

［80］Ibid.中译文参见刘怀玉、郑劲超译稿。

［81］马克思的原话为："人类劳动的等同性，取得了劳动产品的价值形式；用劳动持续时间来计量的个人劳动取得了劳动产品的价值量的形式；最后，生产者之间的体现他们的劳动的社会性的关系，取得了劳动产品的社会关系的形式。正因为如此，这些产品变成了商品，也就是说，变成了既是可感觉的又是不可感觉的物或社会的物。"参看马克思：《资本论（根据作者修订的法文版第一卷翻译）》，中国社会科学出版社 1984 年版，第 52 页。并参看《马克思恩格斯全集》（第二版）第 43 卷，人民出版社 2016 年版，第 66 页。

［82］ Henri Lefebvre, *La pensée marxiste et la ville*, Tournai, Paris：Casterman, 1972, pp.117—118.中译文参见刘怀玉、郑劲超译稿。

［83］Ibid., p.118.中译文参见刘怀玉、郑劲超译稿。

［84］Ibid., p.119.中译文参见刘怀玉、郑劲超译稿。

［85］Ibid.中译文参见刘怀玉、郑劲超译稿。

［86］Ibid.中译文参见刘怀玉、郑劲超译稿。

［87］Ibid., p.146.中译文参见刘怀玉、郑劲超译稿。

［88］Ibid., p.120.中译文参见刘怀玉、郑劲超译稿。

［89］在马克思 1858 年 2 月 22 日写给拉萨尔的信中，他提出了一个六卷本的构想。在这时的马克思看来，对资产阶级经济学体系叙述的批判，可以分为"（1）资本（包括一些绪论性的章节，Vom Kapital, enthält einige Vorchapters）；（2）土地所有制（Grundeigentum）；（3）雇佣劳动（Lohnarbeit）；（4）国家（Staat）；（5）国际贸易（Internationaler Handel）；（6）世界市场（Weltmarkt）"。参见《马克思恩格斯全集》第 29 卷，人民出版社 1972 年版，第 531 页。

［90］Henri Lefebvre, *La pensée marxiste et la ville*, Tournai, Paris：Casterman, 1972, p.123.中译文参见刘怀玉、郑劲超译稿。

［91］Ibid., p.124.中译文参见刘怀玉、郑劲超译稿。

［92］Ibid., p.128.中译文参见刘怀玉、郑劲超译稿。

［93］Ibid., p.130.中译文参见刘怀玉、郑劲超译稿。

［94］Ibid., p.151.中译文参见刘怀玉、郑劲超译稿。

［95］Ibid., p.152.中译文参见刘怀玉、郑劲超译稿。

［96］Ibid.中译文参见刘怀玉、郑劲超译稿。

［97］Ibid., p.153.中译文参见刘怀玉、郑劲超译稿。

［98］Ibid.中译文参见刘怀玉、郑劲超译稿。

［99］Ibid., p.154.中译文参见刘怀玉、郑劲超译稿。

［100］Ibid.中译文参见刘怀玉、郑劲超译稿。

［101］Ibid., p.144.中译文参见刘怀玉、郑劲超译稿。

第九章　空间与政治:走向一个 新的观念革命

　　1973 年,列斐伏尔出版了《空间与政治》[《城市的权利》第二卷(*Le droit à la ville*, *vol.2*: *Espace et politique*)][1]一书,这是他在这几年中七篇学术报告的汇集。刚刚完成了对马克思、恩格斯第一手经典文献细读的列斐伏尔,马上回到自己在《都市革命》一书中已经提出的空间问题上,也开始从具象的城市和都市场境过渡到更加抽象的一般社会空间问题上来,现在他开始思考这个新的元哲学意义上的社会空间的本质和发生机制到底是什么? 并逐步聚焦这样一个问题:作为元哲学登场的空间理论的政治意味到底是什么,这似乎是列斐伏尔急于让世界知道的东西。

一、空间的生产:生产关系的生产与再生产

　　在这本书的导言中,列斐伏尔这样写道,“当一个文本要获得一种理论意义和自足性的时候,作者首先就得进行一种蒙太奇(Montage)式的剪辑,将他力图封闭起来的一片‘园地’划归已有”。[2]有趣的是,前不久,他还在《阿尔都塞的悖论》中指证阿尔都塞的切割和拼贴马克思《资本论》的逻辑“蒙太奇”。[3]而在这里,列斐伏尔却从正面肯定起这种理论方法。当然,这并不是他的一本书的“自足性”,而是他为了即将创立的新理论的自足性所要划定的一片特殊的理论园地。那么,列斐伏尔试图用理论蒙太奇剪辑的观点和逻辑圈地的主要内容是什么呢?

　　此时,列斐伏尔已经明确提出要用一部新的叫《空间的生产》(*La production de l'espace*)著作来剪辑自己的观点,

这一社会空间（l'espace social）理论，一方面包括对都市现实的批判分析，另一方面包括对日常生产的批判分析；实际上，日常生活与都市（le quotidien et l'urbain），是不可分割地联系在一起的，同时，产品与生产（produits et production）。通过这两者而占据着一个空间，而反过来也是如此。这一分析建立在社会实践活动的整体（ensemble）之上，因为这些活动在都市的、日常生活的复杂空间中纠缠在一起，直到在某一点上能够确保生产关系（社会关系）的再生产［reproduction des rapports de production（rapports sociaux）］。[4]

可以看到，这是列斐伏尔一个新的学术话语编码系统。这里有几个重要的理论质点：一是这一理论的名称被命名为**空间的生产**理论，这里的空间不是通常意义的物理空间，而是社会空间。依我的理解，在思想谱系上，这个非物性的社会空间场境正是原先那个关系性的"诗性创制"（poièsis）的科学重构。只是在这里，列斐伏尔还没有明确这一点。在空间问题上，相对于《都市革命》中在城市和都市场境中的零碎思考，这已经成为一种自觉的形而上学抽象，或者是那个被指认为"元哲学"的落地。然而，与 1965 年《元哲学》中的抽象人本主义理论逻辑演绎不同，这一次，元哲学已经具象化为一个系统的一般空间生产理论。二是它由列斐伏尔长期思考的两个方面批判分析整合构成，即贯穿其一生的日常生活批判与刚刚完成的资本主义都市化实践的批判，在此时他的内心里，都市化批判正是当代资本主义日常生活批判的社会空间基础。三是社会空间分析建立在特定的"社会实践总体"之上，以后将被指认为空间实践构序，其核心为乡村-城市关系场境之上日常生活复杂空间的交织，本质上，无形的社会空间生产是要确保生产关系的再生产，当然，这种生产关系的再生产，主要是指占统治地位的生产关系的空间生产。依我的推测，这里出现的**空间实践**概念，正是原来那个不同于物性生产实践（pratique）的人化实践（praxis）的重构。这也是他对空间生产这种新的元哲学本质的最重要的界定。总体上看，列斐伏尔在这本文集中并非是讨论日常生活和都市化的具体问题，而是试图将自己已有的理论思考进行一种概括和抽象，显然，这是走向《空间的生产》的重要理论准备。

还可以看到，列斐伏尔此时也意识到自己的理论身份问题，他再一次明确说，"我是作为马克思主义者来对你们讲话的，我将展示对现代资本主义所进行的理论分析，以对发达的、中心化的国家的研究和空间问题为基础的分析"。[5] 列斐伏尔重申自己的**马克思主义立场**，我们不久会清楚地看到，这是他对历史唯物主义科学方法的自觉掌握，同时，他也将这种思考直接与马克思的政治经济学批判关联起来，提出了所谓空间政治经济学的概念。可以看到，此时他的研究对象是现代资本主义社会，聚焦于"发达的、中心化"资本主义国家的社会空间问题。从一定的社会历史条件现实出发的**历史唯物主义方法和当代资本主义批判**，这是列斐伏尔此时最关心的两个核心问题。这也会是列斐伏尔接着马克思、列宁关于资本主义历史发展趋势问题往下说的重要理论节点，资本关系在社会空间中的结构性布展，将是资本主义生产方式得以幸存的重要手段。

列斐伏尔让我们注意，当代资本主义生产方式中存在着一种自我调节的特殊瞬间（moment），这是一种"变形（métamorphose）与自我毁灭（auto-destruction）"的瞬间，

> 在这一瞬间（moment），现存生产关系的再生产停止了，也就是衰变（degradation）与解体（dissolution）占了上风，也就是新的关系（nouveaux rapports）被生产出来了，排斥并取代了旧的关系。这样一个瞬间的可能性（这种观点，与通常的革命理论并不完全吻合），提出了一个战略性的假设。[6]

显然，列斐伏尔在此将自己关注的关系场境的瞬间概念延伸到了更大尺度的社会生活中来了。不过，这个当下发生且消逝的变动性瞬间场境，不是列斐伏尔表征日常生活中的"诗性创制"活动，而是社会生产关系变化中的复杂变形（métamorphose），并且，与传统社会革命的理论不同，列斐伏尔所指认的这种特殊的社会生产关系改变战略，是特指资产阶级对自身生产关系败落的拯救，这是走向灭亡的必然命运中的挣扎，所以，列斐伏尔才将其指认为"变形（métamorphose）与自我毁灭（auto-destruction）"同体的瞬间。在列斐伏尔这里的讨论语境中，这也就是资本主义生产关系再生产走向空间生产的战略。正是在这种新的空间生产中，解体中的资本主义的旧式生产关系让位给新的关系，这种新的生产关系并不是马克思社会革命理论中一种社会制度质的否定，而生产方式内部发生的战略改变。之后，他会将其命名为资本控制世界性空间生产的

"国家生产方式"。

生产关系的生产与再生产，当然是历史唯物主义的重要观点，可是，列斐伏尔认为，这一对社会宏观结构的指认必须回落到微观的社会生活，这就是他的理论贡献了。对此，他有一个新的说法：如果说，马克思的经济制度一类的宏大生产方式构架是一种离我们生活比较远的**远程构序**（*l'order lointain*），那么，列斐伏尔所说的空间生产中的生产关系再生产则是指渗透我们每天日常生活中的**近端构序**（*l'order proche*）。这里的 order（构序）显然是一个贬义词，它是指人的生存入序于特定的社会关系构式，表征了对抗性的社会生产关系对人的压迫和控制。我体会，这一新的表征背后，实际上透露着列斐伏尔长期以来的一种不懈努力，自 20 世纪 30 年代以来，列斐伏尔就明确提出，从马克思表述的宏大社会政治经济关系中的奴役和异化，转向资本关系对人们日常生活小事情的支配和异化，这本身就是社会批判理论"日常生活转向"的本质，在这里，列斐伏尔使用了远程构序和近端构序的科学表述。当然，列斐伏尔在这里还有新的发现：一方面，在斯密和马克思那里，资产阶级经济关系的远程构序，往往是通过市场交换关系的竞争返熵和自发作用，以"看不见的手"来构序生产和社会生活，在那里，资本主义生产方式对经济的远程构序是间接性地"自然"发生的。而列斐伏尔认为，今天的资本主义生产方式的远程构序已经发生了重要的改变，因为这是直接通过

> 国家官僚主义（bureaucratie étatique）的行为、按照（资本主义的）生产方式的要求对空间所进行的管理，也就是按照生产关系的再生产的要求来对空间所进行的管理。这一实践的一个重要的、或许是根本的方面就出现了：将空间进行分割（fragmentation），以便用来买卖（交易）。[7]

与马克思那个时代不同，今天资本主义生产方式对社会生活的远程构序，除去市场本身的自发作用，也已经内嵌了资产阶级国家官僚主义**直接干预**，这是对凯恩斯主义的一个新的补充，因为，今天的资产阶级国家干预的领域已经扩展到对空间生产的远程构序。

另一方面，列斐伏尔特别说明，这里作为国家官僚主义直接干预的社会空间中的生产关系的再生产，恰恰是使经济关系的远程构序转换为日常生活中的近端构序来实现的。他说，在今天的资本主义社会中，

不管在什么地方,处于中心地位的是生产关系的再生产(la reproduction des rapports deproduction)。这一过程发生在每一个人的眼皮底下,并在每一项社会活动中完成,其中包括那些表面上最无关紧要的活动(休闲)、日常生活、居住(l'habiter)与住宅(l'habitat)、空间的利用。[8]

国家官僚主义直接控制空间的生产塑形和构序,目的就在于寻找资本主义生产关系改变和幸存的新方式,这就是对马克思关注的商品生产和流通领域之外的日常生活空间的殖民和盘剥,在那些最不起眼、最普通的"休闲、日常生活、居住与住宅、空间的利用"的近端构序之中。显然,这里的近端构序,就是那些我们眼皮底下看起来"最无关紧要的活动"中的支配,由此,资产阶级的生产关系才被真实地再生产出来。这正是列斐伏尔的空间的生产理论所要面对的主要问题。其实,这个"休闲、日常生活、居住与住宅、空间的利用",正是人本学构境中那个诗性创制场境的没影处。

二、建筑意识形态与都市规划中的编码与解码

在列斐伏尔看来,一个社会生产关系的生产,总是由一定的社会实践来实现的。他的新观点为,生产关系的生产"要将社会活动空间化(spatialiser)。这些社会活动,通过生产出一个适当的空间,在总体上与一种实践(pratique)联系在一起"。[9] 这里,列斐伏尔使用了 pratique(物性实践)的概念。这是列斐伏尔自己从生产关系到空间生产转换的观点了,这种转换的实质,是把生产关系的生产进一步延伸到日常生活中来,这就是空间的生产。其中,走向空间化的重要的实践转换活动之一就是生产物性建筑设施的**建筑实践**,这是由于,不同于自然物理空间的社会空间塑形,从一开始就是从最简单的造房修路起步的,因为这正是人的日常生活与社会空间场境发生的物性依托。可以看到,也是在这里,列斐伏尔第一次比较具象地谈到与"居住""住宅"等日常生活直接相关的**建筑学**(architecture)与空间生产的关系。显然,这个作为**空间生产**重要支撑学科的建筑学,是不同于列斐伏尔自己熟悉的社会学研究的。这恐怕是他最早在城市社会学中遭遇"独栋住宅"时,一定会想到,设计城市公寓和独栋住宅中空间句法差异的

发生机制是怎样的？谁在设计？设计的意图实现了什么生产关系的再生产？这迫使列斐伏尔在进入"空间生产"理论建构时，同时不得不进入一些全新的学科领域。其中，建筑学及其学科主体——建筑师在城市空间生产中的真实地位和作用，必是绕不开的问题。在前面的《都市革命》中，列斐伏尔较多地谈及城市规划与设计，而这里则直接进入了建筑实践和建筑学。依我的判断，这也是列斐伏尔从都市空间的宏观分析转向日常生活相关的"空间生产"具体构序机制研究的发端，这一思考，多少也与他所交往过的情境主义国际中的先锋建筑师相关。

首先，列斐伏尔认为，与日常生活密切相关的建筑学的基础是历史发生的建筑实践活动。虽然，建筑学只是一个现代资本主义条件下出现的新兴学科，但人类社会生活中的建筑实践构序，可以回溯到资本主义生产方式发生之前。在此，列斐伏尔并没有谈及早期人类以生活取用为目的的一般建筑实践，而直接讨论了阶级社会之后的**建筑意识形态**（塔夫里语）。在他看来，以前在奴隶和封建制度下的造房修路的建筑实践中，渗透着

> 宗教或者政治性建筑的不朽性和权势（la monumentalité，l'importance），以及它相对于"居住"的优先性。在工业化时期，建筑学挣脱了宗教和政治的不恰当的限制，但它又跌入了意识形态的坟墓（tombe dans l'idéologie）中。它的功能贫乏了，它的结构单一化了，它的形式凝固了。[10]

这是一种历史性的比较说明。一是在前资本主义的奴隶和封建制社会中，在那里，人们建造的接近神性的教堂和天子所居的皇宫，是传递不朽福音的圣殿，以及宗法政治权力的象征，这也是一种在社会空间中生产关系的再生产，当然，这种体现"不朽性和权势"关系的建筑物，显然是优先于日常生活中的居住关系的。二是资本主义工业时代让建筑物脱离了不朽的神性和皇权，可它们又掉入资产阶级的意识形态黑暗之中，因为建筑空间的功能只是资产阶级生产、实现剩余价值的生产关系再生产的物性载体。并且，现代的建筑已经开始"作为社会活动的居住和作为一种实践的建造（construction），有着直接的联系"。同时，在这种现代建筑实践中产生了今天意义上的建筑学科和建筑师群体。

其次，作为现代建筑实践和建筑学践行主体的建筑师。列斐伏尔意识到，在

他所指认的空间生产中,从形式上看,建筑师恰恰是空间生产塑形和构序中的创制主体。所以,对建筑师及其作用的讨论就成了空间生产理论所必须面对的问题。虽然在传统社会中,造房修路都会有绘制蓝图的设计者,但作为一种职业的建筑师,只是现代资本主义社会中才出现的事情。列斐伏尔说,"建筑师,作为空间的生产者(却不是唯一的)在一个特定的空间内进行操作"。[11]在人们的眼中,建筑师就是不同的房屋、街道、广场和所有城市建筑的设计者和生产导演,虽然,从设计图到实在的建筑物,还需要施工和建造工人的劳动塑形和构序,但这只是建筑师心中蓝图的**他性物相化**。在这一点上,可能会不同于传统社会中自己设计和动手修路造房的农人。可以注意到,这是过去列斐伏尔并没有关注的新问题。它有可能生成总体性"诗性创制"(poièsis)本身的分裂,因为在过去"家""村落"和"集会广场"的自然作品中,并不存在独立的"建筑设计",而在这里出现的建筑师的设计中,之后将对象化生产出来的物性建筑设施,会先行呈现在建筑师对空间句法的观念表象塑形和构序之中,这将是之后空间表象构式的缘起。可是,建筑师作为"空间生产者"的真相到底是什么呢?这正是列斐伏尔需要深入思考的问题。

列斐伏尔说,在建筑师设计建筑物的时候,他面对的是铺着白纸的二维平面的纯粹构序的"绘图板"(在今天会是三维电脑操作和编码空间),他通过绘制建筑图来实现"物品的再生产和感性世界的再生产(la re-production des choses, du monde sensible)"。相对于传统社会中直接参与物性塑形和构序的普通人建房修路工艺,建筑师的设计是彻底脱离于物性生产的。在这种非及物的建筑设计和绘图中,建筑师"将自己的思想和理解放到(localiser)规划图纸上,并通过投射(projetant)的方式,让某些东西(欲望、功能、对象)直观化(visualiser)",并且,假定这是对"'真实'的解码和重新编码(décodage-recodage du «réel»)"。[12]解码与重新编码,这是列斐伏尔引入的新概念。比如,设计一幢公寓大楼与独栋住宅,建筑师头脑里投射出来的不同生活起居空间和欲望对象会是各异的,在这里,建筑师往往错误地假定自己的设计、规划和编码都是中性的科学实践,而在列斐伏尔看来,这里作为建筑设计、规划和编码的背后,却隐匿着不同资本意识形态不可见的巨大魔爪。相比之前述奴隶和封建制下的教堂和皇室的建筑活动,神权和专制的意识形态强制是直接在场的,而资产阶级建筑意识形态却是以隐匿的方式发生支配作用。

第一，看起来中性的建筑设计背后的意识形态。列斐伏尔说，对于建筑师个人的设计来说，

> 它是一种表现的方式（mode représentation），一种明确的、系统化的**技能（savoirfaire）**，因而，它是一个**过滤器（filtre）**，对内容进行筛选，将某些"真实"去除，并用自己的方式来填补文本的空白。一种严重的情况是：这种过滤行为，比那种意识形态性的专业化（spécialisation idéologique）或者某一专业的意识形态走得更远。它有抹去社会要求的危险。[13]

比如，今天的建筑师要设计一个城市的 CBD（Central Business District），他在图纸（电脑）上按客户要求精心规划和设计的建筑物，对他而言，这看起来只是一个中性的复杂技能投射，然而他并没有意识到，这一规划-设计只有一个真实的目的，即资本操控的一线品牌的商品和高端商业服务的展示和销售。这种目标就使建筑设计本身像一个"过滤器"，与这一目的无关的空间功能和"真实"关系场境都被这种刻意的解码和重新编码抹掉了。由此，资本的"社会意图"被遮蔽起来了，这就是资产阶级无脸的建筑的意识形态。列斐伏尔分析说，在建筑设计中，实际上无形实现着一种构序现实的**编码、解码和重新编码**[14]。

> 什么是编码？什么是解码-重新编码（décodage-recodage）？我们可以简单地说，除了在一些粗浅的例子（关于道路的编码）里，一个编码中并不存在一个系统的预制规则（régles préfabriquées），所有的编码围绕着一个文本（一条信息）构造出一条地平线，将它展开，然后围拢、封闭，就确定了一个中心化的（centré）空间。[15]

显而易见，列斐伏尔这里对编码的解释，已经远远脱离了原先在信息论或计算机编程中的语境，它具象为建筑设计中以一个特定功用投射为中心的空间结构的构序。在列斐伏尔看来，建筑设计的编码中有道路设计（人的"相遇"场境）那样直白的空间构序，但大多数建筑编码都会是建构一个中心化的特定空间关系场境，有如办公楼的明确商用"意义"，博物展馆的呈现"视角"等。在我们上面谈及的 CBD 设计中的建筑编码中，则会呈现一个更加复杂的"系统的预

制规则",因为,在"所有的编码中,都包含着某种视角(perspective)和某种意义的'生产'"。[16]这就是炫耀性商品的展示和销售,它的意义则会是某种社会地位符码的生产塑形和构序之空间表象。列斐伏尔十分形象地描述了建筑师在设计时的"编码":

> 手在寻找着,而铅笔在犹豫着,手自以为在从事再生产,并充当了替代者。它服从于一种正在说话的声音。这种声音对事物加以言说,加以阐释,相信它们可以被认识这个有声的手、工具,都相信它们在进行"表现"(exprimer)(再生产),然而,它们却是在行动(agissent)、在"生产",只不过这项工作的产品,并不具有生产者所赋予它的那些品质和属性这种东西,不同于他所说的和他相信自己所创造的。[17]

实际上,列斐伏尔眼里建筑师在设计中的编码、解码和重新编码,很像马克思描述资本主义经济活动中个人主体的双重行为结构:"他们没有意识到这一点,但是他们这样做了(Sie wissen das nicht, aber sie thun es)。"[18]看起来,每一个建筑师在自己的设计和绘图中都是自主性地解码和重新编码,一幢幢建筑、拱廊和广场构成的城市空间蓝图是按照自己的意图"声音"对象化在图纸上,然而,他并不知道,所有这一切编码都"不同于他所说的和他相信自己所创造的"。因为,他的建筑设计编码,不过是资本更大的经济编码棋盘中的棋子,建筑师的个人的近侧构序编码,无形中受制于资产阶级金钱逻辑的远程构序编码。建筑师绝不会意识到:建筑设计中"所有被表现出来的、被转到表面上来的空间的均质性(homogénéité),不就是最有效的意识形态的还原者吗? 意识形态有助于现存社会生产关系的再生产。这些生产关系,在空间和空间的可再生产性(re-productibilité)中被传递着"。[19]他们没有意识到这一点,但是他们这样做了。这里建筑师的编码、解码和重新编码,不过是资本主义生产关系空间生产的一个非及物图上操演(空间表象)罢了。

第二,都市规划中的意识形态布展。这是列斐伏尔在上述《都市革命》已经涉及的问题。列斐伏尔认为,绝不仅仅只是建筑师个人身陷意识形态的迷雾之中,如果跳出建筑师个人的范围,那么,自我标榜为"科学"的"城市规划学"(urbanisme)本身,就是一种资产阶级意识形态编码的产物。Urbanisme 也可译作都市主义,情境主义国际就提出以革命的"新都市主义"来取代资产阶级的都市主义。因为,它是"通过散布意识形态的浓云,才成功地'确立'起来了(变成了一种制度)。这一点不让人感到震惊吗? 城市规划学只有依靠一种十分敏锐的批判性思想,才能够摆脱处于统治地位的那种强制性的意识形态(l'idéologie régnante)"。[20] 这种敏锐的"批判性思想",正是列斐伏尔解码意识形态的**空间政治学**,它的直接目的正是为了打破这种意识形态强制中的"都市主义"(urbanisme)的城市规划学。在他看来,

> 与社会的都市化相伴随的,就是都市生活的恶化:中心的突然出现,从此以后放弃社会生活——人们被分配、隔离在空间中,这里就存在着一个真实的矛盾,我称之为**空间的矛盾(contradiction de l'espace)**:一方面,统治阶级和国家强化了都市作为权力和政治决策的中心的功能,另一方面,这个阶级和国家的统治被城市分裂了。[21]

与前述的建筑设计不同,这里城市规划中出现的中心,不是一个建筑空间关系场境中的中心,而是一个城市或地区的空间支配关系中心。列斐伏尔认为,资产阶级城市规划学对城市的编码中,"都市空间最核心的本质或属性:构成性中心(centralité)",这个构成性中心集中了空间生产塑形和构序出来的所有"主体"支配"客体"的矛盾关系,它"宣告了以隔离(ségrégation)为基础而建立起来的与正在建立的那些中心所不可避免的危机:这些决策的中心、财富的中心、权力的中心、信息的中心、知识的中心,将那些不能分享政治特权的人们赶到了郊区"。[22] 正是在看起来"科学"的都市规划中,这些构成性中心的真正支配力量,当然就是占统治地位的资本主义生产关系,它的所谓"构成性"正是资本构序世界的编码机制,它以这种空间生产中的权力关系 centralité(中心)统治和奴役着整个社会生活。城市,在一定程度上分裂成了构成性中心与"郊区、边缘地区和卫星城市群"的空间的矛盾关系,如果说,构成性中心是"权力的中心和巨额利益的中心",那么区隔出来的边缘化的郊区,则是被统治阶级驱赶和奴役的边缘地带。列斐伏尔此时描述的都市中心与边缘化郊区的关系,在后来的资本主义城市发展的进程中有一定的改变,依戈特迪纳的分析,这主要表现为美国战后都市发展中的所谓"去中心化"现象,即从城市搬到近郊,生成了所谓"可移动的"

都市关系，即富人们在郊区居住，却通过交通工具到城里上班。在哈维那里，这一现象被指认为"郊区化"。[23]此时，郊区"被视为一种围绕消费组织的循规蹈矩的聚落空间模式，有着分离家庭的生活方式——包括一个在城市工作的不在家的父亲，一个围绕着咖啡会的安静的母亲和其他女性邻居一起坐在她的旅行车里去购物中心"。[24]这样，现代资本主义都市生活就不完全是列斐伏尔此处所指认的中心与边缘的支配关系，而出现了"一个蔓延的市、镇、商业、工业、混杂的陌生人以及大型公共机构组成的都市矩阵"。[25]这也构成了继前工业城市、工业城市和都市之后的第四种"移动的都市"。这是一个有趣的历史变化。实际上，戈特迪纳并没有意识到，这种"可移动的都市矩阵"，并没有根本改变城市中心的政治、金融和商业支配枢纽的地位。因为，这里发生的事实是，只是城里大厦中的富人们搬到了郊区的别墅中罢了。所以，列斐伏尔说，在他《城市的权利》(droit à la ville)中所指的权利，正是这种从边缘重返中心的努力，"就是一种有待实现的整体性(globalité)"。[26]这种作为整体性的权利，既不是自然的权利，也不是什么契约的权利，就是一个城市居民和群体应有的基本空间生存权利。在他看来，

> 进入城市(ville)的权利，意味着建立或者重建一种时间和空间的统一性(unité spatio-temporelle)、一种取代了碎片式场所的集合(rassemblemen)。它并没有消除对抗和斗争，而是相反！这种统一性或许可以有一个意识形态的名字："主体"(个体的和集体的)。这个主体存在于一种外部形态(morphologie externe)中，而这种外部形态能够确立自己的内在性(intériorité)—完善[自我的与"存在"(l'être)的完善]—生活—"安全与幸福"。[27]

这是一个理想化的目标了。列斐伏尔要争取的进入城市中心的权利，是想从都市化碎片式的空间生产中，重新建立一种时空统一体，这并不是简单消除对抗，而恰恰是以"主体"的名义建立属于被压迫阶级自己的内在生活。可以感觉得到，列斐伏尔这里再使用哲学上的主体概念时，不再是人本学中那种非历史的抽象主体，而具体指认为资产阶级都市化实践被边缘化的劳动阶层争取自身"安全和幸福"的努力。

　　由此,列斐伏尔宣称,他自己提出的这种争取进入城市的权利问题,已经在走向一种新的知识形态,这就是"一种关于**生产**的知识,也就是关于空间的生产的知识(connaissance d'une *production*, celle de l'espace)"。[28]这也是列斐伏尔第一次明确将自己新的理论命名为"空间的生产",可以看出,"空间的生产"理论并不是一种抽象的哲学思辨,而是一种全新的**社会批判理论**,它缘于被边缘的人们重新进入空间中心的"城市的权利"。这是之后我们入境于《空间的生产》一书时最重要的入口。列斐伏尔还专门强调说,这正是对马克思社会批判话语的继承和光大。依他之见,"在马克思的时代,经济学在对产品的列举、描述和记录中走进了死胡同,为了研究这些物品,马克思对它们的生产活动进行了批判的分析",显然,"马克思继承了那些伟大的经济学家(斯密、李嘉图)的开拓精神,把它纳入对(资本主义的)生产方式的批判分析(l'analyse critique du mode de production)中,从而极大地提高了认识的水平。在关于空间的问题上,今天也要运用类似的方法"。[29]这是十分深刻的方法论的理论自省,因为列斐伏尔从《马克思〈资本论〉中的形式、功能与结构》和《马克思主义思想史与城市》中,已经直接体知到马克思运用于经济学研究中的历史唯物主义方法。他清醒地认识到,在马克思的那个时代,当经济学家停留于经济事物的表面时,马克思透视了商品、货币和资本关系背后被遮蔽起来的"生产活动",并将其深化对资本主义生产方式的科学认识。更精准地说,马克思进一步从生产过程中透视出工人(劳动者)的劳动活动,因为只有劳动才是剩余价值的唯一来源。我以为,这是列斐伏尔一种方法论自觉的直接体现。列斐伏尔在这里明确说明自己的"空间的生产"的理论,是将马克思关于资本主义生产方式批判的科学方法运用到今天对空间问题的认识中来。这也是我指认列斐伏尔创立晚期马克思主义理论逻辑基础的原由。这样,列斐伏尔就在马克思那里也并没有过多关注的社会空间领域,同样发现了资本主义生产关系的再生产,在传统空间问题研究中看到物理空间的持续性存在特性和放置对象的空洞场所的地方,他透视出复杂的人与自然、人与人关系构序起来的生命空间绵延,在马克思高度关注的物质生活领域之外,在日常生活层面重新捕捉到资本化身为"毛细血管"的微观权力运行机制,在城市与乡村、都市化构成性中心与边缘生存的关系场境中,发现了阶级冲突的空间矛盾,这样,列斐伏尔就实现了一个重要的空间理论中的"认识论革命"。如果说,柏格森通过内在生命绵延,将时间从外部客体持续性特性内化为人类社会生活中主体性的时间,而列斐伏尔则是通过人的社会关系生产的空间,将空间从外部客体的广延性特性内化为主体性的关系场境的生产与再生产,也是在这个意义上,我将列斐伏尔称为**空间理论中的路德**。这是借喻了马克思在《1844 年手稿》中认可恩格斯的相关比喻,即恩格斯在《国民经济学批判大纲》一书中,将斯密比喻为“**国民经济学中的路德**”(*nationalökonomischen Luther genannt*)。[30] “国民经济学中的路德”——斯密从物性的财产背后看到了主体性劳动活动,而空间理论中的路德——列斐伏尔在这里则是从外部的物性空间中看到了人的活动和社会关系再生产本质,这是他在空间观中实现的革命性认识。

列斐伏尔提醒我们,他在这里进行的讨论,在自己的思想发展进程中并“不是要否定先前的研究,将试图把先前的研究提高到更高的水平,由此又让它们复活了”。[31] 这是说,提出空间的政治,不是要否定“都市革命”,也不会拒斥日常生活的批判,而是使这些问题在更深刻更高的水平上得到发展。我们的确可以看到列斐伏尔思想中的这种进步。下面我们来看列斐伏尔在此书中的一些具体讨论。

三、空间生产研究的基本原则

首先,关于空间问题的原则性讨论。这里,我们可以看到列斐伏尔已经开始的《空间的生产》一书纲要性的初步思考。

第一,关于**空间**的概念。列斐伏尔自己说,这个新的空间概念就是新的**元哲学**(*métaphilosophie*)的核心关键词。元哲学这一概念,在这里也就是列斐伏尔自己原创性的哲学思考。我们已经看到了这一概念从 1965 年开始提出到现在的演变和不断充实的过程。这里的空间,肯定不是物理学或地理学意义的学科术语,在列斐伏尔进入这一空间构境时,就已经“避开了经验主义的描述”,并且“不包括操作性的(*opérationnel*)概念”,新的空间概念必须在“跨学科”的意义上去理解。他还特别告诫我们,不要掉入心理学或社会学的那种具象的空间感受上,也不要从建筑学和城市学等实证科学的构境中去理解这里的空间存在。这界划了一系列的否定性边界。显然,哈维从一开始就理解错了,因为他将列斐伏尔的空间关系与“地理配置的生产方式”联系在一起[32],这开启了后来所谓地理学"空间转向"的偏向。列斐伏尔强调说，他所指认的新的空间概念是一个**社会的统一性**(l'unité)或者总体性，一种关于存在的批判逻辑。如果对比之前青年列斐伏尔的抽象总体人的概念，我们可以体知到他在哲学思想构境中的实质性进步。比如，上文讨论资产阶级都市化的空间系统，"就是把一种已经实现的统一性、一种已经变成现实的连续性，赋予这个社会，即新资本主义社会(la société néo-capitaliste)"，这也正是马克思所说的"一种资本的逻辑，一种商品的逻辑，一种幸存的逻辑(une logique du capitalisme, une logique de la marchandise, une logique de la survie)"。[33] 这样，列斐伏尔也巧妙地将自己的空间生产理论与马克思的社会批判话语内在地连接起来。我觉得，列斐伏尔这里刻意使用的幸存的逻辑，是别有深意的，他是指认今天的新资本主义社会，恰恰是通过空间的生产，使资本主义生产方式获得了有限的幸存。这是列斐伏尔将在不久后的《资本主义的幸存》一书中要展开说明的新问题。

第二，社会空间的**空间性**(spatilité)。在此时的列斐伏尔看来，新的空间概念可以从精神空间(l'espace mental)和社会空间(l'espace social)两个层面来分析。此时，精神空间是指"感知的、想象的、被表现的"，这也是所谓"表征性的空间"(l'espace de représentations)；而社会空间是指"被建构的、被生产的、被规划的"，这也是所谓"空间的表象"(représentations de l'espace)。[34] 此时，还没有形成《空间的生产》中空间实践、空间表象和表征性的空间的"三元空间结构"。列斐伏尔认为，进入社会空间研究的科学问题式，正确地把握空间性概念，必须先要透视一些在空间问题上的基本假设(hypothèse)。我觉得，列斐伏尔这里特意使用的hypothèse(假设、假说)一词是独具匠心的，因为不同时期人们对空间的看法都不是终极性的真理，而不过是历史性的有限认识——假设。这些假设，正是历史生成和发展进程中的社会空间在精神空间中的主观映现。一是将空间视作透明的放置物品场所的"纯粹形式"，其中，"空间的纯形式，被掏空了所有的内容(感性的、物质的、真实的、实践的)，而只是一种本质，一种绝对的理念"。[35] 这种假设从柏拉图开始，经过笛卡尔和康德，甚至为数学、哲学(现象学，特别是认识论)、语言学(乔姆斯基)和精神分析学所承袭。这应该也是很长一段时间以来，人们对作为物质存在的空间形式的一般看法，从根子上看，这也是与人在物理空间(大地)中自然经济的非物相化劳作的卑微地位相关，在此，社会空间实践只是刚刚超出历时性时空轴的零度位置。二是承认"社会空间是社会的产品。它是可以观察到的,而且首先存在于观察的记录中,因而,也就是存在于经验的描述中"。[36]这种假设已经是一个认识上的进步,因为这里的空间实践,已经摆脱了自然经济中的农耕土地,并开始被正确地视作人们工业塑形和构序活动积极改变外部存在的结果,在这里,"空间产生于劳动和劳动分工,因而,它是产品和物品的总集(l'ensemble)所占有的一般性场所(lieu général),也是这些物品的子集(sous-ensemble)的场所它被现实化(effectué)、客观化了,因而也是'功能性'(fonctionnel)的"。[37]虽然,社会空间在此已经与人们的创造性劳动物相化活动关联起来,可是仍然表现为一种放置物品的客观场所。三是摆脱了社会空间场所的认识,开始将空间看作"一个中介(intermédiaire),即一种手段(moyen)或者工具(instrument),是一种中间物(milieu)和一种媒介(médiation)。在这一假设中,空间是一种在全世界都被使用的政治工具"。[38]这种假设是社会空间问题上的一个更重要的进步。因为,这种中介性的空间,已经触及非直观的**社会关系**中"通过暴力来实现某种连续性",比如金钱勾连万物的普遍联系空间。由此,社会空间开始进入到资产阶级世界建构的一种特定"政治工具"的场境关系。列斐伏尔说,"一个这样的空间,既是意识形态性的(因为是政治的),又是知识性的(因为它包含了种种精心设计的表现)",同时,这种特定的空间也是"理性的—功能性的(rationnel-fonctionnel),也可以说它是功能性的-工具性的(fonctionnel-instrumental),因为在新资本主义社会的整个范围内,功能意味着规划、战略"。[39]依韦伯的话语,这会是一个法理型的形式合理性的社会空间场境。在这里,列斐伏尔此处对社会空间的界定,内嵌着一种很深的历史性分析,也已经是在触及新资本主义社会所呈现的空间问题式。因为在列斐伏尔看来,社会空间"在新资本主义社会的范围内,也就是在消费被管理着的官僚主义社会(la société bureaucratique de consommation dirigée)内,它既是中介,又是手段。社会,消费表面上的目的,事实上,是由劳动力的再生产,即生产性劳动的劳动条件的再生产来决定的"。[40]这是一个深刻的判断。说到底,表面上疯狂的消费,最终还是劳动力与生产性劳动条件的双重再生产决定的。这当然是一个历史唯物主义的结论。并且,在精神空间的意义上,"空间不是一种纯洁的表现,而是传达了资本主义社会的准则和价值观,而且首先是交换和商品的价值观,也就是拜物教(fetichisme)。最终,意识形态就不再真正地存在了,存在的仅仅是虚假的意识和它所生产的话语"。[41]这也意味着,在商品交换关系中生成的资产阶级市场经济王国中,经济拜物教的话语编码构成了人们全部精神空间的本质。

第三,资本主义社会空间的**历史性**。列斐伏尔已经意识到,社会空间的概念不是抽象的泛指,而是由一个个具体的社会历史发展进程中的空间实践建构而成的。神性-宗法式的社会实践,赋型起旧式的不朽性建筑空间和城市与乡村之间的关系空间,而资产阶级的工业实践构序和商业交换关系赋型,则建构起新型社会空间中的构成性中心与边缘的都市关系,这是一个十分深刻的历史性观点。并且他明确指出,同样是资本主义的社会空间生产,也存在着内在的历史差异。列斐伏尔说,马克思所指认的资本主义社会空间对应于 14 世纪以来的"竞争的资本主义"空间生产,这种空间生产的首要问题是"在物质方面对生产方式进行再生产(机器与劳动力),并允许对产品进行消费",当然,这种消费会在城市的商品-市场交换的经济关系空间中发生,这时的社会空间主要是功能性和工具性的。而今天的社会历史条件则发生了巨大的变化,不同于自由竞争的资本主义社会支配主要依存于物质生产中的机器和劳动力,当代的资本主义已经迎来了"自动化生产"的时代,

> 自动化(automatisation),表现为知识在生产中的运用前景,科学正直接地或者间接地变成生产力(马克思著名的惯用语)。在信息、科学对象和知识本身之间,存在着一种紧密的联系,尽管它们不是同时共存的信息和自动化成为一个整体而维持着。然而,在地平线上出现的,还有非劳动(non-travail)。一方面,生产性的劳动(travail productif)不再仅仅属于工人阶级,另一方面,生产性劳动的重要性、功能和社会结构发生了变化,体力劳动(travail manuel,"简单劳动"——根据马克思的说法)的作用降低了。[42]

这应该是一种对当代资本主义生产过程的客观观察结果。平心而论,我们的确可以真实地感受到列斐伏尔在方法论上的成长和成熟,他真的将马克思分析工业文明时代的资本主义生产方式的方法,运用到对今天的资本主义现实发展新情况的认识中来了。不过,其实在马克思那里,他已经在研究相对剩余价值的问题时,极其深刻地分析资本主义机器化大生产中科学技术的作用,也看到了工人的体力劳动地位的下降,可是,今天资本主义生产中出现的自动化生产,已

经是信息构序与技术知识直接编码且反向对象化的过程，"科学就是生产力"已正在成为现实。与此相关，在生产过程起决定性作用的"生产性劳动"，即创造剩余价值以生成资本增殖的劳动，不再仅仅局限于工人的体力劳动，而扩展到科技劳动者的智能劳动，这种新型的纯粹操作性空间中的构序活动看起来像是非劳动。实际上，这种出现在新资本主义地平线上的"非劳动"，还会包括与日常生活关系日益紧密的服务性劳动（"第三产业"）等。也正是因为物质生产过程中这种新的变化，决定了资本主义社会空间生产中的重要改变。

> 资本主义生产方式需要在一条更为广大、更为多样化、更为复杂的战线上进行自我防御（défendre），即生产关系的再生产（la re-production des rapports de production）。生产关系的这种再生产不再和生产方式的再生产同步；它通过日常生活来实现，通过娱乐和文化来实现，通过学校和大学来实现，通过古老的城邑的扩张和繁殖来实现，也就是通过整个空间来实现。[43]

这是一个新的理论判断。因为，列斐伏尔在这里将生产方式与生产关系作了区分，在马克思在历史唯物主义中讨论物质生产方式的地方，列斐伏尔将渗透到日常生活中的"生产关系"独立出来，以支撑他新的空间理论。这个刻意区分于生产方式的生产关系，实际上更像是生产关系在日常生活中转换成的生活关系，这种关系场境的发生，更加依存于社会关系实际发生作用的各个微观层面，如日常生活空间中的微细层面，人们在越来越多的闲暇时间中沉浸于娱乐、教育、文化和休闲中。过去马克思那个时代横行于生产、流通和分配领域的资本的逻辑，现在已经像毛细血管般地全面渗入人们的日常生活中，整个日常生活的空间都变成了资产阶级生产关系再生产最重要的场所。列斐伏尔断言，这种**生产关系再生产意义上的空间生产**，恰好是今天资本主义生产方式卓有成效的自我防御，这种防御建构了"资本主义的幸存"。正是在这一点上，列斐伏尔在《资本主义的幸存》一书中，刻意凸显了这种生产关系的再生产的重要意义。

列斐伏尔说，他这里提出的空间生产理论，已经是一种基于资本主义新变化的新的假设。在这种关于社会空间的新假设中，空间不再表现为物品的总和、场所与中介性的工具，"它实质上和（社会的）生产关系的再生产联系在一起"。似乎,这是一种资本主义空间生产中的新情况。列斐伏尔特别指认说,"这种广义的生产的空间,意味着、并且本身包含着新资本主义社会(société néo-capitaliste)中全部活动的普遍目的、共同方向"。[44]可以看出,列斐伏尔这里新的空间概念,并非是一个抽象的普适性的范畴,而是与新资本主义社会密切相关的历史性概念。这是一个需要我们特别注意的方面。因为,只是在今天的资本主义社会中,这种作为生产关系再生产的空间场境才得以发生,对此,他进一步分析说,

> 就各种各样的活动(activités)、各种各样的劳动(travaux)、日常生活、艺术以及由建筑师和都市设计师造就的空间来说,在它们所共有的那种动力学的意义(sens dynamique commun)中,空间是一种图式(schéma),这是一种关系(apport),一种在分解(dissociation)中对内在性(inhérence)的支持,在分离(séparation)中对包含(inclusion)的支持。[45]

这里,列斐伏尔眼中新的社会空间是由四个层面的活动建构而成:一是劳作塑形和构序,这种过去马克思高度关注的物质生产领域,仍然是整个社会生活空间的一般基础;二是列斐伏尔格外关心的资产阶级生产关系再生产的日常生活;三是彻底脱离了物质劳作的艺术空间领域;四是上面讨论过的建筑师和都市规划意义上的空间句法。理解这四种活动域时,不能只是看到四种不同的空间场所,而是要从共有的动力学的意义(sens dynamique commun)上,将这些活动空间理解成一种关系性的图式。我以为,这个空间场境中的图式,要从康德的先天综合判断的认知构架的意义上去理解,但它们已经不仅仅是观念性的先在规制,而是现实关系场境中的社会先验构架。列斐伏尔特别强调说,"它涉及广义的生产(production au sens large):社会关系的生产和某些关系的再生产正是在这个意义上,空间变成了这种再生产的场所,包括都市的空间、娱乐的空间、所谓的教育的空间、日常生活的空间等,这种再生产通过一种和现存社会相关的方案来完成"。[46]这里的空间的生产中的"广义的生产",并非传统意义上制作和改造对象的物质生产塑形和构序或者创造性的精神生产,而是一种扩大了的非对象化的社会关系的生产与再生产,所以,空间的生产会延伸到城市生活关系场境中的都市空间、人们游戏与休闲活动中的娱乐空间、生产社会关系"接班人"的大中

小学教育教学活动中的教育空间,以及每时每刻都在我们身边发生的日常生活空间。他还专门指认说,这里提出的空间生产"这个术语意味着在建筑学和城市规划学的反思之上向前进了一步。这个术语超出了这些部门,而建立在社会总体之上"。[47]

也是在这里,列斐伏尔明确提出与这种空间理论相关的**时间**(temps)概念。依我的观点,这也是列斐伏尔在"空间的生产"思考中第一次集中地讨论时间问题。他说,现在资本主义社会中的时间,也具有了与这种新型的空间生产一致的交换关系性质。"这种时间,是一种高级的财产,一种高级的商品,被人们买卖着:劳动时间、消费时间、娱乐时间以及行路的时间(temps de parcours)等。它是在生产性劳动的功能和日常生活的生产关系再生产功能(fonction du travail pro-ductif et de la reproduction des rapports de production)中被组织起来的"。[48]其实,列斐伏尔的思考是有趣的。一是他延续了柏格森的内在生命时间观,即时间不是外在于人的客观持续性,时间总是与人的生命活动相关的"绵延",不过,列斐伏尔更加突出了生命活动的社会关系性,这当然是一个重要的理论推进;二是列斐伏尔的时间观,延续了马克思经济学批判话语中的时间观,即以劳动时间为基础的商品逻辑绵延,这很深地关联于列斐伏尔已经提出的生命节奏与劳作-经济物性节奏的异化关系;三是除去马克思已经深入思考的劳动时间外,列斐伏尔还将这种社会时间观延伸到劳作时间之外的日常生活时间中,这是一种社会空间中生产关系再生产功能相一致的"消费时间""娱乐时间"和被资本控制起来的其他休闲时间,它甚至微观到人们在商业拱廊中行走,在火车、轮船和飞机上奔波的时间。应该说,这同样是一种深刻的看法。之后,列斐伏尔会通过对生命节奏问题的专题思考,更加深入地推进这一重要的理论构境。

列斐伏尔还告诉我们,他这里关于"我们关于联合—分离的空间的假设",直接建立在由马克思提出的关于"资本主义社会的三部分或者三元性模式上",即马克思在《资本论》第三卷(第七篇第48章)最后所提出的所谓资本(利润)-土地(地租)-劳动(工资)"三位一体的公式"(formule trinitaire)。在列斐伏尔看来,

这三个统一在活动着的社会中的因素,被人们描绘成是相互分离的,而且它们的分离(séparation)具有一种客观的意义,因为每一个群体都得到了

社会总"收入"的一个确定的部分。因此社会关系就有了一种异化的外表（apparence aliénée），一种扮演着"真实"的角色的外表。这是在某种统一性中的关于分离的幻象（llusion），即关于资产阶级统治的幻象、关于资产阶级的政治经济权利的幻象。[49]

列斐伏尔这里的复述基本上是正确的。这也就是说，马克思在《资本论》第三卷的最后，实际上已经看到了资产阶级经济学中这个相互分离的虚假"三位一体"[50]，这也是青年马克思的《1844 年手稿》第一笔记本第一部分的三栏叙事，而到了这里，这种外部呈现为分离幻象的"三位一体"已经被揭露为"社会关系物化"颠倒，遮蔽着资产阶级统治的神秘性。依列斐伏尔自己的观点，他的空间生产的理论正是依据了马克思的上述观点，深刻地揭露了资本主义社会空间中存在的"空间的矛盾"（contradictions de l'espace），这些矛盾，并非来自理性的形式，而是"来自实践的、社会的、特别是资本主义的内容"。[51]

四、社会空间的政治本质与空间政治经济学批判

其次，社会空间的**政治本质**。这也是《空间与政治》一书除去空间概念的第二个关键词。从列斐伏尔这里的空间政治的讨论来看，他所指称的政治，当然是指社会空间生产中存在的广义的**支配性和奴役性**关系赋型。所以，明确空间的政治性，也就是确认他作为元哲学的空间理论是一种**社会批判理论**。

第一，讨论空间的政治性，列斐伏尔有极强的针对性，这也就是存在于今天"城市科学""建筑学"和"规划设计"中被遮蔽起来的看似价值中立的资产阶级**空间意识形态**。这是他上面已经涉及的问题。在他看来，这种在科学话语的外衣下掩盖起来的客观"公理"中，城市的空间

> 作为科学的对象，它的客观性和"纯粹性"赋予了它一种中性的特征（caractère neutre）。空间被认为是纯洁的，也就是说，被认为是非政治性的（caractère neutre）。这个容器（contenant），只有通过它的内容才获得了存在，也只有通过这个内容才能获得价值。作为一种客观的、中性的东西，它

属于数学、技术的范畴,而且毫无疑问,属于空间逻辑的范畴。[52]

其实,这种从韦伯开始的"价值中立说",是资产阶级所谓社会科学方法论中最核心的意识形态。依这种逻辑,城市科学、建筑学和规划设计所面对的社会空间,只是一种没有政治意味的容器而已。而列斐伏尔则指认说,"空间是政治性的,空间不是一个被意识形态或者政治扭曲了的**科学的对象**(objet scientifique),它一直都是政治性的、战略性的(politique et stratégique)"。[53]这是说,社会空间的关系场境本身从来都是政治的,只是我们没有发现其中被假想为"科学的对象"中的政治战略。一直以来,我们生活其中的"这个空间已经被占据了、被管理了,已经是过去的战略的对象了,而人们始终没有发现它的踪迹",正因为空间不再是一种外部物性的广延性空场,而是以人的生活场境关系为本质的社会空间,所以通常发生的事情是,"以历史性或者自然性的因素为出发点,人们对空间进行了政治性的加工"。[54]并且,这种政治性的社会关系赋型中的加工往往是无意识发生的,这是列斐伏尔空间生产理论中的新判断。

一是在这个看起来对所有人都呈现"同质化"特征的空间,其实,总是内嵌着"由某个政治集团(bloc) 造成的空间,就像我们所观察到的那样,是一种社会的产物"。[55]有如封建统治者占有和管理土地,正是为了强占自然经济中生产出来的财富,才会将这种物品的生产强行纳入到神学-宗法意识形态建构起来的等级关系之中,这种人依附于人的社会关系的生产与再生产,正是土地物理空间之上社会空间的本质。封建和神性关系场境的空间生产,恰恰支撑着现实土地上的农奴关系。同理,今天资本主义社会中的社会空间则是由资产阶级占有和管理的,在精神空间层面,资产阶级会宣称"平等、自由和博爱"的公共关系场域,而实际上,它以经济物相化空间中的商品生产和交换的经济逻辑,掩盖着资本家对工人剩余价值的盘剥。由此列斐伏尔说,"空间是政治性的、意识形态性的(L'espace est politique et idéologique),它是一种完全充斥着意识形态的表现"。[56]只是通常我们忽略了它。

二是以自然性的方式对空间的"政治性的加工"。因为在马克思的历史唯物主义中,人征服自然的构序能力恰恰是生产力的合法本质,现在,这一启蒙式的观点受到了质疑。列斐伏尔说,在某种意识形态中,自然被当成了认识的材料,被当成了技术的对象(l'objet des techniques)。它被统治、被征服了。因为被统治、被征服了,它也就远离了我们。然而,人们突然发现,在被征服的过程中,它被破坏了,面临着毁灭的危险,而同时这又危及了人类的空间。人类的空间已经和自然联系在了一起,因而陷入了这种危险中。由此,就需要有一项战略,这就是被政治化的自然(nature politisée)。[57]

这里的"某种意识形态"是指资产阶级的启蒙思想,而列斐伏尔的言下之意似乎也包含这种内省:历史唯物主义的生产力的概念是否也基于这种对自然的征服和支配观念? 在列斐伏尔的空间生产理论中,这种对自然的征服本身就是一种奴役性政治关系。因为,对自然的无节制的占有和掠夺已经破坏了自然空间的存在,最终将危害到人类自己。在列斐伏尔看来,"和空间一样,自然也已经被政治化了,因为它被纳入了各种有意识的或者无意识的战略(stratégies conscientes ou inconscientes)中"。[58]列斐伏尔气愤地说,在这种对自然的控制中,存在着一种知识恐怖主义,即"技术的压迫,技术人员与技术官僚的压迫,认识论的压迫,以及对纯技术的、认识论的构序的寻求所带来的压迫。引发了一种知识恐怖主义"。[59]这一观点是列斐伏尔在《现代性导论》(1962)中提出来的。[60]他也明确指认说,这种"关于空间和自然的政治批判是左派批判(critique de gauche)"。[61]列斐伏尔的这种观点,与法兰克福学派的工具理性批判和后来的生态学马克思主义的观点是基本一致的,看起来中性的科学知识,在根子上是以控制和压迫为指向的。在这里,列斐伏尔并没有提出自己那个人与自然非征服关系中的**取用自然观**。

第二,列斐伏尔眼中最大的空间政治,当然会是当代资本主义社会中资产阶级对空间的全新占有战略。一是在资本主义工业生产和经济活动的发展中,资产阶级在一个都市化战略中,建立了一种以分离关系为核心的**空间殖民主义**。这是一个新的提法,似乎是将德波那个"日常生活殖民"的观点,引申到更大的社会空间尺度上来。

在大都市中的一种殖民主义的转移空间(espèce de transfert du colonialisme),一种欠发达地区和区域(相对于那些决策的中心,特别是巴黎的中心）的半殖民主义（semi-colonialisme）。传统意义上的殖民地已经不存在了，然而，都市的半殖民主义已经出现了。它将一些农村人、大量的外国工人、属于工人阶级或者知识分子的大量法国人，都纳入这些中心的支配之下。所有这些人，通过各种各样的方法，受到了一种集中的剥削，而现在，在空间上都处于一种被隔离的状态（ségrégation spatiale）中。[62]

这是列斐伏尔反复强调的资产阶级都市化实践布展的空间生产政治战略。这一观点，肇始于《城市的权利》，并贯穿于《都市革命》一书中。具体说，这是指在现代性的都市空间中，资产阶级刻意建立了一种生存分离的空间关系赋型：一面是统治力量的支配关系聚焦的构成性中心（政治权力中心、决策中心和金融中心等），另一面则是处于被支配状态中的边缘空间，中心奴役边缘的矛盾取代了过去城市与乡村的压迫关系，这生成了空间政治关系编码中的新型的空间殖民主义，相对于过去的殖民主义奴役关系，这种空间中被分离的集中盘剥也可以叫日常生活中半殖民主义。二是都市化实践进程中，资产阶级逐步地"将土地和住宅完全纳入交换和市场中"，他注意到，作为空间生产的物性支撑的"建筑进入工业、银行和金融的流通领域"，是 20 世纪 60—70 年代资产阶级空间政治的"战略目标之一"，正是在这种新型的空间生产领域中，"资本从中找到了庇护的空间（espèce de refuge），一个额外的、补充性的剥削领域"。[63] 无形之中，这也使资本获得了新的残存空间。在列斐伏尔晚年写下的《走向一种左翼文化政治学：马克思逝世 100 周年纪要》（1987 年）一文中，他曾再次概括过空间政治的本质，他说，"所谓空间的政治就是超越由于资本主义抽象空间机制，包括商品化、技术化、消费化、城市规划设计、国家生产方式以及全球化对地方的粗暴压制所导致的同质化、碎片化、等级化等日常生活异化症状，恢复日常生活自身的节奏与差异权利。通过城市革命、城市权利的政治斗争，通过一种差异化的政治想象与美学，而使得空间政治成为一种基于可能与不可能的空间现实的具体乌托邦"。[64] 这也意味着，争取城市权利的斗争和都市革命的目标，将是摧毁今天资产阶级的空间政治战略。

再次，走向**空间政治经济学**，在空间的生产中透视当代资本主义的幸存。这是列斐伏尔第一次明确提出建立空间政治经济学。第一，列斐伏尔认为，传统的政治经济学在马克思那里获得了革命性的进展，但是，政治经济学在今天还是遇到了"普遍性的危机"。这种危机产生的原因,来自当代资本主义社会现实中出现的新情况、新问题。

一是**物质生产逻辑向空间生产的转换**。这是一个新的重要断言。在思想谱系上,这有些类似于《元哲学》中列斐伏尔对物性生产实践(pratique)和社会关系赋型的人化实践(praxis)的区分,但又不完全一样。在列斐伏尔看来,过去支撑整个资本主义社会发展的根本原则,是空间政治性的征服和统治自然的物质生产塑形和构序逻辑,在经济领域就是**生产主义**(productivisme),即"无限增长的理论、与国家资本主义和国家(不久之后就是国际的)机构的政治相适应的增长模式"。[65]这种生产主义是很长一段时间以来资本征服世界历史的基本构序逻辑,也是资产阶级普遍认可的意识形态。列斐伏尔同时指认,二战之后,这种"无限增长的理论"又受到了资产阶级国家垄断资本主义("干预主义")的强力支持,并且,之后又进一步发展成资产阶级的国际垄断(有如欧盟等国际经济共同体)。然而,随着资本主义都市化(l'urbanisation)的进程,社会空间建构中出现了新的现实,即从"**空间中物的生产**(因而,被间接生产出来的空间,是作为物品的集合、总和与全体而建立起来的),过渡到了对这样的**空间的直接生产**"。[66]这种空间的直接生产,也就是超出了马克思关注的资本主义物质生产过程之外的生产关系的空间再生产,这就出现了社会空间层面中从物质生产逻辑向空间生产逻辑的转换。于是,列斐伏尔强调,这就需要一种重新凸显社会空间场境中非物性的生产关系的新的政治经济学批判视角。这种关注"生产关系要求有一种分析,而这种分析正是'工业社会'这一术语在强调物质生产、强调生产的纯粹而简单的增长而不强调生产的社会关系时所力图避免的"。[67]应该说明,这里列斐伏尔指认的空间中生产关系的再生产,已经不是历史唯物主义构境中人与人在生产中结成的技术关系或一般交往的社会关系,而是指在资产阶级都市化进程中出现的"都市问题式"(problématique urbaine)中特有的空间场境关系的生产。这也是列斐伏尔所谓空间政治经济学批判构境中新的主要对象。

二是**空间生产中交换价值对使用价值的取代**。列斐伏尔让我们注意,传统政治经济学所研究的工业生产之上的商品生产和买卖活动,都发生在现代城市空间之中,可是,经济学家忽略的方面,却是资产阶级现代都市化城市与传统城市在功用性关系空间上的本质差异。如果说,在古代的城市中,"支配时间的方式,其特征就在于使用(l'usage)和使用价值在传统形式的城邑中,交换和交换价值并没有摧毁所有的障碍,也没有取消所有的使用形态(modalités de l'usage),正是在这个意义上,古代的城邑是作品(œuvres),并且保持为作品,而不是产品(produits)"。[68]正是在这里,我们可以隐约察觉到列斐伏尔原先那个人本主义的话语没影点,因为列斐伏尔的思想深处,自然界生成作品,人的劳作生产实践(pratique)的结果是用在性产品,而人改变和创造自己生活关系场境和社会体系的人化实践(praxis),特别是诗性创制(poièsis)则生成非物性、非实体的作品。这是说,传统社会中城市生活中空间生产的主导编码因素,还是物品和建筑物的使用功能,城市还是神性或皇家的作品,那么,现在资本主义社会中的城市,则已经实现了社会都市空间本身的动产化,这种动产化先从土地开始,然后"向整个空间扩展","日常生活所不可或缺的空间,也投入买卖中。在产品的普遍化面前,所有作为一种作品的城市带来活力的东西,都消失了"。[69]资本主义都市化的空间关系生产开始从属于交换价值,一切空间存在原先的功能性使用都变成了可以变卖的商品。在列斐伏尔看来,这一切新的变化也都呼唤着一种新的政治经济学,这就是空间政治经济学。

第二,空间政治经济学所实现的理论创新。一是发生在空间生产中的**客观关系的现实抽象**。在列斐伏尔看来,空间政治经济学并非只是借用了马克思的一个"政治经济学"概念,更重要的是它将马克思的透视资本主义经济关系的方法,灵活运用于今天的资本主义社会空间生产批判中来。这是一个重要的说明。在列斐伏尔看来,今天的资本主义都市化场境本身,正是马克思揭示的商品价值形式现实抽象的另一种重要的表现。这是列斐伏尔自《辩证唯物主义》以来始终关注的问题,不过在这里,列斐伏尔将马克思的现实抽象观念,直接延伸到空间关系场境中来了。他说,发生在资本主义社会空间中作为生产关系再生产的

> 都市那种无拘无束的形式,是一种抽象(abstraction),也是一种具体(concrète)。而马克思在《资本论》的开头所指出的那种交换形式(la forme de l'échange),也具有同样的情况。这种形式及其理论是极为抽象的,这就是他的分析在一个世纪以来很少能被理解的原因,然而,这种抽象的形式,却是理解具体性、理解实践的一把钥匙。这是理解内容的出发点。[70]

这是一个十分深刻的比喻。在这里,列斐伏尔模仿列宁在"伯尔尼笔记"中

的一个说法[71]，指认马克思关于价值关系的**现实抽象**问题"一个世纪以来很少能被理解"。如果说马克思在《资本论》中，通过科学地分析商品价值形式在交换活动中的现实抽象和颠倒，奠定了全新劳动价值论的基础，由此走向创立新的经济物相化的具体——剩余价值理论的辉煌理论高峰，那么，列斐伏尔在这里则发现了都市空间中资本主义生产关系再生产的现实抽象及其颠倒，从而创立了空间生产的理论这把钥匙，打开了剖解当代资本主义发展的具体机制。这也是空间政治经济学批判的核心。也是在这里，我们很容易证实前面我所提出的判断，即列斐伏尔在《马克思〈资本论〉中的形式、功能与结构》和《马克思主义思想与城市》等论著中，对马克思研究方法的思考和"照着说"的努力，在此后他许多重要的原创性理论探索中，他都坚持了这种从现实出发的历史唯物主义科学方法论。

列斐伏尔坚持认为，马克思在《资本论》中确立了对资本主义生产方式的科学批判，可是面对社会现实中新的发展，马克思的观点决不能变成凝固化的教条。这是对的。因为，与当代国家资本主义的政治实践和社会实践相一致，一种新的"经济实践"（pratique économique）出现了，"这种实践（pratique）允许资本主义的'生产'和'企业'在以某种方式来控制风险和动荡的过程中，实现高效"。[72]可以看到，在这里，列斐伏尔始终刻意地使用占有性的物性实践概念。依列斐伏尔的判断，这种经济实践构序的核心正是资产阶级修正、调整和再生产自己的生产关系。他说，"资本主义和作为一个阶级的资产阶级，在战略层面（l'échelle stratégique）上，只有在既定的生产关系（rapports déterminés de production）中对其进行修正，才能够在根本上保持这些生产关系"[73]，这恰恰是资产阶级的一种主动的战略。列斐伏尔指出，这种"对生产关系的再生产的批判分析，说明了资本主义是怎样在一个世纪里成功地保持其特定的生产关系的。尽管有各种挫折，但它还是在一个战略的层面上成功地保持了其生产关系"。[74]这也意味着，资产阶级在面对自己不断败坏的生产关系时，并非只是坐以待毙，而会积极主动地修正其生产关系中存在的漏洞。其实，这也是罗斯福"新政"和凯恩斯革命后，国家垄断资本主义的"干预主义"实质，资产阶级是将马克思、列宁预计在社会主义经济中出现的"有计划、按比例的生产"，主动挪移和异轨为拯救资本主义重重危机和灭亡趋势的法宝。只是列斐伏尔将这种干预的领域进一步直接与空间的规划、设计和生产关联起来。不能不说，这会是一个观察资本主义当代发展的新视角。

　　更进一步，如果说，马克思在《资本论》中发现的价值关系现实抽象是透视资本主义生产方式具体机制的钥匙，那么，打开今天资本主义新的具体经济实践的抽象钥匙则是空间生产关系的现实抽象。我以为，列斐伏尔这一理论联想中的思考是非常深刻的。列斐伏尔分析说，

　　　　一种关于被孤立开来的"对象"（«l'objet»）、被独立出来的"模式"和"操作性"概念的越来越严重的抽象（abstraction），不正是伴随着一种新的**具体**（nouveau **concret**）的出现吗？这种新的具体就是：空间、认识、空间的实践[（la pratique de l'espace）具有两个方面：通过信息的瞬时性（l'instantانéité de l'information）来消除距离——通过这一消除距离的行为，以关于空间的思想来进行统治和再生产：信息的、控制论的，以及交通运输技术]。这宣告了一种崭新而矛盾的关于认识与"真实"（«réel»）的辩证化过程。[75]

　　资本主义社会实践中生成的新的**具体**，正是发生在社会空间的新的生产关系生产的实践抽象，其本质是"通过信息的瞬时性来消除距离"的现实抽象方式，重建由信息论、控制论和交通运输技术革新中空间关系的场境真实。应该说，列斐伏尔在这里的思考已经很深地渗入存在论的构境中，因为，传统社会空间观中的核心支撑点是物理性距离，道路上的行人、汽车，水路上的船只和空中的飞机，都是通过缩短距离使工业生产、商品流通和资本转移达及空间关系场境的真实到场，而今天实际运用在后工业生产构序中的自动化技术、电子商务和金融系统的计算机技术，则会以电子化信息传递中每秒30万公里的瞬间性到场，消除一切物理空间中的距离。这样，也就以一种特殊的现实抽象方式根本改变了空间关系场境中的基本构序，从而生成空间生产中新的**具体**。后来，维利里奥[76]专门研究过这一重要问题。[77]在列斐伏尔看来，"资本主义只是通过向整体空间的扩张才得以保存的（通过侵入它的发源地，侵入增长领域和权力领域：生产的统一性、企业、国内公司和跨国公司）"。[78]与马克思所分析商品、货币和资本关系的现实抽象和事物化颠倒一样，抽象的空间关系同样是隐藏在空间物相的假象背后。他形象地分析说，

　　人们可以像马克思谈论和阐述每一件**物**的生产（**chose** produite）那样来谈论空间（一个部分的空间，或者一个整体的空间）：它把社会关系像物（chose）一样容纳并掩盖了起来。这个糖果盒并不仅仅是一个具有这样的分量的盒子，用来包装咖啡和茶叶，这也不仅仅是一个花费了一定的金钱买来的东西。这个盒子本身和为它付出的金钱，就意味着社会关系，特别是"劳动-资本"的关系、工资与剩余价值的关系，通过物品、金钱、物质、抽象化和实际的存在而同时被表现掩盖和异化（具体化）了。[79]

这真的是一个十分深刻的空间政治经济学批判透视。在这里，列斐伏尔正确运用马克思的政治经济学研究中的**批判认识论**，在他看来，空间并不是一个装载物的空盒子，空间成为交换物，正因为它已经成为资本主义生产关系生产和再生产最重要的领域，只是，人们仅仅停留于房地产中的土地、建筑物和具象的交通等设施，而看不到资本主义"劳动-资本"的生产关系赋型在其中的复杂再生产机制，特别是它虚假地表现为物性对象的颠倒本质。这当然是一种新型的空间拜物教和异化。

　　二是**空间生产中的动产化和交换价值**。在这种空间政治经济学分析中，列斐伏尔列举了建筑业的例子。这是他前述理论建筑学向现实空间实践的实务性延伸。他分析说，原先那些作为不动产的东西（土地和城市），现在已经"被动产化（建筑、金融投机）"了，在资本主义生产方式的当代发展进程里，"在建筑业中，通过建筑业自身，依靠一种中介——空间——金钱又带来了金钱"，并且，这种动产化的建筑业逐步"在资本主义中处于中心地位"，

　　在不动产、私有的和公有的建筑业上的投资（在空间的生产中），有着很高的收益，因为在这一生产中，长期存在着一个可变资本与不变资本的高比率，尽管这其中有着巨大的投资，尽管这其中有着技术的进步，挖土方和大件的工程，会占用大量的手工劳动（特别是所谓的"外来的"手工劳动），由此产生了高利润率，以及大量的剩余价值，而一部分剩余价值则会回到"企业"手中。[80]

你看，马克思的"可变资本与不变资本""利润率"和"剩余价值"都出场了，

这真是十分专业的"照着说"的政治经济学讨论了。在列斐伏尔看来，空间的"这种动产化向整个空间扩展。它应该接受某种**交换价值**（大约的，如果它的价格和'价值'相分离的话）。然而，**交换**，就意味着并且假设了**可交换性**（interchangeabilite）的一个地点，让自己成为一种商品，和大量的糖果和钢铁一样的商品"。[81] 显然，建筑业-房地产中出现的空间生产，在本质上仍然是马克思所指认的资本主义生产关系赋型，即商品交换关系，只是现在的交换对象并非普通的商品，而是处于可交换性之中的土地-建筑物之上的空间关系场境本身。现在，社会空间中的所有要素（土地、水源和空气等），

> 这些元素，因为有了空间性的包装（enveloppes spatiales），也具有了价值（交换价值和使用价值）。它们进入了交换流通领域：生产-流通-分配它们成了财富的一部分，而最终，属于政治经济学范畴，但这不再是**古典的**政治经济学（l'économie politique **classique**），它专注于通常意义上的"产品"：与虚假的或真实的欲望（besoins factices ou réels）相对应的物品、商品，这些新的稀缺物和过去的稀缺物不同，因为它们的来源和在空间中的场所，比先前的"原料"要重要得多；它们分布得不那么紧密，而是存在于整个空间中。这一空间整个地被生产关系的再生产（la reproduction des rapports de production）所占据。[82]

这也意味着，空间政治经济学研究的对象，已经不再仅仅是传统商品生产与交换中的欲望对象，而是经过空间性的包装和编码后的"稀缺物"，比如房地产中的基建土地、进入空间交换的水域和空域，甚至到太空领地之上，塑形起来的全新空间生产-交换-分配关系生产与再生产。现在，整个空间已经成为资产阶级生产关系再生产的领域。列斐伏尔认为，他所提出的

> **空间的**政治经济学，在理论设计上，意味着对现实的批判。这种现实是通过这些概念来表现和理解的，也由此提高了其理论水平，正如马克思在《资本论》中对在空间中所进行的物品生产所作的批判分析。这一理论并没有取消马克思的理论设计（比如：使用价值与交换价值），也没有取消他的方法；通过把马克思的理论和方法扩展到一个更大的规模，提高到另一种

水平,它将马克思的理论和方法转换了。[83]

似乎看起来,这是列斐伏尔对自己方法论自觉的表扬。他的空间政治经济学是对马克思《资本论》中的经济学批判话语的发展和光大,他是将马克思关于商品的使用价值与交换价值关系的深刻分析和科学方法,运用到当代资本主义拓展的社会空间领域中来了,当然,这也实现了更高水平的理论转换。他有些得意地说,社会空间中出现的

> 交换价值和使用价值(Valeur d'échange et valeur d'usage),在一种辩证的关系中重新相遇了。这种辩证的关系,和斯密、李嘉图,特别是马克思在《资本论》的开篇所分析的那种"典型的"两极对立关系,是不能相容的。这种关系被复杂化了。价值的这两极,存在于空间里。空间形式(forme spatiale),即中心的(centre)空间形式,以及和中心相关的、周边地区的空间形式,发挥着作用。[84]

这是斯密-李嘉图-马克思之后,列斐伏尔在价值学说领域"空间拓展"中的最新进展。我们可以发现,列斐伏尔在此并没有简单延续上述理论传统中**劳动**在价值论中的地位,这可能因为,原先斯密和马克思所指认的劳动价值论基础,主要是工人的体力劳动,而今天的空间生产中的价值与交换价值问题,似乎会更加复杂一些。在列斐伏尔看来,一方面,是今天的资产阶级空间生产中的使用价值与交换价值的矛盾,最终是"交换替代了使用,直到最后让它消失"。[85]这个判断似乎绝对了一些,因为空间的使用问题并非完全消失,有如公共绿地、免费的公园广场等。另一方面是"使用价值终结了,因为它是通过等级化的术语来表述的:优势、权力的占有和与权力的关系、具有一定的权威性的中心和场所"。[86]这就是空间的构成性中心与边缘的关系中的一种支配和奴役的关系。我们不难感到,在这里,马克思经济学语境中的使用价值概念在逐渐转型为一种哲学逻辑前摄规定,之后,它将与"取用"关系一同成为重要的批判话语前提。然而,这已经远远不再是抽象的人本主义话语。

三是当代资本主义都市化实践中出现的**工具性的**空间。当然,建筑业中发生的动产化还只是狭义的空间生产,在更宽泛的意义上,这种空间的生产还体现

为整个社会关系呈现为"工具性空间"(espace instrumental)。这个工具化不是一般使用意义上的工具,即劳作技能现实抽象后反射对象化到工具模板,以便在生产过程中重新激活劳动塑形和构序,空间生产中的工具化,是特指空间成为生产关系层面上进入交换逻辑的利用工具。列斐伏尔甚至说,"在我看来,资本主义中的社会关系,也就是剥削和统治的关系,是通过整个的空间并在整个的空间中,通过工具性的空间并在工具性的空间中得到维持"。[87]这当然会是一个新的理论判断。这是说,今天资产阶级正在通过将整个社会空间关系场境变成资本剥削和统治世界的工具。

> 今天,统治阶级把空间当成了一种工具来使用,一种用来实现多个目标的工具:分散工人阶级,把他们重新分配到指定的地点;组织各种各样的流动,让这些流动服从制度规章,让空间服从权力;控制空间,并且通过技术官僚,管理整个社会,使其容纳资本主义生产关系。[88]

今天的空间生产成为资产阶级统治的工具,一是被压迫阶级在分离状态中入序于技术压迫和边缘生存之中,这使得无产阶级处于有史以来最严重的阶级压迫关系之中;二是不仅通过技术强化对生产过程的控制,也让生产之外的所有生活空间都服从于资本的微细控制和盘剥;三是将空间依韦伯的科层化分割,由此编码和"管理整个社会",以扩容资本主义生产关系新的欲求。在列斐伏尔看来,当代资本主义造就的"这个工具性的空间,即再现的空间、技术官僚的空间,并不是被现实化了的社会空间,作为工具性的空间,它试图进行自我收缩、自我封闭,仅仅接受那种重复性的、意义确定的东西"。[89]这个意思是说,所谓工具化的空间并不是一种现成的东西,而是一种可以自我调整的"再现的空间",甚至,它就是资产阶级生产关系的功能场境存在。列斐伏尔认为,"就像技术官僚在世界性的、整个国家的、战略的层面上所生产和控制的空间那样",资产阶级技术官僚打着"领土管理"的旗号,将资本的统治扩展到整个社会空间之中。[90]这意味着,资产阶级的空间生产本身是具有明确战略性的。

最后,列斐伏尔得出结论说,"空间的政治经济学是一种含有政治意义的经济学,也就是一种战略或者多重战略"。[91]这一战略的目标,当然就是对当代的资本主义空间生产的批判。并且,列斐伏尔自觉地指认说,他所创立的空间政治经济学,还"构成了一个更为宏大的理论的一部分,即关于**空间的生产的理论**"。[92]这是一个重要的关系性指证。索亚正确地指认过:"列斐伏尔的空间分析不仅是一个纳入历史唯物主义之中的作为对资本主义批判的核心要素,而且它也打开了政治经济学批判的新路径。"[93]列斐伏尔突然发现,自己的空间生产理论中"对于生产关系再生产的批判分析,说明了资本主义是怎样在一个世纪里成功地保持其特定的生产关系的",这也就意味着,他找到了资本主义没有灭亡的重要原因,这就是"资本主义只是通过向整体空间的扩张才得以幸存的"![94]列斐伏尔激动地说,不同于阿尔都塞的国家意识形态机器说,好像资产阶级的生产关系只要通过意识形态强制就可以维系,"在我看来,资本主义中的社会关系,也就是剥削和统治的关系,是通过整个空间并在整个空间中,通过工具性的空间并在工具性的空间中得到维持的"。[95]于是,资本与劳动的有机构成都在空间中重新结构化了,这导致"剩余价值并不是在它产生的地方实现,它是根据经济、财政和政治上的强权者的战略而在世界性的规模上来分配的。生产、剩余价值的实现和分配,都与世界性的整个空间有关"。[96]这足以生成一个新的政治断言,当代资本主义的幸存何以可能? 列斐伏尔的答案是:**空间的生产**。

注释

[1] Henri Lefebvre, *Le droit à la ville*, *vol.2*: *Espace et politique*, Paris: Anthropos, 1973.

[2] [法]列斐伏尔:《空间与政治》,李春译,上海人民出版社 2015 年版,第 1 页。

[3] Henri Lefebvre, 'Les paradoxes d'Althusser'. *L'Homme et la société* 13, 1969(July—September), p.23.中译文参见王嘉译稿。

[4] [法]列斐伏尔:《空间与政治》,李春译,上海人民出版社 2015 年版,第 1 页。

[5] 同上书,第 99 页。

[6] 同上书,第 2 页。

[7] 同上书,第 4—5 页。

[8] 同上书,第 4 页。

[9] 同上书,第 3 页。

[10] 同上书,第 7 页。中译文有改动。参见 Henri Lefebvre, *Le droit à la ville*, *vol.2*: *Espace et politique*, Paris: Anthropos, 1973, p.14.

[11] 同上。

［12］同上书，第 8 页。

［13］同上。

［14］编码与解码原先为信息论和计算机编程中的重要概念，编码是指信息从一种形式或格式转换为另一种形式的过程，具体到计算机编程中，也就是用预先规定的构序方法，将文字、数字或其他对象编成数码，或将信息、数据转换成规定的电脉冲信号，以完成计算和编程的复杂构序任务。编码在电子计算机、电视、遥控和通讯等方面广泛使用。解码，是编码的逆过程，通常是指从一种现成的编码构序中脱型和祛序出来，而重新编码则是使信息入序于另一种构序和编程之中。

［15］［法］列斐伏尔：《空间与政治》，李春译，上海人民出版社 2015 年版，第 8 页。

［16］同上书，第 9 页。中译文有改动。参见 Henri Lefebvre, *Le droit à la ville*, *vol.2*：*Espace et politique*，Paris：Anthropos，1973，p.17。

［17］同上。

［18］《马克思恩格斯全集》（第二版）第 44 卷，人民出版社 1998 年版，第 91 页。Karl Marx，*Grundrissen*，*Marx-Engels-Gesamtausgabe*（*MEGA2*）II／6，Text，Berlin：Dietz Verlag，1987，S.105.

［19］［法］列斐伏尔：《空间与政治》，李春译，上海人民出版社 2015 年版，第 11 页。

［20］同上书，第 12—13 页。

［21］同上书，第 101 页。

［22］同上书，第 13 页。

［23］［美］大卫·哈维：《社会正义与城市》，叶超等译，商务印书馆 2022 年版，第 345 页。

［24］［美］马克·戈特迪纳：《城市空间的社会生产》，任晖译，江苏凤凰教育出版社 2014 年版，第 11 页。

［25］同上书，第 5 页。

［26］［法］列斐伏尔：《空间与政治》，李春译，上海人民出版社 2015 年版，第 13 页。

［27］同上书，第 14 页。中译文有改动。参见 Henri Lefebvre, *Le droit à la ville*, *vol.2*：*Espace et politique*，Paris：Anthropos，1973，pp.22—23。

［28］同上。

［29］同上。

［30］马克思的原话为："正像路德认为宗教、信仰是外部**世界**的本质（Wesen der äusserlichen Welt），因而起来反对天主教异教一样，正像他把宗教笃诚变成人的**内在**本质（innern Wesen），从而扬弃了外在的宗教笃诚一样，正像他把僧侣移入世俗人心中，因而否定了在世俗人之外存在的僧侣一样，由于私有财产体现在人本身中，人本身被认为是私有财产的本质，从而人本身被设定为私有财产的规定，就像在路德那里被设定为宗教的规定一样，因此在人之外存在的并且不依赖于人的——也就是只应以外在方式来保存和维护的——财富被扬弃了，换言之，财富的这种外在的、无思想的对象性（*äusserliche gedankenlose Gegenständlichkeit*）就被扬弃了。"《马克思恩格斯全集》（第二版）第 3 卷，人民出版社 2002 年版，第 289—290 页。

［31］［法］列斐伏尔:《空间与政治》,李春译,上海人民出版社 2015 年版,第 14 页。

［32］［英］德雷克·格利高里、约翰·厄里编著:《社会关系与空间结构》,谢礼圣、吕增奎等译,北京师范大学出版社 2011 年版,第 140 页。［美］大卫·哈维:《资本的城市化:资本主义城市化的历史与理论研究》,董慧译,苏州大学出版社 2017 年版,第 vi 页。

［33］［法］列斐伏尔:《空间与政治》,李春译,上海人民出版社 2015 年版,第 19 页。中译文有改动。参见 Henri Lefebvre, *Le droit à la ville*, *vol.2*：*Espace et politique*, Paris：Anthropos, 1973, p.29。

［34］同上书,第 20 页。

［35］同上书,第 21 页。

［36］同上书,第 23 页。

［37］同上。

［38］同上书,第 23—24 页。

［39］同上书,第 24 页。

［40］同上书,第 24—25 页。

［41］同上书,第 25 页。

［42］同上书,第 116 页。中译文有改动。参见 Henri Lefebvre, *Le droit à la ville*, *vol.2*：*Espace et politique*, Paris：Anthropos, 1973, p.166。

［43］同上书,第 25 页。

［44］同上。

［45］同上。中译文有改动。参见 Henri Lefebvre, *Le droit à la ville*, *vol.2*：*Espace et politique*, Paris：Anthropos, 1973, p.39。

［46］同上书,第 27 页。

［47］同上书,第 31 页。

［48］同上书,第 28 页。

［49］同上书,第 29 页。

［50］马克思的原话为:“资本-利润(企业主收入加上利息),土地-地租,劳动-工资,这就是把社会生产过程的一切秘密(alle Geheimnisse)都包括在内的三位一体(trinitarische)的形式”,“在资本-利润(或者,更恰当地说是资本-利息),土地-地租,劳动-工资中,在这个表示价值和财富一般的各个组成部分同其各种源泉的联系的经济三位一体(ökonomischen Trinität)中,资本主义生产方式的神秘化(Mystifikation),社会关系的物化(Verdinglichung der gesellschaftlichen Verhältnisse),物质的生产关系和它们的历史社会规定性的直接融合已经完成:这是一个着了魔的、颠倒的、倒立着的世界(die verzauberte, verkehrte und auf den Kopf gestellte Welt)。在这个世界里,资本先生和土地太太,作为社会的人物,同时又直接作为单纯的物(bloße Dinge),在兴妖作怪。”《马克思恩格斯全集》(第二版)第 46 卷,人民出版社 2004 年版,第 940 页。

［51］［法］列斐伏尔:《空间与政治》,李春译,上海人民出版社 2015 年版,第 33 页。

［52］同上书,第 35 页。

［53］同上书,第 37 页。

［54］同上。

［55］同上。

［56］同上。

［57］同上书,第 39 页。中译文有改动。参见 Henri Lefebvre, *Le droit à la ville*, *vol.2*:*Espace et politique*, Paris:Anthropos, 1973, p.56。

［58］同上书,第 41 页。

［59］同上书,第 42 页。

［60］[法]列斐伏尔:《现代性导论》,李均译,载包亚明编《现代性与空间的生产》,上海教育出版社 2003 年版,第 21 页。

［61］[法]列斐伏尔:《空间与政治》,李春译,上海人民出版社 2015 年版,第 41 页。

［62］同上书,第 49 页。

［63］同上书,第 44—45 页。

［64］Henri Lefebvre, *Toward a Leftist Cultural Politics*:*Remarks Occasioned by the Centenary of Marx's Death*. Eds.in Cary Nelson, Lawrence Grossberge. *Marxism and the Interpretation of Culture*, University of Illinois Press, 1987, p.87.中译文参见鲁宝译稿。

［65］[法]列斐伏尔:《空间与政治》,李春译,上海人民出版社 2015 年版,第 75 页。

［66］同上书,第 74 页。

［67］同上书,第 51 页。

［68］同上书,第 53 页。

［69］同上。

［70］同上书,第 55 页。

［71］列宁的原话为:"不钻研和不理解黑格尔的**全部逻辑学**,就不能完全理解马克思的《资本论》,特别是它的第 1 章。因此,半个世纪以来,没有一个马克思主义者是理解马克思的!!"《列宁全集》(中文第 2 版)第 55 卷,第 151 页。

［72］[法]列斐伏尔:《空间与政治》,李春译,上海人民出版社 2015 年版,第 76 页。

［73］同上书,第 77 页。

［74］同上。

［75］同上。

［76］维利里奥(Paul Virilio, 1932—2018):法国当代著名文化理论家和哲学家。曾在索邦大学参加弗拉基米尔·扬科列维奇(Vladimir Jankélévitch)、雷蒙·阿隆的课程,还有梅洛-庞蒂的现象学讲座。在法国艺术学院(École des métiers d'art)学习过绘制彩色玻璃的技术。之后曾与法国著名画家亨利·马蒂斯(Henri Matisse)在巴黎的教堂中一起工作,为教堂绘制彩色玻璃。此外,也与法国立体派画家乔治·布拉克(Georges Braque)一起工作。1968 年五月风暴运动之后,在巴黎建筑专业学院(École spéciale d'architecture, ESA)授课,并于 1973 年成为该院的研究主任。逐步从艺术转向了都市主义、建筑和速度研究。1989 年,参与了德里达领导下的巴黎国际哲学研究院(College International de Philosophie de Paris)研究项目。代

表作有:《地堡考古学:关于第二次世界大战欧洲军事空间的研究》(*Bunker Archéologie：étude sur l'espace militaire européen de la Seconde Guerre mondiale*, 1975)、《政治与速度:论速度术》(*Vitesse et Politique：essai de dromologie*, 1977)、《消失的美学:关于电影艺术》(*Esthétique de la disparition：essai sur le cinématisme, Éditions Balland*, 1980)、《维度的危机:空间的再现和维度的观念》(*La crise des dimensions：la représentation de l'espace et la notion de dimension, École spéciale d'architecture*, 1983)、《视觉机器:再现的新技术》(*La Machine de vision：essai sur les nouvelles techniques de représentation*, 1988)、《战争与电影 1:知觉的逻辑》(*Guerre et cinéma 1：Logique de la perception*, 1991)、《解放的速度》(*La vitesse de libération*, 1995)、《信息炸弹:关于信息发展的后果》(*La Bombe informatique：essai sur les conséquences du développement de l'informatique*, 1998)、《巨大的加速器》(*Le Grand Accélérateur*, 2010)等。

[77] 关于维利里奥的速度政治学研究,可参见拙著:《文本的深度耕犁》(第三卷),中国人民大学出版社 2018 年版,第 4 章。

[78] [法]列斐伏尔:《空间与政治》,李春译,上海人民出版社 2015 年版,第 78 页。

[79] 同上。

[80] 同上书,第 79 页。

[81] 同上书,第 84 页。

[82] 同上书,第 82 页。

[83] 同上书,第 89 页。

[84] 同上书,第 87 页。

[85] 同上书,第 86 页。

[86] 同上书,第 88 页。

[87] 同上书,第 106 页。

[88] 同上书,第 108—109 页。

[89] 同上书,第 97 页。

[90] 同上书,第 79 页。

[91] 同上书,第 88 页。

[92] 同上书,第 93 页。

[93] Edward William Soja, *Postmodern Geographies：The Reassertion of Space in Critical Social Theory*, London：Verso Press, 1989, pp.39—41, 56—75.

[94] [法]列斐伏尔:《空间与政治》,李春译,上海人民出版社 2015 年版,第 78 页。

[95] 同上书,第 106 页。

[96] 同上书,第 108 页。

第十章　一个重要的政治断言：
资本主义为什么幸存？

　　1973 年，列斐伏尔同步出版了《资本主义的幸存》(*La survie du capitalisme*, 1973)[1]一书,此书的副标题叫"生产关系的再生产"(*La reproduction des rapports de production*)。书的主体(导言、第 1—3 章)也是列斐伏尔从 1971—1973 年间几次学术报告的汇集,显然,这是他思考空间的政治本质时,所聚焦的当代资本主义为什么"垂而不死"难题的最新结果。同时,他也将已经出版的关于"红色五月风暴"反思的《楠泰尔的漫溢到巅峰》(*L'irruption de Nanterre au sommet*)[2]一书的最后 80 页,嵌入于《资本主义的幸存》中(第 4—13 章),以作为应对资本主义新变化的文化革命策略。我们这里的讨论,主要集中于此书导言和 1—3 章的理论逻辑论说。

一、资本主义社会空间中生产关系的再生产

　　可以看出,列斐伏尔在《都市革命》和《空间与政治》中意识到的那个**不可见的网络状的社会关系生产——空间的生产**,已经被视作一个重要的理论新发现。这本身就那个人本主义构境中非物性的诗性创制的没影,只是,这种原创性的"元哲学"构序开始走向新的社会历史现实。更重要的是,这一新的都市化统治关系和空间政治战略拓展,被直接断言为资本主义没有灭亡的救命稻草。马克思和恩格斯生前曾经预言过资本主义生产方式的自我爆裂,而列宁在 20 世纪初也指认了帝国主义是资本主义发展的最高和最后的垂死阶段,这里,列斐伏尔既回答了当代资本主义为什么"垂而不死"的原因,也十分巧妙地为马克思和列宁打了圆场。在此书的封面上,列斐伏尔得意地放了这样一幅照片:一圈不同面值的欧

元围绕着的他,迎着灿烂的阳光,他眯起右眼,像瞄准枪的准星那样,用两个左手的指头指向前方,意思是说:"打中了!"这里,survie 一词的使用是独具匠心的,此词也可以译成苟且偷生的意思,我觉得,这有可能受到此时与列斐伏尔关系密切的法国诗人范内格姆[3]的影响。在后者的《日常生活的革命》[4]一书中,范内格姆提出了与本真性**活着**(*vivre*)相异质的资本主义景观控制下的**苟生**(*survivre*)。[5]

《资本主义的幸存》一书封面上的照片

不过,在开始对列斐伏尔的这一文本进行讨论之前,我需要做一个历史性的他性思想线索的学术谱系考古,即这里列斐伏尔"资本主义幸存"断言的构序缘起问题。在我对德波和情境主义国际的研究中,无意发现了一个有趣的思想交流片断。1962 年 4 月,身为都市社会学研究所所长的列斐伏尔写信给德波,就城市规划等问题向后者作"问卷调查",德波写信回复了列斐伏尔,一上来,德波就坦率地说,问卷提出的问题大部分都不值得回答,可是有一个问题可以在方法论的层面讨论,这就是对马克思的**经典资本主义走向**的质疑。在德波看来,列斐伏尔看到的资产阶级城市规划问题已经触碰到一个更深的构境层,

在这个城市规划的尝试中,是现代资本主义的规划思想的魔法,是它的

伪-理性和它的去魔性（exorcisme）的功能。规划，本身就是一项绝佳的武器，用来避免经典的经济危机……资本主义的规划保证了运动中的静止（immobilite）。[6]

在德波看来，列斐伏尔正在讨论的城市规划（计划）本身，其实已经不属于自由放任的经典-自由资本主义的态势，它似乎超越性地属于马克思展望的社会主义计划模型，所以，伸展到政治经济领域中的"规划"是一件拯救经典资本主义的绝佳武器，它通过自觉的计划性，避免了资本主义社会自身运行的根本无序性，保证了这一生产方式在"运动中的静止"，幸存于经济危机的泥坑之中。德波认为，

> 这是当前妥协，混合了经典资本主义的幸存和它快速的官僚现代化（des survivances du capitalisme classique et sa modernisation bureaucratique rapide）。我们不能认为这是处在一个平衡的状态。因为实际上，它的失衡、它的运动是永久的，并且增长得极快。我们面前的是一个整个生活方式的必然的变动（une inévitable mutation de tout mode de vie）。生产的目标、消费的水平、现代世界人们所生活的方式，都已经深刻地改变了，并且朝着完全不同的组织发展去。[7]

这是德波的一段极其重要的表述。因为，他直接使用了**经典资本主义的幸存**这样的断言。在德波看来，资产阶级今天所发明的"城市规划"，已经包含了资本主义生产方式一定改变，这是资产阶级对马克思所揭露的内在矛盾的"妥协"，然而，虽然这种妥协导致了资本主义的幸存，但这并不会改变它的命运。这是 1962 年，列斐伏尔与德波的一次重要思想交流。我并非想说，列斐伏尔的"资本主义的幸存"直接缘于德波，但德波的观点肯定会启发列斐伏尔的积极思考。实际上，在列斐伏尔与情境主义国际这些先锋艺术家的密切关系中，他获得了许多重要的激进思想酵母。反之亦然。

在《资本主义的幸存》一书的导言里，列斐伏尔第一句话就说，"大写的**生产关系的再生产**（LA REPRODUCTION DES RAPPORTS DE PRODUCTION），作为概念和事实，并未被发现（découverte）：它自己显示出自身"。[8]这里，他将"生产

关系的再生产"全部用大写的字母标出，这有些刻意要耸人听闻的意思。众所周知，生产关系的生产与再生产是历史唯物主义的最重要的观点之一，但列斐伏尔这种特意的标识，应该是凸显自己的"发现"与马克思在历史唯物主义通常构境中已经指出的相近观点的异质性。应该特别指出，列斐伏尔这里的大写的RAPPORTS DE PRODUCTION（生产关系），显然已经不是马克思、恩格斯在《德意志意识形态》创立历史唯物主义初期思考中，那个在人与人在生产劳作中结成的"交往关系"，或者是马克思在《哲学的贫困》中正式确立的物质生产关系，"生产关系"这一话语能指，已经转喻为区别于物质生产过程的人们在日常生活中发生的**空间场境关系**的所指。其实，在上面我们讨论过的《空间与政治》中，列斐伏尔就刻意将这个"生产关系"的生产与再生产，从历史唯物主义的生产方式中凸显出来，并将其特设为不同于物质生产的**社会日常生活的生产与再生产**。我已经多次指认，这正是列斐伏尔在《元哲学》中那个重要的非物性诗性创制（poièsis）的逻辑没影和科学认知中的替代。并且，在此列斐伏尔还专门找出了一个重要的文献新依据，即1970年刚刚法译的马克思的《1863—1865年经济学手稿》，特别是作为《资本论》初稿的这一手稿第一册中的第六章"直接生产过程的结果"，此章并没有被马克思收入之后公开出版的《资本论》第一卷中。[9] 依列斐伏尔的看法，马克思正是在这一文本片段中，突出强调了"生产关系的再生产"。他有些神秘地说，"1863年，马克思发现了'总体再生产'（reproduction totale）概念。如果我们小心地去重新阅读马克思，就还有可能会发现别的一些文本中也有。这个表述出现在他（1863年）7月6日一封写给恩格斯的信中"，列斐伏尔专门辨识出，马克思在这里"涉及的就不再是生产资料的再生产，而是社会关系的再生产（reproduction des rapports sociaux）"。[10] 实际上，马克思、恩格斯早在1845开始写作的《德意志意识形态》中，就在广义历史唯物主义的宏大叙事构境中涉及社会生产方式中人与自然、人与人的交往关系的生产与再生产问题，马克思第一次科学地确立生产关系概念，是在1847年的《哲学的贫困》中。在后来的《大纲》，特别是《1861—1863年经济学手稿》中，马克思多处讨论了资本主义生产方式中雇佣劳动与资本剥削关系的再生产问题。[11] 可是，列斐伏尔仍然要强调这个在法国新翻译出版的被马克思自己删除的"第六章"的特殊性，因为，马克思在自己"研究和理论生涯的最后"，重新凸显了"资本主义"生产关系的再生产问题。[12] 在列斐伏尔看来，马克思在这个"第六章"中已经提出的资本主义性质的社会关系的再生产问题,或者说,"生产关系的再生产,其概念和现实情况,以往均未曾被人发现(été découverte)"。[13] 实际的历史情况为,这一文本 1933 年已经问世,只是法国学术界在 1970 年重新"发现"了它,并掀起一股有趣的"再生产"热潮。布尔迪厄和阿尔都塞几乎同时写作和出版了"再生产"的书稿。[14] 在此,马克思的这一文本明显是一个列斐伏尔支撑自己观念的一个经典文献由头。

列斐伏尔指出,今天需要理解和阐发马克思这一重要的概念新大陆(continent),并且,这个观念新大陆在今天的现实事实基础是"资本主义作为一种生产方式,作为一种从未被系统化或完成的总体性(totalité),远未终结和完成(pleine et close),而仍然在不断实现中"。[15] 说实话,列斐伏尔这里对马克思历史唯物主义中的总体性观念的认识,也是令我吃惊的,因为它达及了一个很深的思想构境层。从概念谱系的考察可以发现,自 20 世纪 30 年代青年卢卡奇提出作为马克思主义首要原则逻辑总体性之后,青年列斐伏尔最早是将这种逻辑总体性,与马克思《1844 年手稿》中人对自身类本质的"全面占有"观念整合起来,生成了自己独有的"总体人"概念。而至此,列斐伏尔对总体性的新看法,却已经是直接以马克思在《大纲》中讨论的**社会总体性**概念为基础了。在那里,资本作为一种生产关系成为占统治地位的"普照的光",是社会总体性的实现。[16] 而在列斐伏尔这里,这种资本总体性却是没有完成的,正是马克思在此文本中关注到的资本主义社会关系的再生产问题,逐渐地在整个资本主义生产过程中占据主导性地位。我觉得,这是一个刻意为之的过渡诠释。可以看到,列斐伏尔正是要将马克思正常表述的社会关系再生产的观点,引向他自己哲学构境中那个具有逻辑张力的总体性,在列斐伏尔眼里,它标志着当代资本主义通过空间(生产关系)的生产构序正在不断实现自身可能的发展。其实,这已经是一个重要的政治断言:当代资本主义不仅没有灭亡,反倒通过自我变革实现了新的发展空间。由此,列斐伏尔对资本主义都市实践的关注,将转换为空间生产中的资本主义生产关系再生产。

列斐伏尔似乎看到了读者的某种惊愕和迟疑,他耐心地告诉我们,这并不是他一时兴起胡乱瞎说的东西,对马克思这一文献的"重新发现",像闪电一样照亮了他长期思考的理论道路。我们不难感到,列斐伏尔甚至在确立自己最重要理论原创性合法性基础时,也一定要在马克思的文本中寻求逻辑支撑点。这是他不久前确立的那种"照着说"的理论构境意向。如果说，"生产的社会关系的再生产"（reproduction des rapports sociaux de production）这一概念，"它占据一个中心的位置，移动着（déplaçant）以取代那些经常被人所接受的概念的位置"[17]，那么，晚期马克思高度关注的这个生产的社会关系的再生产，恰恰是列斐伏尔一直以来理论探索中复杂思想构境中的真正本质。可以看到，我们前面随着他一路走来的逻辑构序中的**概念星丛**（constellation de concepts），都被这道来自马克思的思想闪电照亮了。这直接证明了我对列斐伏尔整体思想发展构序的复构的合法性。他起用了本雅明-阿多诺反同一性体系的星丛概念，来表征自己这些看起来存在断裂的概念群之间的内在关联与差异。列斐伏尔似乎有些心痛自己，他说，这一关于社会关系再生产的不懈努力，"花费了相当长时期的工作"。这应该说是事实。

> 在正确地阐述这个问题之前，不得不通过近似的（概念）来详细阐述整个概念星丛：日常生活、都市（l'urbain）、重复的和差异的；策略、空间和空间的生产（la production de l'espace），等等。那些一开始出现并显示自身的东西首先引发了一种理论假设，并导致了研究的具体工作。[18]

从马克思关注的宏观社会政治经济批判转向当代资本主义社会日常生活的微观批判、从资产阶级日常生活中的都市化实践再到全新的社会关系再生产为本质的空间的生产，列斐伏尔在此第一次把他自己**双重逻辑转换的完整思路**清晰地交待出来了。这是一个内在发展的自然而然的逻辑构式总体线索。这本叫作《资本主义的幸存》的书，其实就是马克思那里已经澄明的资本主义**生产关系再生产论**，它既是资产阶级日常生活直接基础的都市化实践构序的本质，也是不久后《空间的生产》所创立的元哲学新形态的前提，"资本主义的幸存"，只是他剖析空间政治的元哲学初成后的一个大胆的政治断言。

我们先来看一下列斐伏尔理解马克思"生产的社会关系再生产"思想的基本原则。首先，**生产的社会关系再生产**（reproduction des rapports sociauxde production）是一个**元哲学的总体性范畴**。这显然是列斐伏尔对自己前述那个略显抽象的元哲学的逻辑填充。它在逐渐边缘化的人本主义构境中，占据了原先那个作为非物性实在的诗性创制关系场境留下的逻辑空位。我以为，它将成为列斐伏尔不久之后着力去思考的空间的生产宏大理论工程的构序和编码核心。列斐伏尔认为,马克思关于生产的社会关系再生产的这一表述,开始在他的哲学建构和话语编码中"具有一种整体的和综合(globale et synthétique)的含义",并且,"它占据了中心位置,移除自身并代之以一些被广泛持有的哲学观念或科学专业化(spécialisations scientifiques)",比如,作为传统哲学认识论二元构架的主体(实体化的个人与集体)与客体(实体的物与符号),看起来已经十分精巧的功能与结构的概念,自然性,历史性、偶然性和无意识性等并不精准的规定性,以及"设备""机械装置""反馈"等之类的机械的、超精密的确定性。因为,马克思指认出来的生产的社会关系(rapports sociauxde production)本身是**不可见的在场**,它会通过日常生活背后复杂的社会活动不断重复地再生产出来,所以,"它表示着一个包含着矛盾的复杂过程(processus complexe qui entraîne des contradictions),此过程不仅重复和加倍这些矛盾,而且置换、改变和扩大它们"。[19]列斐伏尔心中的那个摆脱不了辩证法情结还在起作用,黑格尔-马克思的**抽象矛盾分析**的方法,仍然是理解生产关系再生产的强力工具。在他那里,确证这种矛盾分析法,是让我们把科学分析的重点再一次回到马克思的关系性场境存在论上来。

其次,再生产中生产的社会关系赋型不是物,而是**不可见的场境存在**(=超出物性实在的 poièsis)。也是在这里,列斐伏尔提醒我们特别注意,无论是资产阶级的意识形态还是传统斯大林教条主义那里,马克思历史唯物主义构境中的"社会关系被'不知不觉地'赋予一种能把它们转变为**物**(choses)的**惰性**(d'inertie),尽管'辩证的'标签被礼貌地贴到了这种所谓的唯物主义(毋宁说是虚伪的哲学)之上"。[20]列斐伏尔是尖刻的,他还是忘记不了自己二十多年之前对"辩证唯物主义"的辨识和证伪。实际上,历史唯物主义的"物"是最难理解的(孙伯鍨语),它并不是直观中的对象物,而是以社会关系的场境存在为本质的社会定在[21],在这一点上,列斐伏尔的强调无疑是深刻而正确的。在这里,列斐伏尔明确反对把历史唯物主义变成了一种狭义社会历史观,特别是实证的社会生活"局部过程的描述"(description des processus partiels)的分析,比如"生命再生产(reproduction biologique,孩子的繁殖,人口问题),物质生产(production matérielle,量的计算和系数,技术和劳动的组织),或者消费和它的各种形态(需要,对象,'话语'和'符号',和各种其他操纵)"。[22]这无疑是正确的看法。列

斐伏尔说，必须把历史唯物主义重新放回到对非直观、非实体的生产关系的深入理解（approfondie）之中。更进一步说，

> 重要的是彻底分析生产关系。"生产关系"应当在马克思的意义上理解，不仅指货币和商品（资本的先决条件，由资本家在全球范围内的活动所导致），也不仅指工资和利润（剩余价值），而是指土地-劳动-资本（Terre-Travail-Capital）的关系，在资本主义社会结构上，三位一体（trois termes）。[23]

列斐伏尔的逻辑跳跃太大了。这里，他一下子从历史唯物主义构境中一般的生产关系概念，直接跳到了资本主义商品-市场经济物相化空间中的经济关系场境中来了。他省略掉的方面为，关键在于去发现社会生活中非直观的生产关系赋型，这个生产关系只能在马克思的意义上理解，并且，在进入资本主义经济关系场境中时，不能仅仅停留在商品、货币等经济物像塑形之上，而同样应该透视出其中内嵌的特定生产关系赋型。这种以颠倒的方式呈现出来的生产关系，恰恰是诗性创制（poièsis）的异化伪境。在此列斐伏尔特意纠正了一种看法，即将对资本主义的生产关系的分析恰恰停留于资本家和工人之间的矛盾关系，因为资本主义社会关系的真实结构是"土地-劳动-资本的关系"，这是一个被忽略的"三位一体"。这其实是列斐伏尔留下的很深的伏笔。以后，这个"三位一体"会成为空间生产的重要构境缘起。可列斐伏尔没有更深一层地剖析马克思从《1844 年手稿》到《资本论》一直揭露的这个"三位一体"的假象性。

再次，生产的社会关系再生产的**历史性突现**。列斐伏尔之所以把生产的社会关系的再生产看作一个新的发现，很重要的一个原因，是这一观点并非马克思历史唯物主义相近原则的重复或者是复活，而是它属于当代资本主义现实发展中出现的新情况。列斐伏尔认为，在马克思那里，资本主义社会生活的再生产可以分为三个层面：一是"生产**资料**（moyens）的再生产"（劳动力，劳动工具），这是物质生产塑形和构序活动特别是剩余价值生产的关键性前提；二是"扩大再生产"（reproduction élargie，生产的增长），这是资本主义经济活动超出简单再生产的基本条件，也是资本增殖的决定性因素；三是资本主义生产的社会关系的再生产，这是一个社会再生产的总体，也是资本主义生产总过程的生产。列斐伏尔指出，

> 对马克思来说,没有社会关系的再生产,生产资料的再生产和物质生产的持续便不能进行,没有日常运动和活动的重复(répétition)任何生命自身便不会发生。它们是一个过程不可分的方面,这个过程同时包含线性的和循环的:也即因果链条(线性的)以及结果重新创造它们自身的条件(循环)。[24]

这里,列斐伏尔突出强调了两个重要的一般社会定在和发展的前提:一是没有生产的社会关系的再生产,一切社会中物质生产与生产资料的再生产都是不可能的,这是历史唯物主义的重要观点;二是没有日常生活中惯性行动的重复发生,那么,人的生命负熵进程就是不可能的。这是列斐伏尔自己的观点了。如果返回到1965年的《元哲学》人学构境中,这表面上很像那个列斐伏尔刻意区分的物性实践(pratique)与人化实践(praxis)的关系,前者是对象性产品的生产,而后者是社会关系场境生成的作品。只是在这里,这种差异性关系在历史唯物主义构境中被有趣地改写了。从中我们可体知的是,这里列斐伏尔所指的生产的社会关系的再生产,恰恰是重复发生的日常生活的本质。列斐伏尔说,如果再生产意味着生命和社会生活的重复(répétition),那么资本主义社会关系的再生产则是这一生产方式的重复发生。这是合理的推断。之前,列斐伏尔曾经讨论过**重复性**实践(pratique *répétitive*)和**创造性**实践(pratique *créatrice*)的关系。[25]在他看来,作为重复的再生产,开始出现在资本主义早期工场手工业生产中,在那里,出现了"被分割成无限小碎片的分工劳动领域中的运动和操作的大规模重复",资本主义的生产本身,就是将传统社会中独一无的"作品"变成重复生产中同一性的产品,在这个意义上,资本主义生产方式甚至就可以被指认为"可再生性的或重复性生产"。[26]这倒是一个关于生产质性独到的历史性的见解。这一判断,与本雅明关于资产阶级复制时代的艺术作品"韵味"的死亡的观点是相近的。[27]其实,列斐伏尔还忘记了,资本主义生产方式中的再生产,从一开始就是为不断地超出简单再生产(人的生活直接需要)的扩大再生产。所以,这里的重复性生产的本质决不会是简单的"重复",否则,资本的增殖(剩余价值)就会落空。

并且,列斐伏尔告诉我们,在原来马克思的那个"竞争的资本主义"再生产总体中,生产的社会关系的再生产并不是在全部历史进程都具有决定性的主导地位。这听起来，像是一种历史认识论的观点。他说，"在马克思看来，生产关系的问题及其再生产的问题，既不与生产资料（劳动力、工具）的再生产问题同时发生，也不与扩大再生产（生产的增长）的问题一起出现"，因为，在资本主义过程中，生产关系赋型的再生产"新问题"（nouveaux problèmes）凸显出来是后来发生的事情，"一直到 19 世纪末前后，再生产的最后一个方面，社会关系的再生产才对生产资料的再生产占优势。"[28] 这也是说，马克思直到经济学研究的最后，才高度关注了资本主义生产方式中新出现的这一特殊现象。实际上，依我的看法，在马克思那里并不存在什么社会关系的再生产对生产资料再生产的"优势"，这完全是列斐伏尔自己在逻辑编码中的放大。目的是为了将马克思的这一文本中的观点，导入自己关心的资本主义当代发展的新问题上来。列斐伏尔的意思是，从 19 世纪末到了他自己的这个时代，差一点真的垮掉的资本主义，却靠着"社会关系的再生产"获得了自己的新的发展空间——空间的生产。其实，列斐伏尔忘记的文献学细节是，在《资本论》第一卷正式出版的时候，马克思恰恰自己删除了这一章。更有趣的是，由于列斐伏尔忙于发现"社会关系的再生产"，却没有留心正是在这一被删除的文本中，内嵌着马克思晚期经济学研究中重新确立的重要的科学劳动异化理论。

最后，作为空间生产本质的社会关系再生产。列斐伏尔十分明确地说，他对社会关系再生产问题的发现，是马克思主义在今天的一个重要进展。并且，这个新发展也可以命名为**空间的占有和生产**。这是列斐伏尔下一本原创性大书《空间的生产》的标题。他直接说，"社会关系的生产与再生产这个概念解决了在马克思那里不可能显现为矛盾的矛盾"[29]。不过，列斐伏尔自己也知道，生活在 20 世纪的他比马克思"高明"，根本的原因是资本主义社会现实在时代中的新变化。在他看来，"马克思批判的分析适应于竞争资本主义（capitalisme concurrentiel）。无论是马克思还是他的后继者，列宁和托洛茨基，都没有清楚地阐明竞争资本主义在没有它的建构性关系（rapports constitutifs）这种实质发生作用的情况下为什么以及如何能走向灭亡"[30]。言下之义，马克思及其后继者的观点，只是适应自由竞争时代的资本主义发展情况，在那时社会现实的基础上，

> 马克思认为，生产力不断把它们推向现存生产关系（和资本主义的生产方式）的特定界限（bornes），这样革命将跳过这些限制。局部危机将变成

总体危机;工人阶级焦急地等待这一刻临近,而且将进入政治革命之后的过渡时期(从资本主义到共产主义)。他也认为,在生产力增长的过程中,资产阶级有它自身的使命;资本主义的局限性内在于它;一旦一种生产方式已经极大地解放了它所包含的生产力,那么它将只能消失。[31]

我觉得,这个分析基本上是正确的。相对于19世纪和20世纪初期危机重重的竞争的资本主义,马克思和列宁关于资本主义通过自身内部的对抗性矛盾走向消亡和垂死性的政治断言无疑都是正确的。然而,列斐伏尔说,马克思和列宁都没有想到的实际情况是:"资产阶级没有成为雕像(statufiée)!"[32]我觉得,这是一个极其重要的断言。因为,资本关系的确是一种客观的经济力量,资本家也的确是资本关系的反向人格化存在,但是,现实社会历史中真实存在的资产阶级整体,绝不是石化的消极存在,如同一座静止不动的雕像,为了资本主义制度的生存,作为历史主体的资产阶级不得不改变自己,并且已经真的改变了自己。这恐怕是一个客观事实。后来,鲍德里亚也赞同了列斐伏尔的这一判断,他指认说,"马克思没有预见到,资本在面临其内在威胁的情况下,也有可能进行自身的跨政治变迁"。鲍德里亚的意思是,从1929年的经济危机开始,资产阶级为了自救,使资本主义超越了自身自由主义的传统,打破了"政治经济学和价值规律的约束",以不可想象的"任意形式获得自主性,从而以资本的图景形塑了整个世界"。[33]这是一个值得我们思忖的问题。

二、资本主义通过空间生产获得幸存的可能

在列斐伏尔看来,这种资本主义在今天的重要改变有两个主要方面:一是人们已经看到的**国家垄断资本主义**的出现。虽然,马克思和列宁都曾预言了资本主义制度走向灭亡的客观历史趋势,然而,我们看到的历史现实却是资本主义的"垂而不死"。那么,"垂死的资本主义可以幸存吗? 又是什么使得这种重构得以可能(Comme le capitalisme, blessé à mort, peut-il survivre? Qu'est-ce qui permet cette reconstruction)"?[34]在列斐伏尔看来,今天资本主义之所以"垂而不死",恰恰在于马克思主义的重要影响。这是一个十分独特的判断。列斐伏尔说,

"马克思主义的重要影响不是在于理论的蓝图——在理论上它似乎是不可还原的——而是在于实践的计划中,在实践上,它启发了国家对社会的计划(planifi-cation)和操纵"。[35]这里被马克思主义启发的"国家",是指今天体现资产阶级意志的发达资本主义国家。具体说,这是指20世纪自"罗斯福新政"和凯恩斯主义之后,西方资本主义国家普遍采取的"干预主义"政策,这使得原先马克思和列宁预想在社会主义社会中实现的自主构序的计划经济,**被异位挪移和内嵌到资本主义生产方式之中**,由此生成的所谓资本主义混合经济发展和社会福利模式,成为资本主义获得新的生存空间的可见方面。列斐伏尔说,"在19世纪,每个资本家靠自己的力量并为了自身的利润而生产;他是拥有企业的企业家。他向市场提供他的产品。市场则作为盲目的力量而起作用"。[36]对于这种商品生产和交换中出现的盲目"无政府状态"导致的致命性的普遍社会危机,马克思和列宁都曾预见到这种"自由竞争资本主义的失败",这是对的。然而,今天"资产阶级对自身困难的经验已经使它获得高度的政治意识和运用策略的能力。一直足够灵活地吸收马克思的思想"[37],这也意味着,正是依据马克思和列宁对资本主义生产方式根本矛盾的剖析,不是雕像(statufiée)的资产阶级竟然"灵活地吸收马克思的思想",并且有效地调整了资本主义生产关系赋型,现在,斯密曾经透视的那个盲目混乱中自发生成的"看不见的手",已经转换为国家在对经济生产和分配关系的干预中的自主构序的"看得见的手",当代资本主义的"国家不仅要对增长负责,而且是它的决策人",由此,资本主义"经历了资本的集聚和集中",生成了列宁已经看到社会主义桅杆的"垂死的"国家垄断资本主义,但马克思和列宁都不会想到,"正是这个过程赋予了资本主义以一种出乎意料的弹性和组织能力",由此使"资本主义不断抵抗着危机"。[38]这正是资本主义生产方式获得幸存空间的第一个方面。

二是资本主义通过空间的生产获得幸存。这当然是列斐伏尔自己的新发现了。他充满信心地宣告:

> 一个世纪以来,资本主义已经发现它能缓解(如果不是解决的话)它的内在矛盾,结果便是,自从《资本论》写作以来的一百年间,它已经成功地实现"增长"。我们不可能估算花什么样的代价,但我们确实知道手段:**通过占有空间,通过生产空间**(*en occupant l'espace, en produisant un espace*)。[39]

　　我以为,这可能是《资本主义的幸存》一书中最重要的一个政治和学术断言了。前面提及的马克思和列宁关于资本主义必然灭亡的观点,不是错了,而恰恰是资产阶级自觉意识到了自身的内在矛盾,他们用以缓解这些矛盾的重要增长,不仅仅只是通过人们已经注意到的国家"干预"经济的自主构序方式,并且还通过拓展式的占有空间,通过国家干预和直接生产空间,这个空间不是自然的物理的空间,而是资本主义社会关系的生产与再生产建构起来的全新社会空间场境存在。由此,列斐伏尔将自己关于都市和空间问题的研究,上升到整个马克思主义的**资本主义观**的高度。之后,列斐伏尔在《论国家》一书中,提出了所谓资本主义**国家生产方式**的问题。对此,索亚评论说,列斐伏尔已经意识到,当代资本主义"在全球规模上通过资本的集中和积累而产生的愈益增多的过剩产品",正在通过"资本主义的积累和增长的空间,即通过占有空间、生产'减少'(如果不是解决的话)过去一个世纪以来的各种内部矛盾"。[40]这是准确的历史定位。

　　那么,这一切是如何发生的呢? 列斐伏尔比较详细地分析了资本主义占有和生产空间的三个方面。在列斐伏尔看来,第一,是资本主义都市化进程中"**第二自然**"对"**第一自然**"的替代。这一观点缘起于前述的《都市革命》,并在《马克思主义思想与城市》中得到阐发。在后面的《空间的生产》中,这个第二自然正是社会空间的产物。有意思的是,在这里,我们突然遭遇了久未露面的人化实践(praxis)与物性实践(pratique)差异的逻辑构序。列斐伏尔认为,可以通过马克思的**人化实践的图式**(Le schéma de la praxis)的观点进行反思,通过前面对列斐伏尔《现代性导论》和《元哲学》的讨论,我们已经知道,这种特殊的人化实践逻辑图式,是列斐伏尔对马克思《提纲》的过渡诠释结果,在他看来,在马克思那里,**人化实践**的图式的核心是人对人的社会关系生成的作品,而在人对自然关系中的物性生产实践(pratique)中,劳作产品也是以对自然的**取用**(appropriation)**关系**为前提的,在马克思看来,"对物质自然的**支配**(domination)与**取用**(l'appropriation)是相辅相成的。根据'人'(包括人的自然性:它的身体,以及它的需求和欲望)的欲望和需求,这种取用把自然物质转变为人类实在(réalité humaine)"。[41]而在资本主义的追逐财富的物性生产塑形和构序中,这里的"把自然物质转变为人类实在",促发了资产阶级疯狂追逐财富的生产主义,这也意味着,物性实践中原有的人对自然的取用关系,被强暴性的统治所取代。并且,在被摧毁的第一自然废墟上,建构起新型的空间生产实践所必需的街道、房屋、公园和广场一类物性建筑设施的城市空间的"第二自然"。这是列斐伏尔赋予黑格尔"第二自然"概念新的构序意义。应该指认,这可能是列斐伏尔原先那个人本主义"元哲学"深境在现实资本主义批判分析中的一次重要表现和逻辑连接,然而,它已经脱离了抽象的人学话语,内嵌于历史唯物主义的逻辑构序中来了。因为,此处列斐伏尔所指出的资产阶级的新型空间生产实践,已经在打破物性实践与人化实践的边界,资本主义的空间生产正在将人的社会关系场境的空间存在作品变成物性实践中的商品生产和变卖伪境。这是一个十分复杂的逻辑关系。列斐伏尔认为,这种以统治自然为核心的经济物性实践(pratique)的观点,其实不过是"19 世纪工业理性主义的表达",到了 20 世纪后半叶,这种以经济增长为目标的生产力的物性实践图式已经破产,因为,"自然,比如被毁坏的,已经不得不在另一个层面上重建,'第二自然'(nature seconde)的层面,比如,城镇和都市"。这是我们在上面的讨论中已经遭遇的都市化实践构序问题。他认为,资产阶级正是利用了都市规划和都市主义,发展出"资本主义的和国家的战略工具,用来操控碎片化的都市现实和被控制的空间的生产"。在这个意义上,以都市化实践构序为核心的空间的生产,取代了粗暴的物质生产主义,都市化空间中的新的第二自然进一步取代了已经死去的第一自然。在列斐伏尔看来,

> 城镇,反自然或非自然(anti-nature ou non-nature)也是第二自然,预示着未来世界,都市普遍化的世界。自然,作为相互外在并分散在空间中的特殊事物的集合体,死去了。它让位于作为产物的空间,都市(l'espace produit:l'urbain)。都市被规定为集合体和各种矛盾,它与各种社会存在(existe socialement)并存(是社会存在的中心)。[42]

都市,那个资本主义城市中心对乡村甚至整个世界的复杂支配关系赋型网络,就是全新的空间生产的产物,都市作为第二自然的新形态,现在成了资本主义社会存在的中心。如果我们把列斐伏尔这个**都市的空间生产**变成一种关于地理学、城市空间的科学研究,并断言发生了一种"空间学科转向",列斐伏尔估计会欲哭无泪的。

第二,资本主义生产自动化到**空间自动化臣服**。列斐伏尔说,过去,"自然不劳动;它创造(La nature ne travaille pas;elle crée)",所以,自然有自己的天然

作品。这像是诗句，这样，列斐伏尔也不解释为什么自然进化就是创造作品，犹如神创世。可后来，人用劳动塑形和构序活动代替了自然生长，人通过生产实践，制造了第二自然的产品。

> 劳动已经改变了自然，自然的创造过程。通过谋杀自然，生命和死亡，愉悦和痛苦之间的差别显现出来。生产劳动（travail productif）在自然中作用并作用于自然；对于劳动而言，唯一自然的事情便是自然力的消耗。这种分工化和社会化的生产劳动已经用"工作"和劳苦取代了自然的喜悦，用产品代替了作品（le produit supplante l'oeuvre）。[43]

这是过于浪漫主义的说法。其实，在人类社会历史进程中自然力量占决定性位置的自然经济中，未必就一定是喜悦，将改造自然的物质生产活动视作"谋杀自然"，这有可能会颠覆历史唯物主义最一般的基础性原则，这是列斐伏尔在诗化构境中并没有真正意识到的问题。我们可以看到，支配列斐伏尔的那个人本主义话语构境仍然还在起着一定的影响，这使他在人本主义逻辑与历史唯物主义理论构境之间来回摇摆。当然，这一表述并非列斐伏尔此处要重点讨论的问题。关键在于，他要说明当代资本主义现实中在生产自动化问题上的进一步改变。这就是今天的"劳动产生了非劳动的可能性：一种自动装置生产，没有体力付出。而且它实际上是第二自然，一种'自动化'了的第二自然（nature seconde，«automatisée»），城镇和都市都显示出这一点"。[44]仔细算起来，这可能是一般物质生产创造的第二自然 I、都市化的第二自然 II 之后的自动化的第二自然 III 了。请一定注意，这里列斐伏尔所指认的"自动化"，并不仅仅是马克思已经关注到的现代化工业生产中的自动化机器，而是在资本主义都市革命带来的**空间生产自动化**。这是比较难进入的一个构境层。一方面，从马克思已经看到的机器化大生产过渡到当代资本主义的自动化生产，体力劳动在生产过程中的作用急骤下降，看起来像是"非劳动"的智能劳动和服务性劳动逐渐占据经济生活的主流，并且，这种非劳动主要面对的生存领域正是物质生产过程之外的日常生活；另一方面，是在资本主义的都市化实践中，作为第二自然的空间生产表现出极强的**生活自动化编码特征**，人们乘坐地铁和公交汽车上下班，行走于街道和城市建筑的预设商业空间，穿梭于贯穿世界的公路、铁路、航行和航空，等等，生成一种惯性日常生活模式中对资本关系的隐性自动臣服,这种无形的日常关系场境中发生的**自动化奴役机制**,正是资本主义新的社会关系再生产的空间生产秘密。我注意到,也是在这一点上,哈维埋怨列斐伏尔没有能够说明资本主义怎样通过空间生产得以幸存。[45]我认为哈维的疑虑是有道理的,因为在上面列斐伏尔给出的具体分析中,很难真正看到他所指认的资本主义生产方式通过空间的生产获得新的发展空间的证据。在这里,抽象的逻辑推论多于事实。

列斐伏尔特别指认,这里他所创立的空间生产理论不是见物不见人的空间科学,而是以辩证法的历史抽象才能发现的社会关系再生产空间的认识。传统的"空间的科学(数学、物理学)生性喜爱逻辑,总体的、系统的和同一性理论。但关于生产过程的知识(La connaissance du processus productif)把最一般的产品——空间——引入了社会存在,它喜欢抓住空间矛盾的辩证法思想"。[46]显然,这是列斐伏尔始终坚持的辩证法立场中的矛盾分析法。这又是一个难入境的观点。依我的理解,列斐伏尔此处所说的生产过程的知识,正是他上面试图证伪的资本对第一自然的全面统治和侵占,这表现为资本主义工业物质生产过程中的生产主义,然而,在第一自然转向第二自然、劳动转向非劳动之后,他说,资本主义的这种作为第二自然的新型都市化实践中的社会空间塑形,开始进入到整个社会存在之中,正是

> 生产关系的再生产(它叠加于生产资料的再生产之上)之场所(lieu),它同时是一种计划化[土地使用的安排布局(aménagement du territoire)]、一种增长逻辑(logique de la croissance)的契机(occasion)和工具(instrument)。资本主义的社会实践蕴含并包括了知识、逻辑(寻找连贯一致性)、一种凝聚力的意识形态以及一些整体范围上的矛盾。[47]

在列斐伏尔这里,都市化第二自然中作为社会关系再生产的空间,是在征服第一自然的"生产资料的再生产"之上,出现的新的社会关系再生产场所(lieu),原先我们提及的资本主义国家对经济进行干预的"计划性",现在新生于都市空间的"安排布局"和"计划化",这就是都市规划("都市主义")的实施,并且,生产主义转变为新的增长逻辑,这里的增长,已经主要不是经济指标的增长,而是资本主义生产关系的再生产中科学技术知识和意识形态的积累和增长。这构成

了空间生产中新的矛盾关系。因为,资本控制的

> 生产力让那些使用生产力的人可以掌握空间,甚至让他们**生产**（*produire*）空间。这种生产能力铺展到整个地球空间及其之上。自然空间（L'espace naturel）被技术整体摧毁并转化为一种社会产品（produit social）,这种技术包括了从物理技术到信息技术的整体。然而,这种生产力的增长也不断地产生出一些特定的矛盾,生产力的增长也同时再生产出、并加剧了这些矛盾。[48]

这是说,第二自然中的增长基于资本生产力对第一自然的统治,全球物理空间是被技术工具理性整体摧毁,并从自然作品转化为占有性的实践塑形和构序产品,社会空间中的生产,即资本主义生产关系在都市化和日常生活中的再生产成为资本主义新的幸存方式,同时,物质生产力的增长与私有制的矛盾,也会升级为科学技术生产力的增长与空间生产关系再生产的矛盾。这也就是说,今天资本主义生产方式在空间生产中的幸存,仍然是在**新的悖论**（*nouveauté paradoxale*）和矛盾中发展的。依列斐伏尔看所见,在资本主义的新发展中,"一些旧关系退化或解体了（比如城市、自然物与自然、民族、日常的贫困、家庭、'文化'、商品和'符号世界'）。另一些关系（比如都市、日常生活的可能性、差异[différentiel]）则被建立起来,以致社会关系的生产处在了再生产的中心处"。[49]自然与自然物、日常的经济贫困和商品生产关系,都是早先竞争资本主义中与经济增长主义相关的,而都市空间、日常生活场境关系,则是资本主义国家干预中新的空间生产的核心关系,正是在这些新生成的空间生产中,资产阶级的生产关系得到再生产,生成新的统治中心。现在,

> 不仅仅**整个社会**（la *société entière*）变成了再生产的场所（生产关系的再生产,而不再是生产资料的再生产）,而且**整个空间**（*l'espace entier*）都变成了再生产的场所。空间被新-资本主义所占领、所部门化,它被还原为一种同质然而碎片化的环境（milieu）,它被碎屑化了（émietté）（只有作为空间碎屑,才能被卖给"客户"）,这样,空间就变成了权力的中心（siège）。[50]

空间生产的本质,已经不再是过去资本主义经济物相化运动中的"生产资料的再生产",而成了资产阶级生产关系在整个空间中的再生产,空间本身被资本所占领和部门化,在被变卖的地产、航道和公路中,空间被切割为空间碎屑,入序于金钱的逻辑,这也形成了资产阶级统治世界全新的权力中心。

三、资本主义社会新型的空间权力关系

对于这种都市化实践中出现的新型资产阶级的空间权力关系,列斐伏尔列举了以下这样一些方面。

第一,都市化运动中空间权力中心对边缘支配和统治。这是他在《都市革命》一书中相近观点的编码转型。列斐伏尔指出,

> 国家资本主义以及一般意义上的国家都需要"城市"来作为中心(决策中心,同时也是财富中心、信息中心和组织空间的中心)。与此同时,它们又让作为历史地建构的中心、作为政治中心的"城市"碎片化,并使之消失。中心性解体在了它自己所产生出来的空间之中,也就是说,解体在了既存的生产关系及其再生产之中。[51]

在传统社会中,原先的城镇是宗法和宗教势力控制乡村的政治中心,资本主义的都市化却以看不见的空间组织让旧式的政治城市中心崩溃,资产阶级新建的"中心围绕着自身而组织和布置边缘,并使之等级化。位于中心并支配权力者,根据一些有效的原则和知识来进行管理"。[52]都市化实践中建立的空间权力中心,不仅仅是政治决策中心,同时也是财富中心,这一中心以知识和信息支配和管理边缘。远离中心的边缘有地域性关系,也有更加复杂的因素。比如,"在法国,有布列塔尼、巴斯克地区和奥兰西塔尼亚(Occitania);在英国有爱尔兰、威尔士和苏格兰;在意大利,有西西里和南部地区",像巴黎和伦敦这样的中心城市都有贫困的"郊区居民,贫民窟中的侨居工人等",然后,还"存在着社会和政治的边缘因素——尤其是青年和妇女、同性恋者、铤而走险的人、'疯子'、吸毒者"。[53]这是列斐伏尔比较明确地界划这个在都市化实践中生成的空间边

缘。在他看来,这种新型的空间权力中心对边缘的支配关系,一是政治统治关系中的新殖民化。他说,今天的资本主义

> 社会空间变成了政治性的,它一方面集中并固定在政治性的中心;另一方面,它又专门化、区块化。国家决定了并固定了决策中心之所在。与此同时,相对于中心,空间又被重新分为了一些被等级化的边缘。与此同时,空间也就贫瘠化了。空间的殖民化(colonisation)过去只是作为工业生产和消费的场所,现在它被推广开了。围绕着这些中心,从此只有了一些臣服性的、被剥削的、依附性的空间———一种新殖民地(néocoloniaux)。[54]

这是列斐伏尔在《空间与政治》一书形成的观点,即资产阶级空间的政治本质,这种政治性的空间也生成了等级化的空间结构,即空间生产的权力中心对贫瘠化边缘的奴役和支配,这也生成了列斐伏尔所指认的空间殖民化(colonisation),在这里,"权力分布在任何地方,它无所不在,并被指派给存在。在空间中无所不在!"[55]这个空间殖民化的观点,显然受益于德波的日常生活殖民化的说法。

二是更深一层的空间碎片化里空间权力中心对边缘的支配。这是一个新观点。在列斐伏尔看来,

> 中心-边缘关系既非独有的也非本质的矛盾关系,尽管它很重要。它附属于一种更深层的矛盾关系:一方面是空间的碎片化(不仅是它在实践中的碎片化,既然空间已经成为一种批量买卖的商品;而且是它在理论上的碎片化,既然它被划分为科学专业),另一方面,生产力和科学知识在整个星球范围上生产空间,甚至在星际间。[56]

如果资产阶级空间的生产有一个统治中心,这个空间权力中心对边缘的支配并非完全表现为地域上的等级关系,而恰恰是一种看不见的支配关系。因为社会空间本身被商品化变卖,导致了空间关系场境的碎片化,所以,空间生产中权力中心对边缘的支配构序也是一种通过碎片化的科学知识的无形的远程遥控。"在社会(都市)空间中,每一个点和中心的周围,不管是大的还是小的、暂

存的还是长久的,都有一种近端构序(ordre proche),地区的构序,在更大范围来看,还有一种远程构序(ordre lointain),社会作为整体(生产关系、国家)的构序。"[57]用知识和经济实效来控制碎片化的社会空间,是不用直接派出打手的。

第二,空间生产中知识翻转为隐性支配的权力。这不算是新观点了,无论是法兰克福学派还是同时代的福柯,都已经深入讨论过资本主义条件下知识异化为奴役人的权力问题,这里,列斐伏尔只是将这种知识与权力的同谋关系引申到空间生产中来了。列斐伏尔在此指认说,在今天的资本主义社会中,

> 知识(connaissance)变成了一种直接的生产力(而不仅仅是通过中介),又有什么好惊讶的呢?极有可能,"纯粹"知识会变成了国家(技术官僚统治的)资本主义以及国家(技术官僚统治)社会主义的中轴和核心(l'axe et le centre)。这样,这种知识就将充当公共的标准,而成为"真实世界"(monde vrai)。它保证了从一个操纵社会(对人、需要、目标和目的的操纵)向更精于操纵的另一个社会过渡。这样,它就将服务于生产关系的再生产,这些生产关系超越于生产关系诞生于其中的生产方式。[58]

这是霍克海默和阿多诺在《启蒙的辩证法》中已经讨论的重要观点,即以科学技术和一般知识为核心的工具理性构序在资本主义生产方式中,从征服自然和启蒙的解放力量异化为直接奴役社会的统治权力。在今天的空间生产中,作为第一生产力的科学知识充当起"公共的标准",替代了真实世界(monde vrai),以价值中立的样式"操纵社会",成为资本支配世界的最大权力。也因此,列斐伏尔指认"资本主义积累改变了它的性质。它不再是简单的积累财富或生产资料的问题,而是广泛地积累技术、信息和知识的问题(在发达国家,这些都完全资本化了)。国家保证这种集权化的组织,并使之处于决策中心"。[59]这是有一定道理的。

在此书中,列斐伏尔举了一个技术浸透和支配空间的实例,即精细设定产品寿命的"人口计量学"。列斐伏尔分析说,在今天资本主义的生产和经济活动中,已经不再是传统工匠式劳作所追求的不朽性作品,而恰恰是精心预估和设定产品的有限寿命,产品一经产出,对资本家而言,它最关心的事情是这一产品何时"死亡",因为这是新产品出场并迅速卖出的重要条件。他说,今天的资产阶

级世界中,

> 有一种关于物品的"人口计量学"(démographie des objets),记录对这种
> 或那种产品的估计寿命,市场是按照物品的估计寿命组织起来的,每一样物
> 品的"估计寿命"都经过推算:一辆汽车可用二、三年,一间浴室可用十二
> 年。科学充当了死神的角色。它推算物的死亡和人的死亡,与人寿保险公
> 司的账目一模一样。所有资本家的资料都在死亡统计(tables de mortalité)
> 基础上起作用。它是这一制度的基本要素之一。[60]

这是一个有趣的观察。在今天的资本主义经济生活中,科学技术塑形和构
序的精准性,被用来故意设定产品的使用寿命,一到技术设定的有效界限时间,
产品则立刻成为废品。对此,我自己真的遭遇过这样的事情,我所购买同一品牌
的耳机和耳塞,在使用一定的年限后,几乎同时发生脱胶和断裂现象,为此我不
得不购买新的产品。"物品的人口统计学,这一从物品制造那一时刻起就对这
些物品的过时淘汰和估计寿命进行推算的理论,是资本主义生产的一个科学的
方面;它把科学和破坏结合起来。[61]这是一个深刻的观点。其实,在人们目前
使用的智能手机和电脑中,人为地通过升级造成装置的滞速、通过软件换代造成
完全可用的东西成为废品,使人们不断地奔波于购买新产品的虚假换代时尚浪
潮中。

第三,作为社会关系再生产的**空间生产中的日常生活批判**。这是列斐伏尔
将自己新提出的"都市革命"到"空间的生产"理论革新,与自己原先的日常生活
批判重新连接起来的尝试。他直接说,这里讨论的"社会关系的再生产概念,其
源头隐藏在《日常生活批判》之中",这是列斐伏尔自觉的思想谱系关系指认。
虽然,在《日常生活批判》并未言明社会关系的再生产,但在对资产阶级今天的
日常生活批判中透视的日常事物,正是资本主义占据空间,进行社会关系再生产
的微观社会生活基础。这显然是一个事后建立起来的关联性。因为,这里的

> 日常事物,不再是一般意义上的经济了,它是新资本主义得以建立于其
> 上的平台(niveau)。新资本主义建立在作为沃土(sol)的日常事物上,也就
> 是说,建立在了一个稳固的基础上,这种稳固基础是各种政治立场共同维持

下的社会实体(substance sociale)。[62]

在列斐伏尔看来,今天的资本主义不再仅仅依存于经济发展,更依托于日常生活之上的空间社会关系的生产与再生产。于是,马克思所指认的资本主义社会关系的再生产,就不仅仅发生在物质生产资料的生产塑形、构序和再生产中,今天的"社会关系只有在广义的市场中,在日常生活中,在家庭里,在市民中,才会再生产出来。它们也在社会的全部剩余价值得以实现、分配和消费的地方,在社会的普遍职能中,在艺术、文化、科学和许多其他领域(包括军队)中再生产出来"。[63]这也意味着,马克思所关注的资本主义生产方式中资本盘剥雇佣劳动的生产关系,只有日常生活的"广义市场"才被再生产出来。"日常生活承担着最沉重的压力。如果权力占据着它所生出来的空间,那么日常生活就是这种空间的土壤(le sol)。在日常生活之上,一层层排列着政治和社会的各种巨大建筑"。[64]这样,列斐伏尔就将自己的日常生活批判与空间理论连接起来了。当然,列斐伏尔明确说,他的这些努力并非是要建构一种抽象的理论体系,"空间概念、日常生活概念、都市概念、差异概念,并不是体系的组成部分——也不是被战略所统治的空间的组成部分、程序化的日常生活的组成部分、同质化过程的组成部分"。[65]这一切努力,都是为了说明资本主义在今天"垂而不死"幸存现象。

可是,人们还能不能从这种资本主义的幸存中获得解放呢?列斐伏尔对此是乐观的。但是他给出的解放道路,与马克思-列宁的社会主义道路显然是不同的。"根据我的分析,所谓最低限度的革命已经是一种革命形式,它包括劳动的解放和生产关系的转化。最高意义的革命是完全改变生活,包括家庭关系和劳动本身"。[66]在这里,马克思、列宁原先的社会革命被定位为"最低限度的革命",列斐伏尔的理由是,"如果没有家庭和日常生活的改变,生产关系能够改变吗"?新的解放道路必然为列斐伏尔所提出的**改变日常生活**!在他看来,面对今天的资本主义空间生产,将其直接转化为国家社会主义是不现实的,只有走**工人自治**(l'autogestion)的道路。1978年,列斐伏尔还与维克多·费耶一起发起成立了一个叫"工人自治"的团体,起初关注的是工厂的自我管理,后来转向区域地方民主。他认为,"自治的实践及其概念向马克思首次提出的生产资料社会化问题提供了原创性的回答"[67],这是由于,今天,工人阶级的自治是把自身从为国家资本主义所熟知(由于并不相同的原因)的"生产主义意识形态"所衍生出来的各种意识中分离出来。它会是对资本主义空间生产的一种解构，它是对社会空间的重新自我管理。工人自治中的"自我管理暗含着对市场的操控和消除市场的支配地位"，更重要的是，"普遍的自我管理必须有理论装备（prépare théoriquement）"，这个理论装备当然就是列斐伏尔基于日常生活批判和都市革命的空间生产的理论。[68]他说，"自治很显然也在日常生活中发挥着重要作用。革命过程以动摇日常生活状况为始，而以重建（rétablissement）日常生活为终。正是通过把它与'非日常生活'（non-quotidien）相隔离从而将其加以能动的颠覆，这种对日常生活的建设，粉碎与消灭了日常生活"。[69]列斐伏尔甚至说，"专心致志地与仔细地研究五月风暴事件仍然会令人大吃一惊，这里有不确定的、不平衡的自治努力"，在那场文化革命中，

　　　　冲突、罢工与社会运动的过程作为一个整体，动摇着根基（ébranlé le terrain）；但后者又再一次确立起来。还有一切它所支持的事物：等级制、梦想，言词。日常生活无法一步登天，但作为维持日常的切实可行的社会基础的分裂，可以通过一个过程而得到解决：即自治（l'autogestion）。[70]

似乎在列斐伏尔看来，红色五月风暴提供了一种新的文化革命方案，虽然它并不直接颠覆资本主义政治经济制度，但它从日常生活的微观转换中动摇着整个资本主义统治的基根，并且，它也无形中确立了一生中新的改变生活的现实道路——人对自己的生命存在和日常生活的自治。列斐伏尔激动地说，"自治指出了日常生活转变之道路。这就是'改变生活'（«Changer la vie»）的革命过程的意义"。[71]我觉得，索亚说，"1968年以后，列斐伏尔围绕着空间生产的'知识'，一种切实的理论建设，从本体论、认识论到社会解放的实践，开始了批判思想本身的彻底重建工作"。[72]这基本上是一个正确的判断，然而，这个重要的重建工作是一个复杂的历史过程，列斐伏尔的努力中有成功的理论进展，也有对现实问题思考中的不足。在这里，他关于资本主义何以幸存的提问和指出的研究方向都是有意义的，但他在《资本主义的幸存》中给出的答案却没有达到他自己的逻辑预期。列斐伏尔认为他在自己著名的评论中已经找到了问题的症结所在，即资本主义是通过空间生产而生存下来的，但不幸的是，他没有能正确地解释为什么空间生产对资本主义的生存至关重要，它又是如何发挥这种重要作用

的"。[73] 由此,哈维提出了"空间修复"理论。

注释

［1］ Henri Lefebvre, *La survie du capitalisme*: *La reproduction des rapports de production*, Paris：Anthropos, 1973.

［2］ Henri Lefebvre, *L'irruption de Nanterre au sommet*, Paris：Gallimard, 1968.

［3］ 拉乌尔·范内格姆(Raoul Vaneigem, 1934—):法国作家,情境主义国际成员。1934 年生于法国埃诺省的莱幸市。1952 年至 1956 年在布鲁塞尔自由大学修习罗曼语语文学,学士论文的研究对象为法国诗人洛特雷阿蒙(原名伊齐多尔·迪卡斯),随后在比利时尼伟勒当地学校教书至 1964 年。当他读了列斐伏尔的《总和与剩余》和《日常生活批判》等书之后,深受震动,于是他写信给列斐伏尔,附上了自己关于诗意的零碎思考[题为《诗意断片》(*Fragments pour une poétique*)],由此结识列斐伏尔。1961 年,经列斐伏尔介绍,与德波相识并参与了国际情境主义的活动,1970 年 11 月 14 日退出。主要代表作为:《日常生活的革命》(*Traité de savoir-vivre à l'usage des jeunes générations*, 1967)、《快乐之书》(*Le livre des plaisirs*, 1979)和《关于死者统治生者及摆脱这种束缚给生者的致词》(*l'Adresse aux vivants sur la mort qui les gouverne et l'opportunité de s'en défaire*, 1990)等。

［4］ Raoul Vaneigem, *Traité de savoir-vivre à l'usage des jeunes générations*, Éditions Gallimard, 1967.《论几代青年运用的处世之道》,英译为 *The Revolution of Everyday Life*,即目前国际学界通常意译的《日常生活的革命》。中译本由张新木等译,书名沿用了国际上的通常译法《日常生活的革命》,南京大学出版社 2008 年出版。

［5］ 这一概念最早出现在范内格姆 1962 年写下的《平庸的根基》一文中。他的原话为:"官僚资本主义蕴含着异化的真理,它将异化铺展到了方方面面,超出了马克思的预期。它将异化平庸化,以至于赤贫在减少、同时生存的平庸(la médiocrité de l'existence)却在扩散。贫困(paupérisme)深入地渗透到了生活方式之中,因为它化成了严格意义上的'苟生'(survie)。"Raoul Vaneigem, «Banalité de Base», *Internationale Situationniste*, No.7, 1962, p.32. 中译文参见刘冰菁译稿。

［6］ Guy Debord, *Œuvres*, Paris, Gallimard, 2006. p.601.中译文参见刘冰菁译稿。

［7］ Ibid., p.602 中译文参见刘冰菁译稿。

［8］ Henri Lefebvre, *La survie du capitalisme*: *La reproduction des rapports de production*. Paris：Anthropos, 1973, p.1.中译文参见张笑夷译稿。

［9］ 这一手稿 1933 年第一次以俄文发表于《马克思恩格斯文库》第 II 部分第 VII 卷上,并于 1939 年在莫斯科同时用德文与俄文发表于《马克思恩格斯全集》第 11 卷。中文版首次由田光先生译出,人民出版社 1964 年以单行本形式出版。后收入《马克思恩格斯全集》中文第一版第 49 卷(1982)。此文本的法译本由罗杰·丹维尔翻译并于 1970 年在法国出版。Marx, *Un chapitre inédit du Capital*, traduction et présentation de Roger Dangeville, coll. 10/18,

Paris, 4e trimestre 1970.关于马克思这一文本的解读,可参见拙文:《〈资本论〉雏形中的科学的劳动异化理论及其删除》,《华东师范大学学报》2023 年第 1 期。

[10] Henri Lefebvre, *La survie du capitalisme*:*La reproduction des rapports de production*, Paris:Anthropos, 1973, p.42.中译文参见张笑夷译稿。

[11]《马克思恩格斯全集》(第二版)第 32 卷,人民出版社 1998 年版,第 128—129 页,第 181 页。

[12] Henri Lefebvre, *La survie du capitalisme*:*La reproduction des rapports de production*, Paris:Anthropos, 1973, p.37.中译文参见张笑夷译稿。马克思在《1863—1865 年经济学手稿》第一册"第六章"的原话为此章开始时的提点:"(1)作为**资本产物的商品**(*Waaren als Product des Capitals*),作为资本主义生产的**产物的商品**;(2)资本主义生产是剩余价值的生产;(3)最后,资本主义生产是使这个直接生产过程具有特殊资本主义特征的**整个关系的生产和再生产**(*Production und Reproduction des ganzen Verhältnisses*)。"《马克思恩格斯全集》(第二版)第 38 卷,人民出版社 2019 年版,第 26 页。Karl Marx, *Marx-Engels-Gesamtausgabe*(*MEGA*2)II/4-1, Text, Berlin:Dietz Verlag, 1988, S.24.

[13] Henri Lefebvre, *La survie du capitalisme*:*La reproduction des rapports de production*, Paris:Anthropos, 1973, p.1.中译文参见张笑夷译稿。

[14] 阿尔都塞于 1969 年开始写作后来命名为《论再生产》(*Sur la reproduction*, Presses Universitaires de France, 1995)一书的书稿。1970 年,布尔迪厄出版了《再生产:谈论一种关于教育体系的理论》(*La Reproduction. Éléments pour une théorie du système d'enseignement*, Minuit, 1970)。

[15] Henri Lefebvre, *La survie du capitalisme*:*La reproduction des rapports de production*, Paris:Anthropos, 1973, p.1.中译文参见张笑夷译稿。

[16] 在那里,马克思指认说,从旧的土地所有制的社会内部脱胎而出的"现代生产关系,即资本,已发展成总体性(die modernen Productionsverhältnisse, d.h. das Capital zu seiner Totalität)"。参见《马克思恩格斯全集》(第二版)第 30 卷,人民出版社 1995 年版,第 237 页。这是马克思第一次直接说明资本的生产关系成为支配性的总体性。

[17] Henri Lefebvre, *La survie du capitalisme*:*La reproduction des rapports de production*, Paris:Anthropos, 1973, p.2.中译文参见张笑夷译稿。

[18] Ibid., p.1.中译文参见张笑夷译稿。

[19] Ibid., p.2.中译文参见张笑夷译稿。

[20] Ibid., p.3.中译文参见张笑夷译稿。

[21] 历史唯物主义的基本原则是社会定在决定意识,并非传统教科书解释框架中所言的"社会存在决定社会意识"。马克思在德文原文中使用定在(Dasein)、社会定在(Gesell-schaftliches Dasein)和定在方式(Daseinsweise)这三个关键概念,在从德文转译为俄文,再从俄文转译为中文中全部翻译成了存在、社会存在和存在形式,这重误译,隐藏了历史唯物主义思想与思想史上一些至关重要的资源的关联,更遮蔽了马克思关于"社会定在决定意识"这个重要的历史唯物主义的深层构境。参见拙文:《马克思:历史唯物主义中的社会定在概念》,《哲

学研究》2019 年第 6 期;《定在概念:马克思早期思想构境的历史线索》,《中国社会科学》2019 年第 9 期。

　　[22] Henri Lefebvre, *La survie du capitalisme*:*La reproduction des rapports de production*, Paris:Anthropos, 1973, p.3.中译文参见张笑夷译稿。

　　[23] Ibid.中译文参见张笑夷译稿。

　　[24] Ibid., p.4.中译文参见张笑夷译稿。

　　[25][法]列斐伏尔:《日常生活批判》(第 2 卷),叶齐茂等译,社会科学文献出版社 2018 年版,第 441 页。

　　[26] Henri Lefebvre, *La survie du capitalisme*:*La reproduction des rapports de production*, Paris:Anthropos, 1973, p.27.中译文参见张笑夷译稿。

　　[27] 本雅明的所谓韵味(Aura),是指一种在艺术品中内含的卓然不凡的特征和神圣的光晕。用本雅明自己的话说,即"在一定距离之外但感觉上如此贴近之物的独一无二的显现"。参见[德]本雅明:《机械复制时代的艺术作品》,浙江摄影出版社 1993 年版,第 57 页。本雅明用这种特性来区分艺术品与工艺产品(复制品)的异质。

　　[28] Henri Lefebvre, *La survie du capitalisme*:*La reproduction des rapports de production*, Paris:Anthropos, 1973, p.4.中译文参见张笑夷译稿。

　　[29] Ibid., p.15.中译文参见张笑夷译稿。

　　[30] Ibid., p.5.中译文参见张笑夷译稿。

　　[31] Ibid., p.15.中译文参见张笑夷译稿。

　　[32] Ibid.中译文参见张笑夷译稿。

　　[33][法]鲍德里亚:《恶的透明性:关于诸多极端现象的随笔》,王晴译,西北大学出版社 2019 年版,第 11 页。

　　[34] Henri Lefebvre, *La survie du capitalisme*:*La reproduction des rapports de production*, Paris:Anthropos, 1973, p.44.中译文参见张笑夷译稿。

　　[35] Ibid., p.5.中译文参见张笑夷译稿。

　　[36] Ibid., p.103.中译文参见张笑夷译稿。

　　[37] Ibid., p.106.中译文参见张笑夷译稿。

　　[38] Ibid., p.42.中译文参见张笑夷译稿。

　　[39] Ibid., p.15.中译文参见张笑夷译稿。

　　[40][美]爱德华·索亚:《后现代地理学:重申批判社会理论中的空间》,王文斌译,商务印书馆 2007 年版,第 147 页。

　　[41] Henri Lefebvre, *La survie du capitalisme*:*La reproduction des rapports de production*, Paris:Anthropos, 1973, p.9.中译文参见张笑夷译稿。

　　[42] Ibid.中译文参见张笑夷译稿。

　　[43] Ibid., p.10.中译文参见张笑夷译稿。

　　[44] Ibid.中译文参见张笑夷译稿。

　　[45] 哈维认为:"列斐伏尔认为他在自己著名的评论中已经找到了问题的症结所在,即

资本主义是通过空间的生产而幸存下来的,但不幸的是,他没能正确地解释为什么空间生产对资本主义的生存至关重要,它又是如何发挥这种作用的。"参见[美]大卫·哈维:《新帝国主义》,初立忠、沈晓雷译,社会科学文献出版社 2009 年版,第 72 页。

[46] Henri Lefebvre, *La survie du capitalisme*:*La reproduction des rapports de production*, Paris:Anthropos, 1973, p.13.中译文参见张笑夷译稿。

[47] Ibid., p.10.中译文参见张笑夷译稿。

[48] Ibid., p.80.中译文参见张笑夷译稿。

[49] Ibid., p.87.中译文参见张笑夷译稿。

[50] Ibid., pp.79—80.中译文参见张笑夷译稿。

[51] Ibid., p.12.中译文参见张笑夷译稿。

[52] Ibid.中译文参见张笑夷译稿。

[53] Ibid., p.114.中译文参见张笑夷译稿。

[54] Ibid., pp.80—81.中译文参见张笑夷译稿。

[55] Ibid., p.82.中译文参见张笑夷译稿。

[56] Ibid., p.13.中译文参见张笑夷译稿。

[57] Ibid.中译文参见张笑夷译稿。

[58] Ibid., p.72.中译文参见张笑夷译稿。

[59] Ibid., pp.109—110.中译文参见张笑夷译稿。

[60] Ibid., p.107.中译文参见张笑夷译稿。

[61] Ibid., p.108.中译文参见张笑夷译稿。

[62] Ibid., p.54.中译文参见张笑夷译稿。

[63] Ibid., p.94.中译文参见张笑夷译稿。

[64] Ibid., p.85.中译文参见张笑夷译稿。

[65] Ibid., p.86.中译文参见张笑夷译稿。

[66] Ibid., p.97.中译文参见张笑夷译稿。

[67] Ibid., p.135.中译文参见张笑夷译稿。

[68] Ibid., p.35.中译文参见张笑夷译稿。

[69] Ibid., p.138.中译文参见张笑夷译稿。

[70] Ibid., p.139.中译文参见张笑夷译稿。

[71] Ibid.中译文参见张笑夷译稿。

[72] [美]索亚:《第三空间——去往洛杉矶和其他真实和想象地方的旅程》,陆扬等译,上海教育出版社 2005 年版,第 54 页。

[73] [美]大卫·哈维:《新帝国主义》,初立忠等译,社科文献出版社 2009 年版,第 72 页。

第十一章　资本主义国家生产
　　　　方式中的空间生产

　　在《空间的生产》一书[1]出版后,时隔两年,列斐伏尔写下了四卷本的《论国家》(1976—1978)[2]。他为什么会突然想到研究国家问题? 依我的推测,这应该是空间生产在更大尺度上的必然延伸,他自己用中文的拼音"Guo-Jia"构境来表示更大空间中的"国-家"[3],并且,这个大的国-家正在走向征服全球的世界化空间。这是他对国家垄断资本主义在空间上直接干预的思考,这也生成了所谓国家生产方式的全新概念。在这里,我们主要聚焦于列斐伏尔在这一问题的思考中,对国家理论的历史性回溯和当代资本主义空间生产的前进式探讨。

一、现实抽象与异化:研究国家问题的方法论思考

　　从 1976 年到 1978 年,列斐伏尔花了三年的时间写下了堂皇四卷本的《论国家》。这可能也是他一生中,在一个理论专题研究里写作和出版卷次最多的论著。1975 年,列斐伏尔在《空间的生产》出版后的第二年发表了这四卷书的写作提纲《现代世界的国家》[4],明确提出他将研究和思考的对象并不是一般的国家问题,而是马克思主义视域中当代资本主义国家的本质及其最新发展。我觉得,这一提纲完整呈现了此时他头脑里构想的写作计划。在这份写作提纲中,此书的第一卷为《论国家:现代世界中的国家》,列斐伏尔从国家体系和问题式(problématique)入手,将分别对民族与国家(L'Etat et la Nation)、国家的全球布展(l'extension planétaire)、国家的世界体系(le système mondial)、来自各国的报告、现代国家与经济增长(croissance économique)和国家与社会生产剩余的提取(le prélèvement du surproduit social)等问题进行讨论。可以看出,这一卷正是触

动列斐伏尔思考神经的焦点,即当下资本主义世界中越来越凸显的国家垄断资本主义的全球扩张问题,这应该是他在《资本主义的幸存》和《空间的生产》二书写作中逐步形成的新认识,即如果今天的资本主义生产方式通过空间生产获得了苟生,那么这种空间生产的显著特征,则是以**国家生产方式**的形式将资本主义生产关系赋型的再生产扩展到全世界。显然,这里的国家=总体资本主义。第二卷为《论国家:从黑格尔到毛泽东的马克思主义国家理论》,这一卷的主题是回溯马克思主义国家观的历史缘起。列斐伏尔将从现代国家问题式历史生成的回顾开始,首先辨识现代国家的概念和他眼中的研究方法,然后再分别讨论黑格尔理性主义国家观、马克思主义在国家问题上的经典表述和后来的理论与实践发展线索。列斐伏尔这一卷的目的,显然试图提供一种马克思主义国家理论的方法论路径,以及标示他自己在这一思考线索的独特视角。第三卷为《论国家:国家生产方式》,在这一卷中,列斐伏尔将从马克思的生产方式概念入手,分别讨论现代国家的基础(Les fondements de l'Etat moderne)、国家的物质交换(L'échange matériel)、国家的具体抽象(abstraction concrète)、国家的积累过程(processus cumulatif)、作为国家装置中政治职业的分工(La division du travail politique)、增长与发展(Croissance et développement)、现代国家的扩张(Extension mondiale de l'Etat)、国家与社会生产关系的生产与再生产[L'Etat et la reproduction des rapports(sociaux) de production]等问题。这一卷是列斐伏尔对于现代资本主义国家生产方式问题的基本看法,这包括了马克思原先已经讨论过的资本主义生产方式中的物质生产与市场交换、分工与资本积累,以及经济增长与扩张等方面的问题,只是将其上升到国家层面上来,当然,其中的核心,还是在今天资产阶级国家层面上那个社会空间中的生产关系的生产与再生产。第四卷为《论国家:现代国家的矛盾——国家的辩证法》,列斐伏尔站在战略与逻辑(Logique et stratégie)的高度,将分别讨论现代国家在减少冲突(réducteur des conflits)中的作用、现代国家自身存在的基始问题和本质性矛盾(Le premier problème et la contradiction essentielle)、大写的知识与权力(Le Savoir et te Poutroir)、民族-国家之间的差异(L'Etat-nation pris entre les différences)、使用价值与交换价值(Valeur d'échange et valeur d'usage)和国家与空间(L'Etat et l'espace)等问题。这一卷中,列斐伏尔的思考重点已经转到了现代资本主义国家中的具体矛盾上来,这包括了他所关心的知识与权力的同谋性关系、空间的交换价值对使用价值的取代等问题，并将这种思考与自己的空间生产理论结合起来，形成了一些值得我们深思的观点。我们可以看到，后来列斐伏尔完成和正式出版的四卷《论国家》，基本上实现了他自己原初制定的这一计划。在这里，我们先来看列斐伏尔自己设定的研究现代国家问题的方法论，然后着重分析作为列斐伏尔国家问题基础的黑格尔-马克思的国家观，最后集中于列斐伏尔对当代资本主义生产方式原创性的观点——国家生产方式问题中一些重点分析。

列斐伏尔认为，在今天对现代资产阶级国家空间生产问题的思考上应该有这样一些大的原则：一是"分析应该尽量被确定在一个全球的水平（*niveau planétaire*）上"。[5] 这是他目前最关心的方面。今天的资本主义国家空间，已经不仅仅是一个民族国家的土地，而是更大范围中的世界性空间生产。这是一个不断**世界化**（mondialisation）的进程。世界化这一概念，是列斐伏尔经由阿克塞洛斯[6]获取的海德格尔的观念。[7] 二是要细微地看到全球化资本主义国家空间生产中那种从宏观、中观到微观的"层级形态学"（morphologie hiérarchique stratifiée），即从个人生活的家庭空间到社会关系场境的群体活动空间，再到国与国之间的作用关系，这是一个从日常生活批判到全球层面资本主义空间生产的连接。三是关注不同层级空间之间的转换，比如日常生活中的微观空间关系生产在经济基础与上层建筑中的转换，民族国家向世界等级的突变（有如美国成为资本主义超级大国），一个资本跨国公司对世界的征服等。四是观察不同层级空间的历史缘起、平衡发展和突变状况。这会是一个历史认识论的视角。[8] 这是列斐伏尔希望强调的一般理论原则。然而更加重要的方面，必然是国家问题研究中的方法论原则。在他看来，这些方法主要表现为：

首先，在现代国家问题研究的方法论上，列斐伏尔明确主张坚持马克思提出的**科学的抽象法**。这是一个很高的方法论台阶。这也是列斐伏尔长期以来在方法论思考中关注的方面。依列斐伏尔的看法，抽象是概念的本质，相对于现实的存在来说，"抽象（l'abstraction）就是分隔、扼杀、解剖"。[9] 这是一个很哲学的说法。为此，他还引用斯宾诺莎"狗的概念不会叫"（*Le concept de chien n'aboie pas*）的例子，因为，从实际存在的狗到"狗"的概念，已经分隔和扼杀了会叫的生物存在，可是，狗的概念却捕捉到了所有感性生存的狗的抽象本质。这正是古希腊哲学开端中那个从"杂多"的感性实存向"一"的抽象存在的本质性过渡。可能，这种抽象也是所有文化历史发生的前提性基础。当然，列斐伏尔也注意到抽象的社会性和政治性，在他看来，一切出现在社会生活中的"抽象是社会性的（socialement，自有工具和语言时起）；在法律中，在鉴别中，抽象又是政治性（politique）的"。[10]然而，他并没有意识到主观抽象与现实生活中的客观抽象的区分。因为，他这里提及的工具，在马克思那里已经是劳动者技能的客观的现实抽象且重新物相化于工具的结果了，这种客观现实抽象并不是发生在主观意识中，而是劳作塑形和构序活动重复中技艺的现实提炼。这与法律条文的观念抽象是异质性的。

不过，聪明的列斐伏尔直觉到，在抽象问题上，"马克思主义思想的力量，正是在劳动理论之中，抓住了设想和实际之间的一个首要关系"。[11]这是对的。在他看来，马克思的科学抽象的现实前提，即"19 世纪在这方面的伟大发现，就是**抽象化的**［*l'abstraction*，因而也是实践的（depratique）**社会存在**（*l'existence sociale*）"[12]，所以，马克思科学抽象方法的现实基础是资本主义生产方式中客观存在的"抽象化的"**社会存在**。这种判断，立即使列斐伏尔的思想显得深刻起来，因为，抽象化的社会存在当然已经不再是人的主观观念抽象，而是客观的社会活动和关系赋型的现实抽象。这就进入一个深刻的思想构境之中。并且，列斐伏尔指出，在马克思之前，首先意识到这一问题的是古典经济学家和黑格尔。

> 黑格尔与首批经济学家一起，曾经指出，劳动和需要作为社会关系（rapports sociaux），是现实和自然、有机活动和欲望很久之前的一些抽象化。后来，马克思指出了，商品是怎样把物质性［作为被产生的物体（qu'objet produit）］和抽象性［作为被交换的物体（qu'objet échangé）］统一起来的。[13]

这当然是正确的理论直觉。因为，在古典经济学家特别是斯密那里，资本主义工场手工业生产中劳动分工的出现，已经使人的劳动活动本身碎片化，产品成了社会化总体劳动的结果，这种历史性发生于资产阶级组织的工业实践中的抽象化的社会存在，实际上是劳动分工基础上客观生成的**劳动一般**，这与上述工具生产中出现的现实抽象是不同的。黑格尔敏锐地体知到这一现实劳动抽象化进程，并将其融入自己的客观唯心主义逻辑之中。而马克思则在经济学研究中，发现了物质性的商品交换活动中发生的抽象劳动价值关系生成的现实抽象，以及其颠倒实现出来的货币(资本)关系的"抽象成为统治"。由此可以看到,在列斐伏尔那里就混乱地呈现了他自己也没有厘清的马克思思想中的**三种现实抽象**:一是工具生产中的劳动塑形和构序技能的现实抽象 I,这是有人类生产工具使用以来就出现的抽象。之后,这又将在科学技术的非及物抽象塑形和构序中反向对象化为机器;二是历史地发生在工场手工业中劳动分工之后的社会劳动一般的现实抽象 II,这是列斐伏尔此处所意识到的斯密-黑格尔的抽象化;三是商品生产与交换过程中历史生成的价值关系的现实抽象 III,之后这种抽象会颠倒式地事物化为货币和资本。在后来的《日常生活批判》第三卷中,他同时提及作为现实抽象 II—III 的"技术的抽象、商品世界所属的抽象"问题。[14]我觉得,这是列斐伏尔在方法论讨论中无意识获得的重要认识。因为在他看来,"黑格尔所说的需要和劳动的体系,马克思认为的商品世界,尼采的金字塔的等级,都是一些**具体的抽象化**(abstraction concrètes)",它们不过都是"概念的社会运用(l'usage social du concept)"。[15]这倒不是概念的社会运用,而是他们对客观的社会关系现实抽象的观念反映。

我发现,列斐伏尔所理解的马克思科学抽象方法在总体上是正确的。他明确指认出,马克思从古典经济学家承认"生产性活动(l'activité productrice)"的观念背后,发现了创造财富的"劳动、劳动者、剩余价值和资产阶级剥削的机制"。[16]这是对的。列斐伏尔说,在马克思看来,"劳动不是一个自然事实",因为,"在它与自然的辩证关系中,劳动延伸自然,出自自然,然后,向自然作斗争,向后者夺取'东西'、财富",由此,"**劳动造就人和人类世界**。因此,劳动处于历史的中心和确定历史意义的地位。劳动在两个方面创造财富:交换和使用(échange et usage),而后者是本质"。[17]应该说,列斐伏尔的理解基本上是对的,但不够精准。这里作为财富本质的使用(usage)背后,很深地关联于列斐伏尔的取用(appropriation)概念。马克思最早意识到劳动的重要性,是在 1844 年的《巴黎笔记》对古典经济学的第一次系统研究的进程中,他分别在"经济学中的路德"(恩格斯语)斯密的《国富论》和黑格尔的《精神现象学》中,看到了社会财富背后的对象化劳动,并生成了人本主义话语构境中的劳动异化批判理论。虽然在 1845 年的历史唯物主义方法论革命中,劳动通过物质实践构序进一步深化为第一层级的物质生活资料的生产与再生产,但在马克思 1850 年代进入自己的第三次经济学研究后,他的确有一个历史唯物主义理论逻辑中的重要变化,即从一般物质生产过程背后再一次凸显劳动过程的主导性,并且将劳动重新置于自己整个狭义历史唯物主义和经济学研究的核心地位上。[18]由此,创立全新的劳动价值论和科学的剩余价值理论。正是在这个科学理论革命中,马克思完成了一种科学概念上的科学抽象。依列斐伏尔的看法,马克思的发现在于,

> 劳动力的使用和由劳动力使用价值的生产,都被资本主义生产关系通过劳动时间的方法(社会劳动定量)引到一个粗暴的**等价**(équivalence)之上。劳动这种自然的能量,通过劳动时间的转换,变成了商品。交换价值与自然决裂,交换价值本身是一种抽象(abstraction),它把劳动又变成了一种抽象:**劳动力与产品同时被用钟点计算**,抽象变成了社会的力量和形式(L'abstraction devient force et forme sociales)。[19]

应该说,列斐伏尔已经很不容易了。他所描述的马克思的经济学逻辑构序,是马克思历史现象学中最深的思想构境。只不过,不是资本主义生产关系赋型中的"粗暴等价",商品交换中现实抽象出来的价值关系,是自发地出现在简单商品生产和交换之中的,劳动时间的"钟点计算"不是一种资本家的主观故意,而是交换活动发生时物品获得的特殊经济质性,"交换价值"本身是一种商品交换活动中价值关系现实抽象的结果,只是在资本主义生产方式中,这种客观的现实抽象在货币和资本关系中才历史性地成为一种统治性的社会力量和形式。马克思的原话为:"抽象成为统治"。[20]列斐伏尔的下述描述同样是极其深刻的。他认为,马克思

> 从一个实践[例如交换(l'échange)],到一个概念——不是从一个内部运动,而是作为迎接实际和收集事实的方法来发展概念。因此,马克思构思了一些概念(范畴),以及构成其理论的这些概念的连贯:从交换价值(la valeur d'échange),经过商品世界、社会劳动(手段)、剩余价值、资本的有机组成等,到(资本主义的)生产方式(mode de production)。[21]

这基本上是对马克思经济学研究中科学抽象法的正确分析。这里马克思最重要的发现,恰恰是那个商品交换的实践本身中发生的现实抽象,这是理解整个

资产阶级商品市场经济物相化本质的关键,也是马克思整个经济学批判话语逻辑构序的基础。[22]此时,索恩-雷特尔讨论马克思现实抽象问题的专著《脑力劳动与体力劳动——西方历史的认识论》(*Geistige und körperliche Arbeit Zur Epistemologie der abendländischen Geschichte*)[23]已经出版,我们无法确定列斐伏尔这里的观点是否受到索恩-雷特尔相关讨论的影响。

列斐伏尔认为,在现代国家问题的科学研究中,同样要坚持马克思的科学抽象方法。在他看来,今天资本主义的社会发展,

> 在一个漫长的路程中,抽象[反自然(l'anti-nature)]使一个第二自然(nature seconde)出现:自动装置(l'automate),它取消劳动。这个第二自然的模式和象征在机器上,在城市里,在思想里,在国家里,出现了。在这个戏剧性的路程中,社会人的创造力量通过了一些可怕的考验。它变成了要消失的抽象——商品、资本、死劳动(机器、厂房)、资本家的财产[死人**抓住**活人(le mort *saisit* Je vif!)]以及国家——中的最强有力的一个抽象。[24]

这也就是说,在今天的资本主义发展中,黑格尔所指认的那种人创造的社会力量表现出异己性的第二自然,已经是马克思所揭露的取消劳动的抽象自动装置,有如资产阶级经济物相化世界中出现商品、货币和资本,特别是这些经济事物(金钱、机器、劳动对象和厂房等)背后所遮蔽起来的"死劳动"(对象化劳动)。不过在今天,这种自动装置在当代资本主义的发展中通过城市和国家实现了一种新的抽象,这是一出人创造出来的社会力量反过来奴役和支配的"死人抓住活人"的悲剧,这一切,在今天都是由资产阶级的国家这一"最强有力的抽象"体现的。

其次,研究现代国家问题不能遗忘马克思的**异化批判**的方法。这是列斐伏尔从 20 世纪 30 年代就开始反复强调的批判方法论问题。列斐伏尔说,"**异化**(*L'aliénation*),这个'概念'从被人们遗弃的黑暗之中,从它搁置的哲学的阴暗之中浮现出来,已有三四十年了。今天,人们可以沿着它那闪烁的轨迹,提出许多有关它的问题"。[25]言下之意,把异化观念从教条式的马克思主义遗弃中拯救出来,这一"闪烁的轨迹"中他自己当然是有贡献的。这应该是事实。也是在这里,列斐伏尔再一次批评阿尔都塞,因为后者将异化概念仅仅看作是早期青年马

克思使用的"意识形态"话语,而粗暴地无视马克思在《大纲》和《资本论》等重要的经济学论著中重启的科学的异化批判思想。列斐伏尔坚持说,"在马克思的思想里,异化并不在科学性面前消失。恰恰相反"。[26]这是正确的判断。显而易见,对于阿尔都塞式的"新教条主义"(néo-dogmatique)对异化概念的否定,列斐伏尔是深恶痛绝的:

> 20来年前即以清晰感到,"异化"挡了它的道,这种倾向,在这个词儿里包含的批评的打击之下瓦解了。因此,必须搬开障碍。人们曾想向异化要它的"身份证"和"户籍"(papiers d'identité et son état civil)。当概念或隐喻的异化在继续它在现代世界中的闪亮轨迹,同时激起对各种不同条件(被殖民者、被压迫者、女人、儿童、黑人、青少年,且莫说劳动者)的认识和意识的时候,人们向它要求哲学-科学"护照"、理论地位的证明。真是凶恶、粗野的学究!人们不去承认这个辞格的实际情况、它所起的催化剂(catalyseur)作用,而将它置于认识论的普洛克路斯忒斯[27]的床(lit de Procuste de l'épistémologie)上,割去它的翅膀和双脚。[28]

由此可见列斐伏尔的愤怒心情。他看到,正是在20多年以前,阿尔都塞出版了《青年马克思》和《读〈资本论〉》,宣判了青年马克思的劳动异化批判理论不具有科学的身份,简单剥夺了异化批判话语在马克思主义中的出生证明,而当异化概念在今天的学术界对殖民主义奴役关系、女性和其他边缘人群的特殊的被支配关系的思考中大发光芒时,却又被勒索出示来自马克思那里的通关"护照"。他怒斥阿尔都塞等教条主义的做法,简直就是一种阉割学术的现代认识论的普洛克路斯忒斯之床。在马克思的异化理论问题上,阿尔都塞的做法的确存在着形而上学般的简单化。因为,他虽然正确地证伪了青年马克思在《1844年手稿》中的人本主义话语,却简单地否定异化概念在马克思后来思想发展中的客观存在和重要意义。其实在这一点上,列斐伏尔也是对错兼半,因为他固然正确地看到了异化理论在马克思后期经济学研究中的重现,但他并没有十分自觉地区分客观地存在于马克思思想中两种异化批判理论的异质性基础:人本主义话语基础上的劳动异化史观与历史唯物主义基础上的科学劳动异化理论。这是一个十分复杂却异常重要的理论界划。

列斐伏尔主张,在我们面对现代资产阶级国家问题的思考中,在马克思思想方法论中起到催化剂(catalyseur)作用的异化批判的方法是不可忽略的重要思想工具。列斐伏尔甚至认为,在马克思的科学理论武库中,异化概念,

> 它比剩余价值或生产力有计划增长(d'nccroissement planifié des forces productives)概念的真正的——必须重复一遍,精辟的——理论更有意义。由于有了这个词,遭受的痛苦就转变成清醒的力量。凡是拥有这种清醒力量的人,就会知道为什么而斗争,应该反对什么,反对谁,依靠什么,依靠谁。[29]

虽然这种说法有些夸张,但可能真的是异化理论此时在列斐伏尔心中的逻辑编码地位。因为他认为,比之于马克思在经济学中所揭露的资本家剥削工人剩余价值的秘密,在未来社会主义经济发展中预想的"有计划按比例"的生产,科学的异化批判是一种让人成为有明确斗争方向、拥有"清醒力量的人"的精神力量。对于马克思的异化概念,除去革命的催化剂作用之外,列斐伏尔还有一个有趣的比喻,即异化批判就像冲洗相片中的**显影剂**(révélateur)那样,会让现实生活中那些被隐匿起来的罪恶显现在光天化日之下。这个比喻是深刻的。由此列斐伏尔才会认为,在批判的方法论构境中,它的意义更大。

比如在面对资产阶级的国家问题上,列斐伏尔就认为马克思提出了政治异化(l'aliénation politique)批判的观点,这恰恰是他能够超越"国家拜物教"(fétichisme de l'Etat)的前提。实际上,政治异化的问题只是出现在青年马克思的早期学术研究(《〈黑格尔法哲学批判〉导言》和《论犹太人问题》)之中,这里列斐伏尔所指认出来的政治异化构境中的"国家拜物教",显然已经是他自己的理论逻辑演绎了。也是这里,列斐伏尔愤愤地谈及,阿尔都塞一类"结构功能-结构主义"和"新斯大林主义"十分敌视"政治异化"的观点。[30]列斐伏尔分析说,国家拜物教是拜物教现象中的一个高级产物。一般而言,马克思的拜物教批判话语是指,

> 每当社会活动的产物趋向于一种自治的存在(existence autonome),似乎在摆脱社会关系,表现出一种具有立时就要影响所考虑到的关系的特有

活动的现实的时候,也就有了拜物教(fétichism),也就是说,极端的异化(aliénation extrême)。因此,这个广义的产物,在包含着生产活动的同时,又掩盖着它。所有大的"产物"——思想及其产生、艺术、技术、爱情、经济活动、商品和货币,最后还有国家——无不如此。[31]

在讨论国家拜物教时,列斐伏尔同时涉及了马克思科学批判话语中两个最重要概念——拜物教与异化的复杂关系。这已经是一个非常深刻的思想构境层。在他看来,当一种人们的社会活动产物畸变为某种超出社会关系的自治存在,并开始直接影响到社会生活时,也就产生了对这种异己力量的拜物教现象,拜物教是极端的异化。说拜物教本身就是极端的异化,这是不准确的。因为在马克思那里,特别是在他中晚期的经济学研究中,较晚出场的三大经济拜物教(商品、货币和资本拜物教)批判话语[32],只是在经济学语境中描述经济关系事物化颠倒和异化的主观表象,而非现实异化本身。至于艺术、技术、爱情和国家现象中出现的拜物教批判,已经是列斐伏尔自己的逻辑延伸了。

列斐伏尔说,在对异化与拜物教现象的分析中可以得知,"只有中介才能被偶像化(Seutes les médiations peuvent se fétichiser)"。[33]这是一个深刻却不够精准的判断。因为在列斐伏尔看来,直接性的对象似乎是不易被偶像化的,但其实最早的拜物教却是以原始部族生活的图腾文化中的物神方式出现的,比如对一种具体的动物或自然对象的直接崇拜。可列斐伏尔认为,往往社会生活中出现的中介关系会是产生偶像化的基础,这应该是后来社会发展中逐渐复杂起来的社会关系异化中的现实。有如费尔巴哈指认的人的类关系中介异化和偶像化为上帝、马克思指认的商品交换中的价值中介关系的异化和事物化颠倒为货币等。列斐伏尔告诉我们,

中介和抽象(Les médiations et les abstractions)有着密切的关系,中介对社会实践进行抽象(la médiation effectue une abstraction de pratique sociale);它使之变为实践;它使之具体化(concrétise)。中介和抽象在表面上和实际上同时脱离直接性,是自立的(s'autonomisent)。它们有,或者不如说似乎有一种固有的存在。包括知识、语言等也是如此。[34]

在列斐伏尔的表述中,往往出现的情况会是深刻与不准确并存。在思考中介与偶像化的关系中,列斐伏尔想起了上面讨论过的现实抽象问题,然而,现在变成"中介对实践进行抽象",如果这里的中介意指作为社会生活本质的社会关系赋型,那么,并非是中介关系对实践进行抽象,而是实践活动本身中现实抽象出关系,有如劳作物性实践塑形和构序中技能关系的抽象,经济物相化空间实践中商品交换活动发生的价值关系的经济质抽象等。列斐伏尔说,中介与抽象都脱离了直接性,这是对的,抽象出来的关系更有可能表现出仿佛自立的(s'autonomisent)虚假固有存在。这正是拜物教所反映的人与人的关系颠倒为物与物的关系事物化生成机制的核心。列斐伏尔说,在资本主义经济生活中,像中介的经济关系赋型被偶像化一样,资产阶级的"国家自此表现为在某个领土上抓住了各种中介——城乡之间、农工之间、知识(脑力)和生产(包括体力)之间——的那种最普遍的中介"。[35] 这个掌握了各种中介的偶像化的国家,"盖过并统治着其他所有的偶像",这就生成了政治异化关系中的现代资产阶级**国家拜物教**(fétichisme de l'Etat)。这是一个重要的新概念。

最后,也就是列斐伏尔自己的**回溯-前进法**(régressif-progressif)。在这里,列斐伏尔再一次表明,他的回溯-前进法缘起于马克思在《大纲》中提出的历史观察方法:

> 人们能够通过从往昔(passé)重新找到现在(présent),以目前的形象回想往昔的方法,笨拙地行事,可偏偏总是从现在、从眼下出发。于是,人们便满足于通过类似或相像,或者甚至通过重言式的简单重复和统一,把现在投射于往昔(projeter le présent sur le passé)。可马克思建议,把历史性的往昔作为它包含有未来的萌芽但尚未发展来加以分析。[36]

这是一个双向透视:一是马克思提出的人体是解剖猴体的钥匙,这是一种对社会历史发展回溯式的分析;二是社会初始阶段的发展中总是已经内含着"未来的萌芽",这是一种前进的发展眼光。列斐伏尔说,"最好的办法难道不是把两种方法——历史发生和回溯分析(l'histoire génétique et la régression analytique)——协调成一种对全部事实的灵活的和全面的科学吗"。[37] 这也意味着,将马克思的历史发生和回溯分析的方法结合起来,正是列斐伏尔的"回溯-前进

法"。由此,在资产阶级现代国家问题的研究中,既要研究这种国家理论的历史
缘起,也必须面对今天资本主义国家的发展趋势。我们先来看列斐伏尔眼中,现
代国家理论从"回溯"黑格尔那里的历史缘起,然后再面对当代资本主义国家生
产方式的最新"前进"。

二、从黑格尔到马克思:现代国家理论的历史发生逻辑

列斐伏尔认为,对于资产阶级现代国家的历史认识,缘于黑格尔。对马克思
而言,这是对的。因为,在黑格尔的哲学中,法国大革命的意义恰恰在于客观发
生于社会历史中现实"抽象的巨大升级(colossale promotion),即财产(私有财产、
动产)—法律和法典—国家和民族(l'Etat et la nation)"。[38]这是一个有意思的
说法。列斐伏尔将黑格尔哲学最后出场的理性主义国家与法,视作资产阶级社
会革命实践中现实抽象的"巨大升级",这倒是对黑格尔哲学新的解读。这是列
斐伏尔上面所强调的科学抽象法的实际运用。它的深刻之处在于,列斐伏尔竟
然指认在黑格尔那里,出现了将资产阶级的新型私有财产看成是经济关系的现
实抽象,而资产阶级的现代国家与法,正是这种现实抽象的政治观念抽象产物。

列斐伏尔认为,马克思在批判黑格尔的唯心主义国家观的时候,显然没有注
意到这一点,虽然马克思深刻地提出"拜物教的理论(商品的、货币的、资本的)
指出了社会的抽象(l'abstraction sociale)是怎样在社会上存在和起作用的。商品
和交换价值以及物质交换,都有一个既是精神的又是实践的存在方式"。[39]这
一概括是深刻的。但是,列斐伏尔同时认为,"马克思反对黑格尔的论战使理论
模糊了",因为,这种简单的唯物主义立场并没有真正透视黑格尔国家概念的主
体性能动本质,因为马克思没有透视出黑格尔的理性主义抽象国家观背后,正是
国家与法对资产阶级动产完成的现实抽象。我以为,列斐伏尔的这种判断显然
是非历史的。因为,青年马克思在 1843 年的《黑格尔法哲学批判》手稿写作时,
他的"市民社会决定国家与法"主谓颠倒,根本还没有深入资产阶级经济学的语
境之中,自然也谈不上看到经济拜物教背后的商品、货币和资本关系中发生的社
会的抽象(l'abstraction sociale)问题,但当马克思后来在《大纲》中完成对资本主
义经济物相化活动的科学认识之后,他不会再简单否定"抽象成为统治"的资本

主义逻辑,虽然马克思没有来得及完成自己在计划中的"国家"问题研究。在《大纲》中,马克思曾初步拟定过一个可能性中的经济学理论阐释的"五点构想",即 1.经济学理论的"一般的抽象的规定";2."资本、雇佣劳动、土地所有制"的经济关系和阶级结构;3.资产阶级社会"国家形式";4."生产的国际关系";5."世界市场和危机"。[40]从《大纲》到《1861—1863 年经济学手稿》和《资本论》,马克思的思考始终都是集中于第一个专题。

列斐伏尔说,"黑格尔在革命中看到的是行进着的理性(la raison en marche),而不是血腥暴力和历史的偶然事件。朝着什么行进?朝着国家的完善形式(la forme achevée de l'Etat)。在这个革命的过程中以及在革命之后,民族国家出现了,并显现出,它在'其自身和为其自身',有着自己的基础、意义、起源和目的"。[41]这种认识是深刻的。因为,正像黑格尔将拿破仑视作代表资产阶级历史趋势的"马背上的绝对精神"一样,在他的眼里,当时的资产阶级民族国家(理想化的普鲁士王国),正是超越了仍然处于经济必然性王国中的市民社会且实现绝对精神的自由王国。这样,在黑格尔唯心论的理性主义国家观的背后,却隐匿着欧洲资本主义发展的客观历史逻辑。依列斐伏尔的看法,黑格尔眼中的资产阶级市民社会,仍然处于一种"**精神动物界**(Le règne animal spirituel)"和"**事物本身**(chose elle-même)"之中。这个**精神动物界**和**事物本身**,都是黑格尔在《精神现象学》中的著名说法[42]。在市民社会里,

> 每个人都在他自己的范围里活动,并在抽象地实现一个局限而客观的生活,但另一方面,又在实现类似动物的他性生活(analogue sur un autre plan à la vie animale)。这也是资产阶级经济和经济学家们的世界(monde de l'économie bourgeoise et des économistes)。每个人都在按照他认为实际的和唯一实际的利益行事,只寻求"事物本身"(chose elle-même),即财富、金钱。说实在的,每个人都在为他自己打算。然而,这个事物是有欺骗性的,因为"事物本身"隐藏着他性物(autre chose),包括超越它的时刻。实话实说;每个人在相信事物的同时,都在自己欺骗自己。[43]

这是一段极其重要的思想复构。深刻而精准。因为,虽然黑格尔接受了斯密的经济学意义上的市民社会,但也透视出这种由看不见的手支配下的盲目自

发经济过程的非**主体性**特征,此处列斐伏尔指认的类似动物界的他性生活,即是黑格尔所说的"精神动物界",意喻在资产阶级的经济世界中,人的自主商品生产构序和主动交换活动所创造出来的经济事物,却表现为不以个人的意志为转移的"第二自然"的他性存在,人们还处在唯利是图的**经济动物熵化生存关系场境**(经济学的"经济人"假设)之中。"每个人在相信事物的同时,都在自己欺骗自己",这几乎就是黑格尔在《精神现象学》中所说的原话。[44]应该指出,列斐伏尔这里解读出来的黑格尔"第二自然"的观点,是第二自然概念的原初构境所指。这显然是深刻于列斐伏尔自己异轨后的人工自然意义上的第二自然的。

列斐伏尔说,在黑格尔那里,从经济动物界中的市民社会到精神自觉引领的国家超越性的过渡有三个环节:

> a)需要的和个人通过劳动以及通过其他所有人的劳动和满足而满足的中介,这就确定了需要体系;
>
> b)包括在该体系之中的自由因素,这就确定了在司法之中(个人的)自由和所有权;
>
> c)通过机关对因此而合法化了的利益进行保卫,一种是国家外的机关,亦即行会,另一种是国家内在的机关,亦即行政。(黑格尔《法哲学原理》第 188 节)[45]

第一个环节是斯密在《国富论》中建构的经济的市民社会话语,其核心是以市场交换中介为转换关系的"需要体系",原子化的个人需要的满足依赖于他人的劳作,这里的需要体系是个人盲目生产和利益冲突中自发生成的经济物相化空间;第二个环节是内嵌在市场交换中的自由因素与私有制的矛盾,商品生产和交换的市场的本质是自由竞争,可是生产资料的个人所有却使这种自由畸变为人与人之间的相互制约,这就是资产阶级契约性法权构序的历史发生前提;而第三个环节则是协调这些不同力量关系复杂冲突的"行业公会"和国家。这里我们需要特别注意的是,黑格尔的"行业公会"和国家的本质,正好是扬弃"第二自然"状态中盲目经济必然性的**能动主体性**。这种能动的抽象精神主体性,直接体现了绝对观念的自我觉醒和解放。这一点,将很深地关联于下面列斐伏尔提出的能动性的国家生产方式概念。

然而,国家与法是如何扬弃市民社会的呢？这一切是如何发生的呢？列斐伏尔分析说,在黑格尔眼里的黑暗必然性王国的市民社会中,

> 在这个发展过程中,需要是连在一起的,它们互相之间紧密相连,组成一个体系。方法、工具和生产活动、劳动也是一样。劳动、特殊化(分成小块)和同样日益扩大的抽象(abstraction)作用也同样出现分裂和扩大。需要同劳动一样,因与自然界和在一种具体的,也就是积极的和生产的抽象作用的地位中的直接性的关系而产生。没有什么比一个需要比一种劳动更具体的了;但这种"具体性"(concrétude)作为已经历过的直接性和表面的满足,那只是幻想而已。需要和劳动依赖于他性需要(autre besoin)、他性劳动(autre travail)以及所有的需要和劳动的既普遍又个别的关系。[46]

这是黑格尔《法哲学原理》中对斯密市民社会理论的需要体系的批判性解读,在列斐伏尔自己理解构境中的展开。这里的关键问题,是斯密那个劳动分工条件下,"个体的劳动随着户品的大量增加而变得日益简单和抽象(在这里,黑格尔触及了实业的问题)。在手段(工具、技术、劳动组织)和能力的社会抽象作用的水平上,单个人和为了满足他们的那些小组之间的相互依赖"。[47]这是说,劳动分工将总体性的劳动塑形和构序切分成小块的运作片断,劳动只是在一般社会劳动的层面上被现实抽象和外在整合起来,这造成了原子化个人之间的需要与劳动直接关联的消解,人们生活需要的实现只能通过非我的他性需要(autre besoin)、抽象的他性劳动(autre travail)的外部市场关系赋型重新联结和编码起来。这种经过市场抽象关系中介的

> 相互作用使得一系列的需要和一系列的劳动(如同一系列的言论和事物)回到它们自身来,互相确认。真正的具体存在于整体——每一个系列以及它们的联系——之中。这就把抽象纳入具体之中。作为"主体"——社会的单个人——的确定状态的每一个需要,坚信能够遇到与之相联系的,也就是通过确定的劳动产生的、能使之满足的客体。[48]

当然,这种个别的抽象片面劳动和直接需要之间的"相互确认",是经过了

市场交换的抽象中介,每个原子化的个人能够找到满足自己需要的客体,都是通过抽象的外部力量重新纳入具体生活中来。这也就意味着,整个经济的市民社会仍然处于仿佛在人之外发生的"第二自然"的必然性之中。在这里,这种在市场交换关系中出现的消极的抽象力量,本质上是绝对理念的"狡计"(看不见的手)。应该说,列斐伏尔这里的分析是非常深刻的。

正因为如此,黑格尔才需要一种超越仍处于黑暗返熵的经济必然性王国中的市民社会的主体性能动力量,除去同业公会(行业协会)的初级干预,这就是体现了绝对精神自我觉醒中的国家与法。在黑格尔这里,国家被设定为一种主体性自觉构序的"行动的哲学"(philosophie en acte),它体现了对消极的"第二自然"的市民社会经济王国的超越。然而,依列斐伏尔判断,在黑格尔的理性主义国家观中,经济必然性里异化关系被消除了,他并不承认在国家与法中仍然存在着"政治异化(aliénation politique)"。[49]这应该是对的。因为在黑格尔心目中的普鲁士王国,已经是扬弃市民社会中"第二自然"异化后的绝对理念的自由王国的实现。

列斐伏尔认为,马克思就不同了,在1843年他最早遭遇黑格尔的理性主义国家与法时,他仍然在政治领域看到一个颠倒的(renversement)世界,

> 他把在黑格尔的法哲学中消失了的异化运动(le mouvement de l'aliénation)又加进来了。他结束了逻辑至上、逻辑对辩证的统治,恢复了辩证对逻辑的领先地位,因此,找回了被这位哲学家弃之于国家哲学中的**现象学**的运动(le mouvement de la *Phénoménologie*)的运动。[50]

在列斐伏尔看来,马克思正是在克服黑格尔唯心主义的国家观中,重新将政治异化置于社会批判话语编码的"首位","恢复否定的和建设性的辩证运动",从而开启了对资产阶级政治与法权的批判。由此,"马克思从对异化的哲学批判走向对国家和政治本身的政治批判。这显示出了**政治断裂**"。[51]列斐伏尔认为,在马克思这里,国家不再是黑格尔奉作"神明"的终极结构,而只是一定的"市民社会"基础上的上层建筑,"它随着社会关系而变化。因此它没有永久性。它诞生了,将在衰弱之后消亡"。[52]如果说,列斐伏尔以上的观点,主要概括了青年马克思从《黑格尔法哲学批判》手稿一直到《论犹太人问题》前后的思想,大

的方面是对的。可依我之见,马克思此时并没有在面对国家与法的政治批判语境中自觉地"加进"异化运动(le mouvement de l'aliénation),固然他看到了政治领域中的法人与市民社会中现实个人之间"双重生活"的分离。并且,在《论犹太人问题》一文中,马克思第一次自觉地使用异化观念,是对赫斯金钱异化观的简单挪移。在之后的思想发展中,马克思也没有谈及列斐伏尔这里所指认的发生在现代资产阶级国家中的政治异化(aliénation politique)。这显然是列斐伏尔自己的过度诠释。

列斐伏尔明确提出,"在马克思和恩格斯的著作中,没有一种'马克思主义'的国家理论"。[53] 这是他的一个基本判断。所以他说,"如果有人想在马克思的著作中寻找一种国家理论,也就是说想寻找一种连贯和完全的国家学说体系,我们可以毫不犹豫地告诉他,这种学说体系是不存在的"。[54] 不过列斐伏尔也承认,这并不意味着马克思没有关注国家问题,在不同时期的社会实践和思想理论斗争中,马克思都以不同的方式关注了资产阶级的国家问题。这里,他提及马克思在 1858 年 2 月写给拉萨尔的那封信,在信中预想的关于资产阶级政治经济学体系批判的六本书中,就包含有"国家",但后来马克思并没有完成这一完整的写作计划。这一"六册计划",是我们上面提到的《大纲》中"五点构想"的进一步修订。[55] 列斐伏尔指认说,在马克思关于国家问题的思考中,有着一个基本的判断,即历史性地认识国家的历史发生、发展和灭亡。

> 马克思从未停止过思考和证明自人类社会开始以来,国家的历史可以概括为各种实际的斗争,而宗教的历史则可以归结为各种理论的斗争。这就是说,对于马克思来说,没有什么比一种包含着它的产生、它的历史、它的形成和它的发展的国家理论更为重要的了。[56]

这是对的。自国家出现以来,它始终是阶级斗争的历史产物,并随着这种斗争而消亡。这应该也是马克思在历史唯物主义构境中国家观的理论前提。在列斐伏尔看来,在国家的历史消亡问题上,也应该理解"马克思在国家问题上的犹豫和动摇"。这是因为,一方面,1870 年前后巴黎公社的革命实践倾向于砸碎资产阶级国家机器,可另一方面,马克思又焦虑于无产阶级革命后从资本主义向社会主义过渡中的必须强化的"无产阶级专政"。

列斐伏尔认为,马克思在国家问题上的思考可以有三个基本方面:第一,国家是"**统治阶级的**［经济上,然后是政治上的(économiquement, puis politique-ment)］**工具**(instrument)"。[57]国家是统治阶级压迫和控制被压迫阶级的暴力工具,这是我们熟知的观点,可是,马克思并没有直接讨论过国家是作用于经济上(économiquement)的统治工具,这是列斐伏尔故意留下的逻辑伏笔。在前面的讨论中,我们看到列斐伏尔说,在马克思的眼里,"国家只是上层建筑。马克思和恩格斯不久将主要通过**意识形态**方面,努力去确定这一个词的含意和意义。他们将不去理会另一方面——**机构**方面,只是在关系到法时,偶尔提一提它"。[58]意思是说,马克思、恩格斯在创立历史唯物主义的过程中,都将国家归属于上层建筑,而且在《德意志意识形态》中,也只是涉及了上层建筑中的统治阶级的意识形态问题,基本上没有关注现代资产阶级国家在社会生活中实际发挥作用的组织机构。可是在这里,列斐伏尔的判断似乎有一些改变,因为,他开始认为,当马克思和恩格斯将现代资产阶级国家看作阶级统治的工具时,同时意味着,资产阶级的

> 国家是一种装置(appareil),是根据主要的生产和交换资料方面变得宽松的阶级的需要而改组历史的结果,而国家又能使这个阶级由经济上的优势变成为在政治上拥有霸权(hégémonie),甚至可以实行专政。这种国家权力还能保证这个阶级在经济方面(économique)和社会方面(生产资料和生产关系方面)的再生产。[59]

这里的显著变化是,列斐伏尔在讨论马克思的国家观时,刻意突出了资产阶级自主性的国家装置在政治统治之外对生产构序与交换关系的经济方面所进行的"改组历史"的作用,而实际上,在马克思那里,显然不存在这种关注的目光。这是列斐伏尔的过度诠释,他是依从黑格尔国家理性主义的逻辑,重构了马克思国家观念中的主体能动性,其直接目的是为了导引出他后面将要提出的资本主义国家生产方式的问题。列斐伏尔还特意指认出,恩格斯在《反杜林论》一书中,也已经意识到这样的观点,

> 什么是现代国家? 在恩格斯看来,它是现代社会为维持资本主义生产

方式的一般条件而自行产生的组织(L'organisation)。现代国家,不管它采取什么形式,从本质上来说,都是一种资本主义的机器,即资本家的国家,集体资本家(le capitaliste collectif),一个资产阶级的大行政管理委员会(le grand conseil d'administration)。[60]

可以看到,列斐伏尔这里突出强调了资产阶级现代国家新的本质特征,国家并非仅仅只是一种受自由竞争市场运行中经济关系支配的上层建筑,而它本身就是**主体性的资本家集体**(le capitaliste collectif),这显然也是列斐伏尔自己刻意的放大。正像前面他在《资本主义的幸存》一书中指证的那样,资产阶级作为一种阶级主体不是一座死去的"雕像",它通过国家形式直接干预着社会生活,并且,这种主体的能动干预在今天已经"发展到顶点"。

第二,资产阶级国家是一种凌驾于社会生活之上的统治力量。列斐伏尔说,马克思的"这种理论把国家看作是竖立于整个社会之上,既表现出寄生性,又表现出掠夺性,为了它自身的利益,它能够掠夺整个社会的成果"。[61]这里的寄生性,不仅指资产阶级的国家是由经济关系决定的,还表明通过税收等方式,"国家的整个机器是靠社会生产的财富来供养和维持的"。[62]我觉得,这里列斐伏尔特别想强调的方面,恰恰是作为凌驾于社会之上的统治力量的资产阶级国家对整个社会的掠夺性。因为,现代资产阶级国家作为能动的阶级主体(资本家集体),它又会表现出**在资本家个体之外**对社会财富(剩余价值)直接的掠夺和支配生活的强暴性。这是马克思没有来得及讨论的重要方面。在今天,资产阶级"能够把政府和国家变成掠夺社会的工具",并逐渐地生成一种新的统治形式——国家生产方式。

第三,现代资产阶级国家直接管理着生产力。这当然是列斐伏尔这里最关心的问题。在他看来,今天的国家"无论是由于它具有一种经济能力而承担各种行政管理的职能,还是它在表面上继续竖立在社会之上,但实际上,国家政权直接管理着生产力"。[63]这当然已经是一个新的判断。依列斐伏尔的说明,马克思并不是一开始就看清这一点的,而是在后来关于东方"亚细亚生产方式"的研究中,才逐渐意识到这一问题的。因为在那里,由于特殊的地理环境和历史条件,"鉴于控制水所提出的大量问题,国家就要负责各种各样的大工程:修筑堤坝、排水和灌溉设施等",并且,"修建这些水利网还必须配以修建连结各个生产单位的道路,以便供民用、军用,有时还要供宗教方面使用"。[64]这就出现了一种国家对生产力本身的直接管理和控制。我觉得,列斐伏尔没有意识到的问题为,这种东方式的国家直接控制生产活动,会不会是封建经济的本有特征,因为在欧洲的中世纪,土地上的神授皇权依神性-宗法关系,同样是直接支配和控制所有社会生产和生活的。列斐伏尔认为,正是这种亚细亚生产方式的研究,才使得马克思开始注意到已经存在于西方资本主义发展中相类似的情况。列斐伏尔进一步延伸说,实际上,在资本主义经济制度运行的整个过程中,"国家并非是处于漠不关心的状态,在同各个阶级的关系中也并非处于中立状态",可以看到,资产阶级通过国家实施"一种经常性的压力以便把劳动当作一种商品纳入交换的轨道之中,也就是说,通过把劳动时间估价为货币而纳入交换的范围之中",这样做,是"为了把地方市场和各生产单位纳入国家市场"。[65]这是表明,资产阶级的经济制度本身,必然是通过国家统一的交换制度和货币度量,包括国家银行来维系资本主义生产方式的运行。更重要的是,

  一旦所谓资本主义经济永恒不变的规律,即供求规律运转失常,一旦市场(特别是劳动力的市场)失去规则,国家就得介入并起作用(l'Etat entre en action)。它阻止各种危险倾向,阻止在繁荣时期劳动交换价格的上涨和平均利润的下跌,等等。[66]

我以为,这当然不会真是出现在马克思那个时代所谓"自由竞争的资本主义"时的主要现象,这已经是列斐伏尔用今天的资本主义运行模式去反注历史的做法。因为资产阶级经济学的根基,就是重农学派在生产的"自然性"构序中明确拒斥皇权和国家力量对生产的主体性干预,让商品-市场中的生产和交换的自由竞争中自发地生成自身的"看不见的手"(价值规律)的客观支配,这应该是资本主义生产方式安身立命的基础。在资本主义发展的早期,劳动力进入市场,商品交换中现实抽象出的价值关系颠倒为货币,以及国家通过立法的方式确定一个国家的货币单位,都不会是资产阶级的一种自觉主体意志。资产阶级国家突破"自由主义原则",在经济生活中发挥直接干预的主体性构序作用,这应该是20世纪之后资本主义社会发展的历史产物。

列斐伏尔告诉我们,在马克思去世之后,恩格斯已经注意到资本主义社会经

济发展中的新情况,比如,"在各个托拉斯中,自由竞争转向了垄断(la libre con-currence se convertit en monopoles)"[67],列斐伏尔没有注意到,恩格斯此处提及的经济垄断并非是发生在国家层面上的主体性,而是资本利益集团在经济发展中自发生成的主体性。即便如此,恩格斯也只是将这种经济垄断现象视作向社会主义"计划生产"(la production planifiée)的客观逼近。恩格斯并不会设想,"资本主义的企业和国家以及资产阶级本身能够成为一个有能力的组织",在未来资本主义当代发展的现实中,资产阶级竟然会将这一计划经济构式机制内嵌于资本主义生产方式之中。

在列斐伏尔看来,真正具有重大意义的新的理论进展,出现在卢森堡[68]的经济学思考之中。这应该是列斐伏尔在自己的"历史回溯"中的新发现。列斐伏尔说,国家问题虽然并不是卢森堡经济学研究的焦点,但在她对马克思经济学的评论中,却无意识涉及了资产阶级现代国家作用的另一面。列斐伏尔说,

> 罗莎·卢森堡在她的《政治经济学导论》(Introduction à l'économie poli-tique)中指出(并非直接攻击马克思),在马克思的著作中,商品生产和资本主义再生产的流通和周转相互重叠,而马克思并没有从历史上和理论上说明它们之间的关系。在《资本论》中,扩大再生产的图式是以实现剩余价值没有问题为前提的。[69]

具体而言,在剩余价值实现的问题上,卢森堡认为,"剩余价值并非是在资本主义'内部'(à l'intérieur)实现(这个'内部'主要指资产阶级和无产阶级之间),而是在外部(au-dehors)实现,扩大积累首先是以输出为前提,这就会导致资本主义外围地区逐步遭到损害"。[70]我的看法是,卢森堡提出的观点是对的,但马克思并非不知道资本积累中资产阶级对殖民地和落后地区的疯狂掠夺和不平等交换,马克思也不可能将剩余价值的实现仅仅局限于资本对本国劳动者剩余劳动的无偿占有上。这一点,不仅马克思在1847年的《居利希笔记》中已经开始有所观察,在已经可以看到的1850年前后的《伦敦笔记》中,马克思还专门做了殖民主义专题摘录。[71]只是,马克思在从《大纲》《1861—1863年经济学手稿》到《资本论》的理论研究中,他聚焦于理论化的民族国家内部"资本生产总过程"的思考中,并没有来得及真的完成自己包括了"世界市场"(国与国之间贸

易、殖民主义关系等)的写作计划。这是上述马克思自己的"五点设想"和"六册计划"中共同的结尾部分。在这里,列斐伏尔直接引述卢森堡在《政治经济学导论》中的一段表述:

> 在各种不同的民族经济中,必然存在与纯粹的商品交换完全不同的经济关系。很明显,只有一个国家拥有对另一些国家的经济支配权,才能正常地从这些国家获得更多的产品,而它本身并不会给这些国家提供同等的报酬。这种权力所表现出来的丝毫也不是两个平等的伙伴之间的交换。[72]

列斐伏尔让我们注意卢森堡这段文字中的两个重要观点:一是"不平等交换",这是指资本在本国之外通过不平等交换和掠夺实现的资本积累和另一种方式的剩余价值实现形式;二是在这种发生在"一个国家对另一些国家的经济支配权"中,可以从另一个侧面看到资产阶级"国家在经济中的作用"。这是列斐伏尔所需要凸显的国家**主体能动性**特征。

由此,列斐伏尔还进一步得出了这样一个判断,与卢森堡同时代的列宁的帝国主义论是存在问题的。因为,列斐伏尔认为,

> 帝国主义与资本主义是同时代的(l'impérialisme est contemporain du capitalisme),而不是如列宁所说的,是资本主义的最高阶段。如果不向资本主义的外围地区输出,剩余价值是不可能实现的,如果没有对其他地区的掠夺,没有同较远的国家的贸易,没有工业产品的大量输出,就没有积累。[73]

在列斐伏尔的眼里,列宁同样"轻视了19世纪到20世纪通过征服、掠夺、各种贸易的联系和最初的殖民化而形成的世界市场"。[74]我认为,这当然是列斐伏尔在偷换概念的基础上对列宁帝国主义论的曲解。列宁所指认的帝国主义,是特指20世纪初通过国与国之间的世界性的战争,争夺和瓜分整个世界的现代资本主义列强,这一作为资本主义发展特殊历史形式的帝国主义,是以区别于自由竞争时代的资本主义的垄断资本关系赋型为本质的。与马克思一样,列宁从来没有忽略从14世纪以来西方资本主义通过殖民主义的方式侵占和掠夺世界的历史,而只是突出强调了在经济运行机制中的垄断资本主义的历史生成,以及

必然产生的国家垄断资本不可抑制的新型对外暴力扩张和侵略战争。并且，在列宁所处的那个特定历史时期，他得出帝国主义（垄断资本主义）是资本主义走向没落的最高阶段，应该说是有其客观现实基础的，随之而来的世界性资本主义经济危机就直接证明了这一点。真正的问题在于，列宁与马克思、恩格斯一样，谁都没有想到资本主义后来通过"罗斯福新政"和"凯恩斯革命"实现的重要改变。在这一点上，我们显然无法非历史地苛求他们。

实际上，列斐伏尔此处想要突出说明的方面，正是当代资本主义国家越来越显著的能动性主体特征，这似乎直接确证了黑格尔那个超越"市民社会"的理性主义国家观。当然，这已经不仅仅是列宁20世纪初所指认的垄断资本的对外暴力扩张，而更主要的表现为今天资产阶级国家主动的自我**调节性**（Régulateur）。这个自觉的主体性的调节性，正是黑格尔理性主义国家观的核心，也是马克思、恩格斯预想的在改变了资本主义自由市场盲目无序的经济发展状态之后，出现在未来社会主义-共产主义中的"有计划、按比例"的计划生产和经济运行，然而，这种主体性的自我构序和主动调节，竟然成了当代资本主义国家力量对经济和社会生活的直接干预，也是在这里，斯密的"看不见的手"转换为资产阶级国家伸向全部社会空间生产中的**看得见的手**。在列斐伏尔看来，今天的资本主义发展中，原先那种

> 竞争的资本主义（capitalisme concurrentiel）的各种自发的、盲目的和"自动的"的调节（Régulations spontanées, aveugles et automatiques）——各种社会的平均值（les moyennes sociales），例如平均利润率，由各种被计划好的、被预测到的（calculées et prévues）和严格研究过的平均值所代替，这就保证了一种按照意愿（volontairement）来维持的严密性。[75]

在列斐伏尔这里的问题域中，这是一种客观发生在当代资本主义社会发展中新的现实。前述黑格尔在唯心主义思想构境中，明确指认的有自觉主体性意愿的国家（与法），对"第二自然"状态中的市民社会的超越突然成为现实。关键还在于，马克思和列宁预想在否定了资本主义经济那种盲目的、无政府生产和市场交换后，本应出现在未来社会主义经济运行中的计划和预测（calculées et prévues）的生产，现在竟然直接出现在资本主义的经济活动中，资产阶级不可思

议地通过自己的主观意愿所实现的国家调节,直接作用于经济过程。这是马克思、列宁都不曾预料的事情。

当然,列斐伏尔这里通过对国家问题的"历史回溯",目的是在于更好地、"前进式"地理解今天资本主义生产方式中国家问题中出现的新情况。在此,列斐伏尔让我们聚焦于今天资本主义发展中"国家的极端的重要性:一种国家的空间支撑物的生产(la production d'un support spatial de l'Etat)和各种生产关系的再生产(la reconduction des rapports de production)"。[76]今天的资产阶级国家为什么极端重要?因为,今天的资本主义生产方式之所以能够获得垂而不死的幸存,就在于资产阶级通过国家的生产方式拓展了社会空间中生产关系的再生产。这就是列斐伏尔自认为超出马克思和列宁在国家问题上的最新的论断。在这一点上,列斐伏尔就顺理成章地将20世纪国家垄断资本主义的最新发展,直接内嵌到自己的空间生产理论逻辑构序之中来。他兴奋地说,

> 按照这种图式,人们可以研究**新资本主义**(*néo-capitalisme*,这就是说各种大组织的资本主义包括各种所谓跨国公司)。人们同样可以研究新帝国主义(néo-impérialisme)和它的各种特定的现象(例如,各工业大国从不发达国家大量输入劳动力,这是一种剩余价值生产的新的方法)。[77]

人们要研究发生在今天资本主义世界的各种新情况、新问题,出路只有一条:列斐伏尔的**国家生产方式中**的空间生产。这是科学说明以跨国公司为模式的国际资本组织和国际化劳动公式中新的剩余价值盘剥方式的唯一路径。列斐伏尔真是机灵过人。

三、国家生产方式下的空间生产

依列斐伏尔上述的历史描述,资本主义国家历史发展的当下形态,就是以**国家生产方式**(mode de production etatique,MPE)的样态,全面控制了资本主义生产关系赋型在空间中的再生产。这是列斐伏尔在《论国家》一书中提出的一个全新的观点。在一定的意义上,也是列斐伏尔自己对历史唯物主义的生产方式

问题在当代资本主义社会发展新变化的全新判断。同时,我认为也是列斐伏尔自《空间的生产》以来,在空间问题上的新论断。因为,从《都市革命》到《空间的生产》,列斐伏尔思考空间问题的理论视角,主要是从作为日常生活基础的都市建筑空间入手的,他较多关注了人们在社会日常生活中的社会关系场境,而在此,他对空间关系场境的讨论,则更侧重于国家自主性自上而下的空间占有和生产。因为在他看来,正是这种全新的国家生产方式(MPE)的空间生产构序模型使资本主义得以幸存。那么,什么是今天新资本主义中的 MPE 呢?

首先,国家层面上的**物理空间与社会空间的改变**。这里,列斐伏尔先是引述了劳拉(R. Lourau)的这样一句话:"没有空间的制度是不存在的。"[78] 这是强调国家制度与空间生产的固有的关联性。因为,"每一个国家都拥有其自身的空间",当然,这种空间存在的物性基础会是"属于自然"的物理空间,有如土地和可见的物性建筑,这是不变的先在条件。实际上,进入人类生活中的建设用地和建筑已经是人类劳动塑形和构序的产物,在这个意义上,这个假定的"物理空间"并不等于自然空间。然而,国家却以自身的努力生成一种"反自然"的社会空间。对此,列斐伏尔解释说,在一般社会生活日常运转中出现的"家庭、学校、工厂、教堂,等等,每一个都占据着一种'可以使用'(approprié)的空间。为了什么而使用? 在社会劳动分工和支持政治统治中制定一个特定的用途(l'usage spécifié)"。[79] 这是说,在日常生活之中,每一个家庭都有满足自己生活需要的房屋,学校有进行学生教学和活动的教室和操场,工厂有从事生产活动的厂房和库房等,教堂就是一个面向神性的物性建筑,然而,所有这些支撑着国家实存的物性建筑的物理空间,除去自身的空间场境效用,都会因为"在社会劳动分工和支持政治统治中制定一个特定的用途",而生成一种反自然的社会空间关系场境。这里需要深入理解的方面,一是人们造出物性的建筑物,并非是创造一个与人无关的物品,而是创造一种人存在其中的用在性关系场境空间。这一点,很深地关联于列斐伏尔"元哲学"构境中的那个非物性的"诗性创制"。房屋必有起居,教室必有教学,工厂必有生产,教堂必有礼拜,这种人对建筑的使用中建构起日常生活的重复,社会关系场境也由此发生持续的空间再生产。这是一个非常重要的历史唯物主义的引导式分析。这可能也是我们传统历史唯物主义研究并没有很好关注的方面。二是更重要的方面,如果所有的制度都与空间生产相关,这也就意味着,所有日常生活中的空间关系场境,无形中也都受制于特定历史重要任务下社会政治关系赋型的支配,空间生产从来就是政治的,有如中世纪一切建筑和生活空间的神性-宗法关系的空间生产,以及资本主义生产方式中,商品-市场经济物相化关系编码后的资产阶级空间生产。

然而,列斐伏尔这里进一步向我们指认,这种用在性与政治化的社会空间,在今天的资本主义现实发展中的国家层面上,逐渐地凸显出一种新的总体性空间存在:

> 一种空间、**国家领土**(*le territoire national*)、一种物理空间的生产,它的测绘、修改与转变是由建立其中的道路、运河、铁路、商业和金融电路、公路和空中航线等等形成的网络、电路和流体所完成。因此,这种空间是物质的——自然的空间,在其中人类生殖繁衍、阶级和政治力量的活动留下了它们的印迹——它是耐用物品和现实(而不是孤立的东西和产品、工具和用于消费的商品)的生产。[80]

一是与上述个人和一些人生存直接相关的家庭、学校和工厂生活一样,在国家公共生活层面上出现的"物理空间"中发生的改变,这些本身已经是"反自然"的物理空间生产,已经不再是一般个人日常生活相关的生活建筑,或者个人经济利益相关的企业和商用场所,而是由国家控制和生产创制的"道路、运河、铁路、商业和金融电路、公路和空中航线等等形成的网络、电路和流体"。今天,这已经不是传统社会生活中田野、茅屋周边的乡间小路和运河中的航行,也不是农活中的田间交流和工具传递,而是由高速公路、高铁和空中飞行构筑的大尺度交通空间,以及由网络和信息通信系统建构起来的数字化交流空间。二是在这种新创制的国家社会空间设施塑形和构序中,发生着不同于农业和工业生产时代的人类社会活动和关系场境的生产,这种新型的国家空间生产,当然不仅仅是"耐用物品"的商品生产或个人生活关系的生产,而是维系当代资本主义社会总体生产关系的生产与再生产。

其次,国家的**社会空间的精神再现关系结构**。在列斐伏尔看来,今天发生在国家层面上的空间生产中,除去物理建筑的物性支撑和社会空间中总体性生产关系再生产,还有一个他过去并没有强调的关键性的联结点,即缘自国家意志的**精神凝聚力量的生产**,国家空间生产中的精神关系生产与再生产。列斐伏尔认为,

　　　　这样一个**特定的社会空间**(*espace social proprement dit*)的生产,一种(人造的)层级结构有序的机构(d'institutions hiérarchisée),以及由"价值观"所支撑的法律与惯例都是通过民族的语言来传播和交流的。这种社会建筑(architecture sociale),这种政治的不朽性(monumentalité politique),就是国家本身,一个金字塔,在其顶端的是政治领袖——一个具体的抽象,充满各种符号、数据和信息,"精神"交流、再现、意识形态、与权力捆绑在一起的知识的激烈的循环。[81]

　　这是国家社会空间生产的另一面。列斐伏尔认为,与一般的日常生活空间生产不同,国家层面上的社会空间生产,起到重要作用的还有一种由意识形态话语编码起来的无形的社会空间建筑,在其中,共同的价值观和民族精神,通过看不见的知识和权力同谋关系建构起来。这一点,应该是阿尔都塞在"国家意识形态装置"研究中涉猎到的问题。[82]在列斐伏尔看来,这正是当代资本主义国家生产方式中社会生产关系再生产的重要内容。并且,这种国家控制的无形的精神空间建筑,在今天也有了上述庞大的数字化信息系统支撑的"网络、电路和流体"的物理空间基础。

　　列斐伏尔还特别强调说,今天的资本主义生产方式筑模中的

　　　　国家占据着一个**精神空间**(*espace mental*),其包括人们建造的国家的再现——清晰或者混乱,直接的经验或者概念性的阐述。这种精神空间一定不能与物理的或者社会的空间相混淆;但是它也不能完全脱离物理与社会空间。因为在这里,我们可以辨别表征性的空间与空间的表象(l'espace des représentations et la représentation de l'espace)。[83]

　　这是突出空间的生产中,由国家意识形态的空间的表象(représentation de l'espace)建构起来的空间场境共识。这有些像后来本尼迪克特·安德森[84]"想象的共同体"(*Imagined Communities*)。实际上,精神空间生产是国家空间生产中非常重要的组成部分,越是走向当代,这种国家层面上的精神空间共识就越重要。其实,这也意味着,相对于资产阶级的启蒙理性,资本主义社会中由商品-市场关系自发生成的经济拜物教和自然法意识形态(今天的资本主义国家生产方

式开始直接使用国家意识形态）从精神上直接支配和统治社会生活。从表面上看，这似乎对中世纪的国家精神空间生产模式的复归。但实质上，却是葛兰西开始意识到的无形文化霸权中的认同机制相关。

再次，国家空间的本质是一种新型全球化拓展的**国家生产方式**。这是一个重要的断言。列斐伏尔认为，他所发现的国家空间生产，并非只是前述物理空间、社会空间和精神空间的简单叠加，今天资本主义国家空间生产的本质，已经呈现出一种全新的总体性空间构序力量，并且，这种空间构序力量已经不再满足于对自身国家内部社会生活的直接控制，而开始将权力的触角扩展到对全球空间生产的支配。这是列斐伏尔对自己那个空间生产中的世界化（mondialisation）的具体确证。在他看来，

> 国家在空间之中生产社会关系，它能够扩展多远就能够发展到什么地方；它产生一个支撑，它自己的空间，其本身就是复杂的。这种空间在一个日益巩固的全球化空间［世界性的空间（l'espace mondial）］的核心，调解和组织着一个日益解体的国家空间。国家生产的空间因为它自己的特殊的特征和目标一定是**政治性的**（politique）。[85]

这当然是讲发生在今天的事情。并且，一个国家有政治目的地生产一种支配整个世界的"全球化空间"，这肯定是西方发达资本主义国家，而绝不会是指所有国家。所以，这里所谓的国家生产方式也只能是西方发达资本主义强国中出现的情况。在列斐伏尔这里，问题聚焦于当代资本主义的最新发展，即以国家生产方式的样态，生成一种在世界性空间中资本主义生产关系的再生产，这也是当代资本主义的新的生命力所在。

再具体些分析，第一，国家作为**资产阶级统治特权工具的空间生产**。这是马克思的国家本质定义在空间生产中的延展。列斐伏尔认为，今天的资本主义

> 国家为关系（即生产的社会关系）提供一个空间**支撑**的功能（fonction du support spatial）；它与先前就存在的经济空间（l'espace économique）——自发的增长极限、历史城镇、被分割成许多商业化的空间碎片去销售——发生冲突。它趋向于不仅更新内在于工业生产中的社会关系，而且更新群体

和地方的等级制度所固有的统治关系(les rapports de domination)。在个体、集体、阶级分层、阶级之间的混杂的关系中,国家倾向于强加自己的合理性于它自己的作为特权工具的空间(l'espace pour instrument privilégié)之上。[86]

这显现出一种空间生产塑形中发生的历史性的差别。这里,国家在社会空间中的整体生产关系生产,提供了一个空间**支撑**的功能,这种功能与之前传统自由竞争时代的资本主义经济空间中盲目的物质生产增长和碎片化的商业交换空间相异,因为,国家生产方式在空间中把一种统治阶级整体利益的合理性,铸造为干预社会生活的特权工具的空间。这正是经济上的凯恩斯主义在空间生产中的落地。

第二,空间生产中的**国家生产方式**。我以为,这是列斐伏尔在《论国家》中最重要的原创性观点。可以说,这也是他前面提出的资本主义幸存问题的进一步解答。依他所见,在当代资本主义国家层面上的空间生产中,

> 经济在空间中重铸了——流(flux,能量、物质材料、劳动力、完成了的商品、贸易模式等)和股票(stocks,金银和资本,投资、机器、技术、稳定的各种工作等)。国家倾向于控制这些"流"和股票以确保它们的协调。在这三重过程的(增长:生产力的扩张;都市化:或者大规模生产与消费单元的形成;与空间化)展开中,一种质性飞跃出现了:国家生产方式(mode de production etatique,MPE)兴起了。因此,国家生产方式与空间的接合是非常重要的。它不同于以前的生产方式(包括资本主义)以及它们占用自然空间的方式(包括通过社会实践来改变它)。[87]

这是列斐伏尔《论国家》中关于国家生产方式的一段非常重要的表述。虽然还是马克思批判过的那个资本主义,可是,原先处于自发放任的自由竞争的盲目商品生产和无序的交换市场,现在已经被国家操控的力量统一和"重铸"起来了,这既包括物质生产、劳动力和商品流通领域的经济之流,也包括了以股票金融市场为中心的资本运作和科技之流,国家对经济生活的直接干预,同时实现于生产力增长、都市化消费主义和空间化拓展的三重过程之中。也是在这里,当代

资本主义社会发展进程中突现出一个全新的社会构序力量——mode de production etatique，MPE（国家生产方式）。我觉得，这个由大写字母 MPE 标识出来的国家生产方式，是列斐伏尔在自己的所谓空间生产理论中，对历史唯物主义原有一般生产方式观点的重要"发展"。如果说，从《都市革命》到《空间的生产》，列斐伏尔实现了一种生产关系再生产中的"空间转向"，那么，这里则是以统治阶级整体——国家的方式，自觉地、主体性地支配空间生产的新进展。也由于，"在这一领域那些政治、社会和经济的十字路口每天都有新的发明和发现产生。因此，上面说的（《空间的生产》等）著作几乎没有穷尽国家的主题"。[88]应该是，列斐伏尔的聪明脑子里"每天都有新的发明和发现产生"。

　　显而易见，列斐伏尔是在以国家生产方式来概括今天资本主义全球化的本质，他甚至认为，自己的这一新的发现，更深一层解决了"凯恩斯革命"中国家干预问题根本路径，它揭示了国家干预不仅短暂地出现在特定的时期或者地点，而是持续不断的，通过各种组织方式和机构致力于"空间的管理和生产"。因为，"只有国家可以在'超大规模上'（en grand）行使管理空间的权力——高速公路、空中交通网络——因为只有国家可以支配可资利用的资源、技术和'观念性的'能力"。[89]或者说，在今天的资本主义发展中，只有国家生产方式才能在整个"超大规模"的全球性社会空间中支配和统治世界。

　　比如，在今天资本主义的经济发展中，那些由超大型跨国公司和中心城市扩张带来的"经济之流（flux de l'économie）"中的冲突和矛盾，

　　　　只有国家能够控制这种"流"（flux），并且让它与经济（股票）的混合要素和谐相处，因为，国家将它们融进了它所生产的支配空间（l'espace domi-nant）之中。巨大的投资伴随着自发的增长极和许多组合的转移（机器、能源、劳动力和物质原料），只能在和政治力量（pouvoir politique）的支持下和同意下正确地完成。[90]

　　没有国家生产方式才具有的政治力量（pouvoir politique），如果不能"在一个国家甚至在一个超国家（supranationale）的规模上——这个叠加在以前的空间上的新空间的巩固，并被彻底重新构序"[91]，资本主义就无法真正调节自身内部的各种膨胀起来的经济力量之流的角逐与冲突。这恰恰是空间生产中资本主义

幸存的关键。这里我们可以看到,列斐伏尔特别突出强调了国家生产方式中股票为标识的资本主义金融资本的作用。

其三,资本主义国家生产方式所凸显的**社会空间中的历史改变**。也是在这里,列斐伏尔提出,要科学地认识新生成的国家生产方式的历史性,它是当代资本主义社会发展中的特定产物。这是一个历史认识论的观点。在他看来,传统历史唯物主义的研究中,生产方式通常是由生产关系来说明的,在马克思那里,"资本主义生产方式(mode de production capitaliste,MPC)首先可以由一系列的概念来定义,从交换价值到资本的有机构成,以及对剩余价值生产和资本积累以及它们相连的理论问题的强调"。[92]这基本上是对的。可按马克思的科学透视,资本主义生产方式的核心是资本与雇佣劳动的生产关系,它是构成上述劳动价值、剩余价值和资本积累的根本。在这里,列斐伏尔格外强调说:

> 与传统的生产方式的一般理解相反,剩余价值的生产的分析要考虑到,剩余价值的怎样**现实化**[*réalisation*,商业回路(circuits commerciaux)]和怎样**分配**[*répartition*,银行回路(circuits bancaires)]。剩余价值的生产是在与企业、公司、场所之内,其现实化和分配出现在城市(villes),工厂的概念被都市的概念所取代,一个绝没有耗尽**都市**概念(le concept de *l'urbain*)的事实。这还不是所有。资本主义生产关系也由社会与政治关系的生产(la production de rapports sociaux et politiques),包括国家与国家权力所决定。最后,通过空间的**支持**(*support* spatial)所定义(生产关系,以及它们的更新或者再生产的基础)。这种空间支持不再是神秘化的。它是由先在的空间(l'espace pré-existant,地理的物理的)"**国家-空间**"(espace-nation)、历史空间(espaces historiques)塑造的。[93]

这是一个比较重要的说明。在列斐伏尔看来,当代资本主义生产方式中最关键的改变有三:一是马克思已经看到的剩余价值的生产发生在工厂的生产过程中,虽然他说明了剩余价值的交换过程,但并没有注意到作为这种商业销售回路和金融银行系统回路物性支撑的城市,甚至是今天的都市化中的消费狂欢,这本身就是一种空间性视角的转换;二是作为资本主义生产关系本质的方面,除去经济关系,还应该看到当代资本主义发展中日益凸显出来的以国家权力为核心的社会和政治关系的生产，这是列斐伏尔在此格外强调的方面；三是这种国家权力的表现形式，已经不仅仅体现为马克思、列宁说明的暴力工具，而更多地表现为国家生产方式中对空间的占有和统治，这有可能是资产阶级征服整个世界的真正力量所在。

列斐伏尔专门说明道，他在《空间的生产》等论著中所指认的社会空间，是"由社会产生的，在这意义上，它不是诸多事物之中的一个事物，而是连接、联系、交往的总和（l'ensemble des liaisons, connexions, communications）"。[94]这是说，空间并非是指它物理空间意义上物性的场所和建筑物，而主要是一种用在性和关系性的连接和交往。并且，他认为"马克思没有预见到，'社会化'和'国家化'采取了分层的和政治空间的形式（逻辑的—政治的空间）"。[95]因为，并不是说马克思那个时代不存在社会空间，而是说，在今天的资本主义发展中，资产阶级会"整合那些旧的空间（自然的、乡村的、历史的城市），然后摧毁它们；随后它越来越深入地将知识投入对空间（石油、地下资源，空气空间）的管理中；这样做就是转变，国家生产方式到来了（l'avènement du MPE）"。[96]这也就是说，今天资本主义的MPE（国家生产方式，mode de production étatique）的历史性出场，恰恰是通过整合和摧毁旧有的社会空间，并通过国家"科学管理"的生产方式，以工具理性（知识支配的权力）控制和盘剥全球的石油、地下资源，"占领海洋，肆无忌惮地威胁作为整体的行星空间，甚至超越它"，由此获得资本主义生存新的可能性。这正是那个列斐伏尔从阿克塞洛斯-海德格尔处得来的世界化（mondialisation）进程的本质。列斐伏尔具体分析道：

> 在这一过程中，空间同时进入了：（1）**生产力**［例如，从一种经验的描述性的观点变成了经济主义的术语"集聚经济"（économies d'agglomération）］；（2）**生产与财产关系**（因为空间可以买卖；它也包括所有的流动、循环和网络等等）；（3）**意识形态**和政治权力的工具（因为空间成为了合理性、技术结构和国家控制的基础）；（4）**剩余价值的生产**（投资都市化，投资空中空间，在旅游业开发的山区、海洋，即工业生产以外的空间中投资）；**剩余价值的实现**［都市消费和日常生活的组织化，即"消费被控制的官僚制社会"（société bureaucratique de consommation dirigée）］；**剩余价值的分配**（土地地租以及地下的地租，特别是房地产相关的银行，投机等）。[97]

很明显，列斐伏尔这里几乎就是对比着马克思关于历史唯物主义关于生产力、生产关系和意识形态、关于资本主义经济本质中关于剩余价值的观点，——对应地提出了自己的新看法，这也是当代资本主义国家生产方式中空间生产的具体内容：一是生产力方面的经济聚集，这是由国家干预主义完成的计划和国有化进程。二是由国家政治力量支持的对空间的直接商业变卖和网络式开发，这生成了过去私人资本家根本无法完成的全新财产关系。三是政治权力和意识形态在空间中的布展，这会生成一个与国家生产方式现实统治一致的奴役性政治和精神空间。四是剩余价值的生产，出现在都市规划和土地房地产投资、商业旅游开发中的山区和海洋空间，这些都发生于马克思所聚焦的工业生产过程之外；剩余价值的实现也不仅仅局限于传统的商业流通，而直接转换为国家控制下的日常生活中的消费主义狂欢；剩余价值的分配，更多地转向与房地产交易相关的地租和金融投机。应该说，这是列斐伏尔对国家生产方式本质的一次系统的说明。

列斐伏尔特别指出，在这整个空间化的国家生产方式的运用中，国家的作用就是要"负责整合和协调，它防止'在严格意义上的'（stricto sensu）资本主义空间被从破坏的社会本身之中分离出来并被碎片化"[98]，这是资产阶级国家在今天资本主义发展中最重要的作用。列斐伏尔认为，今天资产阶级的

> 国家阻止那些市民社会与经济的一般功能因为投资而陷入瘫痪。它组织，它直接或者间接地计划关闭一些空间，或者通过计算机工具来控制一些流量。但是，因此空间被建立起来，这是从政治的和管理的双重意义上来说的，证明了它是行政化的和官僚化的，即被"官僚"所统治的和治理的。[99]

这是列斐伏尔从资本主义国家生产方式的空间生产方面，来进一步确证自己那个"消费被控制的官僚社会"的资本主义社会的定义。不过，原来仅仅关注消费的国家控制，现在被延伸到国家对整个空间生产的开发和闭合、空间生产中的不同力量相互整合作用和信息交换流量的有效控制。在他看来，在更高的层面上国家官僚对"政治空间（与国家空间）的管制特征因此能够在以下三个维度进行分析：**意识形态**——社会的技术官僚的再现；**实践的**——工具的、一种行动的手段；**战术与战略**——主要由服务于政治目的的领土的资源构成"[100]这意

味着,资本主义国家生产方式的空间生产的本质,还是对政治空间的统治,它会以技术官僚的意识形态为空间开发和支配的主线,生成具体的新型空间生产构序实践,最终服务于整个资产阶级征服世界的政治战略。

至此,列斐伏尔似乎有些忘乎所以地说,在过去马克思及其后继者的理论中,"很久以来直至今天都忽视了今天最直接的焦点问题——城市与都市、空间以及国家本身(la ville et l'urbain, l'espace, l'État lui-même)"。[101]言下之意,只有他才真正透视了今天资本主义国家生产方式的空间生产的秘密。其实,如果这是针对马克思,这真的是废话。马克思的那个时代,列斐伏尔今天看到的当代资本主义社会中发生的事情都还没有影子,他怎么可能穿越到今天的理论"焦点"中来呢?然而,列斐伏尔在国家生产方式中所指认的当代资本主义的一些新情况新问题,的确应该引起我们的重视和深入思考。

注释

[1]关于列斐伏尔的《空间的生产》一书专题研究,我已经完成了《回到列斐伏尔——列斐伏尔〈空间的生产〉的构境论解读》书稿。此书将由商务印书馆出版。所以在这里不再具体涉及此书的讨论。——本书作者注

[2]Henri Lefebvre, *De l'E'tat*, *I. L'E'tat dans le Monde Moderne*, Paris:Union Générale d'Éditions, 1976; *De l'E'tat*, *II*, *Théorie marxiste de l'état de Hegel à Mao*, Paris:Union Générale d'Éditions, 1976; *De l'E'tat III. Le Mode de Production Etatique*, Paris:Union Générale d'Éditions, 1977; *De l'E'tat*, *IV*, *les contradictions de l'etat moderne. la dialectique de l'état*, Paris:Union Générale d'Éditions, 1978.

[3][法]列斐伏尔:《论国家》,李青宜译,重庆出版社1988年版,第38页。

[4]Lefebvre Henri, «L'État dans le monde moderne». In:*L'Homme et la société*, N. 37—38, 1975. Sociologie politique et culturethéorie sociale et linguistique, pp.3—23.

[5][法]列斐伏尔:《论国家》,李青宜译,重庆出版社1988年版,第34页。

[6]科斯塔斯·阿克塞洛斯(Kostas Axlos, 1924—2010):法国思想家。代表作有:《作为技术思想家的马克思》(1961)、《未来思想导论》(1966)等。

[7]Lefebvre, "Marxisme et technique"; *Esprit* No.307(1962):1023—1028.此文为列斐伏尔关于阿克塞洛斯的著作《作为技术思想家的马克思》(Kostas Axlos, *Marx penseur de la technique:De l'alienationde l'homme a la conquete du monde*(Paris:Éditions de Minuit, 1961)的评论。

[8][法]列斐伏尔:《论国家》,李青宜译,重庆出版社1988年版,第35页。

[9]同上书,第37页。

［10］同上。

［11］同上。

［12］同上书,第44页。中译文有改动。Henri Lefebvre, *De l'E'tat*, *II*, *Théorie marxiste de l'état de Hegel à Mao*, Paris：Union Générale d'Éditions, 1976, p.84.

［13］同上书,第45页。

［14］［法］列斐伏尔:《日常生活批判》,第三卷,叶齐茂等译,社会科学文献出版社2018年版,第547页。

［15］［法］列斐伏尔:《论国家》,李青宜译,重庆出版社1988年版,第45页。

［16］同上书,第49页。

［17］同上。

［18］关于这一问题的展开讨论,参见拙文:《历史唯物主义:从物质生产过程视位向劳动过程的转换》,《中国社会科学》2022年第8期。

［19］［法］列斐伏尔:《论国家》,李青宜译,重庆出版社1988年版,第51页。

［20］《马克思恩格斯全集》(第二版)第30卷,人民出版社1995年版,114页。Karl Marx, *Grundrissen*, *Marx-Engels-Gesamtausgabe*(*MEGA 2*)II/1, Text, Berlin：Dietz Verlag, 2006, S.96.

［21］［法］列斐伏尔:《论国家》,李青宜译,重庆出版社1988年版,第46页。

［22］关于马克思这一问题的深入讨论,可参见拙著:《回到马克思——社会场境存在论中的市民社会与劳动异化批判》(第二卷),下册,江苏人民出版社2024年版。

［23］［德］索恩-雷特尔:《脑力劳动与体力劳动——西方历史的认识论》,谢永康等译,南京大学出版社2015年版。

［24］［法］列斐伏尔:《论国家》,李青宜译,重庆出版社1988年版,第52页。

［25］同上书,第66—67页。

［26］同上书,第107页。

［27］希腊神话中的烛盗,将劫来的行人置于床上,较床长者断其足,较床短者强行拉长。这儿的意思是:强求一致的规定、削足适履的规定。——译者注

［28］［法］列斐伏尔:《论国家》,李青宜译,重庆出版社1988年版,第103页。

［29］同上书,第67页。

［30］同上。

［31］同上书,第69页。

［32］除去早期马克思偶尔提及的拜物教概念,马克思是在《大纲》开始涉及货币拜物教,而第一次完整提出商品、货币和资本拜物教,则是在《政治经济学批判》第一分册中,在后来的《资本论》中,马克思再一次系统地说明了三大经济拜物教理论。

［33］［法］列斐伏尔:《论国家》,李青宜译,重庆出版社1988年版,第69页。

［34］同上。

［35］同上书,第70页。

［36］同上书,第95页。

［37］同上书，第96页。中译文有改动。Henri Lefebvre, *De l'E'tat*, *II*, *Théorie marxiste de l'état de Hegel à Mao*, Paris: Union Générale d'Éditions, 1976, pp.167—168.

［38］［法］列斐伏尔：《论国家》，李青宜译，重庆出版社1988年版，第53页。

［39］同上。

［40］《马克思恩格斯全集》（第二版），第30卷，人民出版社1995年版，第50页。

［41］［法］列斐伏尔：《论国家》，李青宜译，重庆出版社1988年版，第54页。

［42］［德］黑格尔：《精神现象学》（上卷），贺麟，王玖兴译，商务印书馆1979年版，第262页。这是此书一个目的标题"精神动物的王国和欺骗，或事物本身"。马克思在很多年之后，曾经提及黑格尔的这一重要比喻。他在1862年6月18日给恩格斯的信中，谈到自己正在阅读达尔文的《根据自然选择的物种起源》一书，他说："达尔文在动植物界中重新认识了他自己的英国社会及其分工、竞争、开辟新市场、'发明'以及马尔萨斯的'生存斗争'。这是霍布斯的一切人反对一切人的战争，这使人想起黑格尔的《现象学》，那里面把市民社会描写为'精神动物的世界'，而达尔文则把动物世界描写为市民社会。"参见《马克思恩格斯全集》第30卷，人民出版社1974年版，第252页。

［43］［法］列斐伏尔：《论国家》，李青宜译，重庆出版社1988年版，第62页。中译文有改动。Henri Lefebvre, *De l'E'tat*, *II*, *Théorie marxiste de l'état de Hegel à Mao*, Paris: Union Générale d'Éditions, 1976, p.111.

［44］黑格尔的原话为："个体性与个体性之间就出现了一种相互欺骗的游戏，每个个体性都自欺也欺人，都欺骗别人也受别人欺骗。"［德］黑格尔：《精神现象学》（上卷），贺麟，王玖兴译，商务印书馆1979年版，第276页。

［45］［法］列斐伏尔：《论国家》，李青宜译，重庆出版社1988年版，第73页。

［46］同上书，第75页。中译文有改动。Henri Lefebvre, *De l'E'tat*, *II*, *Théorie marxiste de l'état de Hegel à Mao*, Paris: Union Générale d'Éditions, 1976, pp.132—133.

［47］同上书，第76页。

［48］同上书，第75页。

［49］同上书，第77页。

［50］同上书，第78页。

［51］同上书，第113页。

［52］同上书，第117页。

［53］同上书，第101页。

［54］同上书，第122页。

［55］在这封信中，马克思告诉拉萨尔：他对资产阶级经济学体系叙述的批判，可以分为"（1）资本（包括一些绪论性的章节，Vom Kapital, enthält einige Vorchapters）；（2）土地所有制（Grundeigentum）；（3）雇佣劳动（Lohnarbeit）；（4）国家（Staat）；（5）国际贸易（Internationaler Handel）；（6）世界市场（Weltmarkt）"。参见《马克思恩格斯全集》第29卷，人民出版社1972年版，第531页。

［56］［法］列斐伏尔：《论国家》，李青宜译，重庆出版社1988年版，第122页。

［57］同上书,第 123 页。

［58］同上书,第 117 页。

［59］同上书,第 125 页。

［60］同上书,第 127 页。

［61］同上书,第 129 页。

［62］同上书,第 132 页。

［63］同上书,第 133 页。

［64］同上。

［65］同上书,第 135—136 页。

［66］同上书,第 136 页。

［67］同上。

［68］罗莎·卢森堡(Rosa Luxemburg, 1871—1919):国际共产主义运动史上杰出的马克思主义思想家、理论家、革命家,被列宁誉为"革命之鹰"。出生于波兰。1890 年,就读于苏黎世大学社会政治系。1891 年 5 月,成为该系正式学生。起先学习生物学、数学和法学,后来学习政治经济学,最后还完成了论述波兰工业发展的博士学位论文。1894 年 3 月,创建波兰王国社会民主党,1918 年 12 月,卢森堡和李卜克内西创建德国共产党。1919 年 1 月被资产阶级杀害。代表作为:《卡尔·马克思》(1903)、《资本积累论》(1913)、《政治经济学导论》(1914)等。

［69］［法］列斐伏尔:《论国家》,李青宜译,重庆出版社 1988 年版,第 178 页。

［70］同上书,第 179 页。

［71］关于马克思《伦敦笔记》中殖民主义专题摘录问题的研究,可参见拙文:《西方殖民统治的历史真相——马克思〈伦敦笔记〉研究》,《马克思主义与现实》2023 年第 4 期。

［72］转引自［法］列斐伏尔:《论国家》,李青宜译,重庆出版社 1988 年版,第 180 页。

［73］［法］列斐伏尔:《论国家》,李青宜译,重庆出版社 1988 年版,第 181 页。

［74］同上书,第 186 页。

［75］同上书,第 188 页。

［76］同上。

［77］同上书,第 189 页。

［78］Lefebvre, *De l'E'tat*, *IV*, *les contradictions de l'etat moderne. la dialectique de l'état*, Paris：Union Générale d'Éditions, 1978, p.260.中译文参见鲁宝译稿。

［79］Ibid.中译文参见鲁宝译稿。

［80］Ibid.中译文参见鲁宝译稿。

［81］Ibid.中译文参见鲁宝译稿。

［82］［法］阿尔都塞:《论再生产》,吴子枫译,西北大学出版社 2019 年版,第 192 页。

［83］Lefebvre, *De l'E'tat*, *IV*, *les contradictions de l'etat moderne. la dialectique de l'état*, Paris：Union Générale d'Éditions, 1978, p.261.中译文参见鲁宝译稿。

［84］本尼迪克特·安德森(Benedict Richard O'Gorman Anderson, 1936—2015)。美国著

名学者。康乃尔大学荣休教授。主要代表作有:《想象的共同体》(*Imagined Communities*:*Reflections on the Origin and Spread of Nationalismrev*, London:Verso. 1983)等。

〔85〕Lefebvre, *De l'E'tat*, *IV*, *les contradictions de l'etat moderne. la dialectique de l'état*, Paris:Union Générale d'Éditions, 1978, p.262.中译文参见鲁宝译稿。

〔86〕Ibid.中译文参见鲁宝译稿。

〔87〕Ibid, pp.262—263.中译文参见鲁宝译稿。

〔88〕Ibid.中译文参见鲁宝译稿。

〔89〕Ibid., p.298.中译文参见鲁宝译稿。

〔90〕Ibid.中译文参见鲁宝译稿。

〔91〕Ibid., p.301.中译文参见鲁宝译稿。

〔92〕Ibid., p.304.中译文参见鲁宝译稿。

〔93〕Ibid., pp.304—305.中译文参见鲁宝译稿。

〔94〕Ibid., p.305.中译文参见鲁宝译稿。

〔95〕Ibid.中译文参见鲁宝译稿。

〔96〕Ibid.中译文参见鲁宝译稿。

〔97〕Ibid., p.306.中译文参见鲁宝译稿。

〔98〕Ibid., p.310.中译文参见鲁宝译稿。

〔99〕Ibid., p.310.中译文参见鲁宝译稿。

〔100〕Ibid., p.311.中译文参见鲁宝译稿。

〔101〕Ibid., p.264.中译文参见鲁宝译稿。

第十二章　自动化与信息：当代资本主义日常生活的新变化

1980 年，列斐伏尔 79 岁。这一年，他完成了《日常生活批判》第三卷（*Critiquede la vie quotidienne，vol.3：Delamodernité au modernisme：Pourunemétaphilosophie du quotidien*）[1] 的写作与出版。这也是《日常生活批判》三卷中字数最少的一卷。在这个作为长达三十多年对资本主义日常生活进行批判性反思的系列思想实验的结尾处，列斐伏尔从空间生产、国家生产方式等宏大社会叙事，再一次回到了微观层面上的日常生活批判。这一次，列斐伏尔不仅回顾自己社会批判理论的思想进程，还特别突出了当代资本主义中新出现的信息意识形态对日常生活的直接构序和深层影响。这当然是一种有远见的批判性透视。

一、日常生活批判理论的历史轨迹

列斐伏尔说，几十年前的日常生活似乎就是"一天的面包"，就是吃喝穿住，就是消费，而在今天的资本主义社会中则是"相互联系的日常活动组成了一个整体"，

> 日常生活不能归结为吃饭、喝水、穿衣、睡觉等独立活动的简单相加，不能归结为消费活动的总和。除开我们武断地用消费来定义社会（这样来定义社会的越来越罕见），实际上，我们都知道，考虑这些独立活动不足以全部概括日常生活，我们必须考虑这些独立活动的背景：社会关系（les rapports sociaux），这些独立活动正是在社会关系中发生的。[2]

这也意味着,如果原先在列斐伏尔早期日常生活批判中看到生活小事情（异化）的地方,现在透视出,"这些独立活动系列是在一个与生产紧密联系起来的社会空间和时间（espace social et dans un temps social）里展开的"。[3] 表面上看,这似乎是回到原点的一个否定之否定。因为,三十多年前列斐伏尔提出日常生活批判时,突出强调了马克思所关注的宏大社会经济政治关系,恰恰是由看起来微不足道的日常生活实现的,于是,经济异化批判转向了日常生活的小事情异化的省思,而在此时,列斐伏尔却再一次指认,要将对资本主义日常生活的批判重新纳入复杂社会关系（rapports sociaux）中来。不过,这并非是简单地回到原点,而是一个螺旋上升的否定之否定,因为这里日常生活重新嵌入的社会关系,并非马克思原来指认的一般经济与政治关系,而是当代资本主义新创造的社会空间-时间连续统中的生产关系生产与再生产。这样,今天的日常生活批判话语,就有了自己的**显见形式和深层结构**（des formes évidentes et des structures profondes）,这个深层结构,当然就是空间生产中发生的社会关系,因为,正是这些不可见的社会关系在空间中的生产与再生产,隐性组织着日常生活显见形式的发生。[4] 可以看到,列斐伏尔此时的日常生活批判理论已经开始具有一种辩证关系的逻辑构式。

在提出日常生活批判这一重要的社会批判维度三十多年后,列斐伏尔觉得有必要回溯一下自己的这一思想历程：

> 现在这本书是《日常生活批判》系列的第三卷。第一卷是在 1946 年解放以后出版的,第二卷出版于 1961 年。1968 年出版的《现代世界中的日常生活》以及许多文章,包括"革命的浪漫主义"宣言（1957 年）,对第一卷和第二卷做了补充。《现代世界中的日常生活》是我在斯特拉斯堡大学和巴黎第十大学授课的摘要。[5]

列斐伏尔可能真的老了,因为他忘记了自己在《现代世界中的日常生活》一书中,花了很大的篇幅回顾了自己"日常生活批判"理论发展的思想历程。《日常生活批判》的第一卷出版于 1946 年,时隔十五年的 1961 年出版了第二卷,期间,又发表了一系列的文章和《现代世界中的日常生活》（1968）。这是列斐伏尔写作《日常生活批判》第三卷前,这一理论发展的历史进程。不过,在红色五月风暴之后,列斐伏尔经历了一种思想上的巨大转变,从方法论上看,他逐步摆脱了人本主义的抽象价值悬设,开始更多地从当代资本主义社会发展的现实出发。从《都市革命》一书开始,列斐伏尔对日常生活的思考转向了当代资本主义城市空间场境中的资本关系布展,这种转换在《空间生产》中得到了一种大的理论升华:历史唯物主义的那种着眼于物质生产力、社会关系和生产方式的原则,已经成为列斐伏尔观察社会历史的基本逻辑。我觉得,这种在思想方法论上的转变,在列斐伏尔那里,并不是一个完全自觉的方面。列斐伏尔自己说,这些系列的论著"显示了历史分期(1946—1960—1968),它对应于社会实践的重大变化以及社会政治表达和活动结果,这些著作现在可以成为标志、里程碑,甚至可以成为介绍新批判性思维平衡表上的参考点"。[6]这可能是对的。

列斐伏尔回顾说,在二战结束时写下的作为日常生活批判理论导论的《日常生活批判》的第一卷中,他只是"表达了日常生活的概念,给一种有名分却没有得到承认、被认为不值得去认识的实践活动带去了高级术语和清晰的概念"。[7]这是一个客观的说法。这也就是我所指认的马克思主义社会批判理论中的一次重要转向,即从马克思所关注的宏观社会政治经济关系中的奴役和压迫,转向了微观日常生活中出现的细小生活事情被资本支配的异化。这是一种通过对个人主体在"有别自然时空和精神时空(temps et de l'espace naturels comme du temps et de l'espace mentaux)"的日常生活时空中被占有和异化的透视,重新认识和"发现异化的历史、经济、政治和意识形态的原因和结果"。[8]回过头来看,列斐伏尔当时的理论努力的确是继青年卢卡奇之后,在马克思主义异化问题上的一次重要突破和转向。当然,列斐伏尔自己也如实地承认,此时他对异化问题的思考还是不够深入的,因为,在那里,还"没有定义异化的身份,没有确定异化究竟是哲学的,还是科学的,甚至是一种比喻"![9]这也是事实。

不过,列斐伏尔自认为,他解决了一个历史唯物主义理论中一直模糊的问题,即生产方式与看起来微不足道的日常生活的关系。他说,

> 日常生活只能通过考虑包括日常生活在内的各种活动来理解,即生产方式(mode de production);这不是在多重活动之外或之上,而是在日常生活中通过这些活动来实现的。我们不能在那些活动之外或之上看到生产方式,我们只能在日常生活里,通过那些活动看到生产方式。这样,日常生活

就是生产方式的产物（le produit du mode de production）。[10]

这一观点当然是正确的。然而我认为，这已经是列斐伏尔后来的自我拔高了。因为在1946年，他根本还没有真正掌握历史唯物主义的科学方法，也谈不到用生产方式的原则来剖解日常生活在历史唯物主义逻辑中的精确位置和作用。能够用历史唯物主义的生产方式原则来解释和反思资本主义日常生活的本质，这是列斐伏尔思想中后来发生的认识进步。列斐伏尔认为，在《日常生活批判》第一卷中，他已经说明了日常生活本身的复杂性和非线性，

> 日常生活的复杂性（complexité），无论是历史的、哲学的、经济的还是社会的复杂性，都不能认为是一个线性过程（un processus linéaire）。日常生活的复杂性源于许多结合。作为社会存在的"人"发现扭曲和异化（altérations et aliénations）阻碍了它，而造成这种扭曲和异化的原因是多方面的——劳动分工、社会阶级、意识形态和"价值"、压迫与镇压。[11]

在列斐伏尔看来，日常生活的复杂性源于社会关系场境本身的复杂性和非线性，正是资本主义工业生产中历史出现的劳动分工、商品价值关系的颠倒性扭曲和意识形态，生成了日常生活的异化。捕捉这种发生在身边小事情塑形的异化，则会是日常生活批判的关键。实际上，这种观点，应该是掺杂了列斐伏尔今天的看法，而在《日常生活批判》的第一卷中，不可能会出现如此清晰透彻的分析。列斐伏尔说，在那里，他已经通过对日常生活异化问题的思考，进一步去发现日常生活本身的本质——"游戏、大写的节日、惊讶（le ludique, la Fête, la surprise）"，实现"让日常生活成为艺术"的全新革命。他明确指认说，在《日常生活批判》第一卷中，

> 日常生活批判实际上还设想，不要把马克思主义的思想集中在"实在"（经济的）上和事实（历史的）上，而是让马克思主义的思想向可能性的王国开放。日常生活批判同时寻求转变"革命"概念。革命不限于经济转变（生产关系）或政治转变（人员和机构），革命（值得这个称号）可以和必须尽可能延伸到日常生活上来，尽可能延伸到实际上的"祛异化"（désaliénations）

上来,创造一种生活方式,一言以蔽之,创造一种文明。[12]

其实,这就是我上面所指认的西方马克思主义批判话语编码中的重要"转向",即从马克思关注的发生在宏观生产关系中经济盘剥和"劳动异化",转向日常生活中发生的微观异化批判,这种转向同时也是马克思主义革命观的转变,即从经济和政治关系的变革转向生活方式中祛异化的彻底革命。在这一点上,列斐伏尔功不可没。

在《日常生活批判》出版 15 年后,列斐伏尔于 1960 年出版了此书的第二卷。一方面,他认为自己在社会生活领域提出的"改变生活"的口号,在这个时候已经开始逐步被接受,并且,在不同领域的先锋派实践中被践行。我如果没有猜错,这是指以德波为首的情境主义国际的革命艺术家们的艺术和社会实践。列斐伏尔的瞬间、诗性创制、节日狂欢、游戏和生命节奏的观念,都与情境主义国际的革命艺术实践发生很深的共鸣。在 1983 年的一次访谈[13]中,列斐伏尔讲述过他与情境主义者们的密切关系。在这次访谈中,列斐伏尔说,对于情境主义国际,"我很了解他们,所以经常被打动。我与他们是好朋友。我们的朋友关系从 1957 年维持到 1961 年或 1962 年,大概 5 年的时间。之后我们发生了争吵,而且情况越来越糟"。[14]这有几层意思:一是列斐伏尔十分关注情境主义国际的动向,并且,也为这批艺术的理论和实践活动所"打动",这是他们之间建立联系的前提;二是在大约五年的时间中,列斐伏尔与情境主义国际发生了直接的接触和友好的交流,成了志同道合的"好朋友";三是他们后来还是产生了无法调和的矛盾,这种争执导致了最终的分手。列斐伏尔自己说,他与情境主义者们常常是持续整夜地争论,而情境主义者对他说,"你所谓的'瞬间'(moments),我们叫做'情境'(situations),但是我们走得比你远。你所接受的'瞬间'是一切发生在历史进程中:爱情,诗歌,思想。我们要创造新的时刻(to create new moments)"。[15]列斐伏尔甚至说,情境主义的不少思想都是"在我带他们去乡间散步时讨论出来的——我带他们漫无目的地走上一条风景优美的小路,这条小路淹没在树木、田野之中"。这听上去,好像是老师带着学生,边走边教。实际发生的事实为,列斐伏尔与情境主义国际是相互影响的,他说,情境主义的建构情境其实就是自己"瞬间"概念的改写,在更大的尺度上,也是列斐伏尔"让日常生活成为艺术"的口号的践行,更深的构境背景则体现在他 1957 年写下的"一本宣言式的书《革

命浪漫主义》(Le romantisme révolutionnaire)"[16]之中。实际发生的事实为,列
斐伏尔和德波都承认,双方有过密切的接触和合作。准确地说,列斐伏尔与情境
主义国际是相互影响的。当然,在西方马克思主义和哲学元理论构境中,列斐伏
尔的思考更深一些,理论著述更系统和专业一些。我已经指认过,后者在都市建
筑意识形态批判和地理心理场境批判性认识,甚至是列斐伏尔整个空间生产逻
辑的缘起。当然,在西方马克思主义和哲学元理论构境中,列斐伏尔的思考更深
一些,理论著述更系统和专业一些。这里,列斐伏尔所列举的例证是发生在荷兰
先锋艺术流派眼镜蛇运动(COBRA)[17]中的建筑家——康斯坦特(Constant
Anton Nieuwenhuys)[18]"让生活成为艺术"的实验。其实,康斯坦特在1957年
就加入了情境主义国际,这里,列斐伏尔显然在刻意回避提及已经处于关系破裂
中的情境主义国际。**他告诉我们,**

> 早在1953年,荷兰建筑师康斯坦特就把日常生活批判与空间结合起来
> (incorporant pour ainsi dire dans l'espace la critique du quotidien),发明了一
> 个关于氛围和情景的新建筑理论(nouvelle architecture d'ambiance et de situ-
> ations),这个理论启迪了阿姆斯特丹的"青年无政府主义者"。正是通过这
> 条迂回的道路,日常生活批判转变成了日常生活论争,卷入了学生和新的群
> 体,包括情境主义(situationnistes)。[19]

我觉得,这是列斐伏尔自己非常重要的一个历史性的逻辑辨识,即他的第二
次重要思想转变——日常生活批判转向新的空间生产问题的逻辑缘起。这与我
在本书前面所做出的判断完全一致。在列斐伏尔的历史说明中,我们似乎看到
正是康斯坦特的先锋建筑实验[新巴比伦计划(New Babylon)]中,列斐伏尔在日
常生活批判理论中提出的创造一种新的生活方式的革命,被在一种关注日常生
活氛围和情境(ambiance et de situations)**建筑空间句法**中践行了。实际上,这也
可以有这样一种真实的逻辑倒置:列斐伏尔恰恰也是在康斯坦特等人对城市生
活空间氛围和艺术实践场境关系的思考构境中,通过《元哲学》中的诗性创制概
念,意识到**空间关系生产**的哲学本质。在后来的一次访谈中,列斐伏尔曾经这样
描述,这里的

关键人物是康斯坦特·纽文惠斯,他是一名乌托邦建筑师,设计了一个名为"新巴比伦"的乌托邦城市(Utopian city)。这个名字相当具有挑衅性,因为在新教的传统里,"巴比伦"是个邪恶的名字。新巴比伦采用了那个被诅咒城市的名字,其目的却是将其改变为未来的城市(the city of the future),成为一个美好的存在。关于新巴比伦的设计始于1950年代。在1953年,康斯坦特发表了一篇名为《为了一个情境的建筑学》(For an Architecture of Situation)的文章。这篇文章的基本观点是,建筑应该能够对日常存在进行改变。这一点与我的《日常生活批判》有关联:应该建造本身就能创造新情境(creation of new situations)的建筑。[20]

在列斐伏尔看来,康斯坦特在1953年发表的《为了一个情境的建筑学》中,就已经开始对象化列斐伏尔在《日常生活批判》中的观念,因为康斯坦特明确提出,在日常生活中起关键性作用的建筑应该成为革命的对象,所谓"情境的建筑"就是在周围日常生活建筑中实现的"改变生活"的革命情境。然而,正是康斯坦特和情景主义国际的其他艺术家在反对资产阶级都市主义的努力中,列斐伏尔发现了从日常生活批判走向空间生产的新方向。[21]

另一方面,15年之后资本主义社会日常生活本身也发生了许多重要的改变。列斐伏尔分析说,今天的资本主义正在

> 征服农业部门,原先大部分还维持有前资本主义状态下;征服城市,通过向外扩展和内部更新,历史城镇面目全非;征服空间,旅游和休闲攻克了作为整体的空间;征服文化,把文明减至文化产业,并且从属于文化产业;最后,无独有偶,资本主义正在征服日常生活。[22]

这四个征服是资本主义对不同社会生活领域的征服和入侵。其实,征服农业是资产阶级早已开始的历史进程,这里的关键是通过征服城市和征服空间中对日常生活奴役的拓展,同时,资产阶级将资本的触手,直接伸向了过去资本家并不在意的生产过程之外的休闲和旅游时间,并在文化产业中生成了对人的生命节奏本身的深层支配和控制,这当然是日常生活批判所要面对的新情况、新问题。在此,他也再一次指认,在《日常生活批判》第二卷中,受德波的启发所指证

的"日常生活殖民化"的观点。因为,今天的资产阶级"对待日常生活就像当年对待殖民化的地区一样:大规模交易场所(超级市场和购物中心);交换绝对支配使用;对生产者和消费者的能力实施双重剥削",由此,"日常生活取代了殖民地(le quotidien remplace les colonies)"。[23]不过,这种殖民奴役关系不再表现为直接性的强暴和掠夺,而是走向"幸福生活"中的隐性盘剥。

当然,列斐伏尔也坦承道,在《日常生活批判》第二卷和《现代世界中的日常生活》中,也存在着一些不足。比如,当时他"几乎没有触及跨国公司,实际上,跨国公司对日常生活的干扰当时就已经很明显"。[24]再比如,对资产阶级的文化意识形态布展也认识不足,"那时青年人把蓝色牛仔服看成自由、特立独行的象征,实际上,蓝色牛仔服可能是全球企业在香港、新加坡生产的,那里的无产阶级受到了残酷的压榨。这种方式给日常生活批判提供了一个很好的例子来说明市场操控。一些美国精神并非通过意识形态而是通过日常生活产生影响"。[25]这是一种客观的态度。

列斐伏尔说,在1968年五月风暴之后,他的日常生活批判风行一世,兰波的"改变生活(Changer la vie)"的口号在他的转域编码后成了众所周知的日常生活革命(瓦内格姆语)的口号,并且,这一口号也得到了进一步的补充,即发展为"把日常生活变成节日(Faire du quotidien une fête)——让我们的身体、时间、意识和某些事物一起组成一个艺术作品,组成某种事物,不满足于把形式赋予活生生的经验,而是转变活生生的经验"。[26]这个新的日常生活革命的本质,就是"让日常生活成为艺术"。这也是《日常生活批判》第三卷将承担起的任务。他说,"总的来讲,我在1981年写这本书的目标是,重新恢复对日常生活的批判,与原先的分析相关,同时试图避免原先分析的不足,预测未来"。[27]下面,我们来看他在此书中的主要思考。

二、信息技术拜物教:超越马克思的资本主义新变化

对当下资本主义世界中的日常生活批判,列斐伏尔是从20纪初资产阶级现代性本质的解构与日常生活的关系开始的。这是他20年前在《现代性导论》和《现代世界中的日常生活》中充分讨论过的问题。在那里,列斐伏尔不仅说明了

资产阶级现代性与科技意识形态的关联,也进一步说明了现代性与日常性的关系。在列斐伏尔看来,人们都认为,1910 年起,似乎资产阶级在社会生活中的价值和衡量标准都开始了全面的瓦解和塌陷。在《现代性导论》中,他将这个时间节点设定了 1905 年。[28]列斐伏尔指认说,

> 在科学认识中,旧的欧几里得和牛顿空间给爱因斯坦相对论(relativité einsteinienne)让路。与此同时,那个时期的绘画显示了可以感觉的空间和透视分解,首先是塞尚(Cézanne),然后是分析的立体派。地平线,平行线的视觉交点,从绘画中消失了。画家和观众的目光绕过了对象,围绕着对象,同时捕捉这个对象的许多方面,而不是从主视角感受对象的某个方面,某个方面可能是对象的一个特殊的边,或者是对象的表面或立面。那时,音乐的调性消失了,无调性取而代之,无调性没有系统主音,所有音程等价。调性中的旋律、和声和节奏都瓦解了。那时,所有合乎逻辑的、既成的体系都破裂(systèmes cohérents, élaborés, éclatent)了:哲学、城市(历史城镇)、家庭和圣父的形象、历史本身。[29]

列斐伏尔这里的分析,一下子回到了很多年之前他在《元哲学》中对资产阶级现代性解构的分析。[30]这很像是 20 世纪 60—70 年代法国"后现代思潮"所描绘的那幅资产阶级现代性解构的图景。科学观念中牛顿式的绝对性、永恒性和普适性的真理观,被爱因斯坦提出的相对性、历史性和有限性的认知所取代;传统美术方法基础中围绕直映对象的透视法,被跨越直观目光的复杂印象和想象所替代;基于调性旋律的古典音乐,被无调式的十二音阶新音乐所革命,等等,似乎一切凝固化的价值坐标和规范体系编码统统被解构和证伪。列斐伏尔曾经说,勋伯格[31]"推翻了古典音乐的和声结构,而不管人们喜爱还是不喜爱他的十二音阶音乐,但都应该看到它是音乐中革命性的尝试"。[32]这种无调式的新音乐,也是阿多诺否定辩证法的逻辑参照。然而,列斐伏尔却说,这种科学与文化艺术中的深刻变化并没有直接延伸到日常生活中来,因为经历了**文化现代性解构**的人们,仍然戴着线性时间的手表,看着透视法绘制的图画,听着有调性的古典音乐,继续着自己惯性的日常生活。仿佛上述那一切深刻的价值颠覆和话语脱型是与自己无关的。

依列斐伏尔的看法，这里的问题，出在理解资产阶级现代性的真实基础上。他告诉我们，其实资产阶级的现代性中有着比文化更重要、更基始的三个价值（valeurs）维度：这就是**技术、劳动和语言**（*la technique, le travail, le langage*）。[33]这是一种深刻的看法。不过，在今天的当代资本主义社会发展中，构成现代性的这三个最重要的价值要素之间的关系，已经发生了历史性的改变。

一是技术与劳动在生产塑形和构序中的关系发生了根本性的颠倒。"技术逐渐成为主人和舵手（reine et maîtresse）；如同资本主义制度下的货币和商品一样，技术呈现为一种自主的现实（réalité autonome），思想、社会甚至国家控制不了技术"。[34]如果在马克思的那个时代，经济物相化关系中作为劳动异化关系在场的商品和货币（资本）是支配社会生活的主人和舵手，那么，技术在今天则篡夺了这一王位，并且，科学技术似乎已经成为一种人之外的自主的现实（réalité autonome），人创造出来的东西不再受自己的支配，反过来成为主人，当然就是异化，但这是全新的**技术异化**。这里列斐伏尔并没有使用异化概念。如果资产阶级的现代性是一种意识形态，那么，"现代性在鼓噪什么呢？幸福，所有的需要的满足。不再是通过美，而是通过技术手段，对幸福做出承诺是会在日常生活里开花结果的"。[35]这意味着，资产阶级今天控制人们生活的意识形态是走向幸福生活的科技意识形态。在这一点上，列斐伏尔的观点与法兰克福学派的工具理性批判的方向是一致的。列斐伏尔甚至宣称，今天的资本主义社会中出现了一种"技术现代主义（le modernisme technologique）"，这种技术现代主义作为一种无形的意识形态话语，正在全面渗透到日常生活中来。可以看出，与上述从文化艺术来解读资产阶级现代性的思路不同，列斐伏尔这里是从马克思指认的狭义历史唯物主义构境中，以商品-市场经济物相化关系来诠释现代性的客观逻辑，只是这种客观逻辑在今天的根本支撑点已经从经济关系赋型转向了科学技术构序。这也呈现了列斐伏尔此时观察社会现实的方法论是基于历史唯物主义立场的。这是我们需要注意的。

二是马克思曾经关注的劳动者的体力劳动的地位的下降。因为技术成为今日资本主义社会中的主人和舵手（reine et maîtresse），原先居决定性地位的劳动"则成了技术的对手"，其实，不是劳动成了技术的对手，而是当技术在生产过程中以自身的非及物纯粹构序和赋型反向物相化到生产中，并直接成为资本的生产力时，就会呈现出"技术正在诋毁劳动，承诺替代劳动"的现象，甚至是技术

(机器)将工人抛到大街上去的悲惨图景。这是马克思在《大纲》和《1861—1863年经济学手稿》中已经关注的情况。列斐伏尔没有精细去思考的问题，是作为科学技术构序实践中的新型**智能劳动**的作用，所以，他这里所指认的技术替代的劳动，只是体力劳动。

三是作为现代性重要价值维度的第三个因素——语言地位的上升。在列斐伏尔看来，今天资本主义社会中作为语言功能运作场境在场的"话语不再是一种交流的手段，不再是一种通用的和一般的意识工具，话语是把'人'以及人与这个世界的关系（rapport au monde）安装到这个世界上的一种方式"。[36]这意味着，话语编码在现代社会空间和日常生活中的地位也大大提高了。这样，在列斐伏尔的心目中，决定了资产阶级现代性的三个关键性因素中，劳动的地位下降了，话语的地位上升了，而技术则占据了王位。这种改变，决定了资产阶级现代性的质性变化，也决定了现代性与日常性的关系。

列斐伏尔说，要弄清当代资本主义社会中的这种变化，还是要从日常生活概念开始说起。他表明，自己的日常生活概念并非来自青年卢卡奇在《心灵与形式》中已经提出的**日常性**（*Alltäglichkeit*），正是这一概念启发了后来的海德格尔，不过，不像卢卡奇和海德格尔"臆想出来的日常生活"，列斐伏尔自己的"日常生活是生产方式的基础，生产方式通过计划日常生活的这个基础，努力把自己构造成一个系统"。[37]我们不难看到，这时列斐伏尔对日常生活的说明，已经离不开历史唯物主义中的生产方式。依我的观点，这已经是**晚期马克思主义**视域中的日常生活批判了，这是从《日常生活批判》第一卷中那个人本主义的异化逻辑向历史唯物主义话语编码的飞跃。现在，列斐伏尔表面上还在讲日常生活连续性和不连续性等抽象的哲学命题，而实际上他具体讨论的东西，却是今天（1981年）的资本主义社会空间中生产方式中发生的新变化。

首先，当代资本主义生产方式对马克思"商品理论"的超越。这是一个很奇怪的判断。列斐伏尔说，在马克思那里，他面对19世纪的资本主义经济运行，以"商品理论（La théorie de la marchandise）"极其深刻地说明了那时资本主义生产方式筑模的历史本质，马克思的"商品理论包括了有关异化的哲学概念（le concept philosophique de l'aliénation），按照马克思自己的分析，有关异化的哲学概念扩展到了经济领域"。具体说，在资产阶级的经济世界中，作为商品的产品客体（l'objet produit）同时包含和掩盖着让商品生产成为可能的社会关系（rapports sociaux）。所以，商品拜物教（fétiche-marchandise）意识形态（一般的拜物教，它把源于人类活动的产物当成实体本身），最终渗入了资本主义生产方式下的社会实践中。卢卡奇和其他许多人通过揭示这一点，进一步发展了商品理论。[38]

先要说明，列斐伏尔将马克思对资本主义生产方式的科学批判理论简化为所谓的"商品理论"是不准确的，这无论是对马克思经济学研究成果，还是狭义历史唯物主义中的历史现象批判话语来说，都是残缺不全和不科学的。应该说，列斐伏尔的确是在解释资本主义生产方式中发生的历史本质，他也力图将马克思的经济拜物教批判话语内嵌到这种理解中去，可是，马克思经济拜物教理论，并不是什么"有关异化的哲学概念扩展到经济领域"的结果，除去他提及的商品拜物教，还包含更加重要的货币拜物教和资本拜物教，在商品生产和交换中遮蔽资本主义生产关系赋型的，并非只是观念意义上的商品拜物教，而更是作为劳动异化结果的交换价值在现实抽象中的事物化颠倒——货币异化，以及作为资本关系的货币投入生产过程中所产生的更深异化和事物化，对后面两种事物化现象的误认会生成新的货币拜物教和资本拜物教。不是商品拜物教渗入资本主义生产方式中，而是资本与雇佣劳动的剥削关系就是这种历史性的生产方式的本质。观念形态上的经济拜物教话语，不过是一种客观劳动异化和经济关系颠倒、变形的意识形态映照。这种将马克思的政治经济学批判话语局限于商品拜物教的误认，是从青年卢卡奇（《历史与阶级意识》）开始的。

依列斐伏尔的观点，第一，马克思的"商品理论并没有把我们带到更远的地方：商品理论让我们有可能认识产品的经济和社会身份，但是，商品理论不能使我们认识市场的全球扩张和世界市场的赋型（l'extension planétaire du marché et la formation du marché mondial）"。[39]他的意思是说，当年马克思关于资本主义生产方式的历史认识，已经不能说明今天资本主义生产方式的最新发展，特别是资本的"全球扩张和世界市场的赋型"。列斐伏尔有些得意地分析说：

商品和拜物教理论没有解释世界市场，马克思研究的是工业资本主义以前的世界市场，从16世纪延伸至18世纪，所以，我们在马克思那里找不到一个完整的世界市场研究。现在的世界市场极端复杂和极其多样性（资本市场、原材料市场和能源市场、劳动力和技术市场、终端产品和耐用消费品市场、艺术市场、符号和标志市场、信息市场，等等），需要从商品和交换的角度做出新的分析，否则，整个商品理论将难以维持。[40]

这里有两个混淆的问题，一是马克思原先计划写作的系列经济学论著中，本身已经包括了"世界市场"，他已经充分认识到，资本的内在扩张本性与最终的资本构序世界历史的趋势，只是他并没有来得及完成罢了；二是马克思的确不可能面对20世纪才出现的资本主义世界市场中的"技术市场""艺术市场"和"信息市场"。所以，如果列斐伏尔这里所指的问题，是马克思在面对19世纪前资本主义经济运行的具体经济学结论，当然是合理的，但是列斐伏尔并没有看到，马克思分析问题和解决问题的历史唯物主义方法是不会过时的。

第二，在今天，马克思这种"商品理论"也无法说明今天的资本主义为什么"垂而不死"。这正是让列斐伏尔觉得自己比马克思高明的无比得意之处。他说，

> 也就是说，我们需要对资本主义的坚固性和灵活性（la solidité，la flexibilité）、资本主义领袖人物的能力，做出理论解释。什么可以解释资本主义的力量（la force du capitalisme）呢？是资产阶级建立起的国家的持久强大吗？或是资本主义国家在其中掌握主动权的增长和技术进步？最后，我们如何解释世界市场的赋型（formation）和世界市场的实力？[41]

这又回到列斐伏尔在《资本主义的幸存》一书中的主题上来了。他需要表明，相比之马克思和列宁，他才真正得到了透视当代资本主义仍然具有生命力的秘密钥匙，此时，这种新的关注点已经被概括为资本主义生产方式的弹性（flexibilité）特征，以及资产阶级的"领袖人物的能力"，并且，这种资本主义持久强大的"力量"，已经不仅仅是资本主义国家生产方式对社会生活的直接干预，以及在空间生产塑形和构序中的一般拓展，而进一步延伸到信息与技术构式在资本主义生产方式中的凸出作用上来。这当然是一种新的答案。

其次，就是当代资本主义世界市场中凸显出来的信息意识形态。这是列斐

伏尔在《日常生活批判》第三卷中重点讨论的问题。其实，列斐伏尔并不是到此时才开始注意信息技术在当代资本主义社会发展中的重要作用问题。早在1958年，列斐伏尔就写下了《马克思主义与信息理论》(*Marxisme et théorie de l'information*)[42]，1962年，他又写下了《马克思主义与技术》[43]，并在《现代性导论》中，他将当代资本主义社会直接指认为一种以信息技术构序为支配力量的"控制论的社会"，在那里，信息技术成为统摄性的东西，"人与社会现实被简化为一个符号和涵意的系统"，"社会生活可以逐渐变得类似于一个高度发达的机械，能够依照接受到的信息（即碰巧、偶然性）来调整自己的规划，从而吸收它"。[44]前面已经讨论过的《都市革命》和《空间与政治》等书中，我们也能看到列斐伏尔的相关思考。其实，在《论国家》一书中，也不乏他对科学技术发展所带来的马克思主义基本理论必须面对的新问题的思考。比如，一是当今天的科学技术可以直接转化为生产力的时候，这就会"为人类生产开辟了一个新的领域，这就动摇了剩余价值的概念"，因为，在当代资本主义生产过程中，由于大量科学技术构序的介入，这使得"很大一部分生产实践不再是由必要的社会劳动时间所决定，也就是说不再由价值（交换的）所决定"。[45]体力劳动为基础的一般必要劳动时间，在自动化生产和整个信息技术生产过程中，肯定已经不能再简单地作为价值形成的尺度，于是，新的资本主义后工业生产过程中剩余价值的来源就是一个值得关注的问题。二是"由于各种机器（包括信息机器）所显示出的重要性，同样，也就动摇了再生产的概念"。[46]这是说，在今天的新型计算机工业中，劳动力的再生产，资本的有机构成和再生产过程都会发生比较大的改变，这也是马克思主义者必须面对的问题。

在此时列斐伏尔的眼里，今天的资本主义"生产方式创造了发达的世界市场，展开了'科学和技术革命'（社会和政治革命的替代物），建立了世界国家体制，造成了特殊空间、大规模城市化、全球范围的劳动力划分"。[47]这里的关键词，分别是世界市场、科学与技术革命和资产阶级国家体制下的全球劳动分工和空间生产。此处，列斐伏尔聚焦在资本主义的世界市场上，在他看来，如果马克思看到的是工业资本主义时代的世界市场，那么今天的资本主义世界市场，则是"极端复杂和极其多样性（资本市场、艺术市场、符号和标志市场、信息市场，等等）"，其实，列斐伏尔这里想要突出指出的新市场主要还是与科学和技术革命相关的**信息市场**。

在列斐伏尔看来,"信息(information)从来都有,只是到了最近,它才有了可交换产品(produit échangeable)的身份"。[48]这是一个历史认识论中的模仿,因为马克思曾经指认,商品在前资本主义社会中就已经出现,但只是在资本主义生产方式中,商品生产和交换才成为占统治地位的经济关系场境。列斐伏尔分析说,

> 交换是从原始的以物易物开始的,现在,巨大的交换循环和交换扩张似乎在信息这个商品上达到了终点。交换已经征服了世界,或者说,交换改变了世界。同时,在交换中出现了一个非物质的产品(produit immatériel),即信息,信息在交换中既是抽象的,也是具体的。信息堪称超级商品(marchandise suprême),商品的商品。[49]

先应该指出,列斐伏尔说信息是非物质的产品,从哲学上看是不精准的,因为如果信息作为构序活动中的有序性,它首先是出现在实践物相化活动中的工艺技能里,抽象出来的观念信息只是这种客观构序信息的主观映现,而在现代工业与后工业生产中凸显出来的信息技术中,脱离了直接劳作技艺的纯粹构序信息,作为一种客观信息当然也不能说成是非物质的,而是**非实体**的。说信息在今天的资本主义经济交换市场中已经成为超级商品,"商品的商品",显然是深刻的。因为,如果过去马克思看到了交换征服了世界,那么今天在资本主义生产方式中,则出现了信息构序(交换)征服了世界。这又是一种深层的逻辑模仿。一是列斐伏尔说,"信息科学(l'informatique)的诞生提出了全球尺度(dimension planétaire)的新问题,荡涤了一些原先的思想观念"。[50]这是一种肯定性的认识。在他看来,今天的资本主义社会中,"信息科学和远程信息处理肯定正在改变着社会。它们已经开始改变社会了"。[51]这是一种客观事实。二是列斐伏尔直接指认这种信息技术霸权也在无形中生成着一种"新的意识形态(nouvelle idéologie)",即**信息意识形态**(L'idéologie informationnelle)。这当然是一个新的断言。

在列斐伏尔看来,这种意识形态最大的特点,恰恰是指认自身的**非意识形态**性,"信息意识形态以不同的方式描述信息,这些方式共享这样一个特征:它们不宣称它们自己是意识形态的,而说它们是通过观察得到的经验或实证知

识"。[52]这是韦伯所确认的那个"价值中立"的实证方法论原则在信息科学中的体现。而实际发生事情却是："能够产生信息的技术权威，能够让世界按照他们的指令运转的技术官僚，用有关'能力'的描述和思想观念替代了政治学本身"。[53]在这一点上，信息意识形态与所有科技意识形态中的祛意识形态化表象是一致的，渗入日常生活并成为存在支配原则的信息技术构序，它的非政治化存在方式就是最大的政治意识形态。对此，列斐伏尔比较仔细地说明了自己对信息意识形态生成的认识。他告诉我们：

> 信息论曾经是作为热力学的发展而出现的。因为信息包括了有着某种构序的无序（L'information étant un désordre qui implique un certain ordre），通过熵（l'entropie）的增加，信息能出现耗散（丧失）。信息能的耗散激起了"负熵"（négentropie），也就是说，在"负熵"中，能量得到恢复，产生可能性，对抗能量减少的倾向。当我们把信息技术归结为构序与祛序（l'ordre et du désordre）之间的冲突时，可以粗略地看到围绕同一、重复、冗余、理解这些信息技术的**逻辑的辩证法**。[54]

这算是一个简单的信息论原理的普及。这里的关键却没有说得很清楚。其实，信息的本质正好是对热力学第二定律中无序和熵化的反抗，负熵的本质是构序，从西文的构词来看，information 恰恰是关系性的 formation（赋型）的内在构序方式。这也是带来新的内在有序性赋型的 information 的本质。依薛定锷的定义，负熵也是生命的本质。人类通过生产物相化改变自然、创造全新的生活有序性，是社会历史负熵发生和不断演进的过程。

再次，信息与马克思主义的基本问题。显然，列斐伏尔这里讨论信息论的基本原理并不是为了科学研究，而是为了说明这个新出现的信息论在现实资本主义发展中的地位和作用，以及由此产生的一系列马克思主义基本理论中的问题。在他看来，改变存在有序性的信息传递，在资本主义社会中是一种使得工作和生活更加便利的工具，其实，"随着每一种新的通信和信息传递手段的出现，例如，电、电话、广播、电视，人们期待奇迹的发生：日常生活的改观"。[55]这是值得肯定的方面。然而，列斐伏尔更加关心这样的问题："信息产品抹去了使用价值和交换价值之间的差别吗？信息产品开创了没有任何物质运动的纯状态下的交换时代吗？或相反，信息产品重新建立了使用价值吗？"[56]这是将信息问题入序于马克思主义的社会批判理论中的重要反思。然而，列斐伏尔自己并没有直接回答这些重要的问题。这里的思考入口为，如果马克思所面对的商品的交换价值基础，是物品本身的使用价值，那本身没有物性功效性的纯粹构序性的信息进入资本主义经济交换关系时，是否抹去了商品使用价值与交换价值的差别？或者说，信息交换开辟了一个没有物质使用价值的信息经济时代？信息商品是否确立了一种不同于物性商品的全新使用价值？我的观点为，从目前信息技术在资本主义经济关系的具体存在状态看，信息商品的使用价值的确异质于原先马克思指认的一般物性商品，它的使用价值已经不再是工人体力劳动创造的可见物性效用——使用价值I，信息本身**脱离了物质用在性的纯粹有序性**，已经成为信息商品的使用价值II，它内嵌着智能劳动者生产信息的具体劳动，当信息商品进入交换关系时，同样抽象出劳动价值关系，只是这种价值关系背后的抽象劳动与原代码创制和信息复制生产的劳作关系更加复杂一些。由此，信息商品的出现，并不根本破坏马克思劳动价值论的基础。并且，资本与**智能雇佣劳动**的关系，同样是以资本家无偿占有智能劳动者的剩余价值为前提的，这是马克思的剩余价值理论在当代资本主义生产方式中新的变化。这是我们在下面遭遇列斐伏尔关于信息问题诸多观点时，需要格外注意的方面。

第一，列斐伏尔明说，如果要从马克思主义的观点来分析信息，就必须意识到信息问题对传统历史唯物主义基本构架的突破。他分析说，

> 信息是生产出来的。信息被消费。马克思主义对经济基础和上层建筑（base et superstructure）做过经典对比，信息技术确认这个模式过时了。信息不是上层建筑，或者不仅仅是上层建筑，因为信息是一定生产关系（certains rapports de production）的一个可以交换的产品。过去被认为是上层建筑的，如时间和空间，成了生产的一个部分，因为信息是一个可以买卖的产品。[57]

讨论信息问题在历史唯物主义构境中的地位是应该的，可是，将其放置到一个错误的解释框架中去，并由此断定历史唯物主义模式过时了则是不明智的。在前面的讨论中，也曾经看到过列斐伏尔一脸得意地宣称，日常生活以中间环节

的方式，突破了传统历史唯物主义中基础与上层建筑的模式。而实际上，这个马克思比喻经济的社会形式的社会结构说，并不是普适性的。况且，马克思也不可能讨论信息是否属于社会结构中的"上层建筑"。我觉得，讨论信息与马克思哲学的关系，可能更需要从历史唯物主义存在论的角度去思考，比如非及物的信息塑形和构序与原先物质生产物相化活动的异质性，信息生产方式与物质生产方式的关联，信息关系赋型与经济关系场境的关联，等等。

第二，信息生产与劳动价值论。这是一个极其重要的理论问题。列斐伏尔告诉我们，在资本主义经济发展中可以看到，"信息的生产是有物质（技术）条件的，信息的生产要求投资和组织起来的劳动（organisation des travaux）。信息的生产是有生产成本（coût de production）的。一旦信息生产出来，信息就要买卖。当然，信息交换使所有的其他交换成为可能：日常生活沉浸在信息交换中"[58]。依我上面的说明，可以看到此处列斐伏尔的错误，恰恰落入了李嘉图式"生产成本论"，而根本背离了马克思劳动价值论，不是资本家在信息生产中花费了一定的生产成本（coût de production），而是信息产业中的智能劳动者在原代码编程和信息复制生产中的智能劳动塑形和构序，创造了信息商品的使用价值和进入交换的价值。列斐伏尔认为，"信息生产形式涉及劳动和劳动的组织、生产成本、资本的有机构成，以及剩余价值，也就是说，负责生产的那些人的收益"[59]。信息生产中需要的组织起来的劳动（organisation des travaux），显然不会是马克思所面对的工人的体力劳动，而是编程原代码的智能劳动和复制生产劳动，这将是剩余价值全新的来源。

第三，信息交换与货币的关系。在列斐伏尔看来，信息商品的交换使商品交换和其他所有交换变得更加方便，这是上述列斐伏尔所指认的作为超级商品（marchandise suprême）信息，在一定的意义上，信息在交换中的中介作用已经在部分篡夺货币的霸主地位。在当代资本主义社会发展中，**信息就是财富**已经成为重要的社会现实。在今天，一条重要的信息既可是使金融资本获得暴利，也可以造成政治斗争中的根本性转折，甚至是国际地缘政治格局的质变，这已经是不争的事实。重要的是，列斐伏尔由此断言，原来体现在商品交换中的金钱等价逻辑，今天由更方便的信息交换替代了。在表面看，列斐伏尔的这个断言似乎是有道理的，但仔细分析，却是包含着错误的。因为，信息技术使商品交换变得方便，重要信息改变存在，这是一个可见的事实，有如今天我们身边发生的电子商务

（网购中的电脑、智能手机上的"PayPal""Pay-easy"[60]等）。可是,说信息交换关系取代货币关系则会是一个复杂关系混杂起来的假象了。一是信息就是财富并不错,但这只是就信息携带的改变世界的**特定有序性**而言,有如一个产品的功能的原代码设计、社会生活创意、一条带有政治风险的信息等,但它不会取代货币作为一般商品价值等价物的地位;二是信息可以成为商品交换的工具,但它只是使金钱交换关系得以瞬间实现,"PayPal""Pay-easy"都是**电子支付货币**,而不是支付信息。三是列斐伏尔也说,这个信息世界绝不是主观的,"信息这个商品可以构成和决定这个世界市场。作为一个现实世界,这个世界市场不能用属于哲学的'精神'活动"来解释[61],但是,它的非实体性的存在状态,却让资产阶级原有的"抽象交换、货币符码和一般符码"变得更加无法透视。可以说,这会是一种全新的**信息拜物教**。在1983年写下的《走向一种左翼的文化政治学》一文中,列斐伏尔这样谈到信息的存在论意义:"信息是一种发达的技术,由确定的跨国企业所支配。它也是一种商品可以用来出售买卖,是一种产品可以用来消费(尤其是通过媒体),但不是一种物质客体。最后,它是一种社会实践,一种沟通的方式,是一种惯例或者政治性的应用。"[62]这是一个深刻的看法,但同样缺少我在上面指出的更深一层的剖析。显然,列斐伏尔没有在信息问题的哲学思考中真正深入下去。

第四,信息与资本主义生产方式。列斐伏尔认为,在当代资本主义空间生产中,信息构序成为智能产品且进一步变成被交换和消费的商品,这一改变,被他看作为具有存在论意义的空间生产革命。虽然,今天资本主义生产中出现的"信息技术还谈不上开拓了一种新的生产方式,而是完善了既成的生产方式——资本主义和资本主义世界市场"。[63]这意味着,信息生产并没有生成一种异质性的社会生产方式,但它深刻改变和完善了资本主义生产方式的运作,特别是为资本向全球的扩张和世界化创造了重要的条件。这应该是一个正确的判断。一是信息生产改变了传统工业生产方式。列斐伏尔说,今天出现在资本主义生产过程中的"数字控制的机器,以及计算机和遥控装置的复杂生产过程",已经代替了使用人力进行重复而危险的具体生产塑形和构序操作,这种新型的非主体的"生产性劳动以及人与机器的关系涉及了对劳动、日常生活和世界关系的改造"。[64]马克思已经看到的机器化自动生产,在今天由信息技术控制的数控机械系统所取代,对此,列斐伏尔甚至断言:马克思过去界定的那个"生产性劳动已经变化了,它对旧的劳动分工提出了质疑",在这一过程中,传统意义上的物质劳动在接近消亡,信息技术条件下的人-机关系成为新的社会关系赋型,在当代资本主义社会空间生产关系的生产与再生产中,出现了人们对"计算机科学和远程通信等的期待"。[65]1981 年,那时互联网还没有被创造出来,但列斐伏尔已经在思考远程通信的大尺度空间生产问题了,这个远程控制的空间,将是以 30 万公里的光速建构起来的,那个空间关系场境中"构成性中心"将转化为微软、苹果一类跨国公司支配下的国际化劳动分工和资本布展,这是一个电子都市化新形态。二是资本控制下的信息技术对社会的全面监控。列斐伏尔指出,在今天资本主义社会的发展中,代表资本力量的"国家或跨国势力从管理上和制度上控制了信息设施(appareils informationnels),以这种补充手段巩固它们的控制(contrôlés)"。[66]这必然会造成可怕的后果。因为,这会使得资产阶级的国家生产方式对空间的生产,插上了信息技术的翅膀。今天资本主义社会中的信息技术已经发展到一个这样的阶段:"最近的技术展开和增强了全球层次的通信网络;这些技术趋向于通过国家和区域网络的相互连接,整合多种服务,构成一个单一网络。但是,同时,这个全球化分化了那个依赖资源、数据库的网络"。[67]这是一个十分技术化的说明。并且,列斐伏尔当时写下这段话的时候是在 20 世纪 80 年代,那个时候,今天覆盖全球的"数据库的网络"还没有出现,但列斐伏尔的分析却直达今天数字化资本主义的现实。列斐伏尔说,在今天的资本控制的信息资本主义社会中,

> 再也没有秘密! 任何事情只要发生,任何事情接踵而来,随即都会巨细无遗地传遍整体。简言之,一个镜像的宇宙游戏(jeu universel de miroirs),最终被具体化了! 一个符号效应,最终的总体(enfin totalisé)了! 在这个崭新的现实里,没有阴影,没有黑暗的犄角旮旯。[68]

因为无所不在的信息技术,今天资本主义社会中已经没有任何秘密,一切存在都被信息技术之光照得雪亮,这是一个拉康意义上的信息镜像游戏。列斐伏尔感叹道,这里出现了资产阶级制造的"一个电子广场的神话和令人不安的计划,该计划把用于工作场所内部控制的'检查'延伸到了比企业要大得多的空间里,对那里实施政治和警察控制(contrôle politique et policier)……"。[69]如果加

上今天我们看到的网络技术，今天的资本主义社会已经成为福柯所喻指的**数字化全景监视社会**。

三、当代资本主义社会日常生活强化起来的隐性同一性

在列斐伏尔眼里，1981年资本主义社会的日常生活发生了深刻的变化，因为上述资本主义生产方式中那些重要的改变，必然通过日常生活真正在社会存在（existence sociale）的层面上实现出来。比如，当代资本主义空间生产中出现的信息生产关系和数字化编码，直接改变了日常生活方式，同时它的最终实现也依存于日常生活的运用。他说，"作为一种信息源，数据紧靠日常生活。信息也是在日常生活里消费的。巨大的网络、渠道、回路都从日常生活开始，经过多个层次，到达全球（借助卫星），然后再返回日常生活"。[70]现在人们在生活中离不开的网购和手里放不下的手机，正是信息商品传输的初始用户端口，而海量数据源的生成，又依存于人们在电脑屏幕和智能手机上的点击，社会生活的运转和日常生活的建构，已经离不开人与信息构序的互动关系场境，日常生活本身就是信息化社会关系生产最重要的社会存在基础。

不过，关于社会存在本身的看法，列斐伏尔似乎也开始变得更加深刻起来。在他看来，马克思的历史唯物主义中的"生产方式包括和产生一种存在模式（mode d'existence）"，这种

> 社会存在的确是现实的，但是，社会的存在与经典的存在的观念不一致。经典的存在是某种固定的、实在的，独立于所有主体性、精神或社会活动的事物。社会的存在，这个产品，就在那儿。它的位置依赖于选择和决策。因为这个产品的现实性是生产的结果，而这个产品的功能、形式、结构（sa fonction，sa forme，sa structure），甚至物质材料都是事先决定好的，所以，这个产品的现实性同样依赖于选择和决策。[71]

这基本上是对的。与一般的物质存在实体不同，历史唯物主义中的社会存在虽然也以产品物的方式在场，可这种产品本身所具有的社会客观性

（objectivité sociale）却是由劳动所创造出来的功能、形式和结构决定的。因为，"这个生产出来的对象与人对它的使用（usage）紧密联系在一起，它进入多重网络（multiples réseaux）；通过市场，市场是一个过渡的但很重要的舞台。然后，这个生产出来的对象处在被吸收进语言和符号的边缘，没有完成和实现那种去现实性的吸收"。[72]这意味着，历史唯物主义的社会存在物的本质，是由劳动塑形和构序起来的用在性关系场境中的"功能、形式和结构"。在列斐伏尔看来，这种特殊的客观性关系的产生恰恰是通过市场交换和语言符码的双重抽象。这是一个我们已经并不陌生的深刻说法。毛病在于，他仍然没有精细地区分商品交换的现实抽象与话语关系中的主观抽象。

当然，列斐伏尔在这里讨论社会存在的特殊性，目的还是有进入他对资本主义社会中日常生活的批判。在这里，我们可以看到这种批判已经在将资产阶级的国家生产方式与日常生活问题紧密联系在一起了。他再一次强调，在今天资本主义的社会存在中，资产阶级的"国家是基石，但'建立在'日常生活这个基础上"。[73]这种新型关系中的日常生活，正在发生着一些变化，有这样一些值得关注的方面。

第一，当代资本主义社会日常生活中的**身份认同机制**。关于现代资本主义社会中被压迫阶级对资产阶级政治统治的认同问题，应该是20世纪社会批判理论中逐渐凸显出来的新问题。在《论国家》一书中，列斐伏尔曾经谈及这种缘于葛兰西文化霸权理论的认同机制。他说，"'**霸权**'（l'hégémonie）这个概念是葛兰西通过对资产阶级社会的观察和分析而提出来"。[74]不同于传统的资产阶级在刚刚遭遇无产阶级的反抗时，简单地诉诸暴力的政治统治，新情况是"资产阶级通过逐步达到能够支配制度、教育、文化、艺术表演和意识形态而实现了霸权"。[75]这个霸权不再是外部高压之后的屈从，而是被压迫阶级从内心里对资产阶级统治关系的无意识认同。这是资产阶级现代政治统治关系场境中很大的改变。列斐伏尔似乎是赞同葛兰西这一新的社会认同逻辑。

一是国家直接控制的日常生活认同。在他看来，今天资产阶级布展的"处于顶层的国家认同，对应于处在脚下的日常生活认同"[76]，显然，他是要把葛兰西国家霸权中的认同机制拉到自己的日常生活批判中来。他具体举例说，"法国的国家认同是历史地建立在国内市场和集中的国家权力基础上的"，因为，"现在，国家直接或间接地管理着日常生活。国家通过法律和法规、大量的规定、国家机关和行政管理部门的保护行动,直接管理着日常生活。国家通过税收、司法部门、操控媒体,间接管理着日常生活"。[77]这可能是凯恩斯主义看到国家对经济直接干预时忽略掉的方面,日常生活可能也是国家生产方式进行空间生产的主要控制和编码对象,通过这种直接控制,使国家层面上的政治意识形态微观化到日常生活塑形中的"小事情齐一化"上来。因为在列斐伏尔看来,今天的资本主义社会中,"日常生活成为经济、政治和战略的产物,甚至意识形态的产物,所以,为了避免始料不及的发展或革新,国家似乎强化了管理日常生活实施的功能"。[78]这应该是事实。二是列斐伏尔认为,资产阶级的国家认同机制,也通过民族主义的身份同一性渗入每一个老百姓的日常生活中。比如,利用国庆节、战争胜利日等纪念活动,来强化和维持人们的民族身份中的无意识认同,"保持身份意味着使用纪念活动和滥用纪念活动;意味着恢复到拿历史的东西作为参照系统;意味着动用日常生活去阻挡国家的'去稳定化',把日常生活作为认同的一个中心"。[79]同时,资产阶级也利用现代资本主义社会中的某些公共服务体系来加强这种身份认同。三是资产阶级利用已经成为日常生活中必备的各种机器化用具强化着隐性认同的机制。这是一个很新的观点。列斐伏尔认为,看起来不起眼的"家用设备(équipements ménagers)强化了重复乏味的日常生活方面和线性过程,相同的姿势围绕着相同的对象,从而使日常生活更加封闭起来"。[80]今天,人们的生活越来越变成了不同家用电器的系列操作,这些机器化过程也在无形中直接赋型日常生活中的社会认同性。在此,列斐伏尔还引述了吉迪恩(Siegfried Ciedion)在《机械占有统治地位》中关于日常生活的物品的技术化和机器化过程中发生的隐性认同机制。在后者看来,日常生活中"这种机器化远不是推行一种社会关系的新形式,这种机器化强化了对日常生活的认同,涉及了技术中的个人存在问题:机器化把日常生活封闭起来,而不是打开日常生活,例如,沐浴的机器化"![81]这是说,面对漫溢于日常生活的机械化和自动化生活装置,人们在机器化运转机制和刚性节奏中,也建立了一种对现实社会关系的隐性认同。其实,人们沉浸于追剧和埋头于手机,疯狂于玩车和电玩时,必然减少了大街上可能发生的政治异质性。

第二,日常生活背后的**日常话语编码的隐性同一性**。这应该是列斐伏尔新注意到的日常生活现象。这似乎是将葛兰西的文化霸权概念进一步延伸到日常生活话语中的尝试。在他看来,在传统政治学研究中,人们会忽略社会统治关系在日常生活中微观实现机制,特别是**日常话语**(*Le discours quotidien*)编码和**伦理道德**(*morale*)规训所产生的隐性同一性作用。一是日常话语编码对真实社会关系赋型的遮蔽和粉饰。列斐伏尔说,

> 日常话语有一个稳定的内容,有一个核心或基础。即使并不总是如此,社会关系长期以来也一直都是力量、权威和权力、依附、权力与财富不平等的关系(rapports de force, d'autorité et de pouvoir, de dépendance, d'inégalité dans la puissance et la richesse),这是一个事实。日常话语的核心或基础恰恰与这个事实紧密联系在一起,而不是与不变的人性(nature humaine immuable)联系在一起。当把这些关系遮掩起来时,这些关系才是可以容忍的。撕掉这些关系的面具,这些关系就是不能忍受的。[82]

这是说,在任何时代的日常生活中,那些看起来并没有政治口号和强迫性禁令的日常话语,它在日常生活中所真正起到的支配作用,往往是统治阶级意识形态对日常生活的"春风化雨般"的渗透,它通过每天随口言说的话语编码和观念构序,巧妙地掩盖起真实存在的压迫性的奴役关系和不平等的权力,在这里,奴役关系的赋型才在日常话语反复维系的永恒不变的人性的面具下变得可以忍受。在这一点上,日常话语编码中的认同机制,显然不同于葛兰西揭露的现代资产阶级政治统治术中的文化霸权认同。

二是日常话语的发生机制中日常话语的核心,往往是一种非强制的伦理道德构境中的自我规训意识。在列斐伏尔看来,

> 让社会可能运转起来的不是运转本身,不是暴力(violence),也不是想象的,而是话语中固有的道德伦理(morale)。在日常生活和它的话语的核心里,我们发现了伦理价值,伦理价值支撑着社会生活,在社会生活中,伦理价值让社会生活可以忍受。话语和日常生活用软弱的人性掩盖严酷和残忍的制度关系,即社会结构(squelette de la société)。[83]

依列斐伏尔的看法,真正让社会能够惯性运转起来的力量,除去可见的暴力,最有力的无形支配是内嵌在日常话语中非强制的自我规训式的道德伦理意

识。上述日常话语编码中对现实社会关系的粉饰,很大程度上都是通过伦理逻辑中的应该与不应该的"道德律令"来实现的。比如,封建社会中"天子"的形象赋型,在那里,封建"统治者一直被认为是永生的:上帝的儿子,他的死让他永生。他一生和身后都是王子、国王、皇帝,因为他靠近主和永生的圣父。这样,通过陵墓,通过日常的纪念活动,统治者的权力象征曾经是不朽的"。[84]这是不难理解的,尊贵的皇帝和贵族统治平民百姓之所以天经地义,是因为他们天生就是神授的统治者,而平民百姓屈从压迫和奴役也是天定的命运,在那个黑暗的年代,这种动物学的意识形态歪理,通过无所不在的皇家圣典和祭奠活动,在日常话语编码的道德规范中被不断强化起来。在中国封建社会的日常话语中,这就是"三纲五常"的道德伦理。并且,伦理道德认同的传递方式,不是通过国家权力和社会制度的途径,而是人与人之间长者、亲人对孩子、朋友之间的自发式的言传身教来完成的。

在今天的资产阶级世界中,维系专制和不平等的压迫性日常话语编码似乎消失了,倒是平等、自由和博爱一类"普世价值"式的话语编码,成为日常生活规范中主导的内容。然而,列斐伏尔却认为,今天资本主义社会中日常话语编码背后,仍然存在着一种支配和控制人的隐性意识形态。人们并不知道,恰恰是在那些非政治的平淡无奇的日常话语中,市场交换的原则和整个资产阶级意识形态正渗透到人们的生活中来。比如,电视机中不断出现的广告语,"一则广告把健康与对一杯酸奶的描述联系起来,而另一则推广不同品牌的广告会把健康形象与'丝绒般的光滑'联系起来。谁在二者之间做出选择?消费者"。[85]广告话语控制的并不是我们自觉的主体意识,而是无意识中并不直接在场的欲望,这种被支配的"自由选择"无形中进入我们的日常言谈之中,今天小王买了什么知名洗发水,明天小李穿了什么名牌衬衫,这种日常话语编码以模仿和攀比关联实现的支配作用,正发生在我们在超市或商场里伸手去拿商品的瞬间。无处不在的各种景观推送引导日常生活中的如何吃行穿住、怎样生活的话语,都是传递统治阶级意识形态的微观渠道。并且,列斐伏尔说,"同样的事情也发生在政治陈述中:政治对手通过他们的表演媒介,或者说,使用他们的政治市场顾问为他们设计的'品牌形象',为了政治权力而展开竞争"。[86]原先,资产阶级的议员选举和总统竞选发生在面对面的大街和议会大厦之中,而今天的"民主政治"却出现在每个家庭都有的电视和智能手机屏幕上,这种政治游戏的品牌选择,也会通过公共媒介塑形成为老百姓日常话语的内容,这无形中使整个资产阶级的政治意识形态成为每个人的政治无意识。

第三,现代资产阶级世界中日常生活本身的客观同质化机制。列斐伏尔说,在今天的资本主义社会的日常生活中,除去上述谈及的身份认同和日常话语编码的同一性隐性支配,还有一个必须指认的社会同质化(homogénéisation)的现实基础。这种同质化的现实基础,不再是传统奴隶制或封建专制下那种血亲关系场境中的动物式的同质性,而是资产阶级现代社会体制本身的客观化同质性机制,这种复杂的同质性,决定了资本主义生产关系赋型中不同社会地位中的身体认同和日常话语认同。具体说,在资本主义社会中,

> **同质性的因素**(*Facteurs homogénéisants*):建立起来的法律和秩序——技术的和官僚机构的合理性(la rationahte technologiue et bureaucratique)——声称统一和事实上用于所有领域的逻辑——在大尺度(公路,等等)上管理的空间——时钟—时间,人为的重复——媒体(主要不是通过内容,而是通过形式,产生聆听或观看的统一态度,培育面对信息、形象、话语流的被动状态)——寻求行为的一致性和内聚力——在条件反射条件下训练这种行为——规定的表达——商品世界,与合同式承诺紧密联系——线性地重复的工作(同一种姿势,用词,等等)——具有各种禁止规定的空间——齐一化日常生活(le quotidien uniformisé)中的基本功能(吃、睡、穿衣、繁殖,等等)的分割、齐一化日常生活与所谓较高级功能(阅读、写作、判断和欣赏、接受、管理,等等)的分割和时间的计划分配同时存在——在形式上的法律平等中的多种不平等,由均匀和散布确切表现出来的不平等——在实证知识中执行的认识领域和分支——官僚机构和官僚的垄断制度(les bureaucraties et féodalités bureaucratiques)。在它自己的封地里的每一个行动——行政管理按空间划分的重要性——把空间处置为无限可分的(视觉的——几何的)视界,一种社会产品——日常生活好像一个小企业,在这个意义上,管理日常生活,这是日常生活管理的一般和延续下来的倾向——对实证知识以及规范提出诉求,还原日常生活经验的倾向——异化他者的叠置和相互强化(la superposition et le renforcement les unes par les autres des aliénations),直至不能维持而崩溃——在一般交换中被社会地和具体地物

质化了的抽象控制（la domination de l'abstrait），这种抽象控制延伸至象征，以致象征降低为符号——假百科全书，伴随词典、字典等出版物的激增。[87]

列斐伏尔这里对日常生活同质化的陈述是繁杂无序的，却是内容丰富的。这也是我如此大段援引的原因。概括一下：一是社会宏观层面上经济和政治关系方面的同质化。这里涵盖了商品世界中通过商品交换合同关系建构起来的金钱同质化构序，这里的核心同质性机制是"一般交换中被社会地和具体地物质化了的抽象控制"，这是马克思所指认的"抽象成为统治"。还有，通过韦伯指认的技术和官僚的合理性建立起来的同质性法理型政治法律结构，以及时钟规制起来的反生命自然生存节奏的"线性重复的工作"节奏，应该说，这是自资产阶级创造资本主义生产方式就生成的客观社会同质性。这是资本主义日常生活同质性的宏大现实前提。在后面的讨论中，列斐伏尔专门讨论了这个生命节奏被工作节奏篡位的问题。[88]

二是资本主义社会空间生产中的同质性构序机制，这是列斐伏尔自己的新见解。在他看来，"作为一种产品，社会空间是按照一群专家、技术权威手中的操作指令制造出来的，而这些专家、技术权威本身代表了特定的利益，同时代表了一种生产方式。社会空间不是设想为一个完成的现实或一个抽象的整体，而是作为成为现实过程中的一组可能性"。[89] 这当然是当代资本主义社会中科技物相化创制下的空间生产，其中可以包括"一般社会空间、建筑空间、日常空间、交通空间和设施空间"等，这里，列斐伏尔只是列举了交通空间物性载体的"公路"，其实这还会有现代资本主义发展不断建设起来城市建筑、道路和所有形式交通空间的物性设施，这建构了不同于传统社会的空间生产的同质性基础。

三是今天资本主义社会以大众媒介的方式建构起来的景观同质性关系。景观同质性并非是面对真实的对象存在，而是通过不同形式图像表象和符码形式的再现和重复，使人"产生聆听或观看的统一态度，培育面对信息、形象、话语流的被动状态"，以造成景观观众和所有消费者在资本操控下发生同质化的生活异化和消费异化。这正是人们身份认同和日常话语认同的一种全新的现实基础。

四是标准化科学话语中的同质性。看起来代表科学公正标准的专家天天布道式地宣讲的知识，无形中使丰富多彩的个人的日常生活变成"科学化"齐一化日常生活，所有人的日常生活都成了一个被工具理性管理和支配的同质化"小企业"，这是一种可怕的异化他者的叠置和相互强化。这取代了传统社会中由长老言传身教的生活准则和"道德律令"，**科学健康地生活**，成为日常生活话语中的重要认同逻辑。当然，这里还有上述列斐伏尔已经分析过的信息技术同一性在日常生活中的体现。他说，在资本主义信息技术制造的"虚拟空间里，使用者丧失了公民的尊贵，他们的社会形象无非是接受服务方，这样，使用者就丧失了社会本身和社交能力。这种孤独不是旧的个人主义的那种存在性的孤独，而是一种被消息淹没至深的孤独"。[90]我以为，列斐伏尔这里对资本主义社会日常生活中的同质化现象的描述是深刻的。

列斐伏尔说，在当代资本主义社会中有没有人能够超越这种日常生活的同质化？当然有，这就是那些福布斯排行榜上微笑的大资产阶级（grande bourgeoisie）。这些人像超出了平凡同质化日常生活的"奥林匹亚诸神（olympiens）"，"被社会抛弃的人们在**日常生活之下**的水平上生活，'奥林匹亚诸神'在**日常生活之上**的水平上生活"，因为，"那些处在最高生活水平上的富人游荡在奢华之间，他们是高空游牧族。他们不是在从事通常意义的工作，而是在从事极端繁忙的工作：他们主持，他们组织（管理者），他们控制，他们主政"。[91]列斐伏尔说，可能大资产阶级的概念，都已经无法描述这些通过资产阶级国家垄断和资本的跨国公司实际控制着整个世界的"国际统治者"了。

最后，列斐伏尔明确说，整个《日常生活批判》的结论还会回到他的"元哲学"上来，他仍然要将对资产阶级世界的批判"转向日常生活"。他写道，"本书的结论将刻意做成元哲学（métaphilosophique）的，这个术语意味着包括哲学，让哲学超出哲学自己。按照哲学方式，本书的结论转向日常生活的时空基础，转向日常生活的起源和历史，转向超越的和替代"。[92]当然，改造日常生活的实践已经具有了新的目标，这就是："不同的生活道路，建立新的社会空间和不同的社会时间；建立不同的社会关系存在方式和不同的体制，摆脱复制现存秩序的模式"。[93]但是，日常生活革命的实现道路仍然是浪漫主义的情怀，因为他还是主张必须"通过实践活动，通过思考、诗歌、爱，完成日常的质的飞跃"。[94]这是列斐伏尔的软肋。在方法论上，他仍然十分勉强地操持着批判性的异化概念，不过，这里的异化概念已经失去了青年马克思《1844年经济学哲学手稿》中那种人本主义话语的霸气,沦落为一种意识和心理上的不开心,如果真的如此,祛异化也只能是一种人们主观开心中那个狂欢的艺术瞬间。而这种狂欢对于冰冷的资本主义现实来说,实在是没有任何力量的。

注释

[1] Lefebvre, *Critiquede la vie quotidienne*, *vol. 3*: *Delamodernité au modernisme*: *Pourunemétaphilosophie du quotidien*, Paris: L'Arche, 1981.

[2] [法]列斐伏尔:《日常生活批判》,第三卷,叶齐茂等译,社会科学文献出版社 2018 年版,第 544 页。

[3] 同上。

[4] 同上。

[5] 同上。

[6] 同上书,第 551 页。

[7] 同上。

[8] 同上书,第 552 页。

[9] 同上书,第 557 页。

[10] 同上书,第 552 页。中译文有改动。Lefebvre, *Critiquede la vie quotidienne*, *vol. 3*: *Delamodernité au modernisme*: *Pour une métaphilosophie du quotidien*. Paris: L'Arche, 1981, p.17.

[11] 同上书,第 554 页。中译文有改动。Lefebvre, *Critiquede la vie quotidienne*, *vol. 3*: *Delamodernité au modernisme*: *Pour une métaphilosophie du quotidien*. Paris: L'Arche, 1981. p.19.

[12] 同上书,第 556 页。

[13] 1983 年,列斐伏尔受美国晚期马克思主义学者杰姆逊之邀,在美国加州大学圣克鲁兹分校讲学,其间,纽约大学比较文学教授克里斯汀·罗斯(Kristin Ross)与列斐伏尔有过一次重要的访谈,主题就是列斐伏尔与情境主义国际的思想关系。

[14] [法]列斐伏尔、[美]罗斯:《列斐伏尔论情境主义:一次访谈》,方宸、付满译,载《社会理论批判纪事》,第 7 辑,南京大学出版社 2014 年版,第 233 页。

[15] Kristin Ross and Henri Lefebvre, *Lefebvre on the Situationists*: *An Interview*, OCTOBER 79, Winter 1997, p.72.

[16] 这是列斐伏尔与古特曼合作的书,但其核心思想是前者发表于 1957 年的《走向革命的浪漫主义》一文。Henri Lefebvre, Norbert Guterman, *Le romantisme révolutionnaire*, Paris: La Nef.1958.

[17] 1948 年 10 月 8 日,在巴黎的圣母咖啡馆(Café Notre-Dame),来自丹麦的"奥斯特"团体,比利时的"革命超现实主义者"团体和荷兰"反射"(Reflex)团体,在巴黎共同发起了眼镜蛇运动国际(International Cobra Movement,简称 Cobra,"眼镜蛇"(Cobra)正是这三个艺术团体所在的三个城市——哥本哈根、布鲁塞尔和阿姆斯特丹的第一个字母组成的缩写,COpen-

hague-BRuxelles-Amsterdam）。

  ［18］康斯坦特·安东·纽文惠斯（Constant Anton Nieuwenhuys，通常人们简称康斯坦特，而非纽文惠斯，1920—2005）：荷兰著名先锋艺术家、未来主义建筑大师。曾就读于工艺美术学校和荷兰国家美术学院（Rijksakademie voor Beeldende Kunst）。康斯坦特精通各种艺术，除了创作绘画雕塑作品，也涉足音乐。1948 年，康斯坦特组建了前卫艺术组织"荷兰实验团体"，又称"反射"；同时，作为阵地的同名杂志《反射》（*Reflex*）创刊。他认为，高等古典艺术是对自由的阻碍，应当被摧毁。所以，刊登在《反射》上的运动宣言里写道："画不是由色彩和线条勾勒起来的结构，而是一种动物，一个夜晚，一个男人，或者是这所有的一切。"后来，反射运动整体加入"眼镜蛇"运动。1957 年，康斯坦特成为情境主义国际的成员，后被德波开除。他最著名的作品则关于未来城市的"新巴比伦"建筑计划。

  ［19］［法］列斐伏尔：《日常生活批判》，第三卷，叶齐茂等译，社会科学文献出版社 2018年版，第 564 页。

  ［20］［法］列斐伏尔、［美］罗斯：《列斐伏尔论情境主义：一次访谈》，方宸、付满译，载《社会理论批判纪事》，第 7 辑，南京大学出版社 2014 年版，第 234 页。中译文有改动。参见 Henri Lefebvre, Kristin Ross, *Henri Lefebvre on the Situationist International*, Interview, October 79, Winter 1997。

  ［21］关于列斐伏尔与情境主义国际关系的研究，可参见拙著：《烈火吞噬的革命情境建构——情境主义国际思潮的构境论映像》，南京大学出版社 2021 年版。

  ［22］［法］列斐伏尔：《日常生活批判》，第三卷，叶齐茂等译，社会科学文献出版社 2018年版，第 565 页。

  ［23］同上书，第 565—566 页。

  ［24］同上书，第 566 页。

  ［25］同上书，第 566—567 页。

  ［26］同上。

  ［27］同上书，第 578—579 页。

  ［28］［法］列斐伏尔：《什么是现代性？》，李均译，载《现代性与空间的生产》，上海教育出版社 2003 年版，第 11 页。

  ［29］［法］列斐伏尔：《日常生活批判》，第三卷，叶齐茂等译，社会科学文献出版社 2018年版，第 581 页。

  ［30］Henri Lefebvre, *Métaphilosophie*, Paris：Éditions de Minuit, 1965, p.26.中译文参见胡诗雨译稿。《马克思与列斐伏尔：第四届列斐伏尔哲学思想学术研讨会译文集》（上册），第 81页。2023 年，南京大学。

  ［31］勋伯格（Arnold Schoenberg, 1874—1951）：奥地利出生的作曲家，1941 年加入美国籍。主要作品有：弦乐《升华之夜》、交响诗《佩利亚斯与梅丽桑德》。勋伯格堪称 20 世纪伟大的新音乐变革家，他的早期作品属瓦格纳以后浪漫主义风格，中期则开始将变化音与和声发挥尽致，追求无调性（free atonality）和表现主义，晚期推出 12 音阶体系的作曲法。他是对阿多诺哲学思想影响最深的音乐大师。

［32］［法］列斐伏尔:《论"现代性"的一封信》,载《列斐伏尔文艺论文选》,柳鸣九等译,作家出版社1965年版,第255页。

［33］［法］列斐伏尔:《日常生活批判》,第三卷,叶齐茂等译,社会科学文献出版社2018年版,第582页。

［34］同上。

［35］同上书,第584页。

［36］同上书,第582页。

［37］同上书,第579页。

［38］同上书,第587页。中译文有改动。Lefebvre, *Critiquede la vie quotidienne*, *vol.3*: *Delamodernité au modernisme*: *Pour une métaphilosophie du quotidien*, Paris: L'Arche, 1981, p.55.

［39］同上。中译文有改动。Lefebvre, *Critiquede la vie quotidienne*, *vol.3*: *Delamodernité au modernisme*: *Pour une métaphilosophie du quotidien*, Paris: L'Arche, 1981, p.55.

［40］同上书,第588页。

［41］同上书,第587—588页。中译文有改动。Lefebvre, *Critiquede la vie quotidienne*, *vol.3*: *Delamodernité au modernisme*: *Pour une métaphilosophie du quotidien*, Paris: L'Arche, 1981, p.56.

［42］Henri Lefebvre, 'Marxisme et théorie de l'information, Part 1'. *Votes nouvelles 1*, pp.15ff. 'Marxisme et théorie de l'information, Part 2'. *Votes nouvelles 2*, pp.17f.

［43］Henri Lefebvre, 'Marxisme et technique', *Esprit New* Series 307, 1962, pp.1023—1028.

［44］［法］列斐伏尔:《现代性导论》,李均译,载包亚明编:《现代性与空间的生产》,上海教育出版社2003年版,第38页。

［45］［法］列斐伏尔:《论国家》,李青宜译,重庆出版社1988年版,第251—252页。

［46］同上书,第252页。

［47］［法］列斐伏尔:《日常生活批判》,第三卷,叶齐茂等译,社会科学文献出版社2018年版,第613页。

［48］同上书,第589页。

［49］同上。

［50］同上书,第654页。中译文有改动。Lefebvre, *Critiquede la vie quotidienne*, *vol.3*: *Delamodernité au modernisme*: *Pour une métaphilosophie du quotidien*, Paris: L'Arche, 1981, p.137.

［51］同上书,第652页。

［52］同上书,第661页。

［53］同上书,第662页。

［54］同上书,第656页。中译文有改动。Lefebvre, *Critiquede la vie quotidienne*, *vol.3*: *Delamodernité au modernisme*: *Pour une métaphilosophie du quotidien*, Paris: L'Arche, 1981, p.139.

［55］同上书,第 658 页。

［56］同上书,第 657 页。

［57］同上。

［58］同上书,第 589 页。

［59］同上书,第 659 页。

［60］"PayPal""Pay-easy"是美国和日本通用的类似"微信"和"支付宝"的电子支付系统。

［61］［法］列斐伏尔:《日常生活批判》,第三卷,叶齐茂等译,社会科学文献出版社 2018 年版,第 589 页。

［62］Henri Lefebvre,"Toward a Leftist Cultural Politics:Remarks Occasioned by the Cente-nary of Marx's Death",Eds.in Cary Nelson,Lawrence Grossberge. *Marxism and the Interpretation of Culture*,University of Illinois Press,1987,p.86.中译文参见鲁宝译稿。

［63］［法］列斐伏尔:《日常生活批判》,第三卷,叶齐茂等译,社会科学文献出版社 2018 年版,第 660 页。

［64］同上书,第 623 页。

［65］同上书,第 617 页。

［66］同上书,第 659 页。

［67］同上书,第 662 页。

［68］同上。

［69］同上书,第 663 页。

［70］同上书,第 659 页。

［71］同上书,第 672 页。

［72］同上。

［73］同上书,第 673 页。

［74］［法］列斐伏尔:《论国家》,李青宜译,重庆出版社 1988 年版,第 216 页。

［75］同上书,第 218 页。

［76］［法］列斐伏尔:《日常生活批判》,第三卷,叶齐茂等译,社会科学文献出版社 2018 年版,第 591 页。

［77］同上书,第 645 页。

［78］同上书,第 646 页。

［79］同上书,第 591 页。

［80］同上。

［81］转引自同上书,第 539 页。

［82］同上书,第 596 页。

［83］同上书,第 597 页。

［84］同上书,第 601 页。

［85］同上书,第 602 页。

［86］同上。

［87］同上书，第 614 页。中译文有改动。Lefebvre，*Critiquede la vie quotidienne*，*vol.3*：*Delamodernité au modernisme*：*Pour une métaphilosophie du quotidien*，Paris：L'Arche，1981，pp.85—86.

［88］在那里，列斐伏尔分析说：生命存在"作为自然时间，时间是有节奏特征的。节奏是定性时间的一个组成部分。节奏也具有定位的特征：节奏是可以度量的——频率、强度、消耗的能量，等。但是，节奏是多重的，相互干涉：心跳、呼吸、苏醒和睡眠轮替，饥饿和干渴，等等。这里所说的节奏是最容易观察到的——有些按日计，有些按月计"。这也说明，"先于有组织的社会劳动，节奏就已经存在了；生理分泌服从不同的循环，有可能显示不同的结构特征"。并且，"在工业劳动之前的劳动形式中，劳动姿势是按节奏安排的。生产活动越接近使用机器的工业生产，生产活动就越具有线性重复的特征，进而丧失了它的节奏特征"。在他看来，"日常生活也一样：许多节奏和循环都有自然起源，社会生活转变这些自然的节奏和循环，与线性过程及系列姿势和行动交叉"。［法］列斐伏尔：《日常生活批判》，第三卷，叶齐茂等译，社会科学文献出版社 2018 年版，第 648 页。

［89］同上书，第 652 页。

［90］同上书，第 665 页。

［91］同上书，第 615 页。

［92］同上书，第 674 页。

［93］同上。

［94］同上书，第 675 页。

结束语 取用马克思：一种改变日常生活本身的政治规划

1987 年，列斐伏尔在《马克思主义与文化阐释》一书中，发表了《走向一种左翼文化政治学：马克思逝世 100 周年纪要》[1]一文，这既是重申自己一生对马克思主义旗帜的坚守，也是对作为一种革命的政治规划提出了自己最后的观点。在此文的提要中，列斐伏尔明确指出，"在第二次世界大战之后，资本主义成功地完全渗透进日常生活的方方面面。而对马克思主义来说，我们需要一些新的概念去保持它的潜能：帮助我们理解同时彻底改变这个完全商品化的现代世界"。[2]这也是针对当下资本主义社会的新问题，即资产阶级对日常生活的入侵和奴役。列斐伏尔认为，马克思主义必须用新的概念才能透视这些新的问题。这正是我所说的晚期马克思主义的根本特征。

首先，列斐伏尔自认为是马克思主义者，是用马克思的立场、观点和方法研究和批判当代资本主义最新发展的战士。这是一个令人肃然起敬的声明。当然，他明确拒绝对马克思思想的各种曲解：一是反对割裂马克思的文本，这是特指"主要围绕着阿尔都塞有一种马克思主义倾向，即拒绝马克思的青年著作并将之视为一种意识形态和哲学。难道马克思主义仅仅只能通过科学的成熟时期的马克思的著作来定义吗"？[3]这是他一辈子与之作战的科学的马克思主义，这种立场一直到现在在他的表层意识中都没有被改变。到此时，列斐伏尔仍然认为，历史唯物主义就是马克思早期著作中的人本主义话语。这是具有反讽意味的逻辑悖结。二是以多元化的方式反对教条主义，却又混淆了"马克思主义思想与非马克思主义的思想的分界线（line of demarcation）"，有如用存在主义冒充历史唯物主义，用结构主义的观点图解马克思，等等，这是列斐伏尔不能容忍的萨特和阿尔都塞等人的斜路。他始终认为，"整个 20 世纪的所有思想都从马克思主义孕育而出，甚至是那些反对它或者背离它的那些思想，例如熊彼特与凯恩斯都难以逃脱马克思主义的影响"。[4] 这是一个了不起的断言。这是与萨特关于"马克思的思想是我们时代不可超越的思想旗帜"、德里达所指认的"我们都是马克思的负债者"的观点相近的。在列斐伏尔看来，当代资本主义发展中发生诸多重要转型，正是受到了马克思、列宁观念的影响，凸显国家干预的凯恩斯主义，就是在资本主义生产方式中运用了社会主义的经济政治因素，再加上列斐伏尔自己发现的国家生产方式对空间的占有和生产，这使得资本主义获得了幸存的可能性空间。

其次，马克思主义不是教条，而是一种活的研究方法和思想塑形武器。这应该是列斐伏尔愈发明晰起来的理论态度。他明确说，

> 在我看来，马克思主义是研究和发现的工具(instrument of research and discovery)；它只有在我们使用它的时候才是有效的。马克思的思考不能够被当作一种"纯粹"知识对象；它也不是一种对对象的认识论反映，甚至也不是一种智力游戏中的解构和重构的小工具。它只有在人们试图理解在现代世界中发生的事情，并且人们试图去为之标定方向并改变这个世界的时候才是有用的。[5]

这是完全正确的观点。列斐伏尔拒斥教条主义，因为马克思主义不是一种绝对正确的教义，也不是什么外部世界的直观反映结果；同时，他也反对西方马克思学，即那种将马克思的思想当作纯粹知识的把玩对象的学说。对于马克思主义者来说，"它不是一种体系也不是一种教条，而是一种指南"，是一种"使用它的时候才有效"、去透视现实社会物像，并改变世界的思想武器，这是马克思在1845年《关于费尔巴哈的提纲》中第一次萌生这种新世界观时，就已经确立的基本哲学原则。

再次，马克思主义必须**面对发展着的世界**。也因为马克思主义不是僵死的教条，不是永恒不变的绝对真理，列斐伏尔才认为，作为活的方法和行动指南的马克思主义要认识和改变世界，而世界是变动不居的，所以，马克思主义只有在面对社会发展新问题、新情况中才能实现自己的历史使命。这似乎也是列斐伏尔自认为一直在坚持和努力的方向。在他看来，

马克思的思考构成了一种原子内核(nucleus)、一粒生命顽强的种子,一种世界的概念的要素,这个世界概念的发展不得不遭遇整个完全差异的(entirely different)事业,就像弗洛伊德与尼采一样。在现代世界,这种发酵素在世界之中并通过**致力于**(contributing)世界的改变而对其产生作用(并不是说马克思主义思想是促成这种转变的唯一要素)。[6]

这像是充满感情的抒情诗句。这是说,马克思的思想是我们思考和改变世界的科学方法论,它就像可随时爆燃的原子核,不断生长且焕发生命力的革命种子,但它在实际发挥作用的时候总是会遭遇发生了变化的新现实,所以,我们必须"重新回想一下过去的整个世纪资本主义生产方式的发展变化",马克思主义只有在差异化的问题中才能生存和发展自身,这是正确的论断。这里,列斐伏尔很突兀地谈及弗洛伊德和尼采,似乎这二者的思想也会在时代的变迁中发生改变。我觉得,以上这三个方面是晚年列斐伏尔仍然在坚守的学术底线,这表明了他作为在后现代狂潮中**晚期马克思主义者**的执旗手身份。

列斐伏尔说,"自马克思去世至今已经一个多世纪了,这个世界发生了太多的变化。但是还有很多事情仍旧保持原样,尤其是所谓的社会关系。既存在进步也存在倒退。为了理解这些变化,我们需要给马克思的理论和词汇(vocabulary)补充一些东西"。[7]列斐伏尔自豪地说,按照上述原则,他自己在过去的一些年中也为马克思的宝库提供了一些新的概念,其中最著名的就是"日常"概念。他说,自己刚刚在1982年发表的一篇题为《世界》(Le Monde)论文[8]中专门

　　对日常生活[la vie quotidienne(daily life)];日常[Ie quotidien(the everyday)];日常性[la quotidienneté(everydayness)]这三个概念作了区分。让我们简单地界定一下日常生活,它总是存在着,但是被价值和神话所充斥。而"日常"这个词意味着日常生活进入了现代性:日常作为一种规划的对象,它的展开是由市场的等价系统,通过营销和广告来强制推行。对于"日常性"而言,它强调的是在日常生活中同质化性、重复性和碎片化。[9]

需要指出,这是列斐伏尔晚年对自己的日常生活批判理论核心概念最重要

的界说,也像是一个小结。这有三个不同的构境层面:一个是我们每天遭遇但却并不能透视的被神秘化的日常生活,这是一个哲学意味上的日常生活。这是列斐伏尔从 1930 年代就开始的思考。在那时,列斐伏尔就试图从人们习以为常的日常生活中,指认出神秘化背后的社会关系支配。他承认,"当我第一次重新思考日常的时候,超现实主义已经试图想办法在平庸无奇之中召唤非凡与神奇"。[10]这是他日常生活思考的逻辑缘起。二是当日常生活进入到现代性后生成的特定的日常。列斐伏尔专门指认,"英文的单词'everyday'是对法语单词'la quotidienne'不太完美的翻译,后者指的是日常生活中的重复"。日常,接近于海德格尔的常人化平日概念,可不同在于,列斐伏尔此处的日常概念,已经是特指日常生活被资产阶级的现代性所渗透、构序和规划,市场的等价赋型和制造欲望实现的虚假消费建构起来的日常存在。这是他从《日常生活批判》第 1 卷和《现代世界中的日常生活》开始的新认识。三是日常性的质性,即被资产阶级抽象化空间通过同质化、重复化和碎片化碾出的存在特性。这是《日常生活批判》第 2 卷一直到《空间的生产》等论著中的观念深化。转换到主体与客体的关系的视角上,列斐伏尔说,"我曾经也有过如下表述:'日常',在现代世界中,不再是一种"主体"(丰富的主观性的主体),而成为一种"客体"(社会组织化的客体)"。[11]这是说,今天的资产阶级的日常生活已经不再是人的主动的生存活动,而成为一种被规划的客体对象,即列斐伏尔意义上的人所创造出来却无法左右的"第二自然存在"。

列斐伏尔认为,在西方哲学中,似乎形而上学就是在形而下的感性日常生活之上的非日常之道,"从柏拉图和亚里士多德以来,哲学将自身置于日常性之上,并将之排除在思考的范围之外",这是一种根深蒂固的观念。甚至,马克思可能也过多地关注了工人的"劳动、工作和生产活动",而实际的情况却是"工人不仅拥有工厂生活,他们还有社会生活、家庭生活、政治生活;他们有在劳动领域之外的生活经验"。[12]更重要的是,在今天资本对雇佣劳动的盘剥,已经浸入劳作之外的全部日常生活之中。这样,忽视日常生活存在,忽视资产阶级社会存在的日常性,恐怕会是整个社会批判理论中存在的偏差。这是列斐伏尔努力将哲学从抽象的天上拉回到地上和我们身边的具体生活的思之缘起,或者说列斐伏尔日常生活批判理论构式生成的**历史原因**。

另一方面,也是更重要的一个方面,列斐伏尔提出日常概念的**现实原因**是今天当代资本主义对日常生活的全面入侵和支配。在这一方面,列斐伏尔进行了一个历史性的分析。在他看来,日常生活在现实资产阶级社会存在中有三个历史发展阶段:

第一阶段是日常生活还基于**自然存在的节奏**,使用价值还是世界的基础的时期。可以看到,列斐伏尔此时已经在刻意凸显节奏概念,此时,他正在与自己的夫人凯瑟琳·雷居利耶-列斐伏尔合作《节奏分析计划》[13]。在列斐伏尔看来,这还是"日常仍旧与自然连为一体,即与直接的给定的东西连在一起"的时期。依他所见,在这个阶段中,

> 生活的节奏还无法与日和夜、星期和月份、季节和年份等自然节奏(rhythms of nature)区别开来。这种日常生活仍旧孕育在宗教之中,并且使用价值(use value,马克思意义上的)仍旧占据主导。机器几乎无法与工具区分开来。城市也无法与农村区分开来;它还是一个巨大的农村,或者是农村的扩大。在这一时期的资本主义还只是忙于建设火车头、轮船和大炮等等,但是它还没有涉及日常生活。[14]

从时间上看,这是一个长时段,因为它包括了整个人类社会的前资本主义时期和资本主义的早期发展。一是人的生活节奏还是基于自然的节奏,这是由于,根本改变自然存在方式和运动规律的工业生产还没有充分发展起来,所以,人的生命存在还无法脱离自然物质存在和生命负熵进程的本有节奏,这是农耕社会的自然经济和资本主义早期工业社会的生活存在质性。二是这有两个关键性的质点:巫术与神学支配日常生活和使用价值居生活存在中的主导,关键在于,在整个自然经济和资本主义的早期发展中,生产物相化塑形和构序活动还是以人的基本需要为目的,获得产品的直接效用的使用价值,仍然是生活的直接条件。我们一定要注意,这个曾经是人的生活目的的**使用价值**的观念,会以哲学上的**取用**(appropriation)概念取代人本主义的价值悬设,成为衡量今天日常生活本质关系异化——交换价值和金钱节奏的篡位的历史批判尺度。这相近于马克思后来在《大纲》中发现的初始劳动交换关系的"曾有"(Gewesenseins),这是科学的劳动异化批判的先在现实尺度。三是进入资本主义的早期发展时期后,资产阶级还在忙于工业和商业王国的基本建设,尚未将手伸进日常生活。

第二阶段是资产阶级用**交换价值战胜和取代使用价值**，全面入侵日常生活的时期。依列斐伏尔的判断，这个新的阶段是从第二次世界大战结束开始的。这一阶段日常的根本特点是，"一股强大的工业化与都市化的潮流袭来。交换价值战胜了使用价值（Exchange value prevails over use value）。商品、市场、货币以不可调和的逻辑（implacable logic）占领了日常生活。资本主义的扩张渗透进日常生活的细枝末节（the slightest details）之中"。[15]这显然与马克思在19世纪对资本主义的分析有一个错位，这里的意思是说，马克思所面对的资本主义还没有在社会生活中彻底让交换价值战胜使用价值，资产阶级还没有将支配和奴役的魔掌深入到人的日常生活之中，二战之后，这一切都改变了。现在，资产阶级已经让交换的逻辑支配了日常生活的微细层面。我觉得，列斐伏尔的这一观点总体上是对的，但可以讨论的方面是，在马克思对资本主义商品-市场经济进行本质批判的时候，从劳动交换关系中现实抽象出来的价值关系，以及货币-资本关系的"抽象成为统治"，已经就是离开商品使用价值后对"交换价值"（剩余价值）的疯狂追逐。所以，列斐伏尔这里的观点如果将逻辑边界回缩到交换关系对日常生活的完全入侵，才是合法的。列斐伏尔具体地分析说，现在，

> 需要与日常生活都成为被程序化的（programmed）；技术进入日常生活。极其值得注意的是庞大的跨国公司通过日常生活而进入了经济领域。它们生产洗涤剂、衣服和所有日常消费品。此时，技术革命本身替代了社会与政治的革命，然而，资本主义占领了那些大部分曾经逃离它的视野的土地：日常生活。[16]

这里的关键词是入侵了日常生活的资产阶级程序化、跨国公司和技术革命。一是当资本控制的技术全面入侵日常生活，人的生活就开始被科学意识形态技术化管理和编程，日常生活将不再是人自身的自主活动，而是个人生活之外的技术构序的强制性编码结果。二是垄断资本的跨国公司开始控制和生产日常生活中的所有消费品，"技术官僚操纵着一切；它们操纵通过广告和媒体操纵着日常生活"，资本统治和盘剥开始使日常生活深深地殖民化。三是今天的技术革命就是最大的政治革命，资产阶级正是通过世界的技术化重新占领了全部日常生活。

第三阶段是刚刚开始的**消费被大众传媒操控**的时期。列斐伏尔说,今天的"日常不仅是被程序化的,而且它完全成为被中介的和大众媒介的(entirely me-diated and mass-mediated)。营销可以允许预测达到十年之久。日常不仅是被控制的,它完全就是被操纵的(manipulated)。它是被管理和治理的(managed and administered),很大程度上是跨国公司对其进行巨额投资"。[17]这是列斐伏尔原先那个"消费被控制的官僚社会"的升级版。应该说,这与列斐伏尔已经看到的信息技术被资本所利用相关,而信息传播是资产阶级控制的大众传媒生产景观的关键性工具。

重要的理论进展是,现在列斐伏尔在讨论日常、日常生活和日常性的时候,他自觉或不自觉地不再以**人本主义的异化逻辑**为前提,而是将对资产阶级日常生活的批判性透视奠基于马克思的**历史唯物主义**之上。并不是列斐伏尔完全不提及异化,就是在这篇文章中,他还谈到异化现象,不过这时,异化已经成了妇女被压抑的不开心主观情绪。[18]他说,日常是一个复杂的现象(complex phenome-non),但是,"它是一种资本主义生产方式扩展的形态(modality)。因此,我的分析是生产方式分析(analysis of the mode of production)本身的实际应用。资本主义生产方式,甚至包括财产关系确实已经发生了重大的修正"。[19]明确声明"我的分析是生产方式的分析",这当然是一种**方法化自觉**。这的确是列斐伏尔思想方法上从《都市革命》到《空间的生产》中的一个很大的变化,虽然他不时还在口头上反对阿尔都塞的"反人本主义",坚持自己的异化观念,但一旦深入他这时对资本主义的具体批判时,面对资产阶级日常生活世界中的一切新情况、新变化,却都是依从历史唯物主义的生产方式分析,这正是**晚期马克思主义**最核心的方法论原则和立场。在列斐伏尔看来,今天发生在资本主义社会定在中的

> 日常不仅是一种生产方式,而且也是一种社会治理的形态(modality of administering society)。在这两种意义上,它涉及重复的、时间中的重复性的支配性地位。这种重复性的统治是一种生活方式(way of life)。它是剥削与统治的基础。但它也是人类与世界之间的一种关系。[20]

这是再回到形而上学构境中,列斐伏尔这里的当代资产阶级世界中的日常不仅是生产关系的生产与再生产的方式,而且是不经意地通过不断的生活重复

巩固社会统治的治理形态,它可以上升为人与资产阶级世界的基本关系。

也是在此,列斐伏尔再一次回到他已经讨论过的问题,即马克思和列宁都预言过"资本主义行将崩溃"(capitalism was going to die),而当代资本主义为什么没有死亡反倒获得了发展的悖论上来,这是为了在政治层面上显摆自己超越马克思、列宁的地方。这也是他在《资本主义的幸存》一书中的主题。列斐伏尔承认是卢森堡第一个对资本主义行将崩溃的结论提出反思的人,但是真正解决问题是却列斐伏尔自己。

> 我曾经试图延续这一思考的路径,不仅要回答资本主义是如何幸存的而且要回答资本主义是如何增长的。我曾经强调过,资本主义生产方式一旦在工业中建立起来,它便会整合工业。它就会将农业整合进来,将历史的城市、将空间整合进来,并且它还会生产我所谓的日常性(la vie quotidienne)。[21]

很显然,这是列斐伏尔再一次回到资本主义生产方式得以幸存的问题上来,不过这一次,他直接将空间生产与日常性联系在一起。所以,今天的社会革命"不能仅仅是改变政治部门和机构;它必须要改变已经完全被资本主义殖民化(literally colonized by capitalism)的日常生活(la vie quotidienne)"。[22]这就是日常生活革命,这当然也是一个新的革命目标。

列斐伏尔提出,必须制定一项彻底改变日常生活的全新的政治规划(project),这是不同于资产阶级那种不动摇资本主义制度本身的量化的发展模式,"完全区别于那种数量化的增长,也就是说,那种纯粹的和简单的经济增长",它将"改变生活"的口号具体地实现在日常生活的质变之中。

> 这是一个缓慢而又深刻地改变日常生活的问题——身体,时间与空间、社交性等的新的使用的问题;它意味着一种社会与政治的规划;更高的民主,例如在城市中实行直接民主;一种新市民的定义;去中心化;自治(autogestion)的参与;等等——这是一种社会规划,同时也是文化的、社会的和政治的规划。[23]

　　这是 90 岁的列斐伏尔向后人提出具体的日常生活革命的政治行动规划。他也意识到，一是日常生活的革命不会是一个一蹴而就的，它会是一个使日常生活本身缓慢发生变化的历史过程。二是这里涉及人的身体的使用，即将身体在空间生产中的作用从交换逻辑中脱型出来，使人与自然的取用关系重新成为时间与空间生产的本质，彻底恢复社会生活中的社交关系的使用价值本质。三是创造一种新型的社会与政治规划，这种政治规划必须体现"更高的民主"，比如城市空间场境关系中的"直接民主"，塑造做回自己日常生活主人的"新市民"，在都市空间中采取"去中心化"的战略，消除中心对边缘的奴役和支配关系，真正实现人的自治。在列斐伏尔眼里，这将一种关涉到整个"文化的、社会的和政治的规划"。

　　当然，列斐伏尔最后不会忘记自己嚷嚷了一辈子的乌托邦式的**更新的人本主义**。他说，"它们隐含在马克思那里，在一种更新的人本主义（renewed humanism）的意义上来说。借自黑格尔的术语，马克思设想了未来的一个总体的人（total person），作为一种身体、作为在感觉与思想之间的关系而发展。这些学术研究接近于一个超越古典哲学的最高和最后的问题"。[24] 他忘不了自己的哲学旧招牌。可笑的是，他也知道这种想法会是一个乌托邦（utopian），"它是乌托邦吗？是的，因为乌托邦思想关乎到什么是可能的，什么是不可能的。与行动有关的所有思考都有乌托邦的成分"。[25]

注释

　　[1] Henri Lefebvre, "Toward a Leftist Cultural Politics: Remarks Occasioned by the Centenary of Marx's Death", Eds. in Cary Nelson, Lawrence Grossberge, *Marxism and the Interpretation of Culture*, University of Illinois Press, 1987, pp.75—88.这篇文章应该写于 1983 年，为列斐伏尔纪念马克思逝世 100 周年而作。

　　[2] Ibid., p.75.中译文参见鲁宝译稿。

　　[3] Ibid., p.76.中译文参见鲁宝译稿。

　　[4] Ibid.中译文参见鲁宝译稿。

　　[5] Ibid., p.77.中译文参见鲁宝译稿。

　　[6] Ibid.中译文参见鲁宝译稿。

　　[7] Ibid.中译文参见鲁宝译稿。

　　[8] Henri Lefebvre, *Le Monde*, Sunday, Dec. 19, 1982, pp.IX, X.

[9] Henri Lefebvre, "Toward a Leftist Cultural Politics: Remarks Occasioned by the Centenary of Marx's Death", Eds. in Cary Nelson, Lawrence Grossberge, *Marxism and the Interpretation of Culture*, University of Illinois Press, 1987, p.78.中译文参见鲁宝译稿。

[10] Ibid.中译文参见鲁宝译稿。

[11] Henri Lefebvre, *La vie quotldlenne ans Ie monde modern*, Paris: Gallinard "Idees", 1968, p.116.

[12] Henri Lefebvre, "Toward a Leftist Cultural Politics: Remarks Occasioned by the Centenary of Marx's Death", Eds. in Cary Nelson, Lawrence Grossberge, *Marxism and the Interpretation of Culture*, University of Illinois Press, 1987, p.78.中译文参见鲁宝译稿。

[13] Lefebvre, Catherine Régulier-Lefebvre, "Le projet rythmanalytique", *Communications* 41, 1985, pp.191—199.

[14] Henri Lefebvre, "Toward a Leftist Cultural Politics: Remarks Occasioned by the Centenary of Marx's Death", Eds. in Cary Nelson, Lawrence Grossberge, *Marxism and the Interpretation of Culture*, University of Illinois Press, 1987, p.79.中译文参见鲁宝译稿。

[15] Ibid.中译文参见鲁宝译稿。

[16] Ibid.中译文参见鲁宝译稿。

[17] Ibid.中译文参见鲁宝译稿。

[18] 列斐伏尔在一个注释中这样写道:"异化概念,从马克思主义思想转移到文化之中,失去了其完整性和力量。例如,年轻的妇女可能会说她们不愿意要小孩,因为小孩代表着自我异化。我认为,如果你有一个反对你自己的意志的孩子,那就构成异化。但是如果你想要孩子就完全不一样了。异化不是由妇女的条件所决定,而是由其意志和欲望的行为所决定"。Ibid., p.84.中译文参见鲁宝译稿。

[19] Ibid., p.80.中译文参见鲁宝译稿。

[20] Ibid.中译文参见鲁宝译稿。

[21] Ibid.中译文参见鲁宝译稿。

[22] Ibid.中译文参见鲁宝译稿。

[23] Ibid., pp.86—87.中译文参见鲁宝译稿。

[24] Ibid., p.87.中译文参见鲁宝译稿。

[25] Ibid.中译文参见鲁宝译稿。

参 考 文 献

Henri Lefebvre, *Le matérialisme dialectique*, Presses Universitaires de France, 1940.

Henri Lefebvre, *Critique de la vie quotidienne I*. Paris: L'Arche, 1947.

Henri Lefebvre, 'Problèmes de Sociologie Rurale: La Communauté Paysanne et ses Problémes Historico-Sociologiques', *Cahiers internationaux de Sociologie*, No.6 (1949):78—100.

Henri Lefebvre, *Problèmes actuels du marxisme*, Paris: Presses universitaires de France, 1958.

Henri Lefebvre, *Critique de la vie quotidienne II. Fondements d'une sociologie de la quotidienneté*, Paris: L'Arche, 1961.

Henri Lefebvre, *Critique de la vie quotidienne III. De la modernité au modernisme (Pour une métaphilosophie du quotidien)*, Paris: L'Arche, 1981.

Henri Lefebvre, *Le language et la societe*, Paris: Gallimard, 1966.

Henri Lefebvre, 'Forme, fonction, structure dans le capital', *L'Homme et la société* 7, 1968(January—March), pp.69—81.

Henri Lefebvre, *La vie quotidienne dans le monde moderne*, Paris: Gallimard, 1968.

Henri Lefebvre, *La pensée marxiste et la ville*, Paris: Tournai: Casterman, 1972.

Henri Lefebvre, *La révolution urbaine*, *Paris*: Gallimard, 1970.

Henri Lefebvre, *La survie du capitalisme; la re-production des rapports de production*, 1973.

Henri Lefebvre, *La production de l'espace*, Paris: Gallimard, 1974.

Henri Lefebvre, *Éléments de rythmanalyse：Introduction à la connaissance des rythmes*, Paris：Ed. Syllepse, 1991.

Henri Lefebvre, *L'espace：produit social et valeur d'usage*, La nouvelle revue socialiste, No.18, 1976, pp.11—20.

Henri Lefebvre, 'Toward a Leftist Cultural Politics：Remarks Occasioned by the Centenary of Marx's Death', Eds. in Cary Nelson, Lawrence Grossberge, *Marxism and the Interpretation of Culture*, University of Illinois Press, 1987, pp.75—88.

Kristin Ross and Henri Lefebvre, *Lefebvre on the Situationists：An Interview*, OCTOBER 79, Winter 1997, pp.69—83.

Richard Deledalle Denis Huisman, *Les philosophes français d'aujourd'hui par eux-mêmes：autobiographie de la philosophie française contemporaine*, CDU, Paris, 1963.

［法］列斐伏尔:《空间的生产》,刘怀玉等译,商务印书馆 2022 年版。

［法］列斐伏尔:《日常生活批判》(三卷),叶齐茂等译,社会科学文献出版社 2018 年版。

［法］列斐伏尔:《都市革命》,刘怀玉等译,首都师范大学出版社 2018 年版。

［法］列斐伏尔:《空间与政治》,李春译,上海人民出版社 2015 年版。

［法］列斐伏尔:《马克思的社会学》,谢永康、毛林林译,北京师范大学出版社 2013 年版。

［法］列斐伏尔:《论国家》,李青宜译,重庆出版社 1988 年版。

［法］列斐伏尔:《辩证唯物主义》第一章,载《社会批判理论纪事》第 13 辑,周泉译,江苏人民出版社 2022 年版。

［法］列斐伏尔:《辩证唯物主义》第二章,乔桂云译,载《西方学者论〈1844 年经济学哲学手稿〉》,复旦大学出版社 1983 年版。

［法］列斐伏尔:《马克思主义的当前问题》,生活·读书·新知三联书店 1966 年版。

［法］列斐伏尔:《列斐伏尔文艺论文选》,柳鸣九等译,作家出版社 1965 年版。

［法］列斐伏尔:《狄德罗的思想与著作》,张本译,商务印书馆 1985 年版。

［德］罗莎·卢森堡:《资本积累论》,彭坐舜、吴纪先译,三联书店出版社

1959 年版。

[德]尼采:《哲学与真理——尼采 1872—1876 年笔记选》,田立年译,上海社会科学出版社 1993 年版。

[德]海德格尔:《演讲与论文集》,孙周兴译,生活·读书·新知三联书店2005 年版。

[匈]卢卡奇:《历史与阶级意识》,杜章智等译,商务印书馆 1992 年版。

[法]科耶夫:《黑格尔导读》,姜志辉译,凤凰出版传媒集团、译林出版社2005 年版。

[法]加斯东·巴什拉:《空间的诗学》,张逸婧译,上海译文出版社 2009年版。

[法]梅洛-庞蒂:《眼与心》,杨大春译,商务印书馆 2007 年版。

[法]萨特:《辩证理性批判》,徐懋庸译,商务印书馆 1963 年版。

[法]路易·阿尔都塞:《保卫马克思》,顾良译,商务印书馆 2010 年版。

[法]阿尔都塞:《读〈资本论〉》,李其庆译,中央编译出版社 2001 年版。

[法]阿尔都塞:《论再生产》,吴子枫译,西北大学出版社 2019 年版。

[法]罗兰·巴特:《批评与真实》,温晋仪译,上海人民出版社 1999 年版。

[法]罗兰·巴特:《符号学历险》,李幼蒸译,中国人民大学出版社 2008年版。

[法]罗兰·巴特:《S/Z》,屠友祥译,上海人民出版社 2000 年版。

[法]米歇尔·福柯:《规训与惩罚》,刘北成、杨远婴译,生活·读书·新知三联书店 2012 年版。

[法]鲁尔·瓦纳格姆:《日常生活的革命》,张新木、戴秋霞译,南京大学出版社 2008 年版。

[法]米歇尔·德塞托:《日常生活实践:(1)实践的艺术)》,方琳琳译,南京大学出版社 2009 年版。

[法]米歇尔·德塞托:《日常生活实践:(2)居住与烹饪》,冷碧莹译,南京大学出版社 2014 年版。

[法]鲍德里亚:《消费社会》,刘成富、全志钢译,南京大学出版社 2000年版。

[法]鲍德里亚:《生产之镜》,仰海峰译,中央编译出版社 2005 年版。

［法］鲍德里亚:《恶的透明性:关于诸多极端现象的随笔》,王晴译,西北大学出版社 2019 年版。

［法］鲍德里亚、利沃奈:《片段集》,张新木等译,南京大学出版社 2023 年版。

［美］马克·波斯特:《战后法国的存在主义马克思主义:从萨特到阿尔都塞》,张金鹏译,南京大学出版社 2015 年版。

［美］大卫·哈维:《叛逆的城市:从城市权到城市革命》,叶齐茂等译,商务印书馆 2014 年版。

［美］大卫·哈维:《社会正义与城市》,叶超等译,商务印书馆 2022 年版。

［美］大卫·哈维:《资本的城市化:资本主义城市化的历史与理论研究》,董慧译,苏州大学出版社 2017 年版。

［美］大卫·哈维:《新帝国主义》,初立忠等译,社会科学文献出版社 2009 年版。

［美］曼纽尔·卡斯特、马汀·殷斯:《对话卡斯特》,徐培喜译,社会科学文献出版社 2015 年版。

［美］爱德华·索亚:《后现代地理学:重申批判社会理论中的空间》,王文斌译,商务印书馆 2007 年版。

［美］爱德华·W. 索亚:《寻求空间正义》,高春花、强乃社等译,社会科学文献出版社 2016 年版。

［美］爱德华·索亚:《第三空间去往洛杉矶和其他真实和想象地方的旅程》,陆扬等译,上海教育出版社 2005 年版。

［美］爱德华·索亚:《后大都市》,李钧译,上海教育出版社 2006 年版。

［美］马克·戈特迪纳:《城市空间的社会生产》,任晖译,江苏凤凰教育出版社 2014 年版。

［英］多琳·马西:《保卫空间》,王爱松译,江苏教育出版社 2013 年版。

［英］德雷克·格利高里、约翰·厄里编著:《社会关系与空间结构》,谢礼圣、吕增奎等译,北京师范大学出版社 2011 年版。

陈永秀编:《"西方马克思主义"译文集》,中央党校科研办公室,1992 年。

《重访列斐伏尔:法国理论与中国道路(会议译文集)》,2019 年,南京大学。

《重思日常生活批判:第二届列斐伏尔思想研讨会译文集》,2020 年,南京大学。

《第三届列斐伏尔哲学思想学术研讨会译文集》,2022 年,南京大学。

《马克思与列斐伏尔:第四届列斐伏尔哲学思想学术研讨会译文集》(上、下册),2023 年,南京大学。

包亚明编:《后大都市与文化研究》,上海教育出版社 2005 年版。

包亚明编:《后现代性与地理学的政治:福柯等专辑》,上海教育出版社 2001年版。

包亚明编:《现代性与空间的生产》,上海教育出版社 2003 年版。

包亚明编:《现代性与都市文化理论》,上海社会科学院出版社 2008 年版。

刘怀玉:《平庸与神奇——列斐伏尔日常生活批判哲学的文本学解读》,北京中央编译出版社 2006 年版。

张笑夷:《列斐伏尔空间批判理论研究》,社会科学文献出版社 2014 年版。

鲁宝:《空间生产的知识:列斐伏尔晚期思想研究》,北京师范大学出版社2021 年版。

张一兵:《回到马克思——经济学语境中的哲学话语》,江苏人民出版社1998 年版。

张一兵:《回到马克思——社会场境论中的市民社会与劳动异化批判》(第二卷),江苏人民出版社 2023 年版。

张一兵:《回到列宁——对"哲学笔记"的一种后文本学解读》,江苏人民出版社 2008 年版。

张一兵:《反鲍德里亚——一个后现代学术神话的祛序》,商务印书馆 2008年版。

张一兵、哈维等:《照亮世界的马克思》,上海人民出版社 2018 年版。

张一兵:《文本的深度耕犁——当代西方激进哲学的文本学解读》第三卷,中国人民大学出版社 2019 年版。

张一兵:《烈火吞噬的革命情境建构——情境主义国际思潮的构境论映像》,南京大学出版社 2021 年版。

张一兵:《革命的诗性:浪漫主义的话语风暴——瓦内格姆〈日常生活的革命〉的构境论解读》,南京大学出版社 2021 年版。

后　记

这部关于列斐伏尔哲学思想发展逻辑的作品,是在写作《回到列斐伏尔——列斐伏尔〈空间的生产〉的构境论解读》一书的过程中生成的。开始,只是作为解读《空间的生产》一书发生学背景和思想逻辑"导论",后来在第二稿修改中却不断变成了诸多文本的细读和重构,于是,畸形肿大的"导论"不得不独立成书。

南京大学马克思主义哲学学科关于列斐伏尔的研究,起步于我所指导的刘怀玉博士的博士论文《现代性的平庸与神奇——列斐伏尔日常生活批判哲学的文本学解读》。这是一篇十分优秀的论文,荣获全国百篇优秀博士论文。我将其收入自己主编的"现代国外马克思主义文本解读丛书"之中。[1] 在后来的许多年中,列斐伏尔的研究始终是我们学科在当代国外马克思主义研究方向的重点前沿之一。2019 年,由刘怀玉牵头组织的第一届全国列斐伏尔哲学研讨会在南京大学举行,之后,虽然遭遇疫情,我们仍然坚持连续召开了第二、三、四届全国性的列斐伏尔专题研讨会,逐渐使之成为国内列斐伏尔研究中品牌性的交流平台,也慢慢形成了全国性的列斐伏尔研究学术场。应该特别提及的是,在每一年的学术研讨会召开之际,刘怀玉和他的学术团队都编译了列斐伏尔研究的国外文献中译的"列斐伏尔研究文献选集",这一编就是四卷,这对每一位与会者都是一份重要的学术"福利"。本书的写作,也得益于这一重要的学术文献群。在这里,对参与编译工作的各位老师和同学表示感谢。

本书也是作为国家社科基金重大项目"当代国外马克思主义的资本主义批判前沿问题研究"(项目号:24&ZD008)的成果之一。在此,要特别感谢刘怀玉教授、张笑夷教授、鲁宝博士和其他国内外列斐伏尔研究中的先行者,他们先期的研究成果,多少照亮了我们在列斐伏尔研究中前行的道路。我的学生刘冰菁副教授、张福公副教授和孔伟宇博士在文献收集和外文校译方面,都对此书的写作提供了必要的帮助,在此一并感谢。最后感谢上海人民出版社的于力平老师和其他编辑们为此书所付出的辛苦,没有他们倾注的精力和汗水,本书无法以这样华丽的形式出场。

张一兵

2022 年 12 月 29 日于南大和园

2023 年 2 月 10 日第二稿于南京

2023 年 3 月 10 三稿于北京清华园

2024 年元旦四稿于武昌红星大院

注释

［1］刘怀玉:《现代性的平庸与神奇——列斐伏尔日常生活批判哲学的文本学解读》,中央编译出版社 2004 年版;北京师范大学出版社 2018 年版。

图书在版编目(CIP)数据

日常生活场境与空间关系生产 ：列斐伏尔社会批判
理论转换的历史逻辑 / 张一兵著. -- 上海 ： 上海人民
出版社，2025. -- ISBN 978-7-208-19321-5

Ⅰ. B565.59

中国国家版本馆 CIP 数据核字第 2025U9B719 号

责任编辑　于力平
封面设计　零创意文化

日常生活场境与空间关系生产
——列斐伏尔社会批判理论转换的历史逻辑
张一兵　著

出　　版	上海人民出版社	
	（201101　上海市闵行区号景路 159 弄 C 座）	
发　　行	上海人民出版社发行中心	
印　　刷	上海商务联西印刷有限公司	
开　　本	720×1000　1/16	
印　　张	32.5	
插　　页	2	
字　　数	516,000	
版　　次	2025 年 3 月第 1 版	
印　　次	2025 年 3 月第 1 次印刷	

ISBN 978 - 7 - 208 - 19321 - 5/B · 1802

定　　价　128.00 元